데이터로 측정하는
UX 리서치
3/e

Original English edition:
Measuring the User Experience: Collecting, Analyzing, and Presenting UX Metrics, Third Edition (9780128180808)
Copyright ⓒ 2023 Elsevier Inc. All rights reserved, including those for text and data mining, AI training, and similar technologies.
Publisher's note: Elsevier takes a neutral position with respect to territorial disputes or jurisdictional claims in its published content, including in maps and institutional affiliations.

Measuring the User Experience: Collecting, Analyzing, and Presenting UX Metrics, Third Edition (9780128180808)의 한국어판은 William (Bill) Albert, Thomas S. (Tom) Tullis의 저서로
Elsevier, Inc.와 에이콘출판(주)가 정식 계약하여 번역한 책이므로
이 책의 일부나 전체 내용을 무단으로 복사, 복제, 전재하는 것은 저작권법에 저촉됩니다.

Korean edition Copyright ⓒ 2025 by acorn Publishing Co. All rights reserved.
데이터로 측정하는 UX 리서치 3/e (9791161759722)

이 책은 에이콘출판(주)가 단독으로 계약하여 번역한 책입니다. 실무자와 연구원은 이 책에서 설명하고 있는
정보나 방법론, 결론, 실험을 분석하고 사용하는 경우, 언제나 자체적인 경험과 지식을 따라야 합니다.
특히 의학이 급속도로 발전함에 따라 진단 및 약물 투약에 대한 독립적인 검증이 이루어져야 합니다. 이 책의 번역과
관련된 Elsevier, 저자, 편집자, 기타 관계자는 제조물책임, 부주의, 기타 이유로 인한, 또는 이 책의 내용에 포함된
방법론, 제품, 지침, 아이디어의 사용 및 수행으로 인한 인명 및 재산상의 상해에 책임을 지지 않습니다.

데이터로 측정하는 UX 리서치 3/e

성공하는 UX 실무자를 위한
데이터 기반 측정법

Bill Albert, Tom Tullis 지음

송유미 옮김

에이콘

헌사

이 책을 나의 멘토이자 친애하는 친구, 그리고 이 책의 공동 저자인 톰 툴리스에게 바친다. 톰 툴리스의 발자취가 여러분의 배움에 축복이 되기를.

옮긴이 소개

송유미(song.yoomee@gmail.com)

디자인 방법론과 사회문화적 관점에서의 디자인 진화 방향에 관심이 많다. 항상 재미있는 디자인, 사회에 도움이 되는 디자인을 하며 살고 싶은 바람이 있다.

에이콘출판사에서 출간한 『인간 중심 UX 디자인』(2013), 『제대로 된 UX 디자인 방법론』(2015), 『사용자 경험 지도』(2019), 『디자인 협업』(2020), 『AI & UX』(2022), 『디자인 정의』(2023)를 번역했다.

옮긴이의 말

모든 UX 리서치는 비즈니스 목표와 사용자/시장을 통합적으로 이해하기 위한 과정이자 더 나은 제품을 설계하기 위해 사용자의 행동, 니즈, 기대 등을 분석하는 활동이다. 리서처와 디자이너는 많은 제품 개발 과정에서 상황과 필요에 따라 각종 리서치를 수행하게 되는데, UX 리서치의 메커니즘을 알아야 조사/평가를 바르게 설계하고 올바른 결과를 도출해 낼 수 있다.

리서치 방법론들을 개괄적으로 살펴보자면 연구가 수행되는 시점과 목적에 따라 (프로세스 전반부에 디자인 방향을 명확화하기 위한) '탐색적 리서치'와 (후반부에 잘 구현됐는지 확인하는) '평가적 리서치'로 나뉘기도 하고, 또는 (형성적 과정에서 개선 방법을 찾아내는 데 중점을 두고 진행하는) '형성적 리서치'와 (최종 단계에서 제품의 성능을 측정하는) '총괄적 리서치'로 나눠지기도 한다. 또한 데이터의 성격 및 수집/분석 방법에 따라 '정성적 리서치'와 '정량적 리서치'로 나뉜다. 이 책은 탐색적 리서치보다는 평가적 리서치에 적합한 여러 리서치 방법론을 다루고 있으며, 특히 정량적 리서치 기법과 UX 지표를 중점적으로 소개한다.

이 UX 지표들은 웹사이트, 스마트폰, 가전제품, B2B 시스템 등 어떤 유형의 제품이든 적용 가능한 것들로, 성능 지표(과업 성공 여부, 과업 시간, 오류, 효율성, 학습 용이성), 자가측정 지표(만족도, 기대치, 사용 용이성, 신뢰도, 유용성, 인지도), 사용성 지표(빈도, 심각도, 이슈 유형), 시선 추적 지표(시각적 주의력, 관심도), 감성적 몰입도 등 다양한 측면을 다룬다.

과거 UX 현업에서는 리서치를 정성적 기법 중심으로 진행하고는 했는데, 근래에는 정량적 기법과 도구도 다양하게 활용한다. 특히 객관적이고 신뢰할 수 있는 결론을 도출해야 하는 경우 정량적 리서치를 선호한다. 그러나 많은 사람이 연구 설계, 데이터 수집, 분석 과정에서 어려움을 느끼곤 한다. 이 책은 학생, 초보 연구자부터 경험 있는 실무자까지 누구나 쉽게 정량적 리서치를 수행할 수 있도록 기초부터 차근차근 유용한 기법들을 소개하는 UX 리서치 실용 가이드이다.

정량적 연구의 기초 개념부터 연구 설계, 데이터 수집, 분석 방법, 결과 해석까지 단계적으로 설명하고 실제로 적용된 다양한 UX 사례들을 포함하여, 독자들로 하여금 쉽게 이해하고 스스로 설계해 볼 수 있도록 구성했다. 정량적 연구는 복잡하고 어렵게 느낄 수 있지만, 올바른 접근법을 익히면 누구나 효과적으로 수행할 수 있다.

빌 앨버트와 톰 툴리스의 3번째 개정판을 읽는 동안 리서치 방법론을 다시 공부하는 기분이었다. 현업에 종사하는 선후배 디자이너/리서처분들께도 저자들의 노하우가 실질적인 도움이 됐으면 좋겠다.

지은이 소개

윌리엄 (빌) 앨버트[William (Bill) Albert], 이하 빌 앨버트[Bill Alert]

글로벌 비즈니스 육성 인큐베이터인 마하49[Mach49]의 수석 부사장이자 글로벌 고객 개발 책임자이다. 마하49에 합류하기 전에는 13년 동안 벤틀리 대학교[Bentley University]의 사용자 경험 센터[USC, User Experience Center]의 센터장이었다. 또한 피델리티 인베스트먼츠[Fidelity Investments]의 사용자 경험 디렉터, 라이코스[Lycos]의 사용자 인터페이스 선임 연구원, 닛산 케임브리지 베이직 리서치[Nissan Cambridge Basic Research]의 박사후 연구원으로도 활동했다. 사용자 경험 리서치/디자인/전략 분야에서 20년 이상 경험을 쌓아 왔다. 50개 이상의 국내외 콘퍼런스에서 연구를 발표하고 게재했으며, 사용자 경험/사용성/HCI[Human-Computer Interaction, 인간-컴퓨터 인터랙션] 분야의 여러 학술 저널에 동료 심사를 거쳐 연구물을 발표했다. 2010년에는 톰 툴리스[Tom Tullis], 도나 테데스코[Donna Tedesco]와 함께 엘스비어[Elsevier]/모건 카우프만[Morgan Kauffman] 출판사에서 출간한 『알기 쉬운 UX 디자인 평가: 대규모 온라인 사용성 조사 가이드[Beyond the Usability Lab: Conducting Large-Scale Online User Experience Studies]』(지앤선, 2013)를 공동 집필했다.

2013년부터 〈사용자 경험 저널[Journal of User Experience, 구 사용성 연구 저널(Journal of Usability Studies)]〉의 공동 편집장을 맡고 있다. 휴먼 팩터[human factor, 인적 요인]와 공간 인지[spatial cognition]에 대한 연구로, 캘리포니아 산타바바라 대학교[University of California Santa Barbara]와 일본 정부로부터 저명한 연구 지원금을 받았다. 워싱턴 대학교[University of Washington]에서 지리 정보 시스템 전공 학사 및 석사 학위를, 보스턴 대학교[Boston University]에서 지리-공간 인지 연구로 박사 학위를 받았다. 닛산 케임브리지 베이직 리서치에서 포닥[Post-Doc]을 마쳤다.

(X: @UXMetrics)

토마스 S. 툴리스[Thomas S. Tullis], **이하 톰 툴리스**[Tom Tullis]

2017년 피델리티 인베스트먼트[Fidelity Investments, 보스턴 소재 글로벌 금융 서비스 기업]에서 사용자 경험 리서치의 부사장으로 은퇴했다. 2004년부터 벤틀리 대학교에서 정보 디자인의 인적 요인 전공 겸임 교수로 학생들을 가르쳐 왔다. 1993년 피델리티에 합류해 최첨단 사용성 랩[Usability Lab] 시설을 갖춘 사용자 리서치 부서를 만들고 발전시키는 데 중요한 역할을 했다. 그 전에는 캐논 인포메이션 시스템즈[Canon Information Systems], 맥도넬 더글라스[McDonnell Douglas], 유니시스 코퍼레이션[Unisys Corporation], 벨 연구소[Bell Laboratories]에서 관련 직책을 맡아 일했다. 툴리스와 피델리티 사용성 팀은 〈뉴스위크[Newsweek]〉, 〈비즈니스 2.0[Business 2.0]〉, 〈머니[Money]〉, 〈보스턴 글로브[The Boston Globe]〉, 〈월스트리트 저널[The Wall Street Journal]〉, 〈뉴욕 타임스[The New York Times]〉를 비롯한 여러 간행물에 소개된 바 있다.

라이스 대학교[Rice University]에서 학사 학위와 공학 심리학 박사 학위를, 뉴멕시코 주립대학교[New Mexico State University]에서 실험 심리학 석사 학위를 받았다. 인간-컴퓨터 인터페이스 분야에서 35년 이상 연구를 했고, 수많은 기술 저널에 50편 이상의 논문을 발표했으며, 국내외 콘퍼런스에서 초청 연사로 활동했다. 또한 8건의 미국 특허를 보유하고 있다. 2010년 빌 앨버트, 도나 테데스코와 함께 엘스비어/모건 카우프만 출판사에서 출간한 『알기 쉬운 UX 디자인 평가: 대규모 온라인 사용성 조사 가이드』(지앤선, 2013)를 공동 집필했다. 2011년 UXPA[User Experience Professionals Association, 사용자 경험 전문가 협회]에서 공로상을 받았고, 2013년에는 ACM SIGCHI[Special Interest Group on Computer-Human Interaction, 컴퓨터-인간 인터랙션 분과회]에 의해 CHI 아카데미[CHI Academy, HCI 연구 분야에서 기여를 인정받은 전문가들로 구성된 명예의 전당]에 선정됐다.

서문

『데이터로 측정하는 UX 리서치 3/e』 3번째 개정판을 여러분에게 소개하게 돼 무척 기쁘다! 이 책에서는 사용자 경험을 측정하기 위한 최신의, 그리고 최고의 도구와 기법을 공유하고자 한다. 2008년 『데이터로 측정하는 UX 리서치 3/e』 초판본이 출간된 이후 우리는 사용자 경험 분야에서 놀라운 변화를 목격해 왔다. 2000년대 초반 UX 팀을 운영한다는 것은 대규모 조직에서 참신한 시도나 호사스러움 정도로 여겨졌고, 소규모 조직에서는 거의 존재하지 않았다. 하지만 이제는 조직이 크든 작든, 거의 모든 유형의 조직에 UX 리서처와 디자이너가 소속된 UX 팀이 존재한다. 여러 조직은 이제 UX를 제품과 비즈니스 전략의 주요 차별화 요소로 인식하고, 사용자 리서치를 바탕으로 디자인과 혁신을 이끌어내려 한다.

2006년 톰과 내가 처음 이 책을 구상했을 당시, UX 리서치는 주로 사용성 테스트에 중점을 두고 매우 정성적인 방식으로 운영됐다. UX 지표$^{UX\ metrics}$는 개수와 범위 측면에서 매우 제한적이었고, 데이터 수집/분석/프레젠테이션 과정에 일관성이 없었다. 그런데 업계에서는 이즈음부터 UX 지표에 엄청난 관심이 쏟아졌고 이 지표를 활용해 보고자 하는 시도가 이어졌다. 이제 오늘날의 UX 리서처들은 정성적 리서치 경험$^{qualitative\ research\ experience}$을 보완하기 위한 방법으로 다양한 정량적 분석 기법을 고민하고 시도한다. 그리고 경험의 모든 양상을 측정하는, 신뢰할 수 있는 새로운 UX 지표들이 많이 등장하고 있다. 이 기법들은 지난 10년 동안 크게 발전해 제품, 플랫폼, 환경 전반에 걸친 최종 사용자 경험의 거의 모든 측면을 포착하고 분석할 수 있게 됐다. UX 분야는 빠르게 성숙하고 있으며, UX 지표는 이러한 변화의 핵심이다.

이 책은 사용자 경험에 대해 총체적인 접근 방식을 취한다. UX를 제품, 애플리케이션, 서비스와의 모든 상호작용을 포함하는 범주로 생각하기 때문이다. 또한 (사용자 경험을 측정하거나 정량화할 수 없는 모호한 개념으로 간주하는 사람들도 많지만) 우리는 사용자 경험을 측정할 수 있고 정량화할 수 있다고 믿는다. 사용자 경험을 측정하기 위한 도구로 다음과 같은 지표를 소개한다.

- 사용자는 본인의 스마트폰으로 의사와의 원격 진료를 예약할 수 있는가?
- 직원은 월별 예산 실적 보고서를 제출하는 데 얼마나 많은 시간을 소요하는가?
- 사용자는 비밀번호를 재설정하려고 할 때 얼마나 많은 실수를 하는가?
- 사용자들이 새 가구를 조립할 때의 불만 수준은 어느 정도인가?
- 사용자들이 식료품점 진열대를 봤을 때 가장 먼저 주목하는 것은 무엇인가?
- 얼마나 많은 사용자가 새로운 방식의 '목적지 기반' 엘리베이터에 (원하는 층을 먼저 선택하지 않고) 탑승한 후, 엘리베이터 안에 층 선택 버튼이 없다는 사실을 발견하는가?[1]
- 로봇 청소기에서 가장 중요한 기능들은 무엇인가?
- 대학 등록금 계산기를 사용할 때 경험하는 심리적 반응 중 가장 중요한 감정은 무엇인가?
- 콜센터 애플리케이션을 능숙하게 사용하려면 얼마나 많은 경험이 필요한가?

위의 지표는 모두 측정할 수 있는 행동, 태도, 감정 예시이다. 이 가운데 일부는 다른 지표에 비해 측정하기 쉬운 경우도 있고 어려운 경우도 있겠지만, 이 지표들은 모두 측정 가능하다. 성공률, 소요 시간, 마우스 클릭/탭/키 입력 횟수, 불만족 또는 만족 여부에 대한 자가측정, 얼굴 표정, 시각적 주목 횟수 등 다양한 UX 지표를 통해 사용자 경험에 대한 매우 유용한 통찰을 끌어낼 수 있다.

여러분은 사용자 경험을 왜 측정하려 하는가? 답은 간단하다. 사용자 경험을 개선하도록 돕기 위해서이다. 요즘은 대부분의 소비자 제품, 앱, 웹사이트, 서비스에서 사용자 경험을 개선하지 않으면 뒤처지게 된다. UX 지표는 여러분의 경쟁업체 또는 경쟁 제품과 비교해 현재 위치를 파악하도록 도움을 준다. 그리고 사용자를 가장 혼란스럽게 만들거나 비효율적인 부분이라든가 불만족스러운 부분을 파악해, 어떤 영역을 집중적으로 개선해야 할지 정확히 찾아내는 데 유용하다.

이 책은 이론서가 아니다. 실용적인 실행 방법을 안내하는 가이드이다. 우리는 어떤 상황에서 어떤 지표를 수집해야 하는지, 그 지표를 어떻게 수집해야 하는지, 다양한 분석 기법을 활용해 데이터를 어떻게 이해해야 하고 결과를 가장 명확하고 설득력 있게 제시하려면 어떻게 해야 하는지 구체적인 조언을 제공한다. 우리는 50년 이상 이 분야에서 얻은 실용적인 교훈을 공유하고자 한다.

---

1 목적지 기반 엘리베이터(destination-based elevator): 승객들이 엘리베이터를 타기 전에 목적지를 터치 스크린 등으로 미리 입력 받아 엘리베이터를 효율적으로 배치하고 운행하는 시스템을 뜻한다. – 옮긴이

이 책은 경험의 유형이 무엇이든 (소비자 제품, 컴퓨터 시스템, 애플리케이션, 웹사이트, 서비스일 수도 있고, 또는 이와는 완전히 다른 어떤 유형일 수도 있지만, 경험의 유형에 관계없이) 모든 제품 또는 서비스의 사용자 경험을 개선하는 데 관심이 있는 모든 사람을 대상으로 한다. 사용자 경험 개선에 관심이 있는 사람들, 이 책의 혜택을 받을 사람들은 각기 다른 시각을 가진 다양한 분야의 전문가일 것이다. 사용성/UX 전문가, 인터랙션 디자이너, 정보 설계자, 서비스 디자이너, 제품 디자이너, 웹 디자이너와 개발자, 소프트웨어 개발자, 그래픽 디자이너, 마케팅/시장 조사 전문가, 프로젝트/제품 관리자까지 그 대상은 다양하다.

이 책은 세 번째 개정판이다. 이번 개정판에서 새로 추가한 흥미로운 주제들을 소개한다.

- **감정 측정**: 얼굴 표정 분석facial expression analysis과 아이모션스 플랫폼iMotions platform 등 감성적 몰입도emotional engagement 지표를 다룬 '감정 측정' 방법론을 추가했다(8장 참고).
- **다수의 새로운 측정 지표들**: 어트랙디프AttrakDiff, 카노메소드Kano Method, 구글Google의 HEART 프레임워크, 벤틀리 경험 점수표Bentley Experience Scorecard 등 새로운 측정 지표들을 소개했다.
- **다섯 편의 신규 사례 연구들**: 서로 다른 UX 팀들이 사용자 경험을 측정할 때 사용한 창의적인 방법을 소개하고, UX 지표를 사용해 조직 내 변화를 주도한 이야기들을 담았다(11장, '사례 연구'는 완전히 새로 추가한 부분이다).
- **새로운 UX 데이터 분석 도구들**: 게스더테스트GuessTheTest, 유엑스이모션스youXemotions, 프레모툴PremoTool 등 UX 데이터를 수집하고 분석하는 도구들을 추가로 소개했다.
- 이 밖에 책 전반에 걸쳐 UX 측정 지표들을 수집하고 분석한 후 제시하는 전체 과정을 차근차근 이해할 수 있도록 도와주는 많은 새로운 예시가 추가됐다.

이 책이 제품과 서비스에 대한 사용자 경험을 탐구하고 개선하는 데 도움이 되기를 바란다. 아울러 조만간 여러분의 성공 (그리고 실패!) 이야기를 듣게 되길 기대해 본다. 우리는 많은 독자가 두 번째 개정판에 보내준 피드백과 제안을 소중하게 받았다. 이런 의견들이 이번 개정판의 변경 사항과 추가 사항을 구체화하는 데 큰 도움이 됐다. 감사한 마음을 전한다.

감사의 글

무엇보다도 공동 저자인 톰 툴리스에게 감사 인사를 전하고 싶다. 톰은 코로나19 합병증으로 2020년 4월 세상을 떠났다. 톰과 함께 이 책을 저술한 것은 나의 경력에서 손에 꼽히는 백미 중 하나였다. 나는 그에게서 오랜 기간 많은 것을 배웠고, 그가 나를 더 나은 연구자, 저술가, 교육자로 만들기 위해 해온 일들에 대해 감사히 여긴다. 이 감사 인사를 어찌 전해야 할지 모르겠다. 톰은 어느 면으로 보나 진정한 선생님이었으며, 이 책은 그가 UX 전문가 직군의 다음 세대를 육성하는 데 얼마나 많은 관심을 기울였는지 잘 보여준다. 톰은 언제나 책에 온 마음과 정성을 쏟았다. 새로운 UX 지표들, 최신 도구와 기술, 모든 사람의 업무를 좀 더 용이하게 만들어주는 작은 '팁'들을 끊임없이 발견해 소개했고, 렌시스 리커트$^{Rensis\ Likert}$ 같은 유명 연구자들의 연구 이야기들을 공유해 왔다. 그의 정신은 이 책에 살아 숨쉴 것이며, 그의 영향력은 오래도록 UX 커뮤니티 전체에 미칠 것이다.

톰의 딸인 세릴 툴리스$^{Cheryl\ Tullis}$에게도 감사 인사를 전한다. 톰이 세상을 떠난 후 세릴은 내가 책을 완성하는 데 필요한 모든 것을 갖추도록 엄청난 도움을 줬다(세릴, 당신 없이는 할 수 없었을 거에요!).

그리고 출간 단계가 진행되는 동안 잘 인도해 준 엘스비어 출판사의 앨리스 그랜트$^{Alice\ Grant}$에게 감사드린다. 특히 톰이 세상을 떠난 후 시간을 충분히 갖고 다시 시작할 수 있도록 기다려준 것에 대해, 앨리스와 나머지 엘스비어 팀원들에게 정말 감사한 마음이다. 여러분의 이해와 인내에 진심으로 감사드린다. 그건 내게 많은 것을 의미한다.

이 책을 리뷰해 준 브라이언 트레이너$^{Brian\ Traynor}$, 마이크 던컨$^{Mike\ Duncan}$, 빅터 마누엘 곤살레스$^{Victor\ Manuel\ González}$에게도 감사의 인사를 전한다. 여러분의 피드백은 세 번째 개정판에 새로운 제안을 하는 데 무척 도움이 됐고, 덕분에 콘텐츠가 학생과 실무자 모두에게 적합한지 확인할 수 있었다.

모든 사례 연구 제공자분들에게도 특별한 감사를 전한다. 넷플릭스Netflix의 잭 셴델Zach Schendel, 콘스탄트 컨택트Constant Contact, 매사추세츠 소재 온라인 마케팅 기업의 산드라 티어Sandra Teare, 린다 보르게사니Linda Borghesani, 스튜어트 마르티네즈Stuart Martinez, JD 유저빌리티JD Usability의 JD 버클리JD Buckley, 유저줌UserZoom의 쿨딥 칼카르Kuldeep Kalkar, 고인보GoInvo의 에릭 베누아Eric Benoit, 샤론 리Sharon Lee, 유한 소닌Juhan Sonin. 여러분의 사례 연구는 UX 지표에 생명을 불어넣고 사용자 경험을 측정하는 다양한 창의적인 방법을 제안하는 데 큰 도움을 줬다.

사례 연구 외에 옵티멀 워크숍Optimal Workshop의 칼 매드슨Karl Madsen, 아이모션스iMotions의 브린 판스워스Bryn Farnsworth, UE 그룹UE Group의 사라 가르시아Sarah Garcia, 게스더테스트GuessTheTest의 데보라 오멜리Deborah O'Malley, 휴먼 팩터스 인 컨텍스트Human Factors in Context의 키스 칸Keith Karn, 프레모툴PremoTool의 피터 더스멧Pieter Desmet, 모더나이징 메디신Modernizing Medicine의 앤드류 샬Andrew Schall이 특별한 기여를 해준 점에 대해서도 무척 운이 좋았다고 생각한다. 여러분의 기여는 사용자 경험 연구의 최신 도구와 기술을 설명하는 데 매우 중요하다.

내가 소속한 벤틀리 대학교 사용자 경험 센터Bentley University User Experience Center의 훌륭한 동료들에게도 감사 인사를 전한다. 특히 아이모션스 버추얼 드레스룸 사례 연구에 참여한 제시카 메리어트Jessica Marriott와 벤틀리 경험 점수표Bentley Experience Scorecard 개발에 중요한 공헌을 한 마리사 톰슨Marissa Thompson, 헤더 라이트 칼슨Heather Wright Karlson에게 감사를 전하고 싶다. 또한 감정 기반 UX 지표를 연구하는 데 이례적인 지원을 해준 알리존 크렛Ali-Jon Kret에게도 특별한 감사를 표한다.

표지 디자인을 해 준 징코 바이오웍스Ginko Bioworks의 다렉 비트너Darek Bittner에게도 감사드린다.

마지막으로 앞에 말씀드린 분들과 마찬가지로 이 과정 전반에 걸쳐 사랑과 지원을 아끼지 않은 나의 아내 모니카 미트라Monika Mitra에게도 감사의 인사를 전하고 싶다. 아울러 훌륭한 질문과 창의적인 해결책을 끊임없이 제시해 준 아들 아르준 앨버트Arjun Albert, 참고문헌에 대한 작업을 도와주고 많은 어려움, 집중, 결단에 영감을 준 딸 데비카 앨버트Devika Albert도 고맙다는 말을 전한다.

셰릴 툴리스 시로이스의 특별한 메모

나의 아버지 톰 툴리스는 그만의 충만한 열정으로 워낙 유명했다. 가족, 사진 촬영, 계보 연구, 진부한 아빠표 농담… 그리고 누군가를 가르치는 일. 그는 일생 동안 다양한 활동을 해왔지만, 그중에서도 특히 교육자이자 저술가로서 후학에 영향력을 미칠 수 있음에 가장 긍지를 느끼셨다.

내가 자랄 때 아버지는 나를 겸손하고, 자비로우며, 논리적이고, 호기심이 많고, 관대하도록 가르치셨다. 그가 평생을 이바지한 분야에서 나 역시 나만의 커리어를 시작했다. 당시 그는 휴리스틱 평가를 수행하는 방법, 피트[Fitt]의 법칙, 힉[Hick]의 법칙, 제이콥[Jakob]의 법칙에 관한 개념, 정량적 데이터와 정성적 데이터 수집의 중요성, SUS 점수를 계산하고 해석하는 방법, '리커트[Likert]'를 올바르게 읽는 방법 등을 가르쳐 줬다.

빌 앨버트는 (나의 아버지가 그랬던 것처럼) 탁월하고 지혜롭다. 그는 『데이터로 측정하는 UX 리서치 3/e』의 이번 개정판을 만들면서 아버지에 대한 존경을 표했다. 이 책을 읽으면 여러분은 방대한 양의 유용한 정보를 얻게 될 것이다. 바라건대, 사용자 경험 분야에 적용해 볼 수 있는 지식 외에도, 개인이 배우고자 하는 건 무엇이든 가르치려 했고 그들의 말을 경청하고 열정을 북돋아주는 사람이었던 내 아버지의 일생의 헌신적 노력을 살짝 엿볼 수 있기를 바란다.

차례

헌사 ... 5
옮긴이 소개 ... 6
옮긴이의 말 ... 7
지은이 소개 ... 9
서문 ... 11
감사의 글 ... 15
셰릴 툴리스 시로이스의 특별한 메모 ... 17

CHAPTER 1 서론 ... 29

1.1 사용자 경험이란 무엇인가? ... 33
1.2 사용자 경험 지표란 무엇인가? ... 38
1.3 UX 지표의 가치 ... 40
1.4 모두를 위한 지표 ... 42
1.5 사용자 경험 지표의 새로운 기술 ... 43
1.6 UX 지표에 관한 열 가지 괴담 ... 44
    오해 1: 지표를 수집하는 데 너무 많은 시간이 소요된다 ... 44
    오해 2: UX 지표는 너무 많은 비용이 든다 ... 45
    오해 3: 자잘한 개선에 집중하는 상황에서는 UX 지표가 유용하지 않다 ... 45
    오해 4: UX 지표는 원인을 이해하는 데 도움이 되지 않는다 ... 46
    오해 5: UX 지표는 노이즈가 너무 많다 ... 46
    오해 6: 직감을 믿으면 된다 ... 47
    오해 7: 신제품에는 지표가 적용되지 않는다 ... 47
    오해 8: 우리가 다루고 있는 이슈 유형에 적합한 측정 지표가 존재하지 않는다 ... 48
    오해 9: 경영진은 지표를 이해하지 못하거나 높이 평가하지 않는다 ... 48

오해 10: 작은 표본 크기로는 신뢰할 수 있는 데이터를 수집하기 어렵다 48

CHAPTER 2 기본 지식　　51

2.1 독립 변수와 종속 변수 52
2.2 데이터 유형 52
　2.2.1 명목형 데이터 53
　2.2.2 순서형 데이터 54
　2.2.3 구간형 데이터 55
　2.2.4 비율형 데이터 57
2.3 기술 통계 57
　2.3.1 중심 경향 측정 58
　2.3.2 변산성 측정 60
　2.3.3 신뢰구간 61
　2.3.4 신뢰구간을 오차 막대로 표시하기 63
2.4 평균 비교 65
　2.4.1 독립표본 65
　2.4.2 대응표본 67
　2.4.3 3개 이상의 표본 비교 69
2.5 변수 간의 관계 70
　2.5.1 상관관계 71
2.6 비모수적 검정 72
　2.6.1 카이제곱 검정 73
2.7 데이터를 그래픽으로 시각화하기 74
　2.7.1 기둥 그래프와 막대 그래프 76
　2.7.2 선 그래프 78
　2.7.3 산점도 80
　2.7.4 파이 차트와 도넛 차트 82
　2.7.5 누적 막대 그래프 83
2.8 요약 85

CHAPTER 3 계획하기 ... 87

- 3.1 연구의 목표 ... 88
  - 3.1.1 형성적 사용자 리서치 ... 88
  - 3.1.2 총괄적 사용자 리서치 ... 89
- 3.2 UX의 목표 ... 90
  - 3.2.1 사용자 성능 ... 90
  - 3.2.2 사용자 선호도 ... 91
  - 3.2.3 사용자 감정 ... 91
- 3.3 사업의 목표 ... 92
- 3.4 올바른 UX 지표 선택하기 ... 93
  - 3.4.1 전자상거래 거래 완료하기 ... 95
  - 3.4.2 제품 비교하기 ... 96
  - 3.4.3 동일 제품의 사용 빈도 평가하기 ... 96
  - 3.4.4 내비게이션과 인포메이션 아키텍처 평가하기 ... 97
  - 3.4.5 인지도 제고 ... 98
  - 3.4.6 문제 발견하기 ... 99
  - 3.4.7 고위험 제품의 사용성 극대화하기 ... 100
  - 3.4.8 전반적으로 긍정적인 사용자 경험으로 만들기 ... 101
  - 3.4.9 미묘한 디자인 변경이 미치는 영향 평가하기 ... 101
  - 3.4.10 디자인 대안을 서로 비교하기 ... 102
- 3.5 사용자 리서치 방법론과 도구 ... 103
  - 3.5.1 전통적인 (모더레이터가 있는) 사용성 테스트 ... 103
  - 3.5.2 모더레이터 없이 진행하는 사용성 테스트 ... 105
  - 3.5.3 온라인 설문 조사 ... 106
  - 3.5.4 정보 구조 도구 ... 107
  - 3.5.5 클릭 도구와 마우스 도구 ... 108
- 3.6 기타 세부 사항 ... 108
  - 3.6.1 예산과 일정 ... 109
  - 3.6.2 참가자 ... 110
  - 3.6.3 데이터 수집 ... 111
  - 3.6.4 데이터 정제 ... 112

3.7 요약 114

CHAPTER 4 성능 지표 115

4.1 과업 성공 117
    4.1.1 이원적 성공 척도 119
    4.1.2 성공 수준 124
    4.1.3 성공 측정의 문제 127

4.2 과업 시간 128
    4.2.1 과업 소요 시간 측정의 중요성 129
    4.2.2 과업 소요 시간을 수집하고 측정하는 방법 129
    4.2.3 과업 소요 시간 데이터를 분석하고 제시하기 132
    4.2.4 시간 데이터 활용 시 고려 사항 137

4.3 오류 139
    4.3.1 오류를 측정하는 시점 140
    4.3.2 무엇이 오류를 만들어내는가? 140
    4.3.3 오류 수집 및 측정 141
    4.3.4 오류 분석 및 제시 142
    4.3.5 오류 지표를 사용할 때 고려할 사항 146

4.4 기타 효율성 지표 146
    4.4.1 효율성 지표를 수집 및 측정하기 147
    4.4.2 효율성 데이터 분석 및 제시하기 148
    4.4.3 과업 성공과 소요 시간을 조합해 만든 효율성 지표 151

4.5 학습 용이성 153
    4.5.1 학습 용이성 데이터를 수집 및 측정하기 154
    4.5.2 학습 용이성 데이터를 분석 및 제시하기 155
    4.5.3 학습 용이성을 측정할 때 고려해야 할 사항 158

4.6 요약 159

CHAPTER 5 자가측정 지표 161

5.1 자가측정 데이터의 중요성 162
5.2 평가 척도 163
5.2.1 리커트 척도 163
5.2.2 시멘틱 척도 164
5.2.3 자가측정 데이터를 수집하는 시점 165
5.2.4 평가 수집 방법 166
5.2.5 자가측정 데이터 수집의 편향 166
5.2.6 평가 척도에 대한 일반 지침 167
5.2.7 평가 척도 데이터 분석하기 169
5.3 과업 사후 평가 173
5.3.1 사용 용이성 174
5.3.2 시나리오 사후 설문지 174
5.3.3 기대치 측정하기 175
5.3.4 과업 사후 자가측정 지표의 비교 176
5.4 전반적 사용자 경험 평가 180
5.4.1 시스템 사용성 척도 180
5.4.2 컴퓨터 시스템 사용성 설문지 184
5.4.3 제품 반응 카드 185
5.4.4 사용자 경험 설문지 187
5.4.5 어트랙디프 190
5.4.6 순고객 추천 지수 191
5.4.7 사용자 경험을 자가측정하기 위한 그밖의 도구 193
5.4.8 자가측정 지표 비교 195
5.5 SUS로 디자인안 비교하기 197
5.6 온라인 서비스 198
5.6.1 웹사이트 분석 및 측정 인벤토리 199
5.6.2 미국 고객 만족도 지수 199
5.6.3 오피니언랩 200
5.6.4 라이브 사이트 설문 조사 관련 이슈 201
5.7 자가측정 지표의 기타 유형 202

- 5.7.1 속성의 우선순위 평가하기 … 202
- 5.7.2 특정 속성 평가하기 … 204
- 5.7.3 특정 요소 평가하기 … 206
- 5.7.4 개방형 질문 … 207
- 5.7.5 인식과 이해 … 210
- 5.7.6 인식 수준과 유용성 간의 차이 비교 … 211
- 5.8 요약 … 213

CHAPTER 6 이슈 기반 지표 215

- 6.1 사용성 이슈란 무엇인가? … 216
  - 6.1.1 진짜 이슈와 거짓 이슈 … 217
- 6.2 이슈를 식별하는 방법 … 218
  - 6.2.1 1:1 연구에서 사고 구술법 사용 … 221
  - 6.2.2 자동화된 연구에서 축어적 코멘트 사용하기 … 222
  - 6.2.3 웹 분석 사용하기 … 223
  - 6.2.4 시선 추적 사용하기 … 223
- 6.3 심각도 평가 … 224
  - 6.3.1 사용자 경험에 따른 심각도 평가 … 224
  - 6.3.2 요인 조합에 따른 심각도 평가 … 226
  - 6.3.3 심각도 평가 체계 사용하기 … 227
  - 6.3.4 평가 체계에 대한 몇 가지 주의 사항 … 228
- 6.4 사용성 이슈에 대한 지표 분석 및 보고하기 … 229
  - 6.4.1 고유한 이슈의 빈도 … 230
  - 6.4.2 참가자별 이슈 빈도 … 231
  - 6.4.3 참가자 비율 … 232
  - 6.4.4 카테고리별 이슈 … 233
  - 6.4.5 과업별 이슈 … 234
- 6.5 사용성 이슈 식별의 일관성 … 235
- 6.6 사용성 이슈 식별의 편향 … 237
- 6.7 참가자 수 … 239

- 6.7.1 참가자 5명이면 충분하다 ... 239
- 6.7.2 참가자 5명만으로는 충분하지 않다 ... 241
- 6.7.3 무엇을 해야 할까? ... 241
- 6.7.4 우리의 권고 ... 242
- **6.8 요약** ... 243

CHAPTER 7 시선 추적 245

- **7.1 시선 추적의 작동 원리** ... 246
- **7.2 모바일 시선 추적** ... 249
  - 7.2.1 순간정보인식 측정하기 ... 249
  - 7.2.2 상황에 따른 모바일 사용자 이해 ... 250
  - 7.2.3 모바일 시선 추적 기술 ... 251
  - 7.2.4 안경 ... 252
  - 7.2.5 기기 스탠드 ... 253
  - 7.2.6 소프트웨어 기반 시선 추적 ... 253
- **7.3 시선 추적 데이터 시각화** ... 254
- **7.4 관심 분야** ... 257
- **7.5 일반적인 시선 추적 지표** ... 258
  - 7.5.1 체류 시간 ... 258
  - 7.5.2 고정 횟수 ... 259
  - 7.5.3 고정 시간 ... 259
  - 7.5.4 순서 ... 259
  - 7.5.5 첫 번째 시선 고정까지의 시간 ... 259
  - 7.5.6 재방문 ... 260
  - 7.5.7 적중률 ... 260
- **7.6 시선 추적 데이터 분석을 위한 팁** ... 261
- **7.7 동공 반응** ... 262
- **7.8 요약** ... 262

CHAPTER 8 감정 측정 — 265

- 8.1 감성적 사용자 경험 정의 — 266
- 8.2 감정 측정 방법 — 269
  - 8.2.1 감정 측정의 다섯 가지 고려 사항 — 271
- 8.3 언어적 표현을 통한 감정 측정 — 273
- 8.4 자가측정 — 274
- 8.5 얼굴 표정 분석 — 278
- 8.6 전기적 피부 반응 — 282
- 8.7 사례 연구: 생체 인식의 가치 — 284
- 8.8 요약 — 288

CHAPTER 9 결합 지표와 비교 지표 — 291

- 9.1 단일 UX 점수 — 291
  - 9.1.1 타깃 목표에 기반한 지표 결합 — 292
  - 9.1.2 백분율을 기준으로 지표들을 결합하기 — 293
  - 9.1.3 z-점수를 기반으로 지표 결합 — 301
  - 9.1.4 SUM 사용하기 — 304
- 9.2 UX 점수 카드와 프레임워크 — 307
  - 9.2.1 UX 점수 카드 — 307
  - 9.2.2 UX 프레임워크 — 312
- 9.3 목표 및 전문가 성능과의 비교 — 313
  - 9.3.1 목표와의 비교 — 313
  - 9.3.2 전문가 성능 수준과의 비교 — 316
- 9.4 요약 — 318

CHAPTER 10 스페셜 토픽 — 321

- 10.1 웹 분석 — 321
  - 10.1.1 기본 웹 분석 — 322

      10.1.2 클릭률 326
      10.1.3 이탈률 327
      10.1.4 A/B 테스트 328
  10.2 카드 소팅 데이터 330
      10.2.1 열린 카드 소팅 데이터 분석 332
      10.2.2 닫힌 카드 소팅 데이터 분석 339
  10.3 트리 테스트 342
  10.4 첫 번째 클릭 테스트 347
  10.5 접근성 지표 350
  10.6 투자자본수익률 지표 353
  10.7 요약 358

CHAPTER 11 사례 연구   361

  11.1 넷플릭스 TV 사용자 인터페이스, 빠르게 생각하기와 느리게 생각하기 361
      11.1.1 배경 362
      11.1.2 방법론 363
      11.1.3 결과 365
      11.1.4 토론 367
      11.1.5 영향 368
  11.2 PCW 프레임워크(참여/경쟁/승리): 시장에서의 제품 및 기능 평가 370
      11.2.1 소개 371
      11.2.2 객관적 기준 잡기 372
      11.2.3 기능 분석 373
      11.2.4 PCW (종합) 사용성 테스트 377
  11.3 엔터프라이즈 UX 사례 연구: 'UX 수익 체인' 발견하기 380
      11.3.1 소개 380
      11.3.2 지표 식별하고 선택하기 381
      11.3.3 방법론 383
      11.3.4 분석 387
      11.3.5 결과 388
      11.3.6 결론 391

11.4 건강 보험 웹사이트의 UX 벤치마킹 ... 392
    11.4.1 방법론 ... 392
    11.4.2 결과 ... 395
    11.4.3 요약 및 권장 사항 ... 400
    11.4.4 감사의 말씀 ... 402
    11.4.5 약력 ... 402
11.5 SNAP 격차 해소 ... 402
    11.5.1 현장 조사 ... 404
    11.5.2 주간 리뷰 ... 405
    11.5.3 신청서 질문 ... 406
    11.5.4 설문 조사 ... 408
    11.5.5 프로토타입 테스트 ... 409
    11.5.6 성공 지표 ... 410
    11.5.7 조직 ... 411
    11.5.8 약력 ... 411

CHAPTER 12 성공의 열 가지 열쇠 413

12.1 데이터에 생명력 불어넣기 ... 413
12.2 측정 요청을 기다리지 말라 ... 415
12.3 측정에는 생각보다 돈이 많이 들지 않는다 ... 416
12.4 일찍 계획하기 ... 417
12.5 제품 벤치마킹 ... 418
12.6 데이터 탐색 ... 419
12.7 비즈니스 언어로 말하기 ... 421
12.8 자신감 보여주기 ... 421
12.9 지표를 오용하지 말자 ... 422
12.10 프레젠테이션 간소화 ... 423

참고문헌 ... 427
찾아보기 ... 439

CHAPTER 1
서론

사용자 경험$^{UX,\ User\ experience}$은 제품 또는 시스템에 대한 사람의 정서적 반응, 태도, 효율적 성공 능력 등 여러 측면을 포함한, 사람이 느끼는 총체적인 경험에 관한 것이다. UX 지표$^{UX\ metrics}$란, 이 경험의 다양한 측면을 측정하는 방법이자 측정 기준이다. 이러한 지표에는 우리가 직접 관찰하고 측정할 수 있는 '행동'(예: 누군가가 스마트폰에서 알람을 설정하는 데 걸리는 시간), 사용자에게 본인의 경험에 대해 질문해 추론해야 하는 '태도'(예: 이 제품을 다른 사람에게 추천할 가능성), 측정하기 위해 특수 장비가 필요한 '양상'(예: 시선 추적 데이터)이 포함된다.

이 책의 목표는 제품의 디자인을 평가하고 개선하는 데 UX 지표를 어떻게 사용할 수 있을지 그 방법을 보여주는 것이다. 어떤 사람들은 UX 지표라고 하면 복잡한 공식, 상반되는 리서치, 고급 통계 방법에 압도당하는 느낌을 받는다고 한다. 우리는 리서치의 많은 부분을 쉽게 이해하도록 설명하고 UX 지표의 실제 적용에 초점을 맞춰 소개하려 한다. UX 지표를 수집하고 분석하며 제시하는 단계별 접근 방식을 차근차근 안내할 것이다. 우리는 여러분으로 하여금 각 상황 또는 적용 대상에 적합한 지표를 선택하도록 도울 것이며, 예산 초과 없이 신뢰할 수 있으면서도 실행 가능한 결과를 도출하는 방법을 보여줄 것이다. 광범위한 지표들을 분석하기 위한 가이드와 팁을 제공할 것이고, 간단하면서도 효과적으로 UX 지표들을 제시하는 방법에 대한 다양한 예시를 소개할 것이다.

우리의 의도는 이 책을 '어떤 제품이든 제품의 사용자 경험을 측정하는 방법을 알려주는 실용 가이드로 만드는 것'이다. 하지만 많은 공식을 제공하진 않을 것이다. 사실 공식이라 할 것도 거의 없다. 여기서 사용된 통계는 꽤 제한적이며, 계산은 엑셀Excel 또는 일반 소프트웨어나 웹 애플리케이션에서 쉽게 수행할 수 있다. 과도한 설명을 배제하고, 모든 유형의 제품의 사용자 경험을 평가하는 데 적합한 도구가 무엇인지 보여주고자 한다.

이 책은 제품 중립적product-neutral이다. 우리가 설명하는 UX 지표들은 어떤 유형의 제품에든 사용할 수 있다. 이건 UX 지표의 뛰어난 특징 중 하나이다. 웹사이트만을 위한 것이 아니다. 예를 들어 과업 성공률과 만족도는 여러분이 웹사이트, 스마트폰, 전자레인지 등 어떤 제품을 평가하든 마찬가지로 유효하다.

UX 지표들은 특정 디자인이나 기술보다 '시효성shelf life'이 더 길다. 기술이 변하더라도 지표들의 기본 개념은 동일하게 유지된다. 어떤 지표들은 사용자 경험을 측정하는 새로운 기술의 개발로 변화될 수도 있다. 하지만 측정되는 근원적인 현상은 변하지 않는다. 시선 추적 기술이 좋은 예이다. 많은 리서처들은 사용자들이 특정 시점에 정확히 어디를 보고 있는지 측정하는 방법을 원했다. 이제 시선 추적 기술의 발전으로 측정이 훨씬 쉽고 정확해졌다. 감성적 몰입도emotional engagement 수준을 측정하는 경우에도 마찬가지이다. 우리는 감성 컴퓨팅affective computing의 새로운 기술로 인해 비침해성 피부 전도도 센서unobtrusive skin conductance sensor[1]와 안면 인식 소프트웨어로 각성 수준arousal level을 측정할 수 있다. 이제 사용자들이 여러 유형의 제품과 상호작용할 때의 감정 상태를 엿볼 수 있게 됐다. 이런 새로운 측정 기술은 의심할 여지없이 매우 유용하다. 하지만 우리 모두가 답하려는 본질적인 질문들은 사실상 크게 변하지 않는다.

그렇다면 우리는 왜 이 책을 썼을까? 인적 요인human factor, 통계statistics, 실험 설계experimental design, 사용자 조사 방법user research method에 관한 서적은 확실히 부족하다. 그리고 이러한 서적 중 일부는 보다 일반적인 UX 지표들을 다룬다. 전적으로 UX 지표에 초점을 맞춰 저술된 책이 정말 필요한가? 나의 대답은 '그렇다!'이다. 우리는 확실히 그렇게 생각한다. 우리의 (겸손한) 견해로는, 이 책은 사용자 경험 리서치 분야에 다음과 같이 다섯 가지 특별한 기여를 할 것이다.

---

1 사용자 주의를 끌지 않고 자연스럽게 피부의 전기적 반응을 측정하는 장치를 말한다. – 옮긴이

- 우리는 UX 지표들을 종합적으로 살펴본다. 다른 어떤 책도 이렇게 다양한 지표들을 깊이 있게 다루지 않는다. 우리는 광범위한 UX 지표들을 수집하고 분석하며 제시하는 방법을 구체적으로 소개한다.
- 이 책은 실용적인 접근 방식을 취한다. 우리는 여러분이 UX 지표를 업무에 적용하는 데 관심이 있다고 가정하고 이 책을 썼다. 아울러 불필요한 세부 설명으로 여러분의 시간을 낭비하지 않는다. 여러분이 이 지표들을 매일 쉽게 활용할 수 있게 되기를 바란다.
- 우리는 UX 지표들에 대해 올바른 결정을 내릴 수 있도록 도움을 주고자 한다. UX 전문가 업무에서 가장 어려운 측면 중 하나는 데이터들을 수집할지 여부를 결정하는 것이고, 수집하기로 했다면 어떤 지표를 수집할지 결정하는 일이다. 우리는 여러분이 상황에 맞는 지표, 측정 기준을 찾을 수 있도록 의사 결정 프로세스를 안내한다.
- 우리는 여러 유형의 조직 안에서 UX 지표를 어떻게 적용해 왔고, 리서치 질문에 답하는 데 지표들을 어떻게 사용하는지 보여주는 많은 예시를 제공한다. 또한 UX 지표로 밝혀진 정보를 가장 잘 사용하려면 어떻게 하는 것이 좋을지 결정하는 데 도움을 주는 심층 사례 연구 자료도 제공한다.
- 우리는 다양한 제품 또는 기술에 사용 가능한 UX 지표를 제시한다. 기술이 진화하고 제품이 바뀌더라도 이런 지표들이 여러분의 업무 전반에 도움이 될 수 있도록 폭넓은 관점을 취한다.

이 책은 크게 세 단계로 나뉜다. 첫 번째 단계(1~3장)에서는 UX 지표들을 이해하고 활용하는 데 필요한 배경 정보를 설명한다.

- 1장은 사용자 경험과 관련 지표에 관해 개략적으로 소개한다. 사용자 경험을 정의하고, 사용자 경험 측정의 가치에 대해 논하며, 이와 관련된 새로운 트렌드를 공유한다. 더불어 UX 지표에 대한 일반적인 통념을 바로잡고, UX 측정의 최신 개념을 소개한다.
- 2장은 UX 데이터에 관한 배경 정보와 기본 통계 개념을 설명한다. 또한 여러 UX 방법론과 관련된 일반적인 통계 절차를 수행하기 위한 가이드를 제공한다.
- 3장은 지표 관련 연구 계획에 대해 중점적으로 설명한다. 참가자 목표$^{participant\ goal}$와 연구 목표$^{study\ goal}$를 정의하고, 갖가지 상황에 적합한 지표를 선택한다.

두 번째 단계(4~10장)에서는 UX 지표의 일반적 유형과 (단일 유형에 속하지 않는) 몇몇 특별한 주제들을 살펴본다. 우리는 각 지표에 대해 그 지표가 무엇인지, 언제 어떻게 사용하는지 혹은 언제 사용하지 않는지 설명한다. 그리고 데이터를 수집하는 방법과 데이터를 분석하고 제시하는 여러 방법을 보여준다. 다음으로, 실제 UX 리서치에서 지표가 어떻게 사용됐는지 예시를 보여준다.

- 4장은 과업 성공 여부^{task success}, 과업 시간^{time-on-task}, 오류^{error}, 효율성^{efficiency}, 학습 용이성^{ease of learning} 등 다양한 유형의 성능 지표^{performance metric}를 다룬다. 이 지표들은 사용자 행동^{user behavior}의 여러 양상을 측정하기 때문에 성능^{performance}의 범주에 속한다.

- 5장은 만족도^{satisfaction}, 기대치^{expectation}, 사용 용이성^{ease-of-use}, 신뢰도^{confidence}, 유용성^{usefulness}, 인지도^{awareness} 등 자가측정 지표^{self-reported metrics, 자기 답변하는 형태의 지표}에 관해 중점적으로 설명한다. 자가측정 지표는 (UX 전문가가 사용자의 실제 행동을 측정한 결과가 아니라) 사용자가 자신의 경험에 대해 공유한 내용이다.

- 6장은 사용성 이슈^{usability issue}를 측정하는 방법을 살펴본다. 사용성 이슈는 이슈가 발생하는 빈도^{frequency}와 심각도^{severity}, 이슈 유형 등을 측정해 쉽게 정량화할 수 있다. 또한 적절한 표본^{sample}의 크기와 사용성 이슈를 안정적으로 포착하는 방법과 관련된 몇몇 논쟁에 대해서도 이야기한다.

- 7장은 시선 추적^{eye-tracking} 기술을 사용해 사용자의 시각적 주의력^{visual attention}, 관심도를 측정하는 방법을 다룬다. 이 기술은 지난 몇 년 동안 더욱 정확해지고 측정 비용도 저렴해지면서 점차 많이 사용됐다. 우리는 시선 추적 기술의 기본 사항들, 이 기술을 통해 얻을 수 있는 시각적 관심 관련 지표들의 종류, 시각적 관심도 패턴을 사용해 사용자 경험을 개선하는 방법을 설명한다.

- 8장은 감성적 몰입도^{emotional engagement}를 측정하는 방법을 소개한다. 이 지표에는 기쁨^{joy}, 관여도^{engagement}, 심지어 스트레스^{stress} 같은 정서적 반응을 측정하기 위한 광범위한 기술이 적용된다. 이 모든 지표는 사용자 인터페이스와의 상호작용 경험의 결과로 사용자의 신체, 특히 얼굴이 어떻게 반응하는지에 관한 정보를 포착한다.

- 9장은 서로 다른 유형의 지표들을 결합하고 새로운 지표를 만들어내는 방법에 대해 설명한다. 가끔은 제품의 사용자 경험에 대한 전반적 평가를 받아보는 게 도움이 된다. 이 포괄적이고 종합적인 평가는 서로 다른 유형의 지표들을 단일 UX 지수로 결합하거나 그 지표들을

UX 점수 카드에 요약하거나 전문가 성능 수준과 비교하면서 수행된다.
- 10장은 (UX 연구 관점에서 중요하지만 앞서 소개한 다섯 가지 UX 지표 카테고리에 딱 들어맞진 않는) 특별한 주제들을 소개한다. 라이브 웹사이트^{live website}에서의 A/B 테스트^{A/B testing}, 데이터 카드 소팅^{card-sorting data}, 접근성 데이터^{accessibility data}, 투자자본수익률^{ROI, Return On Investment} 등의 주제들을 설명한다.

세 번째 단계(11~12장)에서는 UX 지표들을 실무에서 어떻게 활용하는지 보여준다. 특히 서로 다른 유형의 조직 안에서 UX 지표들을 실제로 어떻게 사용하는지, 조직에서는 UX 지표 사용을 어떤 방법으로 촉진하는지 설명한다.

- 11장은 서로 다른 연구자들이 수행한 다섯 가지 사례 연구를 소개한다. 각각의 독특한 사례 연구를 통해 다양한 조직에 속한 UX 전문가들이 서로 다른 유형의 UX 지표들을 사용하는 방법, 데이터를 수집하고 분석한 방법, 그리고 그 결과들을 살펴본다.
- 12장은 여러분이 여러분의 조직 안에서 UX 지표들을 사용해 나아가는 데 도움이 되는 10단계 가이드를 제공한다. 우리는 UX 지표들이 서로 다른 유형의 조직의 업무 활동에 어떻게 부합할 수 있을지 살펴보고, 조직 안에서 UX 지표가 제대로 작동하게 하는 실용적인 팁과 성공 레시피에 관해 논의한다.

1.1 사용자 경험이란 무엇인가?

사용자 경험을 측정하기 전에 우리는 사용자 경험이 무엇인지 명확히 알아야 한다. 많은 UX 전문가가 '사용자 경험'을 구성하는 요소에 관해 각자 본인들만의 고유한 견해를 갖고 있지만, 우리는 사용자 경험을 다음의 세 가지 특성으로 정의한다.

- 사용자가 관련돼 있음('사용자'는 광의의 의미로, '인간'으로 정의됨)
- 사용자는 제품, 시스템, 또는 인터페이스가 있는 모든 것과 상호작용하고 있음
- 사용자 경험은 흥미롭고, 관찰 가능하거나 측정 가능함

사용자가 무언가 특정 행위를 하지 않을 때에도 우리는 정치적 여론 조사, 아이스크림 맛 선호도 설문 조사처럼 사용자의 태도와 선호도를 측정할 수 있다. 하지만 조사 대상이 사용자 경험으로

간주되려면 행동^{behavior} 또는 적어도 잠재적이거나 예상되는 행동이 있어야 한다. 예를 들어 우리는 조사 참가자에게 웹사이트의 스크린샷을 보여주고 스크린샷이 인터랙션이 있는 웹사이트라면 어느 부분을 클릭할지 물어볼 수 있다.

여러분은 이 논의가 특정 유형의 제품이나 시스템으로 국한돼 있지 않음을 알 것이다. 우리는 제품(또는 시스템)과 사용자 사이에 인터페이스가 존재하는 한, 어떤 제품(또는 시스템)이든 사용자 경험 관점에서 평가할 수 있다고 생각한다. 우리는 휴먼 인터페이스^{Human Interface}가 없는 제품의 예를 떠올리기 어렵다. 즉, 이 말은 UX 관점에서 거의 모든 제품이나 시스템을 연구할 수 있음을 의미한다.

어떤 사람들은 사용성^{Usability}과 사용자 경험^{User eXperience}이라는 용어를 구분해 사용한다. 사용성은 일반적으로 사용자가 과업을 성공적으로 수행하기 위해 제품을 사용하는 능력으로 간주되는 반면, 사용자 경험은 더 넓은 관점을 취해 개인과 제품 간 전체 상호작용뿐만 아니라 그 상호작용에 따른 생각^{thought}, 느낌^{feeling}, 인식^{perception}까지 아우르는 개념으로 여기는 것이다.

이 외에 자주 언급되는 용어로, 고객 경험^{CX, Customer eXperience}이 있다. CX^{고객 경험}와 UX^{사용자 경험} 간에는 의심할 여지없이 겹치는 부분이 존재한다. 하지만 CX는 고객과 고객이 회사 또는 브랜드와 갖는 모든 관계적 측면에 초점을 맞춘 반면, UX는 사용자가 제품 또는 시스템과 주고받는 전체 상호작용에 더 중점을 둔다. 여러분은 동일한 지표가 두 도메인에서 사용됨을 알 수 있을 것이다. 예를 들어 순고객 추천 지수^{NPS, Net Promoter Score, 5장 참고}는 CX와 UX, 두 분야에서 모두 자주 사용된다. 맥락을 굳이 복잡하게 나누려는 건 아니지만, '환자 경험^{Patient eXperience}', '학생 경험^{Student eXperience}'처럼 리서처가 초점을 맞춰 다루는 다른 '경험'도 존재한다. 우리는 이 책의 목적에 맞춰, '사용자 경험'이라는 용어를 사용해 제품 또는 시스템의 실제 사용과 관련된 모든 사용자 개인 또는 그룹의 폭넓은 경험을 요약할 것이다.

사용자 경험은 때로는 삶과 죽음의 다른 결과를 가져오기도 한다. 예를 들어 의료 산업에서 사용성 문제는 의료 기기와 절차, 심지어 진단 도구 등 여러 곳에 수없이 존재하며, 의료 산업은 사용성 문제로부터 특히 자유롭지 못하다. 제이콥 닐슨(Jakob Nielsen, 2005)은 잘못된 약을 처방받은 환자 사례들에서 스물두 가지 사용성 문제를 발견했던 한 연구를 인용한다. 더욱 문제가 되는 것은 매년 평균 98,000명의 미국인이 의료 과실로 인해 사망한다는 것이었다(Kohn et al., 2000). 여기에는 의심할 여지없이 많은 요인이 존재하겠으나, 어떤 사람들은 사용성과 인적 요인에 어느 정도 책임이 있다고 추정한다.

매우 설득력 있는 연구 사례를 소개해 보자면, 앤서니 안드레(Anthony Andre, 2003)는 자동 외부 제세동기^{AED, Automatic External Defibrillator}의 디자인을 살펴봤다. AED는 심정지 환자를 소생시키기 위해 사용하는 기기로 쇼핑몰, 공항, 스포츠 경기장 같은 많은 공공장소에서 볼 수 있다. AED는 CPR 같은 인명 구조 기술에 관한 배경 지식 또는 경험이 없는 일반 대중도 사용할 수 있도록 고안됐다. AED의 디자인은 매우 중요하다. AED를 사용하는 대부분의 사람들은 엄청난 스트레스를 받는 상황에서 처음으로 AED 기기를 사용하게 되기 때문이다. AED에는 간단하고도 명확한 설명서가 있어야 하며, 긴급한 상황에 적절히 대응하면서도 사용자 오류를 경감시키는 방식으로 가이드를 전달해야 한다. 안드레는 네 가지 AED 기기를 비교했다. 그는 정해진 제한 시간 내에 성공적으로 전기 충격을 주는 사용자 측면에서의 기기 수행 방식에 관심이 있었다. 그리고 각 기기들의 사용자 실행 결과에 영향을 미치는 특정 사용성 이슈를 밝혀내고자 했다.

2003년 연구에서 안드레는 64명의 참가자들을 네 종류의 AED 기계 중 하나에 각각 할당했다. 참가자들은 방에 들어가 본인에게 배정된 AED를 사용해 환자(바닥에 누워 있는 마네킹)를 구해야 했다. 실험 결과는 충격적이었다. 두 종류의 기계는 예상대로 작동했지만(각 기계별 16명의 참가자 샘플에서 오류율 0%), 나머지 두 종류의 기계는 제대로 작동하지 않았다. 어떤 AED 제품의 경우, 그 제품을 사용한 참가자의 25%는 환자에게 성공적으로 전기 충격을 줄 수 없었다. 이 결과에는 여러 이유가 있었다. 예를 들어 참가자들은 환자의 맨 가슴에 부착하는 패드의 포장을 제거하는 방법에 대한 설명서를 읽고 혼란스러워 했다. 또한 전극을 어디에 둬야 하는지에 대한 지침도 어려워했다. 안드레는 연구 결과를 클라이언트와 공유했고, 그들은 제품 재설계 시 이 이슈들을 해결하기로 했다.

직장이나 가정에서도 이와 유사한 상황이 상시적으로 발생할 수 있다. 보일러에 점화용 불씨를 켜거나, 새 조명 기구를 설치하거나, 세금 양식을 이해해야 하는 상황에서 받아보는 서면 설명서들을 떠올려보자. 설명서를 잘못 이해하거나 틀리게 읽으면 금전적 손실, 개인 상해 또는 심지어 사망까지 초래할 수 있다. 사용자 경험은 대부분의 사람들이 생각하는 것보다 우리 삶에 훨씬 더 폭넓게 적용한다. 매일 모든 사람의 일상에 큰 영향을 끼치고 있는 것이다. 아울러 더 나아가 문화,

나이, 인종, 성별, 경제적 계층에도 영향을 미친다.

물론 생명을 구하는 일의 가치만이 좋은 사용자 경험을 끌어내는 유일한 동기는 아닐 것이다. 비즈니스 환경에서 사용자 경험을 옹호하는 일은 종종 수익 증가, 비용 감소의 방향도 고려해 결정된다. 신제품을 출시했지만 조악한 사용자 경험으로 인해 손실을 입은 회사들에 대한 이야기를 심심찮게 들었을 것이다. 어떤 회사들은 브랜드 메시지에 사용 용이성을 주요 차별화 요소로 삼기도 한다.

벤틀리 대학교 사용자 경험 센터(www.bentley.edu/uxc)는 모 대형 병원과 자선 기부 웹사이트 재설계 건으로 협업할 기회가 있었다. 병원은 웹사이트 방문자들이 병원의 자선 재단을 찾고 기부하는 데 어려움을 겪을까 봐 우려했다. 그들은 특히 반복 기부 횟수를 늘리는 데 관심이 있었다. 그 방법이 기부자들과 지속적인 관계를 구축하기에 좋았기 때문이다. 그래서 우리의 연구 범위에는 현재의 기부자들과 잠재적 기부자들을 포괄하는 종합적인 사용성 평가가 포함됐다. 우리는 이 프로젝트를 통해 사용자들의 웹사이트 탐색 방식을 개선할 뿐만 아니라 기부 양식을 단순화하고 반복 기부의 이점을 강조하는 방법에 대해 많은 것을 배웠다. 우리는 새 웹사이트를 론칭하고 난 후 머지않아 우리의 재설계 작업이 성공적이라는 것을 확인했다. 전반적으로 기부율이 50% 증가했고 반복 기부가 2건에서 19건으로 증가해 총 6,715% 증가했다! 이는 대의적 차원에서도 의미 있는 기여를 한, 진정한 성공 사례였다.

최근 몇 년 동안 미국에서는 투표 관련 사용자 경험이 많은 주목을 받았다. 2000년 미국 대선의 (이른바 '버터플라이 밸럿butterfly ballot'이라고 부르는) 나비 모양의 투표 용지가 그 시작이었는데, 그다지 좋은 방식이 아니었다. 당시 조지 부시George W. Bush와 앨 고어Al Gore가 주요 대선 후보였고, 선거는 플로리다Florida 주 선거만을 남겨놓고 있었다. 플로리다에서 승리하는 사람이 선거에서 이기는 상황이었다. 팜비치 카운티Palm Beach County에서는 다음 페이지의 그림 1.1과 같은 악명 높은 나비 모양의 투표 용지를 사용했다. 용지의 중앙 기둥에 구멍을 뚫어 투표를 하는 방식이었다. 그런데 어떤 구멍은 구멍의 왼쪽과 오른쪽 모두에 후보자명이 적혀 있는 것처럼 보인다. 예를 들어 두 번째 구멍을 뚫는 것은 실제로는 왼쪽의 두 번째 후보인 앨 고어에 투표하는 것이 아니라 오른쪽에 있는 패트릭 뷰캐넌Pat Buchanan에 투표하는 것이었다. 많은 사람들이 혼동했을 것으로 추정된다. 하지만 앨 고어에게 투표하려고 했던 이들 중 얼마나 많은 수가 실수로 패트릭 뷰캐넌에게 투표했는지는 알 수 없다. 부시는 580만 유권자들의 표 중 984표 차이로 플로리다 선거인단 투표에서 승리했고, 따라서 대통령이 됐다. 차이는 0.02%에 불과했다.

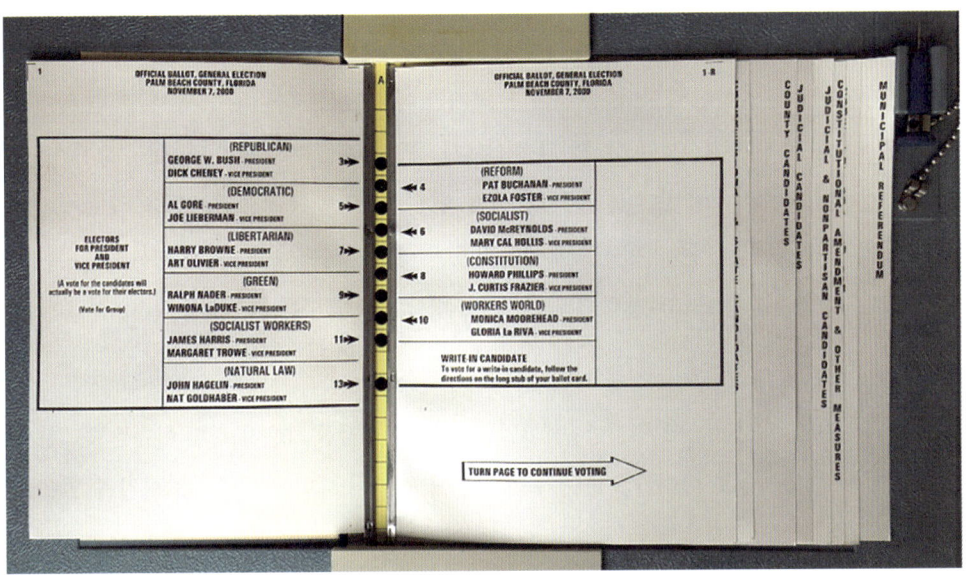

그림 1.1 2000년 미국 대통령 선거, 플로리다 주 팜비치 카운티에서 사용된 악명 높은 '버터플라이 밸럿(나비 모양의 투표 용지)'.

선거 직후 캐나다인으로 구성된 어떤 연구자 그룹(Sinclair et al., 2000)은 나비 모양의 투표 용지 영향에 대한 연구 결과를 공개했다. 그들은 캐나다 총리를 위한 두 가지 유형의 모의 투표 용지를 만들었다. 하나는 버터플라이 투표 용지를 사용했고 다른 하나는 단일 열 형태의 투표 용지였다. 그들은 쇼핑몰에서 조사를 진행했다. 참가자들은 두 가지 투표 용지 디자인 중 하나를 무작위로 배정받았다. 투표 후 참가자들에게 누구에게 투표했는지 물었다. 단일 열 형태의 투표 용지를 사용한 63명의 결과에는 오류가 없었다. 하지만 나비 모양 투표 용지를 사용한 53명의 결과에는 4건의 오류가 있었다. 이 조사에서 나비 모양 투표 용지 사용 결과는 7.5%의 오류율을 보였다. 팜비치 카운티에서 나비 모양 투표 용지를 사용한 유권자의 7.5%가 오류를 범했다면 전체 대선 결과는 달라질 수 있었다.

투표 과정에서 사용자 경험 문제들은 계속해서 나타났다. 2018년 플로리다에서 다시 재현됐고, 다음번에는 브로워드 카운티^{Broward County}에서 3열로 디자인된 투표 용지를 사용하면서 발생했다.

투표 용지의 첫 번째 열은 세 가지 다른 언어로 투표 방법을 길게 설명한 내용으로 채워져 있었다. 당시 가장 경쟁이 치열한 선거 중 하나는 미국 상원의원 선거였으며, 후보로 릭 스콧[Rick Scott](공화당)과 빌 넬슨[Bill Nelson](민주당)이 출마했다. 이때 사용된 투표 용지에서 미국 상원의원 투표에 대한 설명은 첫 번째 열의 맨 아래, 모든 설명 하단에 있었다. 브로워드 카운티는 통계적으로 플로리다에서 가장 민주당 성향이 강한 곳 중 하나다. 하지만 이상하게도 그들은 두 번째 열, 맨 위에 눈에 띄게 배치된 주지사 경선보다 상원의원 경선에서 약 25,000표 적게 얻었다. 일부 유권자들이 긴 투표 설명서의 맨 아래에 있던 상원의원 경선에 대한 설명을 놓친 것으로 보인다. 릭 스콧은 단 10,000표 차이로 주 전체 상원의원 선거에서 승리했다. 상원 경선에서 투표권을 행사하지 못한 브로워드 카운티의 유권자 25,000명 중 절반만이라도 빌 넬슨에게 투표했다면 빌 넬슨이 이겼을 것이다.

이런 사례는 투표 용지처럼 보기에 단순해 보이는 것조차 심각한 사용자 경험 이슈를 초래할 수 있음을 보여준다. 그리고 이러한 문제는 우리 정부에, 심지어 사회에도 영향을 미칠 수 있을 것이다.

사용자 경험은 제품의 복잡성이 증가함에 따라 우리 삶에서 점차 중요한 역할을 하게 됐다. 아울러 기술이 발전하고 성숙해지면서 사용자층도 점점 더 다양해지고 있다. 그러나 이러한 기술의 진화와 가중되는 복잡성이 필연적으로 기술이 사용하기 쉬워짐을 의미하지는 않는다. 실제로는 우리가 사용자 경험에 세심한 주의를 기울이지 않으면 되려 정반대의 일이 일어날 가능성이 높다. 기술의 복잡도가 증가함에 따라 우리는 사용자 경험에 더 많은 관심과 중요도를 부여해야 한다. 이런 상황에서 UX 지표는 효율적이고 사용하기 쉬우며 매력적인 기술을 구축하는 개발 과정에서 더욱 더 중요한 역할을 하게 될 것이다.

1.2 사용자 경험 지표란 무엇인가?

지표는 특정 현상이나 항목을 측정하거나 평가하는 방법이다. 거리, 높이, 속도 같은 속성을 측정하거나 정량화할 수 있기 때문에, 무언가가 더 길거나 높거나 빠르다고 말할 수 있다. 이 프로세스에는 이런 항목들을 측정하는 방법과 이를 수행하는, 일관되면서도 신뢰할 수 있는 방법에 대한 합의가 필요하다. '1인치'는 누가 측정하든 같은 길이이고, '1초'는 시간을 재는 기기가 무엇이든 같은 시간이다. 이런 측정에 대한 기준은 사회 전체가 정의하고, 각 측정 단위의 표준 정의를 기반으로 한다.

지표는 우리 삶의 어느 곳에나 존재한다. 우리는 시간, 거리, 무게, 높이, 속도, 온도, 부피 등 많은 지표에 익숙하다. 모든 산업, 모든 활동, 모든 문화에는 자체적으로 고유한 지표 체계가 있다. 이를테면 자동차 산업에는 자동차의 마력, 연비, 원자재 비용 관련 체계가 있으며, 컴퓨터 산업에는 프로세서 속도, 메모리 크기, 전력 요구 사항 관련 체계가 있다. 집에서도 이와 유사한 측정 체계가 있으며 우리는 이 지표들이 어떻게 변하는지 궁금해한다. 일례로 욕실 저울에 올라가면 체중이 어떻게 변하는지, 저녁에 온도 조절기기는 어디에 맞춰야 하는지, 매달 전기 요금 내역을 해석하는 방법은 무엇인지 등 말이다.

사용자 경험 분야도 다르지 않다. 우리는 우리 직업과 관련된 특유의 지표 목록을 갖고 있다. 과업 성공 여부, 사용자 만족도, 오류 등 경험 평가와 관련된 다양한 지표가 있다. 이 책은 모든 UX 지표들을 한곳에 모아 소개하면서 이 지표들을 사용해 여러분과 여러분의 조직에 최대의 이점을 제공할 방법에 관해 설명한다.

그러면 UX 지표란 무엇이며 다른 유형의 지표들과 어떻게 다른가? 다른 모든 지표들과 마찬가지로 UX 지표도 신뢰 가능한 측정 시스템을 기반으로 한다. 무언가를 측정할 때마다 동일한 측정 세트를 사용하면 비슷한 결과를 얻을 수 있어야 한다. 그리고 모든 UX 지표는 직간접적으로 어떤 방식으로든 관찰 가능해야 한다. 이런 관찰은 단순히 과업이 성공적으로 완료됐음을 기록하거나 과업을 완료하는 데 필요한 시간을 기록하는 일일 수 있다. 모든 UX 지표는 수치화할 수 있어야 한다. 즉, 숫자로 변환하거나 어떤 방식으로든 셀 수 있어야 한다. 또한 모든 UX 지표는 측정하고 있는 항목이 사용자 경험의 어떤 측면을 숫자 형식으로 표시하도록 요구한다. 예를 들어 UX 지표는 사용자의 90%가 1분 내에 과업을 완료할 수 있거나 사용자의 50%가 인터페이스의 핵심 요소를 알아차리지 못했다는 것을 보여줄 수 있다.

UX 지표가 다른 지표와 다른 점은 무엇일까? UX 지표는 사용자 경험, 즉 제품이나 시스템을 사용하는 인간의 개인적인 경험에 대한 정보를 보여준다. UX 지표는 사용자와 제품 간 상호작용에 대한 효과성^{effectiveness}(과업을 완료할 수 있음), 효율성^{efficiency}(과업을 완료하는 데 필요한 노력의 정도), 만족도^{satisfaction}(사용자가 과업을 수행하는 동안 자신의 경험에 만족한 정도)를 보여준다.

UX 지표와 다른 지표들 간의 또 다른 차이점은 UX 지표는 사람들과 그들의 행동 또는 태도에 관한 무언가를 측정한다는 것이다. 사람들은 놀라울 정도로 다양하고 적응력이 뛰어나기 때문에, 우리는 때때로 UX 지표를 다룰 때 난관에 직면하기도 한다. 이런 이유로 우리는 데이터의 가변성을 고려하는 차원에서 대부분의 UX 지표들의 신뢰구간confidence interval에 관해 논의할 것이다. 또한 UX 맥락과 관련이 있는 (그리고 관련이 없는) 것으로 간주되는 지표에 대해서도 논의할 것이다.

한편 실제 사용 경험과 관련이 없는 '전반적인 선호도overall preference', '태도attitude' 같은 특정 항목들은 UX 지표로 간주되지 않는다. 대통령 승인 등급Presidential Approval Ratings, 소비자 물가 지수Consumer Price Index, 특정 제품의 구매 빈도 같은 몇 가지 표준 지표들을 생각해 보자. 이 지표들은 모두 정량화할 수 있고 특정 유형의 행동을 반영할 수 있지만, 데이터의 가변성을 반영하기 위해 실제로 사용하는 것을 기반으로 하진 않는다.

UX 지표는 그 자체로 끝이 아니다. 끝이라기보다는 오히려 정보에 입각해 결정을 내리는 데 도움이 되는 수단이다. UX 지표는 다른 방법으로는 해결할 수 없는 조직의 중요한 질문에 답을 줄 것이다. 이를테면 UX 지표는 다음과 같은 매우 중요한 질문들에 답을 할 수 있다.

- 사용자는 제품을 사용한 후 제품을 다른 사람에게 추천할까?
- 이 새로운 제품은 현재 제품 대비 사용하기에 더 효율적인가?
- 이 제품의 사용자 경험은 경쟁사 제품과 어떻게 다른가?
- 사용자는 제품을 사용한 후 제품이나 자기 자신에 대해 좋은 느낌을 받는가?
- 이 제품의 가장 중요한 사용성 이슈는 무엇인가?
- 하나의 디자인 개선 단계에서 다음 개선 단계로 넘어가면서 제품은 개선되고 있는가?

1.3 UX 지표의 가치

우리는 UX 지표들이 꽤 놀랍다고 생각한다. 그렇지 않다면 왜 이 책을 쓰겠는가? 사용자 경험을 측정하는 일은 단순한 관찰보다 훨씬 더 많은 것을 도출해 낸다. 지표들은 디자인과 평가 프로세스를 구조화하고 결과에 관한 통찰을 끌어내며 의사 결정자들에게 정보를 제공한다. 지표가 의미 있는 통찰을 제공하지 못하면, 중요한 비즈니스 결정이 잘못된 가정이나 직감, 또는 예감에 의존하게 되는데, 결과적으로 그런 결정은 최선의 결정이 아닐 것이다.

보통 사용성 평가가 진행되는 동안 명백한 UX 이슈들을 발견해 내는 일은 꽤 쉽다. 그러나 그 문제의 크기나 수준을 추정하는 건 어렵다. 예를 들어 조사에 참여한 참가자 8명 모두가 똑같은 문제를 겪었다면 여러분은 그 문제가 흔한 문제라고 확신할 수 있을 것이다. 하지만 참가자 8명 중 2~3명만 문제에 직면한다면 어떨까? 더 많은 사용자 집단에게 이 결과는 뭘 의미할까? UX 지표는 이 문제를 경험할 가능성이 있는 사용자 수를 추정하는 방법을 제공한다. 문제의 수준을 알면, 상황에 따라 주요 제품 출시일을 연기할 수도 있고 우선순위가 낮은 버그 목록에 버그 수정 항목을 추가하는 것만으로도 끝낼 수 있다. 하지만 UX 지표들이 없다면 문제의 수준은 그저 추측에 불과하다.

여러분이 제품을 다음 버전으로 업그레이드시킬 때, UX 지표들은 사용자 경험을 실제로 개선하고 있는지의 여부를 보여준다. 예리한 관리자는 새로운 제품이 기존 제품 대비 더 나을 것이라는 점을 가능한 한 확실하게 알고 싶어 할 것이다. 이때 UX 지표가 원하는 대로 개선됐는지 여부를 실제로 알 수 있는 유일한 방법이다. 현재 버전의 제품을 새로운, '개선된' 제품과 함께 측정해 비교하고 잠재적 개선 여부를 평가함으로써 윈-윈 상황을 만들 수 있다. 다음은 윈-윈이 가능한 세 가지 결과다.

- 새로운 버전이 현재 제품보다 더 낫다는 테스트 결과가 나왔다. 모든 사람이 개선 사항이 적용됐음을 확인하고는 밤에 두 다리 뻗고 잘 수 있다.
- 새로운 버전이 현재 버전보다 더 나빠졌다는 테스트 결과가 나왔다. 문제를 해결하거나 수정 계획을 세울 것이다.
- 현재 제품과 새 제품 사이에 분명한 차이점이 없다. 사용자 경험에 미치는 영향이 꼭 새 제품의 성공 또는 실패에 영향을 미치지는 않는다. 하지만 제품의 다른 측면을 개선하면 사용자 경험의 부족한 부분을 보완할 수 있다.

UX 지표는 ROI^{Return On Investment, 투자자본수익률}를 계산하는 핵심 요소이다. 여러분은 사업 계획의 일환으로, 신제품 디자인의 결과로 얼마나 많은 돈이 절약되는지 또는 수익이 어떻게 증가하는지 판단해 달라는 요청을 받을 수 있다. UX 지표가 없다면 이런 작업은 불가능하다. 그러나 여러분이 UX 지표를 활용하면 다음과 같은 효과를 확인할 수 있다. 첫째, 내부 웹사이트의 데이터 입력 필드를 간단히 변경하는 것만으로 입력 오류를 최대 75%까지 줄일 수 있다. 둘째, 고객 서비스 과업을 완료하는 데 필요한 시간을 단축할 수 있다. 셋째, 매일 처리되는 매매 건수를 늘릴 수 있다. 넷째, 고객 주문 적체와 배송 지연을 줄일 수 있다. 이러한 개선은 고객 만족도와 주문량을 동시에 높이며, 결과적으로 회사의 전반적인 수익 증대로 이어진다.

UX 지표는 보기 어렵거나 심지어 볼 수 없는 사용 패턴을 드러내는 데 도움이 된다. (지표를 수집하지 않고) 매우 적은 양의 샘플로 제품을 평가하면 대개는 가장 명백한 문제가 드러나곤 한다. 그러나 지표의 힘을 필요로 하는 더 많은 미묘한 문제들이 존재한다. 예를 들어 결제 과정에서 새 화면을 표시할 때마다 사용자 데이터를 다시 입력해야 하는 등의 소소한 비효율적 사례 등이다. 사용자들은 자신의 과업을 완료할 수 있고 결과에 만족한다고 말할 수도 있지만 사소하면서도 많은 비효율적 경험이 쌓여 결국 사용자 경험에 영향을 미치고 프로세스 속도를 늦출 수 있다. UX 지표는 여러분이 새로운 통찰을 얻고 사용자 행동을 더 잘 이해하도록 돕는다.

1.4 모두를 위한 지표

우리는 여러 유형의 UX 지표에 관한 수업을 10년 이상 진행해 왔다. 이 기간 동안 우리는 많은 UX 전문가와 통계에 대한 배경지식이 거의 (또는 전혀) 없는 비UX 전문가들을 만났고, 심지어 숫자라면 덮어놓고 어려워하는 몇몇 소수의 사람들도 만났다. 하지만 많은 사람이 이 개념에 익숙하지 못한 상황에도 불구하고, 우리는 이 연구를 하면서 이들이 UX 지표들을 수집하고 분석하며 제시하는 기본적 방법을 빠르고 쉽게 배울 수 있다는 점에 감동과 영감을 받았다. UX 지표는 매우 강력한 도구이면서도 모든 사람이 쉽게 접근할 수 있다. 여기서 중요한 포인트는 여러분은 그저 실수로부터 배우려고 노력하면 된다는 것이다. 여러분이 더 많은 지표를 수집하고 분석할수록 더 나은 결과를 얻을 수 있다! 물론 어떤 사람들은 이 책을 조직이나 프로젝트에 적합한 UX 측정 지표 유형을 참고하기 위한 지침으로만 사용하고 정작 실제 작업은 다른 사람에게 맡기기도 한다. 하지만 여러분이 직접 작업을 하고 싶지 않을지라도, 작업 시 UX 지표들을 고려해야 한다는 점은 분명하다.

우리는 이 책을 쓸 때 많은 독자가 UX 지표에 쉽게 접근하고 받아들일 수 있게 쓰고자 했으며, 복잡한 통계 분석을 심층적으로 다루기보다는 단순화해 소개하고자 했다. 우리는 이런 방식이 가능한 한 많은 UX 업계 및 비UX 업계 사람의 관심을 불러일으키는 데 도움이 될 거라고 생각했다. 아울러 당연한 당부를 덧붙이자면 우리는 이 책을 읽는 모든 사람이 본인의 조직, 제품, 리서치 사례에 맞는 새로운 측정 지표를 만들어, 이 책을 초월해 자신만의 기준을 만들어보기를 강력히 권한다.

1.5 사용자 경험 지표의 새로운 기술

앞서 UX 지표가 아주 다양한 제품, 디자인, 기술에 적용된다고 말했다. 매일 새로운 기술이 등장하고 있지만 UX 지표들은 여전히 측정 기준으로서 역할을 하고 있다. 게다가 관련 기술은 매우 빠르게 변화해, UX 데이터를 더 잘 수집하고 분석할 수 있게 진화하고 있다. 이 책 전반에 여러분의 작업을 좀 더 수월하게, 그리고 흥미롭게 만들어 줄 최신 기술에 대해, 특히 지난 몇 년 동안 등장한 기술들을 중점으로 소개하고자 한다.

시선 추적 분야에서는 몇 가지 주목할 만한 새로운 발전이 있었다. 수십 년 동안 시선 추적은 실험실에서만 이뤄졌다. 하지만 지금은 그렇지 않다. 이제는 현장에서 사용자 시선의 움직임을 추적하는 데 고글을 사용할 수 있다. 참가자가 슈퍼마켓 통로를 걸어가는 동안 무엇을, 얼마나 오랫동안 보고 있는지 데이터를 수집할 수 있게 된 것이다. 물론 거의 같은 위치, 다른 깊이에 서로 다른 물체가 존재하는 경우에는 조금 까다롭다. 그러나 그들은 새 제품을 출시할 때마다 이 고글을 개선하고 있다. 시선 추적 기술은 특정 하드웨어에 국한되지 않는 방향으로 진화하고 있다. 예를 들어 참가자가 보유한 일반 웹캠으로도 시선의 움직임 데이터를 수집하는 새로운 기술이 시도되고 있다. 더 이상 시선 추적 전용 하드웨어만 사용할 필요가 없는 것이다.

또 다른 흥미로운 신기술은 감성 컴퓨팅affective computing 분야이다. UX 전문가들은 수십 년 동안 참가자의 말을 경청하고 관찰하며 적절한 질문을 통해 사용자의 감정 상태에 관한 인사이트를 얻었다. 이 정성적 데이터qualitative data는 과거에도 가치 있는 것이었고 앞으로도 매우 가치 있을 것이다. 하지만 감성 컴퓨팅의 발전으로 인해 감성적 몰입도를 측정하는 새로운 차원이 열렸다. 이제 우리는 서로 다른 얼굴 표정facial expression과 시선의 움직임eye movement을 분석하는 얼굴 인식 소프트웨어와 더불어 피부 전도도skin conductance를 측정하는 센서로도 데이터를 얻는다. 이 세 가지 데이터는 연구원에게 사용자의 각성 수준arousal level, 유의성valence[2], 시각 집중 패턴visual attention pattern에 대한 정보를 제공한다.

---

[2] 개체의 요구에 감정이 긍정적인지 또는 부정적인지 여부, 유인성(誘引性) 또는 유발성(誘發性)이라고도 한다. – 옮긴이

데이터 수집을 매우 쉽게, 비용 부담 없이 진행할 수 있게 도와주는 언모더레이티드[unmoderated, 모더레이터 없이 진행하는] 테스트 도구들이 다양하게 존재한다. 유저줌[UserZoom]과 룹11[Loop11]은 많은 UX 데이터를 매우 효율적으로 수집할 수 있는 강력하고도 저렴한 도구이다. 유저빌라[Usabilla]와 유저리틱스[Userlytics]도 합리적인 가격으로 정성적 데이터와 정량적 데이터를 모두 통합적으로 다루는 작업을 매우 훌륭하게 수행한다. 또한 유저빌리티테스팅닷컴[UsabilityTesting.com]을 사용하면 기본적으로 정성적 기반의 사용성 연구를 셀프 가이드식으로 매우 쉽고 빠르게 실행할 수 있다. 이 외에도 마우스 클릭이나 마우스 움직임을 추적하는 데 유용한 전문적인 도구도 존재한다. UX 리서처들이 자신의 리서치에 활용할 수 있는 새로운 기술과 도구가 다양해지고 있다는 점은 매우 주목할 만한 일이다.

그동안 참가자들이 자유롭게 답변한 개방형 응답[Open-Ended Response]을 분석하는 일은 항상 힘들고 부정확했다. 연구자들은 사용자가 언급한 그 자체로의 의견을 흔히 무시하기도 하고, 작은 표본을 무작위로 선택해 인용하곤 한다. 하지만 축어적 분석 소프트웨어[verbatim analysis software]는 지난 몇 년 동안 크게 향상돼, 이제 연구자들은 손쉽게 개방형 응답을 분석할 수 있게 됐다.

1.6 UX 지표에 관한 열 가지 괴담

UX 지표라고 하면 흔히 떠올리는 오해 또는 근거 없는 선입견에 대해 소개하려 한다. 이런 오해 중 일부는 측정 지표들을 사용해 본 경험이 부족해 발생할 수 있다. 또한 이런 오해는 (마케팅 담당자가 샘플 크기에 기겁하는 등의) 부정적인 경험, 또는 다른 UX 전문가가 지표 사용 시의 번거로움과 비용에 대해 불평하는 것에서 비롯됐을 수 있다. 이런 오해가 어디서 비롯됐는지는 중요하지 않다. 중요한 건 사실과 허구를 구분해야 한다는 점이다. 우리는 UX 지표를 둘러싼 가장 일반적인 오해 열 가지와 이런 오해를 해소할 몇몇 사례를 보여주고자 한다.

오해 1: 지표를 수집하는 데 너무 많은 시간이 소요된다

UX 지표는 잘 되면 디자인 프로세스 속도를 높일 수 있다. 하지만 반대로 최악의 경우가 생길 수도 있는데, 그렇다 하더라도 전체 일정에 영향을 줘서는 안 된다. 측정 지표는 보통 디자인 개선 프로세스[iterative design process] 안에서 쉽고 빠르게 수집된다. 프로젝트 팀원들은 설문 조사를 본격적으로 시작해야 한다거나 심지어 기본 UX 지표를 수집하려면 2주 정도 연속으로 실험실에서 테스트해야 한다고 잘못 알고 있을 수 있다. 하지만 실제로는 일상적인 테스트만으로도 데이터를 수집할 수 있는 매우 간단한 UX 지표들이 존재한다. 또한 각 사용성^{usability} 조사 세션의 시작 시점이나 끝나는 시점에 몇 가지 질문을 추가해도 전체 세션 길이에는 영향을 미치지 않는 경우도 있다. 참가자는 일반적인 배경 설문 또는 후속 활동 차원에서 몇몇 주요 질문들에 빠르게 답변할 수 있는 것이다.

참가자들은 각각의 과업 수행 후라든가 모든 과업 수행이 끝난 후, 사용 용이성$^{ease\ of\ use}$ 또는 만족도^{satisfaction}를 평가할 수도 있다. 한편 대규모 사용자 그룹 또는 사용자 패널에 쉽게 연락할 수 있는 경우, 몇 가지 주요 질문과 스크린샷을 정리해 이메일로 보낼 수 있다. 단 하루만에 수백 명의 사용자들로부터 데이터를 수집하는 것도 가능하다. 또한 어떤 데이터는 사용자의 참여 없이도 빠르게 수집할 수 있다. 예를 들어 디자인 개선 과정을 반복하면서 특정 이슈의 빈도와 심각도를 빠르고 쉽게 측정할 수 있다. 지표를 수집하는 데 걸리는 시간이 몇 주 또는 며칠이 될 필요는 없다. 때로는 몇 시간, 몇 분만으로도 가능하다.

오해 2: UX 지표는 너무 많은 비용이 든다

어떤 사람들은 신뢰할 수 있는 UX 데이터를 얻는 유일한 방법이 연구를 시장 조사 업체 또는 UX 컨설팅 회사에 아웃소싱하는 거라고 믿는다. 이 방법은 어떤 상황에서는 유용할 수 있겠지만 비용이 많이 들 수 있다. 하지만 신뢰할 수 있는 다양한 지표를 측정하는 데 많은 비용이 들어야만 할까? 평상시에 일상적으로 진행하는 테스트로도 여러 사용성 이슈 관련 빈도와 심각도에 관한 매우 의미 있는 데이터를 수집할 수 있다. 또한 여러분은 동료 직원이나 관련 사용자 패널에 간단히 설문 조사 이메일을 보내 엄청난 양의 정량적 데이터를 수집할 수도 있다. 그리고 이 과정에서 활용 가능한 분석 도구 중 어떤 것은 웹에서 무료로 제공된다. 예산 지원은 특정 상황에서 분명 도움이 되겠으나 신뢰할 수 있는 지표를 얻기 위해 반드시 필요한 것은 아니다.

오해 3: 자잘한 개선에 집중하는 상황에서는 UX 지표가 유용하지 않다

프로젝트 진행 중 어떤 팀원은 매우 자잘한 개선에만 관심을 두면서, 측정 지표의 유용성에 의문을 제기할 수도 있다. 그 팀원은 제한적인 개선 사항에 집중하고 지표에 대해선 걱정하지 않는 것이 최선이라고 말할지도 모르겠다. 상황에 따라서는 UX 지표를 수집할 여분의 시간이나 예산이 없을 수도 있을 것이다. 그들은 빠르고 반복적으로 진행되는 디자인 개선 프로세스에서 측정 지표가 비집고 들어갈 자리는 없다고 말할 수도 있을 것이다. 하지만 사용성 이슈를 분석하는 일은 확실하고도 무척 가치 있는 솔루션이다. 사용성 이슈의 심각도와 빈도 그리고 이슈 발생 이유를 살펴봄으로써 디자인 프로세스 중에 제한적 자원을 최적으로 활용할 수 있도록 돕는다. 이 접근 방식은 프로젝트의 비용과 시간을 모두 절감한다. 여러분은 사용성 이슈를 검토하는 데 유용한 이전 연구들을 참고해, UX 지표를 쉽게 도출할 수도 있다. UX 측정 지표들은 크고 작은 프로젝트 모두에 유용하다.

오해 4: UX 지표는 원인을 이해하는 데 도움이 되지 않는다

혹자는 지표가 사용자 경험 문제의 근본 원인을 이해하는 데 도움이 되지 않는다고 주장한다. 그들은 측정 지표가 문제의 규모를 강조하는 역할만 한다고 오해한다. 그들이 성공률$^{success\ rate}$이나 완료 시간$^{completion\ time}$ 데이터에만 집중한다면, 왜 이런 인식이 생겼는지 이해할 수는 있겠다. 그러나 지표는 부실한 사용자 경험의 근본 원인에 대해 여러분이 예상하는 것보다 훨씬 더 많은 것을 알려준다. 여러분은 사용자가 말한 문구 그대로의 발언을 분석해 문제의 원인과 더불어 얼마나 많은 사용자가 이 문제를 경험하는지 여부도 파악할 수 있다. 여러분은 시스템 안에서 사용자들이 어느 부분에서 문제를 경험하는지 식별할 수 있고, 지표를 사용해 문제가 어떤 지점에서 왜 발생하는지 알 수 있다. 데이터가 코딩되는 방식과 방법론이 사용되는 방식에 따라, 많은 UX 이슈의 근본 원인을 밝히는 데 도움이 될 수 있는 풍부한 UX 데이터가 존재한다.

오해 5: UX 지표는 노이즈가 너무 많다

UX 지표에 대한 큰 비판 중 하나는 데이터에 너무 '노이즈$^{noise,\ 잡음}$'가 많다는 것이다. 변수^{variable}가 너무 많으면, 무슨 일이 일어나고 있는지 명확하게 파악하기 어렵다. '노이즈'가 있는 데이터의 전형적 사례를 들어 보자면, 자동화된 사용성 연구$^{automated\ usability\ study}$ 도구로 사용자의 과업 완료 시간을 측정하는데, 참가자가 커피 한 잔 마시러 나간다거나, (더 최악의 상황으로는) 주말에 집에 가서 자리를 오래 비우게 되도 이를 고려하지 않고 측정하는 것이다. 가끔 이런 일이 발생할 수도 있지만, 이로 인해 과업 시간 데이터 또는 다른 유형의 사용성 데이터 수집이 방해돼서는 안 된다.

데이터 노이즈를 최소화하거나 제거하기 위해 수행하는 몇 가지 간단한 작업이 있다. 예를 들어 분석에 극단값$^{\text{extreme value}}$이 사용되지 않도록 UX 데이터를 정제할 수 있다. 또한 데이터 노이즈를 완화하기 위해 특정 지표 중심으로 신중하게 선택할 수도 있다. 잘 정의된 절차를 따라 진행하면 과업이나 사용성 이슈를 평가할 때 적절한 수준의 일관성을 담보할 수 있으며, 많은 표준 설문지$^{\text{standard questionnaire}}$가 이미 많은 연구자에 의해 널리 검증돼 있다. 결론적으로 신중한 사고와 몇 가지 간단한 기법으로 UX 데이터의 여러 노이즈를 크게 줄여 사용자 행동과 태도에 대한 명확한 그림을 제시할 수 있다.

오해 6: 직감을 믿으면 된다

많은 디자인 의사 결정은 '직감'으로 내려진다. 프로젝트 팀에는 항상 "이 결정이 옳다고 느껴진다!"고 주장하는 사람이 꼭 있다. 지표의 장점 중 하나는 데이터를 확보하면 디자인 의사 결정에서 많은 부분을 가늠할 수 있다는 점이다. 어떤 디자인 선택지는 실제로 이쪽도 저쪽도 아닌 경계성적인 경우이지만, 실제로는 많은 사람에게 영향을 미칠 수 있다. 그리고 가끔은 옳은 디자인 솔루션이 직관에 반하는 경우도 생긴다. 예를 들어 디자인 팀은 웹페이지에 있는 모든 정보가 한 화면 안에 모두 위치하게 해 스크롤할 필요가 없도록 만들 수 있다. 그러나 (아마도 과업 완료 시간 등의) UX 데이터는 화면 내 다양한 시각 요소들 간 공백이 충분하지 않기 때문에 과업 완료 시간이 더 길어질 수 있음을 알려준다. 직관도 중요하지만 의사 결정을 내릴 때에는 데이터가 더 낫다.

오해 7: 신제품에는 지표가 적용되지 않는다

어떤 사람들은 신제품을 평가할 때 지표를 쓰는 것을 꺼린다. 비교 대상이 없으니 의미가 없다고 여기기 때문이다. 그러나 우리는 그와는 전혀 다른 관점을 갖고 있다. 신제품을 평가할 때, 향후 디자인 개선 결과들을 비교할 수 있는 기준 지표 세트를 설정해두는 것이 무척 중요하다. 이 방법이 디자인이 개선되고 있는지 여부를 실제로 알 수 있는 유일한 방법이다. 또한 신제품에 대한 목표 지표를 설정하는 것도 도움이 된다. 제품이 출시되기 전에 과업 성공$^{\text{task success}}$, 만족도, 효율성 등의 기본 UX 지표를 충족해야 한다.

오해 8: 우리가 다루고 있는 이슈 유형에 적합한 측정 지표가 존재하지 않는다

어떤 사람들은 자신이 진행 중인 특정 프로젝트 또는 제품과 관련된 측정 지표가 없다고 여긴다. 하지만 프로젝트의 목표가 무엇이든 최소한 두 가지 이상의 지표가 프로젝트의 사업적 목표와 직접적으로 연결돼 있어야 한다. 일례로 어떤 팀원들은 사용자의 감성적 반응, 만족도에만 관심이 있고 실제 과업 수행에는 관심이 없다고 말한다. 이 경우에는 사용자의 정서적 반응을 측정하기 위해 이미 잘 검증된 방법을 사용할 수 있다. 다른 상황에서, 누군가는 사용자의 인지awareness 여부에만 관심을 가질 수도 있다. 이런 경우에는 시선 추적 기술에 비용을 지불하지 않고도 인지 수준을 측정하는 매우 간단한 방법도 존재한다. 어떤 사람들은 사용자의 좌절 수준 같은 감지하기 어려운 반응에만 관심이 있다고 말한다. 이런 경우에 적용할 수 있는, 실제로 사용자에게 묻지 않고도 스트레스 수준을 측정하는 방법이 존재한다. 우리는 측정 불가능한 사업적 목표, 또는 사용자 목표를 아직 발견하지 못했다(수년간의 UX 연구에서 어떤 방식으로든 측정이 가능했다). 여러분은 데이터를 창의적으로 수집해야 할 것이다. 그건 항상 가능한 일이다.

오해 9: 경영진은 지표를 이해하지 못하거나 높이 평가하지 않는다

어떤 관리자들은 사용자 경험 리서치를 디자인 또는 제품에 대해 정성적 피드백만을 제공하는 것으로 간주하지만 대부분의 관리자는 측정의 가치를 이해한다. 우리의 경험에 따르면, 고위 경영진들은 UX 지표를 이해할 뿐만 아니라 매우 높이 평가한다. 측정 지표는 팀, 제품, 디자인 프로세스에 신뢰감을 부여하는 한편, ROI를 계산하는 데 사용될 수 있다. 대부분의 관리자는 지표들을 좋아하며 UX 지표는 그들이 빠르게 수용하는 지표 유형 중 하나이다. UX 지표는 고위 경영진의 관심을 끌 수도 있다. 그저 온라인 결제 프로세스에 문제가 있다고 말하는 것과 사용자의 52%가 제품을 발견한 후에도 온라인에서 구매할 수 없었다고 말하는 것은 완전히 다른 것이다.

오해 10: 작은 표본 크기로는 신뢰할 수 있는 데이터를 수집하기 어렵다

많은 사람이 신뢰할 수 있는 UX 지표를 수집하려면 표본의 크기가 커야 한다고 믿는다. 그들 대다수가 UX 데이터를 살펴보는 시작점으로 최소 30명의 참가자가 필요하다고 가정한다. 표본 크기가 커지면 신뢰 수준을 높이는 데 확실히 도움이 되겠지만, 8~10명의 참가자 정도로도 유의미한 결과를 도출할 수 있다. 결론을 내릴 때 참고할 수 있도록, 표본 크기를 고려한 신뢰구간을 계산하는 방법을 보여주려 한다. 또한 사용성 이슈를 식별하는 데 필요한 표본 크기를 결정하는 방법을 보여줄 것이다. 이 책에 적은 대부분의 사례는 상당히 작은 표본 크기(참가자 20명 미만)를 기반으로 한다. 그러나 꽤 작은 표본 크기로도 각종 지표를 분석할 수 있을 뿐 아니라, 그렇게 하는 것은 이 분야에서는 매우 흔한 일이다!

CHAPTER 2
기본 지식

2장에서는 사용자 경험 지표에 적용되는 데이터, 통계, 그래프에 대한 기본 사항을 소개한다. 구체적으로 살펴볼 내용은 다음과 같다.

- 사용자 경험 연구에 사용되는 **변수**^{variable}**와 데이터**^{data}**의 기본 유형**: 독립 변수$^{independent\ variable}$/종속 변수$^{dependent\ variable}$와 명목형 데이터$^{nominal\ data}$/순서형 데이터$^{ordinal\ data}$/구간형 데이터$^{interval\ data}$/비율형 데이터$^{ratio\ data}$
- **기술 통계**$^{descriptive\ statistics}$: 평균^{mean}과 중앙값^{median}, 표준편차$^{standard\ deviation}$, 신뢰구간$^{confidence\ intervals}$ 등을 다루는 기본적인 기술 통계는 과업 시간$^{task\ time}$, 과업 성공률$^{task\ success\ rate}$, 주관적 평가 같은 측정값의 추정치가 실제로 얼마나 정확한지 보여줌
- 평균을 비교하고 변수 간의 관계를 분석하는 **간단한 통계 테스트**$^{statistical\ test}$ **방법들**
- 효과적으로 **데이터를 시각화**하는 방법과 이와 관련된 조언들

우리는 2장에서 (그리고 이 책에 나오는 대부분의 사례에서) 모든 예제를 마이크로소프트 엑셀 프로그램을 사용해 설명할 것이다. 엑셀은 매우 일반적이면서도 널리 사용되는 툴이기 때문이다. 또한 대부분의 분석 예제들은 구글 독스$^{Google\ Docs}$ 또는 오픈오피스^{OpenOffice} 등의 다른 스프레드시트 도구를 사용해 수행할 수도 있다. 또는 R, SPSS 같은 통계 소프트웨어를 사용해도 된다.

엑셀 팁

우리는 이 책 전반에서 '엑셀 팁'이라는 짧은 팁 코너를 만들어 엑셀에서 특정 작업을 수행하는 방법을 보여주려 한다. 윈도우(Windows)용 엑셀 2016(Excel 2016)으로 이 방법들을 테스트했음을 알려둔다. 이전 버전의 엑셀과 매킨토시(Macintosh) 버전은 약간 다를 수 있다.

2.1 독립 변수와 종속 변수

모든 사용자 경험 연구에는 독립 변수와 종속 변수라는 두 가지 유형의 변수가 존재한다. 독립 변수는 여러분이 테스트 중인 두 가지 디자인 대안, 또는 참가자들의 연령대와 같이 여러분이 조작하거나 제어하는 항목이다. 종속 변수는 과업 성공률, 오류 횟수, 사용자 만족도, 완료 시간 등과 같이 여러분이 측정하는 항목이다. 이 책에서 논의하려는 대부분의 지표는 종속 변수다.

연구를 설계하는 과정에서 여러분은 무엇을 조작할 것인지(독립 변수), 무엇을 측정할 것인지(종속 변수)에 대해 명확히 하고 진행해야 한다. 연구의 가장 흥미로운 결과는 독립 변수와 종속 변수의 교차점에 있다. 예를 들어 한 디자인안이 다른 디자인안보다 과업 성공률이 더 높은지 여부 등이 이런 교차점이라 할 수 있다.

2.2 데이터 유형

독립 변수와 종속 변수는 둘 다 네 가지 일반 데이터 유형(명목형, 순서형, 구간형, 비율형) 중 한 가지 유형으로 측정될 수 있다. 각 데이터 유형에는 유형별 고유한 특성이 있으며, 가장 중요한 것은 그 유형에 따라 유형별 분석 및 통계 방식이 다르다는 점이다. 여러분은 사용자 경험 데이터를 수집하고 분석할 때, 본인이 어떤 유형의 데이터를 다루고 있는지, 해당 유형의 데이터로는 무엇을 할 수 있고 할 수 없는지 알아야 한다.

2.2.1 명목형 데이터

명목형 데이터nominal data는 데이터 간 순서가 정해져 있지 않은 그룹을 일컬으며, 범주형 데이터 categorical data라고도 부른다. 범주 간 순서가 정해져 있지 않다면 그 범주는 서로 다르다고 말할 수 있지만, 한 범주가 다른 범주보다 낫다고 말할 수는 없다. 사과, 오렌지, 바나나를 한번 살펴보자. 이 과일들은 단지 다를 뿐이다. 어떤 과일도 본질적으로 다른 과일보다 낫거나 나쁘지 않다. 그 단어는 그저 범주를 일컫는 명칭일 뿐이며 '과일'의 수준을 측정하는 개념이 아니다.

사용자 경험 분야에서 명목형 데이터는 윈도우 사용자와 맥 사용자, 남성과 여성, 다양한 지리적 위치에 살고 있는 지역별 사용자 등 다양한 사용자 유형의 특성일 수 있다. 이 사용자 데이터들은 일반적으로 서로 다른 그룹으로 데이터를 분할할 수 있는 독립 변수다. 여러분이 진행하는 연구 프로젝트에서 다양한 페르소나를 대표하는 사용자군을 다루는 경우, 해당 페르소나는 명목 데이터로 간주될 수 있다. 또한 명목 데이터에는 링크 B 대신 링크 A를 클릭한 사용자 수, 모바일 앱 대신 웹사이트 사용을 선택한 사용자 등 일반적으로 사용되는 종속 변수들도 존재한다.

명목형 데이터를 사용하는 통계로는 개수, 빈도를 다루는 간단한 기술 통계가 있다. 예를 들어 여러분은 사용자의 45%가 여성이라거나, 파란 눈을 가진 사용자가 200명 있다거나, 사용자의 95%가 링크 A를 클릭했다고 말할 수 있다.

> **명목형 데이터 코딩하기**
>
> 명목형 데이터로 작업할 때 중요하게 고려해야 하는 부분은 이 데이터를 표현하거나 코딩하는 방법이다. 명목형 데이터를 분석할 때 숫자를 사용해 각 그룹의 구성원을 표현하는 것은 드문 일이 아니다. 예를 들어 남성을 그룹 '1'로, 여성을 그룹 '2'로, 이분법적인 성별에 속하지 않는 사람들(non-binary)을 그룹 '3'으로 코딩할 수 있다. 하지만 이 숫자들은 숫자로 분석되는 데이터가 아니라는 점을 기억하자. 이 값들의 평균은 의미가 없다(여러분은 그들을 'F'와 'M'으로 손쉽게 코딩할 수도 있다). 또 다른 예를 들어보자면, 여러분은 보스턴 레드삭스(Red Sox)와 뉴욕 양키스(Yankees) 선수들의 유니폼 뒷면에 있는 숫자를 합산한 후 레드삭스 팀의 숫자 합이 양키스보다 더 높기 때문에 레드삭스가 더 나은 팀이라고 말할 수는 없을 것이다. 여러분이 분석에 사용하는 소프트웨어 프로그램은 이렇게 코딩 목적으로 특정하게 사용되는 숫자들과 숫자 값으로 기능하는 숫자들을 구별하지 못한다.

2.2.2 순서형 데이터

순서형 데이터ordinal data는 순서가 지정된 그룹 또는 범주다. 순서형 데이터라는 명칭에서 알 수 있듯이 이 데이터는 특정 방식으로 구성된다. 명목형 척도에서는 값은 단지 레이블일 뿐이고, 아무것도 측정하지 않기 때문에 데이터 간에 순서라는 개념이 없다. 그러나 순서형 척도에서는 값에 따라 데이터가 의미 있는 순서로 정렬된다. 따라서 여러분은 순서형 데이터를 순위가 지정된 데이터로 여길 수도 있다. 예를 들어 미국 영화 연구소AFI가 발표한 상위 100대 영화 랭킹 목록은 역대 최고의 영화 10위인 〈사랑은 비를 타고Singing in the Rain〉(1952)가 역대 최고의 영화 20위인 〈뻐꾸기 둥지 위로 날아간 새One Flew Over the Cuckoo's Nest〉(1975)보다 좋은 평가를 받았다는 것을 보여준다. 하지만 이 평가가 〈사랑은 비를 타고〉가 〈뻐꾸기 둥지 위로 날아간 새〉보다 두 배 더 좋다는 의미는 아니다. AFI 기준에 따라 한 영화가 다른 영화보다 낫다고 평가할 수는 있지만, 순위 간 거리에 의미가 없기 때문에 어느 쪽이 다른 쪽보다 두 배 좋다고 말할 수는 없다. 순서형 데이터는 더 좋거나 더 나쁘든지, 더 만족스럽거나 덜 만족스럽든지, 더 심각하거나 덜 심각하도록 정렬될 수 있는 것이다. 즉, 상대적 순위(순위의 순서)만 중요하다.

사용자 경험 연구에서 순서형 데이터의 가장 일반적인 사례는 과업 성공task success과 자가측정 데이터self-reported data에서 나온다. 예를 들어 사용자의 74%가 과업을 성공적으로 완료했지만, 나머지 26%는 실패했을 수 있다. 또는 사용자들은 웹사이트를 '아주 좋음', '좋음', '보통', '나쁨'으로 평가하라는 요청을 받았을 수도 있다. 이러한 척도는 상대적인 순위이다. 여러분은 '아주 좋은' 웹사이트가 '좋은' 웹사이트보다 더 긍정적인 사용자 경험을 제공한다고 가정할 수 있지만, 순위는 그게 얼마나 더 긍정적인지 알려주진 않는다. 또는 여러분이 연구 참가자들에게 네 가지 웹페이지 디자인에 선호하는 순으로 순위를 매기라고 요청하는 경우에도, 그 점수는 순서형 데이터가 될 것이다. 참가자가 1위로 선정한 페이지와 2위로 선정한 페이지 사이의 선호 거리가 2위로 선정한 페이지와 3위로 선정한 페이지 사이의 거리와 동일하다고 가정할 수 없다. 참가자는 한 페이지 디자인을 정말 좋아하고 나머지 세 디자인안은 모두 싫어했을 수도 있다.

순서형 데이터를 분석하는 가장 일반적인 방법은 빈도를 살펴보는 것이다. 예를 들어 사용자의 40%가 사이트를 '매우 좋음', 30%는 '좋음', 20%는 '보통', 10%는 '나쁨'으로 평가했다고 판단할 수 있다.

평균 순위를 추정해도 괜찮은가?

여러분이 사용성 연구에서 10명의 참가자가 세 가지 디자인안의 순위를 매기게 한 후 다음과 같은 결과를 얻었다고 가정해 보자.

디자인	참가자 1	참가자 2	참가자 3	참가자 4	참가자 5	참가자 6	참가자 7	참가자 8	참가자 9	참가자 10	평균	1위	2위	3위
A	1	2	1	1	1	2	3	1	2	1	1.5	6	3	1
B	2	1	3	2	2	1	1	3	3	2	2.0	3	4	3
C	3	3	2	3	3	3	2	2	1	3	2.5	1	3	6

'평균' 열에 표시된 순위의 평균값으로 세 가지 디자인의 평균 순위를 계산해도 괜찮은 걸까? 다시 말해서, 가장 낮은 평균값을 얻은 디자인을 '가장 좋은 디자인'으로 간주할 수 있는 걸까? 통계 전문가들은 각 순위 간 간격이 동일하다고 가정할 수 없기 때문에 그렇게 해석해선 안 된다고 할 것이다. 여러분은 평균값을 사용하지 말고 대신, 각 디자인안이 1위, 2위, 3위를 차지한 횟수를 세어야 한다. 평균 순위가 1.5라고 말하기보다는 참가자 10명 중 6명이 디자인 A를 1위로 평가했다고 하는 것이 더 설득력 있고 이해하기 쉽다.

2.2.3 구간형 데이터

구간형 데이터$^{interval\ data}$는 각 값 사이의 차이가 등간격으로 정렬된 데이터이다. 우리에게 익숙한 구간형 데이터의 예로 온도를 들 수 있다. 40°F와 50°F의 차이는 60°F와 70°F의 차이와 같다. 구간형 데이터는 모든 값들 간 거리가 동일하다. 그러나 곧 설명할 마지막 데이터 유형인 비율 데이터와는 달리, 구간형 데이터는 측정되는 속성이 전혀 없음을 나타내는 절대적 원점$^{true\ zero\ point}$이 없다. 일례로 물이 어는 시점을 0°C 또는 32°F로 정하는 것은 완전히 임의적인 것이다. 물의 어는 시점은 열$^{heat,\ 熱}$이 없음을 의미하지 않는다. 이는 단지 온도 구간에서 의미 있는 지점을 찾아 의미를 부여한 것일 뿐이다. 날짜^{date}도 구간형 데이터의 또 다른 예이다.

사용자 경험에서 활용되는 구간형 데이터로는 SUS$^{System\ Usability\ Scale,\ 시스템\ 사용성\ 척도}$가 있다. SUS는 사용자들이 시스템의 전반적 사용성^{usability}에 대한 질문에 스스로 답한 자가측정 데이터$^{self-reported\ data}$를 기반으로 한다(5장에서 자세히 설명한다). 이때 사용자들이 매기는 점수의 범위는 0부터 100까지이며, SUS 점수가 높을수록 좋은 사용성을 의미한다. 척도에서 각 지점 간의 거리는 사용자들에게 인지된 사용성의 점진적 증가 또는 감소를 나타낸다는 점에서 의미가 있다. 하지만 점수 0이 실제 사용성이 전혀 없다는 의미는 아니기 때문에, 비율 척도는 아니다.

구간형 데이터를 사용하면 평균^{average}, 표준편차$^{standard\ deviation}$ 등 기본적인 기술 통계$^{descriptive\ statistics}$를 할 수 있다. 또한 규모가 더 큰 모집단^{population}에 대해 일반화하는 데 사용할 수 있는 추론 통계$^{inferential\ statistics}$에도 많이 활용된다. 구간형 데이터는 명목형 데이터 또는 순서형 데이터보다 더 다양한 분석이 가능하다. 2장에서는 구간형 데이터로 할 수 있는 다양한 통계 방식을 살펴볼 것이다.

주관적 평가$^{subjective\ ratings}$ 데이터를 수집하고 분석하는 사람들과 나눌 수 있는 논쟁거리 중 하나는 데이터를 순서형으로 다뤄야 할지, 아니면 구간형으로 처리할 수 있을지에 대한 것이다. 다음의 두 가지 평가 척도를 살펴보자.

○ 나쁨(Poor) ○ 보통(Fair) ○ 좋음(Good) ○ 매우 좋음(Excellent)

나쁨(Poor) ○ ○ ○ ○ 매우 좋음(Excellent)

두 척도를 언뜻 보면 동일하다고 생각할 수 있지만, 표시 방법의 차이로 인해 둘은 서로 다르다. 첫 번째 척도는 각 항목에 명시적 레이블을 붙여 데이터를 순서형으로 만든 반면, 두 번째 척도는 중간 레이블을 지우고 끝점에만 레이블을 붙여 데이터를 '구간형과 유사한$^{interval-like}$' 유형으로 만든 것이다. 대부분의 주관적 평가 척도에서는 모든 데이터 포인트가 아닌, 양끝 또는 '기준점'에만 레이블을 붙이는 경향이 있는데, 이는 이런 데이터 유형별 특징 때문이다. 두 번째 척도의 약간 다른 버전도 살펴보자.

나쁨(Poor) ○ ○ ○ ○ ○ ○ ○ ○ ○ 매우 좋음(Excellent)

이렇게 척도를 9개 포인트로 늘려 표시하면, 데이터를 구간형 데이터로 활용할 수 있다는 것이 더욱 분명해진다. 사용자는 이 척도에서 모든 데이터 포인트 사이의 거리는 동일하다고 합리적으로 해석한다. 이 데이터를 구간형 데이터로 쓸 수 있을지 결정하기 위해 스스로에게 물어야 할 질문은 9개 데이터 포인트 중 두 포인트 사이의 중간 지점이 데이터로서 의미가 있는지 여부다. 의미가 있다면 그 데이터는 구간형 데이터로 분석하는 것이 타당하다.

2.2.4 비율형 데이터

비율형 데이터^{ratio data}는 구간형 데이터와 동일하지만 절대적 원점^{absolute zero}이 존재한다. 즉, 0 값은 구간형 데이터처럼 임의적이지 않고 그 자체로 고유한 의미를 갖는다. 비율형 데이터를 사용하면 측정값 간의 차이가 비율^{ratio}로 해석된다. 비율형 데이터로는 나이, 높이, 무게, 켈빈 온도 등이 있다. 각 예에서 0은 나이, 높이, 무게, 열이 전혀 없음을 나타낸다.

사용자 경험에서 비율형 데이터의 가장 확실한 예는 시간이다. 과업을 완료하는 데 2분이 걸린다면, 1분이 걸린 과업보다 두 배나 오래 걸린 것이다. 비율형 데이터를 사용하면 어떤 건 다른 것보다 두 배 빠르거나 절반 정도로 느리다고 표현할 수 있다. 예를 들어 한 사용자는 다른 사용자보다 과업을 완료한 시간이 두 배 빠르다고 말할 수 있다.

구간형 데이터로 수행할 수 있는 모든 분석은 비율형 데이터로도 수행할 수 있다. 비율 데이터로만 수행할 수 있는, 상대적으로 모호한 분석(예: 기하 평균 계산)이 몇 가지 있긴 하지만 통계 측면에서 구간형 데이터와 비율형 데이터 간 통계 방식은 실제로 큰 차이가 없다.

2.3 기술 통계

기술 통계^{descriptive statistics}는 모든 구간형 데이터와 비율형 데이터 분석에 필수적인 통계 방식이다. 기술 통계는 이름에서 알 수 있듯 더 큰 모집단에 대해선 언급하지 않고 데이터를 그 자체로 설명한다. 기술 통계에서 더 나아가 추론 통계^{inferential statistics}를 적용하면 표본보다 더 큰 모집단에 대해 몇 가지 결론을 도출하거나 추론할 수 있다.

기술 통계의 가장 일반적 유형은 중심 경향^{central tendency} 측정값(예: 평균^{mean}), 변산성^{variability} 측정값(예: 표준편차^{standard deviation}), 신뢰구간^{confidence intervals}(중심 경향과 변산성을 하나로 묶은 개념)이다. 다음 절에서는 표 2.1 샘플 데이터로 기술 통계를 설명한다. 이 데이터는 사용성 연구에 참여한 12명의 참가자들이 동일 과업을 완료하는 데 걸린 시간을 초 단위로 나타낸 것이다.

표 2.1 사용성 연구에 참여한 12명의 참가자들이 과업을 완료하는 데 걸린 시간(초 단위)

참가자	과업 시간(초 단위)
참가자1	34
참가자2	33
참가자3	28
참가자4	44
참가자5	46
참가자6	21
참가자7	22
참가자8	53
참가자9	22
참가자10	29
참가자11	39
참가자12	50

2.3.1 중심 경향 측정

중심 경향$^{central\ tendency}$ 측정이란 여러 숫자들의 집합을 특정한 단일 숫자로 대표하게 하는 방법을 말한다. 중심 경향의 가장 일반적인 측정값 세 가지는 평균^{mean}, 중앙값^{median}, 최빈값^{mode}이다.

평균은 대부분의 사람이 평균이라고 생각하는 바로 그 개념이다. 모든 값의 합을 그 값들의 개수로 나눈 값이다. 대부분의 사용자 경험 지표로서의 평균은 매우 유용하며 아마도 사용성 보고서에 활용되는 가장 일반적인 통계일 것이다. 표 2.1의 데이터에서 평균은 421/12 = 35.1초다.

> **중심 경향 측정값 계산하기**
>
> 엑셀 프로그램에서 숫자들의 평균은 '=AVERAGE' 함수를 사용해 계산할 수 있다. 중앙값은 '=MEDIAN' 함수를 사용해 계산할 수 있으며 최빈값은 '=MODE' 함수를 사용해 계산한다. (각각의 값들이 동일한 횟수로 나타나서) 모드를 계산할 수 없는 경우, 엑셀은 '#N/A'를 반환한다.

중앙값이란 가장 작은 수부터 큰 수 순으로 나열했을 때 중간에 위치하는 숫자이다. 값들의 절반은 중앙값 아래에 있고 나머지 절반은 중앙값 위에 있다. 중간 값이 없는 경우 중앙 양쪽에 있는 두 값의 중간이 중앙값이다. 표 2.1에서 중앙값은 33.5초다(가운데 두 숫자인 33과 34의 중간). 사용자의 절반은 33.5초보다 빨랐고 절반은 느렸다. 또 어떤 경우에는 중앙값이 평균보다 더 많은 정보를 내포할 수 있다. 예를 들어 참가자12의 과업 완료 시간이 50초가 아닌 150초였다고 가정해 보자. 그러면 평균은 43.4초로 바뀌지만 중앙값은 33.5초로 바뀌지 않는다. 어느 값이 더 대표적인 숫자인지 결정하는 건 사용자의 몫이지만, 이 경우는 특히 큰 값(소위 이상치^{outliers})이 평균에 너무 많은 영향을 미칠 수 있는 경우 중앙값이 사용돼야 하는 이유를 보여준다. 한편 중앙값은 숫자들의 순서 속성만 사용하고 숫자 간 간격은 무시하는 특징이 있다.

최빈값은 숫자들 중 가장 빈번하게 나타나는 값이다. 표 2.1에서는 2명의 참가자가 22초 안에 과업을 완료했기 때문에 최빈값은 22초다. 사용성 평가 결과에서 최빈값을 잘 보고하진 않는다. 표 2.1의 과업 시간 사례처럼 데이터가 넓은 범위에 걸쳐 연속적으로 분포한 경우 최빈값의 유용성은 떨어진다. 하지만 데이터가 특정하게 제한된 측정값으로 구성된 경우(예: 주관적 평가 척도)는 최빈값이 더 유용하다.

데이터 분석 결과 보고 시 사용하는 소수 자릿수

흔한 실수 중 하나는 사용자 경험 데이터(평균 시간, 과업 완료율 등)를 적정 수준보다 더 정밀하게 보고하는 것이다. 앞 페이지의 표 2.1의 과업 시간 평균은 엄밀히 따지면 35.08333333초다. 하지만 평균을 보고할 때 굳이 그렇게 써야 할까? 당연히 아니다. 그 많은 소수 자릿수는 수학적으론 정확할 수 있지만, 실상은 터무니없는 것이다. 평균이 35.083초인지 35.085초인지 누가 신경을 쓰는가? 완료하는 데 대략 35초가 걸리는 과업을 다룰 때, 몇 밀리초 또는 수백 분의 1초는 전혀 의미 없는 수치다.

그렇다면 여러분은 소수점 몇 번째 자리까지 표시해야 할까? 정답은 없지만 고려해야 할 몇 가지 요건은 원본 데이터의 정확 수준(accuracy), 크기(magnitude), 변산성(variability)이다. 표 2.1의 원본 데이터는 소수 자릿수가 없는, 딱 떨어지는 단위로 표시했다. 경험상 평균 같은 통계 결과를 보고할 때 사용해야 하는 유효 자릿수는 원본 데이터 대비 추가 유효 자릿수 1개를 넘지 않는 것이 좋다. 따라서 이번 예시에서는 평균을 35.1초라고 보고할 수 있다.

2.3.2 변산성 측정

변산성$^{variability,\ 변동성}$ 측정은 값들이 얼마나 분산돼 있는지 측정한다. 예를 들어 이 값은 "대부분의 사용자가 과업 완료 시간이 비슷한가? 아니면 차이가 큰가?" 질문에 답하는 데 도움이 된다. 사용자 경험 연구에서는 참가자 간의 개인차로 인해 약간의 변동이 발생한다. 또한 여러분이 테스트 중인 대체 디자인안 같은 독립 변수들$^{independent\ variables}$로 인해 다른 변산성이 발생할 수도 있다. 변산성의 일반적인 측정 방법은 범위^{range}, 분산^{variance}, 표준편차이다.

범위는 최솟값^{minimum}과 최댓값^{maximum} 사이의 거리이다. 표 2.1 데이터의 경우 범위는 32이며, 최소 시간은 21초, 최대 시간은 53초이다. 한편 범위는 지표에 따라 크게 달라진다. 예를 들어 많은 평가 척도에서는 사용되는 값의 수에 따라 범위가 보통 5개 또는 7개로 제한된다. 여러분이 과업 완료 시간을 연구할 때 범위는 '이상값(범위의 상한과 하한을 크게 넘어선 데이터 포인트)'을 식별하는 데 도움이 되기 때문에 매우 유용하다. 범위를 살펴보는 것도 데이터가 적절하게 코딩됐는지 확인하는 좋은 방법이다. 범위가 1~5 사이여야 하는데, 데이터에 7이 포함돼 있다면 문제가 있음을 금방 눈치챌 수 있을 것이다.

엑셀 팁: 분산 계산하기

엑셀에서 숫자들의 최솟값은 '=MIN' 함수를, 최댓값은 '=MAX' 함수를 사용해 확인할 수 있고, 범위는 MAX-MIN 함수로 확인한다. 분산은 '=VAR' 함수를, 표준편차는 '=STDEV' 함수를 사용해 계산할 수 있다.

분산은 데이터가 평균$^{average,\ mean}$을 기준으로 얼마나 퍼져 있는지를 알려준다. 분산 계산 공식은 각 개별 데이터 포인트와 평균 사이에 얼마나 차이가 나는지 측정하고 해당 값을 제곱해 모든 제곱을 합한 다음 그 결과를 표본 크기에서 1을 뺀 값으로 나누는 것이다. 표 2.1 데이터의 분산은 126.4이다.

분산을 알면 가장 일반적으로 사용되는 변산성 척도인 표준편차를 쉽게 계산할 수 있다. 표준편차는 분산의 제곱근으로 구한다. 따라서 표 2.1 데이터의 표준편차는 11.2초이다. 표준편차의 단위가 원본 데이터와 동일하기 때문에 표준편차를 해석하는 일은 분산을 해석하는 것보다 좀 더 용이한 측면이 있다(표 2.1 예에서는 초 단위).

엑셀 팁: 기술 통계 도구

엑셀을 잘 사용하는 사용자는 엑셀 데이터 분석 도구 팩(Excel Data Analysis ToolPak)의 '기술 통계(Descriptive Statistics)' 도구를 안내하지 않는 이유를 궁금해할 수도 있겠다(윈도우용 엑셀 2016에서 '옵션' > '추가 기능'을 사용해 엑셀 프로그램에 데이터 분석 도구를 추가할 수 있다). 이 도구는 어떤 데이터든 평균, 중앙값, 범위, 표준편차, 분산 등 여러 통계 수치들을 계산한다. 매우 유용하고 편리한 도구이다. 하지만 이 도구에는 계산하는 값이 고정적이라는 큰 제약 사항이 있다. 한번 데이터를 넣으면 원래 데이터를 업데이트해도 통계 결과가 업데이트되지 않는다. 우리는 실제로 데이터를 수집하기 전에 연구 데이터를 분석하기 위한 스프레드시트를 세팅하는 것을 좋아한다. 그런 다음 데이터를 수집하면서 스프레드시트를 업데이트한다. 이는 엑셀에서 '기술 통계' 도구 대신 MEAN, MEDIAN, STDEV 등 자동으로 업데이트되는 수식을 사용해야 함을 의미한다.

다시 정리해 두자면, 기술 통계 도구는 이런 통계의 전체 데이터를 한 번에 계산하는 데 유용한 도구가 될 수 있다. 하지만 데이터를 변경해도 통계 결과값이 업데이트되지 않는다는 점에 유의해서 잘 사용하자.

2.3.3 신뢰구간

신뢰구간$^{confidence\ interval}$은 평균 같은 통곗값에 대한 실제 모집단 값을 포괄하는 범위의 추정치다. 예를 들어 표 2.1에 나와 있는 표본의 평균 시간인 35초가 모든 사용자의 평균 시간 또는 모집단 평균을 얼마나 정확하게 나타내는지 알고 싶다고 가정해 보겠다. 여러분은 해당 평균 주위에 신뢰구간을 구성해 실제 모집단 평균이 포함될 것이라고 합리적으로 확신하는 값의 범위를 표시할 수 있다. 여기서 '합리적으로 확실하다'는 말은 여러분이 얼마나 확신하고 싶은지, 다시 말해 평가가 얼마나 틀릴지 선택해야 함을 의미한다. 이게 바로 여러분이 선택하는 신뢰 수준$^{confidence\ level}$, 또는 반대로 여러분이 기꺼이 받아들일 수 있는 오차^{error} 또는 알파 수준$^{alpha\ level,\ 유의\ 수준}$이다. 예를 들어 95% 신뢰 수준 또는 5% 알파 수준은 95% 확실성을 원하거나 5% 확률로 틀릴 용의가 있음을 의미한다.

평균에 관한 신뢰구간을 정할 때 고려해야 하는 세 가지 변수를 소개한다.

- 샘플 크기$^{sample\ size}$ 또는 샘플의 측정값 수(표 2.1 데이터의 경우, 참가자 12명으로부터 데이터를 구했으므로, 표본 크기는 12이다.)

- 샘플 데이터의 표준편차(표 2.1 데이터의 경우, 표준편차는 11.2초다.)
- 우리가 채택하려는 알파 수준(가장 일반적으로 채택하는 알파 수준은 5%, 10%이다. 이 예에서는 95% 신뢰구간, 5% 알파 수준을 선택한다.)

95% 신뢰구간은 다음 공식을 사용해 계산한다.

$$평균 \pm 1.96 \times (표준편차/제곱근 \times [샘플\ 크기])$$

'1.96' 값은 95% 신뢰 수준을 반영한 것으로, 다른 신뢰 수준에는 다른 요인이 있다. 이 공식은 표준편차(데이터의 변산성)가 감소하거나 표본 크기(참가자 수)가 증가함에 따라 신뢰구간이 작아진다는 사실을 보여준다.

엑셀 팁: 신뢰구간 계산하기

엑셀에서 CONFIDENCE 함수를 사용하면 모든 데이터 집합에 대한 신뢰구간을 빠르게 계산할 수 있다(그림 2.1). 입력 공식을 간단하게 표현하면 다음과 같다.

=CONFIDENCE(알파, 표준편차, 샘플 크기)

알파는 유의 수준(significance level)으로 일반적으로 5%(.05) 또는 10%(.10)로 설정한다. 표준편차는 STDEV 함수를 사용해 계산할 수 있다. 표본 크기는 조사 중인 사례의 개수 또는 데이터 포인트의 개수이며, COUNT 함수를 사용해 구할 수 있다. 그림 2.1은 어떻게 신뢰구간 함수를 쓰는지 예를 보여준다. 표 2.1의 데이터에 대해 이 계산 결과는 6.4초다. 평균이 35.1초이므로 해당 평균에 대한 95% 신뢰구간은 35.1 ± 6.4, 즉 28.7~41.5초다. 따라서 이 과업 시간에 대한 실제 모집단 평균이 28.7초에서 41.5초 사이라는 것을 95% 수준으로 신뢰할 수 있다.

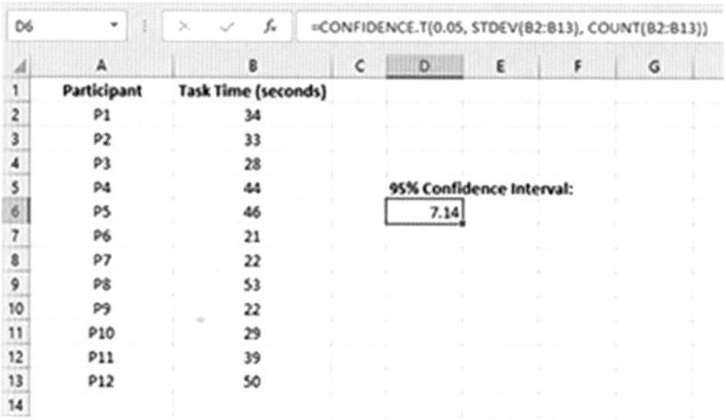

그림 2.1 엑셀의 "신뢰도" 함수를 사용해 95% 신뢰구간을 계산하는 방법

신뢰구간은 매우 유용하다. 여러분은 연구에서 보고되는 모든 평균값에 대해 신뢰구간을 항상 계산하고 평균값과 함께 표시해야 한다. 평균 그래프에서 오차 막대$^{error\ bar}$ 형태로 표시되면 측정값들이 실제로 얼마나 정확한지 시각적으로 분명하게 알 수 있다.

> **어떤 신뢰 수준을 적용해야 할까?**
>
> 신뢰 수준을 어떻게 정해야 할까? 일반적으로 사용되는 신뢰 수준은 99%, 95%, 90%(알파 수준은 1%, 5%, 10%)이다. 이 세 가지 수준을 사용하기 시작한 역사는 컴퓨터와 계산기가 등장하기 훨씬 이전인, 인쇄된 신뢰 수준 표에서 적정한 값을 찾아 써야 했던 시절로 거슬러 올라간다. 이 표를 만들었던 사람들은 다양한 버전을 만들어 내길 원치 않았기 때문에, 이 세 가지 버전만 만들어 사용했다. 물론 오늘날에는 이러한 계산이 모두 자동으로 수행되므로, 원하는 신뢰 수준을 선택할 수도 있다. 하지만 대부분의 사람은 오랫동안 이 수준들을 사용했다는 이유로, 이 세 가지 중 하나를 선택하고는 한다. 과학계와 학계에서는 최소 95% 이상을 가장 일반적으로 사용한다. 비즈니스 업계에서는 90% 또는 95%를 사용하는 게 일반적이다.
>
> 여러분이 선택하는 수준은 신뢰구간에 실제 평균이 포함돼 있는지를 얼마나 확신해야 하는지 여부에 따라 달라진다. 예를 들어 자동심장충격기(AED, 자동제세동기)를 사용해 생명을 구하는 전기 충격을 주는 데 걸리는 시간을 추정하려는 상황에서는 구하려는 값을 매우 확신하고 싶을 것이며, 이 경우에는 아마도 99%를 선택할 것이다. 그러나 단순히 누군가가 자신의 페이스북(Facebook) 페이지에 새 사진을 업로드하는 데 걸리는 시간을 추정하는 상황에서라면 아마 90% 신뢰 수준으로도 만족할 것이다.

2.3.4 신뢰구간을 오차 막대로 표시하기

지금부터 프로토타입 웹사이트의 두 가지 다른 디자인 시안에 대해 사용자의 결제 시간(참가자들이 웹사이트에서 제품을 구매하는 데 걸린 시간)을 보여주는 그림 2.2 데이터를 살펴보도록 하자. 이 연구에서 10명의 참가자는 디자인 A안을 사용해 결제 과업을 수행하고 다른 10명의 참가자는 디자인 B안을 사용해 결제 과업을 수행했다. 참가자들은 연구에 참가한 날짜에 따라 각 그룹에 배정됐다. 두 그룹 모두 평균과 90% 신뢰구간은 AVERAGE와 CONFIDENCE 함수를 사용해 계산됐다. 평균은 막대 그래프로 표시됐고, 신뢰구간은 그래프에서 오차 막대로 표시됐다. 그래프를 살펴보면 디자인 A안을 사용한 참가자들이 더 빠르게 구매를 완료한 것을 확인할 수 있다. 이 막대 그래프는 대충 훑어봐도 두 평균의 오차 막대가 서로 겹치지 않는다는 점을 알 수 있다. 이 경우 디자인 A안에서의 결제가 디자인 B안에서의 결제보다 훨씬 빠르다고 합리적으로 가정할 수 있다.

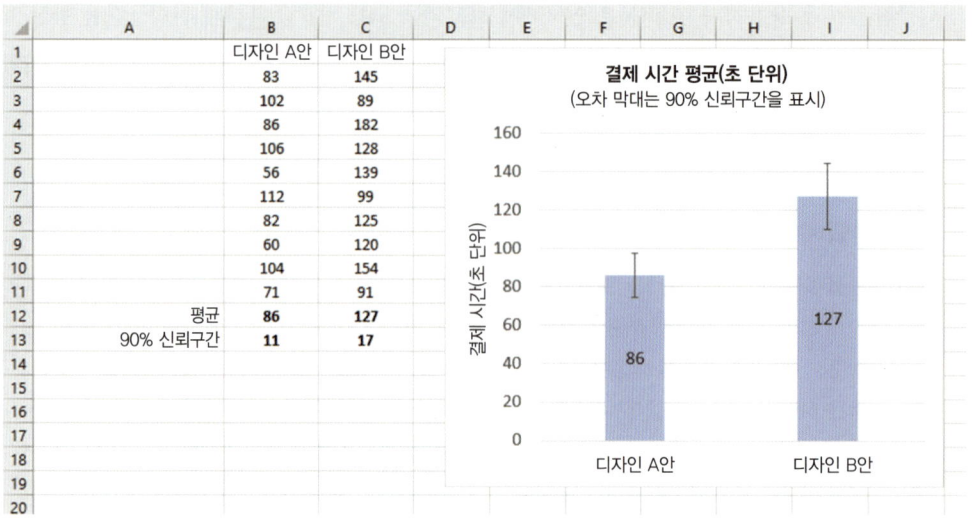

그림 2.2 막대 그래프에서 신뢰구간을 오차 막대로 표시

엑셀 팁: 오차 막대 추가하기

평균을 표시하는 막대 그래프를 만든 다음, 그림 2.2처럼 신뢰구간을 표시하기 위해 오차 막대를 추가하려 한다. 오차 막대를 추가하는 과정은 다음과 같다.

1. 차트의 막대 중 하나를 클릭해 선택한다.
2. 엑셀 리본 표시줄에서 '차트 도구(Chart Tools)' 아래의 '레이아웃(Layout)' 탭을 선택한다.
3. '레이아웃(Layout)' 탭에서 '오차 막대(Error Bars)' > '오차 막대 옵션(More Error Bars Options)'을 선택한다.
4. 결과 창 하단에 있는 '맞춤(Custom)' 옵션을 선택한다.
5. '값 지정(Specify Value)' 버튼을 클릭한다. 작은 결과 창에서 오차 막대의 양수 부분과 음수 부분에 대한 값을 지정할 수 있다.
6. 버튼을 클릭해 양수 오차 값을 지정한 다음 스프레드시트에서 90% 신뢰구간에 대한 값들을 모두 선택한다(그림 2.2의 B13과 C13 셀).
7. 음수 오차 값(Negative Error Value) 버튼을 클릭하고 앞에서 선택했던 셀과 동일한 값들을 다시 선택한다.
8. 두 창을 모두 닫으면 오차 막대가 그래프에 표시된다.

2.4 평균 비교

그림 2.2의 데이터는 두 그룹의 평균을 비교한 것으로, 평균 비교는 구간형 데이터 또는 비율형 데이터로 수행할 수 있는 유용한 작업 중 하나이다. 여기서 우리는 디자인 A안이 디자인 B안보다 만족도가 높은지, 디자인 B안의 오차 수가 더 많은지 살펴볼 수도 있다. 이 모든 질문에 대한 가장 좋은 접근 방법은 통계를 이용하는 것이다.

평균을 비교하는 방법에는 여러 가지가 있지만, 통계를 시작하기에 앞서 몇 가지 확인이 필요하다.

1. 동일한 사용자 그룹 내에서 비교를 하는가, 아니면 다른 사용자 그룹 간에 비교를 하는가? 그림 2.2의 데이터는 각각 10명의 참가자로 구성된 서로 다른 두 개의 그룹에서 나온 값이다. 이렇게 서로 다른 표본을 비교하는 경우, 이를 독립표본$^{\text{independent samples}}$이라고 한다. 그러나 동일 사용자 그룹이 서로 다른 제품이나 디자인을 비교하는 경우에는 대응표본$^{\text{paired samples}}$이라고 한다.
2. 얼마나 많은 표본을 비교하는가? 두 표본을 비교하는 경우 t-검정$^{\text{t-test}}$을 사용한다. 3개 이상의 표본을 비교하는 경우 분산 분석$^{\text{ANOVA, ANalysis Of VAriance}}$을 사용한다.

2.4.1 독립표본

독립표본의 평균을 비교하는 가장 간단한 방법은 이전 절에서 소개한 바와 같이 신뢰구간을 사용하는 방법이다. 두 평균에 대한 신뢰구간을 비교하면 다음과 같은 결론을 내릴 수 있다.

- 신뢰구간이 겹치지 않으면 두 평균은 (여러분이 정한 신뢰 수준에서) 서로 다르다고 가정할 수 있다. 그림 2.2 사례를 보면 신뢰구간이 겹치지 않는다.
- 신뢰구간이 약간 겹치는 경우더라도 두 평균은 여전히 유의 수준에서 다를 수 있다. t-검정을 해서 그 값들이 서로 다른지 확인해 보라.
- 신뢰구간이 크게 겹치는 경우라면 두 평균은 유의 수준에서 다르지 않다.

그림 2.3의 데이터로 독립표본의 t-검정을 설명해 보려 한다. 그림 2.3은 서로 다른 두 그룹의 참가자들이(참가자들은 두 그룹에 무작위로 할당됨) 두 가지 디자인안에 대한 사용 용이성$^{\text{ease of use}}$을 1~5점 척도로 평가한 것이다. 우리는 두 그룹의 평균과 신뢰구간을 계산하고 그래프로 만들었다. 이 그

래프에서 두 신뢰구간이 다소 겹치는 점에 유의하라. 디자인 1안의 구간 상한선은 3.8까지이고 디자인 2안의 구간 하안선은 3.5이다. 이 상황은 두 평균이 유의하게 다른지 확인하기 위해 t-검정을 실행할 수 있는 경우이다(예: 여러분이 연구 결과에 대한 프레젠테이션을 위해 평균값들이 서로 유의하게 다름을 확인하려는 경우).

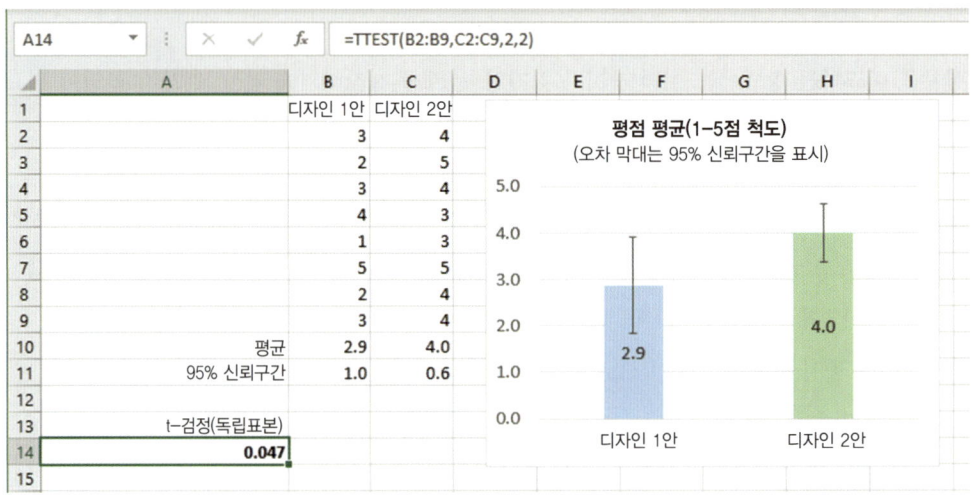

그림 2.3 독립표본에 대한 t-검정 예시

엑셀 팁: t-검정 계산하기

그림 2.3에서 볼 수 있듯 엑셀의 TTEST 함수를 사용해 t-검정을 수행할 수 있다.

=TTEST(array1, array2, tails, type)

array1과 array2는 비교하려는 값들을 참조한다. 그림 2.3에서 array1은 디자인 1안에 대한 평가 세트이고, array2는 디자인 2안에 대한 평가 세트이다. tails는 테스트가 단측(one-tailed) 검정인지 양측(two-tailed) 검정인지 여부를 나타낸다. 이는 정규분포의 꼬리(tail, 극단 extremes)를 한쪽 끝만 고려하는지 아니면 양쪽 끝을 고려하는지 선택하는 것을 의미하는 것으로, 실무적 관점에서 두 평균 간의 차이가 어느 방향으로든 가능한지 여부를 묻는 것이다(즉, 디자인 1안이 디자인 2안보다 높거나 낮음). 우리가 다룰 거의 모든 경우는 차이가 어느 방향으로든 있을 수 있으므로, 이런 경우 적절한 선택은 양측 꼬리를 의미하는 '2'가 될 것이다. 단측 검정을 하는 경우는 연구를 수행하기 전에 어떤 디자인이 가장 좋은지, 디자인 2안이 디자인 1안보다 나은지 알고 싶은 경우이다. 마지막으로 type은 t-검정의 종류를 의미한다. 독립표본의 경우(대응표본이 아닌 경우), type은 2로 입력한다.

이 t-검정은 0.047의 값을 반환한다. 여러분은 이를 어떻게 해석하는가? 이건 비교된 차이가 유의하지 않을 확률이 4.7%라는 뜻이다. 95% 신뢰구간(5% 알파 수준)을 설정한 상황에서 결과는 5% 미만이므로, 해당 수준에서 차이는 통계적으로 유의하다고 말할 수 있다. 따라서 이 차이가 실제 존재한다고 이야기할 수 있다. 이를 해석하는 또 다른 방법은 실제로 차이가 없는데 차이가 있다고 말할 확률이 4.7%라는 것이다.

2.4.2 대응표본

동일한 사용자 그룹 내에서 평균을 비교할 때 대응표본 t-검정$^{paired\ samples\ t\text{-}test}$이 사용된다. 예를 들어 여러분은 두 프로토타입 디자인 간에 선호도 차이가 있는지 알고 싶다. 동일한 사용자 그룹이 프로토타입 A안과 프로토타입 B안을 각각 사용해 과업을 수행하게 하고 사용 용이$^{ease\ of\ use}$ 수준을 답변하게 하고 과업 완료 시간을 대응표본 t-검정을 사용해 비교한다.

이와 같은 대응표본의 핵심은 각 사용자의 답변을 그들의 다른 답변과 비교하는 것이다. 다시 말해 여러분은 비교하려는 두 조건에 대해 각 개인이 응답한 데이터 간에 차이가 있는지 분석하는 것이다. 그림 2.4 데이터는 10명의 참가자에게 애플리케이션 첫 사용 후 애플리케이션에 대한 '사용 용이성$^{ease\ of\ use}$'을 평가하게 하고, 세션이 끝날 즈음 다시 평가하게 해서 얻은 데이터이다. 평균과 90% 신뢰구간이 그래프에 표시돼 있다. 두 평가 데이터의 신뢰구간이 상당 부분 중첩된다는 점에 주목하자. 이 데이터가 독립표본이라면 두 데이터가 서로 크게 다르지 않다는 결론을 내릴 수도 있다. 하지만 이 데이터는 대응표본이므로, 우리는 대응표본 t검정을 수행한다(type은 1을 입력한다). 결과인 0.0002는 차이가 유의하다는 것을 보여준다.

B16 =TTEST(B2:B11,C2:C11,2,1)

	A	B	C
1	참가자	초기 평점	최종 평점
2	참가자1	2	3
3	참가자2	1	2
4	참가자3	3	4
5	참가자4	5	5
6	참가자5	4	5
7	참가자6	2	3
8	참가자7	1	2
9	참가자8	3	4
10	참가자9	2	2
11	참가자10	1	2
12	평균	2.4	3.2
13	90% 신뢰구간	0.8	0.7
14			
15			
16	t-test (paired samples)	0.0002	
17			

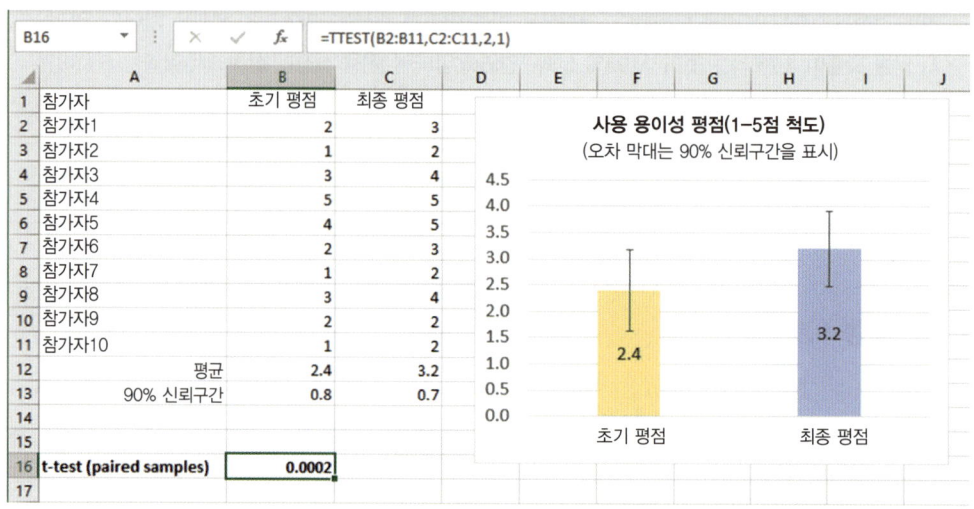

그림 2.4 대응표본에 대한 t-검정 예시. 각각의 10명 사용자들은 애플리케이션에 대한 사용 용이성 평가를 1-5점 척도로, 과업 시작 시점과 종료 시점에 평가했다.

그림 2.4의 데이터를 약간 다른 방식으로 살펴보겠다. 그림 2.5는 각 참가자의 최종 평점에서 초기 평점을 뺀 데이터를 세 번째 열에 추가했다. 참가자 10명 중 8명의 평점은 1점 증가한 반면, 참가자 2명의 평점은 동일하게 유지됐다. 막대 그래프에는 이 차이의 평균(0.8)과 해당 평균 차이에 대한 신뢰구간이 표시돼 있다. 이런 대응표본 검정에서는 기본적으로 평균 차이에 대한 신뢰구간에 0이 포함되는지 여부를 확인하기 위해 테스트한다. 포함되지 않는다면 그 차이는 유의하다.

	A	B	C	D
1	참가자	초기 평점	최종 평점	차이
2	참가자1	2	3	1
3	참가자2	1	2	1
4	참가자3	3	4	1
5	참가자4	5	5	0
6	참가자5	4	5	1
7	참가자6	2	3	1
8	참가자7	1	2	1
9	참가자8	3	4	1
10	참가자9	2	2	0
11	참가자10	1	2	1
12	평균	2.4	3.2	0.8
13	90% 신뢰구간	0.8	0.7	0.2
14				
15				
16	t-test (paired samples)	0.0002		
17				

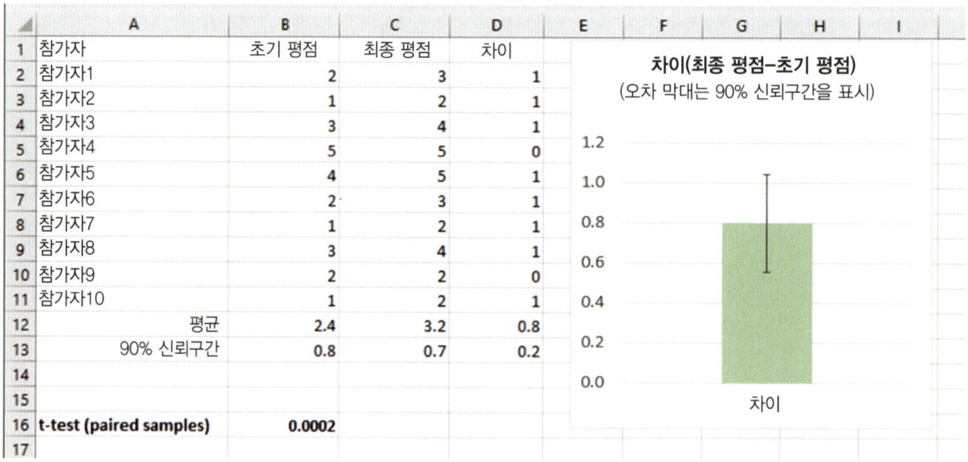

그림 2.5 그림 2.4와 동일한 데이터지만, 초기 평점과 최종 평점 간의 차이, 차이의 평균 및 90% 신뢰구간이 함께 표시돼 있다.

대응표본 검정에서는 비교하려는 두 숫자 데이터 세트 각각에 동일한 개수의 값이 들어 있어야 한다(물론 누락 데이터가 있을 수도 있다). 반면 독립표본의 경우에는 값의 개수가 동일할 필요는 없다. 한 그룹의 참가자가 다른 그룹의 참가자보다 더 많을 수 있다.

2.4.3 3개 이상의 표본 비교

연구 과정에서 항상 2개의 표본만 비교하진 않는다. 때로는 3개, 4개, 심지어 6개의 서로 다른 표본을 비교해야 하는 상황도 있을 것이다. 다행히 여러 표본을 손쉽게 비교할 수 있는 방법이 존재한다. 분산 분석^{ANalysis Of VAriance, 일반적으로 ANOVA라고 함}을 하면 3개 이상의 데이터 그룹에 유의한 차이가 있는지 여부를 확인할 수 있다.

엑셀에서는 세 가지 유형의 분산 분석을 수행할 수 있다. 이 절에서는 일원 분산 분석^{single-factor ANOVA}이라는 유형의 분산 분석에 대해서만 예를 들어보고자 한다. 일원 분산 분석은 조사하려는 변수가 하나만 있는 경우에 사용된다. 예를 들어 세 가지 프로토타입의 과업 완료 시간을 비교하려는 경우가 이에 해당된다.

그림 2.6의 데이터는 세 가지 서로 다른 디자인에 대한 과업 완료 시간을 보여주고 있다. 이 연구에는 총 30명의 참가자가 참여했고, 10명씩 세 그룹이 각각의 세 디자인을 사용하게 했다.

	A	B	C	D	E	F	G	H	I	J	K	L
1		디자인 1	디자인 2	디자인 3		일원 분산 분석						
2		34	49	22								
3		33	54	28		요약						
4		28	52	21		그룹	명수	총합	평균	분산		
5		44	39	30		디자인 1	10	335	33.5	43.2		
6		21	60	32		디자인 2	10	490	49.0	63.3		
7		40	58	36		디자인 3	10	302	30.2	38.6		
8		36	49	27								
9		29	34	40		분산 분석						
10		32	46	37		변동 요인	SS 제곱합	df	MS 평균 제곱	F비	P-값	F분포 임곗값
11		38	49	29		그룹 간	2015.3	2	1007.6	20.8	0.000003	3.4
12	평균	33.5	49.0	30.2		그룹 내	1306.1	27	48.4			
13	90% 신뢰구간	3.8	4.6	3.6								
14												
15						Total	3321.4	29				
16												

그림 2.6 세 가지 디자인별 과업 완료 시간(세 디자인은 각각 다른 참가자들이 사용하게 함)과 일원 분산 분석 결과

엑셀 팁: 분산 분석 실행하기

엑셀에서 ANOVA를 실행하려면 분석 도구 팩(Analysis ToolPak)이 필요하다. '데이터(Data)' 탭에서 '데이터 분석(Data Analysis)' 버튼을 선택한다(버튼 바(button bar)의 가장 오른쪽에 있음). 다음 '일원 분산 분석(ANOVA: Single Factor)'을 선택한다. 일원 분산 분석이란 하나의 변수(요인)만 살펴본다는 의미이다. 다음으로 데이터 범위를 정의한다. 그림 2.6에서 데이터는 B, C, D열에 있다. 알파 수준을 0.05로 설정하고 첫 번째 행에 있는 레이블을 선택했다.

분석 결과는 그림 2.6의 오른쪽 부분에 두 부분으로 나눠 표시된다. 상단 부분은 데이터 요약으로, 디자인 2의 과업 완료 시간 평균은 다소 긴 편이었고, 디자인 1과 3의 시간은 이보다 짧았다. 또한 분산은 디자인 2가 더 넓었고 디자인 1과 3은 좁았다. 결과의 두 번째 부분에서는 이 차이가 유의한지 여부를 알 수 있다. p값$^{\text{p-value}}$ 0.000003은 이 결과의 통계적 유의성을 보여준다. 이 수치를 정확히 이해하는 것이 중요한데, 이 사례에서는 '디자인' 변수가 유의적 영향력이 있다는 의미로 해석할 수 있다. 하지만 이 결과가 꼭 각 디자인 평균이 다른 디자인 평균과 크게 다르다는 의미는 아니며, 단지 전반적으로 효과가 있다는 의미이다. 두 평균이 서로 크게 다른지 확인하려면 해당 두 값 집합에 대해 2-표본 t-검정$^{\text{two-sample t-test}}$을 수행하면 된다. 여러분이 디자인 팀을 대상으로 프레젠테이션을 앞두고 있고, 디자인 2의 과업 완료 시간 평균이 다른 두 디자인안보다 유의하게 느린지 여부를 확인하고 싶다면 이러한 분석은 중요할 것이다.

2.5 변수 간의 관계

때로는 다양한 변수 간의 관계를 아는 게 중요하다. 우리는 사용성 테스트를 참관하면서 사용자의 말과 행동이 항상 일치하지는 않는다고 이야기하는 사람들을 많이 봐왔다. 많은 사용자가 프로토타입을 사용해 단 몇 가지 과업만 완료하는 데도 어려움을 겪지만, 얼마나 쉽거나 어려웠는지 평가해 달라는 질문에는 좋은 평점을 주는 경우가 많다. 이 절에서는 이런 데이터 간 관계 여부 및 추세를 어떻게 분석할지 살펴본다.

2.5.1 상관관계

두 변수 사이의 관계를 조사하는 초반에는 먼저 데이터가 어떻게 보이는지 시각화해 보면 도움이 된다. 엑셀에서 산점도$^{scatter\ plot}$ 기능을 사용하면 쉽게 두 변수 간의 관계를 살펴볼 수 있다. 그림 2.7은 온라인 사용자 경험 연구에서 가져온 실제 데이터로 만든 산점도의 예시이다. 가로축은 평균 과업 시간(분 단위)을, 세로축은 평균 과업 평점(1~5, 숫자가 높을수록 좋음)을 나타낸다. 평균 과업 시간이 증가하면 평균 과업 평점이 낮아지고 있음을 알 수 있다. 이렇게 한 변수가 증가할 때(과업 시간) 다른 변수가 감소(과업 평점)되는 것을 음의 관계라고 한다. 그리고 데이터를 관통하는 선을 추세선$^{trend\ line}$이라고 하며 데이터 포인트 중 하나를 마우스 오른쪽 버튼으로 클릭해 '추세선 추가$^{Add\ Trend\ Line}$'를 선택하면 엑셀 차트에 이 선을 쉽게 추가할 수 있다. 추세선은 두 변수 간의 관계를 시각화하는 데 도움이 된다. 추세선을 마우스 오른쪽 버튼으로 클릭해 '추세선 서식$^{Format\ Trend\ Line}$'을 선택한 다음 '차트에 R 제곱값 표시$^{Display\ R\text{-}squared\ value\ on\ chart}$'를 체크하면 엑셀에 R^2값(결정 계수, 변수 간 관계의 강도를 측정한 값)을 표시할 수도 있다.

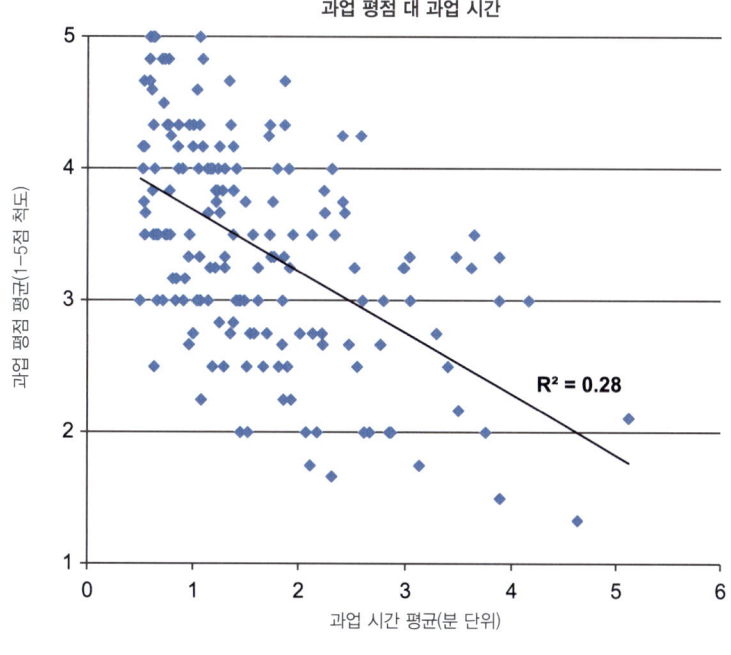

그림 2.7 엑셀 산점도(추세선 추가)의 예

엑셀 팁: 상관관계 계산하기

엑셀에서 CORREL 함수를 사용해 두 변수(예: 과업 시간과 과업 평점) 간 관계의 강도를 계산할 수 있다.

$$=\text{CORREL (Array 1, Array 2)}$$

Array 1(배열 1)과 Array 2(배열 2)는 상관관계를 살펴볼 두 숫자 세트다. 결과는 상관계수, 즉 r이다. 그림 2.7에 있는 데이터의 r값은 −0.53이다. 상관계수는 두 변수 간 관계의 강도를 측정한 것으로, −1에서 +1 사이의 값이다. 관계가 강할수록 상관계수는 −1 또는 +1에 가까워지며, 관계가 약할수록 0에 가까워진다. r이 음수인 경우 두 변수는 음의 상관관계를 가진다는 의미이다. 상관계수를 제곱하면 산점도에 표시된 R^2값(0.28)이 된다.

2.6 비모수적 검정

비모수적 검정$^{\text{non-parametric tests}}$은 명목형 데이터와 순서형 데이터를 분석하는 데 사용된다. 예를 들어 고객이 특정 과업을 수행할 때 실제 고객과 잠재 고객 사이에 성공과 실패 여부에 유의한 차이가 있는지 알고 싶을 때 또는 전문가, 중급자, 초보자가 웹사이트 순위를 매기는 방식에 차이가 있는지 확인하고 싶을 때 사용한다.

비모수적 통계$^{\text{non-parametric statistics}}$에서는 평균을 비교하고 변수 간의 관계를 설명하려는 통계와는 다른 가정으로 접근한다. 예를 들어 t-검정과 상관분석을 할 때는 데이터가 정규 분포를 따르고 분산이 거의 같다고 가정하고 진행한다. 하지만 명목형 데이터와 순서형 데이터의 분포는 정규적이지 않다. 따라서 비모수적 검정에서는 이 데이터에 구간형 데이터, 비율형 데이터와 동일한 가정을 하지 않는다. 예를 들어 특정 과업의 성공 여부처럼 답이 두 가지뿐인 경우(이진 데이터), 데이터는 이항 분포$^{\text{binomial distribution}}$를 기반으로 한다. 그래서 어떤 사람들은 비모수적 검정을 '분포 없는$^{\text{distribution-free}}$' 검정이라고 부르기도 한다. 비모수적 검정에는 몇 가지 서로 다른 유형들이 존재하지만 여기서는 가장 일반적으로 사용되는 카이제곱 테스트$^{\text{chi-square test}}$만 소개한다. 중앙값을 비교하기 위한 윌콕슨 부호 순위 검정$^{\text{Wilcoxon Signed Rank test}}$, 맨-휘트니 검정$^{\text{Mann-Whitney test}}$, 크루스칼-월리스 검정$^{\text{Kruskal-Wallis test}}$도 비모수적 검정 방법이다. 비모수적 검정에 대해 더 알고 싶다면 Hollander et al.(2013) 자료를 참고하기 바란다.

2.6.1 카이제곱 검정

카이제곱 검정chi-square test, 카에스퀘어 검정은 명목형(또는 범주형) 데이터를 비교할 때 사용된다. 엑셀 초보자, 중급 사용자, 전문가 사용자로 구성된 세 그룹의 금융 프로그램 과업 성공 여부에 유의한 차이가 있는지 알아보려 한다고 가정해 보자. 조사에는 각 그룹에 20명씩 총 60명이 참여하며, 단일 과업에 대한 과업 성공 또는 실패 여부를 측정한다. 각 그룹에서 성공한 사람의 수를 셌을 때 초보자 그룹은 20명 중 6명이 성공했고, 중급자 그룹은 20명 중 12명, 전문가 그룹은 20명 중 18명이 성공했다. 그룹별 성공 여부 사이에 통계적으로 유의한 차이가 있는지, 즉 엑셀 경험에 따라 금융 프로그램 과업 성공률이 높아지는지 여부를 알고 싶다.

엑셀 팁: 카이제곱 검정

엑셀에서 카이제곱 검정을 수행하려면 'CHITEST' 함수를 사용한다. 이 함수는 측정값과 기댓값 간 차이가 단순히 우연으로 인한 것인지 여부를 계산한다. 이 기능은 비교적 사용하기가 쉽다.

=CHITEST (actual_range, expected_range)

actual_range(실제 범위)는 각 그룹에서 과업에 성공한 사람 명수다. expected_range(예상 범위)는 성공한 사람 명수 총합(33명)을 그룹 수(3그룹)로 나눈 값으로, 이 예에서는 11이다. 기댓값은 세 그룹 사이에 차이가 없을 때 기대할 수 있는 값이다.

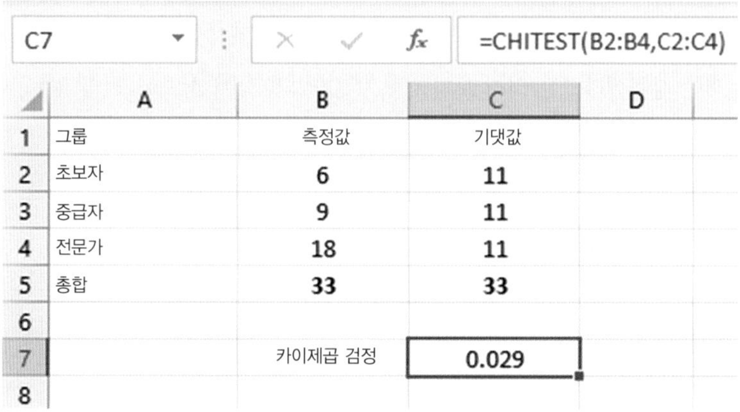

	A	B	C	D
1	그룹	측정값	기댓값	
2	초보자	6	11	
3	중급자	9	11	
4	전문가	18	11	
5	총합	33	33	
6				
7		카이제곱 검정	0.029	
8				

수식: =CHITEST(B2:B4,C2:C4)

그림 2.8 엑셀 카이제곱 검정 결과

C13 =CHITEST(B3:C5,B9:C11)

	A	B	C	D	E
1		측정값	측정값		
2	그룹	디자인 A	디자인 B		
3	초보자	4	2		
4	중급자	6	3		
5	전문가	12	6		
6					
7		기댓값	기댓값		
8	그룹	디자인 A	디자인 B		
9	초보자	5.5	5.5		
10	중급자	5.5	5.5		
11	전문가	5.5	5.5		
12					
13		카이제곱 검정	0.003		
14					

그림 2.9 두 가지 변수를 비교하는 카이제곱 검정 결과

그림 2.8은 데이터가 어떻게 보여지는지와 CHITEST 함수를 사용한 결과를 보여준다. 여기서 이 분포가 우연일 가능성은 약 2.9%(0.028856)인데, 이 숫자는 0.05(95% 신뢰 수준) 미만이므로 세 그룹 간 성공률에 차이가 있다고 말할 수 있다.

이 예에서는 단일 변수(엑셀 경험 수준)에 대한 성공률 분포를 조사했다. 여러분이 2개 이상의 변수를 조사해야 하는 상황이라고 가정해 보자(경험 수준별 그룹, 디자인 프로토타입 유형). 이런 평가를 수행하는 방법은 동일하다. 그림 2.9는 그룹과 디자인이라는 두 가지 변수를 기반으로 한 데이터를 보여준다. 카이제곱 검정을 사용한 더 자세한 예시(예: 두 가지 페이지 시안을 라이브 웹사이트에서 차이를 테스트하는 방법, 소위 A/B 테스트)는 10장을 참고하기 바란다.

2.7 데이터를 그래픽으로 시각화하기

사용자 경험 연구를 하면서 최고의 데이터 세트를 수집하고 분석했을 수도 있지만, 다른 사람에게 효과적으로 전달할 수 없다면 아무 가치도 없을 것이다. 어떤 상황에서는 데이터 표가 확실히 유용하지만 대부분의 경우 데이터를 그래픽으로 표현해서 메시지를 전하고 싶을 것이다. 에드워

드 터프티(Edward Tufte 1990, 1997, 2001, 2006), 스티븐 퓨(Stephen Few 2006, 2009, 2012), 도나 웡(Dona Wong 2010)이 쓴 책을 포함해 효과적인 데이터 그래프 디자인에 관한 훌륭한 서적들이 많다. 이 절에서는 사용자 경험 데이터를 시각화하는 데이터 그래프 디자인의 중요한 몇 가지 원칙을 소개하고자 한다.

이 절은 다섯 가지 기본 유형의 데이터 그래프에 관한 팁과 기법 중심으로 구성돼 있다.

- 기둥 그래프 column graph 와 막대 그래프 bar graph
- 선 그래프 line graph
- 산점도 scatter plot
- 파이 차트 pie chart 와 도넛 차트 donut chart
- 누적 막대 그래프 stacked bar graph

각 절에서는 데이터 그래프 유형별 좋은 사례와 나쁜 사례를 소개한다.

데이터 그래프에 대한 일반적인 팁

첫째, 축(axe)과 단위(unit)에 레이블을 붙인다. 과업 완료율을 0~100% 척도로 표시하는 게 여러분에게는 상식일 수 있지만, 청중에게는 상식이 아닐 수 있다. 또는 여러분은 그래프에 표시된 시간이 분이라는 것을 알지만 청중은 그게 몇 초 또는 몇 시간으로 착각할 수도 있다. 따라서 청중이 데이터 그래프를 정확하게 읽을 수 있도록 적절한 정보를 제공하는 것이 중요하다. 이를 위해 레이블은 보는 사람 관점에서 그들에게 도움이 되도록 만들어야 한다. 예를 들어 그래프의 막대가 각각의 과업을 나타내는 경우 '과업 1', '과업 2'보다는 '로그인', '결제' 등 구체적인 레이블로 적는 것이 더 유용할 수 있다.

둘째, 데이터를 표현할 때 너무 정확하게 표현하려 하기보다는 그 데이터에 적절한 수치로 표현하자. 시간 데이터를 30.00초로 적거나(0.00초 단위), 과업 완료율 데이터를 100.0%로 적는 것(0.0% 단위)은 적절하지 않다. 이런 경우는 대개 정수로 표현한다. 예외적인 사례로는 측정하는 범위가 매우 제한적인 측정 항목이나 항상 아주 작은 수치로 나오는 일부 통계 수치(예: 상관계수)가 소수점까지 표현된다.

셋째, 정보를 잘 전달하기 위해 색상(color) 외에 다양한 요소들을 활용해 보자. 이런 접근은 모든 디스플레이 디자인 작업 시 갖춰야 할 너무도 당연한 원칙이겠지만, 반복해 강조할 만하다. 데이터 그래프에서 색은 흔히 사용된다. 하지만 색을 잘 구분하지 못하는 사람도 그래프를 해석하는 데 도움이 되도록 위치 정보, 레이블 등 여러 단서로 색상을 보완해 표현해야 한다.

넷째, 가능한 한 신뢰구간을 표시하자. 주로 개별 참가자 데이터(시간, 평점 등)의 평균값을 나타내는 막대 그래프(bar graph), 선 그래프(line graph)에 신뢰구간이 함께 표시돼야 할 것이다. 오차 막대로 평균의 95% 신뢰구간 또는 90% 신뢰구간을 표시하는 건 데이터의 변동성(산포도)을 시각적으로 나타내는 좋은 방법이다.

다섯째, 그래프에 너무 많은 정보를 표현하려 하지 말자. 20개 과업 각각에 대한 과업 완료율, 오류율, 과업 시간, 주관적 평가 결과를 초보 사용자와 숙련된 사용자로 분류해 하나의 그래프에 담을 수도 있을 것이다. 하지만 그럴 수 있다고 해서 그렇게 해야 하는 건 아니다.

여섯째, 3D 그래프는 되도록이면 만들지 말자. 3D 그래프를 사용하고 싶은가? 3D 그래프가 정말 도움이 될 것인지 스스로에게 물어보자. 3D 그래프에 표시된 데이터 값은 대체로 읽기 어렵다.

2.7.1 기둥 그래프와 막대 그래프

그림 2.10은 두 개의 기둥 그래프 또는 막대 그래프를 보여준다. 기둥 그래프^{column graph}와 막대 그래프^{bar graph}는 개념상 동일하다. 유일한 차이점은 막대의 방향으로, 기둥 그래프는 수직이고 막대 그래프는 수평이다. 대다수의 사람들은 두 가지 유형을 모두 간단히 막대 그래프라고 부르기도 한다. 이러한 그래프에 대해 살펴보자.

막대 그래프는 사용자 경험 데이터를 표시하는 일반적인 방법 중 하나이다. 사용성 테스트 데이터를 설명하는 대부분의 프레젠테이션에는 과업 완료율, 과업 시간, 자가측정 데이터 등에 관한 막대 그래프를 1개 이상 포함한다. 막대 그래프의 사용 원칙을 소개한다.

- 막대 그래프는 이산적 항목이나 카테고리(예: 과업, 참가자, 디자인 등)에 대한 연속 데이터(예: 시간, 백분율 등)의 값을 표시하는 경우에 적합하다. 두 변수가 모두 연속형이면 선 그래프가 적합하다.
- 연속형 변수의 축(그림 2.10의 세로축)은 일반적으로 0에서 시작해야 한다. 막대 그래프의 기본 개념은 막대의 길이로 해당 값을 표시한다는 것이다. 축이 0에서 시작하지 않으면 길이를 조작하게 된다. 그림 2.10의 두 번째 예(잘못 표현된 예)는 과업 간 차이가 실제보다 더 커 보인다. 그래프에 오차 막대를 포함해 어떤 차이가 실제 데이터를 제대로 반영한 것이고 어떤 차이가 그렇지 않은지 명확하게 표시한 경우는 예외적으로 괜찮으나, 그렇지 않은 경우 이런 표현은 지양하도록 한다.

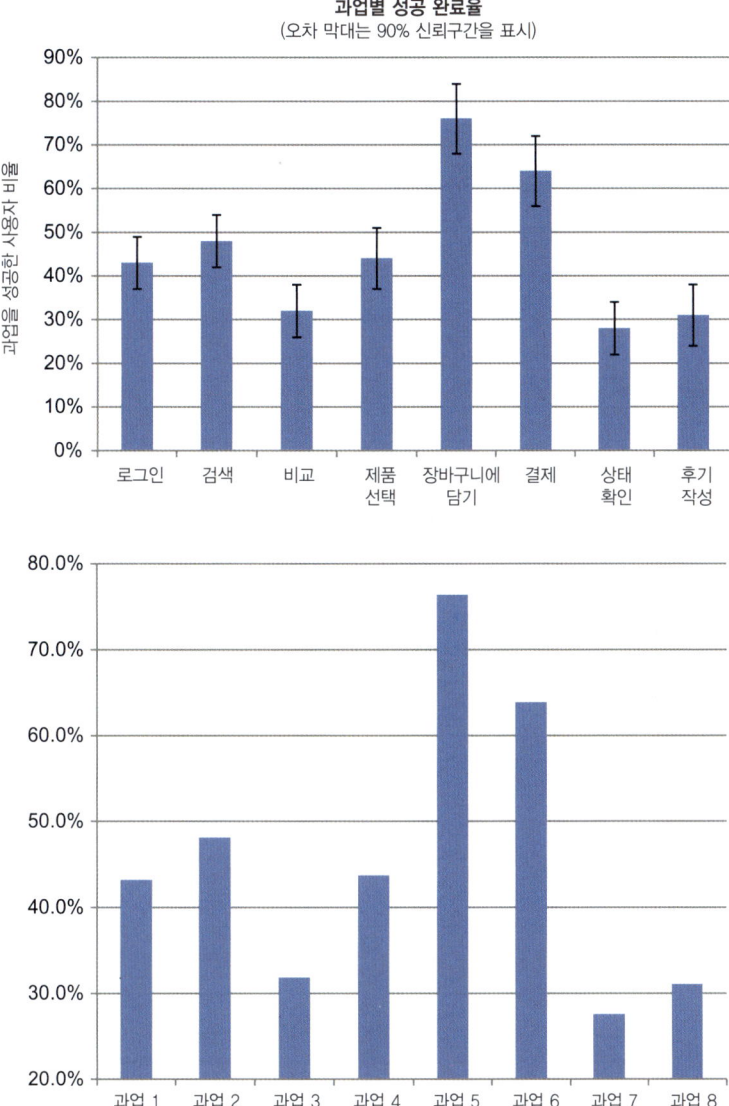

그림 2.10 같은 데이터를 다르게 표현한 막대 그래프 사례: 첫 번째 그래프는 좋은 예, 두 번째 그래프는 나쁜 예. 두 번째 그래프는 데이터 레이블을 적절하게 제공하지 않았고, 세로축이 0에서 시작하지 않았으며, 신뢰구간을 표시하지 않았다. 또한 세로축 레이블은 너무 높은 정밀도로 표시됐다.

- 연속형 변수의 축은 이론상으로 가능한 최댓값보다 높지 않게 만든다. 예를 들어 각 과업을 성공적으로 완료한 사용자의 비율을 표시하는 경우 이론상 최댓값은 100%다. 어떤 값이 최댓값에 가까우면 엑셀 등의 패키지 프로그램들은 (특히 오차 막대가 표시되는 경우) 자동으로

최댓값 이상으로 척도를 늘리는 경향이 있다.

2.7.2 선 그래프

선 그래프line graph(그림 2.11)는 시간 경과에 따른 연속형 변수의 추세를 표시하는 데 주로 사용한다. 사용자 경험 데이터를 표시하는 데 막대 그래프만큼 흔하게 사용되지는 않지만 이 그래프도 자주 사용된다. 선 그래프 사용에 관한 몇 가지 주요 원칙을 소개한다.

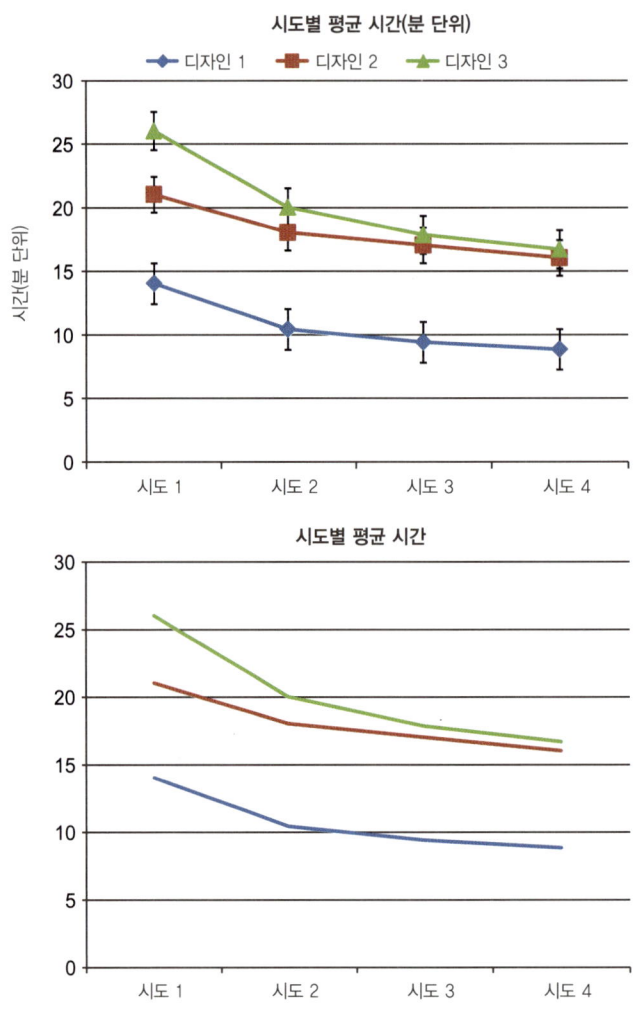

그림 2.11 같은 데이터를 다르게 표현한 선 그래프 사례: 첫 번째 그래프는 좋은 예, 두 번째 그래프는 나쁜 예. 두 번째 그래프는 세로축에 레이블 정보를 누락했고, 데이터 포인트를 표시하지 않았으며, 범례를 포함하지 않았고, 신뢰구간을 표시하지 않았다.

- 선 그래프는 하나의 연속 변수(예: 정답률, 오류 건수 등)의 값을 다른 연속 변수(예: 연령, 시도 순서 등)의 함수로 표시하려는 경우에 사용한다. 변수 중 하나가 이산형(예: 성별, 참가자, 과업 등)인 경우라면 막대 그래프가 더 적합하다.
- 데이터 포인트를 표시하자. 정말 중요한 것은 선이 아니라 실제의 데이터 포인트이다. 선은 데이터 포인트를 연결하고 추세를 더욱 분명하게 보여주기 위해 존재한다. 여러분은 엑셀에서 데이터 포인트의 기본 크기를 키워 실제 데이터를 더 잘 보이게 해야 하는 경우도 있다.
- 그래프가 분명하게 보일 수 있을 정도로 충분히 두꺼운 선을 사용하자. 너무 가는 선은 보기 어려울 뿐 아니라 색상을 감지하기도 어렵고 데이터의 정밀도가 적절 수준보다 지나치게 높은 것일 수 있다. 엑셀에서 상황에 따라 선의 기본 두께를 늘려야 하는 경우도 있다.
- 한 그래프에 선을 2개 이상 제공한다면 범례를 제공하자. 어떤 경우에는 레이블을 여느 범례의 위치보다는 그래프 중심부로 옮겨 해당 선 옆에 각각의 레이블을 배치하는 것이 더 명확하게 보일 수 있다. 상황에 따라 파워포인트 또는 다른 편집 프로그램에서 이 작업을 해야 하는 경우도 있을 것이다.
- 막대 그래프와 마찬가지로, 선 그래프의 세로축은 일반적으로 0에서 시작한다. 하지만 선 그래프에서는 시작점을 꼭 0으로 해야 하는 건 아니다. 길이가 중요한 막대가 없기 때문에, 선 그래프는 세로축을 더 높은 값에서 시작하는 게 적절할 수도 있다. 이런 경우에는 세로축을 적절하게 설정한다.

선 그래프와 막대 그래프 비교

어떤 사람들은 데이터 세트를 그래프로 만들 때 선 그래프를 사용하는 게 나을지, 막대 그래프를 사용하는 게 나을지 결정하기 어려워한다. 우리가 접하는 가장 흔한 실수는 막대 그래프가 더 적절한 상황에서 선 그래프를 사용하는 것이다. 데이터를 선 그래프로 만들까 고민하고 있다면 스스로에게 질문해 보자. 데이터 포인트와 포인트 사이에 있는 선 위에 특정 포인트의 위치가 의미가 있는가? 즉, 여러분에게 해당 위치에 대한 데이터가 없더라도 그 특정 포인트는 의미가 있을까? 의미가 없다면 막대 그래프가 더 적합하다. 예를 들어 그림 2.12처럼 그림 2.11의 데이터를 선 그래프로 표시하는 건 기술적으로 가능하다. 그러나 '과업 1½' 또는 '과업 6¾' 같은 데이터가 의미가 있는지 자문해 봐야 한다. 선은 그래야 함을 의미하기 때문이다. 다음 그래프에서는 당연히 그렇지 않으므로 막대 그래프가 올바른 표현이다. 선 그래프는 흥미로운 그림을 만들어내기도 하지만 때로는 오해의 여지가 있다.

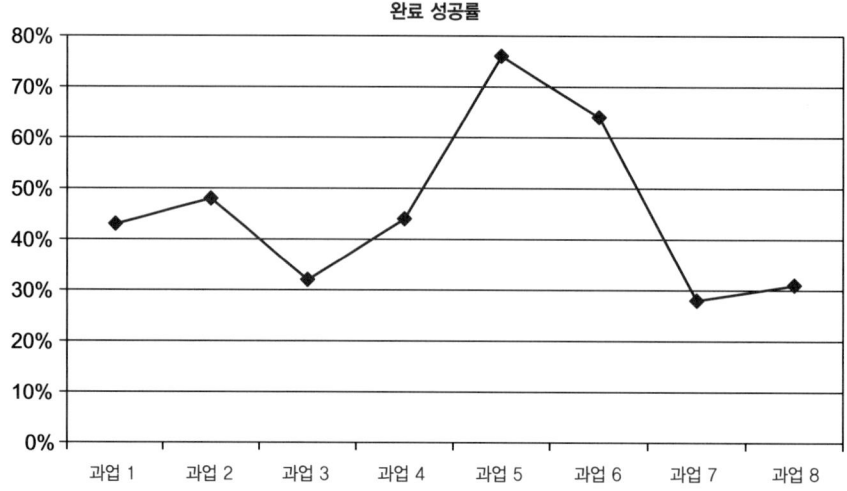

그림 2.12 그림 2.11의 데이터를 선 그래프로 만든 부적절한 사례. 선은 과업이 연속 변수라고 전제하게 만들지만, 실제로는 그렇지 않다.

2.7.3 산점도

그림 2.13의 산점도scatter plot, X/Y 도표는 쌍으로 이뤄진 값의 추세를 보여준다. 사용성 리포트에서는 흔하게 사용하진 않지만 특정 상황, 특히 두 변수 간의 관계를 설명하는 데 매우 유용하다. 산점도 사용 시 고려하면 좋을 주요 원칙은 다음과 같다.

- 표시하려는 쌍을 이루는 값이 있어야 한다. 대표적인 예는 사람들의 키와 몸무게이다. 각각의 사람은 데이터 포인트로 표시되고, 두 축은 키와 몸무게가 된다.
- 보통 두 변수는 모두 연속형이다. 그림 2.13에서 세로축은 42개 웹페이지의 시각적 매력도에 대한 평균값을 나타낸다(Tullis & Tullis, 2007). 해당 척도(1-4점 척도)는 본래 4개의 값만 있었지만 평균은 연속형에 가깝다. 가로축은 페이지에서 텍스트가 아닌 이미지 중 가장 큰 이미지의 크기(k 픽셀)를 표시하며 이는 실제로 연속형이다.
- 적절한 척도를 사용해야 한다. 그림 2.13에서 세로축의 값은 1.0보다 작을 수 없으므로 0이 아닌 지점에서 눈금을 시작하는 게 적절하다.
- 산점도를 표시하는 목적은 두 변수 간의 관계를 설명하기 위함이다. 결론적으로 그림 2.13의 첫 번째 예처럼 산점도에 추세선을 추가하는 것이 도움이 되기도 한다. 적합도를 표시하

기 위해 R^2값을 제공하기도 한다.

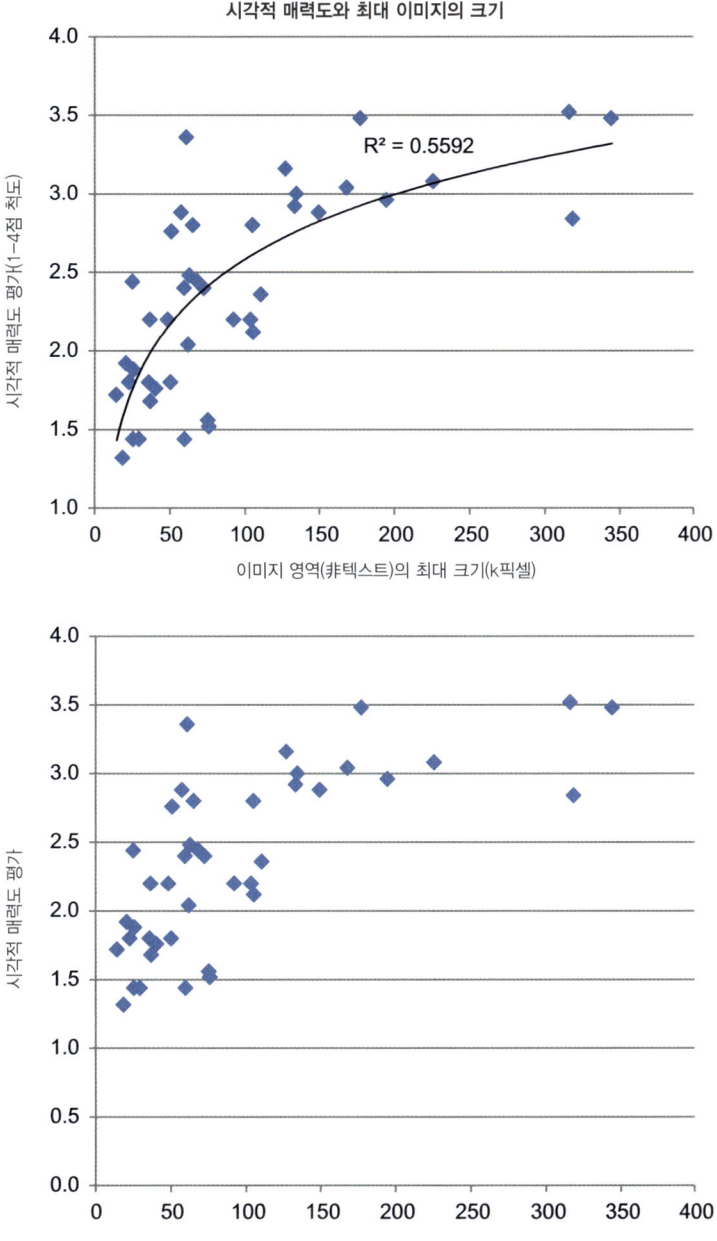

그림 2.13 같은 데이터를 다르게 표현한 산점도 사례: 첫 번째 그래프는 좋은 예, 두 번째 그래프는 나쁜 예. 두 번째 그래프는 세로축 척도를 잘못 표시했고, 시각적 매력도 척도(1-4점)를 표시하지 않았으며, 추세선과 적합도 검정 R^2를 표시하지 않았다.

2.7.4 파이 차트와 도넛 차트

그림 2.14의 파이 차트^{pie chart}와 도넛 차트^{donut chart}는 전체의 부분 또는 백분율을 보여준다. 파이 차트와 도넛 차트의 유일한 차이점은 차트의 중앙부가 표시되는지 여부(도넛 구멍)이다. 이 차트는 전체에서 각 부분이 차지하는 상대적 비율을 설명하려는 경우 유용하다(예: 사용성 테스트에서 얼마나 많은 참가자가 성공하거나 실패 또는 포기했는지 여부). 이 차트들을 사용할 때 고려하면 좋을 주요 원칙은 다음과 같다.

- 파이 차트, 도넛 차트는 부분의 합이 100%일 경우에만 적합하며, 모든 경우를 설명해야 한다. 이 말인즉, 어떤 상황에서는 '기타' 카테고리를 제공한다는 의미이기도 한다.
- 차트의 세그먼트 수(구분한 카테고리 개수)를 최소화한다. 그림 2.14의 두 번째 예시는 바람직하지 않은 경우를 보여주는 것으로, 기술적으로는 데이터를 정확하게 표현했지만 세그먼트가 너무 많기 때문에 되려 이해하기 어렵다. 6개 이하의 세그먼트로 구성하도록 하자. 첫 번째 예시에서 보여주는 좋은 예처럼, 결과를 좀 더 명확하게 보여질 수 있도록 세그먼트를 논리적으로 결합하자.
- 차트에 각 세그먼트의 비율과 레이블을 함께 표시해야 한다. 이 정보들은 각 세그먼트 옆에 위치해야 하며 필요한 경우 지시선으로 연결해야 한다. 그리고 때로는 레이블이 겹치지 않도록 레이블의 위치를 수동으로 조절해야 한다.

> **파이 차트 아니면 도넛 차트?**
>
> 파이 차트와 도넛 차트 중 어떤 차트를 사용하는 것이 더 나을까? (우리도 최근에 알게 된 내용인데) 아직 널리 알려지지 않은 어떤 데이터에 따르면 도넛 차트가 파이 차트보다 좀 더 효과적일 수 있다고 한다. 파이 차트를 보는 사람의 시선은 원형의 중심으로 끌리지만, 도넛 차트에서는 시선이 주변으로 더 쏠린다. 그리고 중심부보다 주변부가 상대적 크기를 판단하기에 더 쉽다. 따라서 보는 사람의 시선이 두 차트에서 어디에 집중하는지를 두고 봤을 때, 도넛 차트가 데이터 표현에 효과적으로 보인다.

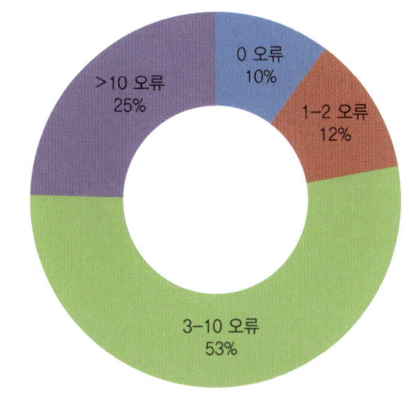

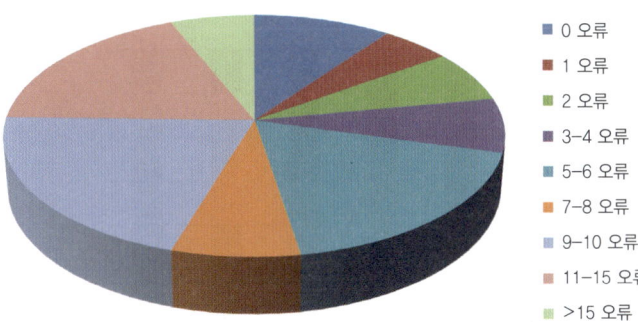

그림 2.14 같은 데이터를 다르게 표현한 파이/도넛 차트 사례: 첫 번째 그래프는 좋은 예, 두 번째 그래프는 나쁜 예. 두 번째 그래프는 세그먼트를 너무 잘게 나누었고, 범례의 위치가 잘못됐으며, 각 세그먼트의 백분율을 표시하지 않았고, 불필요하게 3D 형태를 적용했다.

2.7.5 누적 막대 그래프

누적 막대 그래프^{stacked bar graph}(그림 2.15)는 막대 형태로 표시한 다중 파이 차트이다. 여러 데이터 세트가 있고 각 데이터 세트가 파이처럼 부분들이 모여 전체를 이루는 구성일 경우 사용한다. 사용자 경험 데이터에서는 각 과업에 대해 다양한 과업 완료 상태를 표시할 때 이 그래프를 사용한다. 이 누적 막대 그래프 사용 시 고려하면 좋을 몇 가지 주요 원칙은 다음과 같다.

- 파이 차트와 마찬가지로, 누적 막대 그래프는 각 항목에 대한 부분의 합이 100%일 때만 적합하다.

- 데이터 항목은 대체로 범주형이다(예: 과업, 참가자 등).
- 각 막대의 세그먼트 개수를 최소화한다. 막대당 세그먼트가 3개를 초과하면 해석하기 어려울 수 있다. 세그먼트를 적절하게 결합하라.
- 가능하다면 청중에게 익숙한 색상 규칙color-coding convention을 적용해 보라. 대다수의 미국인에게 녹색은 좋고, 노란색은 중간의, 빨간색은 나쁜 의미로 받아들여진다. 그림 2.15의 첫 번째 바람직한 그래프 예시에서처럼 이 규칙을 활용하면 유용할 것이다. 하지만 이 규칙에 전적으로 의존하지는 말자.
- 의미 있는 레이블을 사용하자. 청중은 사용자가 참여한 과업의 성격을 쉽게 알 수 있어야 한다. 그림 2.15 결과 그래프를 보면 검색 기능의 설계에 분명 어떤 문제가 있는 것처럼 보인다.

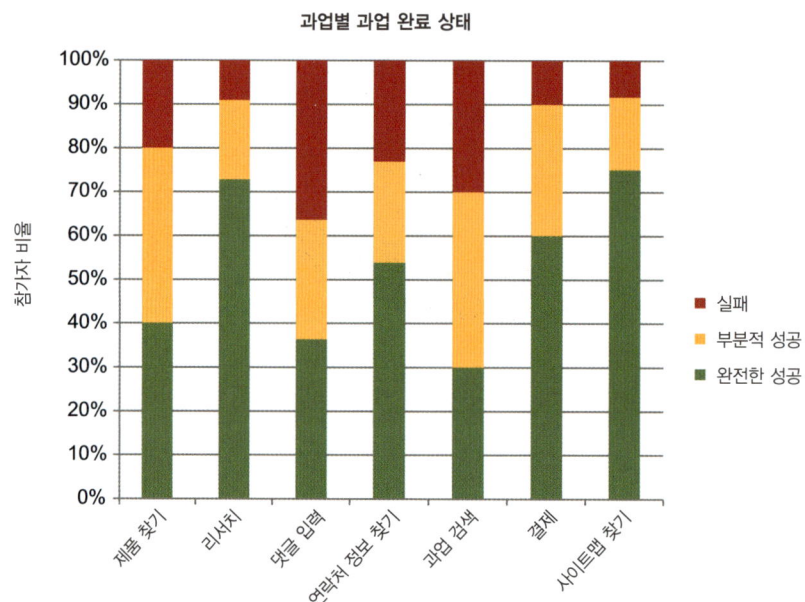

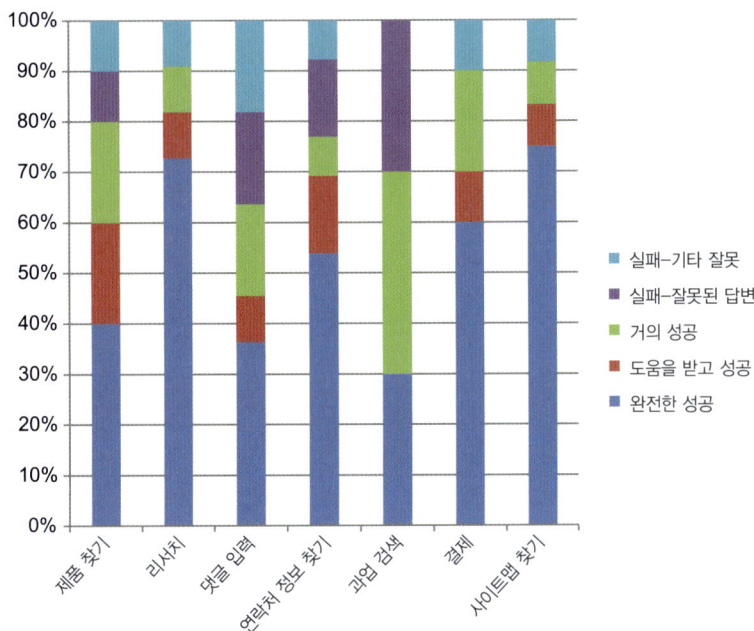

그림 2.15 같은 데이터를 다르게 표현한 누적 막대 그래프 사례: 첫 번째 그래프는 좋은 예, 두 번째 그래프는 나쁜 예. 두 번째 그래프는 세그먼트를 너무 잘게 쪼갰고, 색상 코딩이 적절하지 않으며, 세로축 레이블을 누락했다.

2.8 요약

간단히 정리해 보자면, 2장은 데이터를 이해하는 것에 관해 이야기한다. 데이터를 더 잘 알수록, 연구와 관련된 질문에 명확하게 답할 수 있다. 2장의 주요 내용을 다시 떠올리며 읽어보기를 바란다.

1. 결과를 분석할 때 먼저 여러분의 데이터에 대해 알아야 한다. 여러분이 갖고 있는 데이터의 유형에 따라 할 수 있는 통계와 할 수 없는 통계가 결정된다.
2. 명목형 데이터는 과업 성공 여부, 남성과 여성 같은 범주형 데이터이다. 명목형 데이터는 일반적으로 빈도나 백분율로 표시된다. 카이제곱 검정은 빈도 분포가 무작위인지, 분포 패턴에 특정한 의미가 있는지 확인이 필요한 경우에 사용한다.
3. 순서형 데이터는 사용성 문제의 심각도 순 같은 순위를 나타내는 데이터이다. 순서형 데이터도 빈도를 이용해 분석하며, 분포 패턴은 카이제곱 검정을 통해 분석할 수 있다.

4. 구간형 데이터는 각 포인트 사이의 간격은 의미가 있지만 절대 영점$^{natural\ zero}$이 없는 연속형 데이터이다. SUS 점수가 한 예이다. 구간형 데이터는 평균, 표준편차, 신뢰구간으로 설명할 수 있다. 그리고 동일한 사용자 집합(대응표본 t-검정) 또는 서로 다른 사용자 집합(독립표본 t-검정)에 대해 평균을 서로 비교할 수 있다. ANOVA는 2개 이상의 데이터 세트를 비교하는 데 사용한다. 변수 간의 관계는 상관관계를 통해 살펴볼 수 있다.

5. 비율형 데이터는 구간형 데이터와 동일하지만 절대 영점이 있다. 비율형 데이터의 한 가지 예는 과업 완료 시간이다. 구간형 데이터에 적용되는 통계 방식은 비율형 데이터에도 적용된다.

6. 평균을 계산할 수 있다면 해당 평균에 대한 신뢰구간도 계산할 수 있다. 평균 그래프에 신뢰구간을 표시하면 보는 사람이 데이터의 정확성을 이해하고 평균 간 차이를 빠르게 확인하는 데 도움이 된다.

7. 그래프를 사용해 데이터를 효과적으로 설명하자. 엑셀 같은 도구를 유연하게 활용하고 그래프, 축, 카테고리에 의미 있고 명확한 레이블을 제공하자. 그래프에 너무 많은 것을 담으려 하지 말고 3D 그래프를 사용할 때는 주의하자.

8. 데이터를 그래픽적으로 시각화할 땐 적절한 유형의 그래프를 선택하자. 범주형 데이터는 막대 그래프를, 연속형 데이터에는 선 그래프를 사용한다. 데이터의 합이 100%이면 파이 차트나 누적 막대 그래프를 사용하자.

CHAPTER 3
계획하기

성공적인 사용자 경험 연구의 핵심은 '준비'이다. 우리는 여러분이 3장을 통해 앞서 준비할 수 있기를, 특히 데이터 수집과 관련해 미리 계획을 세울 수 있기를 바란다.

UX 리서치 연구를 계획할 때에는 먼저 다음의 세 가지 목표와 관련된 질문에 답할 수 있어야 한다. 첫 번째는 연구의 목적에 관한 질문이다. 여러분은 새로운 기능에 최적의 사용자 경험을 확보하려 연구를 하는 것인가, 아니면 기존 제품에 대한 사용자 경험을 벤치마킹하려 연구를 하는 것인가? 가장 중요한 사용성 이슈가 무엇인지 찾고자 하는 것인가, 아니면 디자인에 대한 선호도를 측정하려 하는 것인가? 두 번째는 사용자의 목표에 관한 질문이다. 사용자는 간단히 과업을 완료한 후 제품 사용을 중단하려 하는가, 아니면 매일 여러 번 제품을 사용하려 하는가? 그리고 세 번째는 그 사용자 행동과 관련된, 사업 관점에서의 목표는 무엇인지에 대한 질문이다. 사업 주체는 신기술 채택에 집중하고 있는가, 사용자 참여도 제고가 주요 목적인가, 주요 거래에서의 이탈률 감소가 목적인가? 연구의 목표, UX 관점의 목표, 사업 관점의 목표를 알면 올바른 지표를 선택하는 데 도움이 된다.

더불어 많은 실용적 세부 사항도 고려돼야 한다. 예를 들어 가장 적합한 평가 방법은 무엇인지, 신뢰할 수 있는 피드백을 얻기에 충분한 참가자 수는 몇 명인지, 지표 수집이 일정과 예산에 미치는 영향은 무엇이고, 데이터 수집에 가장 적합한 도구는 무엇인지, 데이터는 어떻게 분석되면 좋을지 결정해야 한다. 이러한 질문에 답함으로써 여러분은 지표와 관련된 UX 리서치 연구를 수행할 준비를 갖추게 된다. 그리고 이런 검토 과정을 통해 시간과 비용을 절약하고 제품에 큰 영향을 미칠 수 있게 된다.

3.1 연구의 목표

연구를 계획할 때 가장 먼저 하는 결정은 제품 개발 수명 주기 내에서 데이터가 궁극적으로 어떻게 사용될 것인지 결정하는 일이다. UX 데이터를 사용하는 방법에는 기본적으로 형성적formative 방법과 총괄적summative 방법이 있다.

3.1.1 형성적 사용자 리서치

형성적 연구를 할 때 UX 리서처의 역할은 요리가 준비되는 동안 정기적으로 요리를 확인하고 최종 결과에 긍정적 영향을 미치도록 조정하는 요리사와 흡사하다. 요리사는 서빙 직전에 약간의 소금을 치고 향신료를 좀 더 추가한 다음 마지막으로 소량의 고추를 넣을 것이다. 또한 요리사는 주기적으로 평가하고 조정하며 다시 평가한다. 형성적 사용자 연구에서 UX 리서처도 마찬가지이다. 연구원은 요리사처럼 제품 또는 서비스가 디자인되는 동안 정기적으로 평가하고, 불편한 점을 파악하고, 제안을 한다. 그런 다음 제품이 최대한 완벽에 가까워질 때까지 과정을 반복한다.

형성적 사용자 리서치Formative User Research의 특징은 평가의 반복, 리서치를 하는 시점, 표본의 크기와 관련돼 있다. 이 연구의 목적은 출시 전 디자인을 개선하는 것이다. 이는 문제점을 찾아내거나 진단하고, 제안 사항을 제시해 구현한 다음 다시 평가하는 것을 의미한다. 형성적 사용자 리서치는 대개 디자인이 확정되기 전에 수행된다. 형성적 평가가 조기에 진행될수록 실제로 평가가 디자인에 미치는 영향은 커진다. 대부분의 형성적 사용자 리서치는 작은 표본, 즉 8~12명의 참가자를 대상으로 진행된다(문제를 식별하려는 목적이라면 이렇게 작은 표본 크기로 진행한다. 하지만 선호도를 측정하려는 목적이라면 훨씬 큰 표본 크기, 보통 최소 수백 명 정도의 표본이 필요하다).

형성적 접근 방식을 통해 확인할 수 있는 핵심 사항은 다음과 같다.

- 사용자의 목표 달성을 방해하거나 비효율을 초래하는 가장 중요한 이슈는 무엇인가?

- 제품의 어떤 면이 사용자에게 효과적으로 동작하는가? 사용자에게 가장 불만스러운 점은 무엇인가?
- 사용자가 흔히 저지르는 실수나 오류는 무엇인가?
- 하나의 디자인 개선 단계에서 다음 디자인 개선 단계로 넘어갈 때, 실제로 개선이 되고 있는가?
- 제품 출시 후 어떤 UX 이슈가 여전히 남아 있을 것으로 예상되는가?

형성적 사용성 연구를 수행하기에 가장 적절한 상황은 디자인을 개선할 수 있는 확실한 기회가 생겼을 때이다. 이상적인 디자인 환경이라면 디자인 프로세스 중간에 다양한 평가를 진행할 수 있을 것이다. 하지만 연구 결과가 디자인을 변경할 수 없는 상황이라면 어떨까? 형성적 테스트를 하는 건 시간 낭비, 예산 낭비일 수 있겠으나 이러한 경우에는 형성적 사용성의 가치를 납득시켜야 한다. 대개의 사람들은 이 연구의 중요성을 이해할 것이다. 가장 큰 장애물은 가치를 제대로 알아보지 못해서라기보다는 제한된 예산이나 시간인 경우가 많다.

3.1.2 총괄적 사용자 리서치

요리에 대한 비유를 계속해 보자면 총괄적 사용자 리서치는 오븐에서 나온 요리를 평가하는 것이다. 총괄적 사용자 리서치Summative User Research를 진행하는 UX 전문가는 레스토랑에서 몇 가지 샘플 요리를 평가하거나 여러 레스토랑에서 동일한 음식을 비교하는 음식 평론가와 같다. 총괄적 리서치의 목표는 제품이나 기능이 그 목표를 얼마나 잘 충족하는지 평가하는 것이다. 총괄적 리서치는 여러 제품을 서로 비교하는 일일 수도 있다. 형성적 리서치는 개선 방법을 찾아내는 데 중점을 두지만, 총괄적 테스트는 일련의 기준에 따라 대상을 평가하는 것을 우선시한다. 총괄적 평가는 다음 질문에 대한 답을 찾는다.

- 우리는 프로젝트의 UX 목표를 달성했는가?
- 우리 제품의 전반적인 UX는 무엇인가?
- 우리 제품은 경쟁업체 대비 어떠한가?
- 제품 출시 후 다음 제품 출시까지 개선이 이뤄졌는가?

총괄적 사용성 테스트를 성공적으로 마무리하려면 언제나 후속 활동으로 이어져야 한다. 모든 일은 단순히 결과 지표를 확인하는 것만으로 끝나면 의미가 없다. 총괄적 연구 후 제품의 기능을 향상시키기 위해 예산을 확보하고, 몇 가지 두드러지는 문제를 해결하기 위해 새로운 프로젝트를 시작하며, 상급 관리자가 평가할 사용자 경험에 대한 변경점을 벤치마킹한다. 총괄적 사용자 리서치 연구를 계획할 때에는 총괄적 연구와 더불어 후속 조치를 함께 계획하기를 권장한다.

> **형성적 사용성 테스트와 총괄적 사용성 테스트**
>
> '형성적(formative)', '총괄적(summative)'이라는 용어는 교육 환경에서 빌려왔다. 형성적 평가(formative assessment)는 교사가 매일 교실에서 지속적으로 수행하는 반면(일상적으로 하는 관찰, '깜짝 퀴즈'를 떠올려보라), 총괄적 평가(summative assessment)는 긴 교육 기간이 끝날 시점에 수행한다('기말고사'를 생각해 보라). 사용성 테스트에 이 용어를 최초로 사용한 사람은 톰 휴잇(Tom Hewett)으로 추정되는데, 그는 영국 요크 대학교에서 열린 콘퍼런스에서 발표한 논문에 이 단어들을 사용했다(Hewett, 1986). 이 콘퍼런스에서 이 책의 또 다른 저자인 툴리스가 톰 휴잇을 처음 만났는데, 그 콘퍼런스에 참석한 미국인은 툴리스와 휴잇 둘뿐이었다고 한다. 그때 만난 이후로 그들은 친구로 지내오고 있다.

3.2 UX의 목표

여러분은 사용자 리서치 연구를 계획할 때 사용자와 그들이 달성하려는 목표를 이해해야 한다. 사용자는 일하면서 매일 그 제품을 사용해야 하는가? 그들이 제품을 한 번만 사용할 것 같은가, 아니면 여러 번 사용할 것 같은가? 사용자는 오락 차원에서 그 제품을 자주 사용하고 있는가? 이 외에도 사용자에게 중요한 것이 무엇인지 등등을 이해하는 것이 중요하다. 사용자는 단순히 과업을 완료하기를 원하는가, 아니면 효율적으로 해내기를 원하는가? 사용자는 제품의 디자인, 심미성에만 관심이 있는가? 이런 모든 질문은 사용자 경험의 세 가지 중요한 측면, 즉 성능, 선호도, 감정을 측정하는 질문으로 수렴된다.

3.2.1 사용자 성능

성능performance은 사용자가 제품과 상호작용하면서 실제로 수행하는 작업에 관한 것이다. 사용자가 과업을 성공적으로 완료할 수 있는 정도를 측정하기도 하고, 각 과업을 수행하는 데 걸리는 시간, 과업을 수행하는 데 드는 노력의 정도(예: 마우스 클릭 수 또는 인지적 노력의 양), 오류 건수, 과업에 숙련되는 데 걸리는 시간(학습 용이성 learnability) 등 과업 수행과 관련된 많은 값을 측정해 중요하게 다룬다. 성능 측정은 여러 유형의 제품과 애플리케이션, 특히 사용자가 사용 방법적 측면에서 선택의 여지가 많지 않은 경우(예: 회사 내부 애플리케이션)에 매우 중요하다. 사용자가 제품을 사용해 주요 과업을 성공적으로 수행하지 못하면 그 제품은 실패할 가능성이 높다. 4장에서는 다양한 유형의 성능 측정을 살펴본다.

3.2.2 사용자 선호도

사용자 선호도 user preference 는 본래 좋거나 나쁨, 옳고 그름이 없는 개념이다. 사용자들은 심미적 측면 또는 시각적 매력, 다양한 기능의 유용성, 시스템의 유의미한 가치 등 사용자 경험의 특정 측면에 대해 뚜렷한 선호를 보일 수 있다. 일례로 한 사용자는 정보가 풍부한 시스템을 강하게 선호하는 반면, 다른 사용자는 훨씬 더 간소화된 디자인을 선호할 수 있는 것이다. 이렇듯 사용자는 옳고 그름이 아니라 어떤 유형의 시스템이 자신에게 가장 유용할지 선호한다. 사용자 선호도를 측정하는 것은 최고의 사용자 경험을 디자인하는 데 있어 중요하다. 사용성 관련 이슈들을 확실히 파악하는 것은 적은 표본(6장 참조)으로도 가능하지만 사용자 선호도 경향을 분석하려면 표본의 크기가 커야 한다. 따라서 사용자 선호도 측정이 목표라면, 많은 표본을 쉽게 생성해낼 데이터 수집 전략이 특별히 준비돼야 한다. 5장에서 사용자 선호도를 측정하는 다양한 방법을 검토한다.

3.2.3 사용자 감정

사용하기 쉽고 효율적인 제품을 디자인하는 것만으로는 충분하지 않다. 이제 제품과 서비스가 경쟁 우위에 서려면 사용자의 감정을 자극하는 결과물을 산출해야 한다. 사용자의 감정은 특정 제품이나 서비스, 사용 상황에 따라 크게 달라질 수 있다. 어떤 제품과 서비스는 사용자와의 신뢰도를 높이고 확신을 주는 데 목표를 두는 반면, 어떤 제품과 서비스는 참여도를 높이는 데 중점을 둔다. 그리고 어떤 제품과 서비스는 그들의 브랜드 전략에 맞춰 긍정적 감정선을 구축하기를 원한다. UX의 목표에 따라 다른, 다양한 UX 지표와 데이터 수집 기술이 존재한다. 8장에서는 감정과 관련된 사용자 경험의 다양한 측면을 측정하기 위한 최신 기술과 지표를 소개한다.

성능과 만족도 사이에는 상관관계가 있을까?

놀랍게도 성능(performance)과 만족도(satisfaction) 사이에 항상 상관관계가 있는 건 아니다. 우리는 사용자가 애플리케이션으로 주요 과업을 수행하는 데 어려움을 겪고 나서도 애플리케이션에 높은 만족도를 부여하는 사례를 많이 봐왔다. 또한 반대로 완벽하게 작동하는 애플리케이션에 대해 사용자가 낮은 만족도를 부여하는 경우도 있었다. 따라서 사용자 경험에 대한 정확한 전체 그림을 얻으려면 성능과 만족도 지표를 모두 살펴보는 것이 중요하다. 우리는 두 가지 성능 척도(과업 성공 여부와 과업 시간)와 한 가지 만족도 척도(과업 용이성) 사이에서의 상관관계가 궁금했다. 그래서 우리가 과거에 수행한 10건의 온라인 사용성 연구의 데이터를 살펴봤다. 각 연구의 참가자 수는 117명에서 1,036명까지 다양했다. 과업 시간과 과업 평가점 사이의 상관관계는 예상대로 대부분 음의 상관관계였고(시간이 오래 걸릴수록 만족도가 낮아짐) 음수의 범위는 −0.41에서 −0.06 사이였다. 그리고 과업 성공 여부와 과업 평가점 사이의 상관관계는 0.21에서 0.65 범위로 모두 양의 상관관계였다. 이 결과들을 종합적으로 봤을 때 성능과 만족도 사이에 어떤 관계가 있음을 알 수 있지만, 항상 그런 것은 아니다.

3.3 사업의 목표

연구의 목표와 사용자의 목표뿐만 아니라 사업의 목표도 염두에 두고 연구를 진행해야 한다. 그렇게 되면 비즈니스 이해관계자들이 여러분의 연구를 후원할 가능성이 높다. 사업의 목표를 이해하기 위해 먼저 이해관계자 인터뷰를 수행해 그들이 무엇에 관심을 두고 있는지 명확하게 알아야 한다. 어떤 인터뷰에서든 (특히 이해관계자 인터뷰도) 기본은 경청이다. 그들의 목표에 대해 질문하면서 그들이 가장 먼저 언급하는 것이 무엇이며, 무엇에 가장 관심을 갖고 있는지 주의해서 살펴보자. 무엇이 그들을 잠 못 이루게 하는가? 성능은 어떻게 측정되며, 사용자 경험은 개인 또는 팀의 목표에서 어떤 역할, 어떤 모습을 하고 있는가? 이해관계자 인터뷰는 단순히 듣는 것에 머물러서는 안 된다. 그들이 관심을 갖고 있는 바를 리서치 계획으로 전개해서 그들의 질문에 대한 답을 제시하거나 그들의 우려 사항을 해결할 데이터를 수집할 수 있어야 한다.

사용자 경험을 좀 더 구체적인 수준으로 측정하려면 사업의 목표 달성과 직접적으로 관련된 특정 요소를 찾아내 참작해야 한다. 예를 들어 조직에서는 특정 제품의 판매를 늘리거나 주요 기능과 관련된 지원 비용을 줄이려 할 수 있다. UX 지표는 사용자 경험의 각 측면이 비즈니스 목표와 어떻게 연관돼 있는지 이해하고 계획돼야 한다. UX 리서처는 이런 관계를 정확히 이해해야만 UX

지표들의 우선순위를 정할 수 있을 뿐 아니라 비즈니스 후원자의 공감을 확실히 이끌어내는 방식으로 데이터를 해석하고 제시할 수 있다.

애자일 개발과 UX 지표

애자일 소프트웨어 개발 프로세스(http://agilemanifesto.org/principles.html)의 핵심 원칙 중 하나는 훌륭한 디자인을 통해 고객 만족을 이끌어내는 것에 초점을 두는 것이다. 다행히 이 원칙은 우리가 사용자 경험 전문가로서 하는 일과 완벽하게 일치한다. 그러나 현장에서는 그렇게 순탄하게 진행되지는 않는다. 애자일 개발 프로세스에 참여해 온 많은 사람은 프로세스 중에 사용자 리서치가 자주 축소되거나 간단한 결정만으로 완전히 생략된다는 것을 안다. 제품 양산에 초점을 맞춰 단축된 일정으로 인해 이런 일은 늘상 일어난다.

그렇다면 UX가 어떻게 개발 프로세스 속도를 늦추지 않으면서 애자일 개발 프로세스에 '끼어들' 수 있을까? 좋은 소식은 '애자일 친화적(agile friendly)'으로 사용 가능한 간단한 사용자 리서치 기법과 지표가 존재한다는 것이다. 간단하면서도 확실한 접근 방식은 2~3주 주기로 1일 사용성 테스트를 반복하는 방법이다. 정성적 사용자 데이터와 정량적 사용자 데이터를 둘 다 자주 수집하면 팀에서 디자인을 수정하는 데 도움이 되고, 제품이 사용성 측면에서 얼마나 적합하게 만들어지고 있는지 알 수 있다. 이런 맥락에서 우리는 몇 가지 주요 질문에 초점을 맞춘 간단한 온라인 설문 조사도 활용할 수 있다. 예를 들어 다양한 기능, 용어 또는 디자인안의 유용성을 순위 매기는 등의 조사를 온라인으로 진행하는 것이다. 이런 설문 조사는 대개 하루 안에 설계해서 진행할 수 있고 간단한 분석으로 답은 이틀 안에 쉽게 얻을 수 있다. 특히, 참가자 패널에 쉽게 연락할 수 있다면 더욱 유용할 것이다. 마지막 방법으로, 4~6회의 디자인 스프린트(design sprint) 진행 후에, 또는 몇 건의 대표 유스케이스(use case)를 평가할 짬이 생길 때마다 여러 번의 '부분적 총괄(partial-summative)' 평가를 제안해 보라. 이 평가는 제품 출시 전 앞으로 진행될 디자인 프로세스에 활용될 만한 매우 유용한 UX 지표들을 제공할 것이다. 여기서 말하고자 하는 핵심은 애자일에 효과가 있을 것으로 생각하는 건 무엇이든 활용해 보라는 것이다. 단축된 개발 일정으로 인해 사용자 리서치가 방해받지 않도록 하자. UX와 애자일 프로세스에 대해 자세히 알아보려면 Babich(2018)를 참고하기 바란다.

3.4 올바른 UX 지표 선택하기

UX 지표를 선택할 때 연구 목표와 사용자, 데이터 수집에 사용할 수 있는 기술, 결과를 뒤집는 데 필요한 예산과 시간을 고려한다. 모든 사용자 연구는 각기 고유한 특성이 있기 때문에 모든 유형의 사용자 연구에 사용할 수 있는 지표를 명확히 규정하기는 어렵다. 하지만 우리는 사용자 리서

표 3.1 열 가지 UX 연구 목표와 각 목표에 가장 적합한 지표들

UX 연구 목적	과업 성공 여부	과업 수행 시간	오류	효율성 지표	학습 용이성	이슈 기반 지표	자기측정 지표	시선 추적과 생체 인식	결함 지표와 비교 지표	라이브 웹사이트 지표	카드 소팅/트리 테스트
거래 완료	X			X		X	X			X	
제품 비교	X			X			X		X		
동일 상품의 사용 빈도 평가	X	X		X	X		X				
내비게이션과 인포메이션 아키텍처 평가	X		X	X							
인지도 제고							X				X
문제 발견			X			X	X	X		X	
고유함 제품의 사용성 극대화하기	X		X	X							
몰입도 높은 사용자 경험 디자인하기							X	X		X	
미묘한 디자인 변경이 미치는 영향 평가하기						X	X		X		
디자인 대안들 서로 비교하기	X	X									

치 연구를 열 가지 원형 카테고리로 구분하고 각 카테고리에 적합한 지표 권장 가이드를 개발했다. 우리가 제공하는 권장 가이드는 유사한 특성을 가진 사용자 리서치 연구를 수행할 때 고려해야 할 제안일 뿐이다. 한편 여러분의 연구에 필수적으로 필요한 지표가 목록에 없을 수도 있다. 그런 경우에는 원본 데이터를 탐색해서 프로젝트 목표에 의미 있는 새로운 지표를 개발하는 것이 좋다. 표 3.1에 열 가지 시나리오에 적합한, 일반적으로 사용되는 측정 지표들이 정리돼 있으며, 다음 절에 이 열 가지 시나리오를 설명한다.

3.4.1 전자상거래 거래 완료하기

많은 UX 리서치 연구는 거래^{transaction}를 최대한 원활하게 만드는 것을 목표로 한다. 거래는 사용자가 구매를 완료하거나, 새 소프트웨어를 등록하거나, 비밀번호를 재설정하는 행동으로 나타날 수 있다. 거래에는 통념적으로 잘 정의된 시작과 끝이 존재한다. 그 예로 전자상거래 웹사이트나 모바일 앱에서는 사용자가 쇼핑을 하다가 물건을 장바구니에 넣으면 거래가 시작되고 확인 화면에서 구매를 완료하면 거래가 종료된다.

아마 여러분이 조사하고 싶은 첫 번째 지표는 과업 성공 여부일 것이다. 각 과업은 성공 또는 실패로 매겨진다. 그리고 과업에는 결제가 성공했다는 확인 메시지에 도달하는 등 명확한 최종 상태가 있어야 한다.

참가자의 성공 비율을 측정하는 것은 거래의 전반적 유효성을 나타내는 훌륭한 척도이다. 웹사이트나 모바일 앱에서의 거래의 경우 거래 감소율 같은 분석이 매우 유용할 수 있다. 사용자가 어디서 이탈하는지 알면 거래에서 가장 문제가 되는 단계에 집중할 수 있다.

이슈의 심각도를 추정해 보면 거래와 관련된 특정 사용성 문제의 원인을 좁히는 데 도움이 된다. 각 사용성 이슈의 심각한 정도를 비교해, 거래에서 우선순위가 높은 문제들에 먼저 집중할 수 있다. 재방문 가능성과 사용자 기대치, 두 자가측정 지표도 매우 유용하다. 사용자가 거래를 수행할 지점을 선택할 수 있는 경우, 사용자가 자신의 경험에 대해 어떻게 생각하는지 아는 것이 중요한데, 이를 알 수 있는 가장 좋은 방법 중 하나는 참가자에게 동일 제품을 다시 사용할 것인지, 제품이 기대치를 충족했는지, 또는 기대를 능가했는지 여부를 묻는 것이다. 효율성^{efficiency}은 사용자가 동일한 거래를 여러 번 완료해야 할 때 적합한 측정 지표이다. 효율성은 단위 시간당 과업 완료 여부로 측정되곤 한다.

3.4.2 제품 비교하기

여러분의 제품이 경쟁사 또는 이전 제품과 어떻게 비교되는지 알면 유용하다. 비교를 통해 제품의 강점과 약점 그리고 출시 버전 간 개선이 이뤄졌는지 여부를 확인할 수 있다. 다양한 제품 또는 출시 버전 간 사용성을 비교하는 가장 좋은 방법은 여러 UX 지표를 사용해 비교하는 것이다. 지표 유형은 제품 자체의 특징을 기반으로 선택해야 한다. 어떤 제품은 효율성 극대화를 목표로 하고, 어떤 제품은 뛰어난 사용자 경험을 창출하려 노력한다.

제품 간 비교를 위해 대부분의 제품 유형에 적용할 수 있는, 사용자 경험을 전반적으로 파악하기 위한 세 가지 대표 지표를 추천한다. 먼저 과업 성공$^{task\ success}$ 관련 측정 방법을 몇 가지 살펴보는 것이 좋다. 제품은 사용자로 하여금 과업을 똑바로 완료할 수 있게 만들어져야 한다. 또한 제품의 효율성에도 주의를 기울이는 게 중요하다. 효율성은 과업 완료 시간, 페이지 조회 수(일부 웹사이트의 경우), 사용자가 수행한 활동 단계 수일 수 있다. 제품의 효율성을 살펴보면 제품을 사용하는 데 얼마나 많은 노력이 필요한지 잘 파악하게 될 것이다. 다음으로, 전반적인 만족도에 초점을 맞춘 자가측정 지표와 특정 감정^{emotion}은 사용자가 받은 경험 전반을 요약적으로 보여준다. 만족도와 감정측정은 사람들이 본인에게 선택권이 있는 제품을 평가할 때 가장 적합하다. 마지막으로, 제품 전반에 걸쳐 사용자 경험을 비교하는 가장 좋은 방법 중 하나는 결합 지표와 비교 지표를 사용하는 것이다. 이는 UX 관점에서 제품이 어떻게 비교되는지에 대한 큰 그림을 제시한다.

3.4.3 동일 제품의 사용 빈도 평가하기

많은 제품이 자주 또는 종종 사용되도록 만들어졌다. 과업 도중 사용하는 전자레인지, 휴대폰, 웹 애플리케이션, 심지어 이 책을 쓰는 데 사용한 소프트웨어 프로그램이 이런 사례로, 이 제품들은 사용하기 쉽고 효율성이 좋아야 한다. 문자 메시지를 보내거나 애플리케이션을 다운로드하는 데 필요한 노력을 최소로 들이도록 만들어야 한다. 대부분의 사람은 사용하기 어렵고 비효율적인 제품에 시간을 소비하려 하지 않으며, 인내하지 않는다.

우리가 권장하는 첫 번째 지표는 과업 시간이다. 일련의 과업을 완료하는 데 필요한 시간을 측정하면 과업에 들인 노력이 드러난다. 대부분의 제품은 완료 시간이 빠를수록 좋다. 물론 어떤 과업은 다른 과업보다 더 복잡하기 때문에 과업 완료 시간을 전문가 성능$^{\text{expert performance}}$과 비교하는 일이 도움이 될 것이다. 또한 과업의 단계 수나 페이지 방문 건수(어떤 웹사이트의 경우) 같은 효율성 지표도 도움이 될 수 있다. 각 단계의 시간은 짧을 수 있지만, 과업을 달성하기 위해 내려야 하는 단계별 개별 결정은 많을 수 있다.

학습 용이성 지표는 최대의 효율에 도달하는 데 얼마나 많은 시간 또는 노력이 필요한지 평가한다. 학습 용이성은 이전에 조사한 효율성 지표를 시간이 지남에 따라 지속적으로 연구한 형태를 취하기도 한다. 어떤 상황에서는 인지도^{awareness}, 유용성^{usefulness} 같은 자가측정 지표를 고려한다. 여러분은 사용자의 인지도와 인지된 유용성의 차이를 조사해, 제품에서 홍보하거나 강조해야 하는 부분을 파악할 수 있다. 그 예로 사용자는 제품 사용 전에는 제품의 어떤 부분에 대해서는 잘 인지하지 못할 수 있지만, 일단 사용하면 매우 유용하다는 것을 알게 된다.

3.4.4 내비게이션과 인포메이션 아키텍처 평가하기

많은 사용자 리서치 연구는 내비게이션$^{\text{navigation, 탐색}}$과 인포메이션 아키텍처$^{\text{information architecture, 정보 구조}}$ 개선에 중점을 둔다. 이런 연구는 웹사이트, 소프트웨어 프로그램, 모바일 애플리케이션, 가전 제품, 음성 시스템 등 정보 중심 제품$^{\text{information rich product}}$을 위해 가장 일반적으로 수행된다. 이들은 사용자가 원하는 것을 쉽고 빠르게 찾는지, 제품을 쉽게 탐색하는지, 전체 구조 내에서 사용자의 위치를 잘 파악하는지, 어떤 옵션을 선택할 수 있다고 파악하는지 확인한다. 내비게이션과 정보 메커니즘, 정보 구조는 무엇보다 먼저 파악해야 하는 디자인의 기본이므로, 이런 연구에서는 일반적으로 와이어프레임^{wireframe} 또는 부분적으로 동작하는 워킹 프로토타입이 사용된다.

내비게이션을 평가하는 좋은 지표 중 하나는 과업 성공$^{\text{task success}}$이다. 참가자들에게 주요 정보를 찾는 과업('물건 찾기 게임$^{\text{scavenger hunt}}$')을 시켜봄으로, 제품의 내비게이션과 정보 구조가 참가자에게 얼마나 잘 작동하는지 살펴볼 수 있다. 과업은 제품의 다양한 영역을 모두 다뤄야 한다. 내비게이션과 정보 구조를 평가하는 데 유용한 효율성 측정 기준은 길을 잃는지의 여부^{lostness}이다. 이 지표는 과업을 완료하는 데 드는 최소 단계 수와 참가자가 과업을 완료하기 위해 실제로 거친 단계 수를 비교한다(예: 웹 페이지 방문).

카드 소팅$^{\text{card-sorting}}$은 참가자가 정보를 구성하는 방법을 이해하는 데 특히 유용한 방법이다. 카드 소팅 연구의 한 유형인 '닫힌 카드 소팅closed card sorting'은 참가자가 미리 정의된 카테고리들에 카드 항목을 넣는 방법으로, 이 연구에서 얻을 수 있는 유용한 지표는 올바른 카테고리에 배치된 항목의 비율이다. 근래에는 올바른 카드 또는 정보를 찾기 위한 클릭 수(효율성)를 측정하는 직접성directness과 성공success 같은 지표를 활용한 트리 테스트tree-test가 인기를 얻고 있다. 이 지표는 정보 구조의 직관성을 의미한다. 옵티멀 소트Optimal Sort와 트리젝Treejack처럼(뉴질랜드의 옵티멀 워크숍Optimal Workshop에서 개발) 이런 유형의 데이터를 수집하고 분석하는 데 유용한 온라인 도구가 있으니 참고하기 바란다.

3.4.5 인지도 제고

모든 디자인이 사용하기 쉽고 효율적으로 만드는 것에만 목적을 두지는 않는다. 어떤 디자인 변경은 특정 콘텐츠나 기능에 대한 인지도를 높이는 것을 목표로 한다. 대체로 온라인 광고의 경우가 이런 디자인에 해당하지만, 중요하나 활용도가 낮은 기능을 갖춘 제품의 경우도 마찬가지로 인지도 제고가 중요하다. 무언가 사용자의 눈에 띄지 않거나 사용되지 않는 데에는 시각 디자인, 레이블, 배치 등 여러 가지 이유가 있을 수 있기 때문이다.

먼저 질문하고자 하는 요소와의 상호작용 횟수를 모니터링하는 것이 좋다. 물론 참가자가 무언가를 알아차렸지만 클릭하지 않거나 아무런 상호작용을 하지 않을 수도 있으므로, 이 방법이 통하지 않을 수도 있다. 하지만 그 반대의 경우, 즉 알지 못한 채 상호작용하는 경우는 거의 없을 것이다. 이런 이유로 데이터는 인지를 확인하는 데 도움이 될 수 있지만, 인지 부족을 입증하지는 않는다. 그래서 가끔은 참가자가 특정 디자인 요소를 인지했는지 또는 본래 알고 있었는지에 대해 스스로 대답하는 자가측정 지표를 요청하는 게 유용할 수 있다. 주목성noticeability을 측정하려면 참가자에게 특정 요소를 가리켜 과업 도중 해당 요소를 인지했는지 묻는다. 그리고 인지도awareness를 측정하려면 참가자에게 조사 전에 해당 기능을 이미 알고 있었는지 묻는다. 그러나 데이터가 항상 신뢰할 수 있는 것은 아니다(Albert & Tedesco, 2010). 따라서 이 지표를 유일한 척도로 측정하는 방법은 권장하지 않는다. 꼭 다른 데이터 소스로 보완해야 한다.

기억memory도 유용한 자가측정 지표다. 이를테면 여러분은 참가자들에게 여러 서로 다른 요소를 보여주고(그들이 전에 실제로 봤던 요소 중 하나만 보여줌), 과업 중에 그들이 본 요소를 선택해 보도록 요청할 수 있다. 그들이 그 요소를 알아차렸다면 기억이 우연보다 더 좋을 것이다. 그러나 이런 인지도 측정과 관련해 여러분이 기술을 사용할 수 있다면 인지도를 평가하기에 가장 좋은 방법은 시선 추적 데이터 같은 행동 지표behavioral metrics와 생리적 지표physiological metrics를 사용하는 것이다. 시선 추적 기술을 사용하면 사용자가 특정 요소를 보는 데 걸리는 평균 시간, 해당 요소를 본 참가자의 비율, 심지어 그 요소를 처음 알아차리는 데 걸린 평균 시간도 확인할 수 있다. 웹사이트의 경우 고려해야 할 또 다른 지표는 라이브 웹사이트 데이터의 변화이다. 서로 다른 디자인이 적용될 때 트래픽 패턴이 어떻게 변하는지 살펴보면 상대적인 인지도 결과를 예상하는 데 도움이 된다. 라이브 사이트에서 디자인 대안을 동시에 테스트하는 A/B 테스트는 작은 디자인 변화가 사용자 행동에 얼마나 영향을 미치는지 조사하는 방법으로 점점 더 널리 사용되고 있다.

3.4.6 문제 발견하기

문제 발견의 목표는 사용자 경험의 주요 불편점pain point, 불편함을 느끼는 지점을 파악하는 것이다. 어떤 상황에서는 제품 관련 주요 UX 이슈가 무엇인지에 대해 사전에 생각해 본 적이 없을 수도 있겠으나, 여러분은 사용자를 짜증나게 하거나 좌절시키는 게 무엇인지 알고 싶을 것이다. 이 방법은 이미 개발됐지만 그동안 평가를 받지 않았던 제품을 대상으로 수행되곤 한다. 또한 문제 발견하기 연구problem discovery study는 사용자들이 제품과 상호작용하는 방식을 돌아보는 주기적 점검으로도 효과적이다. 발견하기 연구는 대개 제약을 두지 않는 개방형open-ended 연구이기 때문에 다른 유형의 사용자 연구와는 다소 다른 측면이 있다. 문제 발견하기 연구의 참가자는 특정 과업 목록을 받기보다는 자신만의 방법으로 과업을 만들어 참여해야 한다. 이때 최대한 현실성을 추구하는 게 중요하다. 사용자는 실제 제품에 본인의 계정을 사용해 계정 관련 과업을 수행할 수도 있고, 자기 집이나 직장 등 참가자의 환경에서 제품을 평가할 수도 있다.

사용자들은 서로 다른 과업을 수행할 수도 있고 사용 맥락context of use도 다를 수 있으므로, 참가자 간 비교는 어려울 수 있다. 하지만 이슈 기반 지표들은 문제 발견하기에 가장 적합하다. 여러분이 모든 사용성 이슈를 포착했다고 가정한다면 해당 데이터를 빈도와 유형으로 변환하는 것은 매우 쉽다. 예를 들어 여러분은 사용성 이슈의 40%는 상위 레벨의 내비게이션과 관련이 있고, 이슈의 20%는 혼란스러운 용어와 관련돼 있음을 발견할 수 있다. 각 참가자가 직면한 문제는 서로 다를 수 있지만, 여전히 더 높은 레벨의 이슈 범주로 일반화할 수 있는 것이다. 특정 이슈의 빈도frequency와 심각도severity를 조사하면 문제가 얼마나 반복적으로 많이 발생하는지 알 수 있다. 그 이슈는 일회성으로 발생하는 문제인가, 아니면 반복적으로 나타나는 문제인가? 모든 이슈를 분류하고 심각도 수준을 정하면, 디자인을 개선해야 하는 부분을 빠르게 목록으로 만들 수 있다.

3.4.7 고위험 제품의 사용성 극대화하기

휴대폰, 세탁기 같은 제품도 사용하기 쉽고 효율적으로 동작하게 만들고자 노력하지만 제세동기, 투표기, 비행기의 비상 탈출 지침 같은 고위험 제품critical product은 필히 사용하기 쉽고 효율적이어야 한다. 고위험 제품이 비非고위험 제품과 다른 점은 고위험 제품의 존재 이유는 사용자가 종종 압박받는 상황에서 높은 효율성, 신뢰, 효과성이 필요한 매우 중요한 과업을 완료하기 위해서이다. 해당 과업을 제대로 완료하지 않으면 매우 심각한 부정적 결과를 초래한다.

고위험 제품에 대한 사용자 경험은 꼭 측정돼야 하며, 연구실에서 몇 명의 참가자를 테스트하는 것만으로는 충분하지 않다. 타깃 목표를 만족하는지 사용자 성능을 엄격히 측정해야 한다. 아울러 타깃 UX 목표를 충족하지 못하는 고위험 제품은 재설계해야 한다. 여러분이 데이터에서 얼마나 확실함을 원하는지에 따라 상대적으로 많은 수의 참가자를 연구에 참여시켜야 할 수도 있다. 이 제품의 사용자 경험에서 매우 중요한 지표 중 하나는 사용자 오류이며, 이 외에도 특정 과업을 수행하는 동안 발생한 오류 개수 또는 실수 건수도 고려될 수 있다. 오류는 표로 작성하기에 쉽지만은 않아, 오류를 어떻게 정의할 것인지 특별히 주의해 설계해야 한다. 무엇이 행동의 오류로 이어지고, 무엇이 오류로 이어지지 않는지 엄밀히 설명할 수 있도록 준비한다.

과업 성공task success 지표도 중요하다. 이 상황에서는 성공 여부를 성공, 실패 두 가지로만 분류하는 이원적 방식으로 하는 것이 좋다. 예를 들어 휴대용 제세동기를 테스트하는 진정한 목적은 누군가가 혼자서 제세동기를 성공적으로 사용할 수 있는지 여부를 판단하기 위함이다. 경우에 따라 여러분은 특정 시간 내에 오류 없이 과업을 성공적으로 완료하는 과업 성공의 기준을 둘 이상의 측정 지표와 연결하고 싶을 수도 있다. 이 외에 다른 효율성 관련 지표도 측정하면 유용할 것이다. 하지만 제세동기의 예에서, 제세동기를 단순히 올바르게 사용하는 것과 적시에 제세동기를 사용하는 것은 전혀 다른 문제이다. 고위험 제품의 경우 자가측정 지표는 상대적으로 덜 중요하다. 사용자의 실제 성공 여부가 사용자들이 제품 사용에 대해 어떻게 느끼고 생각하는지보다 훨씬 더 중요하다.

3.4.8 전반적으로 긍정적인 사용자 경험으로 만들기

어떤 제품은 탁월한 사용자 경험을 제공하기 위해 노력한다. 단순히 사용할 수 있는 것만으로는 충분치 않다. 이런 제품은 매력적이고, 생각을 자극하며, 재미있고, 심지어 약간의 중독성까지 있어야 한다. 일반적으로 미적 감각과 시각적 매력도 중요한 역할을 한다. 여러분이 친구에게 자랑하고 파티에서 언급해도 부끄럽지 않은 제품처럼 말이다. 이런 제품들의 인기는 대개 경이로운 속도로 증가하는 경향이 있다. 훌륭한 사용자 경험을 구성하는 요소의 특성은 주관적이지만 측정할 수 있다.

이런 제품들에 성능 지표도 유용할 수 있지만 실제로 중요한 건 사용자가 자신의 경험에 대해 생각하고 느끼고 말하는 것이다. 어떤 면에서 이런 관점은 고위험 제품의 사용성을 측정하는 것과는 반대되는 관점일 것이다. 사용자가 제품 사용 초반에는 조금 어려움을 겪더라도, 이게 세상이 무너지는 일은 아닐 것이다. 궁극적으로 중요한 것은 사용자가 하루를 마무리할 무렵 느끼는 감정이다. 이렇듯 전반적인 사용자 경험을 측정할 때 많은 자가측정 지표들을 고려해야 한다.

만족도satisfaction는 가장 일반적이고 흔하게 활용되는 자가측정 지표일 것이다. 하지만 이 지표가 항상 최선의 지표는 아닐 수 있음을 알아야 한다. '만족함satisfied'이라고 대답하는 것만으론 충분하지 않다. 우리가 사용해 오고 있는 가장 가치 있는 자가측정 지표 중 하나는 참가자의 기대와 관련이 있다. 최고의 경험은 참가자의 기대를 뛰어넘는 경험이다. 참가자가 예상보다 훨씬 쉽거나 효율적이고 재미있다고 말한다면 여러분이 무언가를 제대로 파악하고 있다는 의미이다.

또 다른 자가측정 지표는 향후 사용future use과 관련이 있다. 예를 들어 구매 가능성, 친구에게 추천 가능성, 향후 사용 가능성과 관련된 질문을 할 수 있을 것이다. 순고객 추천 지수NPS, Net Promoter Score는 향후 사용 가능성을 측정하기 위해 널리 사용되는 지표이다. 또 다른 흥미로운 지표로 사용자가 겪을 수 있는 생리적 반응과 관련이 있는 지표들이 존재한다. 예를 들어 제품이 매력적인지 확인하려면 얼굴 표정 분석facial expression analysis, 피부 전도도skin conductance(전극 활동electrodermal activity)와 같은 생리학적 지표를 살펴볼 수 있다.

3.4.9 미묘한 디자인 변경이 미치는 영향 평가하기

모든 디자인 변경이 사용자 행동에 명백한 영향을 주는 건 아니다. 어떤 변경은 훨씬 더 미묘해 사용자 행동에 미치는 영향이 명확하게 드러나지 않는다. 하지만 사용자 수가 충분히 큰 집단에 적용하는 거라면 작은 변화 트렌드도 사용자들에게 크게 영향을 미치는 결과를 가져올 수 있다. 미묘한 변화$^{subtle\ change}$는 글꼴과 크기, 배치, 시각적 대비, 색상, 이미지 선택 등의 시각 디자인의 다양한 측면의 변화가 포함된다. 또한 콘텐츠나 용어의 미묘한 변화 같은 비시각적 디자인 요소도 사용자 경험에 영향을 미칠 수 있다.

미묘한 디자인 변경이 주는 영향을 측정하기에 가장 좋은 방법은 A/B 테스트의 라이브 사이트 지표$^{live-site\ metrics}$[1]를 이용하는 것이다. A/B 테스트에는 대조군 디자인$^{control\ design}$을 실험군 디자인$^{alternative\ design}$과 비교하는 작업이 포함된다. 예를 들어 웹사이트의 경우, 웹 트래픽$^{web\ traffic}$과 관련된 어떤 부분(대개는 작은 부분)을 실험군 디자인으로 바꾸고 트래픽^{traffic}, 구매^{purchase} 관련 지표들을 대조군 디자인과 비교하는 작업이 포함된다. 대규모 인원을 대상으로 한 온라인 사용성 조사도 매우 유용할 수 있다. 여러분에게 A/B 테스트 또는 온라인 조사를 실행할 수 있는 기술과 도구가 없다면, 이메일과 온라인 설문으로 최대한 많은 대표 참가자로부터 피드백을 받는 것이 좋다.

3.4.10 디자인 대안을 서로 비교하기

사용자 리서치 연구의 일반적인 유형 중 하나는 둘 이상의 디자인 대안을 비교하는 것이다. 이런 유형의 연구는 대개 하나의 디자인으로 완전히 개발되기 전 디자인 프로세스 초반에 수행된다(우리는 이 활동들을 '디자인 베이크오프$^{design\ bakeoffs}$, 디자인 빵굽기 평가'라고 부른다). 다양한 디자인 팀들이 반^{半}기능적 프로토타입$^{semi-functional\ prototype}$을 제작하고 미리 정의된 지표를 사용해 각 디자인을 평가한다. 이런 연구를 세팅하는 건 약간은 까다로울 수 있다. 디자인안들은 유사한 경우가 많기 때문에, 한 디자인에서 다른 디자인으로 학습 효과가 나타날 가능성이 높기 때문이다. 동일한 참가자에게 모든 디자인안에 대해 동일한 과업을 수행하도록 요청하는 것은 아무리 디자인과 과업 순서의 균형을 잘 맞춘다 하더라도, 대개는 신뢰할 만한 결과를 얻지 못한다.

이 문제를 다루는 두 가지 방법을 설명해 보자면, 첫 번째 방법은 각 참가자가 하나의 디자인안에만 상호작용하는 순수한 주제 간 연구를 설정하는 방법이다. 이 방법은 깨끗한 데이터 세트를 제공하지만 훨씬 더 많은 참가자가 필요하다. 두 번째 방법은 참가자들에게 하나의 기본 디자인안을

---

[1] 웹사이트 또는 애플리케이션 운영 중 실시간으로 측정되는 트래픽, 성능, 사용자 행동, 시스템 안정성 등의 지표를 의미한다. – 옮긴이

사용해 과업을 수행하도록 요청한 다음(디자인안 간 균형을 맞춤), 다른 디자인 대안을 보여주고 선호도를 물어보는 방법이다. 이렇게 하면 각 참가자로부터 모든 디자인안에 대한 피드백을 얻을 수 있다.

여러 디자인안을 비교할 때 사용하기에 가장 적합한 지표는 이슈 기반 지표$^{\text{issue-based metric}}$일 것이다. 서로 다른 디자인안에서 심각도가 높은 이슈, 중간 수준의 이슈, 낮은 수준의 이슈의 빈도를 비교하면, 어떤 디자인이 더 유용한지 밝히는 데 도움이 된다. 이상적으로는, 하나의 디자인으로 전반적으로 이슈를 줄여서, 심각도 높은 이슈를 줄이기도 한다. 하지만 과업 성공 여부, 과업 시간 등의 성능 지표는 유용할 수 있지만, 표본 크기가 대체로 작기 때문에 이런 데이터의 가치는 제한적으로 받아들여지는 경향이 있다. 한편 다음과 같은 몇 가지 자가측정 지표도 도움이 된다. 각 참가자에게 향후 가장 사용하고 싶은 프로토타입을 선택하도록 요청한다(이를 강제 선택 비교$^{\text{forced choice comparison}}$라고 함). 또한 각 참가자에게 사용 용이성$^{\text{ease of use}}$, 시각적 매력도$^{\text{visual appeal}}$ 등의 기준에 따라 각 프로토타입을 평가하도록 요청하는 방법도 인사이트를 얻기에 좋다.

3.5 사용자 리서치 방법론과 도구

UX 지표 수집의 가장 큰 특징은 특정 유형의 사용자 리서치 연구에만 국한되지 않는다는 점이다. UX 지표는 거의 모든 종류의 사용자 리서치 연구를 통해 수집 가능하다. 아마 많은 사람이 UX 지표는 대규모 연구를 통해서만, 또는 기존에 통상적으로 알고 있는 사용성 평가 방식을 통해서만 수집할 수 있다고(이건 사실이 아니다!) 오해하기 때문에, 이런 견해는 의문스러울 수도 있겠다. UX 리서처를 지원하는 매우 다양한 사용자 리서치 방법론과 도구가 있다. 다음은 사용자 경험을 측정할 때 도움이 되는 일반적인 사용자 리서치 방법론과 도구의 몇 가지 사례를 소개한다.

3.5.1 전통적인 (모더레이터가 있는) 사용성 테스트

가장 일반적인 사용자 리서치 방법론은 상대적으로 적은 수의 참가자들(일반적으로 8~12명 참석)을 대상으로 하는 실험실 (또는 원격으로 진행하는) 사용성 테스트이다. 실험실 테스트에서는 모더레이터(사용성 테스트를 진행하는 사용성 전문가)와 테스트 참가자 간의 일대일 세션이 포함된다. 모더레이터는 참가자에게 질문하고 해당 제품에 대해 수행해야 하는 일련의 과업을 과제로 준다. 참가자들은 다양한 과업을 수행하면서 본인의 생각을 이야기해야 한다. 모더레이터는 참가자의 행동을 관찰하고 질문에 한 대답을 기록한다. 실험실 테스트는 반복적 디자인 개선을 목표로 하는 형성적 연구에서 자주 사용된다. 이때 수집해야 할 가장 중요한 지표는 발생 이슈의 빈도, 유형, 심각도를 포함한 이슈에 관한 것들이다. 그리고 과업 성공, 오류, 효율성 등의 성능 데이터를 수집하는 것도 도움이 된다.

참가자가 각 과업에 관한 질문에 답하거나 연구가 끝나는 시점에 자가측정 지표를 측정할 수도 있다. 그러나 적절한 표본 크기가 확보되지 못한 상태에서는 더 큰 모집단의 결과로 과도하게 일반화하기 쉽기 때문에, 성능 데이터와 자가측정 데이터는 언제나 신중하게 접근하는 것이 좋다. 실제로는 일반적으로 과업 성공이나 오류의 빈도만 보고한다. 우리는 (사용성 데이터나 방법론에 익숙하지 않은) 누군가가 데이터를 과도하게 일반화할 거라는 두려움 때문에, 데이터를 백분율로 기술하는 것조차 주저하고는 한다.

사용성 테스트는 항상 소수의 참가자를 대상으로 진행되는 것은 아니다. 비교 테스트 같은 상황에서는 보다 큰 규모의 참가자 그룹(대략 15~50명의 사용자)을 대상으로 시간과 비용을 추가 투입하고 싶을 수도 있다. 더 많은 참가자를 대상으로 테스트를 실행할 때의 큰 장점은 표본 크기가 커질수록 데이터에 대한 신뢰도도 높아진다는 것이다. 또한 이를 통해 더 넓은 범위의 데이터를 수집할 수도 있다. 실제로 모든 성능, 자가측정, 생리적 지표는 좋은 연구 범주이다. 하지만 이런 지표들과 관련해 주의해야 할 점이 있다. 예를 들어 사용성-실험실 데이터에서 웹사이트 트래픽 패턴을 유추하는 것은 그다지 신뢰할 수 없으며, 미묘한 디자인 변경이 사용자 경험에 어떤 영향을 미치는지 살펴보는 것도 쉽지 않다. 이런 경우는 온라인 연구로 수백 또는 수천 명의 참가자를 대상으로 테스트하는 것이 낫다.

포커스 그룹과 사용성 테스트

어떤 사람들은 사용성 테스트에 대해 처음 듣고는 포커스 그룹(focus group)과 동일한 거라고 오해한다. 그러나 우리의 경험에 따르면 두 방법론은 둘 다 전형적인 사용자들이 테스트에 참여한다는 사실 정도만 같다. 포커스 그룹에서 참가자들은 일반적으로 누군가가 제품을 시연하거나 설명하는 것을 지켜본 후 이에 대한 의견을 나눈다. 반면 사용성 테스트(usability test)에서 참가자는 실제로 제품을 직접 사용해 본다. 우리는 프로토타입이 포커스 그룹으로부터 극찬을 받았으나 다음 사용성 테스트에서 비참하게 실패한 사례를 많이 봤다.

3.5.2 모더레이터 없이 진행하는 사용성 테스트

온라인 연구 방법에는 동시에 많은 참가자를 대상으로 하는 테스트가 포함된다. 이 방법은 지리적으로 분산돼 있는 사용자로부터 비교적 짧은 시간에 많은 UX 데이터를 수집할 수 있는 훌륭한 방법이다. 모더레이터 없이 진행되는 언모더레이티드 연구unmoderated study는 몇 가지 배경 질문 또는 선별 질문, 과업, 후속 질문이 있다는 점에서 실험실 테스트와 유사하게 설정된다. 참가자들은 사전에 준비된 질문을 받고 과업 스크립트를 통해 과제를 수행하게 되며, 그들의 모든 데이터는 자동으로 수집된다. 여러분은 이 방법을 통해 많은 성능 지표와 자가측정 지표를 포함한 광범위한 데이터를 수집할 수 있다. 물론 참가자들을 직접 관찰하지 않기 때문에 이슈 기반 데이터를 수집하는 건 어려울 것이다. 그러나 성능 지표와 자가측정된 데이터로 문제를 확인할 수 있으며, 참가자들이 남긴 의견으로 문제의 원인을 추론할 수 있다. 앨버트Albert와 그의 동료들(2010)은 온라인 사용성 연구를 계획하고 설계하며 실행하고 분석하는 방법에 대해 자세히 설명한다.

온라인 사용성 연구는 여타 방법론과 달리, 리서처에게 수집하려는 데이터의 양과 유형 측면에 엄청난 유연성을 제공한다. 온라인 사용성 연구는 정성적 데이터와 정량적 데이터를 모두 수집할 수 있으며, 사용자의 선호도나 행동에 중점을 두고 진행할 수 있다. 온라인 연구의 초점은 주로 프로젝트 목표에 따라 달라지며 수집되는 데이터의 유형이나 양에 의해 제한되는 경우는 거의 없다. 하지만 온라인 연구가 데이터를 수집하기에는 훌륭한 방법이긴 하지만 UX 리서처가 사용자의 행동과 동기에 대해 심층적인 인사이트를 얻으려는 경우에는 적합하지 않다. 유저줌UserZoom(www.userzoom.com), 룹11Loop11(www.loop11.com), 유저테스트UserTest(www.usertest.com), 밸리데이틀리Validately(www.validatley.com), 트라이마이UITryMyUI(www.trymyui.com), 유절리틱스Userlytics(www.userlytics.com) 등 인기 있는 온라인 도구 사이트에 방문해 자세히 알아보기를 바란다.

실험실 테스트와 온라인 테스트 중 어느 방법을 먼저 해야 할까?

우리는 종종 기존의 실험실 연구와 온라인 연구 중 어느 것을 먼저 진행해야 할지에 대한 질문을 받는다. 실험실 연구를 먼저 진행하든 온라인 연구를 먼저 진행하든 두 방법 모두 꽤 강력한 근거가 있다.

실험실 연구 먼저, 온라인 연구는 그다음에 진행한다.	온라인 연구 먼저, 실험실 연구는 그다음에 진행한다.
'쉽게 개선할 수 있는 일'을 먼저 파악하고 해결한 다음, 표본 규모가 큰 나머지 과제들에 집중한다.	온라인 연구에서 지표 측정을 통해 가장 중요한 이슈를 파악한 뒤, 실험실 연구를 통해 그 이슈에 대한 심층적인 질적 자료를 수집한다.
실험실 테스트에서 새로운 콘셉트, 아이디어, 질문을 만들어 내고, 온라인에서 테스트/검증한다.	사용자의 비디오 클립, 온라인에 적은 글을 수집해 지표에 생명을 불어넣는다.
실험실 테스트에서 관찰된 태도와 선호도를 검증한다.	모든 지표를 수집해 디자인을 검증한다. 테스트가 잘 됐다면 사용자들을 실험실로 데려가 다시 테스트할 필요는 없다.

3.5.3 온라인 설문 조사

많은 UX 리서처는 온라인 설문 조사를 선호도와 태도에 대한 데이터를 수집하는 용도로만 생각하며 온라인 설문 조사를 시장 리서처의 영역이라고 굳게 믿고 있다. 하지만 그렇지 않다. 예를 들어 다수의 온라인 설문 조사 도구에서 본문에 프로토타입 디자인 등의 이미지를 삽입할 수 있기 때문이다. 설문 조사에 이미지를 넣어 시각적 매력도, 페이지 레이아웃, 인지된 사용 용이성, 사용 가능성 등에 대한 피드백을 수집할 수 있는 것이다. 우리는 온라인 설문 조사가 여러 유형의 시각적 디자인안들을 비교하고, 다양한 웹페이지들에 대한 만족도를 측정하며, 심지어 각각 다른 유형의 탐색 체계에 대한 선호도를 측정할 수 있는, 빠르고 쉬운 방법임을 알게 됐다. 참가자가 제품과 직접 상호작용해야 하는 경우가 아니라면 온라인 설문 조사가 적합할 수 있다. 퀄트릭스Qualtrics(www.qualtrics.com), 서베이몽키Survey Monkey(www.surveymonkey.com), 서베이기즈모Survey Gizmo(www.surveyGizmo.com), 구글폼Google Forms 같은 설문 조사 도구를 확인해 보라.

온라인 설문 조사에서 디자인과 상호작용하기

어떤 온라인 설문 조사 도구에서는 참가자가 이미지와 어느 정도 상호작용을 할 수 있다. 이는 참가자들에게 디자인에서 가장 유용하거나 가장 유용하지 않은 부분을 클릭하도록 요청할 수 있다는 점에서, 또는 특정 과업을 수행하기 위해 어디로 이동할 수 있는지 물어볼 수 있다는 점에서 매우 흥미로운 기능이다. 그림 3.1은 온라인 설문 조사에서 측정된 클릭 맵의 예시이다. 이 지도는 참가자가 과업을 시작하기 위해 클릭한 여러 지점을 보여준다. 그리고 이미지에 대한 데이터를 수집하는 것 외에도 이미지가 표시되는 시간을 제어할 수도 있다. 이 기능은 디자인에 대한 첫인상을 수집하거나, 사용자들에게 특정 시각적 요소가 보이는지 테스트하는 데 매우 유용하다('깜박임 테스트(blink test)'라고도 함).

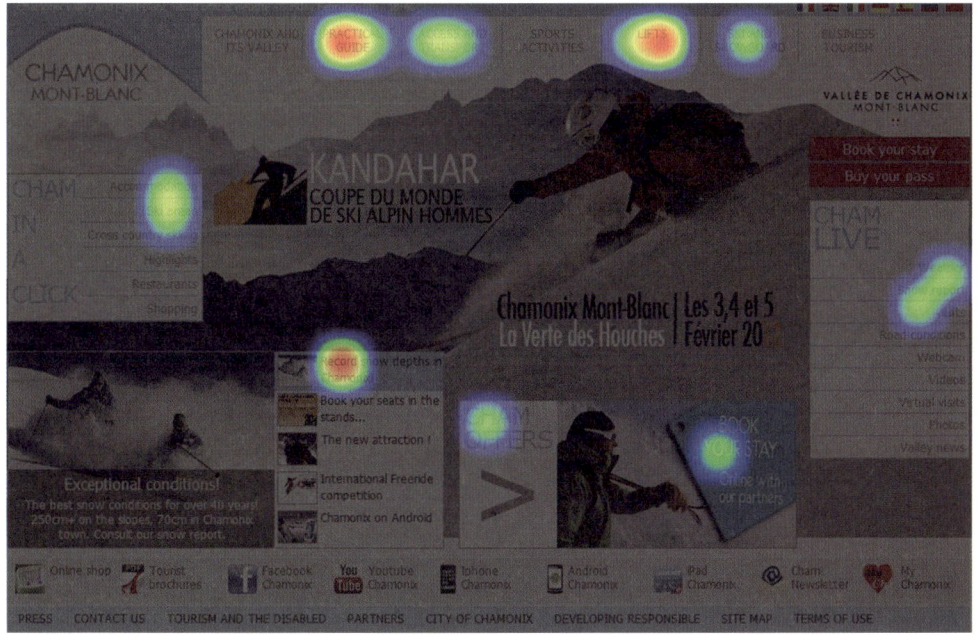

그림 3.1 퀄트릭스 설문 조사 도구로 만든 클릭 히트 맵의 예

3.5.4 정보 구조 도구

정보 구조IA, Information Architecture를 측정하는 리서치 도구가 점점 대중화되고 있다. 형성적 리서치 목표formative research goal와 총괄적 리서치 목표summative research goal에 따라 두 가지 방식으로 IA 도구를 살펴볼 수 있다. '형성적' 접근 방식은 직관적인 정보 구조를 개발한다. 가장 일반적인 도구는

과업 또는 콘텐츠 같은 아이템을 유사한 그룹으로 분류하는 것이다. 이 도구는 UX 리서처들로 하여금 사용자가 원하는 것을 쉽게 찾을 수 있도록 지원하는 직관적인 정보 구조를 개발하는 방법에 대해 귀중한 인사이트를 도출하는 데 도움을 주는 효과적인 도구이다. 결과에는 관련 아이템을 함께 그룹화하는 방법뿐만 아니라 각 그룹을 설명하는 데 사용되는 명칭도 포함된다.

반대로 '총괄적' 접근 방식은 기존의 정보 구조 또는 제안된 정보 구조의 직관성을 테스트하거나 평가하는 것이다. '트리 테스트tree-test'는 현재 정보 구조의 직관성을 측정하는 데 널리 사용되는 도구이다. 지표에는 성공 여부success, 원하는 것을 찾을 수 있었는지, 직접성directness, 원하는 것을 찾기 위해 선택한 경로, 아이템을 찾는 데 걸린 시간time이 포함된다. 이 세 가지 지표를 함께 사용해 제안된 여러 정보 구조를 비교할 수 있다. 자세한 내용은 옵티멀 워크숍(www.optimalworkshop.com), 유저빌리테스트(www.usabilitest.com), 심플 카드 소트(www.simplecardsort.com)를 확인하자.

3.5.5 클릭 도구와 마우스 도구

UX 리서처는 때로는 사용자가 디지털 플랫폼에서 어떻게 상호작용하는지에 대한 인사이트를 얻고 싶어 한다. 그들은 다양한 도구들로 클릭 또는 마우스 움직임을 추적해 사용자 행동을 더 깊이 이해하고, (특히, 다양한 디자인 대안을 사용하는 사용자 행동을 비교하고, 어떤 요소가 가장 많은 관심을 받고 있고 어떤 요소가 무시되고 있는지 모니터링하면서,) 심층적인 인사이트를 얻는다. 또한 리서처는 데이터를 활용해 움직임의 순서를 분석함으로써 행동의 우선순위를 추론할 수 있다. 이러한 도구의 장점은 생태적 타당성ecological validity, 실제 상황에서처럼 간섭 없이 사용자 행동을 측정하는 것이다. 반면 사용 맥락context of use, 특히 사용자가 달성하려는 것이 무엇인지 파악하기 어려운 경우가 많다는 단점이 있다. 자세한 내용은 클릭테일Clicktale(www.clicktale), 크레이지에그CrazyEgg(www.crazyegg.com), 캔버스플립CanvasFlip(www.canvasflip.com), 마우스플로우Mouseflow(www.mouseflow.com)를 확인하자.

3.6 기타 세부 사항

사용자 리서치 연구를 계획할 때에는 다른 많은 세부 사항도 고려해야 한다. 예산/일정, 참가자, 데이터 수집, 데이터 정리 등 핵심 이슈를 신중하게 다루는 것이 필요하다.

3.6.1 예산과 일정

사용자 리서치 연구를 하는 데 드는 비용과 시간은 평가 방법, 선택한 지표, 참가자, 사용 가능한 도구에 따라 달라진다. 그래서 사용자 리서치 연구의 대략적인 비용이나 시간 추정치를 제시하는 건 불가능하다. 우리가 할 수 있는 최선은 몇 가지 일반적인 유형의 연구에 대한 비용과 시간을 추정할 수 있는 일반적인 경험 법칙을 제공하는 것뿐이다. 이런 추정치를 고민할 때에는 사용자 리서치 연구에 들어가는 모든 변수를 신중하게 고려하고 가능한 한 빨리 비즈니스 후원자(또는 연구 자금을 지원하는 사람)에게 이 추정치를 전달하는 게 좋다. 또한 예상치 못한 비용이 발생하고 일정이 지연될 수 있으므로 비용과 일정 계획 시 최소 10%의 버퍼를 추가하는 것이 현명하다.

(10명 이하의) 소수의 참가자로 형성적 연구를 진행하는 경우 지표를 수집하는 일이 전체 일정 또는 예산에 미치는 영향은 거의 없어야 한다. 이슈의 빈도와 심각도 등 기본 지표를 수집하고 분석하는 데는 기껏해야 몇 시간이 걸린다. 연구가 완료되면 데이터를 분석하는 데 약간의 여유를 갖자. 그리고 이 지표들을 수집하는 데 아직 익숙하지 않다면 테스트를 시작하기 전에 과업을 설정하고 심각도 등급을 매기는 방법에 대해 합의할 수 있도록 시간을 더 확보하자. 형성적 연구이므로 다음 디자인 개선 단계에 영향을 주는 한편 프로젝트 속도를 늦추지 않도록, 최대한 빨리 이해관계자들에게 결과를 전달하기 위해 모든 노력을 기울여야 한다.

(보통 12명 이상의) 더 많은 수의 참가자가 참여하는 사용자 리서치 연구를 하는 경우, 지표 활용은 예산과 일정에 더 많은 영향을 미칠 수 있다. 비용에 가장 영향을 미치는 건 참가자 모집과 보상에 대한 추가 비용일 수 있다. 이 비용은 참가자가 누구인지(예: 회사 내부 또는 외부), 참가자를 어떻게 모집할 것인지, 데이터 수집이 모더레이터 진행 세션으로 운영되는지(대면 또는 화면 공유 애플리케이션을 통한 원격), 온라인 설문 조사처럼 모더레이터가 없는 세션인지 여부에 따라 달라진다. 일정에 가장 큰 영향을 주는 건 많은 수의 참가자를 조사하는 데 추가적으로 필요한 시간일 것이다. 여러분의 청구 또는 비용 회수 계획에 따라 UX 리서처의 일정이 늘어나, 추가 비용이 발생할 수도 있다. 또한 데이터를 정리하고 분석하는 데에도 추가 시간이 필요하다는 점을 명심하자.

모더레이터 진행 없이 온라인 연구를 하는 경우는 비용과 일정 면에서 앞에서 소개한 모더레이터 진행 연구와 상당히 다르다. 일반적으로 과업 정리 및 검증, 질문 생성과 척도 설정, 프로토타입 또는 디자인안 평가, 참가자 선별 및 모집, 온라인 스크립트 또는 설문 조사 개발 등 연구 세팅에 소요되는 시간은 모더레이터 연구 대비 대략 절반 정도이다. 그리고 데이터를 수집하는 데 많은 시간이 소요되는 기존 실험실 테스트와 달리, 온라인 연구에서 UX 리서처가 데이터 수집에 쏟는 시간이 거의 없다. 대부분의 온라인 기술에서는 스위치를 누르기만 하면 데이터가 쏟아져 들어오는 대로 모니터링할 수 있다. 특히 특정 할당량의 사용자 그룹을 채워야 한다면, 데이터 수집 상황을 항상 모니터링하는 것이 좋다.

나머지 시간은 데이터를 정리하고 분석하는 데 사용된다. 사람들은 이 일에 필요한 시간을 과소평가하곤 한다. 하지만 데이터는 분석이 용이한 상황이 아닌 경우가 많다. 예를 들어 극단값$^{extreme\ value}$을 걸러내고 (특히 시간 데이터를 수집할 때) 데이터가 불일치하는 경우를 확인하며 원 데이터를 기반으로 새 변수를 코딩해야 한다(예: 자가측정 데이터에 대한 상위 2개 변수를 합친 새로운 변수$^{top\text{-}2\text{-}box\ variable}$ 생성). 이에 시간당 대략 100~200명 정도의 온라인 연구가 실행 가능하다는 사실을 알게 됐다. 여기에는 계획 단계부터 데이터 수집, 분석, 발표까지 모든 과정이 포함된다. 추정치는 연구 범위에 따라 어느 방향으로든 최대 50%까지 달라질 수 있다. 자세한 내용은 『Beyond the Usability Lab: Conducting Large-scale Online User Experience Studies(사용성 연구실 그 너머: 대규모 온라인 사용자 경험 연구 수행하기)』, (Bill Albert, Tom Tullis, Donna Tedesco, Morgan Kaufmann, 2010)를 참고하자.

3.6.2 참가자

사용자 리서치 연구 참가자는 연구 결과에 큰 영향을 미친다. 따라서 가능한 한 타깃 사용자를 가장 대표하는 참가자를 연구에 참여시킬 수 있는 방법을 신중하게 계획하는 것이 중요하다. 참가자를 모집하는 단계는 지표를 수집하든, 하지 않든 본질적으로 동일하다.

첫 번째 단계는 참가자가 연구에 참여할 자격이 있는지 여부를 판단하는 데 사용될 모집 기준을 세우는 것이다. 기준은 요건에 부합하지 않는 사람을 잘못 모집할 가능성을 줄이기 위해 최대한 구체적이어야 한다. 기준을 정리하는 과정에서 참가자 유형을 세분화할 수 있다. 일례로 기존 제품을 경험한 참가자뿐만 아니라 신규 참가자를 모집할 수도 있다.

두 번째로는 연구에 필요한 참가자 수를 파악해야 한다. 사용자 집단의 다양성, 제품의 복잡성, 연구의 특정 목표 등 많은 요소가 결정에 영향을 미친다. 그러나 경험상 대체로 형성적 연구에서는 각 개선 단계마다 대략 6~8명의 참가자를 대상으로 테스트하는 것이 효과적이다. 가장 유의미한 사용성 결과는 처음 6명 정도의 참가자들에게서 관찰된다. 사용자 그룹이 여러 팀 있는 경우, 각 그룹에서 최소 5명 이상의 사용자를 확보하는 것이 좋다. 6.7절에서는 사용성 테스트를 위한 표본 크기 결정을 자세히 소개한다.

총괄적 사용성 연구에서는 각 사용자 그룹당 50~100명의 대표 사용자들에 관한 데이터를 확보하는 것이 좋다. 긴급 상황이라면 참가자를 30명까지 줄일 수 있지만 데이터 편차가 상당히 커져서, 결과를 더 넓은 모집단으로 일반화하기는 어려울 것이다. 미묘한 디자인 변경의 영향력을 테스트하는 연구라면 각 사용자 그룹별로 최소 100명의 참가자를 확보하는 것이 좋다.

표본 크기를 정한 후에는 모집 전략을 세워야 한다. 이 전략이 바로 사람들이 연구에 참여하도록 유도하는 방법이다. 여러분은 고객 데이터에서 참여 가능한 참가자 목록을 만든 다음, 모집 담당자가 예비 참가자들에게 연락할 때 사용할 스크리너$^{screener,\ 적정한\ 참가자를\ 선정하기\ 위한\ 기준\ 매뉴얼}$를 작성할 것이다. 그리고 이메일로 예비 참가자들에게 참여 요청을 보낼 것이다. 이때 일련의 배경 질문을 통해 참가자를 선별하거나 분류할 수 있다. 또는 모든 모집 과정을 제3자를 활용해 진행하기로 결정할 수도 있을 것이다. 이런 회사들 중 일부는 필요 시 활용할 수 있는 상당히 광범위한 사용자 패널을 보유하고 있다. 웹사이트에 공지물을 게시하거나 특정 그룹의 예비 참가자들에게 이메일을 보내는 등의 다른 옵션도 존재한다. 이때, 조직마다 적합한 전략이 다르다.

3.6.3 데이터 수집

연구에 필요한 모든 데이터는 어떻게 수집할지 사전에 계획을 잘 세워야 한다. 여러분이 어떤 결정을 내리는가에 따라 훗날 분석을 시작할 때 얼마나 많은 작업을 해야 하는지 결정된다.

소수의 참여자 데이터를 수집하는 경우라면 어떤 도구보다도 엑셀이 가장 효과적이다. 테스트를 진행하는 중에 데이터를 빠르게 포착할 수 있는 템플릿이 있는지도 확인하라. 그리고 데이터를 포착하는 작업은 모더레이터가 아니라 뒤에서 데이터를 빠르고 쉽게 기록할 수 있는 누군가가 하는 것이 가장 이상적이다. 더불어 가능한 한 숫자 형식으로 데이터를 입력하는 게 좋다. 예를 들어 과업 성공 여부를 코딩하는 경우 '1'(성공)과 '0'(실패)으로 코딩한다. 텍스트 형식으로 입력된 데이터는 축어적 주석(사용자의 코멘트)을 제외하고는 결국 변환돼야 한다.

데이터를 포착할 때 가장 중요한 건 UX 팀의 모든 구성원이 코딩 체계를 잘 숙지하는 것이다. 누구든 척도를 혼동하기 시작하거나(높은 값과 낮은 값을 혼동) 특정 변수에 무엇을 입력해야 하는지 이해하지 못하면 데이터는 다시 코딩하거나 버려야 한다. 여러분의 데이터 수집을 돕는 사람들을 사전에 훈련시키기를 권한다. 신뢰할 수 있는 유용한 데이터를 확보하기 위한 저렴한 보험으로 여겨 꼭 챙기기를 바란다.

많은 참가자가 참여하는 연구라면 데이터 캡처 도구$^{data\text{-}capture\ tool}$를 사용해 보라. 온라인 연구로 진행하는 경우 데이터가 자동으로 수집된다. 원본 데이터를 엑셀이나 R, SAS, SPSS 같은 통계 프로그램으로 다운로드할 수 있는 옵션이 있는 도구여야 한다.

지리적 요인이 중요한가?

우리가 클라이언트로부터 자주 받는 질문은 여러 도시, 지역, 국가에서 참가자를 모집해야 하는지의 여부다. 그 답은 대개는 '아니오'이다. 사용자 데이터를 수집할 때 일반적으로 지리적 요인(geography)은 중요하지 않다. 뉴욕에 사는 참가자와 시카고, 워싱턴, 심지어 런던에 사는 참가자가 서로 다른 문제를 가지고 있을 가능성은 거의 없다. 물론 몇 가지 예외적인 경우가 있긴 하다. 평가하려는 제품이 한 지역에 대규모 기업을 두고 있는 경우라면, 응답이 편향될 수 있다. 좋은 예로 월마트(Walmart.com)의 창립 지역인 아칸소주 벤턴에서 월마트를 평가하려는 경우, 편향되지 않은 중립적인 결과를 얻기란 어려울 수 있다. 또한 위치(location)는 제품을 사용하는 사용자의 목표에 영향을 미칠 수 있다. 전자상거래 의류 웹사이트를 평가하는 경우, 요구 사항과 선호도가 상당히 다를 수 있는 도시 참가자와 시골 참가자, 여러 국가의 참가자로부터 서로 다른 데이터를 수집할 수 있다. 한편 여러 지역에서 사용자 리서치를 실시하는 것이 실제로는 합리적이지 않고 의미가 없더라도, 어떤 클라이언트는 고위 경영진이 결과의 타당성에 의문을 제기하지 못하도록 여러 지역에서 제품을 평가하기로 결정한다. 이런 경우 예산이 효율적으로 쓰이지 못할 가능성이 높다. 하지만 팀이 방법론과 결과를 받아들이는 데 도움이 된다면 그만한 가치가 있을 것이다.

3.6.4 데이터 정제

데이터가 즉시 분석 가능한 포맷으로 나오는 경우는 거의 없다. 빠르고 쉽게 분석 가능한 포맷으로 데이터를 얻으려면 일종의 정제^{cleanup} 과정이 필요하다. 데이터 정제$^{data\ cleanup}$ 과정에는 다음과 같은 조치가 포함된다.

- **데이터 필터링하기**filtering data: 데이터 세트에 극단값이 있는지 확인한다. (온라인 연구의 경우) 가장 큰 원인은 과업 완료 시간일 가능성이 높다. 어떤 참가자는 연구 중간에 점심을 먹으러 나갔을 수 있고, 그러면 과업 시간은 비정상적으로 길 것이다. 또한 어떤 참가자는 과업을 완료하는 데 엄청나게 짧은 시간이 걸렸을 수 있다. 이런 경우는 참가자가 연구에 성실하게 참여하지 않았다는 징후일 가능성이 높다. 시간 데이터를 필터링하는 방법은 4.2절을 참고하기 바란다. 또한 타깃 고객target audience이 아닌 참가자의 데이터, 외부 요인이 결과에 영향을 준 데이터도 필터링하는 게 좋다.

- **새로운 변수 만들기**creating new variables: 데이터 세트 원본을 기반으로 유용한 새로운 변수를 만들 수 있다. 예를 들어 최고 평점 또는 그 다음 평점을 준 참가자 수를 계산해, 자가측정 평점 결과의 상위 2개 변수를 합친 새로운 상위 2점 변수top-2-box variable를 만들 수 있다. 이 외에 여러분은 모든 성공 데이터를 모든 과업을 대표하는, 하나의 전체 성공 평균으로 집계하고 싶을 수도 있고, 또는 z-점수z-score 변환으로(9.1.3절 참고), 여러 지표를 결합해 UX 종합 지수를 만들 수도 있다.

- **반응 확인하기**verifying responses: 어떤 상황에서는, 특히 온라인 연구의 경우 참가자 반응을 확인해야 할 수도 있다. 예를 들어 많은 비율의 참가자가 모두 같은 오답을 낸 것을 발견했다면 이 결과는 면밀히 조사해야 한다.

- **일관성 확인하기**checking consistency: 데이터가 제대로 포착됐는지 확인해야 한다. 일관성 점검에는 과업 완료 시간, 성공 여부를 자가측정된 지표와 비교하는 과정이 포함될 수 있다. 많은 참가자가 비교적 짧은 시간 안에 과업을 완료하고 심지어 성공했지만 과업에 매우 낮은 평가를 준 경우, 데이터 수집 방식에 문제가 있거나 참가자가 질문의 척도를 혼동한 것일 수 있다. 이는 사용 용이성을 자체적으로 측정하는 척도에서는 매우 흔한 일이다.

- **데이터 이동하기**transferring data: 엑셀에서 데이터를 정리한 뒤 (모든 기본 통계는 엑셀로 할 수 있지만) SPSS 같은 통계 프로그램으로 분석을 수행하고 다시 엑셀로 돌아와 차트와 그래프를 만든다.

데이터 정제에는 최소 1시간에서 최대 몇 주까지 걸릴 수 있다. 몇 가지 지표만 다루는 간단한 사용자 리서치 연구라면 정리는 매우 빠르게 마칠 수 있다. 당연히 처리해야 하는 지표가 많을수록 시간이 더 오래 걸린다. 또한 온라인 연구는 더 많은 확인 작업을 해야 하기 때문에 시간이 더 오래 걸릴 수 있다. 여러분은 기술이 모든 데이터를 정확하게 코딩하고 있는지 확인하고 싶을 것이다.

3.7 요약

지표를 활용해 사용자 리서치 연구를 하려면 몇 가지 계획을 세워야 한다. 꼭 기억해야 할 여러 핵심 사항을 소개한다.

- 먼저 형성적 접근 방식을 취할 것인지 아니면 총괄적 접근 방식을 취할 것인지 결정해야 한다. 형성적 방식은 제품을 출시하기 전에 디자인을 개선하는 데 유용한 데이터를 수집하는 것이다. 이 방식은 제품 디자인에 연구 결과가 긍정적 영향을 미칠 수 있도록 개선 기회가 있을 때 진행하는 것이 가장 적절하다. 총괄적 접근 방식은 타깃 목표가 어느 정도 달성됐는지 측정하고자 할 때 사용한다. 총괄적 평가는 경쟁사 제품 벤치마킹 연구에도 사용된다.
- 적합한 지표를 선정할 때 고려해야 할 사용자 경험의 세 가지 주요 측면은 성능, 선호도, 감정이다. 전반적인 사용자 경험을 더욱 완벽하게 파악하기 위해 다양한 UX 지표들을 살펴볼 것을 권한다.
- 사용자 리서치 연구에 도움이 되는 다양한 방법과 도구가 존재한다. 이런 방법과 도구는 목적에 따라 사용성 테스트(형성적 조사와 총괄적 조사), 사용자 선호도를 측정하기 위한 온라인 설문 조사, 디지털 맥락에서 마우스 클릭이나 움직임을 추적해 사용자 행동, 정보 구조, 사용자 선호도를 측정하는 온라인 설문 조사 등에 중점을 둔다. 각 방법과 도구는 사용자 경험 측정 시 고유한 장단점이 뚜렷하다.
- 지표를 활용해 사용자 리서치 연구를 할 때는 예산과 일정을 미리 잘 계획해야 한다. 비교적 적은 수의 참가자를 대상으로 형성적 연구를 진행하는 경우, 지표를 수집하는 일이 전체 일정이나 예산에 미치는 영향은 거의 없어야 한다. 일정, 예산에 미칠 영향이 크다고 판단된다면 대규모 연구를 진행하는 데 드는 비용과 시간을 예측하고 알리는 데 특별한 주의를 기울여야 한다.

CHAPTER 4
성능 지표

기술을 사용하는 사람은 누구나 자신의 목표를 달성하기 위해 특정 유형의 인터페이스와 상호작용해야 한다. 인터페이스interface는 그래픽 인터페이스부터 음성 인터페이스, 대화형 인터페이스, 웨어러블 인터페이스wearable interface, 실감형 인터페이스tangible interface에 이르기까지 다양한 형태를 취한다. 그 예로 웹사이트 사용자는 링크를 클릭하고 워드프로세싱 애플리케이션 사용자는 키보드로 정보를 입력한다. 전자레인지 사용자는 버튼을 누르거나 손잡이를 돌린다. 사용자는 어떤 기술을 사용하든, 어떤 방식으로든 제품과 상호작용한다. 이런 행동들은 성능 지표의 초석이 된다.

모든 유형의 사용자 행동은 어떤 식으로든 측정 가능하다. 예를 들어 웹사이트에서 사용자가 화면을 클릭해 원하는 정보를 찾았는지 여부를 측정할 수도 있고, 사용자가 워드프로세싱 애플리케이션에서 텍스트를 입력하고 서식을 세팅하는 데 걸린 시간, 또는 전자레인지에서 냉동 식품을 해동해 저녁 식사를 준비할 때 누른 버튼 수를 측정할 수도 있다. 모든 성능 지표는 특정 사용자 행동을 기반으로 측정된다.

성능 지표는 사용자 행동뿐만 아니라 사용 시나리오 또는 과업의 영향을 받는다. 성공을 측정하고자 한다면 사용자가 특정 과업이나 목표를 염두에 두고 행동해야 한다. 예를 들어 스웨터 가격을 알아내거나 경비 보고서를 제출하는 것이 과업일 수 있다. 과업 없이는 성능 지표는 존재하지 않는다. 사용자가 목적 없이 웹사이트를 탐색하거나 소프트웨어를 갖고 놀고 있다면 성공을 측정할 수 없다. 그들이 성공했는지 어떻게 알 수 있을까? 그렇다고 해서 사용자에게 과업을 임의적으로 부여해야 한다는 의미는 아니다. 과업은 사용자가 실시간 웹사이트에서 하고 싶었던 일, 사용성 연구 참가자가 스스로 생성한 일 등 무엇이든 될 수 있다.

성능 지표는 모든 UX 리서치 전문가에게 유용한 도구이다. 다양한 제품의 효과성과 효율성을 평가할 수 있는 좋은 방법이기 때문이다. 사용자가 무수한 오류를 범하고 있다면 개선의 기회가 있다는 의미이다. 사용자가 과업을 완료하는 데 예상보다 네 배나 더 오래 걸린다면, 효율성을 크게 개선할 기회로 삼는다. 성능 지표는 사용자가 실제로 제품을 얼마나 잘 사용하고 있는지 알 수 있는 가장 좋은 방법이다.

성능 지표는 특정 사용성 이슈의 규모를 추정하는 데에도 유용하다. 특정 이슈가 존재한다는 사실을 알게 되는 것만으로는 충분하지 않은 경우가 많다. 제품 출시 후 얼마나 많은 사람이 동일한 이슈를 겪을 가능성이 있는지 알고 싶을 것이다. 예를 들어 신뢰구간이 포함된 성공률을 계산해 사용성 이슈가 실제로 얼마나 크게 발생하고 있는지 합리적인 추정치를 도출할 수 있다. 또한 과업 완료 시간을 측정해서 지정된 시간 안에 과업을 완료할 수 있는 타깃 고객의 비율을 알 수 있다. 타깃 사용자의 20% 정도만 특정 과업을 성공적으로 완료한다면 그 과업에 사용성 문제가 있는 것이 분명하다.

프로젝트 관리자와 주요 이해관계자는 특히 성능 지표가 효과적으로 제시될 때 성능 지표에 주의를 기울인다. 관리자는 얼마나 많은 사용자가 해당 제품을 사용해 핵심 과업을 성공적으로 완료할 수 있는지 알고 싶어 한다. 그들은 이런 성능 지표를 전반적인 사용성을 대변하는 강력한 지표이자 비용 절감 또는 수익 증가를 예측할 수 있는 잠재적 지표로 간주한다.

성능 지표는 모든 문제를 해결해주는 만능 도구가 아니다. 다른 지표와 마찬가지로 적절한 표본 크기가 필요하다. 참가자가 2명이든 100명이든 통계는 유효하지만 표본 크기에 따라 신뢰 수준이 크게 달라진다. 여러분이 가장 낮은 수준의 성과를 파악하는 데에만 관심이 있다면 성능 지표 연구는 시간이나 비용을 낭비하는 것일 수 있다. 하지만 최소 10명, 이상적으로는 그 이상의 참가자로부터 데이터를 수집할 시간적 여유가 있다면 합리적인 신뢰 수준으로 유의미한 성능 지표를 도출할 수 있을 것이다.

성능 지표에 지나치게 의존하는 건 위험할 수 있다. 과업 성공 여부, 또는 완료 시간을 보고할 때 데이터 이면에 숨겨진 근본적인 문제를 놓칠 수 있다. 성능 지표는 '무엇'을 매우 효과적으로 알려주지만, 그 '이유'는 알려주지 않는다. 성능 데이터는 사용자에게 특히 문제가 되는 과업이나 인터페이스를 알려주긴 하지만 문제가 발생한 이유와 해결 방법을 더 잘 이해하기 위해 관찰 데이터 또는 자가측정 데이터 등의 다른 데이터로 보완해야 한다.

4장에서는 성능 지표의 다섯 가지 기본 유형을 소개한다.

1. **과업 성공**task success은 아마도 가장 널리 사용되는 성능 지표일 것이다. 이 지표는 사용자가 주어진 일련의 과업들을 얼마나 효과적으로 완료할 수 있는지를 측정한다. 과업 성공은 성공 여부(이원적 판단: 성공, 실패)와 성공 수준, 두 가지 유형의 성공 지표로 살펴본다.
2. **과업 소요 시간**time-on-task은 과업을 완료하는 데 필요한 시간을 측정하는 성능 지표다.
3. **오류**error는 과업 중 발생한 실수를 의미한다. 오류는 특히 인터페이스에서 혼란스럽거나 오해의 여지가 있는 부분을 알아내는 데 유용하다.
4. **효율성**efficiency은 웹사이트에서의 클릭 수, 휴대폰의 버튼 누름 수 등 사용자가 과업을 완료하는 데 들이는 노력의 양을 조사해 평가한다.
5. **학습 용이성**learnability은 시간이 지남에 따라 성능이 어떻게 변화하는지 측정하는 방법이다.

4.1 과업 성공

가장 일반적인 성능 지표는 과업 성공task success으로, 과업을 포함하는 거의 모든 사용성 연구에서 활용할 수 있다. 웹사이트부터 주방 가전제품에 이르기까지 매우 다양한 테스트 대상에 적용할 수 있기 때문에 거의 보편적인 지표라고 할 수 있다. 사용자에게 합리적으로 잘 정의된 과업만 있다면 여러분은 성공 지표를 측정할 수 있다.

과업 성공은 거의 모든 사람이 공감할 수 있는 기준이다. 요점을 전달하기 위해 특별한 측정 기술이나 통계에 대한 자세한 설명이 필요하지 않다. 사용자가 과업을 완료하지 못한다면 뭔가 잘못됐다는 뜻이다. 사용자가 간단한 과업을 완료하지 못하는 것을 본다면, 이는 어딘가 개선이 필요하다는 강력한 신호이다.

과업 성공을 측정하려면 제품 구매, 질문에 답하기, 온라인 신청서 작성 등 사용자가 수행하도록 요청된 각 과업에 대한 명확한 최종 상태가 기준이 돼야 한다. 성공을 측정하려면 무엇이 성공의 기준인지 알아야 하므로, 데이터 수집에 앞서 각 과업에 대한 성공 기준을 정의해야 한다. 기준을 미리 정의하지 않으면, 잘못 과업을 구성할 뿐 아니라 제대로 된 성공 데이터를 수집하지 못할 위험에 놓인다. 다음은 성공의 최종 상태가 명확한 과업 사례와 명확하지 않은 과업 사례의 예이다.

- IBM 주식의 5년간 이익 또는 손실 지점 찾기(최종 상태가 명확하게 예상되는 경우)
- 은퇴를 대비한 저축 방법 조사하기(최종 상태가 명확하게 예상되지 않는 경우)

두 번째 과업은 다른 UX 연구에서는 적절할 수 있지만, 과업의 성공을 측정하는 연구에는 적합하지 않다.

실험실 사용성 테스트에서 성공 여부를 측정하는 가장 일반적인 방법은 사용자가 과업을 완료한 후 구두로 답변을 하게 하는 것이다. 사용자가 대답한 내용은 그 사용자 입장에서는 당연한 내용이겠으나, 때로는 연구자가 해석하기 어려운 답변일 때도 있다. 사용자들이 추가로 임의의 정보를 더 제공하면서 의견을 되려 해석하기 어렵게 만드는 것이다. 이런 상황에서는 사용자가 과업을 성공적으로 완료했는지 확인하기 위해 사용자를 더 조사해야 할 수도 있다.

성공 데이터를 수집하는 또 다른 방법은 사용자가 온라인 도구 또는 종이 양식 등 더욱 구조화된 방식으로 답변을 하게 하는 것이다. 각 과업을 진행한 후 사용자에게 객관식 질문을 제공한다. 사용자는 네다섯 가지의 방해 요소 중 답을 선택할 수 있다. 방해 요소를 가능한 한 현실적으로 만드는 것이 중요하다. 그리고 가능하면 주관식 질문은 피한다. 주관식은 답변을 분석하는 데에는 훨씬 더 많은 시간이 소요되며 연구자의 판단이 개입될 수 있어, 데이터에 많은 노이즈가 생길 수 있다.

어떤 경우에는 과업에 대한 올바른 솔루션을 검증하기 어려울 수 있다. 사용자의 특정 상황에 따라 솔루션이 달라지기도 하고, 연구자가 테스트를 직접 수행하지 않기 때문이다. 예를 들어 사용자에게 저축 계좌의 잔액을 찾으라고 요청하면 사용자가 과업을 하는 동안 우리가 사용자 옆에 앉아 있지 않는 한 그 금액이 실제로 얼마인지 알 방법이 없다. 따라서 이 경우는 대리 성공 척도[proxy measure of success]를 사용한다. 예를 들어 사용자에게 잔액이 표시된 페이지의 제목이 무엇인지 물어보는 것이다. 페이지 제목이 특수하고 명확하며, 사용자가 이 페이지에 도달하면 잔액을 확인할 수 있다고 확신할 수 있을 때 이 방법을 이용하면 효과적이다.

4.1.1 이원적 성공 척도

과업 성공 여부를 성공, 실패 등 이원적 성공 척도 binary success로 측정하는 방식은 가장 간단하고도 일반적이다. 사용자는 과업을 성공적으로 완료했거나, 완료하지 못했다. 이 척도는 대학에서의 수업 '통과/미통과 pass/fail'와 유사하다. 이원적 성공 척도는 제품의 성공이 사용자의 과업 완료 여부에 달려 있을 때 사용하는 것이 적절하다. 성공에 가까워지는 정도는 중요하지 않다. 중요한 것은 사용자들이 자신의 과업을 달성해 내는 것뿐이다. 예를 들어 (심장마비 환자를 소생시키기 위한) 제세동기 장치의 사용성을 평가할 때 오직 중요한 것은 일정 시간 내에 실수 없이 기기를 올바르게 사용할 수 있느냐는 것이다. 그렇지 못하면 이 기기로 처치를 받는 환자에게 큰 문제가 될 것이다! 덜 극단적인 사례로 웹사이트에서 책을 구매하는 과업을 예로 들 수도 있다. 사용자가 구매 프로세스의 어느 부분에서 실패했는지 안다면 도움이 될 수 있을 것이다. 하지만 회사의 수익이 그 책 판매에 달려 있다면 과업의 성공이 정말 중요할 것이다.

사용자가 과업을 수행할 때마다 '성공' 또는 '실패'에 대한 점수가 부여되어야 한다. 일반적으로 이 점수는 1(성공)과 0(실패)의 형태로 표시된다('성공', '실패'라는 텍스트 값이 아닌, 숫자 점수를 부여하면 분석이 더 쉬워진다). 숫자 점수를 사용하면 평균은 물론 필요한 다른 통계도 쉽게 계산할 수 있다. 1과 0의 평균을 계산해 이원적 관점에서 성공률을 판단해 보라. 참가자가 2명 이상이고 과업도 2개 이상이라고 가정하면 과업 성공을 계산하는 방법으로 언제나 다음 두 가지 방법이 사용된다.

- 참가자 전원의 각 과업별 평균 성공률을 확인하기
- 과업 전반에 걸친 각 참가자별 평균 성공률을 확인하기

표 4.1의 데이터를 한번 살펴보자. 표 하단의 평균은 각 과업의 과업 성공률을 나타낸다. 표 우측의 평균은 각 참가자의 성공률을 나타낸다. 누락된 데이터가 없는 한, 이 두 평균 세트의 평균은 항상 동일하다.

표 4.1 10명의 참가자와 10개의 과업에 대한 과업 성공 데이터

참가자	로그인	탐색	검색	카테고리 찾기	작가 찾기	후기 찾기	장바구니에 담기	주소 업데이트하기	결제	상태 확인	평균
참가자 1	1	1	1	0	1	1	1	1	0	1	80%
참가자 2	1	0	1	0	1	0	1	0	0	1	50%
참가자 3	1	1	0	0	0	0	1	0	0	0	30%
참가자 4	1	0	0	0	1	0	1	1	0	0	40%
참가자 5	0	0	1	0	0	1	0	0	0	0	20%
참가자 6	1	1	1	1	1	0	1	1	1	1	90%
참가자 7	0	1	1	0	0	1	1	1	0	1	60%
참가자 8	0	0	0	0	1	0	0	0	0	1	20%
참가자 9	1	0	0	0	0	1	1	1	0	1	50%
참가자 10	1	1	0	1	1	1	1	1	0	1	80%
평균	70%	50%	50%	20%	60%	50%	80%	60%	10%	70%	52.0%

과업 성공이 항상 실질적인 성공을 의미할까?

과업 성공의 일반적인 정의는 성공의 기준으로 명확하게 정의된 상태를 달성하는 것이다. 미 항공우주국(NASA) 사이트에서 아폴로 12호의 사령관이 누구인지 찾는 경우, 사실상 정답이 하나이다(찰스 "피트" 콘래드 주니어(Charles "Pete" Conrad, Jr.)). 또는 전자상거래 사이트에서 책을 구매하는 경우 해당 책을 구매하면 과업 성공이라고 할 수 있다. 그러나 어떤 경우에는 사실에 맞는 답을 얻거나 특정 목표를 달성하는 것이 중요한 게 아니라, 사용자가 특정 상태를 달성했다고 만족하는 것일 수 있다. 2008년 미국 대통령 선거 직전, 우리는 버락 오바마(Barack Obama)와 존 매케인(John McCain), 두 대선 후보의 웹사이트를 비교하는 온라인 연구를 실시했다. 과업은 사회 보장(social security)에 대한 후보자의 의견 찾기 등이었고, 이런 종류의 사이트에서는 사용자가 자신이 원하는 정보를 찾았다고 생각하는지 여부가 중요하기 때문에 과업 성공은 자가측정(①예, 찾았어요, ②아니요, 찾지 못했어요, ③잘 모르겠어요)으로만 측정했다.

이원적 성공률을 분석하고 제시하는 가장 일반적인 방법은 과업별로 분석하는 것이다. 즉, 단순히 각 과업을 성공적으로 완료한 참가자의 비율을 살펴보는 것이다. 그림 4.1은 표 4.1 데이터에 대한 과업 성공률을 보여준다. 이 접근 방식은 각 과업의 성공률을 비교하고자 할 때 유용하다. 그런

다음, 특정 문제가 있는지 살펴보고 이를 해결하기 위해 어떤 변경이 필요한지 각 과업을 더 자세히 분석한다. 예를 들어 그림 4.1에서는 과업 4(카테고리 찾기)와 9(결제)에 문제가 있는 것으로 보인다.

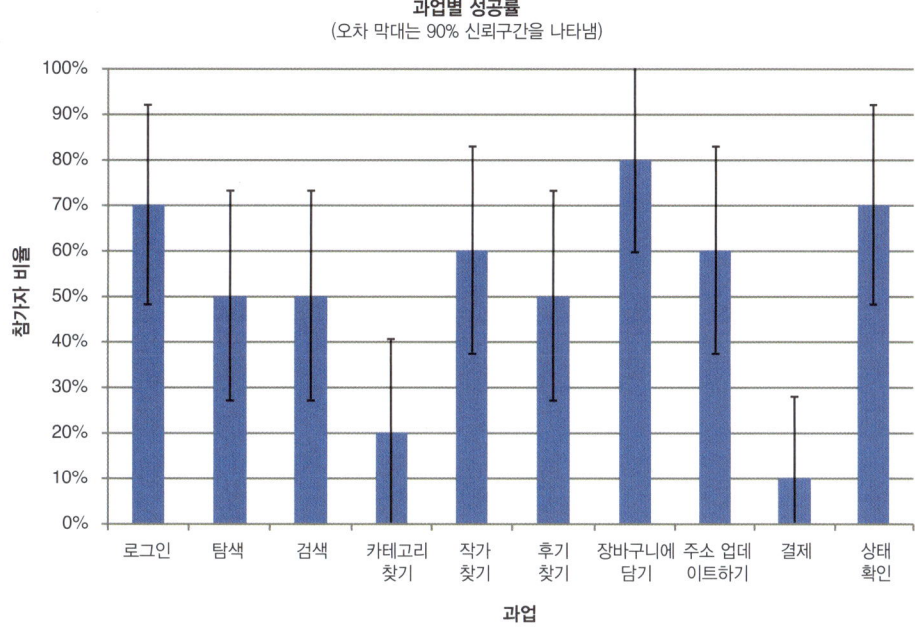

그림 4.1 표 4.1 데이터를 시각화한 과업 성공률 그래프(각 과업에 대한 90% 신뢰구간 포함)

과업 성공, 실패 여부를 살펴보는 또 다른 방법은 사용자 또는 사용자 유형별로 분석하는 것이다. 항상 그렇듯 사용성 데이터를 보고할 때는 사용자를 숫자 또는 (사용자로 식별할 수 없는) 설명자를 사용해 연구에 참여한 사용자의 익명성을 보장해야 한다. 사용자 관점에서 이원적 성공 데이터를 살펴본다는 것은 서로 다르게 수행하거나 여러 문제를 겪는 다양한 사용자 그룹을 파악할 수 있다는 것이다. 다음에 여러 사용자를 세분화하는 데 활용되는 몇 가지 방법을 소개한다.

- 사용 빈도(자주 사용하지 않는 사용자와 자주 사용하는 사용자)
- 이전 제품 사용 경험
- 도메인 전문 지식(낮은 수준의 도메인 지식과 높은 수준의 도메인 지식)
- 연령대

서로 다른 참가자 그룹별 과업 성공을 측정하는 방식은 각 그룹별로 수행할 디자인이 다른 경우에도 사용된다. 일례로 연구에 참여한 참가자에게 무작위로 프로토타입 웹사이트의 버전 A 또는 버전 B를 사용하도록 배정할 수 있다. 이런 경우, 버전 A를 사용하는 참가자와 버전 B를 사용하는 참가자의 평균 과업 성공률을 비교하는 것이 핵심이다.

연구에 비교적 많은 수의 사용자가 참여하는 경우, 이원적 성공 데이터를 사용 빈도 분포로 제시하는 것이 도움이 될 수 있다(그림 4.2). 이 방법은 이원적 과업 성공 데이터의 변동성을 시각적으로 표현하는 편리한 방법이다. 그림 4.2를 살펴보자면 기존 웹사이트 평가에서 6명의 사용자가 과업의 61~70%를 성공적으로 완료했고, 1명은 50% 미만을 완료했으며, 81~90%까지 완료한 사용자는 2명에 불과했다. 반면 수정된 디자인에서는 6명의 사용자가 91% 이상의 성공률을 보였고, 61% 미만의 성공률을 보인 사용자는 1명도 없었다. 과업 성공률의 두 분포가 거의 겹치지 않는다는 것을 보여주는 방법은 단순히 두 수치를 보고하는 것보다 개선 효과를 훨씬 더 극적으로 보여주는 방법이다.

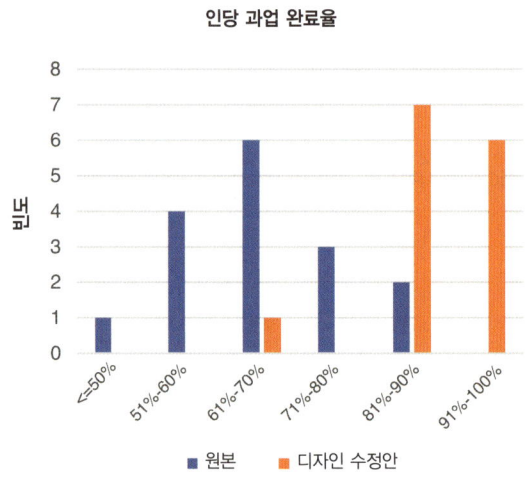

그림 4.2 웹사이트의 원래 버전과 디자인 수정된 버전의 사용성 테스트에서 얻은 이원적 성공률의 빈도 분포(LeDoux, Connor, & Tullis, 2005)

이원적 성공 데이터에 대한 신뢰구간 계산하기

이원적 성공 데이터를 분석하고 제시할 때 신뢰구간을 포함해야 한다. 신뢰구간은 데이터에 대한 신뢰도를 반영하기 때문에 필수적으로 표기하자. 대부분의 사용성 연구에서 이원적 성공 데이터는 비교적 작은 표본(예: 5~20명의 사용자)을 기반으로 한다. 따라서 이원적 성공 지표는 우리가 원하는 만큼 신뢰도가 높지 않을 수 있다. 사용자 5명 중 4명이 과업을 성공적으로 완료했다면, 인원 수가 더 많은 사용자 모집단의 80%가 해당 과업을 성공적으로 완료할 수 있다고 얼마나 확신할 수 있을까? 분명 사용자 20명 중 16명이 과업을 성공적으로 완료했다면 더 확신을 할 수 있을 것이고, 100명 중 80명이 과업을 완료했다면 확신은 더 커질 것이다.

다행히도 이런 개념을 적용해 볼 방법이 존재한다. 이원적 성공률은 본질적으로 비율, 즉 주어진 과업을 성공적으로 완료한 사용자의 비율이다. 이와 같은 비율에 대한 신뢰구간을 계산하기에 적절한 방법은 이항 신뢰구간$^{binomial\ confidence\ interval}$을 사용하는 것이다. 이항 신뢰구간을 계산하는 데는 왈드 메소드$^{Wald\ Method}$, 이그젝트 메소드$^{Exact\ Method}$ 같은 방법을 사용할 수 있다. 그러나 사우로와 루이스(Sauro and Lewis, 2005)가 밝힌 바와 같이 이런 방법 중 상당수는 사용성 테스트에서 일반적으로 사용하는 작은 크기의 표본 데이터를 다룰 때 신뢰구간 계산에 지나치게 보수적이거나 극도로 자유로운 측면이 있다. 그들은 과업 성공 데이터의 신뢰구간을 계산할 때 수정 왈드$^{Adjusted\ Wald}$라고 부르는 왈드 메소드의 수정된 버전이 가장 좋은 결과를 산출한다는 사실을 발견했다.

> **과업 성공을 위한 신뢰구간 계산기**
>
> 제프 사우로(Jeff Sauro)는 자신의 웹사이트(https://measuringu.com/calculators/wald/)에서 이원적 성공 데이터의 신뢰구간을 정하는 데 유용한 계산기를 제공한다. 과업을 시도한 총 인원 수와 그중 성공적으로 완료한 인원 수를 입력하면 이 도구는 평균 과업 완료율에 대한 신뢰구간을 왈드(Wald), 수정 왈드(Adjusted Wald), 이그젝트(Exact), 스코어(Score) 계산을 자동으로 수행한다. 이때 여러분은 99%, 95%, 90% 신뢰구간을 계산하도록 선택할 수 있다. 또는 이원적 성공 데이터에 대한 신뢰구간을 직접 계산하기를 원한다면 자세한 내용은 웹사이트를 참고하기 바란다.

사용자 5명 중 4명이 주어진 과업을 성공적으로 완료했다면, 수정 왈드는 해당 과업 완료율의 95% 신뢰구간을 36%에서 98%까지로, 다소 넓은 범위를 산출한다. 반면 사용자 20명 중 16명이 과업을 성공적으로 완료한 경우(동일 비율), 수정 왈드는 95% 신뢰구간을 58%에서 93%까지로 산출한다. 또, 실제로 100명의 참가자를 대상으로 사용성 테스트를 실시해 그중 80명이 과업을 성공적으로 완료했다면, 95% 신뢰구간은 71%에서 87%로 좁혀진다. 표본 크기가 클수록 신뢰구간은 더 좁은(더 정확해진) 구간을 산출한다.

4.1.2 성공 수준

과업 성공 수준과 관련해 합리적인 단계가 있다고 판단되는 경우, 성공 수준$^{Levels\ of\ Success}$을 식별하면 유용하다. 사용자는 과업을 부분적으로 완료했을 때도 어느 정도 가치를 얻는다. 숙제를 할 때 오답을 구하더라도 푼 내용을 보여주면 점수를 부분적으로 받는 것을 생각하면 된다. 예를 들어 사용자의 과업이 최소 8메가픽셀의 해상도, 최소 12배의 광학 줌, 무게 3파운드 이하인 가장 저렴한 디지털 카메라를 찾는 거라고 가정해 보겠다. 사용자가 이 기준을 대부분 충족하지만 12배 대신 10배 광학 줌 기능인 카메라를 찾았다면 어떨까? 엄격한 이분법적 성공 접근 방식에 따르면 이 데이터는 '실패'다. 하지만 그러면 중요한 정보를 잃는다. 사용자는 실제로 과업을 성공적으로 완료하는 데 매우 근접했다. 어떤 경우에는 사용자가 이 정도는 성공으로 받아들일 수 있다. 어떤 제품 유형에서는 과업을 거의 완료하는 수준에 이르는 것도 사용자에게 가치 있는 일로 여겨질 수 있는 것이다. 또한 어떤 사용자가 과업에 실패한 이유 또는 사용자에게 도움이 필요한 특정 과업이 무엇인지 알게 된다면 도움이 된다.

완료할 수 없는 과업들을 포함해야 할까?

흥미로운 질문은 사용성 연구에 테스트 중인 제품을 사용해 수행할 수 없는 과업을 포함해야 하는지 여부이다. 추리 소설만 취급하는 온라인 서점을 테스트한다고 가정해 보겠다. 공상과학소설처럼 해당 서점에서 취급하지 않는 책을 찾는 과업을 포함하는 게 적절할까? 연구 목표 중 하나가 사용자가 매장에서 취급하지 않는 책을 얼마나 잘 판단할 수 있는지 확인하는 거라면 의미가 있을 수 있다. 하지만 현실적으로는 새로운 웹사이트를 방문했을 때 그 사이트에서 할 수 있는 일과 할 수 없는 일을 모두 한눈에 알기는 어렵다. 물론 잘 디자인된 사이트는 사이트에서 할 수 있는 일뿐만 아니라 할 수 없는 일도 명확하게 보여준다. 그러나 사용성 연구에서 특정 과업이 제시되면 그 과업은 수행할 수 있다는 암시로 비춰질 것이다. 따라서 연구에서 수행할 수 없는 과업을 포함한다면, 어떤 과업은 불가능할 수 있다는 점을 미리 분명히 알려야 한다.

성공 수준에 대한 데이터를 수집하고 측정하는 방법

성공 수준 데이터를 수집하고 측정하는 것은 다양한 수준을 정의해야 한다는 점을 제외하면, 이원적 성공 데이터와 매우 유사하다. 성공 수준을 측정할 때는 다음 두 가지 측면을 고려해야 한다.

- 성공 수준은 과업을 완료한 사용자의 경험을 기반으로 한다. 어떤 사용자는 어려움을 겪거나 도움이 필요할 수 있는 반면, 어떤 사용자는 아무런 어려움 없이 과업을 완료할 수 있다.
- 성공 수준은 사용자가 과업을 수행하는 여러 방식에 따라 달라질 수 있다. 어떤 사용자는 최적의 방식으로 과업을 완료하는 반면 어떤 사용자는 그렇지 못한 방식으로 과업을 완료한다.

사용자가 과업을 완료하는 정도에 따른 성공 수준은 일반적으로 3~6단계로 나뉜다. 자주 사용되는 방식은 완전 성공complete success, 부분 성공partial success, 완전 실패complete failure의 세 가지 수준을 사용하는 것이다.

성공 수준 데이터는 이원적 성공 데이터만큼이나 쉽게 수집하고 측정할 수 있다. 먼저 '완전 성공'과 '완전 실패'의 의미를 정의한다. 그리고 그 사이의 모든 값은 부분 성공으로 간주한다. 이 3단계 레벨보다 세분화된 접근 방식은 과업 도중 도움을 받았는지 여부에 따라 각 수준을 구분하는 것이다. 다음은 여섯 가지 완료 수준의 예이다.

- 완전 성공
  - 도움 있음
  - 도움 없음
- 부분 성공
  - 도움 있음
  - 도움 없음
- 실패
  - 사용자는 완료했다고 생각하지만 완료되지 않았음
  - 사용자가 포기함

성공 수준에 대한 데이터를 수집하기로 결정했다면 사전에 수준을 명확하게 정의하는 것이 중요하다. 또한 여러 관찰자가 각 과업의 수준을 독립적으로 평가한 후 함께 합의하는 방법도 고려해 보라.

성공 수준을 측정할 때 흔히 발생하는 문제는 무엇이 참가자에게 '도움을 주는 것'에 해당하는지 정함으로써 해결할 수 있다. 다음은 도움을 주는 것으로 정의되는 몇 가지 상황 예시이다.

- 모더레이터가 참가자를 홈페이지로 돌아가도록 안내하거나 과업 전 상태로 다시 초기화 ^{reset}시킨다. 이런 형태의 도움은 참가자의 방향을 재설정하고 처음에 혼란을 야기한 특정 행동을 피하도록 만드는 데 도움이 된다.
- 모더레이터는 참가자에게 상황을 확인하기 위한 질문을 하거나 과업을 다시 설명한다. 이를 통해 사용자는 자신의 행동이나 선택에 대해 다른 방식으로 생각하도록 유도된다.
- 모더레이터는 질문에 답변하거나 참가자가 과업을 완료하는 데 도움이 되는 정보를 제공한다.
- 참여자가 스스로 과업을 하지 않고 외부에 도움을 구한다. 참가자는 서비스 상담원에게 전화를 걸거나 다른 웹사이트를 찾아보거나 사용 설명서를 참조하거나, 온라인 도움말 시스템을 이용한다.

성공 수준은 사용자 경험 측면에서도 살펴볼 수 있다. 흔히 어떤 과업은 아무런 어려움 없이 완료되는 반면 어떤 과업은 그 과정에서 사소하거나 큰 문제를 겪으면서 완료되는 것을 본다. 이런 서로 다른 경험을 구분하는 것이 중요하다. 각 과업에 대해 4점 평가 방법$^{four\text{-}point\ scoring\ method}$을 적용할 수 있다.

> 1 = 문제 없음. 사용자는 아무런 어려움 없이 효율적인 방식으로 과업을 성공적으로 완료했다.
> 2 = 사소한 문제. 사용자는 과업을 성공적으로 완료했지만 약간 우회했다. 한두 가지 작은 실수를 했지만 빠르게 회복해 성공적으로 완료했다.
> 3 = 중대한 문제. 사용자는 과업을 성공적으로 완료했지만 큰 문제가 발생했다. 과업을 성공적으로 완료하는 데 어려움을 겪었고 크게 우회했다.
> 4 = 실패/포기. 사용자는 잘못된 답변을 했거나 과업 완료 전에 포기했다. 또는 사용자가 성공적으로 완료하기 전에 모더레이터가 다음 과업으로 이동했다.

이 점수 시스템을 사용할 때에는 이 데이터가 순서형^{ordinal}이라는 점을 기억하는 것이 중요하다(2장 참조). 따라서 평균을 보고해서는 안 된다. 대신 각 완료 수준에 대한 빈도 데이터를 제시하라. 이 점수 시스템은 비교적 사용하기 쉬우며, 같은 상호작용을 관찰하는 여러 사용성 전문가가 다양한 수준에 대해 일치하는 의견을 내고 실행하기 때문에 적용 가능하다. 또한 필요한 경우 데이터를 이원적 성공률로 변환해 집계할 수 있다. 마지막으로, 이 점수 시스템은 일반적으로 청중에게 설명하기 쉽다. 디자인 개선을 위해 수준 3과 4에 집중하는 것도 도움이 되며, 보통 1과 2에 대해서는 걱정할 필요가 없다.

성공 수준을 분석하고 제시하는 방법

성공 수준 분석의 첫 번째 단계는 누적 막대 차트를 만드는 것이다. 이 차트는 실패를 포함해 각 카테고리 또는 수준에 해당하는 사용자의 비율을 보여준다. 막대의 합이 100%가 되는지 확인하라. 그림 4.3은 성공 수준을 표현하는 일반적인 방법을 보여준다.

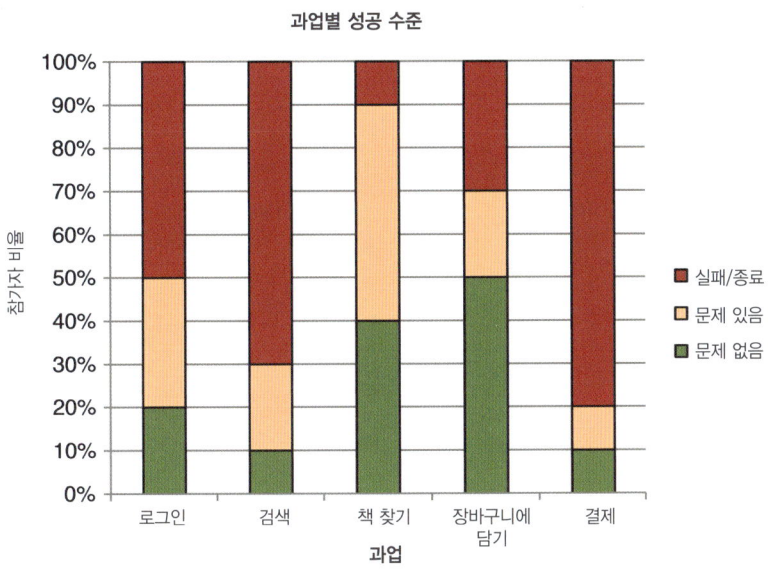

그림 4.3 과업 완료에 대한 다양한 성공 수준을 보여주는 누적 막대 차트

4.1.3 성공 측정의 문제

과업의 성공을 측정하는 데 있어 중요한 문제는 과업이 성공했는지 여부를 어떻게 정의할 것인가 하는 것이다. 핵심은 각 과업을 성공적으로 완료하기 위한 기준이 무엇인지 미리 명확하게 정의하는 것이다. 각 과업에 대해 발생할 수 있는 다양한 상황을 생각해 보고 그 상황이 성공인지 여부를 결정하자. 예를 들어 사용자가 올바른 답을 찾았지만 잘못된 형식으로 보고하면 이건 과업이 성공한 것일까? 또한 사용자가 정답을 보고했지만 다시 잘못 말한다면 어떻게 될까? 테스트 도중 예상

치 못한 상황이 발생하면 기록하고, 나중에 관찰자들 간에 이런 사례를 어떻게 처리할지 합의하도록 하자.

사용성 평가 중에 흔히 발생하는 이슈 가운데 하나는 사용자가 과업에 성공하지 못한 경우 과업을 언제, 어떻게 종료해야 하는가 하는 문제이다. 본질적으로 이건 실패한 과업에 대한 '중지 규칙 stopping rule'이다. 실패한 과업을 종료하는 몇 가지 일반적인 원칙은 다음과 같다.

1. 세션이 시작될 때 사용자에게 각 과업을 완료하거나 또는 포기하거나 도움을 요청하기 전까지는(기술 지원, 동료의 도움 등) 계속 과업을 수행해야 한다고 안내한다.
2. '삼진 아웃' 규칙을 적용한다. 즉, 사용자가 과업을 완료하기 위해 세 번의 시도 기회(또는 얼마든, 여러분이 정한 횟수)를 갖는다는 것을 의미한다. 이 횟수가 끝나면 여러분은 사용자의 과업을 중단시킨다. 이 접근 방식의 가장 큰 어려움은 '시도'의 의미를 정의하는 것이다. 특정 정보를 찾는 데 있어, 세 가지 다른 전략, 세 가지 오답, 세 가지 '우회'적 방법이 시도될 수 있다. 여러분이 어떻게 정의하든, 모더레이터 또는 관찰자에겐 자율적으로 판단할 수 있는 상당한 재량권이 주어진다.
3. 사전에 정의된 시간이 경과하면 과업을 중단한다. 예를 들어 '5분'과 같이 시간 제한을 설정한다. 시간이 만료되면 다음 과업으로 넘어간다. 사용자에게 타이머를 재고 있다고 말하지 않는 것이 좋다. 말하면 스트레스가 많은 '테스트를 받는 것 같은' 환경이 조성된다.

사용성 테스트에서는 항상 사용자의 상태를 주의 깊게 살펴야 하며, 사용자가 특히 좌절하거나 불안해하면 과업을 (또는 세션까지) 종료할 수도 있다.

4.2 과업 시간

과업 소요 시간$^{\text{time-on-task}}$(과업 완료 시간$^{\text{task completion time}}$, 또는 간단히 과업 시간$^{\text{task time}}$이라고도 함)은 제품의 효율을 측정하는 좋은 방법이다. 대부분의 상황에서 사용자는 과업을 더 빨리 완료할수록 더 나은 경험을 한다. 실제로 사용자가 과업이 예상보다 시간이 덜 걸렸다고 불평하는 경우는 매우 드물다. 하지만 빠를수록 좋다는 가정에는 몇 가지 예외가 있다. 하나는 사용자가 너무 빨리 끝내고 싶어 하지 않는 게임이다. 대부분의 게임의 주요 목적은 과업을 빠르게 완료하는 것보다는 경험 자체다. 또 다른 예외는 e-러닝이다. 예를 들어 온라인 교육 과정을 만드는 경우 시간적 완급을 조절할 수 있어야 더 좋은 효과를 낼 수 있다. 사용자가 교육을 받으면서 서두르지 않고 더 많은 시간을 들여 과업을 완료한다면 더 많은 것을 얻어 갈 것이다.

> **과업 소요 시간과 세션 기간 비교**
>
> 일반적으로 과업 소요 시간이 빠를수록 좋다는 우리의 주장은 페이지 조회 수 또는 세션 기간(session duration)이 길었으면 하는 웹 분석의 관점과는 상충되는 것처럼 보인다. 웹 분석 관점에서 볼 때 페이지 조회 시간(각 사용자가 각 페이지를 보는 시간)과 세션 시간(각 사용자가 사이트에 머무는 시간)은 일반적으로 길면 길수록 좋다고 간주된다. 이런 생각은 사이트에 대한 '참여도(engagement)'가 높거나 사이트가 '더 끈끈한(stickier, 사용자가 더 오래 머물게 만드는)' 것으로 간주된다는 주장이다. 우리의 주장이 이런 관점과 상충되는 것처럼 보이는 이유 중 하나는 우리가 그 의견에 동의하지 않기 때문일 것이다. 세션과 페이지 조회 시간은 사용자가 아닌 사이트 소유자의 관점에서 측정된 지표의 예이다. 사용자는 사이트에서 더 많은 시간을 보내는 것이 아니라 적은 시간을 보내기를 원한다. 이 두 관점을 어떻게 연계해 봐야 할까? 사이트의 목표는 사용자가 피상적인 과업이 아닌 더욱 심층적이거나 복잡한 과업을 수행하도록 유도하는 것일 수 있다(예: 간단한 잔액 확인이 아닌, 재무 포트폴리오 재조정 같은). 복잡한 과업은 대체로 피상적 과업보다 사이트에 머무는 시간이 길고 과업 시간도 오래 걸린다.

4.2.1 과업 소요 시간 측정의 중요성

과업 소요 시간은 사용자가 반복적으로 과업을 수행하는 제품인 경우 특히 중요하다. 예를 들어 항공사의 고객 서비스 담당자가 사용하는 애플리케이션을 디자인하는 경우 전화 예약을 완료하는 데 걸리는 시간은 효율성을 측정하는 중요한 척도가 된다. 항공사 상담원이 더 빨리 예약을 완료할수록 더 많은 통화를 처리할 수 있고 궁극적으로 항공사가 많은 비용을 절감할 수 있다. 동일한 사용자가 자주 과업을 수행할수록 효율성은 더욱 중요해진다. 과업 시간 측정의 부수적 이점은 효율성 증가로 인한 비용 절감액을 계산한 다음 ROI$^{Return\ On\ Investment,\ 투자자본수익률}$를 도출하는 것이 비교적 간단하다는 것이다. ROI 계산에 대해서는 10장에서 자세히 설명한다.

4.2.2 과업 소요 시간을 수집하고 측정하는 방법

과업 소요 시간은 과업 시작부터 종료까지 경과된 시간으로, 일반적으로 분과 초 단위로 표시된다. 과업 소요 시간은 여러 가지 방법으로 측정할 수 있다. 모더레이터 또는 기록자는 스톱워치를 사용하거나 분초$^{minute\ and\ second}$ 단위로 측정할 수 있는 시간 기록 장치를 사용할 수 있다. 디지털 시계 또는 스마트폰 애플리케이션을 사용해서 시작 시간과 종료 시간을 간단히 기록할 수도 있다. 사용성 세션을 비디오로 녹화할 때 대부분의 녹화 기기의 타임스탬프 기능을 사용해 시간을 표시한 다음 해당 시간을 과업 시작과 종료 시간으로 표시하는 방법도 유용하다. 과업 시간을 수동으로 기록하기로 한 경우 성실하게 스톱워치를 시작하고 멈추고 하면서, 시작 시점과 중지 시점을 기록하는 것이 중요하다. 두 사람이 시간을 기록하게 하는 것도 도움이 된다.

과업 소요 시간 측정을 위한 자동화 도구

과업 시간을 기록하는 데 훨씬 쉽고 오류가 적은 방법은 자동화된 도구를 사용하는 것이다. 과업 시간을 기록하는 도구들을 다음과 같이 소개한다.

- 놀더스 인포메이션 테크놀로지(Noldus Information Technology)의 옵저버 XT(Observer XT)
- 오보 스튜디오(Ovo Studios)의 오보 로고(Ovo Logger)
- 테크스미스(TechSmith)의 모래(Morae)
- 유저포커스(UserFocus)의 사용성 테스트 데이터 로거(Usability Test Data Logger)

우리의 웹사이트인 MeasurementUX.com에도 시작 시간과 종료 시간을 기록하는 데 사용할 수 있는 마이크로소프트 워드(Microsoft Word)용 간단한 매크로를 제공한다. 기록 자동화 도구는 여러 장점이 있다. 오류 발생 가능성이 적을 뿐만 아니라 눈에 덜 띈다. 여러분은 사용성 테스트 참가자가 스톱워치 또는 스마트폰의 시작 버튼, 중지 버튼을 누르는 것을 보고 긴장하기를 바라지 않을 것이다.

스톱워치 켜고 끄기

시간을 측정하는 방법도 필요하지만 시간을 측정하는 방법에 대한 규칙도 필요하다. 가장 중요한 규칙은 스톱워치를 언제 켜고 끌지 정하는 것이다. 스톱워치를 켜는 것은 매우 간단하다. 참가자에게 수행해야 할 과제를 소리 내어 읽게 한 후, 참가자가 과제를 다 읽자마자 스톱워치를 시작하면 된다.

반면 스톱워치를 끄는 것은 좀 더 복잡한 문제이다. 자동화된 시간 관리 도구에는 일반적으로 '답변하기^{answer}' 버튼이 있다. 사용자는 시간이 종료되는 시점에 '답변하기' 버튼을 누르고 답변하도록 요청받는다. 그리고 이어서 몇 가지 추가 질문이 전달된다. 여러분이 자동화된 도구를 사용하지 않는 경우에는 사용자가 구두로 답변하거나 텍스트로 적게 할 수도 있다. 그러나 사용자가 답을 찾았는지 확신하기 어려운 상황이 종종 발생한다. 이러한 상황에서는 참가자가 가능한 한 빨리 답을 하게 만드는 것이 중요하다. 어떠한 경우이든 여러분은 사용자가 제품과의 상호작용을 중단했다고 판단되는 시점에 시간 측정을 멈추고 싶을 것이다.

시간 데이터를 표로 만들기

여러분이 가장 먼저 해야 할 일은 표 4.2에 보여지는 것처럼 데이터를 표로 정리하는 것이다. 일반적으로 첫 번째 열에는 모든 참가자 목록을, 나머지 열에는 각 과업의 시간 데이터를 배치한다(초 단위로 표시, 과업이 긴 경우 분 단위로 표시). 표 4.2는 각 과업에 대한 평균, 중앙값, 기하 평균, 신뢰구간을 포함한 요약 데이터도 담고 있다.

표 4.2 사용자 20명의 다섯 가지 과업별 과업 시간 데이터

참가자	과업 1	과업 2	과업 3	과업 4	과업 5
참가자 1	259	112	135	58	8
참가자 2	253	64	278	160	22
참가자 3	42	51	60	57	26
참가자 4	38	108	115	146	26
참가자 5	33	142	66	47	38
참가자 6	33	54	261	26	42
참가자 7	36	152	53	22	44
참가자 8	112	65	171	133	46
참가자 9	29	92	147	56	56
참가자 10	158	113	136	83	64
참가자 11	24	69	119	25	68
참가자 12	108	50	145	15	75
참가자 13	110	128	97	97	78
참가자 14	37	66	105	83	83
참가자 15	116	78	40	163	100
참가자 16	129	152	67	168	109
참가자 17	31	51	51	119	116
참가자 18	33	97	44	81	127

참가자 19	75	124	286	103	236
참가자 20	76	62	108	185	245
평균	86.6	91.5	124.2	91.35	80.3
중앙값	58.5	85	111.5	83	66
기하평균	65.216	85.225	104.971	73.196	60.323
상한선	119.8	108.0	159.5	116.6	110.2
하한선	53.4	75.0	66.1	66.1	50.4
신뢰구간	33.2	16.5	25.2	25.2	29.9

> **엑셀에서 시간 데이터 작업하기**
>
> 사용성 테스트 중에 엑셀을 사용해 데이터를 기록하는 경우 시, 분, (때로는) 초 단위의 시간 형식을 사용하는 것이 편리할 때가 많다(hh:mm:ss). 엑셀은 시간 데이터에 대한 다양한 형식을 제공한다. 하지만 시간을 입력하기는 쉽지만 경과 시간을 계산할 때는 약간 복잡하다. 과업이 오후12시 46분에 시작돼 오후1시 4분에 끝났다고 가정해 보겠다. 우리는 이 시간을 보고 경과 시간이 18분이라는 것을 금방 알 수 있지만, 엑셀에서 이 시간을 계산하는 방법이 간단하지 않다. 엑셀은 모든 시간을 자정 이후 경과된 시간을 반영하는 숫자(초 단위)로 저장한다. 따라서 엑셀에서 시간을 분으로 변환하려면 60을 곱한 다음(1시간=60분) 24를 곱한다(1일=24시간). 초로 변환하려면 60을 또 곱한다(1분=60초).

4.2.3 과업 소요 시간 데이터를 분석하고 제시하기

많은 방법으로 과업 소요 시간 데이터를 분석하고 제시할 수 있다. 가장 일반적인 방법은 과업별로 각 사용자의 모든 시간을 평균함으로써, 특정 과업 또는 과업군에 소요된 평균 시간을 살펴보는 것이다(그림 4.4). 이것은 과업 소요 시간 데이터를 보고하는 간단하면서도 직관적인 방법이다. 한 가지 단점은 사용자 간에 변동성이 잠재돼 있다는 것이다. 예를 들어 과업을 완료하는 데 지나치게 오랜 시간이 걸린 사용자가 여러 명 있다면 평균이 상당히 높아질 수 있다. 따라서 시간 데이터의 변동성을 보여주는 신뢰구간을 항상 표시해야 한다. 그렇게 하면 동일한 과업 내의 변동성을 보여줄 뿐만 아니라 과업 간의 차이를 시각화해 과업 간에 통계적으로 유의미한 차이가 있는지 판단하는 데에도 도움이 된다.

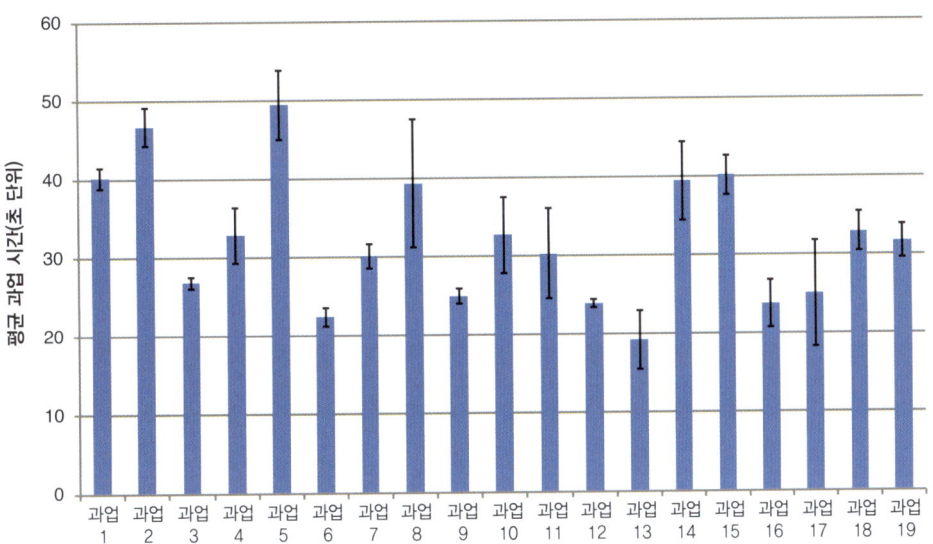

그림 4.4 19개 과업의 평균 과업 시간. 오차 막대는 90% 신뢰구간을 나타낸다. 이 데이터는 프로토타입 웹사이트에 대한 온라인 조사에서 얻은 것이다.

어떤 UX 리서처들은 평균^{mean}보다는 중앙값^{median}을 사용해 과업 소요 시간 데이터를 요약하는 것을 선호한다. 중앙값은 모든 시간을 정렬한 목록에서 중간 지점이다. 절반의 시간은 중앙값보다 낮고 나머지 절반은 중앙값보다 높다. 마찬가지로 어떤 연구자들은 기하평균$^{geometric\ means}$이 편향이 덜하다고 주장한다. 시간 데이터는 일반적으로 왜곡돼 있으며, 이 경우 기하평균이 더 적절할 수 있다. 이 값들은 엑셀에서 '=MEDIAN' 또는 '=GEOMEAN' 함수로 계산한다. 실제로 이 방법으로 시간 데이터를 요약하면 시간의 전체 수준은 달라질 수 있지만 관심 패턴(예: 과업 간 비교)은 대체로 동일하게 유지된다. 예를 들어 특정 과업들이 여전히 전반적으로 가장 오래 걸리거나 가장 짧은 시간이 걸리는 것으로 나타난다.

범위

과업별 평균 완료 시간을 계산하는 또 다른 방법은 범위^{range}별 빈도, 즉, 각개의 시간 간격을 만들고 각 시간 간격에 속하는 사용자 빈도를 보고하는 것이다. 이 방법은 모든 사용자의 완료 시간 분포를 시각화하는 데 유용하다. 또한 이 방법은 특정 세그먼트에 속하는 사용자 유형의 패턴을 찾는 데에 유용할 수 있다. 예를 들어 완료 시간이 특히 긴 사용자에게 초점을 맞춰 공통된 특징이 있는지 살펴보는 것이다.

임곗값

과업 시간 데이터를 분석하기에 유용한 또 다른 방법은 임곗값^{thresholds}을 사용하는 것이다. 많은 상황에서 중요한 것은 사용자가 허용 시간 내에 특정 과업을 완료할 수 있는지 여부이다. 여러 면에서 평균은 중요도가 낮다. 주요 목표는 과업을 완료하는 데 과도한 시간이 필요한 사용자 수를 최소화하는 것이다. 따라서 이때 중요한 이슈는 주어진 과업에 대한 임곗값을 정하는 것이다. 한 가지 방법은 과업을 직접 수행하면서 시간을 기록한 다음 그 수치를 두 배로 늘려 잡는 것이다. 또는 제품 팀과 함께 검토해 경쟁사 데이터를 감안하거나 최선의 추측을 바탕으로 각 과업에 대한 임곗값을 설정할 수도 있다. 임곗값을 설정한 후에는 그림 4.5에 나타난 것처럼 임곗값보다 높거나 낮은 사용자 비율을 계산해 그래프를 그리면 된다.

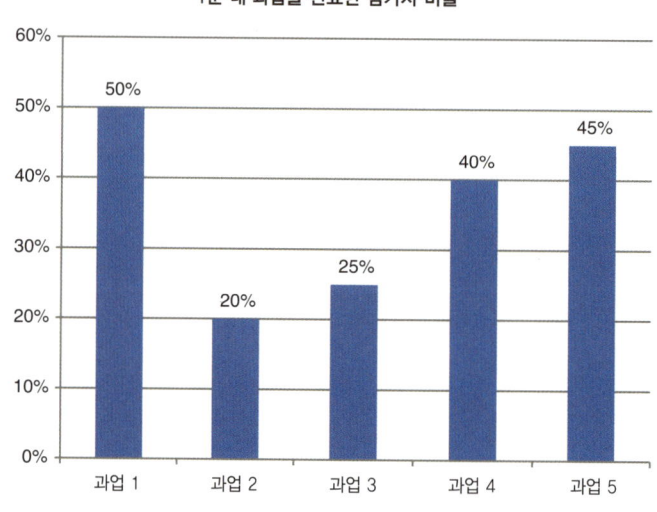

그림 4.5 1분 내 각 과업을 완료한 사용자의 비율을 보여주는 예

분포와 이상값

시간 데이터를 분석할 때는 분포^{distribution}를 살펴보는 것이 중요하다. (모더레이터 없이) 자동화된 도구로 수집된 과업 소요 시간 데이터의 경우 특히 그렇다. 참가자들은 과업 도중 전화를 받거나

심지어 점심을 먹으러 나갈 수도 있다. 평균을 계산할 때 불과 15~20초면 가능할 과업을 2시간이나 걸린 과업 시간 데이터가 있다면? 이 데이터를 계산에 포함하는 것은 절대 바람직하지 않다! 분석 과정에서 이상값outlier을 제외하는 것은 전적으로 허용되며 이를 식별하는 많은 통계 기법이 존재한다. 때로는 평균보다 표준편차가 두세 배 이상 높은 경우는 제외하기도 한다. 또는 사용자가 과업을 완료하는 데 x초 이상 걸리지 않아야 한다는 사실을 전제로 임곗값을 설정하기도 한다. 이상치를 제외하기 위해 임의의 임곗값을 사용하기 위해서는 어느 정도 근거와 논리가 있어야 한다.

예를 들어 그림 4.6에 표시된 시간 데이터를 살펴보자. 이 데이터는 298명의 참가자가 참여한 온라인 연구에서 한 과업을 수행한 실제 시간 데이터이다(엑셀에서 시간의 단일 열을 선택한 다음 산점도scatter plot를 선택하면, 이런 산점도를 만들 수 있다. 엑셀은 행을 자동으로 X축에 표시할 데이터로 처리한다). 이 그래프를 보면 대부분의 값은 500초 미만인데 2000초가 넘는 극단적인 이상값이 하나 있다는 것을 알 수 있다. 하지만 이 이상값 외에 이상값이 더 있는가? 시간의 평균은 115초이고 표준편차는 145이다. 평균에 표준편차 세 배를 더한 보수적인 임곗값인 550초를 기준으로 살펴보면 더 이상의 이상값은 없다. 따라서 2081초인 하나의 극단적인 값은 분석에서 제외한다.

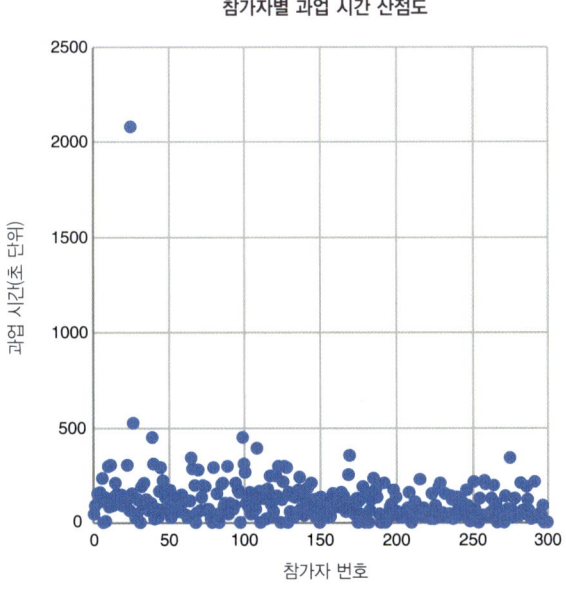

그림 4.6 온라인 연구에서 298명의 참가자가 한 과업을 수행한 소요 시간 데이터의 산점도. 시간 데이터 중 한 건이 명백한 이상값으로 보인다.

이상값을 파악하고 제거하는 또 다른 방법은 사분위수 범위를 토대로 데이터를 살펴보는 것이다. 계산은 간단하며 다음 사항들을 차근차근히 수행하면 된다.

- 사분위수(25%, 50%, 75%)를 계산한다. 엑셀에서는 'Quartile^{사분위수}' 기능을 사용해 사분위수를 계산할 수 있다.
- 다음으로, 첫 번째 사분위수(25%)와 세 번째 사분위수(75%) 간의 차이를 계산한다. 이 수치가 사분위수 범위^{interquartile range}이다.
- 다음으로, 사분위수 범위에 1.5를 곱한다.
- 세 번째 사분위수(75% 사분위수)에 위 숫자를 더한다. 이 값이 상위 수준의 이상치 구분점^{cut-off point}이다. 하위 수준도 동일한 방법을 사용해 이상치 구분점을 구할 수 있다.

그림 4.6의 데이터에 사분위수 방법을 적용해보면 318초를 초과하는 모든 데이터 포인트는 이상값으로 간주될 수 있다.

한편 이와 반대로 참가자들이 비정상적으로 짧은 시간에 과업을 완료하는 사례가 온라인 연구에서 실제로 흔하게 나타난다. 어떤 참가자는 너무 서두르거나 보상에만 관심이 있어서 가능한 한 빨리 진행하려 한다. 대개 시간 데이터를 통해 이런 참가자를 파악하기는 매우 쉽다. 각 과업에 대해, 과업을 수행할 수 있는 최소 소요 시간을 정한다. 이 시간은 완벽한 지식과 최적의 효율성을 갖춘 사람이 과업을 완료하는 데 걸리는 최소 시간이다. 예를 들어 제품의 고급 사용자가 8초 이내에 과업을 완료하기 어렵다면, 일반 사용자가 이보다 더 빨리 과업을 완료할 가능성은 거의 없다. 수용 가능한 최소 시간을 설정한 후에는 이 최소 시간보다 짧게 걸린 사례를 식별하는데, 이 데이터는 시간뿐만 아니라 전체 과업에 관한 데이터(과업 성공, 주관적 평가 같은 다른 데이터 포함)도 제거할 만하다. 이때 그렇지 않다는 증거를 찾을 수 없는 한, 시간은 참가자가 과업에 적절한 시도를 하지 않았다는 징후이다. 참가자가 여러 과업에 대해 이런 행동을 보였다면 그 참가자를 탈락시키는 것을 고려해야 한다. 온라인 연구 참가자 중 5%에서 10% 정도는 보상만을 위해 연구에 참여하는 것으로 예상할 수 있다.

그림 4.6과 동일한 시간 샘플 데이터를 사용해 그림 4.7 그래프를 그렸다. 이 그래프는 그림 4.6과 동일한 데이터를 표시하지만 100초 이하의 시간만 표시되도록 y축이 잘려 있다. 즉, 하위 데이터 포인트만 볼 수 있도록 만들어진 것이다. 이 그래프를 보면 데이터에 약 10~18초 사이에도 '차이'

가 있음을 알 수 있다. 그리고 10초도 채 걸리지 않은 참가자들의 패턴에서 실제로 과업을 시도하지 않고 '부정 행위'를 했을 가능성이 높다는 것을 알 수 있다. 이 징후는 해당 참가자들의 과업 성공 데이터도 함께 확인해 성공하지 못했을 가능성이 높다는 점을 추가로 검증할 수 있다. 그런 경우라면 이 참가자들은 분석에서 제외될 것이다. 이 사례에서는 하위권에 해당하는 참가자 23명(전체 참가자의 8%)가 여기에 해당된다.

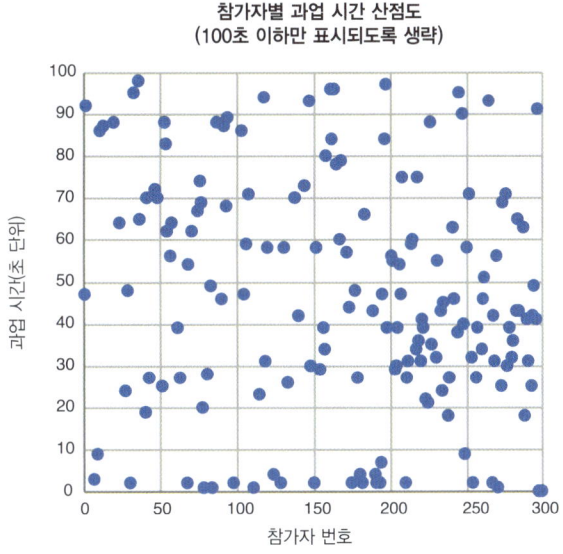

그림 4.7 100초 미만의 참가자들의 과업 시간을 보여주는 시간 데이터 산점도. 리서처는 이 산점도를 통해 아래쪽(소요 시간이 짧은 쪽)에 잠재된 불량 데이터 포인트를 신속하게 파악할 수 있다.

4.2.4 시간 데이터 활용 시 고려 사항

시간 데이터를 분석할 때에는 모든 과업을 살펴볼 것인지 아니면 성공한 과업만 볼 것인지, 사고 구술법[1]을 사용하면 어떤 영향이 있는지, 테스트 참가자에게 시간이 측정되고 있음을 알릴 것인지 등 여러 사항을 고민해야 한다.

성공한 과업만? 아니면 모든 과업을?

가장 먼저 고려해야 할 것은 분석에 성공한 과업의 시간만 포함해야 할지, 아니면 모든 과업의 시

---

1 Think-aloud protocol: 과제를 수행하는 동안 참가자가 자신의 생각과 행동을 소리 내어 말하는 방법을 뜻한다. – 옮긴이

간을 포함할지 여부이다. 성공한 과업만 포함할 때의 가장 큰 이점은 효율을 더욱 명확하게 측정할 수 있다는 것이다(실패한 과업의 시간 데이터로는 효율을 추정하기가 무척 어렵다). 어떤 사용자는 실제로 컴퓨터의 플러그를 뽑을 때까지 끈질기게 시도할 것이다. 하지만 참가자가 포기하거나 모더레이터가 중지시켜 끝나는 과업은 매우 들쭉날쭉 변동이 심한 시간 데이터를 만들어낸다.

한편 성공 여부와 관계없이 모든 과업에 대한 시간 데이터를 분석할 때의 가장 큰 이점은 전반적인 사용자 경험을 좀 더 정확하게 반영한다는 점이다. 이를테면 소수의 사용자만 과업에 성공했고 그 특정 그룹에게만 매우 효율적이었다면 전체 과업 소요 시간은 낮을 것이다. 하지만 성공한 과업만 분석할 경우 과업 소요 시간 데이터를 잘못 해석하기 쉽다. 모든 과업에 대한 시간 데이터를 분석하는 또 다른 이점은 과업 성공 데이터에 상관없는, 독립적인 측정 척도로 볼 수 있다는 점이다. 성공한 과업의 시간 데이터만 분석하면 두 데이터 세트 간에 종속성^{dependency}이 발생하게 되기 때문이다.

참가자가 성공하지 못한 과업을 언제 포기할지 정하도록 했다면 모든 시간 데이터를 분석에 포함해야 한다. 반면 조사에서 모더레이터가 성공하지 못한 과업을 언제 종료시킬지 정했다면 성공한 과업의 시간 데이터만 사용하라.

실시간 사고 구술법

조사에서 고려해야 할 또 다른 중요한 문제는 시간 데이터를 수집할 때 실시간 사고 구술법$^{concurrent\ think-aloud\ protocol}$을 사용할지 여부다. 대부분의 UX 리서처들은 사용자 경험에 대한 주요 인사이트를 얻기 위한 방법으로 사고 구술법에 크게 의존한다. 하지만 때때로 사고 구술법은 주제와 별로 관계가 없는 이야기 또는 모더레이터와의 길고 불필요한 상호작용으로 이어진다. 여러분은 참가자가 빠른 웹페이지 로딩의 중요성에 대해 10분간 장황하게 설명하는 동안 기다리면서 과업 소요 시간을 측정하고 싶진 않을 것이다. 과업 소요 시간을 측정하면서 동시에 사고 구술법을 사용하려는 경우, 좋은 해결책은 참가자에게 과업 도중 긴 코멘트는 잠시 '기다려 달라'고 요청하는 것이다. 그리고 시간 측정을 완료한 후에 방금 완료된 과업에 대해 참가자와 대화를 나누도록 한다.

회고적 사고 구술법

회고적 사고 구술법(RTA, Retrospective Think-Aloud)은 많은 사용성 전문가에게 인기를 얻고 있는 기법이다(Birns Joffre, Leclerc, & Paulsen, 2002; Guan, Lee, Cuddihy, Ramey, 2006; Petrie & Precious, 2010). 이 방법을 사용하면 참가자는 테스트 대상 제품과 상호작용하는 동안 말을 하지 않는다. 그리고 모든 과업이 끝나면 세션 중에 수행한 과업에 대해 상기하면서 상호작용의 다양한 지점에서 자신이 무엇을 생각하거나 수행했는지 설명하도록 요청받는다. 사용자에게 과업을 상기시키기 위해 화면 비디오를 재생하거나(사용자 관점의 카메라 뷰), 또는 사용자가 무엇을 보고 있었는지 보여주는 시선 추적 영상을 재생하는 등 여러 가지 조치를 취할 수 있다. 이 기법은 가장 정확한 과업 시간 데이터를 얻을 수 있다. 어떤 연구에 따르면 실시간 사고 구술법은 인지적 부하가 증가하기 때문에 참가자의 과업 성공률을 낮춘다고 한다. 예를 들어 반 덴 하크, 데 종, 셸렌스는 도서관 웹사이트 사용성 연구에서 참가자들이 실시간 사고 구술법으로 구술할 때는 과업의 37%만 성공했지만, 회고적 사고 구술법으로 구술할 때는 47%의 성공률을 보였다는 사실을 발견했다(van den Haak, de Jong, Schellens, 2004). 반면 의사 데이터 쿼리 도구(physician data query tool)를 연구한 푸트, 카이저, 야스퍼스는 실시간 사고 구술법이 회고적 사고 구술법보다 사용성 문제를 감지하는 데에는 훨씬 효과적이라는 사실을 발견했다(Peute, Keizer and Jaspers, 2015).

참가자에게 시간을 측정한다는 사실에 대해 알려야 할까?

참가자에게 시간을 기록 중이라는 사실을 알릴 것인지 결정해야 한다. 알리지 않으면 참가자는 효율적인 방식으로 행동하지 않을 수도 있다. 참가자가 과업 중에 웹사이트의 다른 부분을 탐색하는 건 드문 일이 아니다. 반대로 시간이 정해져 있다고 알려주면 참가자는 긴장해 테스트 대상이 제품이 아니라 본인이라고 느낄 수 있다. 좋은 절충안은 참가자에게 명시적으로 시간을 측정하고 있다고 알리지는 말고 과업을 가능한 한 빠르고 정확하게 수행하도록 요청하는 것이다. 참가자가 물어보는 경우에만 (이런 경우는 거의 없지만) 각 과업의 시작 시간과 종료 시간을 기록하고 있다고 간단히 설명하는 것이다.

4.3 오류

어떤 UX 전문가는 오류^{error}와 사용성 문제$^{usability\ issue}$가 본질적으로 같다고 생각한다. 그러나 분명 관련이 있지만 실제로는 상당히 다르다. 사용성 문제는 문제의 근본 원인인 반면, 오류는 문제의 결과일 수 있다. 일례로 사용자가 전자상거래 웹사이트에서 구매를 완료하는 데 문제가 있는 경우, 제품 레이블이 혼동되는 것은 문제(또는 문제의 원인)이고, 오류(문제의 결과)는 구매하려는 제품에 대해 잘못된 옵션을 선택하는 행위이다. 기본적으로 오류는 과업 실패로 이어질 수 있는 잘못된 행동을 의미한다.

4.3.1 오류를 측정하는 시점

어떤 상황에서는 사용성 이슈를 문서화하는 것보다 오류를 식별하고 분류하는 것이 도움이 된다. 오류를 측정하는 것은 과업 실패를 초래하는 특정 행동을 이해하고자 할 때 유용하다. 예를 들어 사용자는 웹 페이지에서 주식을 추가 매수하려 했는데, 잘못 눌러 주식을 매도할 수 있다. 또는 사용자가 의료 기기의 버튼을 잘못 눌러 환자에게 잘못된 약을 전달할 수 있다. 두 경우 모두 어떤 오류가 발생했는지 그리고 어떤 디자인 요소가 오류의 빈도를 높이거나 낮추는지 파악하는 것이 중요하다.

오류는 사용자 성능$^{user\ performance}$을 평가하는 데 유용한 방법이다. 합당한 시간 내에 과업을 성공적으로 완료하는 것도 중요하지만 상호작용 중에 발생한 오류 건수도 매우 중요하다. 오류는 얼마나 많은 실수가 발생했는지, 제품과 상호작용하는 동안 어디에서 실수가 발생했는지, 다양한 디자인이 어떻게 서로 다른 빈도와 오류 유형을 유발하는지와 일반적으로 얼마나 사용하기 쉬운지 알려준다.

오류 측정이 모든 상황에 적합한 것은 아니다. 오류 측정이 유용한 세 가지 상황에 대해 소개한다.

1. 오류로 인해 효율성이 크게 저하되는 경우(예: 오류로 인해 데이터가 손실되거나, 사용자가 정보를 다시 입력해야 하거나, 과업 완료 속도가 현저히 느려지는 경우)
2. 오류로 인해 조직 또는 최종 사용자에게 상당한 비용이 추가 발생하는 경우(예: 오류로 인해 고객 지원 팀에 걸려오는 통화량이 증가하거나 제품 반품이 증가하는 경우)
3. 오류로 인해 과업이 실패하는 경우(예: 오류로 인해 환자가 잘못된 약을 받거나, 유권자가 실수로 잘못된 후보자에게 투표하거나, 웹 사용자가 제품을 잘못 구매하게 되는 경우)

4.3.2 무엇이 오류를 만들어내는가?

놀랍게도 오류를 만들어내는 요소에 대해 널리 통용되는 정의는 없다. 다만 분명한 것은 오류가 사용자의 잘못된 행동 유형이라는 것이다. 일반적으로 오류는 사용자가 가장 효율적인 방식으로 과업을 완료하지 못하게 하는 모든 행동을 의미한다. 오류는 다음과 같은 사용자의 여러 행동 유형으로 인해 발생할 수 있다.

- 입력창에 잘못된 데이터를 입력(예: 로그인 시도 중에 잘못된 비밀번호를 입력한 경우)
- 메뉴 또는 드롭다운 목록에서 잘못 선택(예: '수정'을 선택해야 하는데 '삭제'를 선택한 경우)
- 잘못된 일련의 행동을 함(예: 녹화된 TV 프로그램을 재생하려 하는데 홈 미디어 서버를 초기화한 경우)
- 핵심 행동을 하지 못함(예: 웹 페이지의 주요 링크를 클릭하지 못한 경우)

가능한 행동의 범위는 연구 중인 제품(웹사이트, 휴대폰, 미디어 플레이어 등)에 따라 달라진다. 무엇이 오류를 만들어내는지 파악하고자 할 때 먼저 사용자가 제품에서 취할 수 있는 모든 가능한 행동 목록을 작성해 보라. 가능한 모든 행동을 파악한 후에는 제품을 사용해 발생할 수 있는 여러 유형의 오류를 정의할 수 있다.

4.3.3 오류 수집 및 측정

오류를 측정하는 일은 언제나 만만치 않다. 다른 성능 지표와 마찬가지로 올바른 행동이 무엇인지, 경우에 따라 올바른 일련의 행동이 무엇인지 알아야 한다. 예를 들어 비밀번호 재설정 방식을 연구하는 경우 비밀번호를 성공적으로 재설정하기 위한 올바른 행동으로 간주되는 것과 간주되지 않은 것을 알아야 한다. 올바른 행동과 잘못된 행동을 잘 정의할수록 오류를 측정하기가 쉬워진다.

또한 중요하게 고려해야 하는 사항은 주어진 과업에 단 한 번의 오류 기회만 있는지, 아니면 여러 번의 오류 기회가 있는지 여부다. 오류 기회란 기본적으로 실수할 수 있는 기회를 의미한다. 예를 들어 일반적인 로그인 화면의 사용성을 측정하는 경우 사용자 ID를 입력할 때와 비밀번호를 입력할 때 이 두 가지 오류 기회가 발생할 수 있다. 온라인 입력 양식form의 사용성을 측정하는 경우 양식에 있는 입력 필드 수만큼 많은 오류 기회가 있을 수 있다.

경우에 따라 과업에 여러 오류 기회가 있을 수 있지만, 여러분은 그중 하나만 고려하거나, 사용자가 과업을 완료하는 데 중요한 특정 링크를 클릭하는지 여부에만 관심이 있을 수 있다. 페이지의 다른 위치에서도 오류가 발생할 수 있음에도 불구하고 관심 범위를 해당 링크로 좁히는 것이다.

사용자가 링크를 클릭하지 않으면 오류로 간주된다.

오류 데이터를 정리하는 가장 일반적인 방법은 과업별로 분류하는 것이다. 각 과업과 각 사용자의 오류 건수를 간단히 기록하라. 오류가 발생할 기회가 단 한 번이라면, 숫자는 0과 1로 표시된다.

> 0 = 오류 없음
> 1 = 오류 1개

여러 번의 오류가 발생할 수 있다면 숫자는 0에서 최대 오류 기회 개수로 달라진다. 오류 기회가 많을수록 데이터를 표로 작성하기 어렵고 시간도 많이 소요된다. 실험실 연구 중에 사용자를 관찰한다거나 세션이 끝난 후 비디오를 검토하거나 혹은 자동화 도구 또는 온라인 도구로 데이터를 수집해 오류를 셀 수 있다.

가능한 한 모든 오류 기회를 명확하게 정의할 수 있다면 개별 사용자와 과업에 대해 각각의 오류 기회의 존재 여부를 존재(1) 또는 부재(0)로 구분해 보는 것도 또 다른 접근 방식이 될 수 있다. 과업에 대한 이 오류 기회들의 평균은 해당 오류의 발생률을 나타낸다.

4.3.4 오류 분석 및 제시

오류 데이터를 분석하고 제시하는 방식은 과업에 오류 기회가 한 번만 있는지 아니면 여러 번의 오류 기회가 있는지에 따라 다르다.

한 번의 오류 기회만 예상되는 과업

오류 기회가 한 번뿐인 과업의 오류를 분석하는 가장 일반적인 방법은 각 과업의 오류 빈도를 살펴보는 것이다. 이렇게 하면 어떤 과업이 가장 많은 오류와 연관돼 있고, 따라서 어떤 과업이 가장 심각한 사용성 문제를 갖고 있는지 알 수 있다. 이 방식은 다음의 두 가지 방법 중 하나로 해석될 수 있다(서로 약간 다른 형태의 해석 방법임).

- 과업별로 오류 빈도를 수집하고 오류 개수를 그래프로 만든다. 그러면 각 과업에서 발생한 오류 개수가 시각적으로 표시된다. 이 유형의 분석은 좀 더 일반적인 모집단을 추정하려 하지 않고 오류가 가장 많은 과업을 확인하는 데에만 관심이 있기 때문에, 신뢰구간을 사용할 필요가 없다.

- 오류 개수를 각 과업의 총 참가자 수로 나눈다. 이렇게 하면 각 과업에 대해 오류를 범한 참가자의 비율을 알 수 있다. 이 방식은 각 과업을 서로 다른 명수의 참가자가 수행한 경우에 특히 유용하다. 그림 4.8은 단일 기회를 기준으로 한 오류율을 보여준다. 이 예는 다양한 온스크린 키보드를 사용할 때 오류를 경험한 참가자 비율에 초점을 둔 결과이다(Tullis, Mangan, & Rosenbaum, 2007). 대조 조건$^{control\ condition}$은 현재의 QWERTY 키보드 레이아웃이다.

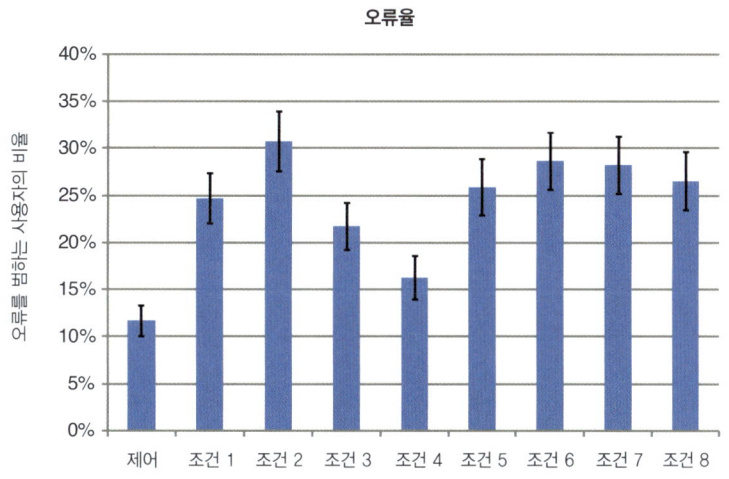

그림 4.8 단일 오류 기회가 있는 데이터를 제시하는 방법 예시. 이 연구에서는 과업당 단 한 번의 오류 기회만 허용됐고(비밀번호를 잘못 입력한 경우), 그래프는 각 조건별로 오류를 범한 참가자의 비율을 보여준다.

오류 기회가 한 번인 과업에 대해 오류 지표를 분석하고 제시하는 또 다른 방법은 총체적인 관점에서 살펴보는 것이다. 특정 과업에만 관심을 두지 않고 사용자가 전반적으로 어떻게 수행했는지에 관심을 둔다. 다음으로 이 방법과 관련된 몇 가지 옵션을 소개한다.

- 각 과업의 오류율을 평균 내어 단일 오류율로 만들 수 있다. 이렇게 하면 연구 결과의 전체 오류율을 알 수 있다. 예를 들어 과업의 평균 오류율을 25%라고 제시할 수 있는 것이다. 이 수치는 오류를 보고할 때 유용한 최종 지표가 된다.
- 또 다른 방법은 특정 개수의 오류가 발생한 모든 과업의 평균을 구하는 것이다. 예를 들어 많은 수의 과업을 살펴보고 있는 경우 과업의 50%에서 10% 이상의 오류율이 확인된다고 보고할 수 있다. 또는 적어도 1명의 참가자가 과업의 80%에서 오류를 범했다고 보고할 수도 있다.

- 각 과업에 대해 허용 가능한 최대 오류율을 설정할 수 있다. 예를 들어 오류율이 특정 임곗값(예: 10%)을 초과하는 과업을 식별하는 데에만 관심을 둘 수 있다. 그런 다음 이 임곗값을 초과하는 과업과 초과하지 않는 과업의 비율을 계산한다. 일례로 과업의 25%가 허용 가능한 오류율을 초과했다고 간단히 명시할 수 있다.
- 마지막으로, 각 오류 유형을 분류할 수 있다(그림 4.9). 예를 들어 탐색, 콘텐츠, 용어 또는 단순한 인식 부족에 따른 오류 등 각 오류를 다양한 원인으로 세분화해 분석할 수 있다. 각 오류의 유형을 분류함으로써, 오류를 해결하는 방법과 오류 유형의 우선순위를 파악할 수 있다.

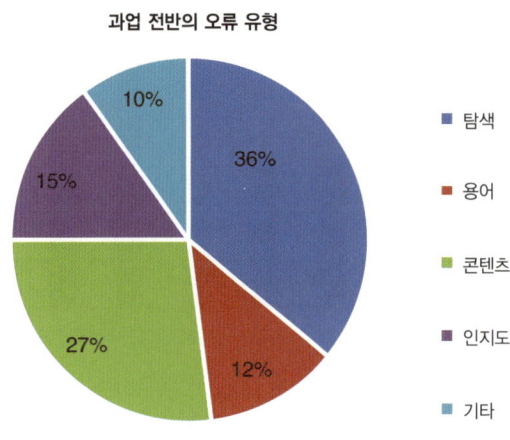

그림 4.9 모든 과업에서 집계된 여러 오류 유형의 비율

여러 오류 가능성이 있는 과업

다음으로, 여러 오류 가능성(오류 기회)이 있는 과업 데이터를 분석하는 방법들을 소개한다.

- 각 과업의 오류 빈도를 살펴보는 것부터 시작한다. 이 과정을 통해 어떤 과업에서 가장 많은 오류가 발생하는지 확인할 수 있다. 그러나 각 과업의 오류 기회 수가 서로 다른 경우 이 방법은 오해의 소지가 있다. 이런 경우 과업의 총 오류 수를 총 오류 기회 수로 나누는 방법을 권한다. 이렇게 하면 기회 수를 고려한 오류율이 만들어진다.
- 각 과업별로 각 참가자의 평균 오류 수를 계산한다. 이 과정을 통해 어떤 과업에서 가장 많은 오류가 발생하는지 파악할 수 있다. 이 수치는 일반 사용자가 제품을 사용할 때 특정 과업에서 X건 정도의 오류를 경험할 수 있음을 시사하기 때문에, 더 의미가 있을 것이다. 이

방법의 또 다른 장점은 극단적인 데이터를 걸러낼 수 있다는 점이다. 만약 각 과업의 오류 빈도를 단순히 살펴보면 대다수의 사용자가 오류 없이 과업을 수행하고 있는 반면, 특정 사용자가 대부분의 오류를 발생시키고 있는 상황의 데이터를 감지할 수 없다. 각 사용자의 평균 오류 수를 취하면 이런 편향이 줄어든다. 과업당 평균 오류 수를 보여주는 예는 그림 4.10을 참조하자.

- 어떤 상황에서는 어떤 과업이 임곗값을 초과하는지 아니면 초과하지 않는지 알고 싶을 것이다. 어떤 과업은 20%를 초과하는 오류율을 허용하지 않는 반면, 어떤 과업은 5%를 초과하는 오류율을 허용하지 않는다. 가장 간단한 분석 방법은 먼저 각 과업 또는 각 참가자에 대해 허용 가능한 임곗값을 설정하는 것이다. 그런 다음 특정 과업의 오류율 또는 사용자 오류 수가 임곗값보다 높거나 낮은지 살펴본다.

- 때로는 모든 오류가 동일하게 발생하는 것이 아니라는 점을 고려해야 할 때가 있다. 어떤 오류는 다른 오류보다 훨씬 더 심각한 수준으로 발생한다. 이러한 특성을 반영하려면 각 오류 유형에 서로 다른 값의 가중치를 부여한 다음(예: 사소함, 보통, 심각함), '오류 점수$^{error\ score}$'를 계산한다. 각 오류에 1(사소함), 2(보통), 3(심각함) 값으로 가중치를 부여하는 것이다. 그런 다음 이 가중치를 적용한 각 참가자의 점수를 합산한 후, 각 과업의 모든 점수를 참가자 수로 나눈다. 이렇게 하면 각 과업에 대한 평균 '오류 점수'가 산출된다. 이때의 해석은 가중치를 적용하기 전의 간단한 오류율과는 조금 다르다. 기본적으로 특정 과업이 다른 과업보다 더 빈번하거나 심각한 오류가 발생한다는 것을 보고할 수 있다.

그림 4.10 각 과업별 평균 오류 수를 보여준다.

4.3.5 오류 지표를 사용할 때 고려할 사항

오류를 살펴볼 때 다음의 몇 가지 사항을 꼭 고려해야 한다. 먼저 오류를 중복으로 세고 있지는 않는지 확인하라. 동일한 이벤트에 2개 이상의 오류를 할당하면 중복 카운트$^{\text{double-counting}}$가 발생한다. 예를 들어 비밀번호 필드의 오류를 카운트한다고 가정해 보자. 사용자가 비밀번호에 특수 문자를 입력한 경우 이를 '특수 문자' 오류로 카운트할 수 있을 텐데, 이때 '잘못된 문자' 오류로 중복 카운트해서는 안 된다.

때로는 단순히 오류율만 살펴보기보다는 더 많은 것을 알아야 할 때도 있다. 여러분은 왜 서로 다른 오류들이 발생하는지 살펴야 한다. 가장 좋은 방법은 각 오류 유형을 살펴보는 것이다. 여러분은 기본적으로 오류 유형별로 오류들을 코딩하려 할 것이다. 이때 코딩은 발생한 다양한 유형의 오류를 기반으로 이뤄져야 한다. 비밀번호 예를 계속 들어보자면 오류 유형에는 '누락된 문자', '바뀐 문자', '특수 문자' 등이 포함될 수 있다. 또는 더 포괄적 수준에서는 '탐색 오류', '선택 오류', '해석 오류' 등으로 유형을 분류할 수도 있다. 각 오류를 코딩한 후에는 각 과업의 오류 유형에 대한 빈도를 분석해 문제가 정확히 어디에 있는지 파악할 수 있다. 이렇게 하면 오류 데이터를 수집하는 효율을 높이는 데에도 도움이 된다.

맥락에 따라 오류가 과업 실패와 동일한 경우도 있다(예: 로그인 페이지). 로그인하는 동안 오류가 발생하지 않으면 과업 성공이고, 오류가 발생하면 과업 실패이다. 이 경우 오류를 과업 실패로 보고하는 것이 더 쉬울 수 있다. 이는 데이터 문제라기보다는 프레젠테이션의 문제이다. 청중이 지표를 명확하게 이해하게 하는 것이 중요하다.

4.4 기타 효율성 지표

과업 소요 시간은 종종 효율성^{efficiency}을 측정하는 지표로 사용되지만, 효율성을 측정하는 또 다른 방법은 과업을 완료하는 데 필요한 노력^{effort}의 양을 살펴보는 것이다. 이 방법은 일반적으로 사용자가 각 과업을 수행하는 과정에서 한 행동^{action} 또는 단계^{step}의 수를 측정하는 방식으로 이뤄진다. 행동은 웹 페이지의 링크 클릭, 전자레인지나 휴대폰의 버튼 누르기, 항공기 조작부의 스위치 켜기 등 다양한 형태를 취할 수 있다. 사용자가 수행하는 각각의 행동은 일정량의 노력을 나타낸다. 사용자가 더 많은 행동을 할수록 더 많은 노력이 필요하다. 대부분의 제품의 목표는 과업을 완료하는 데 필요한 개별 행동의 수를 최소화해 노력의 양을 최소화하는 것이다.

여기서 노력이란 무엇을 의미할까? 노력은 인지적 노력$^{cognitive\ effort}$과 물리적 노력$^{physical\ effort}$, 두 가지 유형으로 나뉜다. 인지적 노력에는 행동을 하기에 적절한 위치를 찾고(예: 웹 페이지에서 링크 찾기), 어떤 행동이 필요한지 결정하며(이 링크를 클릭해야 하는가?), 행동 결과를 해석하는 노력이 포함된다. 물리적 노력에는 마우스를 움직이거나, 키보드로 텍스트를 입력하거나, 스위치를 켜는 등에 필요한 신체 활동이 포함된다.

효율성 지표는 과업을 완료하는 데 걸리는 시간뿐만 아니라 관련된 인지적 노력, 물리적 노력의 양을 고려할 때 주효하다. 자동차 내비게이션 시스템을 디자인하는 경우 운전자의 주의가 도로에 집중돼야 하므로, 내비게이션 안내를 해석하는 데 많은 노력이 들지 않아야 한다. 이때 내비게이션 시스템을 사용하기 위한 물리적 노력과 인지적 노력을 모두 최소화하는 것이 중요하다.

4.4.1 효율성 지표를 수집 및 측정하기

효율성을 수집하고 측정할 때 염두에 둬야 할 다섯 가지 중요한 사항에 대해 소개한다.

1. **측정할 행동을 식별한다.** 웹사이트에서는 마우스를 클릭하거나 페이지를 보는 행동이 일반적인 행동이고, 소프트웨어 프로그램에서는 마우스 클릭 또는 키 입력이 기본 행동이며, 가전 제품에서는 버튼을 눌러 사용한다. 평가 대상 제품에 관계없이 가능한 모든 행동에 대해 명확하게 파악하고 있어야 한다.
2. **행동의 시작과 끝을 정의하라.** 행동이 언제 시작되고 끝나는지 알아야 한다. 때로는 버튼을 누르는 것처럼 행동이 매우 빠르게 일어나는 경우도 있지만, 어떤 행동은 훨씬 더 오래 걸릴 수 있다. 웹 페이지를 보는 것처럼 어떤 행동은 본질적으로 수동적일 수도 있다. 또한 어떤 행동은 시작과 끝이 매우 뚜렷한 반면 어떤 행동은 그렇지 않다.
3. **행동 수를 세자.** 행동은 셀 수 있어야 한다. 행동은 시각적으로 식별할 수 있는 속도로 해야 하며, 너무 빠르다면 자동화된 시스템으로 확인할 수 있어야 한다. 효율성 지표를 수집하기 위해 몇 시간 분량의 동영상을 검토할 필요가 없도록 환경을 만들어야 한다.
4. **행동은 의미가 있어야 한다.** 각 행동은 인지적 노력과 (또는) 물리적 노력의 점진적 증가를 나타낸다. 더 많은 행동을 할수록 더 많은 노력이 필요하다. 일례로 마우스를 한 번 클릭할

때마다 노력이 점진적으로 증가한다.

5. **성공한 과업만 확인한다.** 행동 개수로 효율성을 측정할 때에는 성공한 과업에 대해서만 계산해야 한다. 과업 실패 사례를 포함하는 건 합리적이지 않다. 예를 들어 참가자는 몇 단계만 진행하다가 절망감에 빠져 과업을 중단하기도 하는데, 이 데이터를 사용하면 최소한의 단계로 과업을 성공적으로 완료한 다른 참가자와 동일한 수준의 효율을 낸 것처럼 보일 수 있다.

포착하려는 행동을 식별한 후에는 해당 행동을 카운트하는 게 비교적 간단하다. 페이지 조회 수나 버튼 누름 횟수와 같이 수동으로 카운트할 수 있다. 이 방식은 매우 간단한 제품에는 효과가 있지만 대부분의 경우에는 실용적이지 않다. 참가자가 놀라운 속도로 행동하기 때문이다. 초당 1개 이상의 행동이 있을 수 있으므로 자동화된 데이터 수집 도구를 사용하는 것이 훨씬 바람직하다.

4.4.2 효율성 데이터 분석 및 제시하기

효율성 지표를 분석하고 제시하는 일반적인 방법은 각 참가자가 과업을 완료하기 위해 취한 행동 수를 살펴보는 것이다. (참가자별) 각 과업에 대한 평균을 계산해 얼마나 많은 행동이 행해졌는지 확인하자. 이 분석은 어떤 과업에 가장 많은 노력이 필요한지 파악하는 데 유용하며, 각 과업에 거의 동일한 수의 행동이 필요할 때 효과적이다. 그러나 어떤 과업이 다른 과업보다 더 복잡한 경우에는 오해의 소지가 있을 수 있다. 이런 유형의 데이터를 시각화한 차트에는 (연속 분포 기반) 신뢰 구간을 표시하는 것이 중요하다.

샤이크, 베이커, 러셀은 3개의 서로 다른 체중 감량 사이트인 앳킨스[Atkins], 제니 크레이그[Jenny Craig], 웨이트 왓처[WW, Weight Watchers]에서 (동일한 과업을 달성하기 위해 클릭한) 클릭 수를 기반으로 한 효율성 지표를 사용했다(Shaikh, Baker and Russell, 2004). 그 결과, 그들은 왓킨스 사이트가 제니 크레이그, 웨이트 왓처 사이트보다 훨씬 더 효율적이라는 사실을 발견했다(클릭 횟수가 더 적음).

실로율

웹사이트에서의 행동을 연구할 때 가끔 사용되곤 하는 효율성 척도는 '실로율[lostness, 길을 잃는 비율]'이다(Smith, 1996). 실로율은 다음의 세 가지 값을 사용해 계산한다.

N: 과업을 수행하는 동안 방문한 웹 페이지 수

S: 과업을 수행하는 동안 방문한 총 페이지 수(동일한 페이지의 재방문 횟수 포함)

R: 과업을 수행하기 위해 방문해야 하는 최소(최적) 페이지 수

실로율 L은 다음 공식으로 계산한다.

$$L = \text{sqrt}[(N/S - 1)^2 + (R/N - 1)^2]$$

그림 4.11에서 사용자의 과업은 제품 페이지 C1에서 무언가를 찾는 것이다. 홈페이지에서 시작한다고 가정했을 때 이 과업을 수행하기 위한 최소 페이지 방문 횟수(R)는 3이다. 반면 그림 4.12는 특정 사용자가 해당 목표 페이지에 도달하는 데 취한 경로를 보여준다. 이 사용자는 몇 군데 잘못된 경로를 거쳐 최종적으로 올바른 위치에 도달했으며, 총 6개의 서로 다른 페이지(N) 또는 총 8개의 페이지(S)를 방문했다. 따라서 이 예에서 실로율은 다음과 같이 계산될 수 있다.

$N = 6$

$S = 8$

$R = 3$

$$L = \text{sqrt}[(6/8 - 1)^2 + (3/6 - 1)^2] = 0.56$$

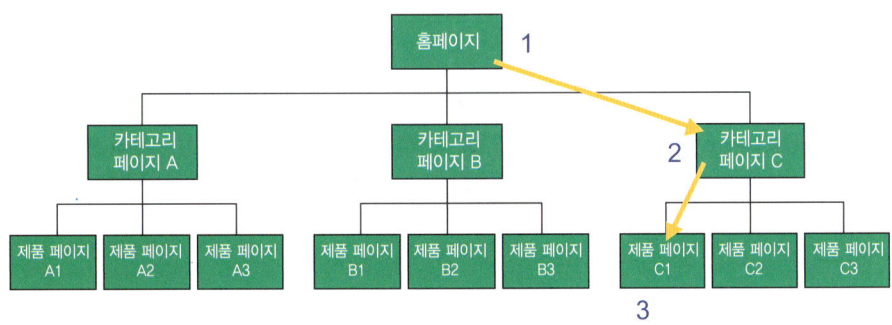

그림 4.11 홈페이지에서 시작해서 제품 페이지 C1의 대상 아이템을 찾는 과업을 수행하기 위한 최적의 단계 수(3단계)

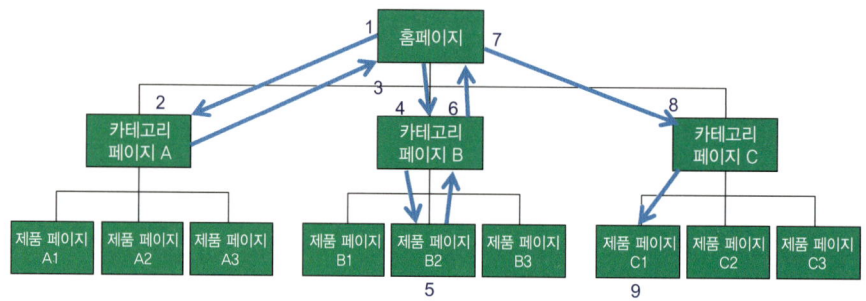

그림. 4.12 사용자가 제품 페이지 C1의 대상 아이템에 도달하기 위해 수행한 실제 단계 수. 동일한 페이지를 다시 방문한 것도 카운트돼, 총 8단계를 거쳤다.

완전한 실로율은 0일 것이다. Smith(1996)의 연구에 따르면 경로를 놓치는 실로율 점수가 0.4 미만인 참가자는 경로를 놓치는 징후가 전혀 관찰되지 않는 것으로 나타났다. 반면 실로율 점수가 0.5보다 큰 참가자는 확실히 경로를 놓치는 것으로 나타났다.

이런 방법으로 각 과업의 평균 실로율을 쉽게 계산할 수 있다. 그리고 이상적인 행동 수를 초과하는 참가자의 수 또는 비율도 디자인의 효율성을 나타내는 지표가 될 수 있다. 예를 들어 참가자의 25%가 이상적인 단계 수 또는 최소 단계 수를 초과했음을 보여줄 수 있으며, 참가자의 50%가 최소 행동 수로 과업을 완료했다고 밝힘으로써 결과를 더욱 세분화해 제시할 수 있다.

> **역추적 지표**
>
> 트리젝(Treejack)은 정보 구조(IA, Information Architecture)를 테스트하기 위한 옵티멀 워크숍(Optimal Workshop)의 도구이다. 트리젝 연구에 참여한 참가자는 정보의 계층 구조를 탐색해 계층 구조에서 주어진 특정 정보를 찾거나 어떤 행동을 수행할 것으로 예상되는 위치를 알린다. 참가자는 계층 구조에서 아래로 이동할 수 있으며, 필요한 경우 다시 위로 이동한다. 트리젝 연구에서는 각 기능을 찾을 것으로 예상하는 위치 같은 전통적인 척도 등의 유용한 지표들이 도출된다. 이 지표 가운데 특히 흥미로운 지표는 참가자가 계층 구조를 거슬러 위로 올라간 경우를 나타내는 '역추적 지표(backtracking metric)'이다. 여러분은 각 과업을 수행하는 동안 '역추적'한 참가자의 비율을 살펴볼 수 있다. 이 지표는 IA 연구에서 흥미로운 사실을 밝히는 징후인 경우가 많았다.

4.4.3 과업 성공과 소요 시간을 조합해 만든 효율성 지표

효율성에 대한 또 다른 관점은 4장에서 논의한 두 가지 지표, 과업 성공과 과업 소요 시간을 조합한 것이다. 사용성 테스트 보고서$^{Usability\ Test\ Reports}$의 일반 산업 표준인 ISO/IEC 25062:2006은 '효율성의 핵심 척도$^{core\ measure\ of\ efficiency}$'를 과업 완료율과 과업당 평균 시간의 비율로 명시하고 있다. 기본적으로 이 척도는 단위 시간당 과업 성공률을 나타낸다. 일반적으로 과업당 시간은 분 단위로 표시하지만 과업이 매우 짧은 경우에는 초 단위가, 비정상적으로 긴 경우에는 시간 단위로 표시하는 게 적절하다. 사용되는 시간 단위는 결과의 척도를 결정한다. 목표는 '합리적인^{reasonable}' 척도를 산출하는 단위(즉, 대부분의 값이 1%에서 100% 사이에 속하는 단위)를 선택하는 것이다. 표 4.3은 과업 완료와 과업 시간을 기준으로 효율성 지표를 계산하는 예를 보여준다. 그림 4.13은 이 효율성 지표를 차트에서 어떻게 표현하는지 보여준다. 효율성 측정값은 단순히 과업 완료 대 과업 시간(분 단위)의 비율이다. 물론 효율성은 값이 높을수록 좋다. 이 예에서는 사용자들이 다른 과업보다 과업 5와 6을 더 효율적으로 수행한 것으로 보인다.

표 4.3 과업 완료율과 과업 시간을 기준으로 효율성을 계산하는 방법을 보여준다.

	과업 완료율(%)	과업 시간(분 단위)	효율(%)
과업 1	65	1.5	43
과업 2	67	1.4	48
과업 3	40	2.1	19
과업 4	74	1.7	44
과업 5	85	1.2	71
과업 6	90	1.4	64
과업 7	49	2.1	23
과업 8	33	1.3	25

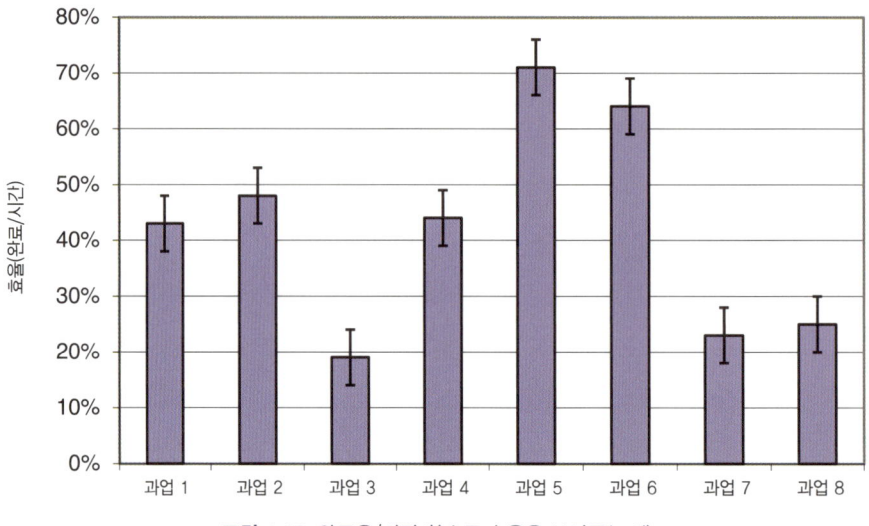

그림 4.13 완료율/시간 함수로 효율을 보여주는 예

효율성을 계산하는 이 방식을 약간 변형한 방법은 각 참가자가 성공적으로 완료한 과업 수를 세어 이 수를 참가자가 모든 과업(성공 과업, 실패 과업 모두 포함)에 소요한 총 시간으로 나누는 것이다. 이렇게 하면 각 참가자에 대한 매우 간단한 효율성 점수, 즉 분당 성공적으로 완료된 과업 수(또는 사용한 시간 단위)를 알 수 있다. 참가자가 총 10분 동안 10개의 과업을 성공적으로 완료했다면, 해당 참가자는 전체적으로 분당 1개의 과업을 성공적으로 완료한 것이다. 이 방법은 모든 참가자가 동일한 수의 과업을 시도하고 과업의 난이도가 비교적 비슷한 경우에 가장 효과적이다.

다음 페이지의 그림 4.14는 웹사이트의 네 가지 유형의 탐색 프로토타입을 비교한 온라인 연구 데이터이다. 이 연구는 각 참가자가 프로토타입 중 하나만 사용했지만 모든 참가자에게 동일한 20개의 과업을 수행하도록 요청한 피험자 간 연구였다. 200명 이상의 참가자가 각 프로토타입을 사용해 과업을 수행했다. 우리는 각 참가자가 성공적으로 완료한 과업 수를 세어 이 수를 참가자가 소요한 총 시간으로 나눌 수 있었다. 이 평균(95% 신뢰구간)은 그림 4.14에서 확인할 수 있다.

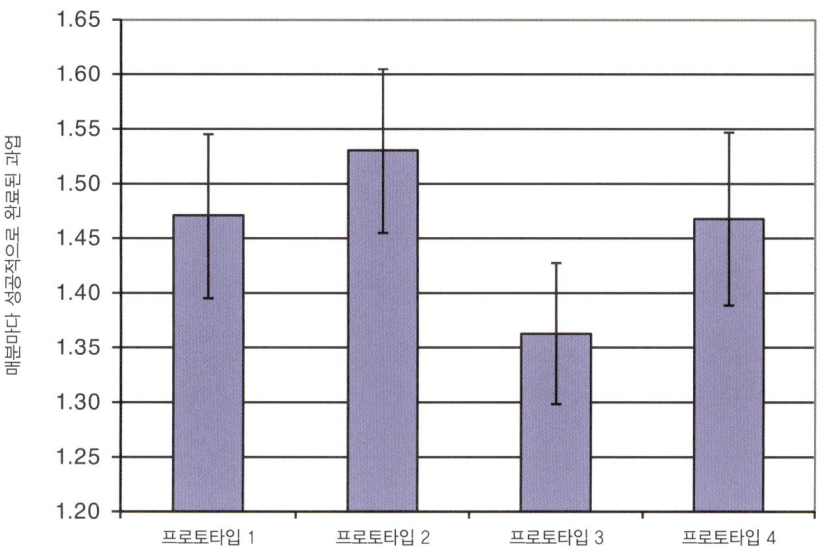

그림 4.14 웹사이트의 네 가지 탐색 프로토타입에 대한 온라인 연구에서 매분마다 성공적으로 완료된 평균 과업 수. 200명 이상의 참가자가 각 프로토타입에 대해 20개의 과업을 수행했다. 프로토타입 2를 사용한 참가자는 프로토타입 3을 사용한 참가자보다 훨씬 더 효율적이었다(즉, 분당 더 많은 과업을 완료했다).

4.5 학습 용이성

대부분의 제품, 특히 신제품을 사용할 때는 어느 정도의 학습^{learning}이 필요하다. 일반적으로 학습은 순간적으로 이뤄지는 것이 아니라 사용 경험이 증가함에 따라 시간이 지나면서 점차 완성된다. 경험은 제품을 사용하는 데 소요된 시간과 수행되는 다양한 과업에 따라 달라진다. 학습은 때로는 빠르고 고통 없이 진행되기도 하지만 때로는 상당히 힘들고 시간도 많이 걸린다. 학습 용이성^{learnability}은 무언가를 배울 수 있는 정도를 의미한다. 이는 무언가를 능숙하게 사용하고 궁극적으로 전문가가 되기 위해 얼마나 많은 시간과 노력이 필요한지 살펴봄으로써 측정할 수 있다. 학습 용이성은 중요한 지표임에도 불구하고 그다지 주목을 받지 못한다. 그러나 시간이 지남에 따라 사용자가 제품에 대한 숙련도를 어떻게 발전시키는지 알아야 하는 경우 반드시 필요한 지표이다.

다음 예를 살펴보자. 여러분이 회사에서 직원들의 출퇴근 시간을 기록하는 근태 관리 애플리케이션을 평가해달라는 요청을 받았다고 가정해 보겠다. 실험실에서 10명의 참가자에게 일련의 핵심 과업들을 하도록 안내한다. 여러분은 과업 성공률, 과업 소요 시간, 오류, 전반적인 만족도를 측정할 수 있다. 이런 지표를 사용하면 애플리케이션의 사용성을 어느 정도 파악할 수 있다. 하지만 이 지표들은 유용하지만 오해의 소지도 있을 수 있다. 근태 관리 애플리케이션은 일회성 이벤트로 사용하는 것이 아니라 어느 정도 빈번하게 사용해야 하기 때문에 학습 용이성이 매우 중요하다. 이 중에서도 정말 중요한 것은 근태 관리 애플리케이션을 능숙하게 사용하는 데 얼마나 많은 시간과 노력이 필요한가 하는 것이다. 애플리케이션을 처음 사용하는 초반에는 몇 가지 어려움이 있을 수 있지만, 정말 중요한 것은 '사용 속도를 높이는 것'이다. 사용성 연구에서는 참가자가 무언가를 처음 접했을 때를 중심으로 살펴보는 것이 일반적이지만, 때로는 능숙해지는 데 필요한 노력의 양을 함께 살펴보는 게 가치 있을 때도 있다.

학습은 단기간에 이뤄질 수도 있고 장기간에 걸쳐 진행될 수도 있다. 단시간에 학습이 이뤄지는 경우 사용자는 과업을 완료하기 위해 다양한 시도를 한다. 단기간은 몇 분, 몇 시간 또는 며칠이 될 수 있다. 예를 들어 근태 관리 애플리케이션으로 매일 출퇴근 기록을 해야 하는 사용자는 애플리케이션의 작동 방식에 대한 일종의 멘탈 모델을 빠르게 체득하려 노력한다. 기억력^{memory}은 학습 용이성을 높이는 큰 요인은 아니며, 효율성 극대화 전략을 적용하는 데 더 큰 영향을 미친다. 몇 시간 또는 며칠 내에 최대의 효율이 달성되길 바라는 것이다.

학습은 몇 주, 몇 달 또는 몇 년 같이 장기간에 걸쳐 진행될 수도 있다. 각 사용 간에 상당한 시간적 차이가 존재하는 경우가 그렇다. 예를 들어 몇 달에 한 번씩만 경비 보고서를 작성하는 경우라면 애플리케이션을 사용할 때마다 다시 학습해야 하므로 학습이 무척 어려울 수 있다. 이러한 상황에서는 기억력이 매우 중요하게 작용한다. 제품을 경험하는 시간 주기가 길수록 기억에 대한 의존도가 높아지기 때문이다.

4.5.1 학습 용이성 데이터를 수집 및 측정하기

학습 용이성과 관련된 데이터를 수집하고 측정하는 방식은 기본적으로 다른 성능 지표와 동일하지만 데이터를 여러 번 수집한다는 점이 다르다. 데이터를 수집하는 각 이벤트를 한 번의 실험으로 간주한다. 실험은 5분마다, 매일 또는 한 달에 한 번 진행될 수 있다. 실험 간격 또는 데이터 수집 시기는 예상 사용 빈도를 기준으로 정한다.

먼저 어떤 유형의 지표를 사용할 것인지 결정한다. 학습 용이성은 시간 경과에 따른 거의 모든 성능 지표를 사용해 측정할 수 있지만 가장 일반적인 지표는 과업 소요 시간, 오류, 단계 수, 분당 과업 성공 여부와 같이 효율성에 초점을 맞춘 지표이다. 학습이 이뤄지면 효율성이 향상될 것으로 기대할 수 있다.

어떤 지표를 사용할지 결정한 후에는 실험과 실험 사이에 얼마나 시간을 허용할지 결정해야 한다. 학습이 매우 오랜 시간에 걸쳐 이뤄지면 어떻게 해야 할까? 사용자가 매주, 매월, 심지어 1년에 한 번 제품과 상호작용한다면 어떻게 해야 할까? 가장 이상적인 상황은 동일한 참가자를 매주, 매월, 심지어 매년 실험실에 초대하는 것이다. 하지만 이는 현실적으로 실행하기 어렵다. 연구 완료까지 3년이 걸린다고 하면 개발자와 비즈니스 후원자는 달가워하지 않을 것이다. 좀 더 현실적인 접근 방식은 이보다는 훨씬 더 짧은 기간에 동일한 참가자를 참여시켜 데이터의 한계를 인정하는 것이다. 몇 가지 대안을 더 이야기해 보자.

1. 하나의 세션 안에서의 실험들이며, 참가자는 중간에 휴식 시간 없이 일련의 과업을 차례로 수행한다. 이 방법은 관리하기는 매우 쉽지만 상당한 기억 손실을 고려하지 않는다는 단점이 있다.
2. 하나의 세션 안에서의 실험들이지만, 각 과업 사이에 휴식 시간을 준다. 휴식 시간은 과업을 전환하는 역할을 하기도 하고, 망각을 촉진하기도 한다. 이 방식은 관리하기는 매우 쉽지만 각 세션이 상대적으로 길어지는 경향이 있다.
3. 세션 간 실험으로, 참가자는 여러 세션에 걸쳐 동일한 과업을 수행하며, 세션과 세션 사이에 최소 하루의 간격을 둔다. 이 방식은 제품을 장기간에 걸쳐 산발적으로 사용하는 경우에 사용할 수 있는 (가장 실용적이지 않을 수 있지만) 가장 현실적인 방법이다.

4.5.2 학습 용이성 데이터를 분석 및 제시하기

학습 용이성 데이터를 분석하고 제시하는 가장 일반적인 방법은 특정 성능 지표(예: 과업 소요 시간, 단계 수, 오류 수)를 각 과업별로 실험하거나 모든 과업에서 집계해 조사하는 것이다. 이렇게 하면 다음 페이지의 그림 4.15에서 설명하는 것처럼 성능 지표가 경험의 함수로 어떻게 변하는지 알 수 있다. 모든 과업을 함께 집계해 하나의 데이터 라인으로 표시하거나 각 과업을 별도의 데이터 라인으로 볼 수 있다. 이렇게 하면 여러 과업의 학습 용이성을 비교하는 데에는 도움이 될 수 있지만 차트를 간단히 해석하기는 더 어려워질 수 있다.

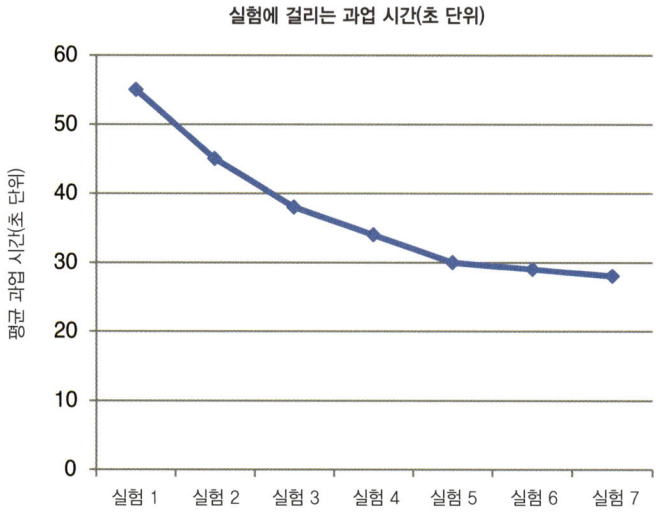

그림 4.15 과업 소요 시간을 기준으로 학습 용이성 데이터를 제시하는 방법

차트에서 가장 먼저 주목해야 하는 부분은 선의 기울기이다. 이상적으로는 기울기(학습 곡선$^{learning\ curve}$이라고도 함)는 상당히 평평하고 y축이 낮은 것이 좋다(오류, 과업 소요 시간, 단계 수 등의 지표는 수치가 작을수록 좋다). 학습 곡선 간에 통계적으로 유의한 차이가 있는지 확인하려면 분산 분석으로 실험의 주 효과가 있는지 확인해야 한다.

> **엑셀의 기울기 함수**
>
> 학습 용이성 데이터를 분석하는 데 유용한 엑셀 함수는 SLOPE 함수(slope function, 기울기 함수)이다. SLOPE 함수의 인수는 알려진 x값과 연관된 y값의 집합이다. 예를 들어 x값은 실험 번호일 수 있고, y값은 각 실험의 시간일 수 있다. 그러면 SLOPE 함수는 해당 점을 통과하는 선형 회귀선의 기울기(데이터를 통과하는 가장 적합한 직선의 기울기)를 반환한다.

여기서 점근선^{asymptote} 지점, 즉 기본적으로 선이 평평해지기 시작하는 지점을 주목해야 한다. 이 지점은 사용자가 최대한 많은 것을 학습한 지점으로, 개선의 여지가 거의 없다. 프로젝트 팀원들은 사용자가 최대 성능에 도달하는 데 걸리는 시간에 관심이 있다.

마지막으로 y축에서 가장 높은 값과 가장 낮은 값의 차이를 살펴봐야 한다. 이 차이를 통해 최대 성능에 도달하기 위해 얼마나 많은 학습이 필요한지 알 수 있다. 격차가 작으면 사용자는 제품을 빠르게 학습할 수 있고, 격차가 크면 사용자가 제품에 능숙해지는 데 상당한 시간이 걸린다. 최고점과 최저점 사이의 격차를 분석하는 쉬운 방법은 두 값의 비율을 살펴보는 것이다. 예를 들면 다음과 같다.

- 첫 번째 실험의 평균 시간이 80초이고 마지막 실험의 평균 시간이 60초인 경우, 이 비율은 사용자가 처음 시도할 때 1.3배 더 오래 걸린다는 것을 보여준다.
- 첫 번째 실험의 평균 오류 횟수가 2.1건이고 마지막 실험의 평균 오류 횟수가 0.3건인 경우, 이 비율은 첫 번째 실험에서 마지막 실험으로 오면서 7배 개선됐음을 보여준다.

최대 성능에 도달하는 데 필요한 실험 횟수를 살펴보는 것도 도움이 된다. 이 방법은 제품 사용에 능숙해지는 데 필요한 학습량을 파악하기 좋은 방법이다.

어떤 경우에는 그림 4.16처럼 여러 조건에서 학습 용이성을 비교하고 싶을 수도 있다. 이 연구는 다양한 유형의 온스크린 키보드를 사용했을 때 시간이 지남에 따라 비밀번호 입력 속도(효율성)가 어떻게 변하는지에 관심을 뒀다(Tullis, Mangan, & Rosenbaum, 2007). 데이터에서 볼 수 있듯이 첫 번째 실험에서 두 번째 실험으로 갈수록 속도는 향상됐지만, 그 이후에는 시간이 매우 빠르게 평준화됐다. 또한 모든 온스크린 키보드는 실제 키보드인 대조 조건에 비해 현저히 느렸다.

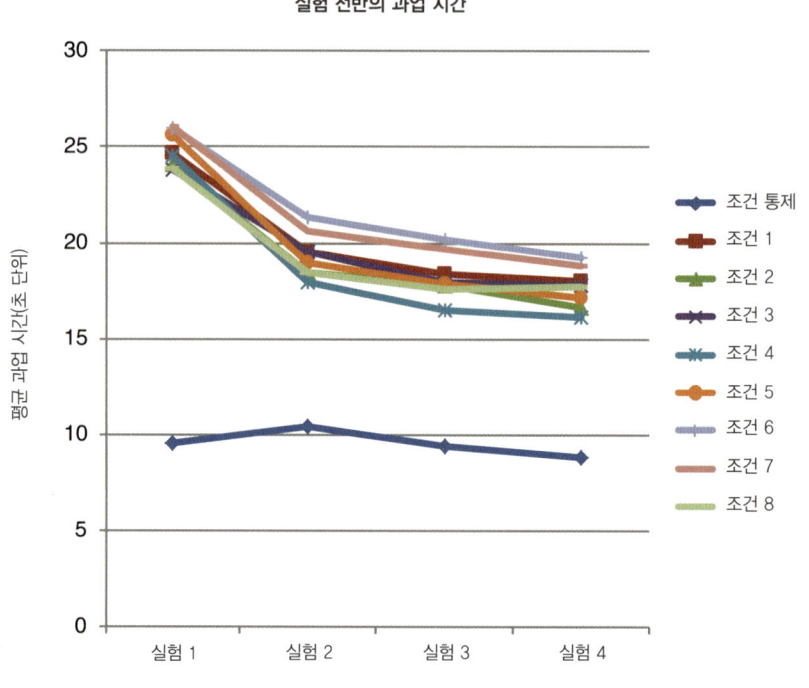

그림 4.16 다양한 유형의 온스크린 키보드의 학습 용이성을 살펴봤다.

4.5.3 학습 용이성을 측정할 때 고려해야 할 사항

학습 용이성을 측정하는 경우 (1) 무엇이 실험으로 간주돼야 하는지, (2) 얼마나 많은 실험을 할 것인지 고려해야 한다.

실험이란 무엇인가?

어떤 상황에서는 학습이 연속적으로 진행된다. 이 말은 즉, 사용자가 큰 시간적 단절 없이 연속적으로 제품과 상호작용한다는 것을 의미한다. 이런 상황에서 기억은 중요도가 낮다. 학습은 일련의 과업을 완료하기 위해 다양한 전략을 개발하고 수정하는 것에 가깝다. 그리고 실험의 개념은 연속적인 학습에 적합하지 않다. 이런 상황에서는 어떻게 해야 할까? 한 가지 방법은 지정된 시간 간격으로 측정하는 것이다. 예를 들어 5분, 15분 또는 매시간마다 측정해야 할 수도 있다. 예전에 했던 한 사용성 연구에서 우리는 매일 여러 번 사용하는 새로운 애플리케이션의 학습 용이성을 평가하고자 했다. 당시에 우리는 먼저 참가자들을 실험실에 데려와 애플리케이션으로 첫 과업을 수행하게 했다. 참가자들은 그후 일상으로 돌아가 애플리케이션을 사용해 업무를 수행하기 시작했다. 한 달 후 그들을 실험실로 다시 데려와 (세부적인 부분을 약간 변경했지만) 기본적으로 이전과 같은 과업을 다시 수행하게 했고 동일한 방식으로 성능 측정을 했다. 그리고 마지막으로 한 달 후에 다시 한 번 그들을 데려와 같은 실험을 반복했다. 이런 방식으로 2개월 동안 학습 용이성을 살펴볼 수 있었다.

실험 횟수

얼마나 많은 실험이 필요한가? 당연히 최소 두 번 정도는 있어야 하겠고, 대부분의 실험은 적어도 서너 번의 실험 횟수로 진행한다. 때로는 일련의 실험 중 어느 지점에서 가장 많은 학습이 이뤄질지, 심지어 학습이 일어날지 여부조차 예측하기 어렵다. 이런 상황에서는 안정적인 성능에 도달하기 위해 필요하다고 생각되는 횟수보다 훨씬 더 많은 실험을 시도해야 한다.

4.6 요약

성능 지표는 모든 제품의 사용성을 평가하는 강력한 도구이다. 이 지표는 사용성의 초석으로서 신제품 출시 준비가 됐는지 여부 같은 주요 결정에 정보를 제공할 수 있다. 성능 지표는 항상 사용자의 말보다 사용자의 행동을 기반으로 한다. 성능 지표의 다섯 가지 일반적인 유형을 다시 한 번 정리한다.

1. **과업 성공 지표**task success metrics는 사용자가 제품을 사용해 과업을 완료할 수 있는지 여부를 알고자 할 때 사용한다. 때로는 사용자의 성공 여부를 엄격한 기준에 따라 측정한 값(이원적 성공 여부: 성공, 실패)에만 관심이 있을 수도 있고, 때로는 과업 완료 정도, 사용자의 답변을 찾아가는 경험, 사용자의 답변 수준에 따라 다양한 성공 수준을 정의하는 데 관심이 있을 수도 있다.
2. **과업 소요 시간**task-on-task은 사용자가 제품을 사용해 얼마나 빨리 과업을 수행할 수 있는지 궁금할 때 유용하다. 모든 사용자의 과업 완료 시간, 특정 사용자 집단의 과업 완료 시간, 또는 원하는 제한 시간 내에 과업을 완료할 수 있는 사용자의 비율 등을 살펴볼 수 있다.
3. **오류**error는 사용자가 과업을 완료하려고 시도하는 동안 저지르는 실수의 횟수를 기준으로 한 유용한 척도이다. 과업에는 한 번의 오류 기회가 있을 수도 있고, 여러 오류 기회가 있을

수도 있으며, 어떤 오류 유형은 다른 오류 유형보다 더 중요할 수 있다.

4. **효율성**efficiency은 과업을 완료하는 데 필요한 노력(인지적 노력과 물리적 노력)의 양을 평가하는 방법이다. 효율성은 과업을 완료하는 데 필요한 단계 또는 과업의 수, 과업당 평균 시간 대비 과업 성공률의 비율로 측정되는 경우가 많다.

5. **학습 용이성**learnability은 시간이 지남에 따라 효율성 지표가 어떻게 변하는지 살펴보는 지표이다. 학습 용이성은 사용자가 제품 사용에 능숙해지는 방법과 시기를 조사할 때 유용하다.

CHAPTER 5
자가측정 지표

사용자 경험에 대해 학습하는 가장 확실한 방법은 사용자에게 해당 경험에 대해 이야기해 달라고 요청하는 것이다. 하지만 좋은 데이터를 얻기 위해 어떻게 질문해야 하는지는 그리 명확하지 않다. 여러분은 다양한 종류의 평가 척도, 사용자가 선택하는 속성 목록, "이 애플리케이션에서 가장 마음에 들었던 점 세 가지를 나열해 주세요" 같은 오픈 질문 등 여러 형태로 문의할 수 있다. 그리고 전반적인 만족도, 사용 용이성, 탐색의 효율성, 특정 기능에 대한 인식, 용어의 명확성, 시각적 매력, 웹사이트를 후원하는 회사에 대한 신뢰, 게임 플레이의 즐거움 등 다양한 속성에 대해 물을 수 있다. 하지만 이 모든 질문의 공통된 특징은 사용자에게 정보를 요청한다는 점이며, 그렇기 때문에 자가측정이 이런 지표들을 가장 잘 설명한다고 생각한다. 앞으로 살펴보겠지만 자가측정 데이터의 중요한 유형 중 하나는 참가자가 제품을 사용하는 동안 직접 언급한, 말 그대로의 축어적 데이터이다.

> ### 사용성과 사용자 경험의 진화
>
> 사용성 분야를 연구해 온 역사적 선례로 인적 요인(human factor, 인간 요소) 또는 인체공학(ergonomics)을 들 수 있으며, 이러한 개념에 대한 연구는 제2차 세계대전 당시 조종사의 실수를 최소화하기 위해 비행기 조종석을 개선하려는 열망에서 비롯됐다. 이러한 배경을 들여다보면, 초창기 사용성 분야에서 연구의 초점이 속도(speed), 정확성(accuracy) 등 성능 데이터에 맞춰져 있었다는 점은 놀라운 일이 아니다. 하지만 이 분야도 이제 상당 부분 변화하고 있다. '사용자 경험(User eXperience)', 즉 UX라는 용어가 널리 채택된 이유는 사용자가 제품을 사용하면서 겪는 전체 경험에 초점을 맞추기 때문이다. 사용성 전문가 협회(UPA, Usability Professionals Association)도 2012년 명칭을 사용자 경험 전문가 협회(UXPA, User Experience Professionals Association)로 바꿨다. 이 모든 변화는 5장에서 논의하는 기쁨, 즐거움, 신뢰, 재미, 도전, 분노, 좌절 등의 상태 지표들의 중요성을 반영하는 것이다. 바르가스-아빌라와 호른백은 2005년부터 2009년까지 UX 문헌에 실린 66개의 실증적 연구를 대상으로 이런 변화가 어떻게 일어나고 있는지에 대한 흥미로운 분석을 했다(Bargas-Avila and Hornbæk, 2011). 또한 그들은 최근 연구에서 감정, 즐거움, 심미성이 가장 자주 평가되곤 하는 UX 차원이라는 사실을 밝혀냈다.

이런 종류의 데이터를 설명하는 데 사용되는 두 가지 용어는 주관적 데이터$^{\text{subjective data}}$와 선호도 데이터$^{\text{preference data}}$이다. 주관적 데이터는 사용성 연구에서 얻은 성능 데이터를 설명할 때 사용하곤 하는 객관적 데이터$^{\text{objective data}}$에 대응하는 개념으로 사용된다. 이 용어는 수집하는 데이터에 객관성이 부족하다는 의미로 사용되기도 하지만(참가자에겐 주관적 의견일 수 있으나), 사용자 경험 전문가의 관점에서는 완전히 객관적인 데이터이다. 이와 마찬가지로, 선호도도 종종 성능에 대응하는 개념으로 사용된다. 그것이 문제될 것은 없지만 선호도는 (다른 옵션보다) 한 옵션을 우선시하여 선택하는 것을 의미한다(그런데 UX 연구에서는 그렇지 않은 경우가 종종 있다).

5.1 자가측정 데이터의 중요성

자가측정 데이터$^{\text{self-reported data}}$는 시스템에 대한 사용자의 인식과 시스템과의 상호작용 관련 중요한 정보를 제공한다. 이 데이터는 사용자가 감정적인 관점에서 시스템에 대해 어떻게 느끼는지 알 수 있는 데이터이다. 이런 종류의 반응은 많은 상황에서 여러분이 가장 중요하게 생각하는 요소일 것이다. 사용자가 시스템으로 무언가를 수행하는 데 오랜 시간이 걸리더라도 그 경험으로 행복감을 느낀다면 그것만으로 충분할 수 있다.

여러분의 목표는 사용자가 여러분의 제품을 먼저 생각하게 만드는 것이다. 예를 들어 다가오는 휴가에 어떤 여행 계획 웹사이트를 사용할지 정할 때 사용자는 마지막으로 사용했을 때 마음에 들었던 사이트를 떠올릴 가능성이 더 높다. 프로세스가 얼마나 오래 걸렸는지, 예상보다 많은 마우스 클릭이 필요했는지 여부를 기억할 가능성은 훨씬 낮다. 그렇기 때문에 웹사이트, 제품, 매장에 대한 사용자의 주관적 반응이 향후 재방문 또는 구매 가능성을 가장 잘 예측할 지표가 될 수 있다.

5.2 평가 척도

UX 연구에서 자가측정 데이터를 수집하는 가장 일반적인 방법은 일종의 평가 척도를 사용하는 것이다. 평가 척도rating scales에 대한 고전적인 두 가지 방식은 리커트 척도Likert scale와 시멘틱 척도semantic scale, 의미 변별 척도, 의미 차등 척도이다.

5.2.1 리커트 척도

리커트 척도의 일반적인 방식은 응답자가 본인의 동의 수준을 스스로 평가 진술하는 것이다. 진술은 긍정적일 수도 있고(예: "이 인터페이스에 사용된 용어는 명확하다") 부정적일 수도 있다(예: "탐색 옵션이 혼란스럽다"). 일반적으로 다음과 같은 5점 척도가 사용된다.

1. 매우 동의하지 않음Strongly disagree
2. 동의하지 않음Disagree
3. 동의하지도 동의하지 않지도 않음Neither agree nor disagree
4. 동의함Agree
5. 매우 동의함Strongly agree

리커트가 제안했던 본래의 리커트 척도에서는 '동의함Agree'처럼 척도의 각 포인트에 '기준 용어anchor terms, 앵커 텀'를 제공하고 숫자는 사용하지 않았다(Likert, 1932). 어떤 사람들은 7점 척도 사용을 선호하지만 숫자가 높아질수록 각 점수를 설명하는 적절한 용어를 찾기가 어려워진다. 따라서, 많은 연구자가 중간 레이블을 없애고 양쪽 끝(또는 앵커 포인트anchor point)과 중간 지점에만 레이블을 붙이곤 했다. 오늘날에도 리커트 척도의 다양한 변형이 사용되고 있지만 대부분의 리커트 척도 순수주의자들은 리커트 척도 항목의 두 가지 주요 특징을 다음과 같이 설명한다. (1) 진술에 대한 동의 정도를 표현하고, (2) 홀수 개의 응답 옵션을 사용해 중립적인 응답이 가능하다. 리커트 척도를 가로로 배치할 때 관례적으로 '매우 동의함'은 오른쪽에 표시된다.

리커트 척도를 설정할 때 문장의 표현 방법에 주의해야 한다. 문장에서 '아주, 극도로, 절대적으로' 같은 부사는 피하고 원래의 의미를 객관적으로 전달하는 형용사를 사용해야 한다. 예를 들어 "이 웹사이트는 아름답다"라는 진술은 "이 웹사이트는 극도로 아름답다"와는 다른 결과를 낳을 수 있으며, 후자와 같은 표현을 쓰면 동의의 가능성을 감소시킬 것이다.

> **리커트는 누구인가?**
>
> 리커트 척도에 대해 들어본 사람은 많지만 그 이름이 어디서 유래했는지, 심지어 어떻게 발음하는지 아는 사람은 많지 않다. 리커트(Likert) 척도는 '라이크-어트(LIKE-ert)'가 아니라 '릭-어트(LICK-ert)'로 발음된다. 리커트 척도는 1932년에 이 척도를 만든 렌시스 리커트(Rensis Likert)의 이름을 따서 명명됐다.

5.2.2 시멘틱 척도

시멘틱 디퍼런셜 척도^{semantic differential scale, 의미 차등 척도, 의미 변별 척도}는 다음과 같이 척도의 양쪽 끝에 양극의, 반대되는 형용사 쌍을 표시한다.

약한	○	○	○	○	○	○	강한
못생긴	○	○	○	○	○	○	아름다운
시원한	○	○	○	○	○	○	따뜻한
아마추어	○	○	○	○	○	○	전문가

리커트 척도와 마찬가지로 5점 또는 7점 척도가 일반적으로 사용된다. 의미 차등 척도를 설정하는 데 어려운 점은 정반대의 단어를 찾아내는 일이다. 때로는 반의어도 보여주는 시소러스^{thesaurus}가 도움이 될 수 있다. 하지만 여러분이 스스로 서로 다른 단어 쌍의 의미를 알고 결정할 수 있어야 한다. 예를 들어 '우호적/비우호적' 쌍은 '우호적/우호적이지 않은' 또는 '우호적/적대적'과 다소 다른 의미로 해석될 수 있으며 다른 결과를 낳는다.

오스굿의 시멘틱 디퍼런셜 기법

시멘틱 디퍼런셜(Semantic Differential) 기법은 찰스 E. 오스굿이 단어나 개념의 의미를 측정하기 위해 고안했다(Osgood et al., 1957). 그는 대규모의 의미 차등 데이터 세트에 대해 요인 분석을 해 사람들이 단어와 문구를 평가할 때 보이는 세 가지 반복적인 태도, 즉 평가(evaluation)(예: 좋음/나쁨), 효력(potency)(예: 강함/약함), 활동(activity)(예: 수동적/능동적)을 발견했다.

리커트 스타일의 질문과 시멘틱 스타일의 질문, 어느 것이 더 나은가?

어떤 연구자는 동의 척도(예: 리커트 스타일)를 선호하는 반면 어떤 연구자는 항목별 의미 척도(예: 시멘틱 스타일)를 선호한다. 어느 한쪽이 다른 쪽보다 낫다는 근거가 있을까? 짐 루이스는 이 질문에 대한 연구를 수행했다(Jim Lewis, 2018). 그는 동의 척도가 응답자로 하여금 동의/비동의 척도에 동의할 가능성이 더 높은 '묵인 편향(acquiescence bias)'을 겪게 할 수 있다고 주장했다. 그의 연구에 따르면 200명의 응답자가 자동차 보험 웹사이트와의 상호작용을 평가하는 설문 조사에 참여했는데, 응답자의 절반은 동의 형식으로 평가를 했고, 나머지 절반은 항목별 의미 척도를 사용해 평가를 했다. 동의 형식을 사용한 지표와 항목별 의미 형식을 사용한 지표를 비교한 14건 중 12건(86%)에서 유의한 차이가 나타나지 않았다. 통계적으로 유의한 차이를 보인 두 가지 지표는 효율성과 신뢰성이었다. 두 항목 모두 동의 버전의 평균이 항목별 의미 버전의 평균보다 유의하게 낮았는데, 이는 묵인 편향이 있을 경우 예상되는 결과와 반대되는 결과이다. 결국 루이스는 동의 형식과 항목별 의미 형식이 모두 동일하게 잘 작동하는 것으로 결론을 내렸다.

5.2.3 자가측정 데이터를 수집하는 시점

UX 연구 중에 참가자가 제품과 상호작용하면서 사고 구술법 Think-aloud protocol 으로 말한 내용 그대로의 코멘트를 자가측정 데이터로 수집할 수 있다. 이 자가측정 데이터를 취합 가능한 두 번의 시점은 각 과업 직후(과업 후 평가)와 전체 세션이 끝날 때(학습 후 평가)이다. 후자가 더 일반적으로 진행되는 경향이 있지만, 둘 다 장점이 있다. 각 과업 직후 빠르게 평가를 하면 과업과 인터페이스에서 특히 문제가 있는 인터페이스 부분을 정확히 찾아내는 데 도움이 된다. 반면 세션이 끝난 후 평가를 하면 참가자가 제품과 충분히 상호작용할 기회를 가진 후에 보다 심층적인 평가와 개방형 질문을 통해 전반적인 평가를 효과적으로 할 수 있다. 웹사이트 사용자가 사이트를 방문한 목적대로 탐색한 후 '종료 설문 조사 exit survey' 형태로 자가측정 데이터를 수집하는 것도 일반적이다.

5.2.4 평가 수집 방법

UX 연구에서 자가측정 데이터를 수집하는 방법에는 질문에 답변하거나 구두로 평점을 매기는 방법, 종이 양식에 응답을 기록하는 방법, 온라인 도구를 사용해 응답을 하는 방법 등이 있다. 각 방법에는 장단점이 있다. 참가자가 구두로 답변을 하는 것은 참가자 입장에서 가장 쉽지만, 관찰자가 스스로 응답을 기록해야 하는 번거로움이 있고, 때로는 참가자가 구두로 낮은 평점을 말하는 자체에 불편해할 수 있으므로 어느 정도 편향이 생길 수 있다. 이 방법은 각 과업 후에 한 번만 빨리 평가하는 경우에 가장 효과적이다.

종이 매체와 온라인 매체는 빠르게 평점을 매기는 평가와 긴 설문 조사에 모두 적합하다. 종이 매체는 온라인보다 작성하기 쉬울 수 있지만, 데이터를 수동으로 입력해야 하고 필기한 내용을 해석하는 과정에서 오류가 발생할 가능성이 있다. 온라인 방식은 최근 웹 기반 설문 도구가 늘면서 평가를 점점 더 쉽게 운영할 수 있게 됐고, 설문 참가자들도 이런 온라인 도구 사용에 점점 더 익숙해지고 있다. 온라인 도구 사용의 효과적인 노하우를 소개하자면 조사할 때 참가자의 컴퓨터 옆에 온라인 설문지가 들어 있는 노트북 컴퓨터나 태블릿을 두는 것이다. 그러면 참가자는 온라인 설문 조사에 응답할 때 애플리케이션이나 웹사이트를 쉽게 참조할 수 있다.

> **온라인 설문 조사 도구**
>
> 웹에서 설문 조사를 만들고 관리할 수 있는 도구는 많다. '온라인 설문 조사 도구'를 검색하면 구글 폼, 퀄트릭스, 스냅서베이, 소고서베이, 서베이기즈모, 서베이몽키, 서베이쉐어, 타입폼, 조호서베이 등 꽤 많은 검색 결과가 나온다. 대부분 평가 척도, 체크박스, 드롭다운 목록, 그리드, 개방형 질문 등 다양한 질문 유형을 지원한다. 그리고 대개 무료 평가판 또는 기본 기능으로 제한된 구독 서비스를 통해 서비스를 무료로 사용해 볼 수 있다.

5.2.5 자가측정 데이터 수집의 편향

모 연구에 따르면 직접 대면하거나 전화로 답하는 방식으로 자가측정 데이터를 직접 요청받은 사람들은 익명의 웹 설문 조사를 요청받은 사람들보다 더 긍정적인 피드백을 제공하는 것으로 나타났다(Dillman et al., 2008). 이렇게 응답자가 다른 사람의 눈에 자신을 더 좋게 보일 거라고 믿는 답변을 하는 경향을 '사회적 선망 편향'social desirability bias, 사회적 바람직성에 의한 편향'이라고 한다(Nancarrow &

Brace, 2000). 예를 들어 전화 통화를 통해 제품의 만족도를 평가해 달라는 요청을 받은 사람들은 대개 익명으로 만족도를 평가할 때보다 만족도를 더 높게 매긴다. 전화 응답자 또는 사용성 실험실 참가자는 실험자가 듣고 싶어 하는 말을, (대개는 제품에 대한 긍정적인 피드백을) 들려주고 싶어 한다.

따라서 참가자가 조사를 마칠 때까지 조사 진행자나 운영자가 사용자의 응답을 볼 수 없는 방식으로 테스트 사후 데이터 post-test data를 수집하기를 바란다. 이 말은 즉, 사용자가 자동화된 설문 조사나 종이로 된 설문 조사를 작성하는 동안 진행자가 자리를 비우는 것도 괜찮다는 말이다. 설문 조사 자체를 익명으로 진행하면 보다 솔직한 반응을 이끌 수 있다. 어떤 UX 리서처들은 사용성 연구 참가자에게 사례를 주고 사무실이나 집으로 돌아가 설문 조사를 완료하게 하도록 제안한다. 이렇게 테스트 후 설문 조사를 하는 방법은 사용자에게 종이 설문지와 우편 요금이 지불된 봉투를 제공해 다시 우편으로 보내게 하는 방식으로 진행될 수도 있고, 온라인 설문 조사 가이드를 이메일로 보내는 방식으로 진행될 수도 있다. 이 방식의 가장 큰 단점은 설문 조사까지 마치는 사람이 어느 정도 줄어들 수 있다는 점이다. 그리고 또 다른 문제점은 사용자가 제품과 상호작용하고 설문 조사를 통해 평가하기까지의 시간이 길어져, 예측할 수 없는 결과가 나올 수 있다는 점이다.

5.2.6 평가 척도에 대한 일반 지침

좋은 평가 척도와 질문을 만들어내는 일은 어렵다. 그 일은 예술의 영역이자 과학의 영역이기도 하다. 따라서 척도와 질문을 직접 만들기 전에 5장에 나와 있는 기본 질문 세트를 살펴보고 대신 사용할 수 없을지 확인하자. 본인이 직접 만들어야 한다고 판단한다면 다음과 같은 몇 가지 고려 사항을 참고하라.

- 여러 척도를 사용하면 '삼각측량 triangulate'에 도움이 된다. 시각적 매력도 visual appeal, 신뢰성 credibility, 반응성 responsiveness 같은 특정 속성을 평가하는 척도를 설계할 때 기억해야 할 가장 중요한 점은 참가자에게 해당 속성을 평가할 수 있는 여러 다른 방법을 제시하면 더 신뢰할 수 있는 데이터를 얻을 수 있다는 것이다. 여러분은 결과를 분석할 때 응답을 평균해 해당 속성에 대한 참가자의 전반적인 반응을 파악할 것이다. 마찬가지로 긍정적인 진술과 부정적인 진술이 모두 포함된 설문지는 참가자가 응답한 두 유형의 진술을 모두 포함하는 것이 얼마나 유용하고 가치 있는 것인지를 보여준다.

- 척도의 선택값 개수가 홀수인가, 짝수인가? 평가 척도에 사용할 선택값의 개수는 UX 전문가들 사이에서 논쟁의 대상이며, 이는 척도에서 짝수 또는 홀수의 선택값을 사용하는 주제 또한 마찬가지이다. 홀수 개의 선택값에는 중간값, 즉 중립점이 있는 반면 짝수 개의 선택값은 중간값이 없기 때문에 사용자가 척도의 한쪽 방향이나 다른 쪽 방향에 치우친 값을 선택하게 된다. 우리는 대부분의 상황에서 중립적인 반응이 완벽하게 유효한 반응이며 평가 척도에서 허용돼야 한다고 생각한다. 따라서 대부분의 경우 홀수 개의 평가 척도를 사용한다. 그러나 중간점을 포함하지 않는 방법이 대면 평가 척도 관리 측면에서 사회적 바람직성 편향의 영향을 최소화할 수 있다고 알려져 있다(Garland, 1991).
- 또 다른 이슈는 평가 척도에 실제 사용할 선택값의 개수다. 어떤 사람들은 "많을수록 좋다"고 생각하지만 우리는 이 의견에 동의하지 않는다. 설문 조사 관련 문헌에 따르면, 9개 이상의 값은 유용한 정보를 추가로 제공하지 않는 것으로 나타났다(Cox, 1980; Friedman & Friedman, 1985). 실무에서는 대체로 5점 또는 7점 척도를 사용한다.

평가 척도가 5점이면 충분한가?

크레이그 핀스타드(Craig Finstad, 2010)는 평가 척도 세트(5장의 뒷부분에서 설명할 시스템 사용성 척도(SUS, System Usability Scale) 사용의 5점 버전과 7점 버전을 비교하는 흥미로운 연구를 수행했다. 평가는 구두로 진행됐다. 그는 참가자가 3.5, 3½, '3과 4 사이' 같은 보간(interpolation, 알려진 범위 내에서 중간값의 추정치)으로 답한 횟수를 세어봤다. 참가자는 척도에 주어진 두 값 사이에서 값을 선택하기를 원했다. 크레이그는 5점 척도를 사용하는 참가자가 7점 척도를 사용하는 참가자보다 보간을 사용할 가능성이 훨씬 높다는 사실을 발견했다. 실제로 5점 척도의 평가에서 약 3% 정도가 보간된 반면, 7점 척도의 평가에서는 보간을 사용한 경우가 전혀 없었다. 이는 참가자가 보간을 사용하려는 유혹을 받을 수 있는 구두 평가에서 7점 척도를 사용하면 더 정확한 결과를 산출할 수 있음을 시사한다(종이 기반의 설문에도 동일한 것으로 예상). 사우로(Sauro)도 7점 척도가 5점 척도보다 좀 더 낫다고 결론지었다(Sauro, 2010).

척도 값으로 숫자를 사용해야 하는가?

평가 척도를 설계할 때 발생하는 문제 중 하나는 사용자에게 각 척도의 위치에 숫자를 표시할지 여부이다. 우리는 5~7개 이하의 값으로 구성된 척도에는 각 위치에 숫자를 추가할 필요가 없다고 생각한다. 그러나 척도 값의 수가 늘수록 사용자가 척도상 위치를 파악하는 데 숫자가 더 유용할 수 있다. 또한 -3, -2, -1, 0, +1, +2, +3 같은 숫자 척도는 사용하지 않기를 바란다. 연구에 따르면, 사람들은 0이나 음수 값은 피하는 경향이 있다(Schwarz et al., 1991; Sangster & Willitz, 2001).

5.2.7 평가 척도 데이터 분석하기

평가 척도의 데이터를 분석하는 가장 일반적인 기법은 각 척도 위치에 숫자를 할당하고 사용자가 답한 숫자들의 평균을 계산하는 것이다. 예를 들어 5점 리커트 척도의 경우 척도의 '매우 동의하지 않음'에 1을 할당하고 '매우 동의함'에 5를 할당할 수 있다. 그런 다음 이 평균을 여러 과업, 연구, 사용자 그룹 등에 걸쳐 비교할 수 있다. 이 방법은 대부분의 UX 전문가와 마켓 리서처 사이에서 일반적인 사용 방법이다. 평가 척도 데이터는 엄밀히 말해 구간형 데이터가 아니지만 많은 전문가가 이를 구간형으로 취급한다. 예를 들어 리커트 척도에서 1과 2 사이의 거리는 같은 척도에서 2와 3 사이의 거리와 동일하다고 가정한다. 이러한 가정을 간격의 정도라고 한다. 또한 두 척도 위치 사이의 값이 의미가 있다고 가정한다. 결론은 이 데이터가 구간형 데이터에 가까워서 그렇게 취급할 수 있다는 것이다.

평가 척도의 데이터를 분석할 때는 응답의 실제 빈도 분포를 살펴보는 것이 중요하다. 각 평가 척도에는 응답 옵션의 수가 상대적으로 적기 때문에(예: 다섯에서 아홉 가지) 과업 시간과 같은 연속형 데이터보다 분포를 살펴보는 것이 훨씬 더 중요하다. 평균만 보면 놓칠 수 있는 중요한 정보를 응답 분포에서 발견할 수 있다. 예를 들어 20명의 사용자에게 "이 웹사이트는 사용하기 쉽다"라는 문장에 대해 1~7점 척도로 동의 여부를 평가하도록 요청했고, 그 결과 평균이 4점(중간)이었다고 가정해 보겠다. 사용자들이 기본적으로 사이트의 사용 용이성(ease of use)에 대해 미온적이었다고 결론 내릴 수 있다. 하지만 평점의 분포를 살펴보면, 10명의 사용자가 '1'로 평가하고, 10명이 '7'로 평가한 것을 알 수 있다. 사실 미온적인 평가를 한 사람은 아무도 없었다. 그들은 평가 대상이 훌륭하다고 생각하거나 싫어했던 것이다. 이런 상황에서 여러분은 다음으로, 해당 사이트를 싫어하는 사람들 사이에 공통점이 있는지(예: 이전에 사이트를 사용해 본 적이 없었다는 점), 사이트를 좋아하는 사람들 사이에 공통점이 있는지(예: 사이트를 오랫동안 사용했다는 점)를 확인하기 위해, 세분화 분석을 수행할 수 있다.

> **평가 척도는 어떤 숫자로 시작해야 할까?**
>
> 사용자에게 각 척도 값으로 숫자를 보여줄지 여부에 관계없이, 일반적으로 분석을 위해 내부적으로 숫자를 사용한다. 그런데 척도는 0과 1 중 어떤 숫자로 시작해야 할까? 평균 평점을 표시할 때 척도가 무엇인지 함께 밝힌다면 대체로 문제가 되지 않는다(예: 1~5 척도에서 평균 3.2). 하지만 상황에 따라 0에서 시작하는 게 편리한 경우도 있다. 특히 척도를 최고 평점의 백분율로 표현하려는 경우에 더욱 그렇다. 1~5점 척도에서 5점은 100%에 해당하지만 1점은 20%에 해당하지 않는다(평점에 20을 곱해 백분율을 계산하는 방법은 잘못된 것임). 1~5점 척도에서 1은 가장 낮은 등급이므로 0%에 해당해야 하는데, 논리적으로 맞지 않다. 따라서 이런 경우에는 평점 척도를 0부터 시작해 0이 0%에 해당하도록 시작 척도를 조정함으로써 논리적 오류를 바로잡아야 한다.

평가 척도 데이터를 분석하는 또 다른 방법은 상위 1점$^{top\text{-}box}$ 또는 상위 2점$^{top\text{-}2\text{-}box}$ 점수를 살펴보는 것이다. 1부터 5까지의 평가 척도를 사용한다고 가정해 보자. 여기서 5는 '매우 동의함'을 의미한다. 그림 5.1의 샘플 데이터는 상위 1점과 상위 2점의 점수를 표시한 것이다. 상위 1점 점수는 5점을 준 참가자의 비율이고, 상위 2점은 4점 또는 5점을 준 참가자의 비율이다(상위 2점 점수는 7점, 9점 같이 큰 척도에서 더 일반적으로 사용된다). 이 분석 방법의 장점은 얼마나 많은 참가자가 매우 긍정적인 평가를 했는지 한눈에 보여주는 데 있다(이 분석 방법은 다른 극단에 초점을 맞춰 하위 1점$^{bottom\text{-}box}$ 또는 하위 2점$^{bottom\text{-}2\text{-}box}$ 분석으로도 수행할 수도 있다). 상위 1점 또는 상위 2점 점수로 변환하면 데이터는 더 이상 구간형 데이터로 간주되면 안 된다. 이때 데이터는 빈도로만 보고해야 한다(예: 상위 1점 평점을 준 사용자의 비율). 또한 상위 1점 점수나 상위 2점 점수를 계산하면 정보가 손실된다는 점에 유의하자. 이 분석에서 기본적으로 낮은 평점은 무시된다.

	A	B	C	D
			fx	=IF(B2>4,1,0)
1	참가자	평가(1-5점 척도)	상위 1점?	상위 2점?
2	P1	4	0	1
3	P2	5	1	1
4	P3	3	0	0
5	P4	4	0	1
6	P5	2	0	0
7	P6	3	0	0
8	P7	5	1	1
9	P8	4	0	1
10	P9	3	0	0
11	P10	5	1	1
12	평균	3.8	30%	60%

그림 5.1 엑셀에서 평점으로부터 상위 1점과 상위 2점 점수를 계산하는 예제. 엑셀의 "=IF" 함수는 개별 평점이 4점보다 큰지(상위 1점), 또는 3점보다 큰지(상위 2점) 확인하는 데 사용된다. 참인 경우 1의 값이 주어지고, 거짓인 경우 0의 값이 주어진다. 이 1과 0 값들을 합쳐 평균을 내면 상위 1점 또는 상위 2점 점수의 백분율을 알 수 있다.

척도에서 '긍정' 또는 '동의함'은 양 끝 중 어디에 위치해야 할까?

딱히 정해진 규칙은 없지만, 수평 척도에서 긍정/동의는 일반적으로 오른쪽에 위치하는 게 좋다. (대체로, 서양 문화권에서는) 왼쪽에서 오른쪽으로 갈수록 속성이나 동의 정도가 증가한다고 생각하기 때문이다. 마찬가지로 수직 척도를 사용한다면 흔히 '최고(top)' 점수가 가장 좋다고 생각하기 때문에 긍정/동의는 일반적으로 위쪽에 있어야 한다. 하지만 어떤 방식을 채택하든 가장 중요한 것은 일관성을 유지하는 것이다.

실용적 관점으로 생각해보면 평균을 사용해 평가 척도를 분석할 때와 상위 1점 또는 상위 2점 점수를 분석할 때 둘은 어떤 차이가 있을까? 그 차이를 설명하기 위해 2008년 미국 대통령 선거 직전 실시된 온라인 사용성 연구의 데이터를 살펴봤다(Tullis, 2008c). 당시 두 유력 후보로 버락 오바마와 존 매케인이 있었고, 두 후보 모두 본인의 선거용 웹사이트를 가지고 있었다. 참가자들은 무작위로 배정된 사이트 중 하나에서 동일한 네 가지 과업을 수행하도록 요청받았다. 그들은 각 과업이 끝나면 1부터 5까지의 척도(1 = 매우 어려움, 5 = 매우 쉬움)로 얼마나 쉬운지 평가했다. 25명의 참가자는 오바마 사이트에서, 19명은 매케인 사이트에서 과업을 수행하고 난이도를 평가했다. 그런 다음 평균, 상위 1점 점수, 상위 2점 점수를 계산해 과업의 난이도 평점을 분석했다. 그림 5.2는 결과를 그래프로 시각화한 것이다.

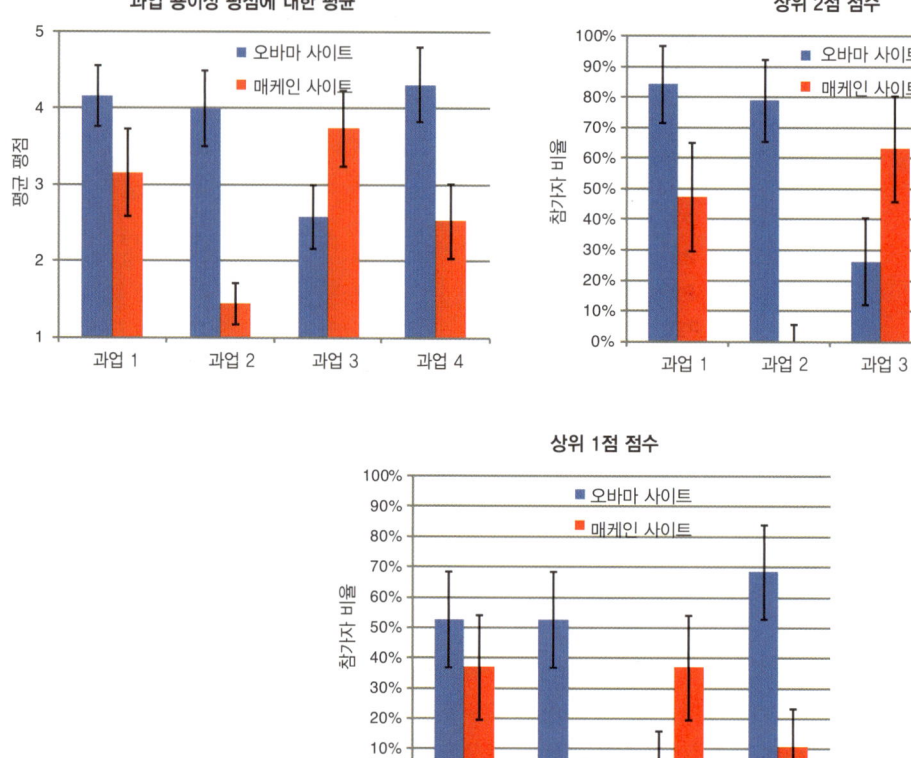

그림 5.2 오바마와 매케인 웹사이트 연구에서 진행된 과업 용이성 평가에 대한 세 가지 분석: 평균 평점, 상위 2점 점수, 상위 1점 점수(Tullis, 2008c). 세 가지 분석 방법에서 어떤 유사한 패턴이 나타나는지, 두 사이트 사이에 어떤 명백한 차이가 보이는지 살펴보자. 각 차트에서 오차 막대는 90% 신뢰구간을 나타낸다.

세 차트 모두 세 가지 과업(과업 1, 2, 4)에서 오바마 사이트가 매케인 사이트보다 높은 평가를 받은 반면, 매케인 사이트는 한 가지 과업(과업 3)에서 오바마 사이트보다 높은 평가를 받은 것으로 보인다. 그러나 분석 방법에 따라 두 사이트는 명백한 차이를 보인다. 실제로 평균에 비해 상위 1점과 상위 2점을 차지한 두 사이트의 점수는 더 큰 차이를 보이는 경향이 있다(그렇다고 해서 과업 2에 대한 상위 1점과 상위 2점 차트에 오류가 있는 것은 아니다. 참가자 중 누구도 매케인 사이트에 대해 해당 과업에 상위 1점 또는 상위 2점 등급을 부여하지 않았다). 오차 막대는 평균에 비해 상위 1점과 상위 2점 점수가 더 큰 경향이 있다는 점에 유의하도록 하자.

여러분은 평가 척도를 평균 또는 상위 n점 점수들을 사용해 분석해야 할까? 실제로 우리는 일반적으로 평균을 사용하는데, 이는 모든 데이터를 고려하기 때문이다(상위 1점 또는 상위 2점 분석에서처럼 일부 평점을 무시하지 않음). 하지만 어떤 회사 또는 어떤 고위 경영진은 상위 점수(주로 시장 조사에서 얻은 정보)에 더 익숙하기 때문에 상황에 따라 상위 점수를 사용한다(결과를 누구에게 제시할 것인지 아는 것도 중요하다).

> **상위 점수에 대한 신뢰구간을 어떻게 계산하는가?**
>
> 평가 결과의 평균을 계산하는 경우, 다른 연속형 데이터와 동일한 방식으로 엑셀의 "=CONFIDENCE.T" 함수를 사용해 신뢰구간을 계산할 수 있다. 하지만 상위 1점이나 상위 2점 점수를 계산하는 경우에는 그렇게 간단하지 않다. 각 평점에 대한 상위 1점 또는 상위 2점 값을 계산할 때는 값을 이진 데이터(binary data)로 변환하는데, 각 평점은 상위 1점 값(또는 상위 2점 값)인 경우도 있고 그렇지 않은 경우도 있다. 그림 5.1에서 각 상위 1점(또는 상위 2점) 값은 0 또는 1이다. 이 데이터는 4장에서 살펴본 과업 성공 데이터와 비슷해 보인다. 이진 데이터를 다루는 경우, 신뢰구간은 수정 왈드를 사용해 계산해야 한다. 자세한 내용은 4장을 참조하자.

5.3 과업 사후 평가

각 과업과 관련된 평가의 주된 목적은 참가자가 어떤 과제가 가장 어려웠다고 생각하는지에 대한 인사이트를 도출하는 것이다. 이를 통해 시스템 또는 제품에서 어떤 부분이 개선이 필요한지 파악할 수 있다. 이 정보를 수집하는 방법은 참가자에게 각 과업을 한 가지 이상의 척도로 평가하도록 요청하는 것이다. 다음 절에서는 몇 가지 구체적인 기법을 살펴본다. 예를 들어 앞서 나온 그림 5.2에 표시된 데이터는 오바마 사이트의 사용자가 과업 3을 가장 어려운 과업으로 평가한 반면, 매케인 사이트의 사용자는 과업 2를 가장 어려운 과업으로 평가했음을 보여준다.

5.3.1 사용 용이성

가장 일반적인 평가 척도는 사용자에게 각 과업이 얼마나 쉬웠는지 또는 얼마나 어려웠는지 간단히 평가하도록 요청하는 것이다. 이 과정에서는 대개 5점 또는 7점 척도를 사용해 과업을 평가하도록 요청한다. 어떤 UX 전문가는 "이 과업은 완료하기 쉬웠다"(1 = 매우 동의하지 않음, 3 = 동의하지도 동의하지 않지도 않음, 5 = 매우 동의함)와 같은 전통적인 리커트 척도를 선호하고, 어떤 사람들은 "쉬움/어려움easy/difficult"과 같은 기준 용어anchor term, 앵커 텀를 사용하는 의미 차등 기법semantic differential technique을 선호한다. 어떤 기법을 사용하든 과업 수준에서 인식된 유용성을 측정할 수 있다. 사우로와 뒤마는 7점짜리 단일 평가 척도를 테스트했는데, 이들은 이를 '단일 용이성 질문SEQ, Single Ease Question'이라고 명명했다(Sauro and Dumas, 2009).

전반적으로 이 과업은 어땠나요?

매우 어려움   ○   ○   ○   ○   ○   ○   ○   매우 쉬움

연구자들은 이 방식을 다른 여러 사후 평가 방법들과 비교한 결과, 가장 효과적이라고 밝혔다.

5.3.2 시나리오 사후 설문지

짐 루이스는 사용자가 일련의 과업 또는 시나리오를 완료한 후에 사용할 수 있는 시나리오 사후 설문지ASQ, After-Scenario Questionnaire: 세 가지 평가 척도로 구성를 개발했다(Jim Lewis, 1991).

1. "이 시나리오의 과업을 쉽게 완료할 수 있어 만족합니다."
2. "이 시나리오의 과업을 완료하는 데 걸린 시간에 만족합니다."
3. "과업을 완료하는 과정에서 제공되는 지원 정보(온라인 도움말, 메시지, 문서 자료)에 만족합니다."

각 문항에는 "매우 동의하지 않음"부터 "매우 동의함"까지의 7점 등급 척도가 함께 제공된다. ASQ의 질문은 사용성의 세 가지 기본 영역인 효과성(effectiveness, 설문 1), 효율성(efficiency, 설문 2), 만족도(satisfaction, 세 가지 설문 모두에 해당)에 대해 묻는다.

5.3.3 기대치 측정하기

앨버트와 딕슨은 각 과업에 대한 사용자의 주관적 반응을 평가하는 또 다른 접근 방식을 제안했다(Albert and Dixon, 2003). 구체적으로 설명해 보자면 그들은 각 과업에서 가장 중요한 것은 사용자가 그 과업이 얼마나 쉽거나 어려울 것으로 예상했던 것에 비해, 실제로 과업이 얼마나 쉽거나 어려웠는지 확인하는 것이라고 주장했다. 따라서 그들은 사용자들이 과업을 수행하기 전에 (과업과 제품 유형에 대한 이해를 바탕으로) 각 과업이 얼마나 쉽거나 어려울 것으로 예상하는지 평가하게 했다. 사용자들은 특정 과업이 다른 과업보다 쉬울 것으로 예상했다. 예를 들어 주식의 현재 시세를 확인하는 것이 전체 금융 포트폴리오를 재조정하는 일보다 쉬울 것 등이다. 그리고 다음으로, 각 과업을 수행한 후 사용자에게 해당 과업이 실제로 얼마나 쉽거나 어려웠는지 평가하도록 요청했다. '과업 수행 전' 평가는 기대치 측정expectation rating, '수행 후' 평가는 경험치 측정experience rating이라고 한다. 그들은 두 평가 모두 7점 평가 척도(1점 = 매우 어려움, 7점 = 매우 쉬움)를 사용했다. 각 과업에 대해 평균 기대치 평점과 평균 경험치 평점을 계산할 수 있으며, 그림 5.3처럼 각 과업에 대한 두 점수를 산점도로 시각화할 수 있다.

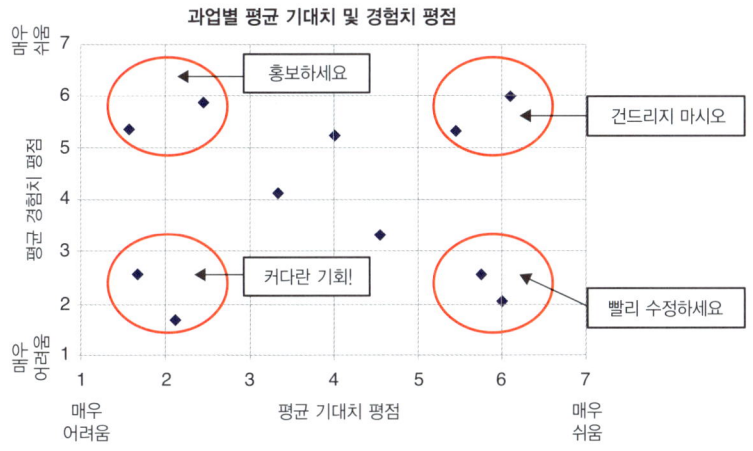

그림 5.3 사용성 테스트에서 일련의 과업에 대한 평균 기대치 평점과 평균 경험치 평점의 비교. 과업이 사분면 내 어느 분면에 속하는지 살펴보면 개선을 위한 과업의 우선순위를 정하는 데 도움이 된다(Albert and Dixon(2003)에서 수정 사용됨, 허가 받아 사용).

산점도의 사분면은 각 과업에 대한 흥미로운 통찰과 개선 시 집중해야 할 부분에 대한 정보를 제공한다.

1. 오른쪽 하단에는 사용자들이 쉬울 것이라고 예상했지만 실제로는 어려웠던 과업이 표시된다. 이러한 과업은 아마도 사용자에게 가장 크게 불만족스러웠고 가장 큰 실망을 안겨준 과업일 것이다. 이러한 과업이 가장 먼저 집중 개선해야 할 과업들이므로, 이를 "빠른 수정 필요" 사분면이라고 한다.
2. 오른쪽 상단에는 사용자가 쉬울 것이라고 생각했고 실제로도 쉬웠던 과업이 표시된다. 이들은 잘 작동하고 있다. 변경해서 되려 부정적 영향을 미치게 하고 싶지는 않을 것이다. 그래서 이 영역은 "손대기 금지" 사분면이라고 부른다.
3. 왼쪽 상단에는 사용자가 어려울 것이라고 생각했는데 실제로는 쉬웠던 과업들이 표시된다. 이 과업들은 사용자와 시스템 디자이너 모두에게 기분 좋은 깜짝 선물 같은 존재이다! 이 과업들은 경쟁사와 차별화할 수 있는 사이트 또는 시스템의 기능을 의미할 수 있으므로, 이를 "홍보 필요" 사분면이라고 한다.
4. 왼쪽 하단에는 사용자가 어려울 것이라고 생각했고 실제로도 어려웠던 과업들이 표시된다. 여기에는 크게 놀라운 장점은 없지만 개선 가능한 중요한 기회가 잠재할 수 있다. 그렇기 때문에 이 영역을 "커다란 기회" 사분면이라고 부른다.

5.3.4 과업 사후 자가측정 지표의 비교

테데스코와 툴리스는 온라인 사용성 연구에서 다양한 과업 기반 자가측정 지표를 비교했다 (Tedesco and Tullis, 2006). 그들은 참가자들로 하여금 각 과업 수행 후 다음과 같은 다섯 가지 자가측정 평가를 하게 했다.

조건 1: "전반적으로, 이 과업은 매우 어려웠음 … 매우 쉬웠음" / 이 척도는 많은 사용성 팀에서 일반적으로 사용하는, 매우 간단한 과업 사후 평가 척도이다.

조건 2: "이 과업에 대한 사이트의 사용성을 평가해 주세요. 매우 사용하기 어려움 … 매우 사용하기 쉬움"/이 척도는 조건 1과 유사한 측면이 있지만, 과업보다는 사이트의 사용성에 중점을 두고 있다. 아마 사용성 전문가들만 그 차이를 감지할 수 있겠으나, 우리는 사용성 관점에서의 답변을 듣고 싶었다!

조건 3: "전반적으로, 이 과업을 쉽게 완료할 수 있어 만족한다. 매우 동의하지 않음 … 매우 동의함"/"전반적으로, 이 과업을 완료하는 데 걸린 시간에 만족한다. 매우 동의하지 않음 …

매우 동의함"/이 질문은 루이스Lewis의 ASQ에서 사용된 세 가지 질문 중 두 가지 질문이다 (Lewis, 1991). ASQ의 세 번째 질문은 온라인 도움말 등 지원 정보에 대해 묻는 질문으로, 본 연구와 관련이 없어 사용하지 않았다.

조건 4: [모든 과업을 수행하기 전] "이 과업이 얼마나 어렵거나 쉬울 것으로 예상되는가? 매우 어려움 … 매우 쉬움"/[각 과업을 수행한 후] "이 과업이 얼마나 어렵거나 쉬웠는가? 매우 어려움 … 매우 쉬움"/이 척도는 앨버트와 딕슨의 기대치 척도이다(Albert and Dixon, 2003).

조건 5: "이 웹사이트가 과업을 얼마나 잘 지원했는지, 1에서 100 사이의 숫자로 답해달라. 1점은 사이트가 전혀 지원하지 않았고 완전히 사용하기 어려움을 의미한다. 100점은 사이트가 완벽하고 개선이 전혀 필요하지 않음을 의미한다."/이 조건은 테스트 참가자에게 자신만의 "사용성 척도"를 만들도록 요청하는 사용성 강도 추정(Usability Magnitude Estimation by McGee, 2003)이라는 방법에서 착안했다.

이 기법들은 온라인 연구를 통해 비교됐다. 참가자들은 직원 정보(전화번호, 위치, 관리자 등)를 조회하는 데 사용되는 실제 애플리케이션에서 여섯 가지 과업을 수행했다. 각 참가자는 다섯 가지 자가측정 기법 중 한 가지로만 평가했다. 총 1,131명이 온라인 연구에 참여했고, 각 자가측정 기법 사용 참가자 그룹은 최소 210명이었다.

이 연구의 주요 목적은 이런 평가 기법이 과업의 난이도 차이를 감지하는 데 민감한지 확인하는 것이었다. 다음 페이지에 나오는 그림 5.4는 각 과업에 대한 과업 평가의 평균을 조건별로 나눠 보여준다. 중요한 발견점은 어떤 기법을 사용하든 결과의 패턴이 매우 유사하다는 것이다. 이는 큰 표본 크기(총 1,131명)를 고려하면 놀라운 일은 아니다. 즉, 표본 크기가 크면 다섯 가지 기법 모두 과업을 효과적으로 구분할 수 있다는 의미이기도 하다.

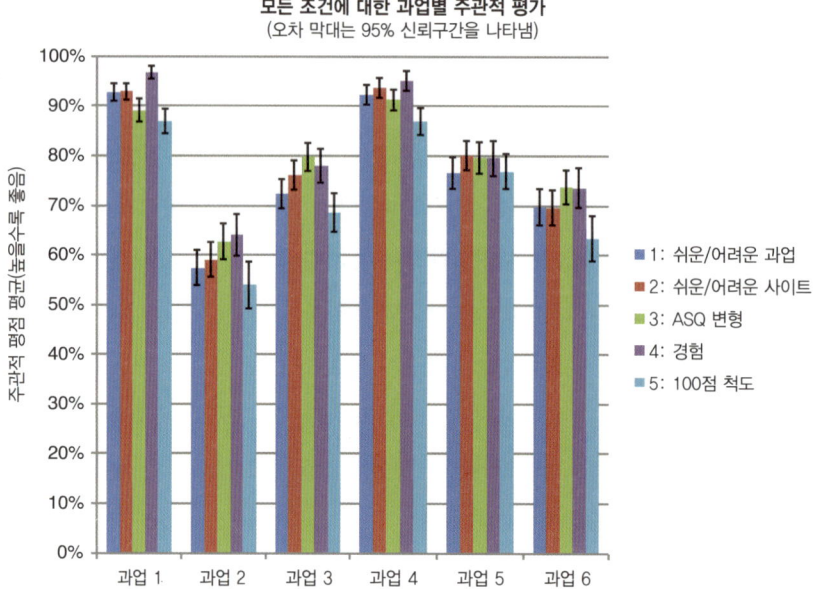

그림 5.4 과업과 조건별로 구분된 주관적 평가 평균. 다섯 가지 조건(자가측정 기법) 모두 여섯 가지 과업에 대해 본질적으로 동일한 패턴 결과를 산출했다(Tedesco and Tullis(2006)에서 수정 사용됨, 허가 받아 사용).

한편 사용성 테스트에서 보다 일반적으로 적용되는 작은 표본 크기에서는 어떨까? 이 질문에 답하기 위해 우리는 전체 데이터 세트에서 여러 크기의 무작위 샘플을 다량으로 추출해 하위 샘플링 분석을 실시했다. 그 결과는 다음 페이지의 그림 5.5에 나와 있으며, 각 하위 표본의 데이터와 전체 데이터 세트 간의 상관관계가 각 하위 표본 크기에 따라 표시돼 있다.

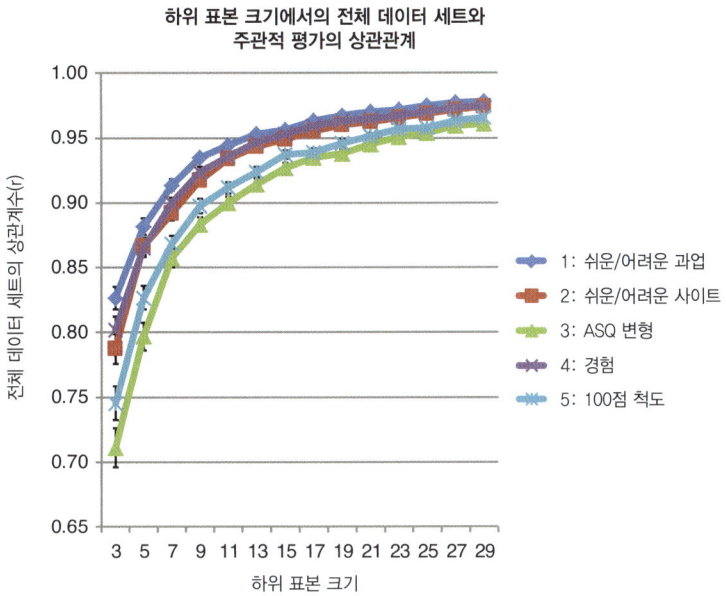

그림 5.5 ① 다양한 크기의 하위 표본에서 얻은 6개 과업에 대한 평가와 ② 각 조건에 대한 전체 데이터 세트 간의 상관관계를 보여주는 하위 표본 분석 결과. 오차 막대는 평균에 대한 95% 신뢰구간을 나타낸다. 시나리오 사후 설문지(ASQ, After-Scenario Questionnaire). (Tedesco and Tullis(2006)에서 수정 사용됨, 허가 받아 사용)

주요 발견점은 다섯 가지 조건 중 하나인 조건 1이 가장 작은 표본 크기에서 시작해 계속해서 더 나은 상관관계를 보였다는 점이다. 많은 사용성 테스트에서 흔히 볼 수 있는 7명의 표본 크기가 전체 데이터 세트와의 상관관계는 평균 0.91로 다른 조건보다 훨씬 높았다. 그리고 가장 단순한 평가 척도인 조건 1("전반적으로, 이 과업은 매우 어려웠음 … 매우 쉬웠음")은 표본 크기가 작을 때도 가장 신뢰도가 높았다. 이 척도는 사우로가 설명한 SEQ$^{\text{Single Ease Question}}$이다(Sauro, 2012).

과업 중 평가는?

한 연구에 따르면 과업을 수행하는 동안 평가를 요청하면 사용자의 과업 경험을 보다 정확하게 측정할 수 있다고 한다(Teague et al., 2001). 연구진은 참가자들의 사용 용이성(ease of use)에 대한 평가가 과업 중보다 과업 완료 후에 훨씬 더 높다는 사실을 발견했다. 과업을 완료하는 것이 얼마나 어려웠는지에 대한 참가자의 인식은 과업 성공 여부에 따라 달라질 수 있다.

5.4 전반적 사용자 경험 평가

자가측정 지표의 가장 일반적 용도는 제품과의 상호작용 후 인지된 사용자 경험을 전반적으로 측정하는 것이다. 이 지표는 사용자 경험의 전반적 '바로미터'로 사용될 수 있으며, 특히 시간이 지남에 따라 동일한 측정 기법으로 지속 기록하는 경우 더욱 그렇다. 마찬가지로 이런 종류의 평가는 단일 연구에서 여러 디자인 대안을 비교하거나 제품, 애플리케이션, 웹사이트 등을 경쟁사와 비교하는 데 사용될 수 있다.

여러분은 전반적인 사용자 경험을 평가하기 위한 목적으로 자체적인 평가 척도를 개발하고 싶을 수도 있지만, 그보다는 평가에 사용할 수 있는 표준 도구(설문지)를 하나 이상 활용해 볼 것을 강력히 권장한다. 표준 도구를 사용하면 다음과 같은 이점이 있다.

- 편향되지 않은 데이터를 생성하기 위해 신중하게 제작, 검증됐다.
- 이 도구를 사용해 만들어진 UX 문헌에 여러 연구 사례가 있어 참고할 수 있다.
- 대다수의 경우, 비교 목적으로 기존 연구들의 벤치마크 데이터를 사용할 수 있다.

사용자 경험의 다양한 측면을 평가하는 표준 도구는 5장에서 다루는 수준보다 훨씬 많고 다양하다. 이 책에서는 우리가 개인적으로 사용해 온 몇 가지 도구들만 자세히 설명하고, 이 외에 참고할 만한 많은 도구 목록은 주석으로 제공한다. 이 도구들의 목적은 다소 다를 수 있다는 점에 유의하자. 어떤 도구는 순전히 사용성에 초점을 맞췄는가 하면 어떤 도구는 좀 더 일반적으로 사용자 경험 또는 제품 사용 시 인지된 난이도 같은 특정 측면에 주안점을 두고 있다.

5.4.1 시스템 사용성 척도

시스템이나 제품의 인지된 사용성을 평가하는 데 가장 널리 사용되는 도구는 시스템 사용성 척도SUS, System Usability Scale다. 이 척도는 1986년 존 브룩이 디지털 이큅먼트 코퍼레이션(미국 컴퓨터 회사)에서 근무하던 시절에 처음 개발됐다(Brooke, 1996). 그림 5.6에서 볼 수 있듯 사용자의 동의 수준을 평가하는 10개의 문항으로 구성돼 있으며, 문항의 반은 긍정적으로, 반은 부정적으로 표현돼 있다. 각 문항에 5점의 동의 척도가 사용되며, 10개의 평점을 합산해 전체 점수(0~100점 척도)를 산출하는 기법도 제공된다. SUS 점수가 0일 경우 '최악'을, 100점일 경우 '최고'를 의미한다. 수백 건의 UX 연구 문헌에서 SUS를 사용한 것으로 보고되고 있다.

SUS 점수 계산하기

SUS 점수를 계산하려면 먼저 각 항목의 점수 기여도를 합산한다. 각 항목의 점수 기여도는 0에서 4까지다. 항목 1, 3, 5, 7, 9의 경우 점수 기여도는 척도 위치에서 1을 뺀 값이고, 항목 2, 4, 6, 8, 10의 경우 기여도는 5에서 척도 위치를 뺀 값이다. 전체 SUS 점수를 구하려면 점수의 합에 2.5를 곱한다. 그림 5.6의 샘플 데이터를 살펴보자. 이 규칙을 사용한 값의 합은 22다. 여기에 2.5를 곱하면 전체 SUS 점수는 55가 된다. 또는 더 좋은 방법으로, www.MeasuringUX.com에서 SUS 점수 계산용 스프레드시트를 다운로드할 수 있다.

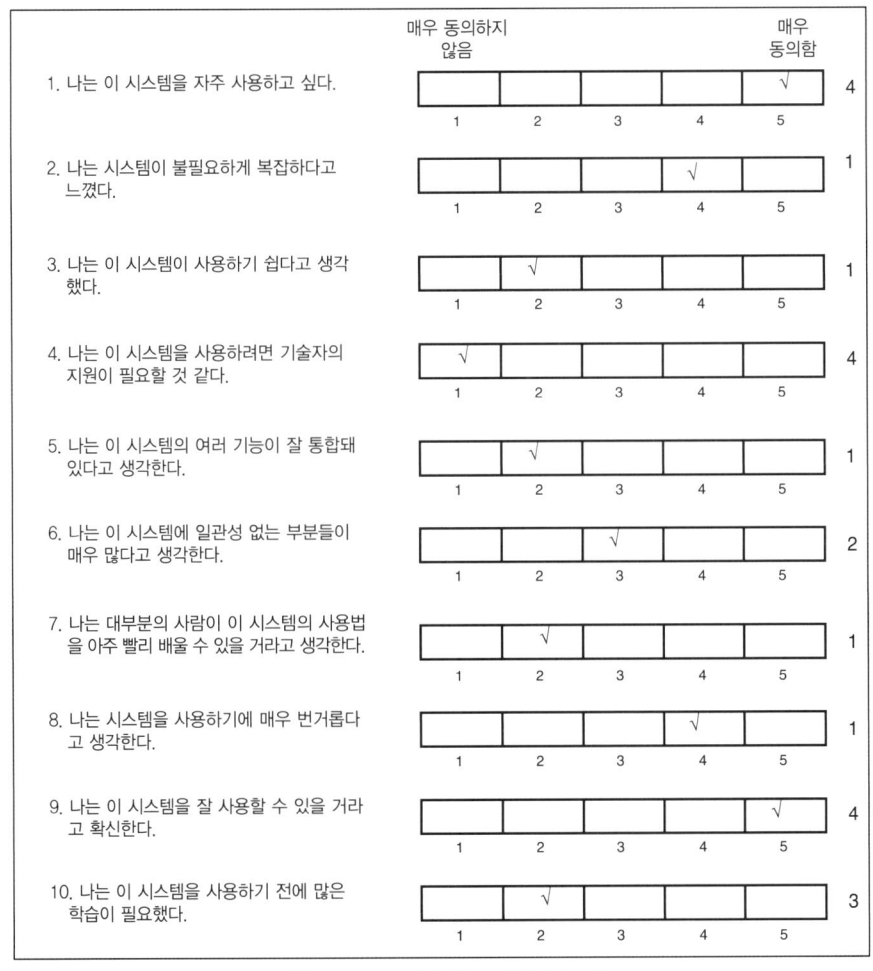

그림 5.6 존 브룩이 개발한 SUS 점수 계산 예시

SUS는 학계와 업계의 UX 연구에 사용할 수 있도록 무료로 제공되고 있다. SUS를 사용하기 위한 유일한 조건은 보고서에 측정 도구의 출처를 명기하라는 것이다. SUS는 널리 사용돼왔기 때문에 많은 UX 연구 문헌에서 데스크톱 애플리케이션, 웹사이트, 음성 응답 시스템 등 여러 제품 및 시스템에 대한 SUS 점수를 쉽게 접할 수 있다. 툴리스(Tullis, 2008a)와 뱅고어 등(Bangor, Kortum, and Miller, 2008)은 다양한 연구에서 사용된 SUS 점수 사례들을 연구했다. 툴리스는 SUS의 129개의 다양한 사용 사례에 대한 데이터를 발표했고 뱅고어 등은 206개의 데이터를 발표했다. 두 데이터 세트의 빈도 분포는 그림 5.7에서 볼 수 있듯이 매우 유사하며, 연구 점수 중앙값은 툴리스 데이터의 경우 69점, 뱅고어 등의 데이터는 71점으로 나타났다. 뱅고어 등은 데이터를 기반으로 SUS 점수에 대해 다음과 같은 해석을 제시했다.

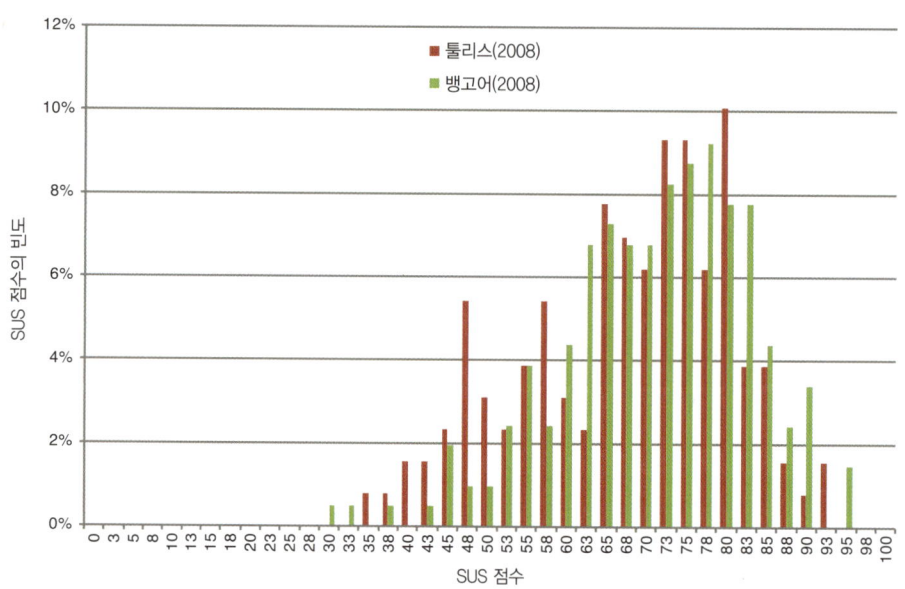

그림 5.7 툴리스(Tullis, 2008)와 뱅고어 등(Bangor et al, 2008)이 분석한 평균 SUS 점수의 빈도 분포. 툴리스 데이터는 총 129개의 연구 조건을, 뱅고어 등의 데이터는 206개의 조건을 기준으로 한다.

- 70 이상: 허용됨
- 50~70: 한계 구간
- 50 미만: 허용되지 않음

> **시스템 사용성 척도 관련 자료**
>
> 우리는 우리의 웹사이트에 SUS와 관련된 몇 가지 관련 자료들을 게시해 놓았다(MeasuringUX.com/sus). 여기에는 SUS의 퀄트릭스, 구글폼 버전, SUS 점수 계산용 스프레드시트, 50개 연구 문헌에서 다룬 129개 조건에 대한 SUS 점수가 포함된 스프레드시트, SUS에 대해 발표된 여러 연구에 대한 링크가 포함돼 있다.

뱅고어, 코르툼, 밀러는 273개 연구에서 약 3,500건에 달하는 SUS 설문 조사를 분석했다(Bangor, Kortum, and Miller, 2009). 그들은 SUS 분석 결과를 다른 사람에게 전달하는 데 유용한 '등급 척도grading scale'를 개발했다. 그들의 등급 척도는 다음과 같이 치환해 사용할 수 있다.

- 90~100: A
- 80~89: B
- 70~79: C
- 50~59: D
- 50 미만: F

> **시스템 사용성 척도의 요인**
>
> SUS는 본래 인지된 사용성을 단일 속성으로 평가하도록 설계됐지만, 루이스와 사우로는 실제로는 SUS에 두 가지 요인이 있음을 발견했다(Lewis and Sauro, 2009). 8개 문항은 사용성 요인을 반영하고 2개 문항은 학습성 요인을 반영한다. SUS 평가로 이 두 가지 요인을 쉽게 계산할 수 있다.

> **SUS에는 긍정 문항과 부정 문항이 모두 필요한가?**
>
> 그림 5.6에서 볼 수 있듯이 SUS 문항 중 절반은 긍정적이고, 절반은 부정적이다. 어떤 사람들은 이 접근 방식이 참가자들을 '정신을 바짝 차리게 만든다'고 주장하는 반면 혹자는 이 방식이 일부 참가자들을 혼란스럽게 하고 심지어 잘못된 응답을 하게 만든다고 주장했다. 사우로와 루이스는 SUS의 기존 버전인 '긍정과 부정이 섞여 있는' 버전과 '모두 긍정인' 버전을 비교하는 연구를 수행했다(Sauro and Lewis, 2011). 두 버전의 평균 SUS 점수는 큰 차이가 없는 것으로 나타났다. 그러나 27개의 SUS 데이터 세트를 검토한 결과, 연구의 11%에 SUS 데이터의 일부가 잘못 코딩됐고, 개별 SUS 설문지 중 13%가량에 사용자의 실수가 있었다는 사실을 발견했다. 연구자들은 이런 오류 가능성을 피하기 위해 모든 문항이 긍정적인 버전을 사용할 것을 제안한다. 모두 긍정적인 문항으로 구성된 버전을 사용하려면 사우로와 루이스의 연구 논문을 참조하라(Sauro and Lewis, 2011).

5.4.2 컴퓨터 시스템 사용성 설문지

과업 사후 평가용 ASQ 기법을 개발한 짐 루이스는 사용성 연구 조사 마지막에 활용할 용도로 시스템에 대해 전반적인 평가를 하는 컴퓨터 시스템 사용성 설문지^{CSUQ, Computer System Usability Questionnaire}도 개발했다(Jim Lewis, 1995). CSUQ는 문구만 약간 다른 점을 제외하면, 루이스의 PSSUQ^{Post-Study System Usability Questionnaire, 연구 사후 시스템 사용성 설문지}와 매우 유사하다. PSSUQ는 원래 직접 대면해 실시하도록 설계된 반면, CSUQ는 우편 또는 온라인으로 실시하도록 설계됐다. CSUQ는 다음의 19개 문항으로 구성돼 있으며, 사용자는 '매우 동의하지 않음'부터 '매우 동의함'까지 7점 척도로 동의 여부를 묻는다. 'N/A(해당 사항 없음)' 답변도 가능하다.

1. 전반적으로 시스템의 사용 용이성에 만족한다.
2. 시스템은 사용하기에 간단했다.
3. 시스템을 사용해 내가 원하는 과업과 시나리오를 효과적으로 완료할 수 있었다.
4. 시스템을 사용해 내가 원하는 과업과 시나리오를 빠르게 완료할 수 있었다.
5. 시스템을 사용해 내가 원하는 과업과 시나리오를 효율적으로 완료할 수 있었다.
6. 시스템은 사용하기에 편안했다.
7. 시스템 사용법은 배우기 쉬웠다.
8. 시스템을 사용하면 생산성을 빠르게 높일 수 있다고 생각한다.

9. 시스템에서는 오류 발생 시 문제 해결 방법을 명확하게 알려주는 메시지가 표시됐다.
10. 시스템 사용 중 실수를 해도 쉽고 빠르게 복구할 수 있었다.
11. 시스템에서 제공되는 정보(예: 온라인 도움말, 온스크린 메시지, 기타 문서 자료)는 명확했다.
12. 필요한 정보를 쉽게 찾을 수 있었다.
13. 시스템에 제공된 정보는 이해하기 쉬웠다.
14. 제공된 정보는 내가 원하는 과업과 시나리오를 완료하는 데 효과적이었다.
15. 시스템 화면의 정보 구성은 명확했다.
16. 시스템의 인터페이스는 쾌적했다.
17. 시스템의 인터페이스가 마음에 들었다.
18. 시스템은 내가 기대하는 모든 기능과 성능을 갖추고 있다.
19. 전반적으로 시스템에 만족한다.

SUS와 달리, CSUQ의 모든 문항은 긍정적으로 표현돼 있다. 다수의 CSUQ와 PSSUQ 응답에 대한 요인을 분석한 결과 1) 시스템 유용성$^{System\ Usefulness}$, 2) 정보 품질$^{Information\ Quality}$, 3) 인터페이스 품질$^{Interface\ Quality}$, 4) 전반적인 만족도$^{Overall\ Satisfaction}$의 네 가지 주요 범주로 살펴볼 수 있는 것으로 나타났다.

5.4.3 제품 반응 카드

마이크로소프트의 조이 베네덱$^{Joey\ Benedek}$과 트리시 마이너$^{Trish\ Miner}$는 제품 테스트 사후에 주관적 반응을 포착하는 색다른 방식을 제시했다(2002). 그들은 그림 5.8에서 볼 수 있듯 다수의 형용사(예: 신선한, 느린, 정교한, 초대하는, 즐거운, 이해할 수 없는)가 포함된 118장의 카드 세트를 제시했다. 어떤 단어는 긍정적이고 어떤 단어는 부정적이다. 사용자는 시스템을 잘 설명한다고 생각하는 카드를 선택한다. 카드를 선택한 후에는 상위 5개의 카드를 골라 각 카드를 선택한 이유를 설명해달라는 요청을 받는다. 이 기법은 사용자로부터 의견을 끌어내는 것이 주된 목적이라는 점에서 질적 평가에 속한다. 그러나 참가자들이 각 단어를 선택한 횟수를 세서 정량적인 방법으로도 사용할 수 있다. 결과는 그림 5.9와 같이 워드 클라우드로 시각화할 수도 있다(예: Wordle.net 사용).

118가지 제품 반응 카드 세트				
다가가기 쉬운	창의적인	빠른	유의미한	느린
선진적인	맞춤형의	유연한	동기부여하는	정교한
짜증나는	최첨단	부서지기 쉬운	안전하지 않은	안정적인
관심을 끄는	구식의	신선한	가치가 없는	무익한
접근 가능한	바람직한	친근한	신기한	시뮬레이션하는
매력적인	어려운	불만스러운	오래된	간단한
지루한	연결되지 않은	재미있는	낙관적인	스트레스를 많이 받는
비즈니스적인	방해하는	방해가 되는	평범한	시간이 많이 걸리는
바쁜	산만한	사용하기 어려운	정리된/조직적인	시간 절약하는
차분한	따분한	도움이 되는	위압적인	너무 기술적인
깔끔한	사용하기 쉬운	고품질의	압도적인	신뢰할 수 있는
분명한	효과적인	비인간적인	애용하는	접근하기 어려운
협업에 도움이 되는	효율적인	인상적인	개인적인	매력적이지 않은
편안한	수월한	이해할 수 없는	열악한 품질	통제 불가능한
설득력 있는	힘을 주는	일관성 없는	강력한	틀에 얽매이지 않는
복잡한	활기찬	비효율적인	예측 가능한	이해할 수 있는
포괄적인	호감이 가는	혁신적인	전문적인	바람직하지 않은
자신감 있는	즐거운	영감을 주는	관련 있는	예측 불가능한
혼란스러운	열렬한	통합적인	믿을 수 있는	정제되지 않은
연결된	필수적인	직관적인	반응형의	사용 가능한
일관된	탁월한	초대하는	엄격한	유용한
제어 가능한	흥미진진한	관련 없는	만족스러운	가치 있는
편리한	예상되는	낮은 유지 보수	안전한	
	친숙한		단순한	

그림 5.8 마이크로소프트의 조이 베네덱과 트리시 마이너가 개발한 118가지 제품 반응 카드 세트(출처: 마이크로소프트. "이 도구는 개인적, 학문적, 상업적 목적으로 사용할 수 있습니다. 이 도구를 사용하거나, 이 도구로 얻은 결과를 개인적 또는 학문적 목적으로 사용하거나, 또는 상업용 애플리케이션에 사용하려는 경우 다음 출처를 표시해야 합니다. Developed by and © 2002 Microsoft Corporation. All rights reserved.")

그림 5.9 제품 반응 카드를 사용한 연구 결과의 워드 클라우드(word cloud) 샘플. 단어의 크기가 클수록 사용자가 선택한 빈도가 높다는 의미이다.

5.4.4 사용자 경험 설문지

UEQ[User Experience Questionnaire, 사용자 경험 설문지]는 독일 UX 연구원인 마틴 슈레프[Martin Schrepp], 요르그 토마스쉐브스키[Jörg Thomaschewski], 안드레아스 힌데르크[Andreas Hinderks]로 구성된 팀이 개발했다(Schrepp, Hinderks, and Thomaschewski, 2017). 다음 페이지의 그림 5.10에 볼 수 있듯이 UEQ는 26가지 양극성 용어로 구성된 의미 차등 척도이며, 20개 이상의 언어로 제공된다. UEQ 리소스는 다음 링크(https://www.ueq-online.org)에서 확인할 수 있다.

	1	2	3	4	5	6	7		
짜증 나는	○	○	○	○	○	○	○	즐거운	1
이해할 수 없는	○	○	○	○	○	○	○	이해할 수 있는	2
창의적인	○	○	○	○	○	○	○	둔한	3
배우기 쉬운	○	○	○	○	○	○	○	배우기 어려운	4
가치 있는	○	○	○	○	○	○	○	열등한	
지루한	○	○	○	○	○	○	○	흥미진진한	
흥미롭지 않은	○	○	○	○	○	○	○	흥미로운	
예측할 수 없는	○	○	○	○	○	○	○	예측할 수 있는	
빠른	○	○	○	○	○	○	○	느린	
독창적인	○	○	○	○	○	○	○	관습적인	
방해하는	○	○	○	○	○	○	○	지지하는	
좋은	○	○	○	○	○	○	○	나쁜	
복잡한	○	○	○	○	○	○	○	쉬운	
마음에 들지 않는	○	○	○	○	○	○	○	마음에 드는	
평상시의	○	○	○	○	○	○	○	최첨단의	
불쾌한	○	○	○	○	○	○	○	유쾌한	
안전한	○	○	○	○	○	○	○	안전하지 않은	
동기를 부여하는	○	○	○	○	○	○	○	의욕을 꺾는	
기대에 부응하는	○	○	○	○	○	○	○	기대에 미치지 못한	
비효율적	○	○	○	○	○	○	○	효율적	
분명한	○	○	○	○	○	○	○	혼란스러운	
비실용적인	○	○	○	○	○	○	○	실용적인	
정리된	○	○	○	○	○	○	○	어수선한	
매력적인	○	○	○	○	○	○	○	매력적이지 않은	
우호적인	○	○	○	○	○	○	○	우호적이지 않은	
보수적인	○	○	○	○	○	○	○	혁신적인	

그림 5.10 사용자 경험 설문지(UEQ)의 평가 척도

UEQ 분석 결과는 여섯 가지 범주로 나뉜다.

- 매력도 attractiveness
- 명료성 perspicuity

- 효율성efficiency
- 신뢰성dependability
- 자극성stimulation
- 참신성novelty

UEQ 웹사이트는 그림 5.11에 표시된 예시와 같이 계산을 수행하고 그래프를 생성할 수 있는 여러 스프레드시트를 제공한다. 이 사례는 두 프로토타입을 UEQ 기법으로 비교하는 방법을 보여준다. 데이터, 신뢰구간, 그래프는 모두 UEQ 웹사이트에서 제공되는 스프레드시트를 사용해 생성됐다. 또한 스프레드시트는 두 버전의 데이터를 비교하기 위해 t-검정도 계산한다. 이 예에서는 프로토타입 2의 매력도, 명료성, 효율성, 신뢰성 점수가 현저히 높다.

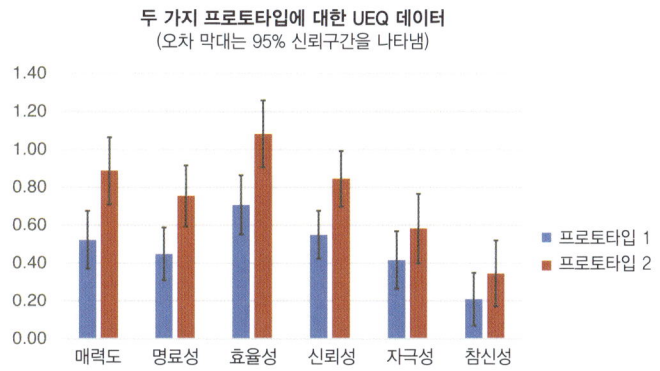

그림 5.11 UEQ를 사용해 두 프로토타입을 비교한 샘플 데이터. 데이터와 차트는 UEQ 웹사이트의 스프레드시트를 사용해 생성됐다.

UEQ 웹사이트에서는 그림 5.12처럼 연구 결과를 다른 많은 연구 내 벤치마크 데이터와 비교할 수 있는 스프레드시트도 제공한다. 이 예는 UEQ 연구 결과를 여섯 가지 척도 각각에 대해 벤치마크 데이터와 비교한 것이다. 신뢰성, 참신성 점수는 벤치마크 대비 평균 이하로 나왔고 다른 모든 점수는 평균 이상 또는 양호함으로 나왔다.

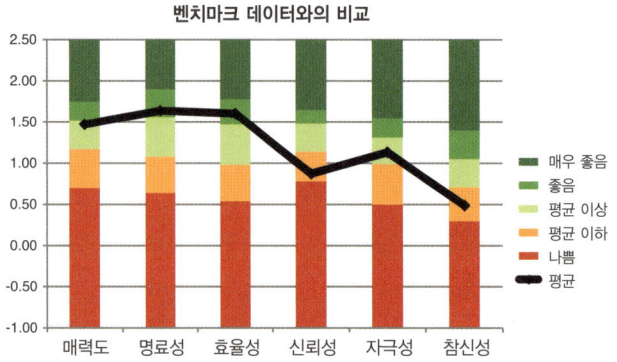

그림 5.12 UEQ 연구 결과와 벤치마크 데이터와의 비교를 보여주는 샘플 데이터. 데이터와 차트는 UEQ 웹사이트의 스프레드시트를 사용해 생성됐다.

UEQ-S라는 UEQ의 라이트 버전도 사용할 수 있으며, 이 버전은 8개의 평가 척도로만 구성된 서브세트이다(Schrepp, Hinderks, & Thomaschewski, 2017). 그러나 단순화에는 대가가 따른다. 전체 UEQ는 사용자 경험의 여섯 가지 측면(매력도, 명료성, 효율성, 신뢰성, 자극성, 참신성)에 대한 상세한 피드백을 제공하는 반면, 짧은 버전인 UEQ-S는 실용적 품질과 쾌락적 품질만 구분한다.

5.4.5 어트랙디프

UEQ와 마찬가지로 어트랙디프는 마크 하센잘, 마이클 버메스터, 프란츠 콜러로 구성된 독일 UX 연구 팀에 의해 개발됐다(Hassenzahl, Burmester, & Koller, 2003). 어트랙디프는 28가지 양극성 용어로 구성된 의미 차등 척도이다. 어트랙디프 연구는 어트랙디프 웹사이트(http://www.attrakdiff.de/index-en.html) 내 도구를 사용해 구축되고 수행된다.

어트랙디프 분석 결과는 네 가지 척도를 사용해 요약된다.

- 실용적 품질[PQ, Pragmatic Quality]: 이 척도는 제품의 사용성, 즉 사용자가 제품을 사용해 목표를 달성할 수 있는 정도를 의미한다.
- 쾌락적 품질-자극[HQ-S, Hedonic Quality-Stimulation]: 이 차원은 새로우며 흥미롭고 자극적인 상호작용 측면의 사용자 요구를 제품이 어느 정도 지원하는지 나타낸다.
- 쾌락적 품질-아이덴티티[HQ-I, Hedonic Quality-Identity]: 제품이 사용자로 하여금 어느 정도까지 제품에 동질감을 갖게 만드는지 나타낸다.

- 매력도^{ATT, ATTractiveness}: 제품이 매력적이고 유쾌하다고 간주되는 정도를 나타낸다.

마지막으로 그림 5.13에서 볼 수 있듯이 어트랙디프 웹사이트는 실용적 품질과 쾌락적 품질의 3 × 3 그리드에서 연구 결과가 어디에 속하는지 보여주는 그래프도 제공한다. 이 예에서 결과는 대부분 '중립' 영역으로 간주되는 가운데에 위치한다. 파란색 직사각형은 해당 위치 부근의 불확실성 정도를 나타내며, 확실성이 높을수록 직사각형이 작아진다.

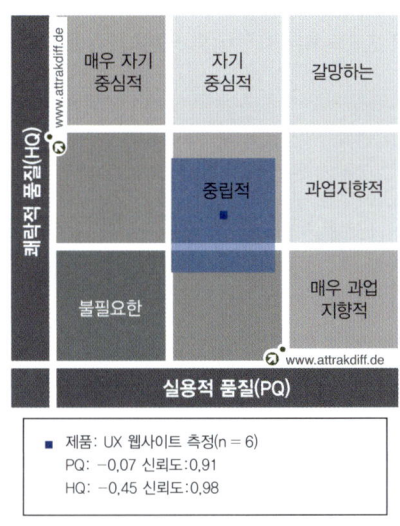

그림 5.13 MeasurementUX.com 웹사이트의 분석 결과가 실용적 품질과 쾌락적 품질 3×3 그리드에서 어디에 속하는지 보여주는 어트랙디프 시각화 예시

5.4.6 순고객 추천 지수

(특히 고위 경영진 사이에서) 급격히 인기를 얻고 있는 자가측정 지표 중 하나는 순고객 추천 지수^{NPS, Net Promoter Score}이다. 이 지표는 고객 충성도를 측정하기 위한 것으로, 2003년 〈하버드 비즈니스 리뷰^{Harvard Business Review}〉에 실린 프레드 라이히헬드의 글 '성장에 필요한 하나의 숫자^{One Number You Need to Grow}'에서 유래했다(Reichheld, 2003). NPS의 강력함은 단 하나의 질문만 사용하기 때문에, 그 단순성에서 비롯된 것으로 보인다. "[이 회사, 제품, 웹사이트 등]을 친구나 동료에게 추천할 의향이 얼마나 있습니까?"라는 질문이다. 응답자는 0점(매우 그렇지 않다)에서 10점(매우 그렇다)까지의 11점 척도로 답변한다. 그러면 응답자는 다음의 세 가지 카테고리로 분류된다.

- 비추천자^{detractor}: 0~6점을 준 사람
- 중립자^{passive}: 7~8점을 준 사람
- 추천자^{promoter}: 9~10점을 준 사람

비추천자, 중립자, 추천자로 분류하는 것은 결코 대칭적인 분류가 아니라는 점에 유의하자. 설계상 추천자가 되기에는 기준이 상당히 높게 설정돼 있는 반면, 비추천자가 되기는 매우 쉽다. NPS를 계산하려면 추천자(평점 9~10점)의 비율에서 비추천자(평점 0~6점)의 비율을 뺀다. 중립자는 계산에서 무시된다(전체 샘플 크기에 포함되기는 함). 이론적으로 NPS의 범위는 −100에서 +100까지이다.

> **순고객 추천 지수 계산 요령**
>
> NPS를 사용할 때 겪는 문제 중 하나는 NPS가 각 응답자에 대한 점수가 아닌 전체 점수(추천자 % − 비추천자 %)로만 계산된다는 점이다. 그렇기 때문에 점수에 대한 신뢰구간을 구하는 일이 어려운 측면이 있다. 하지만 각 응답자의 점수뿐 아니라 기존 방법과 똑같은 전체 점수를 얻을 수 있는 계산법을 사용할 수도 있다. 추천자는 +100, 중립자는 0, 비추천자는 −100이 되도록 각 NPS 평점을 다시 코딩하기만 하면 된다. 이 점수의 평균은 일반적인 방법으로 계산된 NPS와 동일하다. 하지만 각 개인에 대한 점수도 있으므로 CONFIDENCE.T 함수로 신뢰구간을 계산할 수 있다.

NPS의 단점이 없는 건 아니다. 점수를 11점 척도에서 단 세 가지 범주(비추천자, 중립자, 추천자)로 코딩하면 통계적 힘과 정확성이 상실되기 때문이다. 이는 5장의 앞부분에서 설명한 '상위 1점' 또는 '상위 2점' 분석 방법을 사용할 때 정밀도가 손실되는 상황과 유사하다. 하지만 두 백분율(추천자에서 비추천자를 뺀 값) 간의 차이를 계산하면 정밀도가 훨씬 더 손실되는데, 이는 '상위 1점' 점수에서 '하위 1점' 점수를 뺀 것과 유사하다. 한 분석에 따르면 기존의 상위 2점 점수의 오차 범위와 동일한 NPS 오차범위를 얻으려면 표본 크기가 최소 2~4배 이상 커야 한다고 한다(Stuchbery, 2010).

> **사용성 측정 결과로 고객 충성도를 예측할 수 있을까?**
>
> 제프 사우로는 SUS로 측정한 사용성 결과가 NPS로 측정한 고객 충성도를 예측하는 경향이 있는지 알고 싶었다. 그는 웹사이트와 금융 애플리케이션 등 다양한 제품에 대해 SUS 질문과 NPS 질문을 모두 작성하도록 요청받은 146명의 사용자 데이터를 분석했다(Jeff Sauro, 2010). 그 결과 r = .61의 상관관계가 나타났으며, 결과는 매우 유의했다(P < .001). 추천자의 평균 SUS 점수는 82점인 반면, 비추천자의 평균 SUS 점수는 67점인 것으로 나타났다.

5.4.7 사용자 경험을 자가측정하기 위한 그밖의 도구

5장의 앞부분에서 언급했듯이 사용자 경험을 자가측정하기 위한 도구는 너무 많아서 모두 자세히 다루기는 어렵다. 그래서 우리가 사용한 도구 중 가장 인기 있는 몇 가지만 소개했다. 하지만 더 많은 도구가 있으며 그중 어떤 도구는 여러분의 요구에 더 적합할 수 있다. 어떤 도구는 무료인 반면 어떤 도구는 라이선스 구매/구독이 필요하다는 점을 알려둔다. 다음은 이 책에서 소개하지 않은 그밖의 도구들이다.

- NASA 과업 부하 지수$^{\text{NASA-TLX, NASA Task Load Index}}$: NASA-TLX는 시스템의 효율성을 평가하기 위해 인지된 업무량 부하를 평가하는 다차원 평가 도구이다. 이 도구는 NASA의 에임스 리서치 센터$^{\text{Ames Research Center}}$에서 개발됐으며(Hart & Staveland, 1988), 여기서 소개한 대부분의 다른 도구보다 더 전통적인 인적 요인 관점에서 개발됐다. TLX에는 정신적 요구$^{\text{mental demand}}$, 물리적 요구$^{\text{physical demand}}$, 시간적 요구$^{\text{temporal demand}}$, 좌절감^{frustration}, 노력^{effort}, 성능^{performance}의 여섯 가지 척도가 있다. TLX를 관리하는 과정은 2단계로 이뤄진다. 먼저 응답자는 15쌍으로 구성된 비교표를 보고 6개 척도의 중요성을 판단하도록 요청받는다. 둘째, 응답자는 6개의 각 차원에 대해 낮음에서 높음, 좋음에서 나쁨까지 7점 척도를 사용해 시스템 또는 프로세스를 평가한다. 6개 항목 각각에 대한 원 점수에 첫 번째 단계의 가중치를 곱해 전체 과업 부하 지수를 산출한다. 대략적인 개요는 Sauro(2019)의 연구를 참조하기 바란다. TLX를 사용할 수 있는 애플 iOS 앱이 있어 소개한다(NASA TLX: https://apps.apple.com/us/app/nasa-tlx/id1168110608).
- 연구 사후 시스템 사용성 설문지$^{\text{PSSUQ, Post-Study System Usability Questionnaire}}$: PSSUQ는 짐 루이스(Jim Lewis, 1991)가 개발한 18개 항목의 리커트 척도로, 제품에 대한 사용자의 인지된 만족

도를 측정한다(예: "시스템이 오류 발생 시 문제 해결 방법을 나에게 명확하게 알려주는 메시지를 제공했다."). PSSUQ의 데이터를 분석하면 전체 점수와 시스템 품질, 정보 품질, 인터페이스 품질의 세 가지 하위 척도가 도출된다.

- 사용자 인터페이스 만족도 설문지$^{QUIS,\ Questionnaire\ for\ User\ Interface\ Satisfaction}$: QUIS는 메릴랜드 대학교 연구 팀이 개발한 것으로, 1980년대부터 사용해 왔다(Chi, Diehl, & Norman, 1988). 이 도구는 다섯 가지 범주로 분류된(전반적 반응, 화면, 용어/시스템 정보, 학습, 시스템 기능) 27개 평가(각 10점 척도)로 구성돼 있다.

- 소프트웨어 사용성 측정 인벤토리$^{SUMI,\ Software\ Usability\ Measurement\ Inventory}$: SUMI는 유렉 키라코프스키$^{Jurek\ Kirakowski}$에 의해 개발됐다(Kirakowski & Corbett, 1993). 50개의 평가 척도가 있으며(예: "이 소프트웨어는 입력에 느리게 반응한다.") 응답은 '동의', '결정하기 어려움', '동의하지 않음' 중에서 선택한다. SUMI 분석 결과는 효율성^{Efficiency}, 영향력^{Affect}, 유용성^{Helpfulness}, 통제력^{Control}, 학습 용이성^{Learnability}, 글로벌 사용성$^{Global\ Usability}$ 등 여섯 가지 범주로 나뉜다. 또한 SUMI 보고서는 상용 소프트웨어에 대한 2,000개 이상의 응답 데이터와 비교해 제품이 어떻게 평가됐는지 알려준다. 현재 SUMI는 20개 언어로 제공되고 있다.

- 사용자 경험 표준 백분위수 순위 설문지$^{SUPR-Q,\ Standardized\ User\ Experience\ Percentile\ Rank\ Questionnaire}$: 이 도구는 제프 사우로가 응답자 4,000명이 100개 이상의 웹사이트에 대한 경험을 평가한 데이터를 사용해 5년에 걸쳐 개발했다(Jeff Sauro, 2015). 설문지는 리커트 척도를 적용한 8개 항목으로 구성된다(예: '웹사이트 내에서 탐색하기 쉽다'). 결과는 사용성^{usability}, 신뢰도$^{trust/credibility}$, 외관^{appearance}, 충성도^{loyalty}의 네 가지 요소로 구성된다. 자세한 내용은 Sauro(2018)에서 확인할 수 있다.

- 기술 수용 모델$^{TAM,\ Technology\ Acceptance\ Model}$: 대부분의 도구가 UX/사용성 분야에서 유래한 데 반해, TAM은 경영 정보 시스템$^{Management\ Information\ Systems}$ 분야에서 유래했다. 이 도구는 본래 프레드 데이비스가 MIT에서 논문을 쓰면서 개발한 것으로(Fred Davis, 1989), 기본 전제는 사람들이 제품을 받아들이려면 제품이 유용하고 사용 가능해야 한다는 것이다. TAM은 수년에 걸쳐 발전했지만 원래 버전은 12개의 리커트 식의 평가 척도를 사용했다(유용성 6개 항목, 사용 용이성 6개 항목)(대략적인 개요는 Sauro(2019)를 참고하자).

- 사용자 경험에 대한 사용성 지표$^{UMUX,\ Usability\ Metric\ for\ User\ Experience}$: UMUX는 크레이그 핀스타드$^{Kraig\ Finstad}$가 개발한 것으로, 4개 항목으로 구성된 리커트 척도 방식의 지표이다(Kraig

Finstad, 2010). 이 지표는 10개 항목으로 구성된 SUS와 유사한 결과를 산출하도록 특별히 고안됐지만, 항목 수는 더 적다. 또한 효율성, 효과성, 만족도에 대한 구성 요소를 통해 ISO 사용성 정의에 더 근접하게 부합하도록 고안됐다. SUS와의 전반적 상관관계는 상당히 높았다 (r = .96, P < .001)(Finstad, 2010). 두 가지 항목으로만 구성된 UMUX-Lite 등 UMUX의 추가 버전들도 개발돼 있다(Sauro, 2017).

- 사용성/만족도/사용 용이성 설문지^{USE 설문지, USE Questionnaire 또는 Usefulness, Satisfaction, and Ease-of-Use Questionnaire}: 아니 런드^{Arnie Lund}는 USE 설문지를 제안했는데, 이 설문지는 네 가지 카테고리(사용성, 만족도, 사용 용이성, 학습 용이성)로 분류된 30가지 평가 척도로 구성돼 있다(Arnie Lund(2001)). 각 항목은 긍정적인 문항(예: '친구에게 추천하고 싶다') 위주이며, 응답자는 7점 척도로 동의 수준을 평가한다.

- 마이크로소프트 순만족도^{NSAT, Microsoft Net SATisfaction}: NSAT는 마이크로소프트 제품에 대한 사용자 만족도를 측정하기 위해 마이크로소프트에서 개발됐다(Microsoft, n.d.). NSAT는 "지난 몇 달 동안의 경험을 떠올려보면서, 이 제품에 대한 전반적인 만족도를 평가해 주세요" 같은 만족도 질문을 기반으로 한다. 평가는 '매우 만족'에서 '매우 불만족'까지 4점 척도로 이뤄지며, NSAT 점수는 '매우 만족' 응답 비율에서 '다소 불만족' 비율과 '매우 불만족' 응답 비율을 뺀 값이다. 그리고 마지막으로, 결과에 100을 더해 숫자를 양수로 유지한다. 이 값은 개념적으로 NPS와 유사하지만 평가 척도에서 점수가 훨씬 낮다. NSAT에 대해 발표된 논문은 거의 없다.

5.4.8 자가측정 지표 비교

툴리스와 스텟슨은 온라인 사용성 연구에서 웹사이트에 대한 사용자 반응을 측정하기 위한 여러 설문지를 비교하는 연구를 수행했다(Tullis and Stetson, 2004). 웹사이트 평가에 적합하게 변형한 설문지들을 연구한 결과를 소개한다.

SUS: 모든 질문에서 용어 '시스템'을 '웹사이트'로 대체했다.

QUIS: 기존 평가 척도 중 웹사이트에 적합하지 않은 것으로 보이는 3개 척도는 삭제됐다 (예: '이름 기억하기, 명령어 사용하기'). 용어 '시스템'은 '웹사이트'로 대체됐고, 용어 '화면'도 '웹페이지'로 대체됐다.

CSUQ: 용어 '시스템' 또는 '컴퓨터 시스템'은 '웹사이트'로 대체됐다.

마이크로소프트의 제품 반응 카드: 각 단어에는 체크박스가 함께 표시돼 있으며, 사용자는 웹사이트와의 상호작용을 가장 잘 설명하는 단어를 선택하라는 요청을 받았다. 그들은 단어를 원하는 개수만큼 선택할 수 있었다.

우리의 설문지: 우리는 웹사이트의 사용성 테스트에 수년 동안 이 설문지를 사용해 왔다. 이 설문지는 9개의 긍정 문항(예: '이 웹사이트는 시각적으로 매력적이다')으로 구성됐으며, 사용자는 '매우 동의하지 않음'에서 '매우 동의함'까지 7점 리커트 척도로 응답했다.

우리는 온라인 사용성 연구에서 두 개의 웹 포털을 평가하기 위해 이 설문지들을 사용했다. 연구에는 123명이 참가했고, 각 참가자는 위 설문지 중 하나를 사용해 두 웹사이트를 평가했다. 참가자들은 해당 사이트에 대한 설문지를 작성하기 전에 각 웹사이트에서 두 가지 과업을 수행했다. 모든 참가자의 데이터를 분석한 결과, 5개의 설문지 모두 사이트 1이 사이트 2보다 훨씬 나은 평가를 받은 것으로 나타났다. 다음으로, 데이터를 분석해 그림 5.14에서 볼 수 있듯이 6에서 14까지의 다양한 표본 크기에서 어떤 결과가 나왔는지 확인했다. 표본 크기가 6명인 경우 30~40%만이 사이트 1 선호도 조사에서 유의하게 정확도가 높았고, (많은 실험실 기반 사용성 테스트에서 비교적 흔히 사용하는) 8명의 표본 크기의 경우 SUS에서 75% 가량이 사이트 1을 선호 사이트로 응답했다. 이 비율은 다른 설문지보다 훨씬 높은 비율이다.

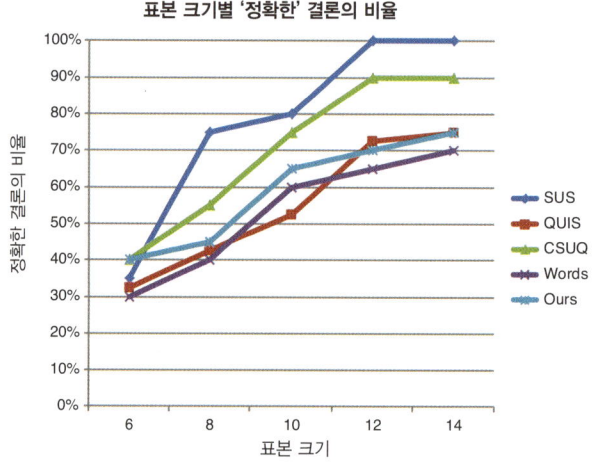

그림 5.14 표본 크기 6~14 범위별 무작위 하위 표본 결과의 정확성을 보여주는 데이터. 이 그래프는 무작위 표본의 몇 퍼센트가 다양한 표본 크기에서 전체 데이터 세트와 동일한 답을 산출했는지 보여준다. CSUQ(컴퓨터 시스템 사용성 설문지), QUIS(사용자 인터페이스 만족도 설문지), SUS(시스템 사용성 척도)(출처: Tullis and Stetson(2004) 인용. 허가 받아 사용)

SUS가 비교적 작은 표본 크기에서 더 일관된 평가 결과를 제공하는 이유가 무엇이라고 생각하는가? 한 가지 이유는 SUS가 사용자에게 긍정 문항과 부정 문항 모두 사용하기 때문일 수 있다. 두 종류의 문항들을 섞어 제공하면 참가자는 더 주의를 기울여 동의 수준을 평가할 것이다. 또 다른 이유는 평가 결과를 좀 더 세부적인 구성 요소(예: 학습 용이성, 탐색 용이성)로 나누려고 하지 않기 때문일 것이다. SUS의 10가지 평가 척도는 제품 전체에 대한 평가를 요구하되, 서로 약간씩 다른 방식의 척도로 구성된다.

5.5 SUS로 디자인안 비교하기

서로 다른 디자인안을 비교하는 연구에서는 각 디자인안으로 유사 과업을 수행하면서 SUS 설문지로 평가를 진행한다(성능 데이터 척도에 추가해 활용).

코르툼과 소버는 SUS를 사용해 iOS와 안드로이드^{Android}, 두 운영체제에서의 휴대폰과 태블릿, 두 종류의 모바일 플랫폼의 애플리케이션 사용성을 비교했다(Kortum and Sorber, 2015). 총 3,575명의 사용자가 인기도를 기준으로 선택된 10개의 애플리케이션과 사용 빈도를 기준으로 선택된 5개의 애플리케이션의 사용성을 평가했다. 모든 플랫폼에서 상위 10개 앱의 평균 SUS 평점은 77.7이었고, 최고 평점 앱과 최저 평점 앱 사이에는 거의 20점가량의 차이(67.7~87.4점)가 확인됐다. 전반적으로 휴대폰 플랫폼의 애플리케이션이 태블릿 플랫폼의 애플리케이션보다 더 사용하기 쉬운 것으로 나타났다.

한편 모바일 애플리케이션에 대한 또 다른 연구에서 카야, 오즈투르크, 구무소이는 iOS와 안드로이드, 두 운영체제에서 자주 사용되는 네 가지 모바일 애플리케이션(왓츠앱^{WhatsApp}, 페이스북^{Facebook}, 유튜브^{YouTube}, 메일^{Mail})의 사용성을 조사했다(Kaya, Ozturk, and Gumussoy, 2019). 222명의 젊은 참가자들은 SUS로 본인의 휴대폰에 있는 애플리케이션을 평가했다. 연구 결과, 모든 애플리케이션의 사용성은 만족스러운 것으로 나타났는데, 상대적으로 왓츠앱의 사용성 점수가 가장 높았고 페이스북의 사용성 점수가 가장 낮았다.

볼레시스와 세더그렌은 제자리에서 걷기$^{walking-in-place}$, 컨트롤러/조이스틱$^{controller/joystick}$, 순간 이동^{teleportation} 등의 가상 현실^{VR} 이동 기술을 SUS로 평가했다(Boletsis and Cedergren, 2019). 26명의 성인 사용자가 각각의 기술을 사용해 게임 과업을 수행했다. 제자리에서 걷기는 가장 낮은 SUS 점수(67.6)가 나온 반면, 컨트롤러/조이스틱(84.3)과 순간이동(82.7)은 모두 꽤 양호한 점수가 나왔다.

위치타 주립대학교Wichita State University의 소프트웨어 사용성 리서치 연구소Software Usability Research Laboratory의 트레이시 하트는 노인을 위해 설계된 세 가지 웹사이트인 시니어넷SeniorNet, 시니어리소스SeniorResource, 시니어플레이스Seniors-Place를 비교하는 사용성 연구를 실시했다(Traci Hart, 2004). 참가자들은 각 웹사이트에서 과업을 시도한 후 SUS 설문지로 각 웹사이트를 평가했다. 시니어리소스 사이트의 평균 SUS 점수는 80점으로, 시니어넷과 시니어플레이스의 평균 점수인 63점보다 훨씬 높았다.

라이스 대학교Rice University의 사라 에버렛, 마이클 번, 크리스틴 그린은 원형 버블형bubble, 화살표형arrow, 개방형 응답형open response이라는 세 가지 유형의 종이 투표 용지를 비교하는 사용성 연구를 수행했다(Sarah Everett, Michael Byrne, and Kristen Greene, 2006). 이 투표 용지들은 2004년 미국 선거에 사용된 실제 투표 용지를 기반으로 만들어졌다. 42명의 참가자들은 모의 선거에서 각 투표지를 사용한 후 SUS 설문지로 각 투표지를 평가했다. 그들은 버블형 투표 용지가 다른 두 투표 용지보다 꽤 높은 SUS 점수를 받았음을 발견했다($p < .001$).

제품을 더 많이 사용해 본 참가자들은 경험이 적은 참가자들보다 제품에 대한 SUS 평점을 더 높게 부여하는 경향이 있다고 한다. 맥렐란, 머다이머, 페레스는 두 가지 서로 다른 애플리케이션(하나는 웹 기반, 다른 하나는 데스크톱 기반)을 테스트해, 제품에 대해 더 광범위하게 경험을 한 사용자들의 SUS 점수가 제품을 경험해 본 적이 없거나 제한적으로 사용한 사용자들에 비해 대략 15% 더 높은 경향이 있음을 발견했다(McLellan, Muddimer, and Peres, 2012).

5.6 온라인 서비스

많은 기업이 웹사이트 사용자들로부터 피드백을 받는 것의 가치를 배워가고 있다. 이 학습의 과정을 '고객의 목소리Voice of the Customer'를 듣고 분석하는 과정, 즉 VoC 연구라고 칭한다. 이 프로세스는 세션 사후 자가측정 지표post-session self-reported metrics와 본질적으로 동일한 프로세스로 진행된다. 가장 큰 차이점은 VoC 연구가 일반적으로 라이브 웹사이트에서 수행된다는 점이다. 일반적인 접근 방법은 무작위로 선택된 라이브 웹사이트 사용자들이 사이트와 상호작용하는 특정 시점에(일반적으로 로그아웃, 사이트 종료 또는 거래 완료 시점에) 피드백을 요청하는 팝업 설문 조사이다. 또 다른 방법은 사이트 내 여러 위치에서 이런 피드백을 받을 수 있는 표준 메커니즘을 두는 것이다. 다음 절에서는 이런 온라인 서비스 중 일부를 소개한다. 온라인 서비스 전체를 샅샅이 아우르진 못하겠으나, 최소한 대표적인 서비스를 소개할 것이다.

5.6.1 웹사이트 분석 및 측정 인벤토리

웹사이트 분석 및 측정 인벤토리WAMMI, Website Analysis and Measurement Inventory(www.wammi.com)는 초기 SUMI에서 발전한 온라인 서비스로, 아일랜드 코크 대학교University College Cork의 휴먼 팩터스 리서치 그룹HFRG, Human Factors Research Group에서 개발됐다(Kirakowski, Claridge, & Whitehand, 1998; Kirakowski & Cierlik, 1998). SUMI가 소프트웨어 애플리케이션 평가를 위해 설계된 데 반해, WAMMI는 웹사이트 평가를 위해 설계됐다.

WAMMI는 리커트 5점 척도의 20개 문항(예: '이 웹사이트는 이동하기가 어렵다')으로 구성돼 있다. SUS와 마찬가지로 일부 문항은 긍정 문항이고 일부는 부정 문항이다. WAMMI는 대부분의 유럽 언어를 지원한다. 여러분이 자체적으로 설문지와 관련 평점 척도를 만들기보다 WAMMI 같은 서비스를 사용하면 좋은 주요 이점은 WAMMI가 이미 전 세계 수백 개의 웹사이트를 평가하는 데 사용됐다는 것이다. 수백 개의 사이트를 대상으로 한 테스트를 통해 강력한 데이터베이스가 구축됐기 때문에, 여러분의 사이트에서 WAMMI를 사용할 경우 참조 데이터베이스와 비교하며 결과를 제공받을 수 있다.

WAMMI 분석 결과는 매력도, 제어 가능성, 효율성, 유용성, 학습 용이성 이 다섯 가지 영역과 전반적인 사용성 점수로 구성된다. 이 점수들은 (참조 데이터베이스와의 비교 분석을 기반으로) 각각 표준화돼 있으며, 50점은 평균이고 100점은 완벽을 의미한다.

5.6.2 미국 고객 만족도 지수

미국 고객 만족도 지수ACSI, American Customer Satisfaction Index(www.TheACSI.org)는 미시간 대학교의 스티븐 M. 로스 경영대학원Stephen M. Ross Business School에서 개발했다. 이 지수는 소매업, 자동차, 제조업 등 광범위한 산업군에서 활용할 수 있다. ACSI 방법론을 사용한 웹사이트 분석은 Foresee Results(www.ForeseeResults.com)에서 수행된다. ACSI는 미국 정부 웹사이트를 분석해 특히 인기가 높다. 2018년 ACSI 연방 정부 보고서(ACSI, 2019a)에 따르면 국방부와 내무부(모두 100점 만점에 78점)는 가장 높은 ACSI 점수를 기록한 반면, 주택도시개발부는 가장 낮은 점수를 받았다(54점). 마찬가지로 2018년부터 2019년까지의 소매 및 소비자 배송 보고서(ACSI, 2019b)에서는 코스트코가 83점으로 아마존을 제치고 1위를 차지한 것으로 나타났다. 2010년 이후 선두를 지켰던 아마존이 82점으로 2위로 밀려난 것이다. 엣시Etsy, 콜스Kohl's, 노드스트롬Nordstrom, 나이키Nike가 81점으로 동점이었다. 월마트Walmart와 시어스Sears는 각각 74점과 73점으로 최하위를 기록했다.

웹사이트용 ACSI 설문지는 14개의 핵심 질문으로 구성돼 있다. 각 문항은 정보의 질, 콘텐츠의 참신성, 사이트 구성의 명확성, 전반적 만족도, 재방문 의사 등 다양한 속성에 대해 10점 척도로 평가를 요청한다. ACSI 설문을 구체적으로 적용하는 과정에서 일반적으로 질문 또는 평가 척도가 추가되기도 한다. 그리고 웹사이트에 대한 ACSI 결과는 전체 만족도 점수와 더불어 콘텐츠, 기능성, 룩앤필(외관과 느낌), 내비게이션, 검색, 사이트 성능 등 여섯 가지 품질 범주로 구성된다. 또한 '미래 행동Future Behavior' 관련 두 가지 점수인 '재방문 가능성Likelihood to Return'과 '다른 사람에게의 추천 의사Recommend to Others'에 대한 평균 평점을 제공한다. 모든 점수는 100점 만점 척도이다.

마지막으로 ACSI는 각 품질 점수가 전반적인 만족도에 미치는 영향도 평가한다. 이 결과는 4분면에 표시되는데, 품질 점수는 세로축에, 전반적 만족도에 미치는 영향은 가로축에 배치한다. 우측 하단 사분면의 점수(높은 영향력, 낮은 품질 점수에 해당)는 여러분이 중점적으로 개선해야 하는 부분을 나타낸다.

5.6.3 오피니언랩

웹 페이지에 대한 사용자 피드백 서비스를 제공하는 오피니언랩OpinionLab(www.OpinionLab.com)은 다소 다른 접근 방식을 취한다. 어떤 면에서 이 방식은 앞서 논의한 과업 수준의 피드백을 페이지 수준의 버전으로, 관점을 다르게 본 것이라고 생각할 수도 있겠다. 오피니언랩이 이 페이지 수준의 피드백을 받는 일반적인 방법은 스크롤 위치에 관계없이 항상 페이지 오른쪽 하단 코너에 위치한 플로팅 아이콘floating icon을 통해서 받는 것이다.

해당 아이콘을 클릭하면 피드백 방법이 안내된다. 이 척도는 간단히 ––, –, +–, +, ++로 표시된 5개의 점을 사용한다. 오피니언랩은 웹사이트의 피드백 데이터를 시각화하는 다양한 기술을 제공하는데, 이 방법을 통해 가장 부정적인 피드백을 받는 페이지와 가장 긍정적인 피드백을 받는 페이지를 쉽게 찾을 수 있다.

5.6.4 라이브 사이트 설문 조사 관련 이슈

다음은 라이브 사이트 설문 조사를 활용할 때 고려해야 할 사항이다.

- **질문 문항 수**: 질문 개수가 적을수록 응답률은 높아질 가능성이 크다. 이게 오피니언랩 같은 회사들이 질문 개수를 최소한으로 유지하는 이유 중 하나이다. 여러분은 필요한 정보를 얻고자 하는 니즈와 잠재적 응답자를 '불편하게 만드는' 상황 사이에서 균형을 잘 잡아야 한다. 추가하려는 모든 질문에 그 정보가 꼭 필요한지 스스로에게 물어보라. 어떤 리서처들은 이런 유형의 설문 조사에서는 대략 20개 정도가 최대 질문 수라고 여긴다.
- **응답자의 자가 선택**: 응답자들은 설문 조사를 완료할지 말지 스스로 선택한다. 여러분은 이 방식이 (어떤 식으로든) 응답을 편향시키는지 스스로에게 물어봐야 한다. 어떤 리서처들은 웹사이트에 만족하지 않는 사람들이 만족하는 사람들보다 응답할 가능성이 더 높다고 주장한다. 만약 조사의 주된 목적이 사이트에서 개선해야 할 부분을 찾는 거라면 이 점은 문제가 되지 않을 것이다.
- **응답자의 수**: 이런 서비스 중 대다수는 설문 조사 시 방문자의 비율을 기반으로 작동한다. 사이트에서 발생하는 트래픽의 양에 따라 이 비율은 상당히 적을 수 있지만 여전히 많은 수의 응답을 생성할 수 있다. 응답자의 (추가) 비율을 늘리거나 줄여야 하는지 확인하려면 응답들을 면밀히 모니터링해야 한다.
- **응답자의 중복 방지**: 이런 서비스의 대부분은 설문 조사를 이미 한 사람이 다시 방문하면 이미 설문 조사를 했음을 알려주는 메커니즘을 제공한다(브라우저 쿠키 또는 IP 주소를 통해 필터링함). 사용자가 쿠키를 삭제하지 않고 동일한 컴퓨터를 사용한다면 지정된 기간 동안 설문 조사가 다시 제공되지 않는다. 이는 개별 응답자의 중복 응답을 방지하기도 하고, 응답을 원치 않는 사용자를 짜증나게 만들지 않는 장점이 있다.

5.7 자가측정 지표의 기타 유형

지금까지 설명한 많은 자가측정 기법은 제품 또는 웹사이트에 대한 사용자의 반응을 (제품 또는 웹사이트를 사용하면서 전반적으로 또는 사용하면서 수행되는 과업과 관련해) 평가하고자 했다. 그러나 사용성 연구의 목적에 따라 여러분은 제품 전반 또는 제품의 특정 부분과 관련한 속성에 대해 사용자의 반응을 조사하기를 원할 것이다.

5.7.1 속성의 우선순위 평가하기

특히 신제품 개발 초기에는 제품 기능이나 속성의 상대적 우선순위를 결정해야 한다. 어떤 기능 조합으로 제공할지 고민하거나, 여러 대안 중 최적안을 선택하기 위한 기준을 마련해야 할 수도 있다.

한 가지 방법은 단순히 모든 속성을 나열하고 응답자에게 각 속성의 중요도를 평가하도록 요청하는 것일 수 있다. 이 방법이 효과가 있을 수 있지만, 응답자는 모든 속성이 매우 중요하다고 답할 가능성도 있다. 그것이 사실일 수도 있겠지만 실제로는 다른 속성에 대비해 더 중요한 속성이 존재한다.

또 다른 방법은 응답자에게 모든 속성의 쌍을 보여주고 어떤 것이 응답자에게 더 중요한지 답하도록 요청하는 것이다. 그러나 이 방법은 빠르게 진행하기 어렵다. 쌍별 조합 건수를 계산하는 공식은 $n!/(n-2)!2!$이다. 여기서 n은 속성의 개수이다. 예를 들어 속성이 10개인 경우, 10!/8!2!, 즉 3,628,800/(40,320 × 2) = 45개의 쌍별 조합이 있다. 쌍별 비교를 통해 데이터를 분석하는 방법은 여러 가지가 있지만, 가장 간단한 기법은 각 항목이 쌍으로 제시된 다른 항목 대비 선택된 시간의 비율을 확인하는 것이다.

컨조인트 분석^{conjoint analysis}은 우선순위를 식별하는 데에 사용할 수 있는 시장 조사 방법이다 (Green & Rao, 1971; Green & Srinivasan, 1978). 컨조인트 분석은 사람들이 개별 제품이나 서비스를 구성하는 여러 속성(특징, 기능, 이점)에 어떻게 가치를 부여하는지 살펴보는 데 도움이 된다. 이 분석의 초점은 실제로 속성 자체보다는 일련의 속성에 의해 정의된 제품 또는 서비스에 있다. 여러 잠재적 제품 또는 서비스를 통제된 상태로 응답자에게 보여주고, 응답자가 이 제품들 중 무엇을 어떻게 선택하는지 분석함으로써 제품 또는 서비스를 구성하는 개별 요소의 암묵적 가치를 살펴볼 수 있다.

컨조인트 분석과 매우 유사한 방법은 MaxDiff$^{Maximum\ Difference\ scaling,\ 최대\ 차이\ 척도법}$ 또는 BWS$^{Best-Worst\ Scaling,\ 최고-최저\ 척도법,\ 최고-최악\ 척도법}$이다(Louviere & Woodworth, 1983). MaxDiff는 응답자로 하여금 일련의 속성 또는 기능 세트 중 '최고'와 '최악'을 선택하게 한다. 이때 권장 사항은 각 세트를 5개 이하의 속성으로 구성해야 한다는 것이다. 다섯 가지 속성으로 구성된 여러 세트를 응답자에게 제시한다. 각 속성이 두 번 이상 표시될 수 있을 만큼 충분하게 세트를 구성해서 진행하면, 최상의 데이터를 얻을 수 있다. MaxDiff 분석 결과에는 (베이지안 평균$^{Bayesian\ average}$이라고 부르는) 각 속성에 대한 중요도 점수뿐만 아니라 속성의 우선순위 순서도 포함된다.

우선순위를 식별하는 다른 방법으로 카노 모델을 들 수 있다(Kano, Seraku, Takahashi, & Tsuji, 1984). 노리아키 카노와 그의 동료들은 고객이 제품이나 서비스 성능의 모든 속성을 동일하게 여기지 않으며 어떤 속성은 다른 속성보다 더 높은 수준의 고객 충성도를 창출할 거라고 믿었다. 그들은 다음과 같은 다섯 가지 속성 범주를 구체적으로 제시했다.

- 필수 품질$^{must-be\ quality}$: 고객이 기대하고 당연하게 여기는 요구 사항
- 성능 품질$^{performance\ quality}$: 충족되면 만족하고, 충족되지 않으면 불만족을 초래하는 속성
- 매력 품질$^{attractive\ quality}$: 완전히 달성되면 만족을 주지만, 충족되지 않아도 불만을 유발하지 않는 속성
- 무관심 품질$^{indifferent\ quality}$: 좋지도 나쁘지도 않고, 고객 만족 또는 불만족으로 이어지지 않는 속성
- 원치 않는 품질$^{undesired\ quality}$: 불만을 초래하는 속성으로, 때로는 모든 고객이 동일하지 않기 때문에 불만이 초래됨

제품 기능에 대한 고객의 관점은 ① 제품에 해당 기능이 있을 경우 어떻게 느낄지, ② 제품에 해당 기능이 없을 경우 어떻게 느낄지에 대한 두 가지 항목을 '매우 만족한다'$^{I\ Like\ It}$, '이 정도는 당연하다'$^{I\ Expect\ It}$, '상관없다'$^{I'm\ Neutral}$, '어쩔 수 없이 사용한다'$^{I\ Can\ Live\ With\ It}$, '매우 불만족스럽다'$^{I\ Dislike\ It}$'의 척도로 평가해 측정된다. 카노 모델 연구로 데이터를 분석하면 각 제품 기능은 매력^{attractive}, 성능^{performance}, 무관심^{indifference}, 필수$^{must-be}$의 4분면으로 구성된 2차원 공간 안에 배치된다. 카노 모델의 연구 수행 및 데이터 분석에 대한 자세한 개요는 다니엘 자카리아스의 연구를 참고하자(Daniel

Zacarias, n.d.).

5.7.2 특정 속성 평가하기

다음은 여러분이 평가하고자 하는 제품 또는 웹사이트의 속성 목록이다.

- 시각적 매력^{visual appeal}
- 지각된 효율성^{perceived efficiency}
- 확신^{confidence}
- 유용성^{usefulness}
- 즐거움^{enjoyment}
- 신뢰성^{credibility}
- 용어의 적절성^{appropriateness of terminology}
- 탐색 용이성^{ease of navigation}
- 응답성^{responsiveness}

독자 여러분이 흥미롭게 느끼는 모든 속성을 평가하는 방법을 자세히 다루기에는 이 책의 범위를 넘어선다. 대신 특정 속성을 평가하는 데 비중을 두고 연구한 몇 가지 연구 사례를 소개하고자 한다.

칼튼 대학교^{Carleton University}의 기테 린드가드와 그녀의 동료들은 사용자들이 얼마나 빨리 웹페이지의 시각적 매력, 인상을 형성하는지에 대해 알고 싶었다(Lindgaard et al., 2006). 그들은 연구 참가자들에게 50ms 또는 500ms(ms = 밀리세컨드) 동안 웹 페이지 이미지를 보여줬다. 각 웹 페이지는 시각적 매력의 전반적 척도와 다음과 같은 양극성 척도로 평가됐다: [흥미로움/지루함], [좋은 디자인/나쁜 디자인], [좋은 색상/나쁜 색상], [좋은 레이아웃/나쁜 레이아웃], [상상력이 풍부함/상상력 없음] 등.

그들은 이 다섯 가지 척도 모두에 대한 평가가 시각적 매력과 매우 강한 상관관계가 있음을 발견했다($r^2 = 0.86 \sim 0.92$). 또한 그들은 결과를 통해 50ms와 500ms 노출 수준에서 참가자 간에 일관된 경향을 보인다는 점을 발견했는데, 이는 50ms(또는 1/20초)에서도 사용자가 웹 페이지의 시각적 매력에 대해 일관된 인상을 형성할 수 있음을 나타낸다.

벤틀리 대학교의 빌 앨버트와 그의 동료들은 사용자가 웹 페이지 이미지에 대한 매우 짧은 노출을 통해 웹사이트에 대한 신뢰도가 빠르게 형성될 수 있을지 확인하기 위해 이 연구를 확장해 진행했다(Albert, Gribbons, & Almadas, 2009). 그들은 사람들에게 인기 있는 금융 및 의료 웹사이트 스크린샷 50개를 사용했다. 참가자들은 웹사이트 스크린샷 50개를 50ms 동안 한 페이지씩 본 후 사이트에 대한 신뢰도를 1~9점 척도로 평가했다. 그리고 잠시 휴식을 취한 후 같은 50개의 이미지로 이 절차를 반복했다. 그들은 두 실험에서 신뢰도 평가 사이에 유의한 상관관계($r = 0.81, p < .001$)를 발견했다.

펭네이트와 사라시는 시각적 매력(높거나 낮은 수준)과 사용 용이성(높거나 낮은 수준)이라는 두 가지 차원에 맞춰 4개의 웹사이트 디자인을 준비했다(Pengnate and Sarathy, 2017). 총 192명의 참가자가 연구에 참여했고, 각각의 참가자들은 네 가지 연구 조건(웹사이트) 중 하나에 무작위로 할당됐다. 참가자들은 본인에게 할당된 사이트로 과업을 완료한 후 다양한 평가 척도를 사용해 웹사이트 디자인을 평가했다. 척도는 ① TAM(앞쪽에 설명), ② 시르^{Cyr}, 헤드^{Head}, 이바노프^{Ivanov}가 채택한 시각적 매력과 관련된 네 가지 척도(2006), ③ 맥나이트^{McKnight}와 체르바니^{Chervany}가 채택한 네 가지 신뢰 척도(2001), ④ 야르벤파^{Jarvenpaa}, 트락틴스키^{Tractinsky}, 비탈레^{Vitale}가 채택한 4개의 행동 의도 척도(2000)가 포함됐다. 그들은 인지된 시각적 매력이 인지된 사용 용이성에 유의한 영향을 미쳤고, 인지된 시각적 매력이 인지된 사용 용이성보다 신뢰에 훨씬 더 강한 영향을 미친다는 사실을 발견했다.

스탠퍼드 설득 기술 연구소$^{Stanford\ Persuasive\ Technology\ Lab}$의 B. J. 포그와 그의 동료들은 웹사이트를 신뢰할 수 있게 만드는 요소에 대해 더 알아보기 위해 연구를 수행했다(Fogg et al., 2001). 예를 들어 그들은 웹사이트가 얼마나 신뢰할 만한지 평가하기 위해 51개 항목의 설문지를 사용했다. 각 항목은 '이 사이트는 광고와 콘텐츠를 구별하기 어렵게 만든다' 같은 사이트의 어떤 측면을 확인하기 위한 문항과 사용자가 그 사이트가 얼마나 믿을 만한지 평가하는 '매우 신뢰할 수 없음'에서 '매우 신뢰할 수 있음'까지의 7점 척도로 구성돼 있다. 그들은 51개 항목의 데이터가 실제 느낌$^{real-world\ feel}$, 사용 용이성$^{ease\ of\ use}$, 전문성^{expertise}, 신뢰도^{trustworthiness}, 맞춤화^{tailoring}, 상업적 의미$^{commercial\ implications}$, 아마추어주의^{amateurism}의 일곱 가지 척도로 분류된다는 것을 발견했다. 예를 들어 '실제 느낌' 척도에 높은 가중치를 둔 51개 항목 중 하나는 '사이트는 그 기업의 실제 주소를 제공한다'였다.

5.7.3 특정 요소 평가하기

여러분은 제품 또는 웹사이트의 세부 영역을 평가하는 것 외에도 설명서^{instruction}, FAQ 온라인 도움말$^{online\ help}$, 홈페이지^{homepage}, 검색 기능$^{search\ function}$, 사이트맵$^{site\ map}$ 같은 특정 요소를 평가하는 데에 관심을 둘 수 있을 것이다. 특정 요소에 대한 주관적 반응을 평가하는 방법은 기본적으로 세부 영역을 평가하는 기법과 동일하다. 사용자에게 특정 요소에 집중하도록 한 다음 적절한 평가 척도를 제시해 평가하도록 요청하면 된다.

닐슨 노먼 그룹$^{Nielsen\ Norman\ Group}$은 10개의 서로 다른 웹사이트의 사이트맵에 초점을 맞춘 연구를 수행했다(Stover, Coyne, & Nielsen, 2002). 사용자들은 사이트와 상호작용을 한 후 사이트맵과 관련된 여섯 가지 문항의 설문지를 작성했다.

- 사이트맵은 찾기 쉽다.
- 사이트맵의 정보는 도움이 된다.
- 사이트맵은 사용하기 쉽다.
- 사이트맵을 사용하면 내가 찾던 정보를 쉽게 찾을 수 있다.
- 사이트맵을 통해 웹사이트의 구조를 쉽게 이해할 수 있다.
- 사이트맵을 통해 웹사이트에서 어떤 콘텐츠를 이용할 수 있는지 명확하게 알 수 있다.

각 문항에는 '매우 동의하지 않음'부터 '매우 동의함'까지의 7점 리커트 척도가 포함돼 있다. 그들은 6개 문항의 척도 평점을 평균해 10개 사이트 각각에 대한 사이트맵의 전체 평점을 얻었다. 이 방법은 웹사이트 기능에 대한 여러 평가를 요청한 다음 이것들을 평균해 웹사이트 기능에 대한 보다 신뢰할 수 있는 평점을 얻는 예시다.

툴리스는 웹사이트에 적용 가능한 홈페이지 디자인에 대한 연구를 수행했다(Tullis, 1998)(사실 이 디자인들은 '자리 표시자^{placeholder}' 또는 'Lorem Ipsum' 더미 텍스트로 구성된 템플릿에 불과했다). 이 디자인들을 비교하는 데 사용된 방법은 연구 참가자에게 페이지 형식, 매력도, 색상 사용 등 세 가지 측면에 대해 디자인을 평가하도록 요청하는 것이었다. 각각은 '매우 나쁨'에서 '매우 좋음'까지 5점 척도(−2, −1, 0, 1, 2)로 평가됐다(참고 사항: 이 척도를 사용하지는 말자. 평가 척도로 음수값과 0이 주어지면 응답자들의 답변이 편향되는 경향이 있다. 물론 우리가 가장 관심을 갖는 주제가 상대 비교라면, 결과는 여전히 유효하다). 다섯 가지 디자인에 대한 평가 결과는 그림 5.15에 나와 있다. 가장 좋은 평가를 받은 디자인은 템플릿 1이었고, 가장 나쁜 평가를 받은 디자인은 템플릿 4였다. 이 연구는 또한 대안 비교 연구에서 일반적으로 사용되는 또 다른 기법을 보여준다. 참가자들은 가장 선호하는 템플릿에서 가장 선호하지 않는 템플릿까지 다섯 가지 템플릿의 순위를 매기라는 요청을 받았다. 이 연구에서 참가자의 48%는 템플릿 1을 첫 번째 순위로 꼽았고, 57%는 템플릿 4를 마지막 순위로 선택했다.

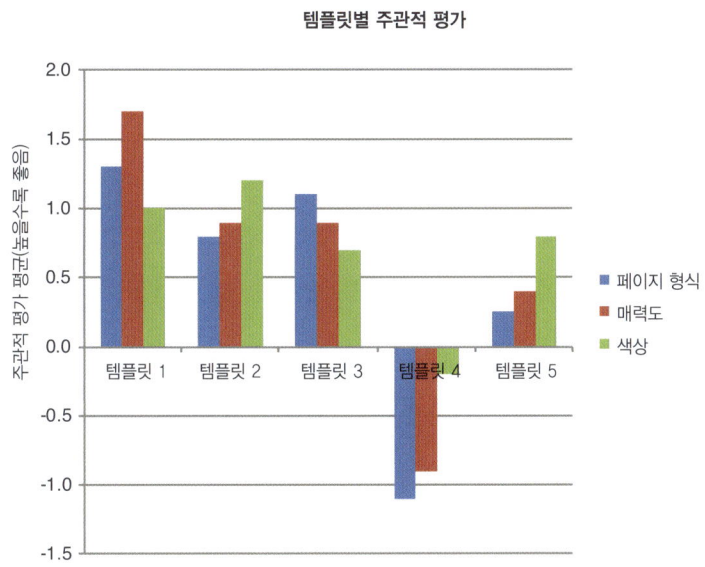

그림 5.15 웹사이트 홈페이지를 위한 다섯 가지 디자인안에 대해 각각 페이지 형식, 매력도, 색상 사용의 세 가지 척도로 평가한 데이터(출처: Tullis(1998)에서 허가 받아 수정 사용)

5.7.4 개방형 질문

사용성 연구에서 사용되는 대부분의 질문지에는 5장에서 논의한 다양한 종류의 평가 척도 외에도 개방형 형식의 질문Open-Ended Questions이 포함돼 있다. 실제로 일반적인 기법 중 하나는 사용자로 하여금 개별 평가 척도와 관련된 의견을 추가할 수 있게 하는 것이다. 이런 의견이 특정 지표 계산에 미치는 유용성은 제한적일 수 있지만, 제품을 개선할 방법을 탐색하기에는 매우 유용할 수 있다.

UX 연구에서 일반적으로 사용되는 개방형 질문의 또 다른 유형은 사용자에게 제품에 대해 가장 마음에 드는 점을 3~5개, 가장 마음에 들지 않는 점을 3~5개 정도 이야기해달라고 요청하는 것이다. 이 방법은 근본적으로 동일한 항목이 나열된 사례의 수를 세고 그 빈도를 보고함으로써 지표로 변환될 수 있다. 물론 참가자가 큰소리로 생각하면서 언급한 것들도 이런 종류의 (단어 그대로의) 축어적 코멘트로 처리할 수 있다.

다음의 책들은 텍스트 마이닝을 이용해 이런 축어적 응답을 분석하는 주제로 저술됐으며(Ignatow & Mihalcea, 2017; Ignatow, 2016; Liu, 2015; Miner et al. 2012) 여러분은 엔비보^{NVivo}, 클라라브리지^{Clarabridge}, IBM SPSS 텍스트 분석$^{IBM\ SPSS\ Text\ Analysis}$ 등 매우 다양한 도구를 사용할 수 있다. 우리는 이런 축어적 의견을 수집하고 요약하는 몇 가지 간단한 기법을 설명하겠다.

개방형 질문의 답변을 요약하고 분석하는 일은 항상 어렵다. 우리는 이 작업을 빠르고 쉽게 수행할 마법 같은 솔루션을 보지 못했다. 한 가지 도움이 될 만한 노하우라면, 개방형 질문을 좀 더 구체적으로 전달하는 것이다. 예를 들어 참가자들에게 인터페이스에 대해 혼란스럽다고 생각되는 점을 설명하도록 요청하는 질문은 일반 '코멘트'보다 분석하기가 더 쉬울 것이다.

우리가 선호하는 매우 간단한 분석 방법 중 하나는 질문에 대한 모든 축어적 응답을 Wordle.net 같은 워드 클라우드$^{word\ clouds}$ 생성 도구에 입력하는 것이다. 다음 페이지의 그림 5.16은 참가자들에게 NASA 웹사이트에서 아폴로 우주 프로그램을 사용할 때 특히 어렵거나 좌절감을 느끼는 부분을 설명해달라고 했을 때의 답변으로 만든 워드 클라우드이다(Tullis, 2008b). 워드 클라우드는 더 자주 나타나는 단어를 더 큰 텍스트로 표현한다. 이 워드 클라우드를 보면 참가자들이 사이트의 'search^{검색}'과 'navigation^{탐색}'에 대해 자주 언급했음이 분명하다('Apollo^{아폴로}' 등 몇몇 빈번하게 사용된 단어들은 주제에 비춰볼 때, 전혀 의외의 용어는 아닐 것이다).

> ### 특정 단어가 포함된 모든 코멘트 찾기
>
> 워드 클라우드(와 이런 텍스트 분석 도구들이 생성할 수 있는 단어 빈도)를 연구한 후에는 코멘트에 (어느 위치에서든) 특정 단어가 포함된 모든 축어적 코멘트를 찾아보는 일은 분명 도움이 된다. 예를 들어 그림 5.16의 워드 클라우드를 보고, 'navigation(탐색)'이라는 단어가 포함된 모든 코멘트를 찾아보면 도움이 될 것이다. 이 작업은 엑셀에서 = SEARCH 함수를 사용해 수행할 수 있다. 그런 다음 SEARCH 함수의 결과가 포함된 열을 정렬해 살펴볼 수 있다. 대상 단어를 포함하는 항목에는 숫자 값이 있고(대상 단어가 시작하는 문자 위치를 가리키는 숫자임), 대상 단어를 포함하지 않은 경우는 '#VALUE!' 오류가 발생한다.

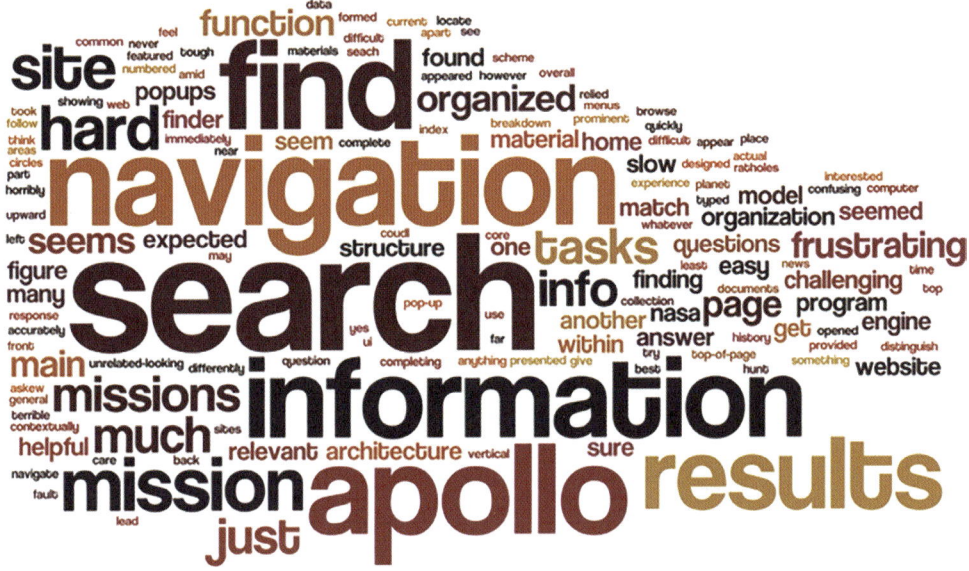

그림 5.16 NASA 웹사이트의 온라인 연구에서 아폴로 우주 프로그램을 사용할 때 특히 좌절하거나 어려웠던 점을 묻는 질문에 대한 응답을 Wordle.net을 사용해 만든 워드 클라우드

우리의 경험에 따르면 축어적 코멘트를 그대로 분석하면 종종 수동 분석manual analysis[1]으로 귀결된다(최근 우리는 UX 분야에서 축어적 코멘트 분석을 전문적으로 하는 사람들을 채용하려는 채용 공고를 봤다!). 수동 텍스트 분석은 주로 분류와 태그 지정의 두 가지 방식으로 이뤄진다. 두 가지 방식 모두 엑셀에서 수행할 수 있으며, 엑셀 스프레드시트의 각 행은 코멘트다. 실제로 여러 개의 코멘트를 파악하고 분할하는 것부터 시작해야 하는 경우가 많다. 한편 축어적 코멘트를 인구 통계 관점에서 구분해 분석하는 것이 때때로 유용하기 때문에, 코멘트와 관련된 인구 통계 데이터를 유지하는 게 좋다.

코멘트를 분류할 때 모든 코멘트를 살펴보고 각 코멘트에 단일 카테고리를 할당한다(예: 계정 개설, 글꼴 크기). 이때 카테고리를 식별하는 데 도움이 되도록 먼저 코멘트 샘플을 빠르게 스캔하는 게 좋다. 코멘트들을 논리적으로 분류하는 과정에서 카테고리(종종 드롭다운 목록으로 선택)를 포함시키기 위해 스프레드시트에 하나의 열을 추가한다. 또한 코멘트에 태그tag를 달 수 있으며, 각 코멘트에 여러 태그(카테고리와 유사)를 연결할 수 있다. 태그를 지정할 때, 여러분은 태그 수만큼 열을

---

1 자동화된 도구를 사용하지 않고 사람이 직접 데이터를 수동으로 검토하고 해석하는 방식을 말한다. – 옮긴이

추가한 다음 코멘트에 태그를 지정하려는 각 열에 'X'(또는 무언가)를 입력한다. 수동 코딩과 코멘트 분석에 대해 더 알고 싶다면 Sauro(2017)를 참고하기 바란다.

5.7.5 인식과 이해

자가측정 데이터와 성능 데이터의 구분을 다소 모호하게 만드는 방법 중 하나는 사용자들로 하여금 애플리케이션이나 웹사이트로 과업을 수행한 후 다시 참조할 수 없는 상태에서 애플리케이션이나 웹사이트와 상호작용하면서 봤거나 기억한 내용에 대해 질문을 하는 것이다. 이 방법의 특징은 웹사이트의 다양한 기능에 대해 사용자가 어떻게 인식하는지 확인하는 것이다. 그림 5.17의 NASA 홈페이지를 예를 들어 보겠다. 먼저 사용자로 하여금 사이트를 간단히 탐색하게 한 후 NASA의 최신 뉴스를 읽는다든지, 허블 우주 망원경에서 이미지를 얻는 방법을 찾아본다든지 하는 매우 일반적인 과업을 하게 한다. 그런 다음, 사용자가 사이트를 더 이상 열어볼 수 없게 한 상태에서 사용자에게 사이트에 있었거나 없었을 수도 있는 다양한 특정 콘텐츠를 나열한 설문지가 주어진다.

이 목록은 콘텐츠일 뿐, 사용자에게 수행하도록 요청한 특정 과업과는 직접적 관련이 없다. 여러분은 이런 콘텐츠 중 어떤 콘텐츠가 '사용자의 눈에 띄는지' 여부에 관심이 있다. 사용자는 설문지의 콘텐츠 중 사이트에서 본 것을 기억나는 대로 표시한다. 예를 들어 설문지에 있는 항목 중 두 개는 'JAXA 우주선 발사 취소'와 'NASA의 다음 화성 탐사선 이름'일 수 있으며, 둘 다 홈페이지에 있는 링크다. 이런 설문지를 디자인할 때 주의해야 할 점은 논리적인 '주의를 산만하게 하는 방해 요소' 항목, 즉, 웹사이트(또는 웹페이지, 여러분이 연구를 한 페이지로 제한하는 경우)에는 없었지만, 있을법한 항목을 적절히 포함해야 한다는 것이다.

이와 밀접하게 관련된 기법으로, 웹사이트의 특정 콘텐츠와 관련된 사용자의 학습 수준 및 이해도를 테스트하는 방법도 있다. 사용자로 하여금 사이트와 상호작용한 후 사이트의 어떤 정보에 대한 이해도를 테스트하는 퀴즈에 답변하게 하는 것이다. 그리고 참가자들이 사이트 사용 전에 정보를 미리 알고 있을지 모르는 경우라면, 사전 테스트를 실시해 그들이 이미 알고 있는 내용을 확인한 다음 사후 테스트 결과와 다시 비교한다. 사용자가 사이트와 상호작용하는 동안 정보에 대해 명확하게 안내받지 않지만 자연스럽게 학습이 이뤄지는 경우는 '우발적 학습$^{incidental\ learning}$' 기법이라고 부른다.

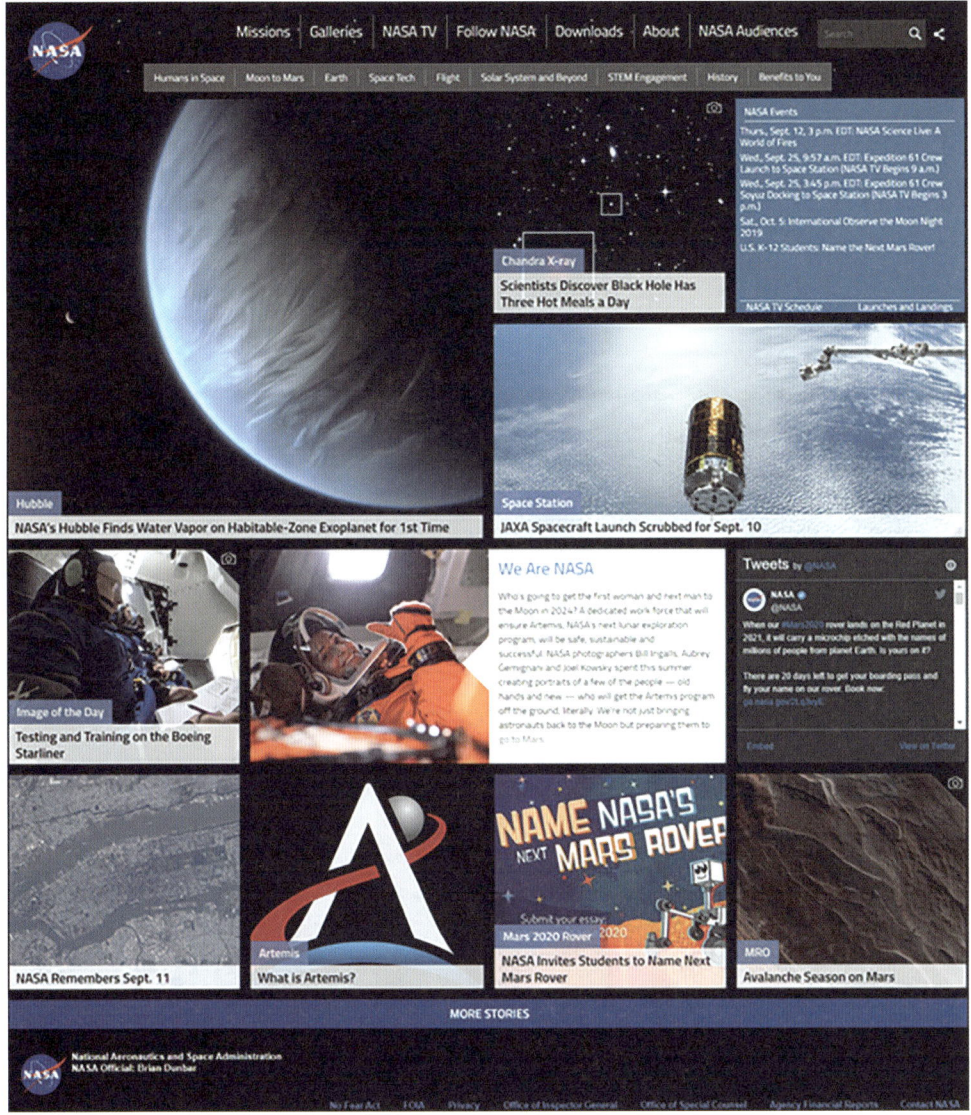

그림 5.17 이 NASA 홈페이지로 웹페이지의 다양한 요소가 얼마나 사용자의 '주의를 끄는지' 평가한다. 사용자들로 하여금 사이트와 상호작용하게 한 후, 그들에게 콘텐츠 목록을 보여주고 그 사이트에 실제로 어떤 콘텐츠가 있었는지 답변하도록 요청한다.

5.7.6 인식 수준과 유용성 간의 차이 비교

매우 유용한 분석 유형 중 하나는 사용자가 특정 정보나 기능에 대해 인식하고 있는 수준과 사용자가 이를 인식한 다음 동일 정보나 기능에 대해 인지하고 있는 유용성 간의 차이를 살펴보는 것이다. 예를 들어 대다수의 사용자는 특정 기능을 인식하지 못했더라도 일단 알아차린 후에는 해당 기능이 매우 유용하다고 생각하고, 어떤 방식으로든 해당 기능을 홍보하거나 강조해야 한다고 말한다.

인식awareness과 유용성usefulness의 차이를 분석하려면, 인식과 유용성 지표를 모두 갖고 있어야 한다. 우리는 대개 인식에 관해 사용자에게 예/아니요 질문 형태로 묻는다. 예를 들어 "전에 이 기능에 대해 알고 계셨나요? (예/아니요)" 먼저 묻고, 다음으로, "이 기능이 여러분에게 얼마나 유용한가요? (1~5점 척도: 1 = 매우 유용하지 않음, 5 = 매우 유용함)" 묻는다. 이런 질문은 기능을 탐색할 시간이 몇 분 정도 있었다고 가정하고 하는 것이다. 다음으로, 여러분은 같은 값끼리 비교가 가능하도록 평가 척도 데이터를 상위 2점 점수로 변환한다. 해당 기능이 유용하다고 생각하는 사용자 비율 막대 옆에 해당 기능을 알고 있는 사용자 비율 막대를 표시하는 것이다(상위 2점 비율). 두 막대 사이의 차이를 인식-유용성 격차라고 한다(그림 5.18).

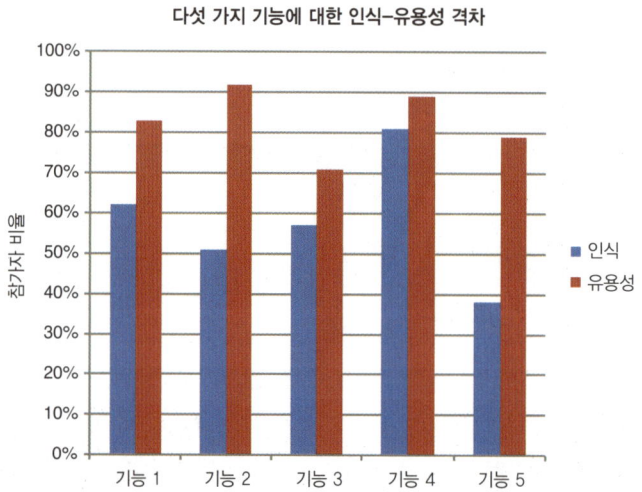

그림 5.18 인식-유용성 격차를 조사한 연구 데이터. 기능 2, 5처럼 인식과 유용성 평가 간 가장 큰 차이가 나타나는 항목은 인터페이스에서 해당 콘텐츠를 더욱 명확하게 가시화해야 하는 항목이다.

5.8 요약

자가측정된 데이터에서 UX 지표 관련 데이터를 도출하기 위해 다양한 기법을 사용할 수 있다. 다음은 기억하면 좋을 몇 가지 핵심 사항을 요약한 것이다.

1. 자가측정 데이터는 과업 수준에서 얻을 수도 있고, 전반적으로 활용할 수도 있다. 과업 수준의 데이터는 개선이 필요한 부분을 식별하는 데 도움이 되고, 전체 수준의 데이터는 총체적 사용자 경험을 파악하는 데 도움이 된다.
2. 시스템에 대한 주관적 반응을 평가하기 위해 표준 설문지를 사용하는 방안을 고려해 보자. SUS는 비교적 적은 수의 표본에도(예: 참가자 8~10명) 강력했다.
3. 여러분의 제품을 다른 제품과 비교해 벤치마킹하는 데 관심이 있는 경우 SUS, UEQ, SUPR-Q, WAMMI, ACSI와 같이 비교 데이터 세트가 많거나 사용 가능한 공개 문헌이 있는 도구를 사용하는 방안을 고려해 보라.
4. 사용자가 생각하는 여러 기능 간 우선순위를 알아보려면 컨조인트 분석, MaxDiff, 카노 모델을 사용해 보라.
5. 단순한 평가 척도 외에 다른 기법을 사용할 때는 창의적이면서도 신중해야 한다. 가능하면 여러 가지 방법으로 주어진 주제에 대한 평가를 요청하고 결과를 평균화해 좀 더 일관된 데이터를 얻자. 새로운 평가 척도를 신중하게 구성하라. 개방형 질문을 적절하게 활용하고 제품과 상호작용한 후 인식 여부 또는 이해도를 확인하는 방법을 고려해 보라.

CHAPTER 6
이슈 기반 지표

많은 UX 리서처가 사용성 이슈를 파악하고 디자인 권장 사항을 도출하는 것이 업무에서 가장 중요한 부분이라고 생각한다. 사용성 이슈는 특정 용어나 콘텐츠에 대한 혼란, 탐색 방법, 주의해야 할 사항을 알아채지 못하는 등의 문제를 수반할 수 있다. 이런 유형의 이슈들과 다른 많은 문제는 대체로 디자인과 개발 전반에 걸쳐, 디자인이 평가되고 개선되는 반복적인 프로세스를 거치면서 파악된다. 이 과정은 제품 디자인에 커다란 가치를 제공하며, UX 리서치의 토대가 된다.

사용성 이슈들은 순전히 정성적인 결과물로 간주되는 경향이 있다. 이 이슈들은 대체로 1명 이상의 참가자가 경험한 문제들을 식별해 설명하고 있으며, 많은 경우 문제의 근본 원인에 대한 평가도 포함한다. 대부분의 UX 전문가는 문제 해결을 위한 구체적인 권장안을 제시하며 긍정적인 결과도 (특히 잘 작동한 부분도) 함께 보고한다.

대부분의 UX 전문가는 지표를 사용성 이슈와 강하게 연관시키지 않는다. 이는 이슈를 식별하는 데 있어 모호하고 애매한 부분이 있기 때문일 수도 있고, 또는 문제를 식별하는 것은 반복적인 디자인 프로세스의 일환이지만, 이때 지표가 거의 특별한 도움이 되지 않는 것으로 여겨지기 때문일 수 있다. 그러나 실제로는 지표로 사용성 이슈를 측정하는 게 가능할 뿐만 아니라 이를 통해 반복적인 디자인 프로세스를 지연시키지 않으면서도 제품 디자인에 가치를 더할 수도 있다.

6장에서는 사용성 이슈를 파악하기 위해 간단히 사용할 수 있는 지표들을 살펴본다. 또한 사용성 이슈들을 식별할 수 있는 여러 방법, 이슈의 다양한 유형별 중요도 우선순위를 정하는 방법, 사용성 이슈를 측정할 때 고려해야 할 요인에 대해 논하고자 한다.

6.1 사용성 이슈란 무엇인가?

사용성 이슈란 무엇을 의미하는가? 사용성 이슈는 제품을 사용하는 행동을 기반으로 한다. 여러분은 UX 전문가로서 혼동을 주는 용어 또는 명료하지 못한 탐색 방식 등 이슈의 원인을 분석하고 설명한다. 사용성 이슈의 예시는 다음과 같다.

- 과업 완료를 방해하는 행동
- 누군가를 '과정에서 벗어나게' 만드는 행동
- 참여자에 의한 불만/좌절감 표현
- 주의해야 할 사항을 보지 못하는 것
- 과업이 완료되지 않았는데 참여자가 완료됐다고 말하는 것
- 과업 성공을 방해하는 행동
- 콘텐츠를 잘못 해석한 것
- 웹페이지를 탐색하기 위해 잘못된 링크를 선택한 것

사용성 이슈들을 정의할 때 고려해야 할 핵심 사항은 문제를 어떻게 다룰 것인가 하는 것이다. 가장 일반적으로는 제품 개선에 초점을 맞춘 반복적 디자인 프로세스에서 이런 이슈 분석이 수행되곤 하는데, 이런 맥락에서 가장 유용한 사용성 이슈는 제품 개선 가능성을 보여주는 문제일 것이다. 즉, 문제에 관해 합리적으로 조치를 취할 수 있는 경우가 도움이 된다. 인터페이스에서 문제를 야기하는 부분을 직접적으로 밝혀내지 못하더라도 최소한 어디에서 찾아야 할지에 대한 힌트를 제공해야 한다. 예를 들어 예전에 사용성 테스트 보고서에서 '애플리케이션의 멘탈 모델이 사용자의 멘탈 모델과 일치하지 않는다'는 이슈를 본 적이 있다. 그런데 그게 전부였다. 사용자의 어떤 행동도 언급돼 있지 않았다. 이런 이슈는 이론적 관점에서 어떤 행동에 대한 흥미로운 해석이겠지만, 디자이너와 개발자가 문제를 해결하는 데 전혀 도움이 되지 않는다.

반면 다음과 같은 이슈를 살펴보자. '많은 참가자가 최상위 내비게이션 메뉴에 혼란스러워하면서 (행동의 해석), 자신이 찾고 있는 것을 찾기 위해 한 섹션에서 다른 섹션으로 넘나들곤 했다(행동)'. 이 의견처럼 특히 이슈 뒤에 무슨 일이 일어났는지 설명하는 세부 사례가 포함된 경우 더욱 도움이 될 것이다. 이런 방식은 어디서 시작할지 알려주고(최상위 내비게이션), 부가적인 행동에 대한 구체적인 예시는 가능한 솔루션을 발굴하는 데 도움이 된다. 몰릭, 제프리스, 뒤마스는 사용성 권장 사항과 이를 더욱 유용하고 사용하기 편리하게 만드는 방법에 대한 흥미로운 연구를 수행했다 (Molich, Jeffries, and Dumas, 2007). 그들은 모든 사용성 권장 사항이 애플리케이션의 전반적인 사용자 경험을 향상시키고 비즈니스와 기술 제약을 고려하며 구체적이면서도 명확하다고 말한다.

한편 모든 사용성 이슈가 피해야 하는 대상은 아니다. 어떤 사용성 이슈는 긍정적인 경우도 있다. 이때 사용되는 용어는 사용성 '발견^{findings}'이라고 부르는데, '이슈^{issue}'라는 용어가 부정적인 의미를 내포하고 있기 때문이다. 다음은 긍정적인 사용성 이슈의 몇 가지 예이다.

- 모든 참가자가 애플리케이션에 로그인할 수 있었다.
- 검색 과업을 완료하는 데 오류가 없었다.
- 참가자들은 리포트 작성 속도가 더 빨라졌다.

긍정적 결과를 보고하고 프로젝트 팀에 긍정적 강화를 하는 주된 이유는 인터페이스의 이런 긍정적인 측면을 향후 디자인 개선 과정에서 '해치지' 않도록 하기 위함이다.

6.1.1 진짜 이슈와 거짓 이슈

UX 리서처의 업무에서 가장 어려운 부분 중 하나는 어떤 사용성 이슈가 진짜 이슈이고, 어떤 이슈가 단순한 일탈인지 판단하는 일이다. '명백한 이슈'란 (전부는 아닐지라도) 대부분의 참가자가 직면하는 문제들이다. 예를 들어 참가자들이 분명하지 않은 레이블로 된 메뉴를 잘못 읽어서 잘못된 옵션을 선택하고 그릇된 경로로 이동한 다음 애플리케이션의 엉뚱한 위치에서 그들의 목표물을 찾는 데 상당한 시간을 소비하는 경우가 '명백하게 이슈'인 경우이다. 이런 경우는 대부분의 사람이 '간단히, 쉽게 알 수 있는' 원인이 있는 행동들이다.

반면 어떤 사용성 이슈들은 모호해서 쉽게 이슈로 식별되지 않거나, 진짜 이슈인지 여부를 확실히 판별하기 어렵다. 예를 들어 참가자 10명 중 1명만 웹사이트의 특정 콘텐츠나 용어가 혼란스럽다고 얘기한다면 어떨까? 혹은 참가자 12명 중 1명만 자신이 챙겨야 할 것을 알아채지 못한다면? 여러분은 관찰된 내용이 더 많은 모집단에서 반복될 가능성이 높을지 여부를 판단해야 한다. 과업 중 참가자의 행동, 사고 과정, 인식, 결정이 논리적인지 자문해 보자. 다시 말해 그의 행동 또는 생각 뒤편에 일관된 스토리나 논거가 있는가? 그렇다면 1명의 참가자만 그 이슈를 겪더라도 문제가 될 수 있다. 한편, 어떤 경우에는 행동 뒤에 숨은 의미나 이유가 분명하지 않은 경우도 있다. 만약 참가자들이 자신의 논리를 설명하지 못하기도 하고, 그 일이 단 한 번 발생한 것이라면 그건 특이 사례일 가능성이 크며, 무시하고 넘어가야 할 것이다.

한 참가자가 웹페이지에서 과업을 수행하기 위해 페이지에 있는 링크를 클릭해 잘못된 경로로 들어선 것을 관찰했다고 가정해 보겠다. 과업이 끝나면 여러분은 사용자에게 해당 링크를 클릭한 이유를 물어볼 수 있을 것이다. 단지 그 링크가 눈앞에 있어서 클릭했다고 말한다면, 어떤 리서처들은 이것을 잘못 식별된 이슈(이슈가 아닌 것)로 간주할 수도 있다. 반면 참가자가 링크의 문구 표현이 과업을 시작하기에 합리적인 경로로 보였다고 말한다면, 어떤 리서처들은 이것을 진정한 사용성 이슈라고 말할 것이다.

6.2 이슈를 식별하는 방법

사용성 이슈를 식별하는 가장 일반적인 방법은 참가자와 직접 상호작용하면서 연구하는 것이다. 이 방법은 직접 대면으로 만나거나 원격 테스트 기법을 사용해 전화로 이뤄질 수 있다. 사용성 이슈를 식별하는 덜 일반적인 방법으로는, 온라인 연구와 같은 자동화된 기술을 사용하거나 usertesting.com류의 사이트에서 생성된 것과 유사한 참가자 비디오를 관찰하는 방법이 있다. 후자의 경우 참가자를 직접 관찰할 기회는 없지만, 참가자의 행동과 자가측정 데이터를 찾아볼 수 있다. 이런 유형의 데이터로 이슈를 파악하기는 어렵지만 가능하다.

발생할 수 있는 사용성 이슈들은 미리 사전에 예측하고 테스트 세션 중에 추적할 수도 있다. 하지만 여러분이 이슈를 정말로 관찰하고 있는 상황이라는 것과, 단지 여러분이 기대하기 때문에 이슈를 발견하는 게 아니라는 점에 유의하자. 여러분의 일은 여러분이 무엇을 찾아야 할지 알 때 확실히 더 쉬워진다. 하지만 단정 짓고 상황을 바라보면, 여러분이 전혀 고려하지 않았던 다른 이슈들을 놓칠 수 있다. 우리는 일반적으로 테스트에서 무엇을 찾아야 할지 생각하고 있지만, 또한 예상치 못한 이슈들을 발견하기 위해 열린 마음으로 수행한다. '정해진' 방법은 없으며, 모든 것은 평가의 목표에 달려 있다. 초반 콘셉트 단계에 제품을 평가할 때는 사용성 이슈가 무엇일지에 대해 미리 생각 못할 가능성이 높다. 그러나 제품이 더욱 개선되고 정교해질수록 어떤 문제를 고민해야 하는지 분명하게 사고할 수 있을 것이다.

> **여러분이 예상한 이슈는 실제로 발견된 이슈가 아닐 수도 있다**
>
> 소프트웨어 인터페이스를 디자인하기 위한 초기 가이드라인 중 하나는 애플(Apple)사에서 발행됐다. 애플 IIe 가이드라인(Apple IIe Design Guidelines)이라고 부르는 이 가이드라인에는 애플이 실시한 초기 사용성 테스트에 대한 흥미로운 이야기가 담겨 있다. 그들은 '애플 프리젠츠 애플(Apple Presents Apple)'이라고 부르는 프로그램을 디자인하고 있었는데, 이 프로그램은 고객이 컴퓨터 매장에서 사용할 수 있는 데모 프로그램이었다. 이 프로그램의 인터페이스에서 디자이너가 관심을 기울이지 않은 부분 중 하나는 사용자에게 모니터가 흑백인지 컬러인지 묻는 부분이었다. 초기에 이 질문은 "당신은 흑백 모니터를 사용하고 있나요?(Are you using a black-and-white monitor?)"였다(디자이너들은 사용자들이 '단색'이라는 단어를 어려워할 수 있을 것으로 예상해서, '흑백'이라는 용어를 사용했다). 첫 번째 사용성 테스트에서, 그들은 단색 모니터를 사용하는 참가자의 대다수가 이 질문에 대답을 잘못했다는 사실을 발견했다. 그 이유는 사용자들의 모니터는 실제로 흰색이 아닌 녹색으로 텍스트를 표시했기 때문이었다!
>
> 이 질문에 이어, "당신의 모니터는 여러 색상을 표시하나요?(Does your monitor display multiple colors?)", "화면에 한 가지 이상의 색상이 보이나요?(Do you see more than one color on the screen?)" 같은 우스꽝스러운 질문들이 이어졌는데, 어떤 참가자에게는 이 모든 질문이 무용했다. 디자이너들은 필사적으로 이 질문에 대한 답을 받아내기 위해 모든 종류의 컴퓨터를 보유하고 있을 것으로 예상되는 개발자를 프로젝트에 포함시키는 방안까지 고려했다. 그들은 마침내 제대로 통용 가능한 질문을 찾았다. "위의 단어들이 여러 가지 다른 색상으로 보이나요?(Do the words above appear in several different colors?)" 요컨대 여러분이 예상했던 이슈는 실제로 발견되는 이슈가 아닐 수 있다.

이 책에서 소개한 많은 지표들을 사용해 사용성 이슈를 다각도로 살펴볼 수 있다. 일반적으로는 과업 수준 관련 데이터가 가장 유용하다. 예를 들어 그림 6.1에 표시된 과업 성공 데이터를 살펴보자. 이 데이터는 비교 사용성 평가 연구$^{Comparative\ Usability\ Evaluation\ study}$ CUE-8에 있는 L팀 보고서의 데이터이다(Molich, 2010).

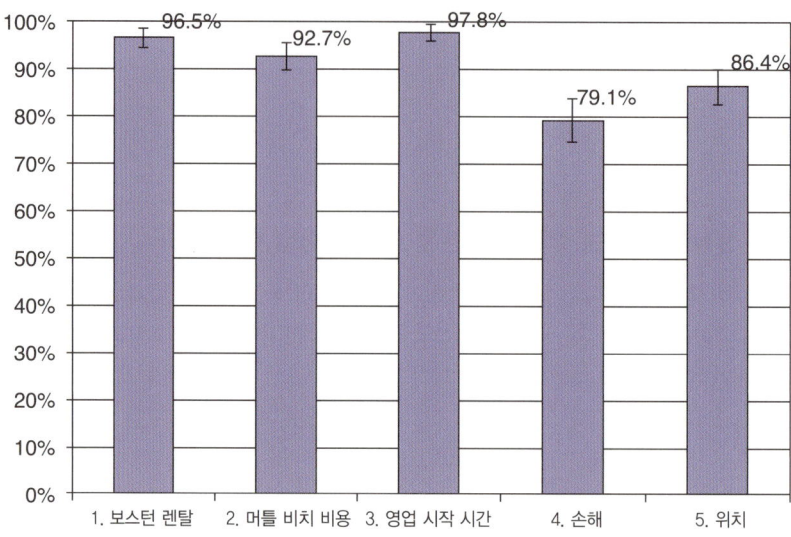

그림 6.1 CUE-8에 있는 L 팀 테스트 보고서의 과업 성공 데이터(Molich, 2010)

그림 6.1을 보면 사용자들이 다른 과업 대비 과업 4(손해)에서 훨씬 어려움을 겪고 있음이 분명하다. 이 결과는 각 과업을 포기한 참가자 비율을 보여주는 데이터로 강화된다(그림 6.2). 과업 4를 포기한 참가자들이 다른 과업 대비 훨씬 많았다.

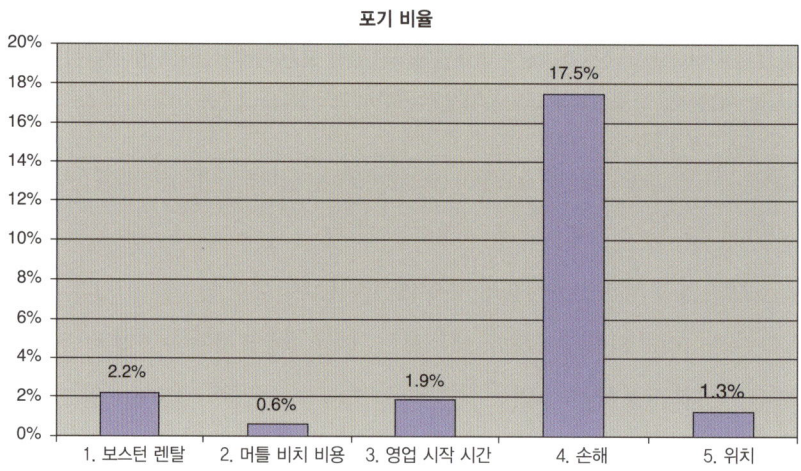

그림 6.2 CUE-8에 있는 L팀 테스트 보고서의 포기 비율(Molich, 2010)

과업 4는 특정 페이지(자동차 렌트 시 손해배상 면제 관련 정보 관련)로 연결되며, 살펴보면 이슈가 무엇인지 알 수 있다. 사용성 이슈는 '참가자들이 손해배상 면제에 대해 이해하는 데 어려움을 겪었다'처럼 간단한 문제일 수 있다.

과업을 수행한 후 자가측정된 평가 점수는 문제 영역을 식별하는 데 도움이 될 수 있다. 예를 들어 우리는 때때로 각 과업을 수행한 후 '과업 신뢰도task confidence' 척도를 사용했다(예: "나는 이 과업을 성공적으로 완료했다고 확신한다: 매우 동의하지 않음 ○○○○○ 매우 동의함"). 이때 과업 성공률은 낮지만 신뢰도가 높은 경우, 특히 문제가 될 수 있다. 이 결과는 많은 참가자가 과업에 실패했지만 성공했다고 생각할 수 있기 때문이다.

6.2.1 1:1 연구에서 사고 구술법 사용

참가자의 행동 관찰과 결합된 사고 구술법Think-aloud protocol은 1:1 UX 연구에서 사용성 이슈를 파악하기에 좋은 방법 중 하나이다. 역사적으로 가장 일반적인 방법은 참가자들이 과업을 수행하면서 자신의 사고 과정을 말로 표현하는 실시간 사고 구술법CTA, Concurrent Think-Aloud이었다. 최근에는 CTA가 참가자의 행동에 영향을 줘서 행동을 바꿀 수 있다는 우려 때문에 회고적 사고 구술법RTA, Retrospective Think-Aloud이 대안으로 연구되고 있다. 예를 들어 반 덴 하크, 드 종, 셸렌스는 CTA가 과업 수행, 그중에서도 특히 복잡한 과업 수행에 부정적인 영향을 미친다는 사실을 발견했다(Van Den Haak, de Jong, and Schellens, 2003). RTA에서 참가자는 조용히 과업을 한 후 과업 수행 기록을 보면서 자신의 생각을 말로 전한다. 이 방법은 때로는 시선 추적 시선 재생eye-tracking gaze replay으로 강화된다(Elling, Lentz, & de Jong, 2011). 이런 상황에서 CTA와 RTA 중 어느 것이 더 효과적인지는 완전히 명확하게 밝혀지지 않았다. 다만 둘 다 사용성 문제를 발견하는 효과가 좋은 것으로 보인다. 반 덴 하크 등은 CTA에서 도출된 이슈는 관찰에 더 기반을 둔 반면, RTA에서 도출된 이슈는 언어화에 더 기반을 둔다는 사실을 발견했다.

어떤 방법을 사용하든 참가자들은 일반적으로 자신이 무엇을 하고 있는지, 무엇을 달성하려 하는지, 자신의 결정, 기대치, 특정 과업을 수행한 이유에 대해 얼마나 확신하는지 구술한다. 이런 구술법은 본질적으로 제품과의 상호작용에 초점을 맞춘 의식의 흐름이다. 사고 구술이 일어나는 동안 여러분은 다음을 관찰할 수 있다.

- 혼란, 좌절, 불만, 기쁨, 놀라움을 표현한 언어적 표현
- 옳을 수도 있고 틀릴 수도 있는 특정 행동에 대한 확신 또는 우유부단함을 말로 표현한 것
- 자신이 해야 할 일을 하지 않거나, 말해야 했는데 하지 않은 참가자들
- 얼굴 표정이나 몸짓 같은 비언어적 행동

참가자들의 말을 듣는 것뿐만 아니라 그들의 행동을 관찰하는 일도 중요하다. 그들이 무엇을 하고 있는지, 어디서 어려움을 겪는지, 어떻게 성공하는지 지켜보면 사용성 이슈에 대한 풍부한 원천을 얻을 수 있다.

6.2.2 자동화된 연구에서 축어적 코멘트 사용하기

자동화 도구로 사용성 이슈를 파악하려면 신중하게 데이터를 수집해야 한다. 핵심은 참가자가 페이지 수준 또는 과업 수준에서 그들이 설명한 그대로 입력할 수 있게 하는 것이다. 이러한 연구의 대부분은 각 과업과 관련해 성공 여부, 소요 시간, 사용 용이성 평가, 축어적 코멘트 등 여러 데이터 포인트가 수집된다. 이때 축어적 코멘트는 발생할 수 있는 문제를 이해하는 가장 좋은 방법이다. 이전의 CUE-8 예(그림 6.1 참조)에 이어, J 팀은 과업 4(손해)와 관련해 다음과 같은 축어적 코멘트를 보고했다. "실제로 이 과업을 올바르게 한 건지 아닌지 잘 모르겠습니다. LDW에 대한 괜찮은 설명을 찾기가 어려웠고, 설명을 찾았을 때에도 실제로 뭐라고 하는지 정확히 알기 어려웠어요."(Molich, 2010)

축어적 코멘트를 수집하는 한 가지 방법은 참가자에게 각 과업이 끝날 때 의견을 제공하도록 요청하는 것이다. 이 방법은 흥미로운 결과가 나올 수 있지만, 항상 최상의 결과가 도출되지는 않는다. 더 효과적인 대안은 축어적 코멘트를 조건부로 만드는 것이다. 참가자가 과업에 사용 용이성 점수를 낮게 매긴 경우(예: 상위 2점을 주지 않은 경우), 해당 과업을 그렇게 평가한 이유를 묻는다. 이때 대개는 더 날카로운 질문을 해서 더 구체적이고 실행 가능한 의견을 끌어낸다. 예를 들어 참가자는 특정 용어가 혼란스럽다거나 특정 페이지에서 원하는 링크를 찾을 수 없다고 말할 수 있다. 이런 과업 수준의 피드백은 대체로 모든 과업을 완료한 후(연구 사후) 진행하는 한 번의 질문보다 더욱 가치가 있다. 이 방식의 유일한 단점은 참가자가 주관식 질문을 피하기 위해 몇 가지 질문을 한 후 자신의 평가 결과를 조정할 수 있다는 점이다.

6.2.3 웹 분석 사용하기

여러분이 웹사이트를 연구하는 경우, 웹 분석 데이터로 사용성 이슈 또는 잠재적인 문제 영역을 확인할 수 있다. 예를 들어 하산, 모리스, 프로베츠는 구글 애널리틱스$^{Google\ Analytics}$로 세 가지 전자상거래 웹사이트의 사용성 이슈들을 식별하고자 했다(Hasan, Morris, & Probets, 2009). 그들은 구글 애널리틱스를 통해 도출된 사용성 결과물을 전문가가 수행한 휴리스틱 평가와 비교했다. 그들은 방문당 페이지 조회 수$^{page\ views\ per\ visit}$, 이탈률$^{bounce\ rate}$, 주문 전환율$^{order\ conversion\ rate}$, 방문당 검색량$^{searches\ per\ visit}$, 결제 완료율$^{checkout\ completion\ rate}$을 포함한 13가지 주요 지표를 조사했다. 그 결과 두 사이트의 방문당 페이지 조회 수는 비교적 높았으며(각각 17회, 13회), 세 번째 사이트의 방문당 페이지 조회 수는 많이 낮았다(6회). 그 이유는 세 번째 사이트에서 발견된 내비게이션 문제가 잠재적 원인으로 해석됐는데, 이 결과는 세 번째 사이트에서 42개의 내비게이션 문제를 발견했지만 다른 두 사이트에서는 7개, 11개의 내비게이션 문제만 보고한 휴리스틱 평가자들의 결과물과도 일치했다. 저자들은 웹 분석$^{web\ analytics}$이 일반적인 사용성 문제 영역과 사용성 문제가 있는 웹사이트의 특정 페이지를 빠르게 찾아내는 데 유용할 수 있다고 결론지었다. 그러나 웹 분석은 페이지에서 나타나는 특정 문제를 상세하게 파악하는 데에는 한계가 있었다.

6.2.4 시선 추적 사용하기

시선 추적 기술$^{eye\text{-}tracking\ technology}$(7장에서 소개)은 UX 연구 분야에서 널리 활용되고 있다. 하지만 결과적으로 사용성 이슈를 식별하는 데 시선 추적 기술의 사용이 증가하고 있지만, 시선 추적 데이터를 사용성 이슈에 적확하게 연관시키는 방법은 명확하지 않다. 예를 들어 사용자들이 그래프 같은 요소를 비교적 오랜 시간 동안 본다면 그건 좋은 건가, 나쁜 건가? 이런 행동은 그래프가 매우 유용하다고 생각해서 그래프에서 정보를 추출하고 있다는 것을 의미할 수도 있지만, 그래프가 어렵거나 혼란스러워서 이해하려 노력하고 있다는 의미로 해석할 수도 있다.

엠케와 윌슨은 2개의 서로 다른 웹사이트를 연구해 시선 추적 데이터가 사용성 이슈를 식별하는 데 어떻게 사용될 수 있는지 살펴봤다(Ehmke and Wilson, 2007). 19명의 참가자들로 하여금 두 사이트에서 과업을 시도하게 한 후, 먼저 명확하게 정의된 기준으로 원본 데이터$^{raw\ data}$에서 사용성 문제를 식별했다. 이 단계는 시선 추적 정보를 사용하지 않고 직접 관찰 가능한 데이터를 기반으로 수행됐다. 그리고 나서 그들은 이 사용성 문제를 시선 추적 데이터와 연관시켜 분석했다.

그들은 사용성 문제가 단일 시선 추적 패턴single eye-tracking pattern뿐 아니라 특정 패턴 시퀀스specific sequences of patterns와 연결돼 있음을 발견했다. 예를 들어 '과부하, 비효율적 프레젠테이션Overloaded, ineffective presentation'이라는 사용성 문제는 시선을 한 곳에 짧게 고정해 긴 단속성 운동(독서할 때 안구의 순간적 움직임)을 한 후 시선을 회귀back-tracking하는 시선 추적 데이터와 상관관계가 있었다.

6.3 심각도 평가

모든 사용성 이슈가 동일한 것은 아니다. 어떤 이슈는 다른 것보다 심각한 이슈이다. 어떤 사용성 이슈는 사용자를 다소 짜증나게 하거나 좌절시키는 반면 어떤 이슈는 사용자가 잘못된 결정을 내리거나 데이터를 잃게 만든다. 이 두 유형의 사용성 이슈는 사용자 경험에 매우 다른 영향을 미치며 심각도severity 평가는 이 문제를 해결하는 유용한 방법이다.

심각도 평가를 하면 실제로 중요한 문제에 주의를 집중하는 데 도움이 된다. 개발자, 비즈니스 분석가에게 즉시 수정해야 할 82가지 사용성 이슈 목록을 받는 일보다 더 실망스러운 건 없을 것이다. 사용성 이슈의 우선순위를 정함으로써, 디자인에 긍정적 영향을 미칠 가능성은 훨씬 높이고 디자인과 개발 팀을 적으로 만들 가능성은 크게 낮출 수 있다.

사용성 이슈의 심각도는 여러 방법으로 분류할 수 있지만 대부분의 심각도 평가 시스템은 두 가지 유형으로 요약할 수 있다. 첫 번째 유형의 시스템에서는 심각도가 순전히 사용자 경험에 미치는 영향을 기준으로 결정된다. 즉, 사용자 경험이 나쁠수록 심각도 수준이 높아지는 것이다. 두 번째 유형의 심각도 평가 시스템은 비즈니스 목표와 기술 구현 비용 같은 다양한 차원이나 요인을 고려한다.

6.3.1 사용자 경험에 따른 심각도 평가

많은 심각도 평가 수준은 사용자 경험에 미치는 영향만을 기준으로 결정된다. 이런 평가 시스템은 시행하기도 쉽고 매우 유용한 정보를 제공한다. 보통 심각도는 낮음low, 중간medium, 높음high 등 세 가지 수준으로 구성된다. 하지만 때로는 '재앙catastrophe' 수준도 있는데, 이는 본질적으로 쇼스토퍼showstopper, 제품 출시 지연(Nielsen, 1993)를 의미한다.

심각도 평가 시스템을 선택할 때에는 조직과 평가 중인 제품을 살펴봐야 한다. 앞서 구분한 심각도의 세 가지 기준 체계는 다음과 같이 많은 상황에서 효과적으로 적용된다.

- **낮음**low: 이 이슈는 참가자를 짜증나게 하거나 좌절시키지만, 과업 실패에 아무런 영향을 미치지 않는다. 이런 유형의 이슈들은 누군가를 중도 이탈해 정상적으로 처리하지 못하게 만들 수도 있지만, 사용자는 결국에는 회복해 과업을 완료한다. 이 이슈는 효율성과 만족도를 어느 정도 감소시킨다.
- **중간**medium: 이 이슈는 과업 수행 시 심각한 어려움을 초래하지만 과업 실패를 유발하지 않는다. 참가자들은 필요한 목표에 도달하기 위해 해결 방법을 개발한다. 이런 이슈는 효과성, 효율성, 만족도에 영향을 미친다.
- **높음**low: 이 이슈는 직접적으로 과업 실패로 이어지게 만든다. 기본적으로 이 이슈로 인해 과업을 완수할 방법이 없다. 이런 유형의 이슈는 효과성, 효율성, 만족도에 상당한 영향을 미친다.

이 체계는 사용자 경험의 척도 중 하나인 과업 실패와 연관된 평가 체계이다. 과업 실패가 없는 테스트에서는 심각도가 높은 문제가 있을 수 없다.

이슈 심각도의 결정적 사례

툴리스는 우리가 이슈 심각도 차원에서 궁극적인 고려 사항으로 여기는 사례를 다음과 같이 설명한다(Tullis, 2011). 1980년대 초, 그는 금속 표면에서 고전압을 감지하는 휴대용 기기 프로토타입의 사용성 테스트를 수행했다. 장치에는 2개의 표시등이 있었는데, 하나는 단순히 장치가 작동 중임을 나타내고, 다른 하나는 치명적일 수 있는 고전압이 존재한다는 것을 나타내는 것이었다. 불행히도 두 표시등은 모두 녹색이었다. 또한 두 표시등은 서로 바로 옆에 있었고 둘 다 라벨이 붙어 있지 않았다. 툴리스는 디자이너들에게 디자인 변경을 간청해 결국 간단한 사용성 테스트를 진행하기로 결정했다. 그는 10명의 참가자에게 해당 장치로 열 가지 시뮬레이션 과업을 수행하게 했다. 프로토타입은 20%의 확률로 위험한 전압 상태를 신호로 보내도록 설정됐다. 100건의 참가자 과업 중 표시등은 99건에서 올바르게 해석됐지만, 나머지 1건의 오류는 위험한 전압을 신호할 때 발생했다. 이 사용성 문제는 사용자에게 심각한 부상을 입히거나 사망을 초래할 수 있는 것이었기 때문에 디자이너들은 확신을 갖고 디자인을 크게 변경했다.

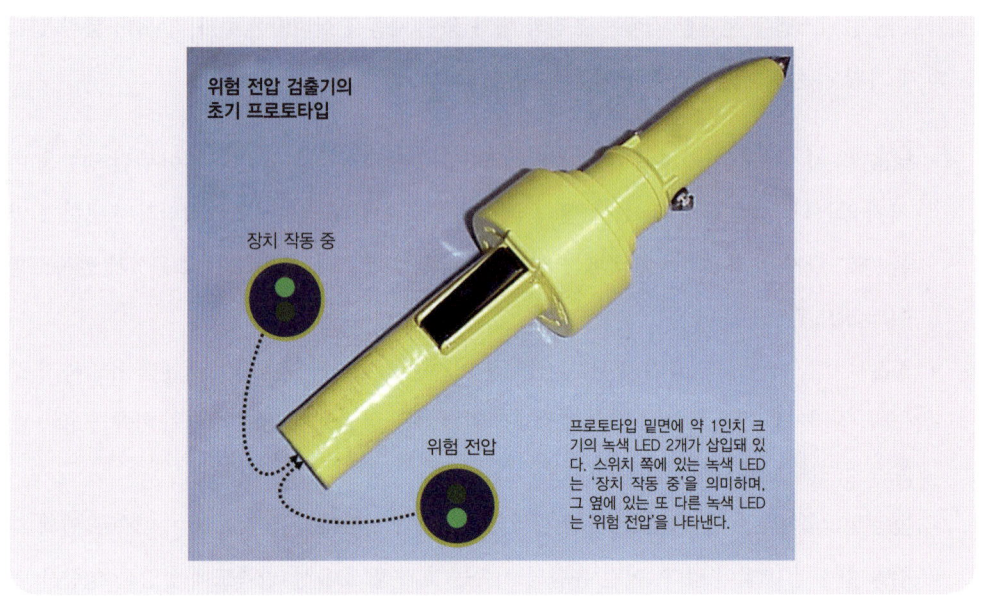

위험 전압 검출기의 초기 프로토타입

장치 작동 중

위험 전압

프로토타입 밑면에 약 1인치 크기의 녹색 LED 2개가 삽입돼 있다. 스위치 쪽에 있는 녹색 LED는 '장치 작동 중'을 의미하며, 그 옆에 있는 또 다른 녹색 LED는 '위험 전압'을 나타낸다.

6.3.2 요인 조합에 따른 심각도 평가

여러 요인을 조합해 사용하는 심각도 평가 체계는 대개 사용 빈도, 비즈니스 목표에 미치는 영향과 함께 사용자 경험에 미치는 영향을 기준으로 한다. 닐슨은 심각도 평가 시 사용자 경험에 대한 영향과 사용 빈도를 손쉽게 결합하는 방법을 제시한다(Nielsen, 1993). 이 심각도 평가 체계는 직관적이고 설명하기 쉽다(표 6.1).

표 6.1 문제의 빈도와 사용자 경험에 미치는 영향을 고려한 심각도 평가 척도

	문제를 겪는 사용자가 거의 없다	문제를 겪는 사용자가 많다
사용자 경험에 미치는 영향이 적다	심각도 낮음	심각도 중간
사용자 경험에 미치는 영향이 크다	심각도 중간	심각도 높음

또는 사용자 경험에 대한 영향, 예상 발생 빈도, 비즈니스 목표에 대한 영향, 기술/구현 비용 등 서너 가지 차원을 고려할 수도 있다. 예를 들어 다음과 같이 서로 다른 네 가지 3점 척도를 결합할 수도 있다.

- 사용자 경험에 미치는 영향(0 = 낮음, 1 = 중간, 2 = 높음)
- 예상 발생 빈도(0 = 낮음, 1 = 중간, 2 = 높음)
- 비즈니스 목표에 미치는 영향(0 = 낮음, 1 = 중간, 2 = 높음)
- 기술/구현 비용(0 = 낮음, 1 = 중간, 2 = 높음)

네 가지 점수를 합산하면 0점에서 8점까지의 종합적인 심각도 평가가 가능해진다. 물론 심각도 수준을 산출하는 데는 어느 정도의 추측이 필요하지만 적어도 네 가지 요소가 모두 고려된다. 또는 진심으로 사려 깊게 최적화시키고 싶다면 조직의 우선순위에 따라 각 차원에 가중치를 부여할 수도 있다.

사우로는 UX 문제의 우선순위를 정할 때 1950년대에 개발된 신뢰성 공학$^{\text{reliability engineering}}$용 FMEA$^{\text{Failure Mode and Effects Analysis, 고장 유형과 영향 분석}}$ 방법론을 차용할 수 있다고 주장한다(Sauro, 2013). 이 방법은 각 UX 이슈와 관련된 세 가지 요소를 추정하는 과정이 포함된다.

- 문제 빈도(1~10점): 가장 흔하지 않은 문제는 1점, 가장 흔하게 발생하는 문제는 10점
- 문제 심각도(1~10점): 표면적 문제는 1점, 전체 과업 실패, 금전 손실 또는 생명 손실은 10점
- 문제 검출 난이도(`1~10점): 검출이 쉬운 이슈는 1점, 검출하기 어려운 이슈는 10점

RPN$^{\text{Risk Priority Number, 위험 우선순위 수치}}$은 이 세 가지 척도의 곱이다.

$$RPN = 빈도 \times 심각도 \times 검출 난이도$$

이론적으로, 이 RPN, 위험 우선순위 수치의 범위는 1에서 1,000 사이가 될 수 있다. 전체 프로세스에서 다음 과정은 각 UX 이슈의 근본 원인을 파악하는 것이다.

6.3.3 심각도 평가 체계 사용하기

심각도 평가 체계를 정하고 난 후 몇 가지 사항을 더 고려해야 한다. 첫째, 일관성을 유지하도록 한다. 하나의 심각도 평가 체계를 결정하고 이 체계를 모든 연구에 일관되게 사용하자. 동일한 심각도 평가 체계를 사용하면 연구 전반에 걸쳐 의미 있는 비교가 가능할 뿐만 아니라 청중에게 심각도 수준 간의 차이에 대해 교육하는 데에도 도움이 된다. 여러분의 청중이 이 평가 체계를 내재화할수록 디자인 솔루션을 홍보하는 데 더 설득적이고 효과적일 수 있다.

둘째, 각 수준이 무엇을 의미하는지 명확하게 전달하고 각 수준의 예시를 최대한 많이 제공하자. 이런 조치는 팀 안에서 평가 과제를 수행할 다른 사용성 전문가에게 특히 중요하다. 더불어 개발자, 디자이너, 비즈니스 분석가도 각 심각도 수준을 이해해야 한다. 사용성에 대한 이해가 부족한 청중이 각 심각도 수준을 이해할수록, 가장 우선순위가 높은 문제에 대한 디자인 솔루션에 영향을 주는 것이 더 쉬워질 것이다.

셋째, 각 이슈별 심각도 평가를 할 때 둘 이상의 UX 리서처에게 과제를 수행하게 하라. 한 가지 효과적인 방법을 소개하자면 연구원들이 개별적으로 각 이슈에 심각도 평가를 하게 한 다음, 서로 다른 평점을 부여한 이슈들에 대해 논의하고 적절한 수준으로 합의하게 하는 것이다.

마지막으로, 사용성 이슈들을 버그 추적 시스템으로 추적해야 할지에 대한 논쟁이 존재한다(Wilson & Coyne, 2001). 윌슨은 버그 추적 시스템이 사용성 이슈들을 더욱 가시적으로 잘 보이게 하고, 사용성 팀에 더 많은 신뢰를 주며, 문제 해결 가능성을 높이기 때문에, 버그 추적 시스템으로 사용성 이슈들을 추적하는 것이 필수라고 주장한다. 반면 코인은 사용성 이슈들과 이 이슈들을 해결하는 방법이 일반 버그보다 훨씬 더 복잡하다고 말한다. 따라서 사용성 이슈는 별도의 데이터베이스에서 추적 관리하는 것이 더 합리적이라는 것이다. 어느 쪽이든 사용성 이슈들을 추적해 쉽게 잊지 말고 해결하는 것이 중요하다.

6.3.4 평가 체계에 대한 몇 가지 주의 사항

모든 사람이 심각도 평가를 믿는 건 아니다. 쿠냐프스키는 청중이 스스로 자신의 심각도 체계를 제공하도록 제안한다(Kuniavsky, 2003). 그는 비즈니스 모델을 심도 있게 알고 있는 사람만이 각 사용성 이슈의 상대적 우선순위를 결정할 수 있다고 주장한다.

반면 베일리는 심각도 평가 체계에 강력히 반대한다(Bailey, 2005). 그는 사용성 이슈의 심각도 평가에 대해 사용성 전문가들 사이에 거의 일치된 의견이 없음을 보여주는 여러 연구를 인용한다(Catani & Biers, 1998; Cockton & Woolrych, 2001; Jacobsen, Hertzum, & John, 1998; Molich & Dumas, 2008). 이 연구들은 다양한 사용성 전문가들이 심각도가 높은 이슈로 파악한 항목들이 서로 겹치지 않음을 보여준다. 많은 중요한 결정이 심각도 평가에 기초해 내려질 수 있다는 점을 고려하면, 이건 분명 문제이다.

헤르줌 등은 심각도 평점을 부여할 때 발생할 수 있는 또 다른 문제에 주목한다(Hertzum et al., 2002). 그들은 연구 결과, 여러 사용성 전문가가 같은 팀에서 함께 작업을 할 때 각자 자신이 식별한 문제가 팀 내 다른 전문가가 식별한 문제보다 더 심각하다고 평가하는 경향을 발견했다. 이런 경향은 '평가자 효과evaluator effect'로 알려진 측면으로, 단일 UX 전문가의 심각도 평가에 의존하면 커다란 문제가 초래될 수 있다는 점을 보여준다. 전문가들 사이에서 심각도 평가 결과가 일치하지 않는 이유는 아직 밝혀지지 않았다.

그렇다면 이제 우리는 어떻게 해야 할까? 심각도 평가가 완벽하지는 않지만, 여전히 유용한 목적으로 사용된다. 이 평가는 최소한 가장 시급한 요구 사항에 주의를 집중시키는 데 도움이 된다. 심각도 평점이 없다면, 디자이너와 개발자는 구현하기 가장 쉽거나 비용이 가장 적게 드는 것을 기준으로 자신만의 우선순위 목록을 만들 것이다. 심각도 등급을 부여하는 데 주관이 개입돼 있기는 하지만 없는 것보다는 낫다. 우리는 대부분의 주요 이해관계자들이 과학보다 예술이 더 많이 관련돼 있음을 이해하고, 심각도 등급을 이런 더 넓은 맥락에서 해석한다고 믿는다.

6.4 사용성 이슈에 대한 지표 분석 및 보고하기

UX 이슈를 파악하고 우선순위를 정했다면, 이슈 자체에 대해 몇 가지 분석을 수행하는 것이 도움이 된다. 이를 통해 이슈와 관련된 몇 가지 지표들을 도출할 수 있다. 이 작업을 수행하는 방법은 여러분이 염두에 두고 있는 질문 유형에 따라 크게 달라진다. 사용성 이슈와 관련된 지표들을 살펴봄으로써 다음과 같은 질문에 대한 답을 얻을 수 있다.

- 제품의 전반적 사용성은 어떠한가? 이 질문은 제품이 어떻게 동작하는지를 전반적으로 파악하려는 경우에 유용하다.
- 디자인 개선 과정을 거칠 때마다 사용성이 향상되고 있는가? 새로운 디자인 개선 과정이 반복될 때마다 사용성이 어떻게 변화하고 있는지 확인해야 할 때 이 질문에 집중하라.
- 디자인을 개선하기 위해 어느 부분에 집중해야 할까? 이 질문에 대한 답은 여러분의 자원을 어디에 집중할지 결정해야 할 때 유용하다.

모든 분석은 심각도 평가 유무에 관계없이 수행될 수 있다. 이슈 심각도 평가는 그저 이슈를 필터링하는 방법을 추가한다. 때로는 심각도가 높은 이슈에 집중하는 게 도움이 되기도 하고, 어떤 경우에는 모든 사용성 이슈를 동등하게 다루는 것이 더 합리적일 수도 있다.

6.4.1 고유한 이슈의 빈도

사용성 이슈를 측정하는 가장 간단한 방법은 고유한 이슈들을 구분해 관리하는 것이다. 고유한 이슈의 빈도를 분석하면 반복적인 디자인 프로세스에서 각각의 새로운 디자인 개선 과정이 반복될 때마다 사용성이 어떻게 변화하는지에 대한 대략적인 데이터가 필요할 때 무척 유용하다. 예를 들어 처음 3번의 디자인 개선 과정을 통해 고유한 이슈의 개수가 24개에서 12개 그리고 다시 4개로 감소한 것을 확인할 수 있다. 이런 데이터는 분명 바른 방향으로 개선되고 있지만, 디자인이 훨씬 더 좋아졌다는 확실한 증거는 될 수 없다. 나머지 네 가지 이슈가 다른 모든 이슈보다 훨씬 더 중요하기 때문에 이 문제들을 해결하지 않으면 다른 모든 문제들의 해결이 상대적으로 중요하지 않을 수 있다. 따라서 우리는 이런 유형의 데이터를 제시할 때는 문제점에 대한 철저한 분석과 설명을 함께 제안한다.

이 빈도는 모든 참가자가 직면한 총 이슈의 개수가 아니라 고유한 이슈의 개수를 나타낸다는 점을 명심하자. 그 예로 참가자 A가 10가지 이슈를 겪었고, 참가자 B는 14가지 이슈를 겪었지만, B가 가진 이슈들 중 6개가 참가자 A의 이슈와 동일하다고 가정해 보겠다. A와 B가 유일한 참가자라면, 총 고유 이슈의 개수는 18개가 될 것이다. 그림 6.3은 디자인안들을 비교할 때 사용성 이슈들의 빈도를 어떻게 제시하는지에 대한 예시를 보여준다.

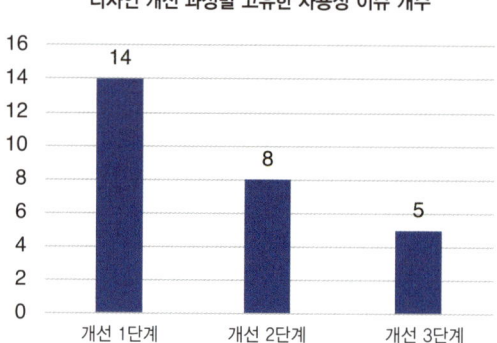

그림 6.3 디자인 개선 과정을 거치면서 변화하는 고유한 사용성 이슈 개수를 보여주는 예제 데이터

심각도 등급이 부여된 사용성 이슈들에도 동일한 유형의 분석을 진행할 수 있다. 예를 들어 사용성 이슈들을 세 가지 수준(낮음, 중간, 높음)으로 분류했다면, 심각도 등급의 수준별 이슈 개수를 쉽게 살펴볼 수 있다. 가장 강력하고 중요한 데이터 항목은 각 디자인 개선 반복 시 우선순위가 높은 이슈 수의 변화이다. 심각도 수준별 사용성 이슈 빈도를 살펴보면, 그림 6.4와 같이 각 개선 과정에서 디자인 작업이 가장 중요한 사용성 이슈를 해결하는지 여부를 나타내는 지표이므로 꽤 유익할 수 있다.

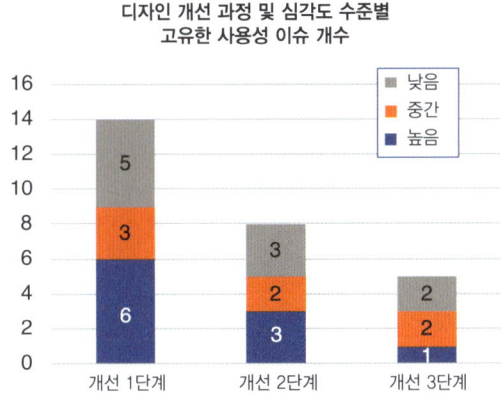

그림 6.4 디자인 개선 과정별 고유한 사용성 이슈 개수를 심각도 수준별로 분류해 보여주는 예제 데이터. 심각도가 높은 이슈 개수의 변화가 주요 관심사일 것이다.

6.4.2 참가자별 이슈 빈도

각 참가자가 직면한 (고유하지 않은) 이슈 개수를 살펴보는 것도 유익할 수 있다. 일련의 디자인 개선 과정을 통해 사용자가 직면한 전체 이슈 개수는 고유한 이슈의 총 개수와 함께 감소할 것으로 예상된다. 다음 페이지의 그림 6.5는 세 번의 디자인 개선 과정 동안 각 참가자가 직면한 이슈의 평균 개수를 보여준다. 물론 이 분석에는 심각도 수준별로 분류된 참가자당 평균 이슈 개수가 포함될 수도 있다. 일련의 개선 과정을 거치면서 참가자당 평균 이슈 수는 일정하게 유지되는 반면, 총 고유 이슈 수가 감소하고 있다면 참가자들이 직면한 이슈들이 더욱 일관되게 나타나고 있다는 것을 의미한다. 요컨대, 적은 수의 참가자가 직면하고 있는 문제는 해결되고 있는 반면 다수의 참가자가 직면한 문제는 해결되지 않고 있음을 나타낸다.

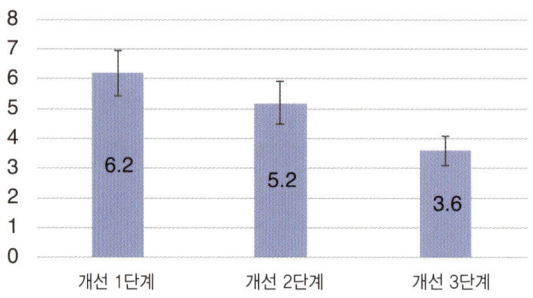

그림 6.5 세 번의 사용성 테스트별 참가자가 직면한 사용성 이슈 개수의 평균을 보여주는 예제 데이터

6.4.3 참가자 비율

사용성 이슈를 분석하는 또 다른 유용한 방법은 특정 이슈에 직면한 참가자의 비율을 관찰하는 것이다. 예를 들어 참가자가 웹사이트에서 새로운 유형의 내비게이션 요소를 올바르게 사용했는지 여부에 관심이 있을 수 있다. 여러분은 참가자 중 절반이 첫 번째 디자인 개선 과정에서 이 문제를 겪었고, 두 번째 디자인 개선 과정에서는 10명 중 1명만이 동일한 문제를 겪었다고 보고했다. 이 방법은 전반적인 사용성을 향상시키는 것에 목적을 두기 보다는, 특정 디자인 요소의 사용성을 개선하고 있는지에 초점을 맞춰야 할 때 유용한 지표이다.

이런 유형의 분석에서는 특정 이슈를 파악하기 위한 기준이 참가자와 디자인 간에 일관되게 유지되는 것이 중요하다. 특정 이슈에 대한 설명이 다소 모호한 상태라면, 데이터는 큰 의미가 없다. 이슈의 정확한 본질을 명시적으로 문서화해서 참가자나 디자인 전반에 걸쳐 발생하는 해석 오류를 줄이는 것이 좋다. 그림 6.6은 이런 유형의 분석 사례를 보여준다.

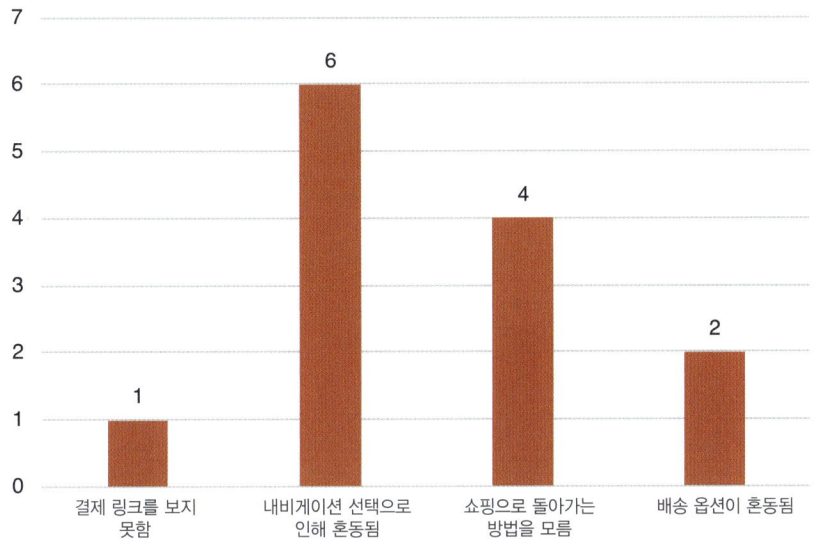

그림 6.6 특정 사용성 이슈를 경험한 참가자의 빈도를 보여주는 예제 데이터

이런 유형의 분석에 심각도 점수를 사용하면 몇 가지 측면에서 유용하다. 첫째, 심각도 점수를 사용해 우선순위가 높은 이슈만 집중적으로 분석할 수 있다. 예를 들어 우선순위가 높은 사용성 이슈가 5개라고 보고할 수 있다. 또한 이런 이슈를 경험하는 참가자 비율은 각 디자인 개선 과정마다 감소하고 있다고 이야기할 수 있다. 또 다른 분석 형태는 우선순위가 높은 모든 이슈들을 집계해 우선순위가 높은 이슈들을 경험한 참가자의 비율을 보고하는 것이다. 이 방법은 각 디자인 개선 단계에 따라 전반적인 사용성이 어떻게 변화하고 있는지 확인하는 데 도움이 되지만, 특정 사용성 이슈를 해결할지 여부를 결정하는 데에는 그다지 도움이 되지 않는다.

6.4.4 카테고리별 이슈

때로는 전술적 관점에서 디자인 개선의 초점을 어디에 맞출지 아는 게 도움이 된다. 여러분은 상황에 따라 탐색, 콘텐츠, 용어 등 제품의 특정 영역에서만 사용성 이슈가 가장 많이 발생하고 있다고 느낄 수도 있겠다. 이런 상황에서는 사용성 이슈들을 카테고리로 집계하는 것이 유용할 수 있다. 각 이슈를 검토한 다음, 이슈 유형으로 분류하면 된다. 그런 다음, 각 카테고리에 속하는 이슈의 빈도를 살펴보자. 이슈들은 다양한 방식으로 분류될 수 있다. 카테고리가 여러분과 청중에게 유의미한지 확인하고 대개는 3~8개의 제한된 수의 카테고리만 사용하라. 카테고리가 너무 많으면 방도를 제시하기 어렵다. 그림 6.7은 사용성 이슈들을 카테고리별로 분석한 예를 보여준다.

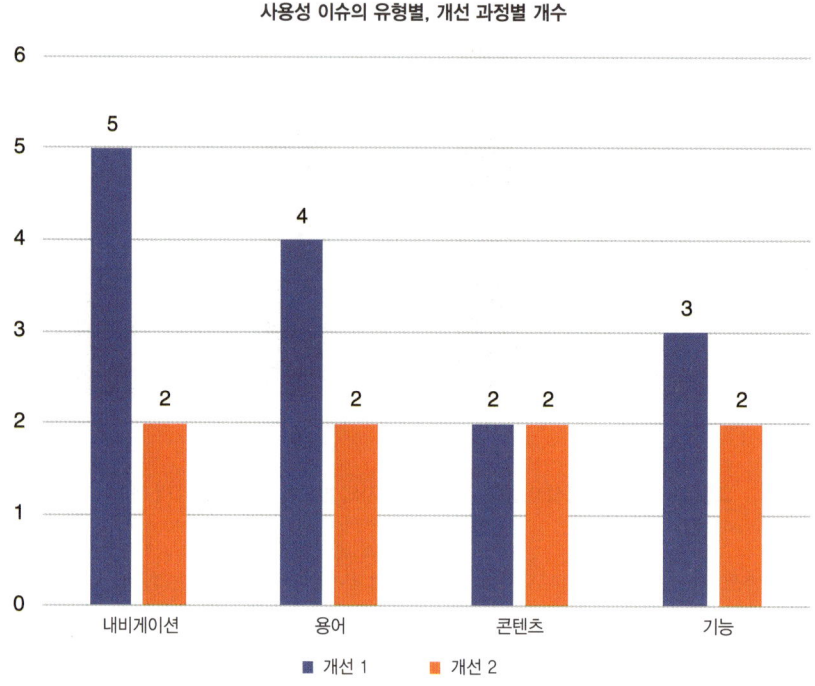

그림 6.7 유형별로 분류된 사용성 이슈의 빈도를 보여주는 예제 데이터. 첫 번째 디자인 개선 과정에서 두 번째 디자인 개선 과정으로 거치면서 내비게이션 이슈와 용어 이슈 모두 개선됐음을 알 수 있다.

6.4.5 과업별 이슈

이슈는 과업 수준으로도 분석할 수 있다. 여러분은 어떤 과업에서 가장 많은 이슈가 발생하는지 궁금할 것이며, 각 과업에서 발생하는 고유한 이슈 개수를 보고할 수 있다. 이 데이터로 다음 디자인 개선 과정에 집중해야 할 과업을 파악할 수도 있으며, 또는 각 과업에서 이슈가 발생하는 참가자 빈도를 보고할 수도 있다. 이런 분석을 통해 특정 이슈가 얼마나 널리 퍼져 있는지 알 수 있다. 각 과업별 이슈 수를 비교해, 이슈 수가 많을수록 더 큰 관심을 기울이도록 한다.

각 이슈를 심각도 등급으로 구분한 경우, 과업별로 우선순위가 높은 이슈의 빈도를 분석하는 것이 유용할 수 있다. 이런 분석은 가장 우선순위가 높은 이슈 몇 가지에 집중하고 싶은 경우, 디자인 업무 비중이 특정 과업을 지향하는 경우 특히 효과적이다. 또한 서로 다른 디자인 개선 결과를 동일 과업을 사용해 비교하는 경우에도 유용하다.

6.5 사용성 이슈 식별의 일관성

사용성 이슈를 식별하고 우선순위를 정하는 것과 관련해 일관성과 편향성에 대해 작성된 글들이 다수 존재한다. 안타깝게도, 이에 대해서는 아직 논쟁의 여지가 많다. 많은 연구에 따르면 사용성 이슈가 무엇인지, 얼마나 심각한지에 대한 합의도 거의 이뤄지지 않았다.

가장 완전한 연구 세트로 손꼽히는 '사용성 진화 비교$^{\text{CUE, Comparative Usability Evolution}}$' 연구 결과는 롤프 몰리히가 통합 제안한 것으로, 1998년부터 현재까지 10건의 개별 CUE 연구가 수행됐다(Molich, 2018). 대부분의 연구는 비슷한 방식으로 진행됐다. 사용성 전문가로 구성된 여러 팀이 모두 동일한 디자인을 평가하고, 각 팀은 사용성 이슈를 파악한 연구 결과를 디자인 권장 사항과 함께 보고한다. 첫 번째 연구인 CUE-1(Molich et al., 1998)에서는 확인된 이슈가 거의 겹치지 않는 것으로 나타났다. 실제로 연구에 참여한 4개 팀 모두 똑같이 식별한 이슈는 141개 이슈 중 1개뿐이었고, 141개 이슈 중 128개 이슈는 단일 팀에서 식별한 것들이었다. 몇 년 후 CUE-2에서는 9개 사용성 팀 중 한 팀에서 전체 이슈의 75%를 보고하는 등 그 결과가 더 이상 고무적이지 않았다(Molich et al, 2004). CUE-4(Molich & Dumas, 2008)에서도 유사한 결과가 나타났다. 연구에 참여한 17개 팀 중 단 한 팀만이 전체 이슈의 60%를 확인한 것이다. 조사 결과의 불일치 중 적어도 일부는 각 팀이 평가를 위해 선택한 서로 다른 과업 때문일 수 있지만, 전부 그 원인 때문이라고 하기는 어렵다.

CUE-9(Molich, 2018)는 평가자 효과$^{\text{evaluator effect}}$, 또는 라쇼몽 효과$^{\text{Rashomon Effect}}$(구로사와 아키라의 1950년 영화 〈라쇼몽^{Rashomon}〉을 따서 명명됐으며, 같은 사건을 4명의 목격자가 네 가지 상반된 방식으로 묘사한 것에 착안)에 초점을 맞췄다. 사용성 연구에서 '평가자 효과'는 야콥센, 헤르줌, 존이 4명의 평가자에게 동일한 사용성 테스트 동영상을 시청하게 한 연구에서 처음 제시됐다(Jacobsen, Hertzum, John, 1998). 연구 결과, 93개의 고유한 이슈 중 20%만이 4명의 평가자 모두가 발견한 이슈였던 반면, 46%는 개별 평가자 혼자 발견한 것으로 나타났다.

CUE-9의 목표 중 하나는 평가자 효과가 사라지거나 적어도 덜 두드러질 정도로 사용성 및 UX 연구 분야가 성숙됐는지 확인하는 것이었다. CUE-9는 모든 팀에게 동일한 30분 분량의 테스트 세션 동영상 5개를 제공했다는 점에서 이전 CUE 연구와 달랐다. 이 세션은 U-Haul 웹사이트의 테스트였다. 35명의 UX 리서치 전문가들이 CUE-9에 참여했고, 각자 5개의 비디오를 시청한 것을 바탕으로 테스트 보고서를 작성했다. 35명으로부터 223개의 고유한 사용성 이슈가 확인됐다. 전문가들 3/4 이상이 동일하게 보고한 이슈는 4개에 불과한 반면, 각자 보고한 이슈는 90개(40%)에 달했다. 안타깝게도 평가자 효과는 여전히 상당했다.

헤르줌, 몰리히, 야콥센은 평가자 효과의 원인을 확인하기 위해 CUE-9를 구체적으로 분석했고, CUE-9의 평가자 효과에 다음과 같은 주요한 다섯 가지 이유가 있다고 결론지었다(Hertzum, Molich, and Jacobsen, 2014).

- 사용성 이슈를 발견하고 평가하며 보고하는 작업에는 많은 것이 불확실한 상황에서 사람의 판단이 수반된다. 그들은 "평가자 효과의 주요 원인은 사용성 평가가 인지적 활동이기 때문에 평가자가 판단력을 발휘해야 한다는 점"이라고 말한 헤르줌과 야콥센(Hertzum and Jacobsen, 2003, p. 201)과 같은 결론에 도달했다.
- 사용자와 시스템 간 상호작용하는 특정 부분이 적절한지 평가하려면 도메인 지식이 필요할 수 있으며, 어떤 평가자는 그런 지식을 가지고 있지 않을 수 있다.
- 어떤 평가자는 가장 중요하다고 생각하는 문제에 집중하고 싶어서 발견한 문제의 일부분만 보고했을 수 있다.
- 평가의 목표가 명확하지 않거나 논쟁의 여지가 있을 수 있다. 이로 인해 어떤 평가자는 다른 평가자와 다른 역할을 수행하게 될 수 있다(예: 사용자 옹호 vs. 고객의 업셀링 목표 달성).
- 어떤 평가자는 문제가 있다고 생각하지만 테스트 세션에서는 직접적으로 드러나지 않았던 이슈를 보고했을 수 있다. 그들의 논리는 다른 사용자들이 이런 문제를 겪을 가능성이 높다는 것이었다.

평가자 효과를 완전히 없앨 수는 없을 것이다. 하지만 이 원인들을 알고 있으면 평가자 효과를 줄이는 데 도움이 될 수 있다.

6.6 사용성 이슈 식별의 편향

사용성 이슈를 식별하는 방법에 다양한 요인이 영향을 미칠 수 있다. 캐롤린 스나이더는 사용성 조사 결과가 편향될 수 있는, 많은 방법을 검토했다(Carolyn Snyder, 2006). 그녀는 편향을 제거할 수는 없지만 이해해야 한다는 결론을 내린다. 즉, 우리의 방법에 결함이 있지만 여전히 유용하다는 것이다. 우리는 사용성 연구에서 편향의 다양한 원인을 일곱 가지 범주로 분류했다.

- **참가자**participant: 참가자는 매우 중요하다. 모든 참가자는 일정 수준의 기술 전문성, 도메인 지식, 동기를 가지고 있다. 어떤 참가자는 목표에 잘 맞을 수도 있고 그렇지 않을 수 있다. 그리고 어떤 참가자는 실험실 환경에 편안해하지만 어떤 참가자는 그렇지 않다. 이 모든 요소는 여러분이 궁극적으로 발견하는 사용성 문제에 큰 차이를 만든다.
- **과업**task: 여러분이 어떤 과업을 선택하는지에 따라 어떤 이슈가 식별될지에 큰 영향을 미친다. 어떤 과업은 명확한 최종 상태로 잘 정의돼 있는 반면, 어떤 과업은 개방형일 수도 있고 어떤 과업은 각 참가자가 자체적으로 생성한 과업일 수도 있다. 과업은 기본적으로 제품의 어떤 부분이 실행되고 어떤 방식으로 실행되는지 결정한다. 특히 복잡한 제품의 경우 어떤 이슈가 발견되는지에 큰 영향을 미친다.
- **방법**method: 평가 방법은 매우 중요하다. 방법에는 전통적인 실험실 테스트 또는 전문가 검토가 포함될 수 있다. 각 세션의 지속 시간, 참가자가 소리내어 생각하는지 여부, 조사 방법과 시기 등 여러분이 내리는 다른 결정도 중요하다.
- **아티팩트**artifact: 평가하려는 프로토타입 또는 제품의 특성은 결과에 큰 영향을 미친다. 종이 프로토타입인지, 기능적 또는 반$^+$기능적 프로토타입인지, 생산품 또는 시스템인지에 따라 상호작용의 유형은 매우 다양할 것이다.
- **환경**environment: 물리적 환경도 중요한 역할을 한다. 환경에는 참가자와의 직접적인 상호작용, 콘퍼런스 회의, 단방향 거울 뒤의 간접 상호작용, 심지어 누군가의 집 안에서의 상호작용이 포함될 수 있다. 조명, 좌석, 단방향 거울 뒤의 관찰자, 비디오 녹화 등 물리적 환경의 여러 특성도 결과에 영향을 미친다.
- **진행자**moderator, 모더레이터: 서로 다른 진행자들은 관찰되는 이슈에도 영향을 미친다. UX 전문가의 경험, 도메인 지식, 동기부여가 모두 중요한 역할을 한다.

- **기대**expectation: 노르가드와 혼백은 많은 사용성 전문가가 인터페이스의 가장 문제가 되는 부분에 대한 기대를 갖고 테스트에 임한다는 사실을 발견했다(Norgaard and Hornbaek, 2006). 이런 기대는 그들의 보고 내용에 커다란 영향을 미치며, 종종 다른 많은 중요한 이슈들을 놓치기도 한다.

이런 편향의 원인을 밝히는 흥미로운 연구는 린드가드와 찻라티차트에 의해 수행됐다(Lindgaard and Chattratichart, 2007). 그들은 실제 사용자를 대상으로 실제 사용성 테스트를 실시한 CUE-4의 9개 팀의 보고서를 분석했다. 그들은 각 테스트 참가자 수, 사용된 과업 수, 보고된 사용성 이슈 개수를 조사했다. 그들은 테스트 참가자 수와 발견된 사용성 이슈 비율 사이에 유의한 상관관계를 발견하지 못했다. 반면 사용된 과업 수와 발견된 사용성 이슈 비율 사이에 유의한 상관관계를 발견했다($r = 0.82, p < .01$). 새로운 이슈가 발견된 비율을 살펴봤을 때, 과업 수와의 상관관계가 훨씬 더 높았다($r = 0.89, p < .005$). 린드가드와 찻라티차트가 내린 결론처럼, 이런 결과는 "참가자를 신중하게 모집하고 폭넓은 과업 범위를 확보하는 것이 사용자 수를 늘리는 것보다 더 효과적임"을 시사한다.

사용성 테스트에서 과업 범위를 늘리는 유용한 방법은 모든 참가자가 완료해야 하는 과업 목록과 각 참가자로 파생되는 과업 목록을 따로 정의하는 것이다. 이런 추가 과업들은 참가자의 특성(예: 기존 고객 또는 잠재 고객)을 기반으로 선택되거나, 무작위로 선택될 수 있다. 모든 참가자가 동일한 과업을 수행하는 것은 아니기 때문에, 참가자를 비교할 때는 주의를 기울여야 한다. 이 상황에서는 특정 분석을 핵심 과업으로 제한할 수 있다.

> **시선 추적 연구에서 일어날 수 있는 모더레이터 편향의 특수한 사례**
>
> 사용성 연구를 진행하는 데 있어 가장 어려운 측면 중 하나는 세션 중에 여러분이 어느 부분을 살펴볼지를 통제하는 일이다. 모더레이터는 일반적으로 화면 또는 기타 인터페이스에서 참가자 또는 그들의 상호작용을 살펴본다. 이런 방식은 시선 추적 연구의 경우를 제외하고는 대체로 잘 작동한다. 대부분의 시선 추적 연구는 참가자가 어디를 보는지, 참가자가 인터페이스의 핵심 요소에 주목하고 있는지를 측정한다. 참가자가 인터페이스를 눈으로 훑을 때 모더레이터는 대상을 보지 않아야 하지만 자제가 어려울 수 있다. 이런 상황을 참가자는 매우 빠르고 미묘하게 알아챈다. 참가자는 여러분이 어디를 보고 있는지 알아차리고 이를 대상에 대한 가이드로 활용할 수 있다. 이런 행동은 사용자 경험 문헌에 보고된 적이 없지만, 우리는 시선 추적 연구에서 이런 경향을 충분히 관찰했다. 가장 좋은 방법은 이런 행동을 스스로 인지하고, 여러분의 시선이 대상을 향해 방황하기 시작하면, 참가자들이 무엇을 하고 있는지 또는 페이지의 다른 요소에 초점을 맞춰 환기하는 것이다. 또 다른 방법은 실험실에서 참가자와 함께 앉지 않는 것이다. 시선 추적 연구에서 여러분이 참가자와 함께 앉으면, 참가자가 자연스럽게 여러분을 보고 화면에 시선을 두지 않을 가능성이 더 크기 때문이다.

6.7 참가자 수

사용성 이슈를 안정적으로 확인하기 위해 사용성 테스트에 얼마나 많은 참가자가 필요한지에 대한 많은 논쟁이 있었다(논쟁에 대한 요약은 Barnum et al., 2003을 참조). 거의 모든 UX 전문가가 이에 대한 자신만의 의견을 갖고 있는 것 같다. 이 주제에는 다양한 의견이 존재할 뿐만 아니라 이에 대한 설득력 있는 연구도 꽤 많이 이뤄져 있다. 이 연구를 통해 참가자 5명만 참여해도 대부분의 사용성 이슈를 파악하는 데 충분하다고 믿는 사람과 5명으로는 충분하지 않다고 믿는 사람, 두 부류의 의견으로 나뉜다.

6.7.1 참가자 5명이면 충분하다

한 부류에서는 사용성 이슈의 대부분(또는 약 80%)이 처음 5명의 참가자에게서 관찰될 것이라고 믿는다(Lewis, 1994; Nielsen & Landauer, 1993; Virzi, 1992). 이는 '매직넘버 5 magic number 5, 마법의 숫자'로 알려져 있다. 사용성 테스트에 얼마나 많은 참가자가 필요한지 확인하는 가장 좋은 방법 중 하나는 p, 즉 1명의 테스트 참가자가 사용성 이슈를 발견할 확률을 측정하는 것이다. 이 p는 유의성 테스트에 사용되는 p값과 다르다는 점에 유의해야 한다. 확률은 연구마다 다르지만 평균적으로 대략 0.3(30%) 정도이다(다른 연구들을 더 살펴보고 싶다면 Turner, Nielsen 및 Lewis, 2002를 참고한다). 닐슨과 랜다우어는 11개의 서로 다른 연구를 바탕으로 평균 확률 31%를 발견한, 중요한 논문을 발표했다(Nielsen and Landauer, 1993). 이는 기본적으로 각 참가자가 사용성 문제의 약 31% 정도만 관찰했음을 의미한다.

그림 6.8은 탐지 확률이 30%일 때 얼마나 많은 이슈가 관찰되는지를 참가자 수의 함수로 보여준다(여기서는 모든 이슈가 동일한 탐지 확률을 갖는다고 가정하며, 이는 과도한 가정일 수 있다). 보다시피 첫 번째 참가자 이후 문제의 30%가 감지되고, 세 번째 참가자 이후 문제의 약 66%가 관찰됐다. 다섯 번째 참가자 이후에는 문제의 약 83%가 확인됐다. 이 주장은 수학 공식뿐만 아니라 일화적 증거로도 뒷받침된다. 많은 UX 전문가는 디자인 개선 프로세스에서 5~6명의 참가자로만 테스트한다. 보통 이런 상황에서는 몇 가지 예외를 제외하고는, 12명 이상으로 테스트하는 경우는 흔하지 않다. 하지만 제품의 범위가 특별히 크거나 대상 사용자군이 뚜렷하게 다르게 구성된 경우에는 5명 이상의 참가자를 대상으로 테스트하는 것을 고려해 볼 수 있다.

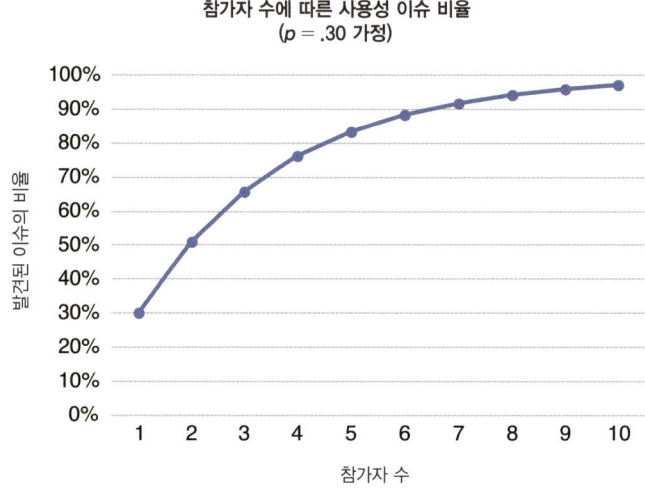

그림 6.8 사용성 연구에서 총 이슈 수를 관찰하기 위해 얼마나 많은 사용자 수가 필요한지를 보여주는 예(탐지 확률 30%로 설정)

6.7.2 참가자 5명만으로는 충분하지 않다

한편 의견이 다른 리서처들은 매직넘버 5에 대한 이런 생각들에 도전한다(Molich et al., 1998; Spool & Schroeder, 2001; Woolrych & Cockton, 2001). 스풀과 슈뢰더는 참가자들에게 CD, DVD 같은 여러 유형의 제품을 3개의 서로 다른 웹사이트에서 구매하도록 요청했다(Spool and Schroeder, 2001). 그들은 처음 5명의 참가자 조사에서 사용성 이슈의 35%만을 발견했는데, 이는 Nielsen(2000)이 예측한 80%보다 훨씬 낮은 수치였다. 그러나 이 연구에서는 무언가를 구입하는 과업을 매우 잘 정의했음에도 불구하고 평가 대상 웹사이트의 탐색 범위가 매우 넓었다. 울리치와 콕턴은 개인차를 고려하지 않았기 때문이라는 근거를 들어, 5명의 참가자가 충분하다는 주장을 일축한다(Woolrych and Cockton, 2001).

린드가드와 찻라티차트가 CUE-4의 아홉 가지 사용성 테스트를 분석한 결과도 매직넘버 5에 대한 의구심을 불러일으킨다(Lindgaard and Chattratichart, 2007). 그들은 두 팀, A와 H의 결과를 비교했는데, 둘 다 매우 좋은 결과를 보여 각각 42%와 43%를 발견했다. A 팀은 6명의 참가자만 사용한 반면, H 팀은 12명을 사용했다. 6명의 참가자를 테스트한 팀이 12명을 테스트한 팀만큼 많은 문제를 발견했기 때문에 이 결과는 얼핏 매직넘버 5에 대한 근거로 보일 수 있겠으나, 더 자세히 분석해보면 다른 결론에 이르게 된다. 이 두 보고서 간의 사용성 이슈가 겹치는 부분을 구체적으로 살펴본 결과 공통점은 28%에 불과했다. 70% 이상의 문제는 두 팀 중 한 팀에서만 발견됐기 때문에, 이 경우 5명 참가자 원칙이 적용될 가능성이 배제됐다.

6.7.3 무엇을 해야 할까?

포크너는 웹 기반의 직원 업무 시간 입력 시스템에서 60명의 참가자를 대상으로 테스트 세션을 수행해 '5명의 사용자 가정$^{\text{5-user assumption}}$'을 연구했다(Faulkner, 2003). 그런 다음 5명 이상의 참가자로 구성된 무작위 세트를 분석해 각 세트별로 몇 %의 사용성 이슈가 발견되는지 확인했다. 5개의 무작위 세트 중 어떤 세트는 최대 99%의 이슈를 발견했지만 어떤 세트는 55%만 발견했다. 그녀는 참가자가 10명인 경우 한 세트에서 밝혀진 이슈의 가장 낮은 비율이 80%였으며 참가자가 20명인 경우 95%에 도달한다는 것을 발견했다. 아울러 이 결과가 확률과 신뢰구간 중심으로 연구 결과를 정리한 비르지^{Virzi}(1992), 닐슨^{Nielsen}(1993)의 원래 연구 결과와 일치하지만 단순한 '5명의 사용자 가정'을 옹호하는 사람들은 이를 크게 무시해 왔다고 지적했다.

메이스필드는 이 주장의 양측 문헌을 훌륭하게 요약해 다음과 같이 결론지었다(Macefield, 2009).

여기서 '모든 문제를 다 해결하는one size fits all' 솔루션은 없다. 그러나 문제 발견과 관련된 연구의 경우, 일반적으로 3~20명의 참가자 그룹 규모가 유효하며, 5~10명의 참가자가 합리적인 기준 범위이다. 이런 시나리오에서 그룹 규모는 연구의 복잡성과 맥락의 중요성을 고려해 늘려야 한다. 초기 콘셉트 프로토타입에서 심각한 (즉 프로젝트를 중단할 만한) 문제를 발견하는 시나리오에서는 일반적으로 5명의 참가자 그룹 규모가 유효하다. 통계적으로 유의한 결과를 찾는 비교 연구의 경우 8~25명의 참가자 그룹 규모가 유효하며, 10~12명의 참가자가 합리적인 기준 범위이다 (Macefield, 2009, p. 43).

물론 이 질문에 간단하게 답하긴 어렵다. 결론은 우리가 이 책 전반에 걸쳐 다양한 방식으로 설명해온 요점으로 돌아간다. 대부분의 답은 사용성 이슈의 특정 비율을 발견했다는 확신이 얼마나 필요한지에 달려 있다. 반복적 제품 개발 프로세스의 초기 단계에서는 확신이 잘 안 들어도 괜찮지만, 이후 단계에서는 확신을 갖고 싶을 것이다. 제품 맥락product context도 분명한 차이를 만들어내는데, 자동제세동기는 사용성 이슈를 놓치면 심각한 결과로 이어지는 반면, 사진 공유 앱의 경우 자동제세동기 대비 사용성 이슈를 놓쳤을 때 벌어지는 상황은 덜 심각하다. 또한 평가 대상 시스템의 복잡도, 대상 사용자의 다양성, 데이터 사용 계획, 사용하려는 과업, 예산과 시간 같은 실질적 고려 사항 등 다른 많은 요인도 선택하는 표본 크기에 영향을 미친다.

6.7.4 우리의 권고

사용성 테스트에서는 표본 크기를 유연하게 고민하는 것이 좋다. 필요한 최소 크기는 상황에 따라 달라진다. 다음 조건을 충족하는 경우, 5~10명의 참가자와 하나의 UX 팀만으로 테스트하는 것이 허용된다.

- 중요한 사용성 이슈를 놓칠 가능성이 있어도 괜찮다. 여러분은 커다란 문제의 일부를 포착하고, 디자인을 반복한 다음 다시 테스트하는 것에 더 관심이 있다. 어떠한 개선 사항이라도 환영한다.
- 주요 사용자 그룹main user group은 하나뿐이며, 그 사용자들은 디자인과 과업에 대해 상당히 유사한 방식으로 생각할 것이라고 믿는다.

- 디자인의 범위가 제한적이다. 관리할 수 있는 정도의 화면, 페이지 또는 과업이 있다.

한편 다음과 같은 조건에 해당되는 경우 참가자 수를 10~25명으로 늘리고 여러 명의 UX 리서처가 독립적으로 사용성 이슈를 파악하도록 할 수 있다.

- 최대한 많은 UX 문제를 포착해야 한다. 주요 사용성 이슈를 놓치면 상당한 부정적 영향을 받게 된다.
- 통계적 비교를 하려 한다(예: 디자인 간 비교 또는 기준과의 비교).
- 사용자 그룹이 2개 이상이거나 사용자가 특히 다양하게 구성된 경우이다.
- 디자인의 범위가 넓다. 이 경우 광범위한 과업 세트를 사용하는 것을 권장한다.

우리는 모든 참가자가 몇 명의 UX 리서처와 일대일로 만날 수 없다는 점을 안다. 이 경우 테스트 세션을 참관해 사용자를 관찰할 수 있는 다른 사람에게 피드백을 요청하라. 누구도 모든 것을 다 볼 수는 없기 때문에 중요한 사용성 이슈 중 일부를 놓칠 수 있음을 인정해야 한다.

6.8 요약

많은 UX 리서처가 사용성 이슈를 파악하고 개선하기 위한 실행 가능한 권장 사항을 제시하는 일을 한다. 사용성 이슈에 대한 지표를 제공하는 일은 흔하지 않지만 누구나 쉽게 일상적 업무로 할 수 있다. 사용성 이슈를 측정하면 디자인이 얼마나 좋은 상태인지(또는 나쁜 상태인지), 디자인이 반복될 때마다 어떻게 변화하고 있는지, 미해결 문제를 해결하기 위해 리소스를 어디에 집중해야 하는지에 대한 근본적인 질문에 답하는 데 도움이 된다. 사용성 이슈를 식별하고 측정, 제시할 때는 다음 사항을 염두에 둬야 한다.

1. 사용성 이슈는 UX 지표(예: 낮은 성공률), 사고 구술법 중 관찰 및 의견 청취, 온라인 연구의 축어적 코멘트, 웹 분석 데이터, 시선 추적 데이터를 사용해 발견할 수 있다. 그리고 도메인을 더 잘 이해할수록 이슈를 더 쉽게 발견할 수 있으며, 여러 명의 관찰자가 있으면 이슈를 식별하는 데 매우 도움이 된다.
2. 이슈가 실재하는 이슈인지 파악하려고 할 때에는 사용자의 사고 과정과 행동 뒤에 일관된 스토리가 있는지 자문해 보라. 스토리가 합리적이라면 문제는 실제 존재할 가능성이 높다.

3. 이슈의 심각도는 여러 가지 방법으로 정할 수 있다. 심각도는 항상 사용자 경험에 미치는 영향을 고려해야 한다. 사용 빈도, 사업에 미치는 영향, 지속성 등의 추가 요소도 고려할 수 있다. 어떤 심각도 등급은 단순히 높음/중간/낮음 등급 체계를 기반으로 하며, 어떤 시스템은 숫자 기반의 체계를 채택한다.

4. 사용성 이슈를 측정하는 일반적인 방법은 고유한 이슈의 빈도, 특정 이슈를 경험한 참가자의 비율, 여러 과업 또는 이슈 범주에 대한 이슈 빈도를 측정하는 것이다. 더 나아가 심각도가 높은 이슈에 대해, 또는 하나의 디자인 개선 단계에서 다른 디자인 개선 단계로 이동하면서 이슈가 어떻게 변화하는지에 대해 추가 분석을 수행할 수 있다.

5. 사용성 이슈를 파악할 때 일관성과 편향성에 대한 의문이 제기될 수 있다. 편향성은 여러 원인으로 인해 발생할 수 있으며, 이슈를 구성하는 요소에 대한 일반적 합의가 부족해 일어날 수 있다. 따라서 우선순위가 높은 이슈에 초점을 맞춰 팀으로 협력하고, 다양한 편향의 원인이 결론에 어떤 영향을 미치는지 이해하는 것이 중요하다. 이때 과업 범위를 최대화하는 것이 핵심일 것이다.

6. 대부분의 사용성 이슈를 발견하려면 얼마나 많은 참가자가 필요한지에 대한 답은 간단하지 않다. 문제 발견에 초점을 맞추고 있고 비교적 단순한 중요도 낮은 시스템이라면, 5~10명 정도의 참가자 수가 적당할 것이다. 그리고 시스템이 복잡하거나 중요하거나 통계적 추론을 해야 하는 경우라면 더 많은 참가자가 필요하다. 여러 명의 UX 리서처가 문제를 파악하는 것이 매우 유용할 수 있다.

CHAPTER 7
시선 추적

시선 추적^{eye tracking, 아이 트래킹}은 사용자가 웹 페이지, 모바일 애플리케이션, 식료품점 진열대, 심지어 지하철 플랫폼 광고판 등 다양한 디스플레이를 시각적으로 살펴보는 방식에 대한 인사이트를 얻을 수 있는 사용자 연구의 강력한 도구이다. UX 리서처에게 시선 추적은 사용자가 자극에 시각적으로 상호작용하는 방식을 더 잘 이해해 다음과 같은 근본적인 질문에 답할 수 있게 하는 유용한 방법이다.

- 사용자는 무엇을 알아차릴까?
- 사용자는 얼마나 오래 그것을 볼까?
- 사용자는 무엇을 가장 먼저 볼까?
- 사용자는 (사용자가 알아야 하는 것 중) 무엇을 알아차리지 못할까?

시선 추적 기술은 1900년대 초반부터 사용됐다. 휴이는 사람의 눈동자에 작은 구멍이 있는 콘택트 렌즈를 착용하는 시스템을 고안했다(Huey, 1908). 그런 다음 콘택트 렌즈를 포인팅 장치에 물리적으로 부착해 연구자들이 텍스트를 읽는 동안 눈의 움직임을 관찰할 수 있게 했다. 감사하게도 그 이후로 많은 발전이 있었다. 이제 시선 추적은 합리적인 가격에(대부분의 예산에 적합), 매우 정확하며, 다양한 자극과 장면에서 시선의 움직임을 측정할 수 있고, 안경 형태로 휴대 가능하며, 관련 분석 도구와 시각화 도구는 강력하고 사용하기도 쉽다.

시선 추적은 대체로 사용자 연구 맥락에서 다음 두 가지 방법 중 한 방법을 선택해 수행된다. 한 방법은, 시선 추적은 눈의 움직임을 분석해야 하는 필요성에 대한 일련의 연구 질문에 기초한다. 이 방법에서는 두 가지 서로 다른 웹디자인의 시각적 관심 패턴을 비교하기도 하며, 이때 리서처는 시선의 움직임 데이터를 수집하고 분석한다. 이 경우 '적중률$^{hit\ ratio}$'은 다른 웹디자인과 비교해 한 웹디자인의 개체를 알아차리거나 디자인 개체에 시선을 고정한 참가자의 비율을 나타낸다.

사용자 연구에서 자주 사용되는 또 다른 시선 추적 방법은 실시간으로 정성적 통찰력을 발휘하는 것이다. 이해관계자는 데이터 분석보다는 실시간으로 (또는 참가자 녹화 자료를 통해) 시선의 움직임을 관찰하는 데 관심을 둔다. 시선의 움직임을 관찰하면 사용자 경험에 대한 보다 완전한 그림을 제공하는 추가적인 차원의 데이터를 확보할 수 있다. 때로는 관련 지표가 포함된 히트맵이 유일한 관련 산출물이 되기도 한다. 여러분은 시선 추적에 접근하는 방식에 관계없이 업무를 시작하기 전에 목표와 원하는 산출물을 명확히 해야 한다.

시선 추적 시스템이 제공하는 정보는 사용자 연구에서 매우 유용할 수 있다. 참가자가 어디를 보고 있는지 관찰자가 실시간으로 볼 수 있게 하는 것만으로도 무척 의미가 있다. 여러분이 시선 추적 데이터를 더 이상 분석하지 않더라도, 이 실시간 디스플레이만으로도 다른 방법으로는 불가능한 통찰을 얻을 수 있는 것이다. 예를 들어 참가자가 웹사이트에서 과업을 수행하고 있고, 과업을 완료하는 데 필요한 페이지로 직접 연결되는 링크가 홈페이지에 있다고 가정해 보자. 참가자는 웹사이트를 계속 탐색하고, 막다른 골목에 이르러 홈페이지로 돌아오기도 하지만 필요한 페이지에는 도달하지 못한다. 이러한 상황에서 여러분은 참가자가 홈페이지에서 적절한 링크를 본 적이 있는지, 또는 링크를 봤지만 원하는 게 아니라고 지나쳤는지 (예를 들어 링크에 적힌 문구 때문에) 알고 싶다. 여러분이 나중에 참가자들에게 그 질문을 할 수는 있지만, 참가자는 완전히 정확하게 기억하지 못할 수도 있다. 이때 시선 추적 시스템을 사용하면 적어도 참가자가 링크 문구를 읽을 수 있을 만큼 오래 시선을 링크에 뒀는지 여부는 알 수 있다.

7.1 시선 추적의 작동 원리

몇 가지 다른 기술이 사용되기도 하지만 많은 시선 추적 시스템은 대체로 그림 7.1과 같이 적외선 비디오 카메라와 적외선 광원을 조합해 참가자가 보고 있는 위치를 추적한다. 적외선 광원은 참가자의 눈동자 표면에 반사되고(각막 반사라고 함), 시스템은 해당 반사 위치를 참가자의 동공 위치와 비교한다. 참가자가 눈동자를 움직이면 동공에 대한 각막 반사의 위치가 달라진다.

그림 7.1 토비(Tobii)의 시선 추적 시스템. 이 시선 추적 하드웨어는 쉽게 휴대할 수 있고 컴퓨터의 USB 포트에 연결해 사용한다.

시선 추적 연구의 첫 번째 활동은 참가자에게 일련의 지점을 보도록 요청해 시스템을 보정(calibration, 기기의 기준값을 표준으로 맞추는 것)하는 것이다. 그런 다음, 이후 시스템은 각막 반사 위치를 기준으로 참가자가 보고 있는 위치를 보간할 수 있다. 일반적으로 리서처는 X와 Y 시각면에서 벗어나는 각도로 표시되는 보정 품질calibration quality을 확인할 수 있다. 통상적으로 1도 미만의 편차는 허용 가능한 것으로 간주되며, 0.5도 미만이면 매우 양호한 것으로 여겨진다. 대부분의 시선 추적 시스템은 보정 품질 수준을 알려주며 정확도를 높이기 위해 다시 보정을 시도할 기회를 제공한다. 따라서 보정이 제대로 된 상태에서 측정하는 것이 중요하다. 그렇지 않으면 모든 시선 움직임 데이터를 기록하거나 분석해서는 안 된다. 보정이 제대로 돼 있지 않으면 참가자가 실제로 보고 있는 것과 참가자가 보고 있다고 가정하는 것 간에 차이가 발생할 수 있기 때문이다. 진행자는 보정 후 시선 움직임 데이터가 기록되고 있는지 확인한다. 가장 큰 문제는 자신의 자리에서 이리 저리 움직이는 참가자들이다. 때때로 진행자는 참가자의 시선을 다시 포착하기 위해 참가자에게 앞/뒤로 또는 좌/우로 이동하거나 좌석을 위/아래로 조정하도록 요청해야 하는 경우가 있다.

보정을 위한 지침

참가자와 연구자 모두가 쉽게 참여할 수 있으면서도 신뢰 가능한 시선 추적 데이터를 제공할 수 있는 몇 가지 간단한 지침을 소개한다.

1. 참가자들이 모니터 또는 추적 장치(인터페이스)로부터 적절한 높이와 거리에 앉아 있는지 확인하라. 의자는 바퀴가 달려 있고, 높이 조절이 가능해야 한다.
2. 참가자들에게 보정 프로세스가 빠르고 간단하게 진행될 것이며 아무것도 건드리지 않을 거라고 알려준다.
3. 참가자들에게 동적 보정 지점(dynamic calibration point, 일반적으로 작은 원으로 표시)을 보여주면서 화면에서 움직이는 원을 시선으로 따라가 보라고 지시한다. 원이 각 위치에서 잠시 멈추면 사용자가 원의 중심을 바라보고 있는지 확인하라.
4. 보정 품질에 따라 참가자에게 이 과정을 다시 한 번 진행하도록 요청해야 할 수도 있다. "양해해주셔서 감사합니다. 여러분의 시선 움직임을 가장 정확하게 포착할 수 있도록 한 번 더 보정하도록 하겠습니다"라고 말한다. 연구에 꼭 필요한 경우를 제외하고는 대체로 3번까지 이 과정을 반복하지는 않는다.
5. 연구 중에 참가자가 움직여서 더 추적 관찰하지 못하는 상황이 발생할 수 있다. 그들의 시선이 다시 추적될 수 있도록 사용자로 하여금 위치를 다시 조정해달라고 요청하라. 참가자가 많이 움직인다면 최대한 가만히 있도록 요청하는 것이 좋다.

보정이 어려운 참가자

대부분의 참가자는 대체로 보정 설정을 하기 쉽다. 그러나 몇 가지 어려움이 발생할 수 있는 경우가 존재한다. 안경테가 매우 얇은 안경을 착용한 경우, 시스템이 안경테와 눈동자를 구별하는 데 어려움을 겪기도 한다. 또한 눈 화장을 진하게 한 경우, 특히 반짝반짝 반사되는 화장을 한 경우 보정이 까다롭다. 마지막으로, 어린이 같이 의자에 앉아 매우 안절부절못한다면, 이로 인해 여러 번 시선을 놓치게 될 것이며 올바른 위치로 다시 잡아야 한다. 참가자를 모집할 때 요구 사항을 명시하고 워밍업 중에 명확한 지침을 제공하는 것 외에 더 할 수 있는 일이 많지 않다. 하지만 낙담하지 말자. 경험을 돌이켜보면 안경을 쓴 참가자를 포함해 90% 이상의 참가자들로부터 좋은 보정 결과를 얻어냈다.

7.2 모바일 시선 추적

'의학 현대화Modernizing Medicine'의 앤드류 샬Andrew Schall이 기고한 내용이다.

사용자는 데스크톱 환경과는 매우 다른 방식으로 모바일 기기와 상호작용한다. 스마트폰을 사용할 때와 노트북을 사용할 때 수행하는 과업의 종류를 생각해 보라. 또한 이러한 활동을 수행하는 위치와 환경이 경험에 어떤 영향을 미치는지 고려해 보라. 모바일 경험은 사람들이 이동 중이거나 빠르게 과업을 수행해야 할 때 발생하며, 이는 사용 맥락에 따라 큰 영향을 받는다. 시선 추적은 (사람들이 모바일 기기에서 콘텐츠를 보는 방식을 이해하는 데 이상적 지표인) 시선의 움직임eye gaze behavior뿐만 아니라 순간정보인식glanceability(짧은 시간 동안 한눈에 정보를 인식하는 정도) 같은 사용성 지표를 제공한다.

7.2.1 순간정보인식 측정하기

순간정보인식은 '정보를 빠르게 보고 이해할 수 있는 것'이라고 정의한다. 모바일 경험은 사용자가 모바일 앱 내에서 발생하는 미묘한 시각적 단서를 알아차리고 이에 따라 즉시 행동하는 데 달려 있다. 순간정보인식 가능성을 측정할 때 고려할 만한 몇 가지 질문은 다음과 같다.

- 사용자가 달리기를 하는 동안 스마트워치에서 알림을 확인하고 읽는 데 시간이 얼마나 걸리는가?
- 사용자가 목적지에 가기 위해 탑승하려고 하는 다음 지하철 열차편을 정할 때 출발 시간을 얼마나 빨리 찾을 수 있는가?
- 사용자는 회의 도중 얼마나 빨리 수신 전화를 확인하고 전화를 받을지 여부를 결정할 수 있는가?

순간정보인식도가 높은 인터페이스는 비교적 낮은 고정 횟수, 짧은 고정 지속 기간, 짧은 시선 이동으로 확인할 수 있다. 이런 시선 추적 지표는 과업 성능 데이터와 결합돼 관찰된 정보를 바탕으로 사용자가 얼마나 빨리 과업을 성공적으로 완료할 수 있었는지 판단한다.

그림 7.2는 한 참가자가 모바일 앱을 사용해 매장 가격과 온라인 가격을 비교하는 모습이다. 이 동영상은 사용자가 제품명(빨간색 원으로 표시)을 빠르게 훑어보고 매장 내 품목과 일치하는지 확인하는 모습을 보여준다.

그림 7.2 모바일 기기에서 시선 추적 기술을 사용하는 모습

7.2.2 상황에 따른 모바일 사용자 이해

시선 추적을 통해 사용자의 환경과 상황이 경험에 어떤 영향을 미치는지에 대한 통찰을 얻을 수 있으며, 다음과 같은 질문에 답할 수 있다.

- 지하철 안에서의 산만함과 방해 요소들은 사용자가 휴대폰으로 소셜미디어 콘텐츠를 소비하는 방식에 어떤 영향을 미칠까?
- 카페에서 줄을 서서 기다리는 동안 스마트 워치로 은행 계좌 잔액을 확인하려 할 때, 2단계 인증을 설정하고 사용하는 것이 얼마나 쉬울까?
- 친구와 문자 메시지를 주고받는 동안 사용자는 현재 위치에서 도보 거리 내에 있는 가장 평점이 좋은 술집을 찾기 위해 어떤 정보를 살펴볼까?

다음 페이지의 그림 7.3은 실제 환경에서 시선 추적 기술을 사용할 수 있는 다양한 상황을 보여준다. 이 참가자는 비행기를 기다리는 동안 시선 추적 안경을 착용하고 1인칭 시점으로 알래스카 항공 앱(아이폰과 애플 워치)을 다운로드해 사용했다.

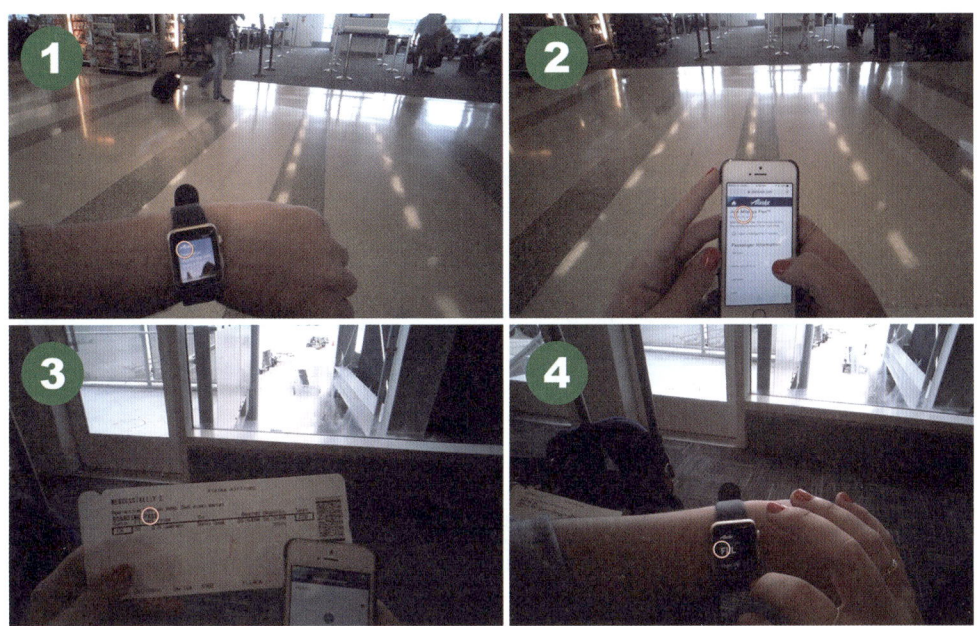

그림 7.3 모바일 시선 추적 기술을 통한 여러 장치와 미디어 활용 사례

이런 모든 상황에서 리서처들은 UX 실험실에서 벗어나 시선 추적 기기를 들고 현장으로 나가 모바일 애플리케이션이 실제 환경에서 어떻게 사용되는지 확인해야 한다. 우리는 시선 추적 기술을 통해 사용자가 모바일 기기로 과업을 수행하는 모습을 보면서 이런 상황이 시선에 어떤 영향을 미치는지 확인할 수 있다.

7.2.3 모바일 시선 추적 기술

모바일 기기로 시선 추적 연구를 수행하는 경우 몇 가지 독특한 어려움이 있다. 첫 번째 어려움은 참가자도, 장치도, 시선 추적 장치도 고정돼 있지 않다는 점이다. 이 점은 시선 추적 장치가 참가자를 정확하고 일관되게 추적하는 기능에 영향을 미칠 수 있으며, 여러 참가자의 시선 추적 데이터를 포착해내기 어렵게 만들 수도 있다. 게다가 모바일 기술은 스마트폰뿐만 아니라 다양한 다른 기기 유형으로 확장되고 진화하고 있다. 리서처들은 태블릿 기기, 스마트 워치, 기타 웨어러블 기기에 대한 사용자 경험을 평가해야 한다.

모바일 기기에서 시선 추적을 하는 방법들을 소개한다.

- 안경/웨어러블 유형의 시선 추적기: 참가자가 착용하는 안경류의 장비로, 시선 추적 하드웨어가 탑재돼 있고 휴대용 기록 장치와 페어링해 동작
- 기기 스탠드: 모바일 기기와 시선 추적 장치를 부착하는 데 사용되는 플랫폼과 지지대
- 소프트웨어: 모바일 기기에 내장된 카메라를 사용하기 위한 소프트웨어 앱

7.2.4 안경

시선 추적 안경(그림 7.4)은 사람이 실제 환경에서 자유롭게 움직일 때 무엇을 보고 있는지 정확하게 보여준다. 안경은 1인칭 시점을 제공해 사용자가 자신의 환경에서 무엇을 보고 있는지 이해하도록 돕고, 모바일 기기 사용 경험에 부여된 맥락을 보여준다.

그림 7.4 시선 추적 안경을 통해 사용자가 동네 커피숍에서 라떼를 마시면서 휴대폰으로 뉴스를 소비하는 방식을 이해하는 방법의 예시(이 이미지는 토비(Tobii) AB 크레딧 표기로, 편집 목적으로 사용 가능. https://www.tobiipro.com/imagevault/publishedmedia/e317fzptqw0jk3svfn4t/TobiiPro-Glasses2-Mobile-Devseice-Usability-Cafe-150.jpg?download=1)

안경은 참가자에게 높은 자유도를 허용하지만 이렇게 기록된 참가자 간 시선 추적 데이터는 비교하기가 매우 어렵다. 따라서 안경은 질적 연구에만 사용하고 주요 관찰 결과에 태그를 추가할 때는 시선 기록에 의존하는 것이 좋다.

7.2.5 기기 스탠드

모바일 기기 스탠드는 사용자가 기기와 상호작용할 테스트 환경을 표준화해야 할 때 사용한다(그림 7.5). 스탠드는 모바일 기기를 시선 추적 장치와 함께 플랫폼이나 크래들에 부착해 사용한다. 카메라는 암^{arm} 형태의 지지대로 스탠드에 고정되며 모바일 기기의 정면을 향한다. 기기와 시선 추적기의 움직임을 제한함으로 여러 참가자의 시선 추적 데이터를 모아 오버레이해 히트맵^{heatmap}과 시선 플롯$^{eye\ gaze\ plot}$ 같은 시각 그래프를 만들어낼 수 있다.

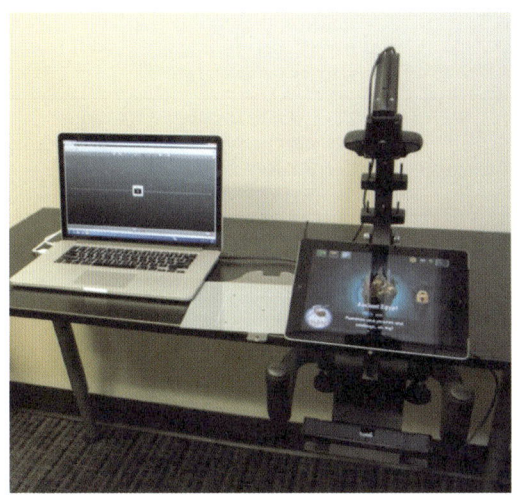

그림 7.5 토비 모바일 기기 스탠드는 토비X2 시선 추적기와 연결해 사용할 수 있으며 기기 플랫폼은 모든 태블릿 또는 스마트폰 모델에서 사용 가능하다.

이 구성은 모바일 기기를 사용하기 위한 인위적 상황을 만든다. 참가자는 기기를 손에 쥐지 않고 스탠드에 올려놓은 상태에서 기기와 상호작용한다.

7.2.6 소프트웨어 기반 시선 추적

시선의 움직임은 사람마다 크게 다를 수 있다. 시선 패턴을 일반화하기 위해선 수많은 시선 추적 데이터가 필요하다. 소프트웨어 기반의 시선 추적 솔루션을 활용하면 어떤 스마트폰도 시선 추적 장치가 될 수 있다. 이 소프트웨어를 통해 리서처들은 수천 명은 아니더라도 수백 명의 참가자로부터 그들이 모바일 웹사이트 또는 앱과 상호작용하는 동안 시선 추적 데이터를 수집할 수 있다.

이 솔루션을 사용하려면 참가자가 직접 스마트폰에 앱을 설치하거나 소프트웨어 개발업체가 앱에 SDK로 코드를 내장시켜야 한다. 이 솔루션은 스마트폰에 내장된 카메라를 사용하며, 추적 정확도는 주변 조명 조건에 따라 달라질 수 있다.

모바일 시선 추적 솔루션의 장점과 한계		
기술	장점	한계
안경	• 완전한 이동의 자유 • 뛰어난 휴대성 • 정성적 연구에 가장 적합	• 다른 시선 추적 솔루션 대비 비싼 가격 • 참가자 간 결과를 비교하기 어려움 • 정량적 지표 없음
스탠드	• 일관된 구성, 참가자 간 비교 용이 • 시선 추적 데이터의 시각화 가능	• 참여자에게 덜 자연스러운 경험 • 휴대성이 좋지 않음 • 제한적인 정량 분석 기능
소프트웨어	• 별도의 하드웨어 불필요 • 대규모 데이터 수집 가능 • 참가자 전체로부터 집계된 시선 추적 데이터의 시각화 가능	• 기존 시선 추적 시스템보다 정확도 떨어짐 • 추적 정확도는 주변 조명 조건에 따라 영향을 받을 수 있음

웹캠 기반 시선 추적의 정확도

버튼, 앨버트, 플린은 기존의 적외선 시선 추적 시스템의 정확도와 웹캠 기반 시선 추적 시스템의 정확도를 비교하는 연구를 수행했다(Burton, Albert, and Flynn, 2014). 웹캠 기반 시선 추적 시스템은 운영 비용이 상당히 저렴할 뿐만 아니라 실험실에 방문하지 않고도 지리적으로 분산된 많은 사용자로부터 시선 움직임 데이터를 캡처할 수 있기 때문에 사용자 리서처들에게 큰 가능성을 열어준다.

연구는 매우 간단했다. 참가자들에게 적외선 시선 추적 시스템과 웹캠 시선 추적 시스템을 모두 사용해 화면의 3×3 격자가 씌워진 일련의 이미지(큰 크기와 작은 크기의 이미지)를 보여줬다. 참가자들은 화면의 서로 다른 위치에 표시된 각각의 이미지를 보도록 지시받았다. 그 결과 적외선 시스템과 웹캠 시스템 모두 화면 중앙에 있는 큰 이미지를 볼 때 시선 움직임 데이터를 포착하는 데 적합하다는 점을 분명히 확인할 수 있었다. 그러나 웹캠 기반의 시선 추적 시스템은 작은 이미지 또는 (크기에 관계없이) 화면 가장자리로 이동하는 이미지에는 정확도가 떨어졌다.

7.3 시선 추적 데이터 시각화

시선 추적 데이터를 시각화하는 데에는 여러 방법이 존재한다. 이런 시각화 자료는 사람들이 언제 어디를 바라봤는지에 대한 정보를 제공하며, 이는 이해관계자들이 실질적으로 관심을 가질 수 있는 유일한 자료일 수 있다. 모든 시선 추적 시각화 자료는 한 참가자의 시선 움직임을 보여주는 개별적 수준이거나, 둘 이상의 참가자에 대한 시선 움직임을 보여주는 집계적 수준이다.

그림 7.6은 개별 참가자가 에미레이트 항공 웹사이트에서 수행한 시선의 고정, 시퀀스 데이터를 보여준다(스캔 경로라고도 함). 단일 참가자의 시선 움직임을 시각적으로 표현하는 가장 일반적인 방법일 것이다. 고정fixation은 정해진 영역 내에서 시선의 움직임이 잠시 멈추는 것으로 정의된다. 시선의 고정 시간은 일반적으로 약 200ms~250ms(1/5초 또는 1/4초)이지만 매우 가변적이다(Galley, Betz, & Biniossek, 2015). 고정된 지점에는 일반적으로 순서를 나타내기 위해 번호가 매겨지며, 이때 각 원의 크기는 고정의 길이, 지속 시간에 비례한다. 단속 운동saccade, 글을 읽을 때 나타나는 안구의 순간적 움직임, 즉 고정과 고정 사이의 움직임은 선으로 표시된다. 그림 7.6에서 참가자는 주로 화면 상단의 휴가holiday 그래픽과 바로 아래 탭에 집중했음을 쉽게 알 수 있다. 그러나 그는 화면 왼쪽 상단의 로고나 화면 하단의 콘텐츠는 보지 않았다. 스캔 경로는 참가자가 페이지를 어떻게 보는지, 어떤 요소를 어떤 순서로 보는지 보여주는 훌륭한 방법이다.

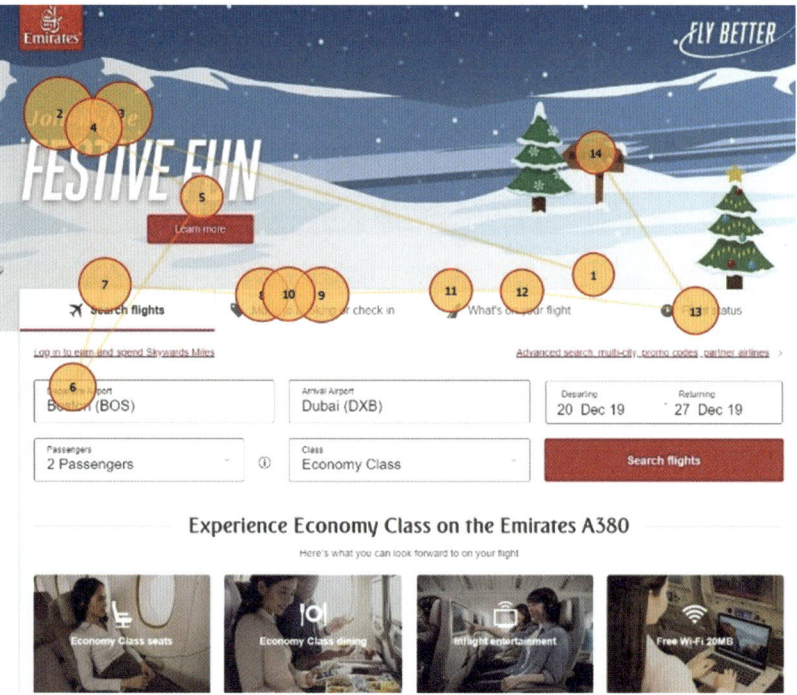

그림 7.6 에미레이트 항공 웹사이트를 본 사용자의 시선 움직임 스캔 경로의 예

여러 참가자의 시선 움직임을 시각적으로 표현하는 가장 일반적인 방법은 단연코 히트맵이다(그림 7.7). 이 시각화 자료에서 가장 밝은 영역(빨간색)은 더 높은 고정 밀도를 나타낸다. 페이지의 어떤 영역이 더 많은 (그리고 더 적은) 시각적 관심을 끄는지 파악하는 훌륭한 방법이다. 보다시피 REI 아웃도어 웹사이트의 시각적 관심도는 여성의 얼굴과 왼쪽에 표시된 '40% 제안' 문구에 집중돼 있고, 상단 내비게이션 요소에는 시각적 관심이 거의 없었다.

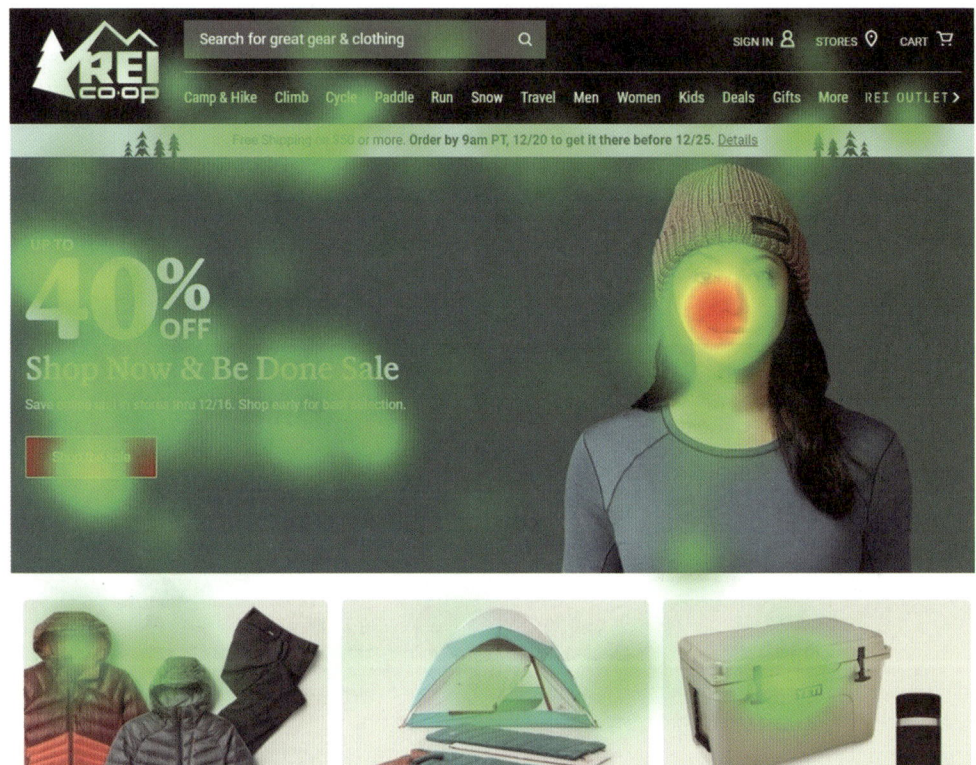

그림 7.7 REI 아웃도어 웹사이트 히트맵 예시

리서처는 분석 소프트웨어로 '빨간색' 대 '주황색' 등으로 간주되는 척도를 정의할 수 있다는 점을 명심해야 한다. 따라서 연구원이 히트맵을 과장해 색상을 더 많거나 적게 표시할 수 있다는 점에 유의하자. 우리는 대부분의 소프트웨어에서 기본 설정을 사용할 것을 권장한다. 그러나 다양한 척도로 실험해 보는 것은 중요하다.

7.4 관심 분야

시선 추적 데이터를 분석하는 가장 일반적인 방법은 특정 요소나 특정 영역에 대한 시각적 관심도를 측정하는 것이다. 대부분의 리서처들은 전체 웹페이지나 장면에서 시각적 관심이 일반적으로 어떻게 분산되는지 뿐만 아니라 참가자가 특정 개체를 알아챘는지 여부와 그 개체를 보는 데 얼마나 많은 시간을 소비했는지에 관심이 있다. 이는 특히 광고 캠페인의 성공 여부가 고객의 주의를 끄는 것과 직결되는 마케팅의 경우 더욱 그렇다. 또한 과업 성공이나 긍정적 경험에 중요한 특정 요소가 있는 경우에도 문제가 된다. 사용자가 이런 요소를 보지 못한다면 문제가 있는 게 분명하다.

다음 페이지에 나오는 그림 7.8은 페이지에서 특정 영역을 정의하는 방법을 보여준다. 이런 영역은 일반적으로 '주목 영역(look zone)' 또는 '관심 영역(AOI, Areas Of Interest)'이라고 부른다. AOI는 본질적으로 x, y 좌표로 정의된, 측정하려는 객체(또는 객체 모음)이다. 4개의 AOI와 각 AOI에 대한 관련 통계가 함께 표시돼 있다.

- TTFF(Time To First Fixation): 이 개념은 '첫 고정까지의 시간', 즉 개체를 처음 알아차리는 데 걸리는 평균 시간이다. 그림 7.8에서 볼 수 있듯이 여성 옆에 있는 큰 텍스트는 1초도 채 안 돼 먼저 인지되는 반면, 동영상 보기 버튼은 처음 인지되기까지 평균 약 5초가 소요된다.
- 소요 시간(Time Spent): 이 시간은 AOI를 보는 데 걸린 평균 체류 시간, 즉 평균 '소요 시간'이다. 보다시피 화면 가운데 있는 큰 이미지/텍스트 블록(AOI 1)을 보는 데 평균 2초 가까이 걸렸고, 오른쪽 상단에 있는 4개의 클릭 유도 문구(AOI 2)를 보는 데는 0.5초가 걸렸다.
- 비율(Ratio): 비율은 AOI 내에서 적어도 한 번 이상 시선을 고정한 참가자의 수다. 9명의 참가자 모두(9/9) 큰 이미지/텍스트 블록 내에 시선을 고정한 반면, 9명의 참가자 중 5명만(5/9) 왼쪽 상단의 로고에 시선을 고정했다.

그림 7.8 다양한 관심 영역에 대한 일반적인 시선 추적 통계

여러 영역을 살펴보는 데 소요된 시간을 분석할 때에는 다음 사항을 유의해야 한다.

- 각 영역은 신중하게 정의하도록 한다. 영역 사이에 약간의 공백을 둬 시선의 움직임이 바로 옆에 있는 두 AOI 사이에 걸리지 않도록 하는 것이 이상적이다.
- 각 영역은 내비게이션, 콘텐츠, 광고, 법률 정보 등과 같이 서로 균등한 수준이어야 한다. AOI를 개별 요소로 세분화하려는 경우 사후 분석으로 언제든 집계할 수 있다.
- AOI별로 데이터를 제시할 때 참가자가 해당 영역 내에서 실제로 어디를 보았는지에 대한 질문이 자주 제기된다. 따라서 그림 7.8과 같이 연속적인 시선 고정 분포를 보여주는 히트맵을 함께 포함하는 것이 좋다.

7.5 일반적인 시선 추적 지표

시선 추적 데이터와 관련된 여러 가지 지표가 있다. 다음은 UX 리서처들이 사용하는 가장 일반적인 시선 추적 지표 중 일부이다. 이런 모든 지표는 특정 AOI와 연관돼 있다. 그림 7.8은 단일 AOI에서 파생된 지표 유형의 예시이다.

7.5.1 체류 시간

체류 시간$^{dwell\ time}$은 AOI 내에서 내용을 탐색하는 데 소요된 총 시간이다. 여기에는 재방문을 포함해 AOI 내의 모든 시선 고정과 단속 운동^{saccade}도 포함된다. 체류 시간은 특정 AOI에 대한 관심 수준을 전달하는 훌륭한 지표이다. 분명 체류 시간이 길수록 AOI에 대한 관심도가 높아진다. 경험상 100ms 미만의 체류 시간은 참가자가 제한된 양의 정보를 처리했음을 의미하고, 500ms를 초과하는 체류 시간은 대체로 참가자에게 처리할 수 있는 기회가 있었음을 의미한다.

7.5.2 고정 횟수

시선 고정 횟수$^{number\ of\ fixations}$는 단순히 AOI에 시선을 고정한 총 횟수다. 예상대로 고정 횟수는 체류 시간과 강한 상관관계가 있다. 이 때문에 우리는 일반적으로 체류 시간만 보고한다.

7.5.3 고정 시간

시선 고정 지속 시간$^{fixation\ duration}$은 시선 고정에 대한 평균 시간이다. 고정 지속 시간은 일반적으로 150~300ms 사이이다. 고정 횟수 및 체류 시간과 유사한 고정 지속 기간은 개체와의 상대적 관여도를 나타낸다. 평균 고정 지속 기간이 길수록 관여 수준도 높아진다.

7.5.4 순서

순서^{sequence}는 각 AOI에 처음 시선이 고정되는 순서를 나타낸다. 순서는 리서처에게 주어진 과업의 맥락 내에서 각 AOI의 상대적 중요성을 알려준다. 사용자에게 어떤 AOI가 처음에 눈에 띄고, 어떤 AOI가 나중에 관심을 받는지 아는 것은 때때로 매우 도움이 된다. 일반적으로 순서는 각 AOI에 방문한 평균 순서로 계산된다. 많은 참가자들이 정확히 같은 순서를 경험하지 않을 수 있다는 점을 명심하자. 순서는 최선의 추정치일 뿐이다.

7.5.5 첫 번째 시선 고정까지의 시간

어떤 상황에서는 사용자가 특정 요소를 처음 알아차리는 데 걸리는 시간을 파악하는 것이 도움이 될 수 있다. 예를 들어 사용자가 페이지에서 평균 7초만 머무른다는 사실을 알고 있지만 '계속', '가입' 버튼 같은 특정 요소가 첫 5초 이내에 눈에 띄는지 확인하고 싶을 수 있다. 대부분의 시선 추적 시스템은 각 시선 고정에 대한 타임스탬프(각 시선 고정이 발생한 정확한 시간)를 기록하면 유용하다.

이런 데이터를 분석하는 한 가지 방법은 특정 요소에 처음 시선이 고정된 모든 시간의 평균을 취하는 것이다. 데이터는 초기 노출에서 시작해 경과된 시간으로 처리돼야 한다. 평균은 요소를 알아차린 모든 사람이 해당 요소를 처음 알아차리는 데 걸린 시간을 나타낸다. 물론 어떤 참가자는 첫 5초 이내에는 고사하고 모든 요소를 인식하지 못했을 수도 있다. 따라서 이 방법은 모든 참가자를 고려하지 않음으로써 인위적으로 빠른 시간을 나타내는, 오해의 소지가 있는 데이터가 나올 수도 있다.

7.5.6 재방문

재방문revisit은 시선이 AOI 내에 고정된 후, AOI를 벗어났다가 다시 AOI 내로 시선을 고정하는 횟수이다. 재방문은 AOI에의 '고착성stickiness'을 의미한다. 사용자는 AOI에 시선을 고정했다가 떠나는가, 다시 돌아오지 않는가, 아니면 계속 시선을 돌리는가?

7.5.7 적중률

적중률hit ratio은 AOI 내에 적어도 한 번 이상 시선을 고정한 참가자의 비율이다. 다시 말해, AOI를 본 참가자 수다.

여러분은 사람들이 사용성 테스트에서 그들이 봤다고 말한 내용을 믿을 수 있는가?

앨버트와 테데스코는 사용성 테스트 참가자들이 자신이 본 것을 정확하게 보고하는지 테스트하기 위해 시선 추적 기술을 사용해 실험을 진행했다(Albert and Tedesco, 2010). 이 연구에서 참가자들은 일련의 웹사이트 홈페이지를 살펴봤다. 진행자는 각 홈페이지를 보여준 후 특정 요소를 가리켜 질문했다. 참가자들의 절반은 특정 요소를 봤는지 여부를 표시하게 했고(세 가지 답변 선택지: ① 요소를 보지 않았음 ② 요소를 봤는지 잘 모르겠음 ③ 요소를 봤음), 나머지 절반의 참가자들은 해당 요소를 보는 데 얼마나 많은 시간이 소비됐는지 5점 척도로 표시하게 했다(소요 시간: '매우 짧은 시간이 들었음' 부터 '매우 긴 시간이 들었음'까지 5점 척도로 구분). 결과는 대체로 시선의 움직임이 참가자들이 본 것으로 보고한 내용과 일치한다는 것을 보여줬다. 그러나 약 10%가량의 사례에서 참가자는 시선 움직임 데이터에서 시선을 고정하지 않은 요소에 대해 "확실히 봤다"고 주장했다. 그리고 두 번째 참가자 그룹에서 약 5%의 참가자들은 "한 요소를 오랜 시간 동안 봤다"고 말했지만, 실제로는 해당 요소에 시선을 고정하지 않았다. 결과를 종합해 보자면, 참가자가 사용성 테스트 중에 본 내용을 자가측정하는 것이 합리적으로 신뢰할 수 있지만 확실히 완벽하지는 않다는 점을 시사한다.

7.6 시선 추적 데이터 분석을 위한 팁

우리는 지난 몇 년 동안 시선 추적 데이터를 분석하는 방법에 대해 학습해 왔다. 무엇보다도 연구를 신중하게 계획하고 데이터를 탐색하는 데 시간을 할애하도록 권장한다. 몇 개 안되는, 소수의 히트맵만으로는 잘못된 결론을 내리기 쉽다. 다음으로, 데이터를 자세히 살펴볼 때 염두에 둬야 할 몇 가지 중요한 팁을 소개한다.

- 각 참가자의 노출 시간을 제어한다. 참가자들이 특정 시간 동안 어떤 이미지나 자극을 보지 못한다면 처음 10초 또는 15초를, (또는 맥락을 고려했을 때의 합리적인 소요 시간을 미리 정해두고 해당 시간을) 소요 시간으로 지정하도록 미리 원칙을 정해두자.
- 노출 시간을 제어할 수 없다면, 체류 시간을 절댓값이 아닌 백분율로 분석해 보자. 같은 자극에 누군가는 10초를 소요하고 어떤 사람은 1분을 소요한다면, 시선의 움직임은 물론 각 요소를 보는 데 소요된 실제 시간도 매우 다를 것이다.
- 참가자가 과업에 참여하고 있을 때만 시간 데이터를 확인한다. 참가자가 자신의 경험에 대해 설명하고 있는 중이면, 시간 데이터에 포함하지 않는다.
- 연구하는 동안 참가자의 시선이 추적되고 있는지 확인한다. 실시간으로 그들의 시선 움직임을 모니터링하라. 아이들이 몸을 숙이거나 고개를 돌리면 친절하게 원래 자세를 유지하도록 상기시킨다.
- 동적 웹사이트에서 시선의 움직임을 분석할 때는 주의해야 한다. 광고, 플래시, 프레임 등으로 인해 크게 변화하는 웹사이트는 대부분의 시선 추적 시스템을 혼란스럽게 만든다. 모든 새로운 이미지는 기본적으로 별도의 자극으로 취급된다. 모든 페이지가 완전히 동일하지 않다는 점을 감안해 가능한 한 많은 웹페이지를 통합적으로 관리할 것을 강력하게 권한다. 그렇지 않으면 1명의 참가자가 본 웹페이지 자체가 너무 많아지게 된다. 이에 대한 대안은 단순히 정적 이미지를 사용하는 것이다. 하지만 정적 이미지의 웹페이지를 사용하면 분석하기가 훨씬 쉽지만 상호작용적 경험이 부족한 단점이 존재한다.
- 실험 참가자가 실험을 시작할 때 처음에 어디를 보고 있는지 제어하기 위해 트리거 AOI[trigger AOI]를 사용해 보라. 트리거 문구로, "실험을 시작하려면 여기를 보세요" 텍스트를 페이지 가운데에 배치시킨다. 참가자가 일정 시간 동안 텍스트에 시선을 고정한 후, 실험을 시작한다. 이 방식은 모든 참가자가 동일한 위치를 보며 시작한다는 것을 의미하는데, 일반적인 사용

성 테스트에서는 과도한 설정일 수 있지만 보다 엄격하게 제어되는 시선 추적 연구에서는 고려해야 한다.

7.7 동공 반응

사용자 리서치 연구에서 시선 추적 사용과 밀접한 관련이 있는 것은 동공 반응Pupillary Response 정보이다. 대부분의 시선 추적 시스템은 참가자의 동공 위치를 감지하고 동공의 지름을 계산해 참가자가 어디를 보고 있는지 파악한다. 동공 반응, 즉 동공의 수축과 확장에 대한 연구를 동공 측정법pupillometry이라고 한다. 대부분의 사람은 동공이 주변 빛에 반응해 수축하고 확장한다는 것을 알고 있지만 인지 처리, 각성, 관심 증가에도 반응한다는 사실은 많이들 모른다. 일반적으로 각성 또는 관심 수준이 높을수록 동공 크기도 커진다.

동공 확장pupil dilation은 매우 다양한 정신 및 감정 상태와 연관돼 있기 때문에 동공 변화가 일상적인 사용성 테스트에서 성공 또는 실패를 의미하는지 여부를 이야기하긴 어렵다. 그러나 동공 직경을 측정하는 것은 정신 집중이나 정서적 각성에 초점이 맞춰진 특정 상황에서 유용할 수 있다. 예를 들어 웹사이트의 새로운 그래픽에 대한 감성적 반응을 끌어내는 데 주로 관심이 있다면 동공 직경의 변화(기준치에서)를 측정하면 유용할 수 있다. 이렇게 하려면 각 참가자의 기준선에서 벗어난 백분율 편차를 측정하고 참가자 간의 편차를 평균하면 된다. 또는 특정 그래픽을 보거나 특정 기능을 수행하는 동안 (특정 크기로) 동공이 확장된 경험을 한 참가자의 비율을 측정할 수도 있겠다.

7.8 요약

7장에서는 시각적 관심과 관여도를 측정하는 강력한 도구로서의 시선 추적 기술을 다뤘다. 시선 추적은 사용하기에 훨씬 쉬워지고, 정확해지고 있다. 또한 다용도로 적용 범위가 확장되면서 더욱 강력해지고 있으며, 심지어 가격도 상당히 저렴해지고 있다. 다음으로, 이 기술과 관련해 기억해야 할 몇 가지 핵심 사항을 요약한다.

1. 시선 추적은 웹사이트나 모바일 애플리케이션 등 제품의 다양한 측면에 대한 시각적 관심을 측정하는 가장 좋은 방법이다. 시선 추적은 여러 디자인안의 효과를 비교하고 관심 영역을 기반으로 지표를 계산하는 데 사용된다.

2. 시선 추적은 일반적으로 적외선 기술을 사용한다. 각막 반사 위치와 동공을 비교해 언제든지 시선 방향을 계산할 수 있다.
3. 보정은 모든 시선 추적 연구의 핵심이다. 눈의 움직임을 정확하게 측정하려면 충분히 보정을 하는 것이 중요하다.
4. 시선 추적 모바일 애플리케이션에는 눈의 움직임을 추적할 수 있는 안경과 테스트 환경을 더 잘 제어하기 위한 기기 스탠드가 필요하다.
5. 시선 추적의 시각화 자료는 사람들이 언제 어디를 보고 있었는지 알려준다. 가장 일반적인 시각화는 시선 고정의 움직임 변화를 지속 시간과 함께 보여주는 스캔 경로이다. 또 다른 인기 있는 시각화는 한 그룹의 사용자들의 시각적 관심의 분포를 나타내는 히트맵이다.
6. 관심 영역AOI은 시선 추적 데이터를 분석하는 가장 일반적인 방법이다. AOI는 텍스트, 기능, 이미지 블록 같은 화면의 개체이다. 우리는 일반적으로 여러 AOI를 보는 데 소요된 시간, AOI가 첫 번째 시선 고정을 받는 데 걸리는 시간, 여러 AOI를 보는 순서를 측정한다.
7. 시선 추적과 관련된 지표들이 많지만, 가장 일반적인 것은 체류 시간, 즉 개체(또는 AOI)를 보는 데 소요된 총 시간이다. 순서를 측정하면 TTFF뿐만 아니라 다양한 개체의 상대적 중요성도 알 수 있다.
8. 동공 크기의 변화를 측정하는 방법은 참여자의 각성 또는 참여 수준을 측정하는 데 자주 사용되지는 않지만 때로는 유용한 방법이 될 수 있다. 동공 직경이 커지면 관심도의 증가와 상관관계가 있는 것으로 확인되지만 주변 조명 같은 외부 요인의 영향도 받는다는 점을 유의하자.

CHAPTER 8
감정 측정

감정emotion을 측정하기란 어렵다. 사용자 경험의 다양한 측면 중에 감정을 정확하게 측정하기가 가장 어려울 것이다. 감정은 종종 일시적이고, 숨겨져 있으며, 상충한다. 참가자에게 인터뷰, 설문 조사를 통해 그들이 무엇을 느끼고 있는지 물어본 결과가 항상 신뢰할 수 있는 건 아닐 것이다. 많은 참가자는 우리가 듣고 싶어 한다고 생각하는 것을 말해 주거나, 자신의 감정을 단순하고 분명하게 표현하는 데 어려움을 겪는다. 심지어 어떤 사람은 전혀 모르는 사람 앞에서 그들의 진실한 감정을 인정하는 것을 주저하거나 두려워한다.

이렇듯 감정 측정이 어려움에도 불구하고, UX 리서처에게 참가자가 어떤 제품 또는 서비스와 상호작용할 때 감정이 변하는지를 이해하는 일은 여전히 중요하며(Jokinen, 2015; Schall, 2015), 상호작용을 할 때의 참가자의 감정 상태는 항상 연구원의 관심사이다(Garcia & Hammond, 2016). 사용자가 제품을 사용하면서 느끼는 감정은 오랫동안 기억에 남고, 그들과 함께 하면서 시간이 지남에 따라 변할 수 있으며, 다음번에 그 제품을 어떻게 사용할지, 향후 그 제품을 사용할지, 심지어는 다른 사람에게 그 제품을 추천할지 여부에 영향을 미친다(Kujala, Roto, & Väänänen, 2011).

기업체 직원들이 사용하는 엔터프라이즈 애플리케이션을 개발하든, 가정 폭력 생존자를 위한 모바일 애플리케이션을 지원하든, 일반적으로 경험을 주도하는 몇 가지 감정들이 존재한다. 가장 관련성이 높은 감정을 파악하고 측정하는 일은 모든 UX 리서처의 몫이다(Farnsworth, 2019). 감성적인 사용자 경험을 고려하지 않으면 중요한 요소를 놓치는 것과 같다.

8장에서는 감성적인 사용자 경험을 정의하고, 감정 지표와 관련된 특정 과제를 알아보며, 언어 표현 코딩, 자가측정 지표, 얼굴 표정 분석, 전기적 피부 반응^{GSR, galvanic skin response, 갈바닉 피부 전도도} 등 일반적인 감정 측정 방법들을 다룬다. 그리고 생체 인식^{Biometrics} 중 몇 가지를 결합한 사례 연구로 8장을 마무리한다. 여러분도 이런 방법을 함께 사용해서 여러분의 리서치 도구 키트를 감정 측정이 가능한 통합 키트로 업그레이드할 수 있기를 바란다.

8.1 감성적 사용자 경험 정의

많은 UX 리서처가 감성적 사용자 경험의 중요성에 대해 이야기하곤 하지만 구체성이 부족한 경우가 많다. 마치 하나의 감정이 있는 것 같거나, 관련 감정이 한데 뭉쳐 있는 것 같거나, 어쩌면 감정은 정서^{valence, 감정 또는 느낌의 긍정성 또는 부정성}의 관점으로만 생각될 수도 있다. 예를 들어 많은 여정 지도는 사용자의 감정을 가장 일반적인 형태로 긍정적이거나 부정적인 것으로 표현한다. 감정을 측정하려면 리서치 및 디자인 전략의 초점이나 방향을 잡는 차원에서 기쁨, 스트레스, 참여도 등의 감정을 구체적으로 정해야 한다. 또는 다양한 감정을 본질적으로 긍정적이거나 부정적인 것으로 분류하고, 분류된 특정 렌즈로 경험을 살펴볼 수 있다.

알다시피 인간의 감정 범위는 광범위하다. 이런 감정이란 질투, 죄책감, 수치심, 슬픔, 사랑 같은 사람들 사이의 감정에 기반하며, 이것들 중 다수가 사용자 경험에 영향을 미치지는 않는다. 그러나 사용 맥락에 따라 감정도 사용자 경험에 영향을 미친다. 예를 들어 업무로 인해 복잡한 애플리케이션을 처음 사용할 때 불안감을 느낄 수 있고, 훨씬 더 오래 걸릴 것으로 예상했던 과제를 빨리 완료하면 기뻐할 것은 당연하다. 다년간의 UX 리서치를 바탕으로 사용자 경험에서 자주 접했던 일곱 가지 감정을 다음과 같이 소개하고자 한다.

- **관여도**^{engagement}: 관여도는 사용자가 제품에 감성적으로 관여하는 수준이다. 다시 말해 제품에 대한 정서적 자극이 높거나 낮은 정도를 일컫는다. 우리는 사람들이 의자에 앉아 앞으로 몸을 기울이고 있는지, 아니면 구부정한 자세로 앉는지 등 앉는 자세만 봐도 그 사람들의 관여도를 쉽게 관찰할 수 있다. 두 행동 모두 참가자의 관심 수준이나 관여 수준에 대해 많은 것을 말해준다. 관여는 기쁨, 스트레스, 놀라움, 좌절감 등 모든 유형의 감정을 의미할 수 있

다는 점을 알아야 한다. 관여도가 낮다는 것은 지루함이나 무관심을 의미한다. 놀라움, 스트레스, 기쁨 등 높은 수준의 관여를 유도하는 여러 감정이 있을 수 있으므로 관여도를 단독으로 측정하는 것은 권장하지 않는다.

- **신뢰**trust: 신뢰는 개인이 다른 사람 또는 조직과 맺는 관계에 관한 것으로, 사용자 경험 맥락에서 신뢰는 여러분의 관심사가 조직의 관심과 일치하는지 여부를 의미한다. 사용자가 제품이나 서비스를 사용하면서 조직에 신뢰를 느낀다면, 합리적 수준의 투명성을 갖추고 있는 것으로 볼 수 있다. 즉, 해당 제품 또는 서비스는 사용자에게 필요한 모든 정보를 제공하는 것이며, 이때 사용자의 이익에 잠재적 손해를 끼치더라도 정보를 제공한다. 예를 들어 결제 과정에서 수수료가 숨겨져 있는가, 아니면 수수료가 즉각 공개돼 쉽게 볼 수 있고 직관적으로 이해할 수 있게 돼 있는가 고민하고 판단하도록 한다.

- **스트레스**stress: 스트레스는 사람이 무언가를 경험하는 동안, 또는 경험의 결과로 느끼는 압력이나 긴장의 정도이다. 어떤 사람은 스트레스를 전혀 받지 않을 수도 있고 평화로움, 평온함을 느낄 수도 있다. 반면 이 스펙트럼의 반대편에 있는 사람은 극심한 스트레스로 공황 상태에 빠질 수도 있다. 예를 들어 매우 인기 있는 콘서트 티켓을 예매하기 위해 제대로 설계되지 않은 모바일 애플리케이션을 사용할 때 발생할 수 있는 스트레스에 대해 생각해 보자. 또는 웹사이트에서 복잡한 과정을 사려 깊게 안내하고 전체 상태 업데이트를 제공하며 최종 결제 내용을 다시 확인할 때의 평온함을 떠올려 보라.

- **기쁨**Joy: 기쁨은 안녕함well-being 또는 행복happiness의 느낌이다. 사용자 경험 측면에서 기쁨은 어려운 과업을 성공적으로 완료할 때, 특히 기대치를 훨씬 넘는 어려운 과제를 달성해 냈을 때 나타난다. 또한 기쁨은 과업을 완료하는 데 필요한 노력의 양과도 관련이 있다. 인지 부하가 기대에 비해 적을수록 기쁨, 행복은 더 커진다. 한편, 기쁨과 행복의 반대말은 슬픔일 것이다. 하지만 슬픔은 사용자 경험에 거의 영향을 미치지 않는다. 아마도 UX 측면에서 슬픔에 가장 가까운 감정은 실망일 것이다. 따라서 우리는 보통 기쁨, 또는 기쁨의 부재 상황을 측정한다.

- **좌절감**frustration: 좌절감은 무언가를 바꾸거나 성취하지 못해 겪는 짜증나는 느낌이다. 좌절은 사용성이 좋지 않을 때 가장 빈번하게 느끼는 감정 중 하나이기 때문에, 사용자 경험과 매우 관련이 높다. 좌절감은 혼란 또는 비효율에서 비롯될 수 있다. 좌절 여부에 영향을 끼치는 한 가지 척도는 과업을 완료하는 데 필요한 인지적 노력의 양이다. 인지적 노력이 많이

들수록 좌절감을 느낄 가능성이 높아진다.
- **확신**confidence: 확신은 사용자가 어떤 정보를 사실로 알고 있는 정도를 말한다. 예를 들어 사용자는 매우 명확하고 간결하며 잘 디자인된 확인 화면으로 인해, 자신이 방금 거래를 완료했음을 확신할 수 있다. 반대로, 확인 화면에 문구가 제대로 표시돼 있지 않거나 아예 안내 문구가 없다면 사용자는 전혀 확신하지 못할 수 있다. 확신은 어떤 제품 또는 서비스와 상호작용할 때 매우 중요한 요소이다. 확신이 없으면 자기 의심이 생겨 과업을 다시 하거나 거래 상태를 확인하기 위해 직접 회사에 연락을 취해 회사에 비용을 발생하게 하는 등 비효율적 행동을 야기하곤 한다.
- **놀라움**surprise: 놀라움은 예상치 못한 일이 일어나고 있다는 느끼는 것이다. 사용자 경험에서 사용자는 새로운 워크플로우, 이미지, 콘텐츠 또는 제품과 상호작용하는 새로운 방식에 이런 감정을 느낄 수 있다. UX 분야에서 놀라움은 일상에서의 놀라움 또는 충격보다는 낮은 수준의 강도이다. 놀라움은 긍정적일 수도 있고 부정적일 수도 있으므로, 정서에 대한 데이터를 수집하도록 한다. 즉, 사용자가 겪는 놀라움의 감정이 환영할 만한 감정(긍정적)인지, 아니면 부적절하고 부당한 감정(부정적)인지 알아야 한다.

사용자 경험과 관련된 감정은 위에서 언급한 일곱 가지 감정보다 분명 더 다양할 것이다. 다른 감정이 제품과 사용 맥락에 따라 경험에 중요한 역할을 할 수도 있다. 예를 들어 기대, 혐오, 분노와 같은 감정은 특정 제품 및 서비스와 관련이 있을 수 있다. 측정하려는 감정이 무엇인지에 따라 데이터 수집 방법이 달라진다. 예를 들어 분노와 혐오감은 얼굴 표정을 통해 확실하게 포착할 수 있을 것이다. 하지만 일반적으로 이런 감정들은 사용자 경험 리서치에서는 별다른 역할을 하지 않는 것으로 보인다(Filko & Martinović, 2013).

> ### 각성(arousal, 감정의 강도)과 정서(valence, 감정의 방향성)
> 모든 감정에는 각성과 정서라는 두 가지 측면이 있다(Feldman & Russell, 1999). 각성 수준을 살펴보는 가장 쉬운 방법은 감정의 흥분 수준을 보는 것이다. 예를 들어 기쁨과 스트레스는 상황에 따라 모두 높은 수준의 각성을 보일 수 있으며, 편안함 또는 슬픔 같은 류의 감정은 각성 수준이 대체로 낮다. 여러분은 이런 예시들이 긍정적 또는 부정적 영향력을 모두 갖고 있는 감정이라는 점을 알 것이다. 이런 개념은 '정서'라고 하며, 감정에 대해 생각하는 또 다른 방식이다. 대부분의 감정은 긍정적 차원에서 부정적 차원까지 다양한 차원에 속한다.

우리 대부분은 아마도 기쁨은 긍정적 감정이고 스트레스는 부정적 감정이라고 생각할 것이다. 그러나 여러분도 쉽게 상상할 수 있듯이, 스트레스는 무서운 영화를 보거나 비디오 게임을 할 때처럼 긍정적 감정일 수도 있다. 그림 8.1은 대부분의 감정을 이 두 차원으로 구분해 표시하는 방법을 보여준다. 여러분은 UX 리서처로서 어떤 감정이 제품과 가장 관련이 있는지 고민한 다음 이 척도들을 그려내야 한다. 이런 표기 방식은 스트레스 경우처럼 맥락에 따라 특정 감정이 잠재적으로 부정적 또는 긍정적 가치를 가질 수 있는 잠재적 상황을 식별하는 데 도움이 될 것이다. 다음은 각성과 베일런스라는 차원을 따라 두 가지 감정(기쁨과 스트레스)을 도표화한 것이다. 이런 방식을 절대적으로 따라야 하는 것은 아니지만, 특정한 맥락에서 특정한 감정이 특정 사람의 각성과 베일런스 척도에 어떻게 매핑될 수 있는지 보여주는 사례라는 점을 알고 보기 바란다.

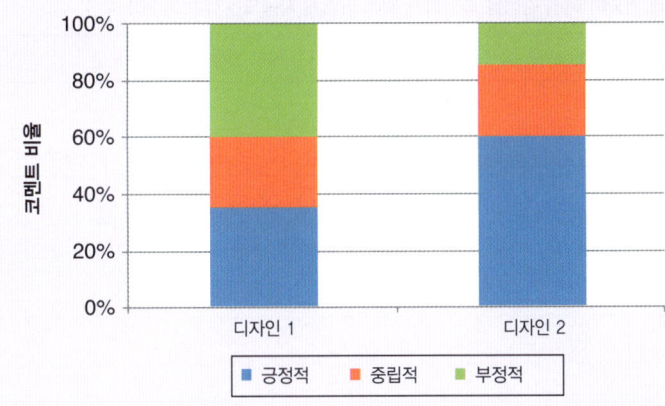

그림 8.1 서로 다른 두 디자인에 대한 긍정적 의견, 중립적 의견, 부정적 의견의 비율을 비교하는 예제

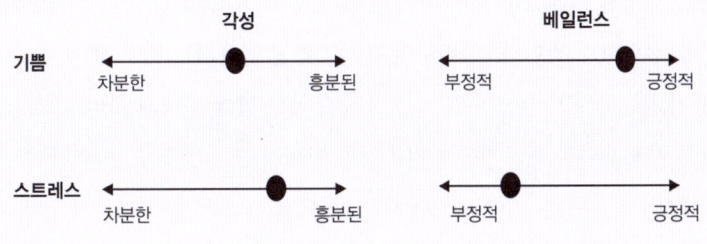

8.2 감정 측정 방법

감성적인 사용자 경험을 측정하는 방법에는 여러 가지가 있다. 표정 분석과 같이 기술을 사용하는 방법이 있는가 하면, 어떤 방법은 설문 조사 또는 언어 응답 코딩 중심으로 별다른 기술 없이 진행

하기도 한다. 여기서 가장 중요한 것은 다양한 감정을 측정하기 위해 어떤 방법을 사용할 것인지 아는 것이다. 즉, 측정하려는 감정 종류에 따라 데이터 수집 전략이 달라진다.

표 8.1은 다양한 UX 감정을 여러 기술 또는 접근 방식을 통해 어떻게 측정할 수 있는지를 보여준다. 여러분도 알다시피, 자가측정과 언어적 표현은 모두 다양한 감정을 잠재적으로 측정하는 데 유용하다. 그리고 시선 추적, GSR 같은 접근 방식은 훨씬 더 제한적이며, GSR의 경우에는 관여도, 스트레스에 초점이 맞춰져 있다. 표정 분석은 매우 유용하지만 기쁨(웃음), 놀라움, 관여도(얼굴 표정의 조합) 등 특정 감정과 결부된 표정만을 측정하는 데 특화돼 있어, 다소 한계가 있는 방법이다.

표 8.1 다양한 방법과 기술이 여러 감정을 측정하기 위해 어떻게 사용되는지 보여준다.

	자가측정	시선 추적	전기적 피부 반응	표정	언어적 표현
관여도	X	X	X	X	X
신뢰	X				X
확신	X				X
기쁨	X			X	
좌절감	X				X
스트레스	X		X		X
놀라움	X			X	X

감정을 측정하는 방법을 선정할 때 가능하다면 한 방법만 고려하지 말고 둘 이상의 여러 방법을 함께 살펴보기를 강력하게 권한다. 이를테면 관여도를 측정하려는 경우 몇 가지 설문 조사 질문(자가측정)을 하되 가능하다면 시선 추적 또는 표정 분석도 함께 진행해 보라. 스트레스 수준을 측정하려면 GSR을 사용하기를 권하지만 자가측정과 언어적 표현 분석도 함께 하는 방안을 고려하라. 이런 경험이 쌓이면 다양한 감정을 측정하는 데 어떤 방법이 믿을 만한지 알게 될 것이다. 한편 여러 가지 방법을 시도해 보면서 동일한 패턴의 결과를 관찰하게 된다면 이상적일 것이다. 그러나 상황에 따라서는 상충되는 결과가 나오기도 한다. 이러한 상황에서는 각 접근 방식에 대해 더 자세히 살펴보고 해당 방식의 한계와 편향을 검토해 볼 것을 권한다. 모든 것을 고려해 볼 때 우리는 생체 인식 기술을 통해 얻은 데이터보다 자가측정과 언어적 표현을 더 신뢰하는 경향이 있다.

8.2.1 감정 측정의 다섯 가지 고려 사항

UX 맥락에서 감정을 측정할 때 직면하는 다섯 가지의 중요하고도 독특한, 다루기 어려운 측면들을 소개한다. 이러한 어려움이 리서치에 미치는 부정적 영향을 완화하기 위한 권장 사항도 함께 자세히 살펴본다.

1. **찰나의 감정**fleeting emotions: 많은 감정은 매우 빠르게 일어나고 오래 지속되지 않는다. 놀라움, 좌절감 같은 감정이 얼마나 빨리 생겼다가 수그러드는지 떠올려보라. 그렇게 빨리 변하곤 하는 감정은 식별해 측정하는 게 매우 어렵다. 여러분이 자가측정식 지표를 사용할 경우, 참가자는 자기 마음 속에 오고 간 모든 감정을 기억하지 못할 가능성이 높다. 오히려 그들은 경험 후에 남겨진 잔여 감정에 반응할 것이며, 이 감정은 경험 자체에 대한 감정과 연관될 수도 있고 그렇지 않을 수도 있다.

    [권장 사항] 얼굴 표정 분석, GSR, 시선 추적 등의 기술로 실시간으로 감정을 포착해 보라. 이때 언어적 표현 코딩verbal expression coding도 사용할 수 있지만, 많은 감정을 실시간으로 표현하지 못하기 때문에 그다지 신뢰할 수는 없다.

2. **높은 맥락성**highly contextual: 우리가 제품 또는 서비스에 대한 누군가의 감정적 경험을 측정할 때 측정이 이뤄지는 맥락을 더 넓은 차원에서 살펴볼 수 있다. 예를 들어 참가자의 기분이 좋은가, 나쁜가? 그는 긴장하는가, 아니면 대체로 부정적인 사람인가? 참가자가 연구에서 보여주는 모든 정보는 여러분이 수집하는 데이터에 어느 정도 반영돼 있다.

    [권장 사항] 가능한 한 개인의 데이터는 해당 개인의 데이터와 비교해 보라(피험자 내 설계는 2장 참조). 이렇게 하면 자연스러운 기준선이 제공되므로, 각 개인은 자기 자신과만 비교되고 개인 간에는 비교되지 않는다.

3. **약한 신호**weak signals: 사용자 경험에서 나타나는 많은 감정은 상당히 낮은 강도로 작동한다. 대부분의 디지털 경험을 감정의 크기 측면에서 비교해보면 무서운 영화 예고편, 울고 싶게 만드는 광고를 볼 때 같은 감정과는 비교되지 않는다. 따라서 대부분의 UX 리서치는 약한 감정 신호를 정확하게 측정하려 할 때 어려움을 겪는다.

    [권장 사항] 감성 품질이 보통에서 강함 정도의 제품 또는 서비스의 값을 측정하는 것이 이상적이다. 그렇지 않다고 생각되면, 표정 분석, 시선 추적, GSR 같은 방법을 사용해 감정과 관여도를 측정해 보라. 또한 확신confidence과 스트레스stress 수준 측면에서 2개 이상의 제품

을 비교하는 등 참가자가 자신의 감정적 경험을 서로 비교해 평가할 수 있는 자가측정 도구를 고려해 볼 수 있다.

4. **콘텐츠 중심**^{driven by content}: UX 연구 조사에 참가한 사용자는 디자인과 상호작용하기보다는 콘텐츠에 훨씬 더 강하게 반응한다. 예를 들어 참가자는 제품이 마음에 든다고 말할 수 있지만, 실제로 좋아한 부분은 지난 한 달 간 퇴직 기금이 얼마나 증가했는지 확인하는 것일 수 있다. 따라서 감정적 경험을 디자인과 콘텐츠로 분리할 수 있는지 여부가 중요하다(여러분이 통제할 수 없을 수도 있다).

   [권장 사항] GSR, 얼굴 표정 분석, 시선 추적 등 자동화된 기술을 사용한다면 디자인에 대한 반응과 콘텐츠에 대한 반응을 구분할 수 없다. 따라서 여러분이 확인하고자 하는 경험의 측면에 여러분의 디자인에 보다 정확하게 초점을 맞춘 자가측정 도구로 이런 기술을 보완해 보라. 그리고 언어적 표현을 코딩할 때 디자인에 관련된 코멘트나 표현을 분리해서 코딩하자.

5. **노이즈가 있는 데이터**^{noisy data}: 위와 같은 사항들을 고려해 진행했음에도 상황에 따라서는 노이즈가 있는 데이터를 처리해야 하는 경우가 종종 생긴다. 우리는 참가자들에게 감정에 대해 질문할 때 기쁨과 즐거움, 또는 스트레스와 긴장 같은 구체적인 용어를 사용해야 한다. 이미 짐작했겠지만, 이외에도 감정에 대한 설명에는 많은 개념이 서로 중첩된다. 이 때문에 참가자들은 각 감정에 대해 항상 같은 수준으로 이해한 바를 설명하는 것은 아니며, 우리는 데이터에 전적으로 의존할 수도 없다.

   [권장 사항] 참가자들에게 다른 용어를 사용해서 동일한 유형의 감정에 대해 물어보라. 각 용어를 사용해서 매긴 평점 간에 높은 상관관계가 있음을 알 수 있을 것이다. 그리고 기회가 된다면 참가자들이 선택한 단어를 검증하기 위해 그들이 느끼는 감정을 더 잘 이해하기 위해 조사해 보라.

생체 인식 기술 사용 시 참가자와의 상호작용

생체 인식(Biometrics: 시선 추적, 표정 인식 소프트웨어, GSR 등) 기술을 사용하려면, 참가자와 상호작용하는 방법에 대해 매우 신중하게 고민해야 한다. 생체 인식 데이터를 수집하는 동안 참가자와 전혀 상호작용하지 않는 것이 좋다. 예를 들어 눈도 마주치지 말고, 말도 하지 말자. 모든 상호작용은 생체 인식에 직접적 영향을 미치기 때문에, 눈에 띄지 않게 하라. 예를 들어 참가자에게 생각을 자극하는 질문을 하거나 좋은 말을 건넨다면 그들의 반응이 생체 인식 기기에 반영되고, 이런 반응은 여러분이 연구 중인 제품 또는 서비스와는 아무런 관련이 없어 무용하다. 따라서 생체 인식 데이터 수집이 이뤄지는 동안은 모든 질문과 의견을 건네지 말자. 회고적 사고 구술법(retrospective think-aloud)을 사용하는 것은 여전히 괜찮지만, 이때 토론은 절대 하지 않도록 한다.

8.3 언어적 표현을 통한 감정 측정

자발적인 언어적 표현^{verbal expression}은 참가자가 제품을 사용하는 동안 참가자의 감정과 정신적 상태에 대한 가치 있는 통찰을 제공한다. 참가자는 별다른 질문을 받지 않아도 많은 의견을 말할 것이다. "어렵다", "이 디자인이 마음에 들지 않는다"는 부정적인 의견도 물론이거니와, "와, 이거 예상보다 훨씬 쉽다", "정말 마음에 든다"는 긍정적인 의견, "흥미롭다", "기대했던 것은 이게 아니다"라는 중립적이거나 해석하기 어려운 의견도 쏟아질 것이다.

이때 언어적 표현과 관련된 유용한 지표 중 하나는 긍정 의견과 부정 의견 간의 비율이다. 이런 유형의 분석을 하려면 먼저 모든 언어적 표현이나 코멘트를 목록화한 다음, 각 항목을 긍정, 부정, 중립으로 분류해야 한다. 이 작업이 완료되면 그림 8.1에 설명된 것처럼 긍정 의견과 부정 의견의 비율을 살펴본다. 긍정 의견이 부정 의견보다 2:1 비율로 많다는 것을 아는 것만으로는 큰 의미가 없다. 그러나 이 비율을 여러 디자인 반복 개선 과정에, 또는 여러 제품 간 비교한다면 훨씬 더 의미가 있을 것이다. 예를 들어 디자인 개선 과정이 반복될 때마다 부정 의견 대비 긍정 의견 비율이 크게 증가했다면, 이는 개선된 디자인 결과를 나타내는 하나의 징후로 해석될 것이다. 또한 참가자가 2개 이상의 디자인안과 상호작용하고 있다면, 각 제품 사용에 소요된 시간이 동일하다는 가정하에 각 참가자에 대해 동일한 비율을 계산할 수 있다.

더 나아가, 사용자의 코멘트는 다음과 같이 다양한 유형으로 구분해 세분화시킬 수 있다.

- 강하고 긍정적인 의견(예: '정말 멋지네요!')
- 이외의 기타 긍정적 의견(예: '꽤 좋았어요.')
- 강한 부정적 의견(예: '이 웹사이트는 형편없어요!')
- 이외의 기타 부정적 의견(예: '방식이 별로 마음에 들지 않아요.')
- 개선 제안(예: '그러면 더 좋았을 텐데.')
- 질문(예: "이건 어떻게 작동하나요?")
- 기대한 것과 다름(예: '이건 내가 기대했던 게 아니에요.')
- 혼동하기 쉽거나 이해하기 어려움(예: '이 페이지는 이해가 되지 않습니다.')
- 좌절함을 표현(예: "이쯤 되면 그냥 웹사이트를 떠나고 싶네요!")

이런 유형의 데이터는 각 카테고리 내의 의견 빈도를 조사해 분석된다. 이전 사례와 마찬가지로 이 방법은 디자인 반복 개선 과정 또는 제품 간 비교 시 가장 유용하다. 긍정 의견, 부정 의견, 중립 의견 이상의 언어적 코멘트를 분류하는 건 어려울 수 있다. 다른 UX 리서처들과 협력해 각 의견을 분류하기 위한, 어느 정도의 합의를 해두면 도움이 된다. 비디오 녹화를 잘 활용해 보라. 아무리 기록을 잘 하는 사람이라고 하더라도 중요한 것을 놓칠 수 있다. 또한 이런 의견은 더 큰 맥락에서 볼 것을 권장한다. 예를 들어 참가자가 어떤 상황에서도 제품을 절대 사용하지 않겠다고 말하면서도 색상에 대해 긍정적인 의견을 전한다면 이런 의견은 결과 제시 방식뿐만 아니라 다른 지표로도 설명돼야 한다. 이 지표는 시간이 많이 걸리기 때문에 거의 수집되지 않지만 특정 디자인안에 대한 근본적인 감정에의 귀중한 통찰을 제공할 수 있다.

8.4 자가측정

가장 일반적인 조사 방법은 단연코 참가자들에게 제품 또는 서비스 사용에 대해 어떻게 생각하는지 묻는 것이다. 연구 참가자들이 자신의 행동이나 생리적 반응을 측정하는 것이 아니라 본인이 어떻게 느끼는지 알려주기 때문에, 우리는 이 방식을 '자가측정$^{self-report}$' 지표라는 넓은 범주로 참조한다.

5장(자가측정 지표)은 CSUQ(5.4.2), 제품 반응 카드(5.4.3), UEQ(5.4.4), 어트랙디프(5.4.5)와 같이 감성적 품질을 가진 지표들을 다룬다. 이 자가측정 도구들은 흥미로움, 매력적임, 친근함 등 디자인의 감성적 품질을 측정한다. 하지만 이 도구들은 경험의 결과로 사람들의 감정이나 느낌을 직접적으로 측정하지는 않는다. 8장에서는 디자인의 감성적 측면이 아닌 '감정^{emotion}'을 측정하는 데 중점을 둔다.

자가측정 지표는 가장 쉽게 수집할 수 있고 예산 친화적이다. 그리고 이 지표는 기술 지원 없이도 누군가가 느끼는 감정에 대해 우리에게 많은 것을 알려줄 수 있다. 정서적 경험에 초점을 맞춘 자가측정 지표는 여러 과업을 수행한 후 진행하는 사후 세션에 수행된다. 자가측정 지표는 제품이나 서비스의 특정 부분에 국한되지 않고 감성적인 사용자 경험의 본질을 포착한다. 이 데이터를 포착해내는 방법으로는 여러 가지가 있다. 표 8.2는 관여도, 스트레스, 기쁨(영향)을 측정하는 데 사용 가능한 리커트 척도 진술 유형의 사례이며, 표 8.3은 좌절감, 신뢰, 확신을 측정하는 데 사용 가능한 리커트 척도 진술 유형의 사례이다. 이 예시에서 긍정적으로 표현된 문구와 부정적으로 표현된 문구 모두 살펴볼 수 있다. 여기서는 재미와 지루함, 스트레스와 이완 등 특정 감정의 스펙트럼 양쪽을 설명하는 용어도 등장한다.

표 8.2 관여도, 스트레스, 기쁨(영향)을 측정하는 데 사용할 수 있는 리커트 문항 예시

관여도	스트레스	기쁨(영향)
이 <시스템>을 사용하면 재미있다.	이 <시스템>을 사용하면 스트레스를 받는다.	이 <시스템>을 사용하면 화가 난다.
나는 앞으로 이 <시스템>을 사용하고 싶다.	나는 이 <시스템>을 사용할 때 불안(또는 긴장)을 느낀다.	나는 이 <시스템>을 사용하는 것이 좋다.
나는 <다른 것>보다는 이 <시스템>을 사용하고 싶다.	이 <시스템>은 차분하거나 평온한 느낌을 준다.	이 <시스템>을 사용하면 기쁨/행복을 느낀다.
여가 시간에 이 <시스템>을 사용하고 싶다.	이 <시스템>을 사용하면 긴장감이 높아진다.	이 <시스템>을 사용하면 기분이 좋다.
이 <시스템>을 사용하면 지루하다.	이 <시스템>을 사용하면 안도감을 느낀다.	이 <시스템>을 사용하는 것을 좋아하지 않는다.

참고: 이 문장들은 예시일 뿐이며, 검증되지 않았다.

표 8.3 좌절감, 신뢰, 확신을 측정하는 데 사용할 수 있는 리커트 문항 예시

좌절감	신뢰	확신
이 <시스템>을 사용하면 답답함을 느낀다.	이 <시스템>에 개인정보를 공유해도 마음이 편할 것 같다.	이 <시스템>을 사용하면 자신감이 생긴다.
이 <시스템>은 사용하기 쉽다.	이 <시스템>에 신용카드 정보를 공유해도 마음이 편할 것 같다.	이 <시스템>을 사용하면 올바른 선택을 하고 있다고 느낀다.
이 <시스템>을 사용하면 짜증이 난다.	이 회사는 신뢰할 수 있다고 생각한다.	용어에 대해 확신하기 어렵다.
이 <시스템>을 사용하면 효율적이라고 느낀다.	이 회사는 나의 주요 관심사를 염두에 두고 있는 것 같다.	정보를 찾을 때 자신감을 느낀다.
이 <시스템>은 사용하기에 즐겁다.	이 <시스템>은 투명해서 숨기는 것이 하나도 없다.	이 <시스템>을 사용할 때 추측하면서 사용해야 할 것 같다.

참고: 이 문장들은 예시일 뿐이며, 검증되지 않았다.

감성적 사용자 경험에 초점을 맞춘, 검증된 설문 조사 도구가 있다. 우리가 특히 좋아하는 설문 조사 도구는 루이스와 메이스의 EMO$^{emotional\ metric\ outcome,\ 감정\ 측정\ 결과}$ 설문지이다(Lewis and Mayes, 2014). 그들은 설문지에서 네 가지 요인을 각 요인과 관련된 네 가지 질문으로 확인했다.

- **긍정적 관계 영향**$^{Positive\ relationship\ affect}$: (회사는 내 비즈니스를 중요시하고, 내 관심사를 살피며, 맞춤형 서비스를 제공하고, 질문에 신속하게 응답한다)
- **부정적 관계 영향**$^{Negative\ relationship\ affect}$: (회사의 의도가 의심스럽고, 회사는 진실을 왜곡하고 만족보다 판매에 더 신경을 쓴다. 사람들은 이 회사를 신뢰하지 않는다)
- **긍정적 개인 영향**$^{Positive\ personal\ affect}$: (나는 확신, 만족감, 흐뭇함을 느꼈다)
- **부정적 개인 영향**$^{Negative\ personal\ affect}$: (나는 짜증이 나고, 긴장되며, 화가 나고, 좌절감을 느꼈다)

그들은 폭넓은 연구를 통해 EMO가 전반적 사용자 경험, 추천 가능성, 충성도를 더욱 강력하게 예측한다는 사실을 발견했다.

SAM$^{Self-Assessment\ Manikin,\ 자가평가\ 마네킹}$ 척도는 감정을 측정하는, 또 다른 일반 기법이다(Bradley & Lang, 1994). SAM은 정서^{valence}(행복과 불행), 각성(흥분과 차분함), 지배력(통제되고 있다고 느끼거나 통제당한다는 느낌)을 그림으로 직접적으로 측정하는 평가이다. 이 평가는 그림으로 표현되기 때문에 문해력이 낮은 집단, 어린이, 문화 전반에 걸쳐 관련성이 있다고 주장되는 사람들에게 널리 통용될 수 있다. 그러나 지배력과 관련된 그림은 해석하기 어렵다는 우려가 존재한다(Broekens &

Brinkman, 2015). SAM은 사용자 경험에 대한 감정 측정에 특화돼 설계되지는 않았지만, UX 맥락 안에서 쉽게 적용될 수 있다.

사라 가르시아(Sarah Garcia)의 유엑스이모션스를 소개하며

유엑스이모션스(youXemotions)는 제품 여정 또는 CX 여정(CX journey), 사용성 테스트(usability testing), 다이어리 연구(diary study), 포커스 그룹(focus group), 시장 조사(market research), 민족지학(ethnography) 등 다양한 표준 리서치 기법 중 감정을 정량화하는 빠르고 정확한 방법을 제공한다(Garcia & Hammond, 2016). 유엑스이모션스는 비용이 많이 들고 위협적인 생체 인식 옵션에 투자할 필요 없이 기존 UX 지표를 강화하는 방법으로 사용성 리서처에 의해 개발됐다. 유엑스이모션스는 참여자들에게 단어나 색상으로 자신을 표현하는 방법을 제공함으로 감정에 대한 편향 없는 자가측정에 의존한다. 참가자는 연구 중에 태블릿, 휴대폰 또는 웹 인터페이스에서 본인의 감정을 선택하고, 이 선택지는 감정 자체와 강도를 포함한 여러 요인에 따라 값이 할당돼 연구원에게 정량화 가능한 감정 여정 결과를 제공한다.

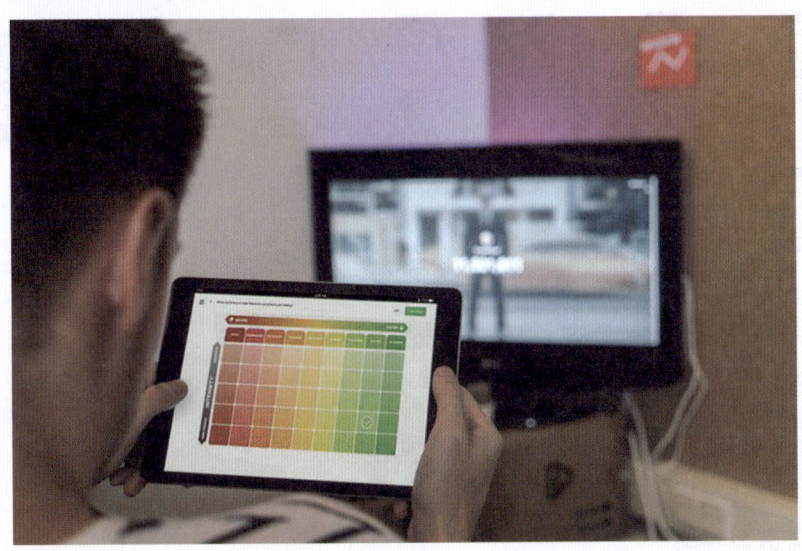

리서처들은 이 도구가 기존 평가 지표에 'z축' 정보를 추가하는 데 매우 유용하다는 사실을 발견했으며, 이를 통해 더 깊고 미묘한 차이가 있는 통찰을 얻을 수 있었다. 연구원들은 감정을 통합적으로 분석함으로써 사람들의 표정, 인상 뒤에 숨겨진 감정을 더 잘 이해할 수 있었고, 이를 통해 참가자와 고객/이해관계자와 더욱 풍부한 대화를 나눌 수 있었다. 감정은 고객 경험을 완전히 이해하는 데 매우 중요하지만 종종 간과되는 요소이다. 유엑스이모션스는 고객이 제품을 사용하는 동안 경험하는 전반적인 여정과 변곡점을 이해하는, 애자일이면서도 자연스러운 접근 방식을 제공한다.

피터 더스멧(Pieter Desmet) 박사의 프레모 도구를 소개하며

그림을 이용한 자가측정 측정 방식은 응답자의 노력이 비교적 적게 필요하다는 장점이 있으며, 신중하게 개발한다면 저강도의 감정도 측정 가능하다. 또한, 어린이와 다른 언어를 사용하는 응답자 집단에도 사용할 수 있다(Laurans & Desmet, 2008). 그 예로, 열네 가지 감정을 표현하는 애니메이션 캐릭터가 등장하는 프레모(PrEmo)가 있다(Desmet, Hekkert, & Jacobs, 2000; Laurans & Desmet, 2012, 2017). 이 도구에서 설문지는 웹 인터페이스를 통해 관리된다. 참가자가 캐릭터를 클릭하면 소리도 나고 신체도 움직이는 감정 표현 애니메이션이 1초 동안 재생된다. 프레모는 오토니(Ortony), 클로어(Clore), 콜린스(Collins)의 연구(1990)를 기반으로, 일곱 가지 긍정적 감정과 일곱 가지 부정적 감정을 측정하고, ① 일반적인 웰빙 감정(기쁨, 희망, 슬픔, 두려움), ② 기대 기반 감정(만족, 불만족), ③ 사회적 맥락 감정(자부심, 감탄, 수치심, 경멸), ④ 물질적 맥락 감정(열정, 매력, 지루함, 혐오)의 네 가지 감정 영역을 나타낸다. 응답자들은 애니메이션 만화가 표현하는 감정을 보고 각 감정에 대해 5점 척도로 현재 경험과 일치하는 정도를 표시하도록 요청받는다. 프레모는 제품의 외관이나 향기 같은 제품의 개별 측면뿐 아니라 제품 사용으로 인해 유발되는 감정을 측정하는 데에도 사용할 수 있다.

프레모 캐릭터(출처: Laurans & Desmet, 2017) 윗줄: 기쁨, 감탄, 자부심, 희망, 만족, 매혹, 매력. 아랫줄: 슬픔, 두려움, 수치심, 경멸, 불만, 지루함, 혐오

8.5 얼굴 표정 분석

얼굴 표정 분석facial expression analysis은 감정을 측정하는 유용한 기술이다. 1970년대에 폴 에크만과 월리스 프리젠은 상상할 수 있는 모든 표정을 특성화하기 위한 분류법을 개발했다(Paul Ekman and Wallace Friesen, 1975). 그들은 그것을 안면 근육과 관련된 마흔여섯 가지 특정 움직임을 포함하는 안면 동작 코딩 시스템Facial Action Coding System이라고 불렀다. 에크만은 연구를 통해 행복, 놀라움, 슬픔, 두려움, 혐오, 분노라는 여섯 가지 기본 감정을 확인했다. 이 각각의 감정은 컴퓨터

비전 알고리듬을 통해 자동으로 안정적으로 확인할 수 있는 고유한 얼굴 표정 세트를 보여준다.

그림 8.2는 어프덱스[Affdex] 얼굴 표정 인식 시스템[Affectiva, 어펙티바](www.affectiva.com)을 기반으로 얼굴 표정이 어떻게 코딩되는지 보여준다. 어프덱스는 스트리밍 비디오를 입력받아 실시간에 가깝게 얼굴 표정을 예측하는 패시브 웹 기반 플랫폼이다. 어프덱스 표정 인식은 각 감정의 높이(최고점)로 표현되는 각성 상태의 경험 유형을 나타낸다. 또한 어프덱스는 슬픔은 포착하지 않지만 관여도와 경멸을 모두 포착한다는 것을 알 수 있다.

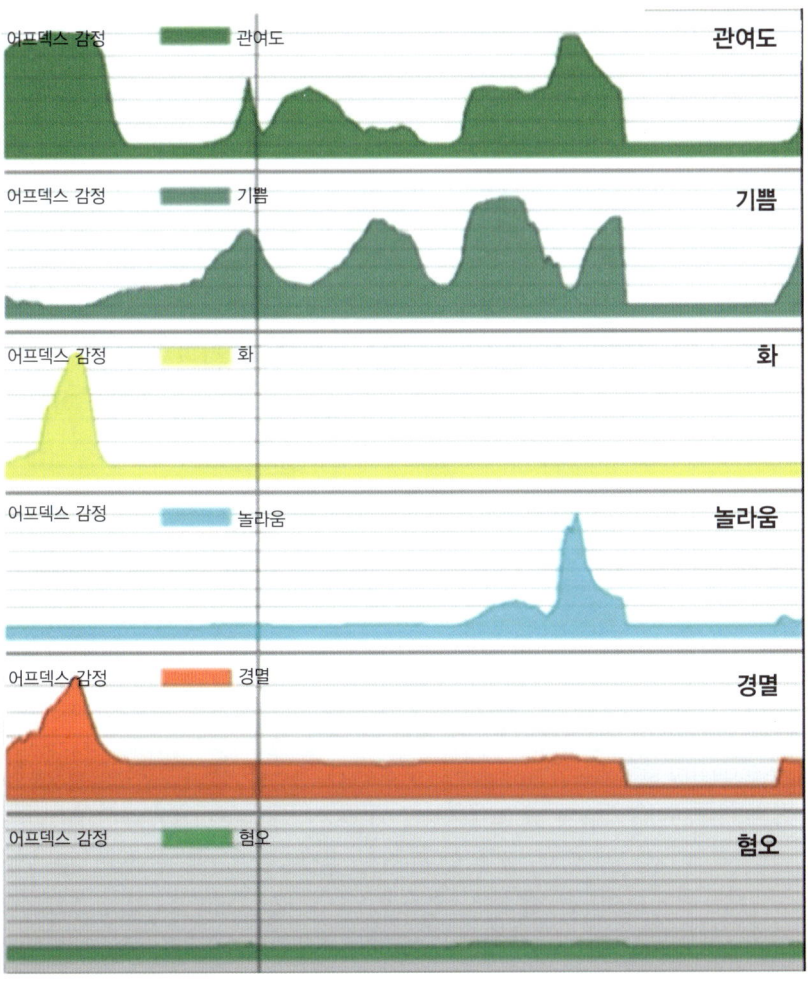

그림 8.2 아이모션스(iMotions) 플랫폼에서 어프덱스 SDK를 사용해 얼굴 표정을 모니터링한 예시. 세로줄은 현재 순간을 나타내며, 각 색상은 표정 분석을 통해 도출된 별개의 감정을 나타낸다.

얼굴 표정은 참가자의 컴퓨터에 연결돼 있는 웹 카메라로 캡처된다. 각성의 최고치는 긍정적 또는 부정적 정서와 연관될 수 있으므로 풍부한 데이터 세트를 제공할 수 있다. 어펙티바는 어프덱스를 통해 자발적으로 생성된, 세계 최대 규모의 얼굴 표정 데이터베이스를 구축하고 있다. 아울러 이를 기반으로 다양한 감정 분류기를 개발해 매출 증가 또는 브랜드 충성도 예측도 수행한다. UX 리서처는 이 강력한 기술을 통해 다양한 경험 전반에 걸쳐 감성적 몰입도를 더 잘 이해할 수 있는 도구를 확보한다. 놀더스[Noldus](www.noldus.com)처럼 이런 기술 서비스를 제공하는 회사도 점차 늘고 있으며 전반적인 기술 비용이 낮아지고 있다.

여러분이 얼굴 표정을 통해 감정을 측정하는 데 관심이 있다면 먼저 기준을 개발하기 위해 참가자에게 몇 가지 '중립적인' 과업을 수행하게 하라. 표정 소프트웨어는 각 개인의 기준에 따라 분석을 조정하거나 보정한다. 사용자가 제어할 수 있는 가장 중요한 매개변수 중 하나는 임곗값(절댓값과 상대값)이다. 절대 임곗값은 완전히 없는 상태(값 0)부터 완전히 존재하는 상태(값 100)까지를 기준으로 특정 감정을 분류하는 방법을 소프트웨어에 학습시키는 경우이다. 반면 상대 임곗값은 소프트웨어가 개인에 대한 강도 상위 x%를 기준으로 감정을 분류하도록 지정하는 케이스이다. 예를 들어 한 사람의 모든 스마일 피크 중 상위 20%만 '스마일'로 분류하려 한다고 말할 수 있는 것이다. 이때, 어떤 임곗값을 선택했는지에 따라 얼굴 표정을 분석하는 방법을 얼마나 보수적으로 적용할지 고민해야 한다. 포착한 감정에 대해 절대적 확신이 필요하다면, 매우 높은 절대 임곗값 또는 상대 임곗값을 설정하라. 좀 더 탐색적인 연구 단계에 있다면, 비교적 낮은 임곗값을 설정하라. 어디서부터 시작해야 할지 모르겠다면, 일반적으로 절대 임곗값이 50%인 기본값으로 진행해보자.

존 판스워스(John Farnsworth)의 얼굴 표정의 역학

얼굴 표정 분석(facial expression analysis)은 UX 맥락에서 개인의 감정에 대한 정보를 수집하는 데 사용할 수 있는 몇 안되는 도구 중 하나로 부상했다. 간접적인 측정 방법이긴 하지만 사용자가 겉으로 표현한 감정 상태에 대한 정보를 제공할 수 있다. 데이터 수집은 안면 근육 움직임의 수동 또는 자동 측정을 통해 또는 안면 근전도 검사를 통해 수행될 수 있다(주어진 시간에 추적할 수 있는 근육 수에 제한이 있다). UX 분야에서 일하는 대부분의 사람은 자동 측정 방식이 빠르고 비침습적 방식으로 (외부 간섭이나 개입 없이) 수행되기 때문에, 이 방법이 자신의 요구에 가장 적합함을 알 것이다.

테스트하기에 앞서, 관심 있는 얼굴 표정 및 움직임을 정의한 후 관련 데이터를 수집한다. UX 맥락에서 두 가지 안면 근육, 즉 대광대근(zygomaticus major, 대관골근)과 추미근(corrugator supercilia, 눈썹 주름근)이 특히 중요하다.

대광대근은 주로 미소에 관여하는 근육이다. 광대뼈 위에 위치하며 입술 끝단부터 광대뼈 가장자리까지 뻗어 있다. 이 근육은 긍정적 감정을 표현하는 데 관련이 있다고 상식적으로 말하지만 그런 얼굴 움직임은 인위적으로 만들어질 수도 있으니 참고하기 바란다(듀센 미소(Duchenne smile)라고도 함). 그러나 연구에 따르면, 이와 반대로 이 근육이 활성화되면 (긍정적으로 평가된 자극이 주어질 때 나타나는) 긍정적인 감정이 활성화되는 것으로도 알려져 있다. 따라서 이 범주 내에서 근육의 움직임을 감지하는 것은 자극이 긍정적으로 평가되는 긍정적 감정의 표시로 해석될 수 있다. 그리고 대광대근를 통한 긍정적 감정의 측정은 신중하게 통제된 상황에서 사용자 경험을 이해하는 데 도움이 된다. 또한 눈썹 안쪽 모서리에 있는 근육인 추미근은 사용자의 부정적 감정을 보여주는 정보를 전달한다. 눈살을 찌푸리는 과정에 관여하는 이 근육은 다른 자극(예: 근육의 수축을 유발하는 햇볕 눈부심 같은)이 없는 상황에서 부정적으로 평가된 자극이 주어지면 부정적 감정을 느끼게 되는 것으로 나타났다.

이 두 가지 사례는 표정 변화에 대한 관심 영역을 어떻게 신중하게 선택해야 하는지 보여주며, 집중적인 접근 또한 필요하다는 것을 알려준다. 앞서 언급한 두 안면 근육은 긍정적 감정과 부정적 감정에 관여한다는 점에서 특히 흥미롭게 느껴질 것이다. 하지만 이외에도 감정 상태를 나타내는 데 뚜렷한 역할과 독특한 관여를 하는 18~19개의 다른 근육들도 있다(세는 방법에 따라 개수는 달라질 수 있음). 이는 궁극적으로 보다 직접적인 연구 질문을 제기할 수 있고, 해당 관심 영역에만 주목해 근육 활성화의 중요한 변화를 파악하는 분석을 단순화시킬 수 있음을 의미한다.

미소는 항상 기쁨일까?

얼굴 표정 소프트웨어는 입술 입꼬리가 올라가는 것과 기타 다른 안면 근육의 움직임을 기반으로 미소를 정확하게 분류할 수 있다. 그러나 우리는 사용자 경험 제품 연구에서 미소가 항상 기쁨을 의미하지 않는다는 사실을 여러 번 확인했다. 참가자가 미소를 짓는다면, 긴장해서일까? 아니면 웹사이트에 말도 안 되는 내용 혹은 재미있는 내용이 표시됐기 때문일까? 기본적으로 미소를 짓는 이유에는 단순한 기쁨이나 즐거움 외에도 여러 가지 이유가 있다. 따라서 얼굴 표정에서 기쁨을 분석하는 경우 각별히 주의하고, 시간이 있다면 분석에서 이런 사례를 더 검토하고 필터링해 보다 깨끗한 데이터 세트를 얻도록 노력하라.

> **기쁨을 측정하는 유용한 팁**
>
> UX 리서처들은 사용자가 특정 제품을 사용할 때 얼마나 행복한지(또는 그렇지 않은지)를 측정하려고 한다. 우리는 우리의 경험에 기초해 기쁨(또는 행복)을 효과적으로 측정할 수 있는 몇 가지 유용한 팁을 알려주고자 한다.
>
> - 표정 인식 소프트웨어를 사용할 때는 기쁨(미소)을 일정 시간 동안(최소 몇 분 이상, 이상적으로는 훨씬 더 긴 시간) 측정해야 한다. 짧은 시간 기쁨이 측정되는 경우, 미소를 짓게 만드는 다른 요인이 있거나, 미소를 막는 다른 요인이 존재할 수 있다.
> - 리커트 척도의 여러 질문 형식 같은 자가측정 지표를 항상 포함하자. 몇 가지 가능한 예시는 275페이지에 있는 표 8.2를 참조한다. 또한 8장의 앞부분에서 설명한 프레모툴 또는 유엑스이모션스 같은 다른 방법도 고려해 보자.
> - 여러 제품 또는 경험의 기쁨, 행복 지표를 비교해 보라. 이런 비교는 비교를 위한 유용한 기준선을 제시할 것이다. 기준과 관심 제품 간의 차이/변화에 초점을 맞춰 살펴보자.
> - 시간이 허락한다면 언어적 표현을 긍정, 부정, 중립으로 분류해 보라. 제품 또는 경험 전반에 대한 의견의 비율을 비교해 보자.

8.6 전기적 피부 반응

GSR$^{Galvanic\ Skin\ Response,\ 전기적\ 피부\ 반응,\ 갈바닉\ 피부\ 전도도}$은 피부 전기 활동$^{EDA,\ ElectroDermal\ Activity}$ 또는 피부 전도도$^{skin\ conductance}$라고도 하며, 일부 자극에 반응하는 피부의 전기 전도도를 측정하는 방법이다. 우리는 어떤 식으로든 감정적인 것을 경험할 때 우리가 인식하지 못하는 아주 미세한 방식으로 땀샘을 자극하고 이로 인해 피부가 전기 전도성을 더 많이 갖게 된다. 그래서 GSR은 본질적으로 어떤 자극에 대한 반응으로 피부의 전기 전도도의 작은 변화를 측정하는 것이다.

피부 전도도의 급격한 변화는 감정을 측정하는 다른 측면과 달리 자율신경계의 일부이기 때문에, 별도의 의식이나 통제 없이 자동으로 일어난다. 우리는 우리가 어디를 바라보는지, 어떤 표정을 짓는지는 통제할 수 있을지 모르지만, 땀샘은 통제할 수 없다. 따라서 GSR은 상대방이 자신의 감정을 표현하지 않거나 숨기지 않아도 각성 수준을 측정할 수 있다는 점에서 매우 매력적인 도구이다.

GSR 기기를 사용하기 위한 설정 과정은 매우 간단하다. 그림 8.3은 GSR 센서가 어떻게 작동하는지 보여준다. 이 GSR 기기는 시머^{Shimmer}(www.shimmersensing.com)에서 제작했다. 기기는 블루

투스로 컴퓨터에 연결되며, 검지와 중지에 벨크로 테이프로 부착되는 2개의 손가락 센서가 있다. 그림 8.3에서 볼 수 있듯이 센서는 주로 사용하지 않는 손(마우스를 사용하지 않는 손)에 부착된다. 이 기기는 참가자 눈에 거슬리지 않으며 참가자는 착용했다는 사실을 쉽게 잊곤 한다.

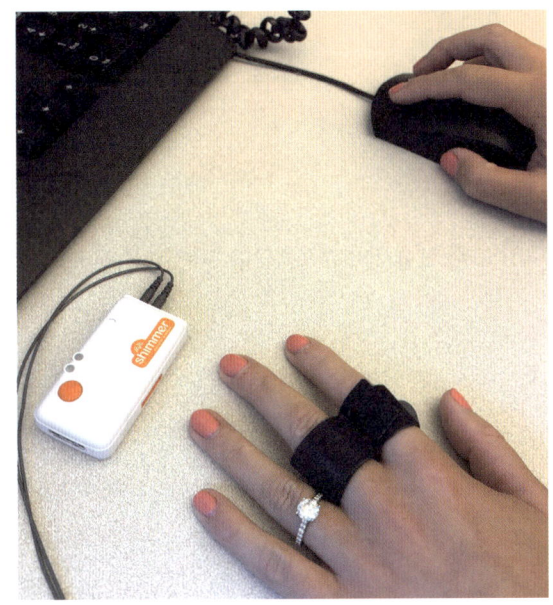

그림 8.3 시머의 전기적 피부 반응 설정 사례

GSR 센서를 사용하는 경우, 참가자가 평상시와 같이 정상적으로 호흡하고 움직임을 최소화하며 편안하게 앉아 있는 것이 중요하다. 표정 인식 소프트웨어를 사용할 때와 마찬가지로 GSR 데이터를 수집하는 동안 대화하지 않도록 한다.

GSR 데이터 분석은 매우 간단하다. 기본적으로 일정 시간 동안 또는 노출 중에 GSR '피크^{peak}' 수를 측정하는 것이다. '피크'는 일반적으로 감정적 자극에 노출된 후 약 1초에서 5초 후에 일어나는 위상 반응의 폭발 또는 최고점으로 정의된다. 피크 수가 많을수록 경험에서 각성은 더 커진다.

GSR은 비교 분석하는 것이 유용하다. 그림 8.4는 3개의 서로 다른 웹사이트에서 분당 GSR 피크 수의 평균을 비교한 사례 연구(8.7에 자세하게 설명)의 예시이다. 이 예에서는 3개의 웹사이트 간에 통계적으로 유의한 차이가 없었다. 노출 시간이 개인별로, 웹사이트별로 다르기 때문에 분당 평균 GSR 피크 수를 분석했다.

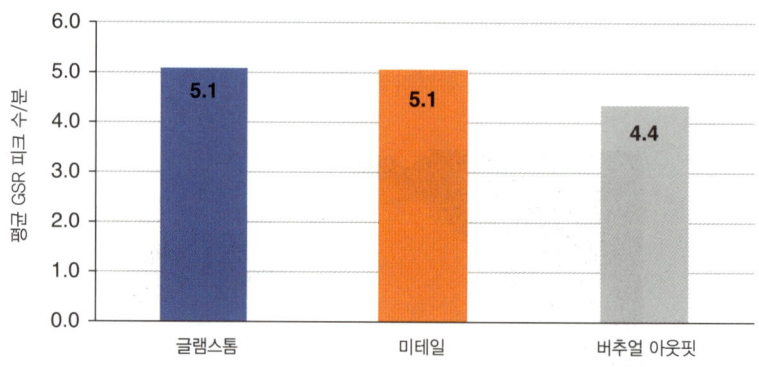

그림 8.4 3개의 서로 다른 가상 드레스룸 웹사이트에서 분당 전기 피부 반응 피크 수의 평균을 비교하는 예. 차이는 통계적으로 유의하지 않다.

GSR 데이터 사용 시 가장 우려되는 점은 정서에 대해 아무것도 모르는 상태에서 감정적 각성을 측정한다는 것이다. 기본적으로 GSR 피크 수는 알 수 있지만 그 데이터가 긍정적 경험인지 부정적 경험인지는 알 수 없다. 따라서 GSR을 독립적 측정 방식으로 사용하지 않도록 한다. 오히려 감정적 반응을 촉발한 원인에 대한 추가 인사이트를 얻으려면 다른 지표와 함께 GSR을 포함해서 측정해야 한다.

8.7 사례 연구: 생체 인식의 가치

벤틀리 대학교 사용자 경험 센터(www.bentley.edu/uxc)는 생체 인식[Biometrics]이 기존 사용자 조사 방법을 뛰어넘는 새로운 인사이트를 제공하는지 알아보기 위해 사례 연구를 진행했다(Albert & Marriott, 2019). UX 리서처에게 생체 인식은 어떤 가치를 지닐까?

이 연구에서 앨버트와 메리어트는 세 가지 가상 드레스룸 웹사이트를 비교했다(Albert and Marriott, 2019). 사용자는 가상 드레스룸에서 자신의 체형과 전반적인 외모로 아바타를 만든 다음 여러 의상이 아바타에 입혀지면 어떻게 보일지 시각화했는데, 가상 드레스룸 내 데이터 프라이버시(신체 치수 공유)의 정서적 측면과 신체 이미지와 관련된 이슈 때문에 사례 연구 주제로 가상 드레스룸을 선택했다.

이 연구에서는 모든 참가자에게 친구의 결혼식 때 입을 드레스를 찾는 동일한 과업이 주어졌다. 모든 참가자는 동일한 3개의 웹사이트(글램스톰^{Glamstorm}, 미테일^{MeTail}, 버추얼 아웃핏$^{Virtual\ Outfit}$)를 약 10분 동안 각각 사용한 후 간단한 설문 조사에 응답했다. 아이모션스^{iMotions} 플랫폼은 얼굴 표정, 시선 추적, 피부 전도도^{GSR}를 포함한 모든 생체 인식 데이터를 수집하는 데 사용됐다(그림 8.5).

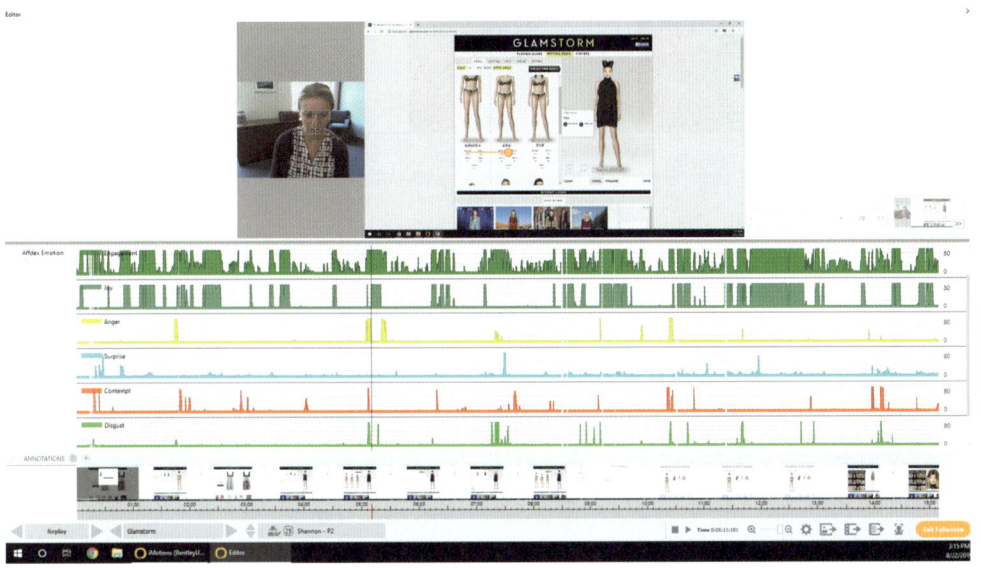

그림 8.5 얼굴 표정, 피부 전도도(GSR), 시선 추적 등 생체 인식을 수집하는 아이모션스(iMotions) 플랫폼. 이미지의 왼쪽 상단에는 얼굴 표정의 보정 상황이 표시되고, 오른쪽 상단에는 자극과 시선의 움직임이 실시간으로 표시된다. 중간 아래쪽에는 표정과 GSR 각각에 대한 피크 수가 표시된다.

첫 번째 분석은 설문 조사 결과와 참가자들이 세 가지 웹사이트를 사용하면서 한 언어 표현을 분석하는 것이었다. 설문 조사 결과, 참가자들이 웹사이트 사용 용이, 확신, 유용성 측면에서 세 사이트를 평가하는 결괏값에는 별다른 차이가 없는 것으로 나타났다. 언어적 표현은 긍정, 부정, 중립으로 분류해 코딩됐다. 그림 8.6은 세 사이트에 걸친 언어적 표현의 분포를 보여준다. 긍정적 코멘트의 빈도는 세 사이트 모두 큰 차이가 없었지만, 부정적 코멘트는 글래스톰 사이트가 다른 두 사이트 대비 더 많았다. 이는 많은 여성 참가자가 글램스톰 아바타의 기본 체형이 비현실적이라고 느꼈기 때문이었다. 부정적인 코멘트와 긍정적인 코멘트의 빈도만 기준으로 판단한다면, 글램스톰이 다른 두 웹사이트에 비해 더 나쁜 감성적 경험을 제공했다는 결론을 내릴 가능성이 높다.

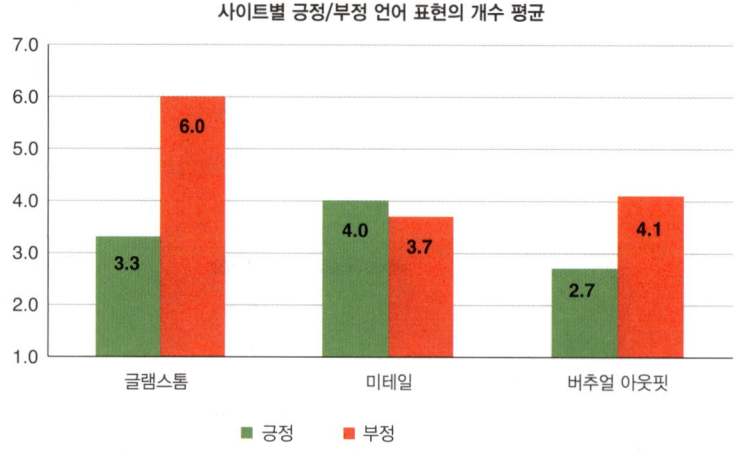

그림 8.6 세 웹사이트 각각에 대한 긍정적 코멘트와 부정적 코멘트의 분포

다음 단계에서는 세 웹사이트에 대한 관여도와 관심도를 살펴봤다. 관여도는 모든 감정(긍정적 감정과 부정적 감정)의 집합이며, 관심도는 각 웹사이트에 시각적으로 관여한 시간의 양이다. 그림 8.7은 글램스톰과 버추얼 아웃핏 모두 미테일보다 관여도와 관심도가 훨씬 높음을 보여준다 ($p < .05$). 우리는 글램스톰과 버추얼 아웃핏 웹사이트의 상호작용 및 시각적 수준이 미테일보다 훨씬 낫다고 판단했다.

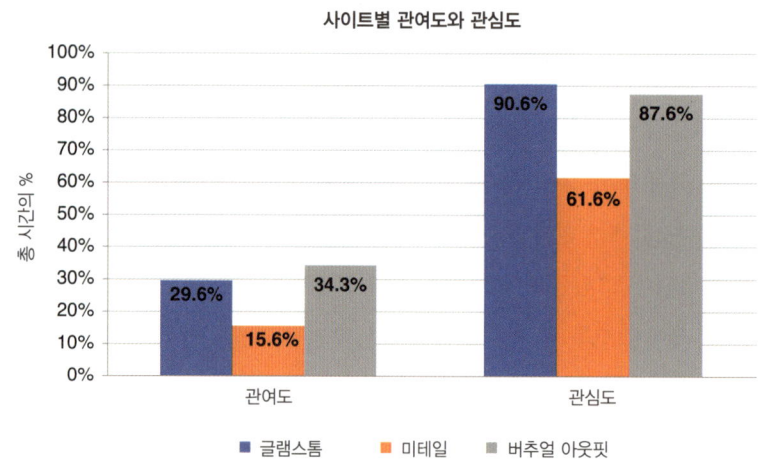

그림 8.7 웹사이트 글램스톰과 버추얼 아웃핏의 관여도와 관심도가 미테일 대비 훨씬 더 높았다.

아이모션스 플랫폼에서는 감정을 정서(긍정과 부정)를 기준으로 집계할 수 있다. 기쁨과 놀람은 긍정적 감정으로 간주되는 반면 분노, 혐오, 경멸은 부정적 감정으로 분류된다. 그림 8.8은 세 사이트에 대한 전반적인 긍정적 감정과 부정적 감정의 분포를 보여준다. 보다시피 글램스톰과 버추얼 아웃핏 웹사이트에 대한 긍정적 감정이 훨씬 더 높다. 이런 분석은 세 웹사이트의 감성적 경험을 전반적으로 파악하는 데 매우 유용하다.

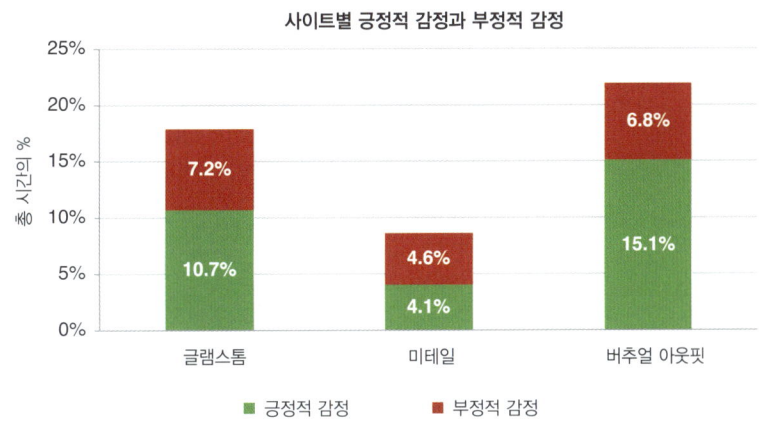

그림 8.8 글램스톰과 버추얼 아웃핏 웹사이트에 대한 긍정적 감정이 미테일 웹사이트보다 훨씬 더 많다.

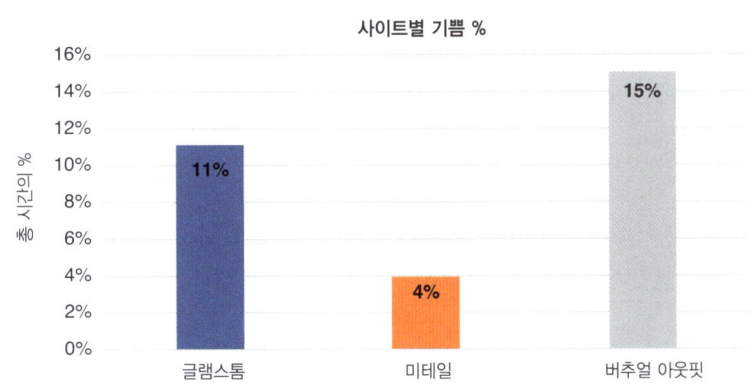

그림 8.9 글램스톰과 버추얼 아웃핏 웹사이트는 미테일 웹사이트에 비해 참가자들이 기쁨을 표현하는 (즉, 미소를 짓는) 시간 비율이 현저히 높았다.

기쁨^{joy}을 좀 더 자세히 살펴보면(그림 8.9), 그림 8.8의 긍정적 감정과 유사한 패턴을 보인다. 미테일에 비해 글램스톰과 버추얼 아웃핏 모두에서 기쁨의 정도가 훨씬 더 높았다($p < 05$). 더 정확하

게는 참가자가 기쁨을 느끼는 전체 시간의 평균 비율은 글램스톰이 11%, 버추얼 아웃핏이 15%였고, 미테일은 4%에 불과했다.

이 사례 연구는 기존의 전통적 사용자 조사 방법을 뛰어넘어 생체 인식의 가치를 평가하는 데 중점을 뒀다. 설문 조사 결과와 언어적 표현을 분석한 결과, 세 웹사이트 간에는 큰 차이가 없다는 결론을 내릴 수 있었다. 오히려 글램스톰이 더 부정적으로 인식됐다. 그러나 생체 인식을 고려하면 매우 다른 결과 패턴이 나타난다. 미테일에 비해 글램스톰과 버추얼 아웃핏 모두에서 관여도, 관심도, 기쁨의 수준이 훨씬 더 크다는 것을 알 수 있었다. 이 사례 연구는 생체 인식을 통해 세 웹사이트의 감성적 경험을 분리해 좀 더 미묘한 관점을 보여준다. 버추얼 아웃핏은 참가자들로 하여금 최고 수준의 관여도, 관심도를 끌어내고 전반적으로 긍정적인 감정을 불러일으키는 등 종합적으로 최고의 경험을 제공하는 것으로 나타났다.

8.8 요약

8장에서는 사용자의 감정을 측정하는 다양한 방법을 다뤘다. 이를 통해 사용성 테스트 과정에서 종종 놓치기 쉬운 심층적인 사용자 경험에 대한 숨겨져 있던 가치 있는 인사이트를 얻을 수 있었다. 이런 도구들은 훨씬 더 사용하기 쉬워지고 있으며, 더욱 정확해지고, 다양해지며, 강력해지고, 매우 저렴해졌다. 하지만 이런 많은 발전에도 불구하고 사용자 경험에 대한 모든 것을 이 기술에만 의존하지 않고 다른 UX 지표를 활용할 것을 강력히 권한다. 다음은 기억해야 할 몇 가지 핵심 사항을 요약한 것이다.

1. 우리는 감성적 사용자 경험의 일곱 가지 독특한 측면을 관여, 신뢰, 스트레스, 기쁨, 좌절, 확신, 놀라움으로 정의한다. 감정을 분석하는 유용한 방법은 정서(감정이 긍정적인지 또는 부정적인지)와 각성(감정의 강도가 낮은 것부터 높은 것까지)을 기반으로 데이터를 살펴보는 것이다.

2. UX 맥락에서 감정을 측정하는 방법에는 자가측정, 시선 추적, 얼굴 표정, GSR, 언어적 표현 코딩 등 다양한 방법이 있다. 각각 고유한 장점과 한계가 있으므로 맥락에 맞는 다양한 방법을 사용하는 것이 가장 좋다. 그러나 감정을 측정할 때에는 이로 인한 부정적 영향이 발생할 수 있으므로 이를 극복하고 관리하기 위한 방안도 함께 고려해야 한다.

3. UX 연구 중에 자발적인 언어 표현을 수집하는 체계화된 방식은 매우 유용할 수 있다. 참가자가 각 과업을 수행하는 동안 이야기한 긍정적 코멘트와 부정적 코멘트의 비율을 분석해 그들의 감성적 경험에 대해 전반적으로 파악할 수 있다. 또한 언어적 표현$^{verbal\ express}$의 강도 또는 좌절감, 확신, 놀람 등의 표현의 강도를 고려해 보다 정교한 분석을 수행할 수도 있다.

4. 자가측정 지표$^{self\text{-}reported\ metrics}$는 감성적 경험을 측정하는 가장 쉽고 일반적인 방법이다. 여기서는 자체 리커트 평가 척도 세트를 개발하거나 EMO 설문지, 프레모툴, 유엑스이모션스, SAM과 같은 검증된 기술을 활용할 수 있다.

5. 얼굴 표정 소프트웨어는 관여도, 기쁨, 분노, 경멸, 혐오, 놀라움 같은 감정을 실시간으로 식별하는 데 매우 유용한 도구이다. 얼굴 표정은 많은 안면 근육의 움직임에 따라 분류된다. 그리고 설정한 임곗값에 따라 데이터의 신뢰성이 결정된다.

6. GSR은 피부 전기 전도도의 작은 변화를 통해 각성 수준을 측정한다. GSR 데이터는 지정된 시간 동안의 피크 수로 분석된다. GSR은 전반적인 각성 수준을 측정하는 데 도움이 되지만 정서를 파악하기 어렵기 때문에 제한적이다.

7. 사례 연구는 생체 인식이 기존의 전통적 사용자 리서치 방법을 넘어서는 특별한 가치를 제공할 수 있음을 보여준다.

CHAPTER 9
결합 지표와 비교 지표

과업 완료율, 과업 시간, 자가측정 지표와 같은 UX 지표는 분명 유용하고 유익한 데이터지만, 때로는 사용자 경험이 얼마나 좋은지(또는 나쁜지) 전반적으로 파악하고 싶을 때가 있다. 프로젝트 팀이나 이해관계자에게 사용자 경험의 상태를 쉽고 명확하게 전달할 수 있는 무언가가 필요할 것이다. 바로 이때, 결합 지표와 비교 지표가 유용하다. 이 지표들은 UX 평가 결과를 제시할 때 유용할 뿐만 아니라, 개선 과정 또는 양산 과정 전반에 걸쳐 변경 사항을 추적하고 서로 다른 디자인안들을 비교하는 데에도 도움이 된다(예: 다양한 프로토타입들을 서로 비교하거나, 또는 여러분의 디자인을 경쟁사 제품과 비교하는 것).

기존 데이터에서 새로운 UX 지표를 도출하는 일반적인 방법은 (1) 복수 개의 지표를 단일 지표로 결합하는 방법과 (2) 기존 데이터를 전문가 또는 이상적인 결과와 비교하는 방법이다. 9장에서는 두 가지 방법을 모두 살펴보고자 한다.

9.1 단일 UX 점수

많은 UX 리서처는 과업 완료율, 과업 시간, SUS^{System Usability Scale, 시스템 사용성 척도} 점수 같은 자가측정 지표 등 여러 지표를 수집한다. 또한 대부분의 경우 모든 지표가 반영하는 제품 경험의 전체 그림에 관심을 두기 때문에 각 지표의 개별 결괏값에 크게 연연해하지 않는다. 이 절에서는 여러 지표들을 결합하거나 대변해 제품의 UX 또는 제품의 다양한 측면을 전체적으로 이해할 수 있는 다양한 방법을 다룬다.

UX 평가 후에 흔히 묻는 질문은 "어떻게 했나요?"이다. 이 질문을 하는 사람들(제품 관리자, 개발자, 프로젝트 팀의 다른 구성원)은 보통 과업 완료율, 과업 시간, 설문지 점수에 대해 듣고 싶어 하지 않는다. 그들은 다음과 같은 유형의 질문에 대한 '종합 점수'를 원한다. '통과했는가, 실패했는가?' '지난번 사용성 테스트와 비교해 어땠는가?' 이런 종류의 판단을 의미 있게 하려면 연구의 지표를 단일 점수로 결합해야 한다. 문제는 서로 다른 척도의 점수를 의미 있는 방식으로 결합하는 방법을 알아내는 것이다(예: 과업 완료율(%)과 과업 시간(분/초 단위)).

9.1.1 타깃 목표에 기반한 지표 결합

여러 지표들을 결합하는 가장 쉬운 방법은 각 데이터 포인트를 타깃 목표와 비교하고 결합된 목표들을 달성한 사용자의 비율을 기준으로 하나의 단일 지표를 만드는 것이다. 사용자가 평균 70초 이내에 과업의 80% 이상을 성공적으로 완료하는 것이 목표라고 가정해 보자. 이 목표가 주어졌을 때 표 9.1의 데이터는 연구에 참여한 8명의 참가자 각각에 대한 과업 완료율과 과업당 평균 시간을 보여준다.

표 9.1 8명의 참가자로부터 얻은 과업 완료 데이터와 과업 시간 데이터

참가자 번호	과업 완료	과업 시간	목표 달성 여부
1	85%	68	1
2	70%	59	0
3	80%	79	0
4	75%	62	0
5	90%	72	0
6	80%	60	1
7	80%	56	1
8	95%	78	0
평균	82%	67	38%

과업 완료 여부 및 과업 시간에 대한 평균값과 각 참가자가 최소 80%의 과제를 70초 이내에 완료한다는 목표를 달성했는지 여부도 함께 표시한다.

표 9.1은 몇 가지 흥미로운 결과를 보여준다. 과업 완료율(82%)과 과업 시간(67초)의 평균 값은 이 테스트의 목표가 충족됐음을 나타내는 것으로 보인다. 과업 완료 목표(참가자 6명, 또는 75%) 또는 과업 시간 목표(참가자 5명, 62%)를 충족한 사용자 수를 보더라도 고무적이다. 그러나 결과를 확인하는 가장 적절한 방법은 각 개별 참가자가 명시된 목표(예: 70초 이내에 과업의 80% 이상을 완료하는 조합)를 달성했는지 확인하는 것이다. 표 9.1의 마지막 열을 보면 실제로 목표를 달성한 참가자는 3명, 즉 38%에 불과했다. 이것은 단지 평균만을 보기보다는 개별 참가자 데이터를 보는 것이 중요하다는 것을 보여준다. 비교적 적은 수의 참가자를 다룰 때 더욱 그렇다.

타깃 목표에 기반해 지표를 결합하는 이 방법은 모든 지표 세트에 사용할 수 있다. 사용할 타깃 목표가 무엇인지가 유일하게 실제로 결정해야 하는 부분이다. 타깃 목표는 비즈니스 목표와 이상적인 성과와의 비교를 기반으로 한다. 계산은 간단하고(각 사람은 1 또는 0을 받음), 해석도 쉽다(테스트 중에 명시된 목표를 충족한 사용자의 비율).

마이크로소프트 리서처 반 바르드하이젠, 맥클린-올리버, 페리, 문코는 과업 완료율, 과업 시간, 자가측정 점수 등 여러 UX 지표를 보고한 36개 연구를 분석했다(Van Waardhuizen, McLean-Oliver, Perry & Munko, 2019). 여기에는 13가지의 플랫폼과 800여 명의 사용자, 그리고 대략 500건 가량의 과업에 대한 데이터가 포함돼 있다. 이들의 주요 목표는 여러 제품과 반복적 개선 과정 간 결과 비교를 가능하게 하고 이해관계자와의 커뮤니케이션을 용이하게 하는 데 사용 가능한 단일 사용성 지표를 파악하는 것이었다. 그들은 개별 지표들을 다루기 위한 의미 있는 규칙을 찾는 데 어려움을 겪다가, 방금 설명한 분석 방식(타깃 목표와의 비교)이 가장 간단하고 이해관계자들과 소통하기 쉽다는 결론에 도달했다.

9.1.2 백분율을 기준으로 지표들을 결합하기

우리는 UX 연구를 위해 측정 가능한 타깃 목표가 있어야 한다는 사실을 잘 알고 있지만, 실제로 많은 사람은 이런 목표 없이 진행하고는 한다. 타깃 목표가 없을 때 서로 다른 지표들을 결합하려면 어떻게 해야 할까? 다른 척도의 점수를 결합하는 간단한 방법 중 하나는 각 점수를 백분율로 변환한 다음 평균을 내는 것이다. 10명의 참가자를 대상으로 한 연구 결과를 보여주는 표 9.2의 데이터를 한번 살펴보자.

표 9.2 10명의 참가자를 대상으로 한 연구 데이터

참가자 번호	과업당 시간(초 단위)	(15개 과업 중) 완료된 과업	평가(0–4점 척도)
1	65	7	2.4
2	50	9	2.6
3	34	13	3.1
4	70	6	1.7
5	28	11	3.2
6	52	9	3.3
7	58	8	2.5
8	60	7	1.4
9	25	9	3.8
10	55	10	3.6

과업당 시간(time per task)은 각 과업을 완료하는 데 걸리는 평균 시간(초 단위)이다. 완료된 과업(tasks completed)은 사용자가 성공적으로 완료한 과업 수(총 15개 과업 중 완료 과업)다. 평가는 각 과업에 대한 5점 과업 용이성 평가의 평균값이며, 높을수록 좋다.

이 연구 결과를 전반적으로 이해하는 한 가지 방법은 먼저 각 지표를 백분율로 변환해서 비교하는 것이다. 완료된 과업의 수와 주관적 평가의 경우, 각 점수별로 가능한 최대치(최고값)를 알고 있기 때문에 비교적 쉽다. 총 15개의 과업이 있었고, 그 척도에서 가능한 주관적 평가의 최대치는 4점이었다. 그래서 우리는 각 참가자에 대해 얻은 점수를 해당 최대치로 나눠 백분율을 구한다.

시간 데이터의 경우에는 '최고' 또는 '최저' 시간에 명확한 기준이 정해져 있지 않아, 척도의 양 끝단값을 미리 알 수 없기 때문에, 다소 까다로운 측면이 있다. 이 문제를 다루는 한 가지 방법은 여러 명의 전문가가 해당 과업을 수행하고 평균 시간을 '최고'의 시간으로 취급하는 것이다. 또 다른 방법은 연구 참가자로부터 얻은 가장 빠른 시간을 '최고'(이 예에서는 25초)로, 가장 느린 시간을 '최저'(이 예에서는 70초)로 설정한 후, 시간들을 이 기준과 비교해 표현하는 것이다. 예를 들어 가장 긴 시간과 관찰된 시간의 차이를 가장 긴 시간과 가장 짧은 시간의 차이로 나눈다. 이렇게 하면 가장 짧은 시간은 100%가 되고, 가장 긴 시간은 0%가 된다. 이런 데이터 변환 방식을 사용하면 표 9.3에 표시된 백분율과 같은 결과를 얻을 수 있다.

표 9.3 표 9.2의 데이터를 백분율로 변환함

참가자 번호	시간(%)	과업(%)	평가(%)	평균(%)
1	11	47	60	39
2	44	60	65	56
3	80	87	78	81
4	0	40	43	28
5	93	73	80	82
6	40	60	83	61
7	27	53	63	48
8	22	47	35	35
9	100	60	95	85
10	33	67	90	63

과업 완료 데이터는 점수를 15로 나누고, 평가 데이터는 점수를 4로 나누었음. 시간 데이터는 가장 긴 시간(70)과 관찰 시간의 차이를 가장 긴 시간(70)과 가장 짧은 시간(25)의 차이로 나눴다.

시간 데이터를 이런 식으로 변환할 때는 변환하기 전에 시간 데이터의 이상값을 제거하는 것이 중요하다. 예를 들어 연구에서 대부분의 시간이 20~60초 사이였지만 어떤 시간은 3,490초였다고 가정해 보자. 후자는 우리가 알고 있는 정의에 따르면 명백한 이상치이다. 이 이상치를 데이터에 그대로 두고 사용하면 변환에 지대한 영향을 미칠 수 있다. 예를 들어 이런 경우 이상치의 백분율은 0%가 되고, 다른 모든 시간의 백분율은 98%에서 100% 근처에 모이게 된다.

엑셀에서 시간 데이터 변환하기

엑셀에서 이런 규칙으로 시간 데이터를 백분율로 변환하는 과정은 다음과 같다.

1. 엑셀의 한 열에 원 시간값들(raw times)을 입력한다. 이 예제에서는 항목들이 'A'열에 있고 '1'행에서 시작한다고 가정한다. 이 열에 하단의 평균값과 같은, 다른 값이 없는지 확인하라.
2. 첫 번째 오른쪽 셀에 다음과 같은 수식을 입력한다.

    =(MAX(A:A)−A1)/(MAX(A:A)−MIN(A:A))
3. 이 공식을 변환할 횟수만큼 행 아래로 복사하자.

표 9.3은 또한 각 참가자에 대한 백분율 평균을 보여준다. 한 참가자가 가장 짧은 평균 시간 내에 모든 과업을 성공적으로 완료하고 제품의 주관적 평가 척도에서 만점을 줬다면, 그 사람의 평균은 100%였을 것이다. 반면 한 참가자가 과업 중 하나라도 완료하지 못했고 과업마다 가장 오랜 시간이 걸렸으며 제품의 주관적 평가 척도에서 가능한 가장 낮은 점수를 줬다면, 그 사람의 평균은 0%였을 것이다. 물론 여러분이 이런 극단적 사례를 실제로 접하는 경우는 거의 없을 것이다. 표 8.3의 표본 데이터와 같이 대부분의 참가자는 이 두 극단 사이에 존재한다. 이 경우 평균은 최저 28%(참여자 4)부터 최고 85%(참여자 9)까지 다양하며, 전체 평균은 58%이다.

> **반복 개선 과정에 대한 백분율 또는 디자인 전반에 대한 백분율 계산하기**
>
> 이런 종류의 종합 점수는 제품의 반복적 개선 과정들과 출시 후를 비교하거나, 또는 다양한 디자인안들을 비교할 때 유용하게 사용할 수 있다. 하지만 각 반복 개선 과정이나 디자인 과정마다 별도로 변환하는 것이 아니라 모든 데이터를 동시에 변환하는 것이 중요하다. 이는 수집한 시간에 따라 최고의 시간과 최저의 시간이 결정되는 시간 데이터인 경우에 특히 중요하다. 최고의 시간과 최저의 시간을 선택하려면, 비교하려는 모든 조건, 반복 과정 또는 디자인안들을 검토해 봐야 한다.

따라서 표 9.2와 표 9.3에 테스트 결과가 표시된 제품에 전체 점수를 부여해야 한다면, 전체 점수는 58%라고 말할 수 있다. 대부분의 사람은 58%에 크게 만족하지 않을 것이다. 보통 오랜 학교 생활로 인해 그 정도의 낮은 점수는 '낙제 기준'으로 여기곤 한다. 하지만 그 백분율의 기준이 얼마나 정확한지도 고려해야 한다. 이 점수는 10명 참가자의 개별 점수를 기반으로 한 평균이기 때문에, 2장에서 설명한 대로 해당 평균에 대한 신뢰구간을 구성할 수 있다. 이 경우 90% 신뢰구간은 ±11%이며, 이는 신뢰구간이 47%에서 69%로 확대된다는 것을 의미한다. 더 많은 참가자의 데이터를 확보하면 이 값을 더 정확하게 추정할 수 있는 반면, 더 적은 수의 참가자로 계산하면 이 값의 정확도는 떨어질 수 있다.

한 가지 알아야 할 점은 과업 완료 데이터, 과업 시간 데이터, 주관적 평가의 세 가지 백분율을 합산해 평균을 낼 때 각 측정값에 동일한 가중치를 부여했다는 것이다. 이 방식은 대부분의 경우 매우 합리적이지만, 때로는 제품의 비즈니스 목표에 따라 가중치가 달라질 수 있다. 이 사례에서는 두 가지 성과 측정값(과업 완료, 과업 시간)을 하나의 자가측정 값(평가)과 결합하고 있다. 또한 각각에 동일한 가중치를 부여함으로써 실제로 자가측정 값보다 성능^{performance}에 2배 더 많은 가중치를 부여하고 있다. 이는 표 9.4와 같이 평균 계산 시 가중치를 사용해 조정할 수 있다.

표 9.4 가중치 부여한 평균 계산

참가자 번호	시간(%)	가중치	과업(%)	가중치	평가(%)	가중치	가중 평균(%)
1	38	1	47	1	60	2	51
2	50	1	60	1	65	2	60
3	74	1	87	1	78	2	79
4	36	1	40	1	43	2	40
5	89	1	73	1	80	2	81
6	48	1	60	1	83	2	68
7	43	1	53	1	63	2	55
8	42	1	47	1	35	2	40
9	100	1	60	1	95	2	88
10	45	1	67	1	90	2	73

각 백분율에 가중치를 곱하고. 이 값들을 합산한 후 해당 합계를 가중치의 합(여기에서는 4)으로 나눈다.

표 9.4에서 주관적 평가에는 2의 가중치가 부여되고, 두 성능 관련 측정값에는 각각 1의 가중치가 부여된다. 결과적으로 주관적 평가는 두 성능 관련 측정값을 합한 만큼의 가중치가 평균 계산 시 부여된다. 결과적으로 각 참가자에 대한 가중 평균은 표 9.3의 동일 가중 평균보다 주관적 평가에 더 가깝다. 제품에 사용되는 가중치는 제품의 비즈니스 목표에 따라 정해져야 한다. 예를 들어 일반 사용자가 사용할 웹사이트를 테스트 중이고 사용자가 선택 가능한 타 경쟁사의 웹사이트가 많다면 다른 무엇보다 제품에 대한 사용자의 인식이 더 중요할 수 있으므로, 자가측정 값에 더 많은 가중치를 부여할 수 있는 것이다.

반면 주식 거래 애플리케이션처럼 속도와 정확성이 중요한 애플리케이션을 다루는 경우에는 성능 측정에 더 많은 가중치를 부여하고 싶을 것이다. 상황에 적합한 가중치를 사용할 수 있지만 가중 평균을 계산할 때는 해당 가중치의 합으로 나눠야 한다는 점을 잊지 말도록 하자.

이런 기본 원칙들은 UX 연구의 모든 지표 세트를 변환할 때 고려돼야 한다. 예를 들어 성공적으로 완료된 과업 수(총 10개 과업 중), 웹 페이지 방문 수, 전반적 만족도 평가, 전반적 유용성 평가가 포함된 다음 페이지의 표 9.5의 데이터를 살펴보자.

표 9.5 9명 참가자를 대상으로 한 연구 표본 데이터

참가자 번호	(10개 과업 중) 완료된 과업	페이지 방문 수 (최소 20회)	만족도 평가 (0–6점)	유용성 평가 (0–6점)	과업 (%)	페이지 방문(%)	만족도 (%)	유용성 (%)	평균 (%)
1	8	32	4.7	3.9	80	63	78	65	71
2	6	41	4.1	3.8	60	49	68	63	60
3	7	51	3.4	3.7	70	39	57	62	57
4	5	62	2.4	2.3	50	32	40	38	40
5	9	31	5.2	4.2	90	65	87	70	78
6	5	59	2.7	2.9	50	34	45	48	44
7	10	24	5.1	4.8	100	83	85	80	87
8	8	37	4.9	4.3	80	54	82	72	72
9	7	65	3.1	2.5	70	31	52	42	49

완료된 과업 개수는 총 10개 과업 중 사용자가 성공적으로 완료한 과업 수다. 페이지 방문 횟수는 사용자가 과업을 시도하면서 방문한 총 웹 페이지 개수다(일반적으로, 동일한 페이지를 다시 방문할 때마다 다른 방문 횟수로 친다). 두 평가는 만족도와 유용성의 주관적 평가로, 각각 7점 척도(0~6)로 평가된다.

이 값들로 백분율을 계산하는 것은 이전 예제와 매우 유사하다. 완료된 과업 수를 10으로 나누고, 2개의 주관적 평가를 각각 6(최대 평점)으로 나눈다. 다른 지표인 웹페이지 방문 수는 이전 예제의 시간 지표와 어느 정도 유사하다. 그러나 웹페이지 방문 수는 과업을 수행하는 데 거쳐야 하는 최소 페이지 수를 계산할 수 있다. 이 예제에서 최소 페이지 수는 20이었다. 실제 페이지 방문 수를 이 20(가능한 한 가장 적은 수)으로 나눠 페이지 방문 수를 변환할 수 있다. 페이지 방문 횟수가 20회에 가까울수록 백분율은 100%에 가까워진다. 표 9.5에는 원래 값, 백분율, 동일 가중치 평균을 보여준다. 이 경우 동일한 가중치(일반 평균)로 인해 성능 데이터(과업 완료, 페이지 방문)와 주관적 데이터(만족도, 유용성)에 동일한 가중치가 부여된다.

평점을 백분율로 변환

여러분이 사용한 주관적 평가가 0이 아닌 1부터 시작하는 척도라면 어떻게 달라질까? 평점을 백분율로 변환하는 방법에 차이가 있을까? 그렇다. 달라진다! 평점이 0~6이 아닌 1~7 척도이고, 숫자가 높을수록 더 좋다고 가정해 보자. 둘 다 7점 척도이다. 두 경우 모두 가능한 가장 낮은 평점이 0%가 되고 가능한 가장 높은 평점이 100%가 되길 원한다. 평점의 범위가 0~6 사이인 경우, 각 평점을 6(가능한 가장 높은 평점)으로 나누기만 하면 원하는 범위(0%~100%)가 제공된다. 하지만 평점의 범위가 1~7 사이라면 다른 접근이 필요하다. 각 평점을 7(가능한 가장 높은 평점)로 나누면 최대 점수가 100%가 나오지만, 최소 평점은 원하는 0%가 아닌 1/7, 즉 14%가 나온다. 해결 방법은 먼저 각 평점에서 1을 뺀 다음(0~6으로 조정) 새로운 최대 평점(이 경우에는 6)으로 나누는 것이다. 이렇게 하면, 가장 낮은 평점은 (1-1)/6, 즉 0%가 되고, 가장 높은 평점은 (7-1)/6, 즉 100%가 된다.

다른 지표 세트 변환 사례를 보고 싶다면 표 9.6의 데이터를 살펴보자. 이 표에는 오류 수가 나열돼 있는데, 이 오류에는 데이터 입력 오류 같은, 사용자가 저지른 오류들이 포함된다. 오류 수의 경우는 사용자가 오류를 범하지 않는 것이 가능하고 바람직하므로, 가능한 최솟값은 0이다. 그러나 일반적으로 사용자가 범할 수 있는 최대 오류 수는 미리 정의돼 있지 않다. 이런 경우, 데이터를 변환하는 가장 좋은 방법은 얻은 오류 수를 최대 오류 수로 나눈 다음 1에서 빼는 것이다. 이 예제에서 최댓값은 참가자 4가 오류를 범한 수인 5이다. 표 9.6의 오류 백분율은 이렇게 구했다. 만약 오류가 없는 사용자(최적)가 있다면 해당 사용자의 백분율은 100%이 되고, 오류 수가 가장 많은 사용자의 백분율은 0%이 된다. 이런 백분율을 계산할 때, 항상 더 높은 백분율이 더 나은 사용성을 반영하도록 만든다. 그리고 오류의 경우 결과 백분율을 '정확성' 측정값으로 생각하는 것이 합리적이다.

이상치를 주의하라

앞서 시간 데이터에 대해 설명한 것처럼, 관찰된 값으로 최솟값 또는 최댓값을 결정하는 데이터를 변환할 때에는(예: 시간, 오류, 페이지 방문 수) 이상치에 특히 주의해야 한다. 예를 들어 표 9.6의 데이터에서 참가자 4번이 오류를, 5번이 아닌 20번을 범했다면 어떻게 될까? 결과적으로 그 사용자의 변환 백분율은 여전히 0%이지만, 다른 모든 사용자의 백분율은 훨씬 더 높아졌을 것이다. 이상치를 감지하는 표준 방법 중 하나는 모든 데이터의 평균과 표준편차를 계산한 다음 평균에서 표준편차의 2배 또는 3배 이상 떨어진 값을 이상치로 간주하는 것이다(대부분의 사람은 표준편차의 2배를 사용하지만 보수적으로 진행하고 싶다면 3배를 사용한다). 데이터 변환을 위해서는 이런 이상치를 제외해야 한다. 이 수정된 예제에서 평균에 오류 수의 표준편차 2배를 더한 값은 14.2이고, 평균에 표준편차의 3배를 더한 값은 19.5다. 20번의 오류는 두 가지 기준 중 하나에 따라 이상치로 취급하고 제외해야 한다.

표 9.6 12명 참가자를 대상으로 한 연구의 표본 데이터

참가자 번호	(10개 과업 중) 완료된 과업	오류 수	만족도 평가 (0-6점)	과업(%)	정확도(%)	만족도(%)	평균(%)
1	8	2	4.7	80	60	78	73
2	6	4	4.1	60	20	68	49
3	7	0	3.4	70	100	57	76
4	5	5	2.4	50	0	40	30
5	9	2	5.2	90	60	87	79
6	5	4	2.7	50	20	45	38
7	10	1	5.1	100	80	85	88
8	8	1	4.9	80	80	82	81
9	7	3	3.1	70	40	52	54
10	9	2	4.2	90	60	70	73
11	7	1	4.5	70	80	75	75
12	8	3	5.0	80	40	83	68

완료된 과업은 사용자가 성공적으로 완료한 과업 수(총 10개 과업 중)이다. 오류 수는 데이터 입력 오류 같이 사용자가 저지른 오류의 개수이다. 만족도 평가는 0~6점 척도로 구성된다.

UX 지표를 백분율로 변환할 때 일반적인 규칙은 먼저 해당 지표가 가질 수 있는 최솟값과 최댓값을 정하는 것이다. 많은 경우 두 값을 정하는 일은 쉬우며, 이는 연구 조건에 따라 미리 정의된다.

이때 다음과 같은 다양한 상황이 발생할 수 있다.

- 가능한 최솟값이 0이고 가능한 최댓값이 100이라면(예: SUS 점수), 기본적으로 이미 백분율을 얻은 것이다. 이때 진정한 백분율이 되려면 100으로 나누면 된다.
- 대부분의 경우 최솟값은 0이고, 최댓값은 총 과업 수나 평가 척도에서 가능한 최고 평점으로 알려져 있다. 이 경우 점수를 최댓값으로 나누면 백분율을 구할 수 있다(그렇기 때문에 일반적으로 최저의 값인 0부터 시작하는 평점 척도를 코딩하는 게 더 쉽다).
- 오류 예시처럼 최솟값은 0이지만 최댓값을 알 수 없는 경우도 있다. 이런 상황에서 최댓값은 참가자가 저지른 가장 높은 오류 수로 정의한다. 구체적으로 오류 수는 참가자가 얻은 오류 수를 최대 오류 수로 나눈 다음, 1에서 그 수를 뺀 값으로 변환된다.
- 마지막으로, 시간 데이터처럼 가능한 최솟값과 최댓값이 사전에 정의되지 않은 경우도 있다. 이 경우 데이터를 사용해 최솟값과 최댓값을 결정할 수 있다. 시간 데이터처럼 값이 높을수록 나쁘다고 가정하면 최고 값과 관측 값의 차이를 최고 값과 최저 값의 차이로 나눈다.

숫자가 높을수록 나쁜 결과라면 어떻게 해야 할까?

과업 성공률 같은 경우는 숫자가 높을수록 좋지만, 시간 또는 오류 같은 경우는 숫자가 높을수록 나쁘다. 평가 척도를 후자의 방식으로 정의하면 숫자가 높을수록 평가 척도의 의미상 더 나빠진다(예: 0–6, 0 = 매우 쉬움, 6 = 매우 어려움). 이런 경우, 이 백분율을 숫자가 높을수록 더 좋은 다른 백분율과 평균을 내려 한다면, 계산 전에 척도를 반전시켜야 한다. 예를 들어 방금 표시된 평점 척도에서 척도를 반대로 하려면, 6(최댓값)에서 각 값을 뺀다. 그러면 0은 6이 되고, 6은 0이 된다.

9.1.3 z-점수를 기반으로 지표 결합

서로 다른 척도의 점수를 결합할 수 있도록 변환하는 또 다른 기법은 z-점수$^{\text{z-score}}$를 사용하는 것이다(Martin & Bateson, 1993, 124 참조). 이 방법은 정규분포$^{\text{normal distribution}}$를 기반으로 하며, 주어진 값이 분포의 평균보다 얼마나 높거나 낮은지를 나타낸다. 일련의 점수들을 z-점수로 변환하면 정의에 따른 결과 분포의 평균은 0이고 표준편차는 1이다. 다음은 원 점수를 z-점수로 변환하는 공식이다.

$$z = (x - \mu)/\sigma$$

z = 변환할 점수

μ = 해당 점수의 분포 평균

σ = 해당 점수 분포의 표준편차

이 변환은 엑셀 프로그램의 'standardize(표준화)' 함수를 사용해 수행할 수도 있다. 표 9.7는 표 9.2의 데이터를 z-점수를 사용해 변환한 것이다.

표 9.7 표 9.2 표본 데이터를 z-점수를 사용해 변환함

참가자 번호	과업별 소요 시간	(15개 과업 중) 완료된 과업	평가 (0-4점 척도)	z시간	z-시간*(-1)	z-과업	z-평가	평균
1	65	7	2.4	0.98	-0.98	-0.91	-0.46	-0.78
2	50	9	2.6	0.02	-0.02	0.05	-0.20	-0.06
3	34	13	3.1	-1.01	1.01	1.97	0.43	1.14
4	70	6	1.7	1.30	-1.30	-1.39	-1.35	-1.35
5	28	11	3.2	-1.39	1.39	1.01	0.56	0.99
6	52	9	3.3	0.15	-0.15	0.05	0.69	0.20
7	58	8	2.5	0.53	-0.53	-0.43	-0.33	-0.43
8	60	7	1.4	0.66	-0.66	-0.91	-1.73	-1.10
9	25	9	3.8	-1.59	1.59	0.05	1.32	0.98
10	55	10	3.6	0.34	-0.34	0.53	1.07	0.42
평균				0.0	0.0	0.0	0.00	0.00
표준편차				1.0	1.0	1.0	1.00	0.90

z-점수는 각 원 점수에서 점수 분포의 평균을 뺀 다음 표준편차로 나눈 값이다. 이 z-점수는 해당 점수가 평균보다 높거나 낮은 표준편차의 수를 알려준다. 모든 척도에서 높은 숫자가 더 좋도록 맞춰야 하므로, 시간의 z-점수 척도는 (-1)을 곱해 반전시킨다.

z-점수 계산에 대한 단계별 가이드

원 점수(시간, 백분율, 클릭 수 등)를 z-점수로 변환하는 단계는 다음과 같다.

1. 엑셀의 한 열에 원 점수를 입력한다. 이 예제에서는 해당 항목이 'A' 열에 있고 '1' 행에서 시작한다고 가정한다. 이 열에 하단의 평균 같은, 다른 값이 잘못 들어가지 않았는지 확인한다.

2. 첫 번째 원 점수 오른쪽 셀에 다음 수식을 입력한다.

   = STANDARDIZE(A1,AVERAGE(A:A),STDEV(A:A))

3. 이 '표준화' 공식을 원 점수 개수만큼 행에 복사한다.

4. 다시 한 번 확인하기 위해 이 z-점수 열의 평균과 표준편차를 계산한다. 평균은 0이어야 하고, 표준편차는 1이어야 한다(둘 다 반올림 오차 내에 있음).

표 9.7의 아래 두 행은 각 z-점수의 각 집합에 대한 평균과 표준편차를 보여주는데, 이 값은 항상 각각 0과 1이어야 한다. z-점수를 사용할 때 우리는 어떤 점수도 가질 수 있는 최댓값 또는 최솟값에 대해 어떤 가정도 할 필요가 없다. 기본적으로, 각 점수 세트가 자체 분포를 정의하고 그 분포가 각각 평균 0과 표준편차 1을 갖도록 점수들을 재조정한다. 이렇게 하면 함께 평균을 낼 때 각 z 점수는 평균 z-점수에 동일한 기여를 한다. z-점수의 평균을 구할 때 각 척도는 같은 방향으로 진행돼야 하며, 값이 높을수록 항상 더 좋아야 한다는 점에 유의하자. 시간 데이터의 경우에는 거의 항상 그 반대이다. z-점수 평균은 0이므로 z-점수에 (−1)을 곱해 척도를 반전시키면 쉽게 수정할 수 있다.

표 9.7의 z-점수 평균과 표 9.3의 백분율 평균을 비교하면, 그 평균을 기반으로 본 참가자의 순서가 거의 동일하다는 점을 알 수 있다. 두 기법 모두 동일한 상위 3명의 참가자(9, 5, 3)와 하위 3명의 참가자(4, 8, 1)를 산출한다.

z-점수 사용 시 한 가지 단점은 전체 평균이 0이 되기 때문에 z-점수의 전체 평균을 일종의 전체 사용성 점수로 생각할 수 없다는 것이다. 그렇다면 언제 z-점수를 사용해야 할까? 이 방식은 제품의 여러 버전에 대한 반복적 사용성 테스트 데이터, 동일한 사용성 테스트 내 여러 사용자 그룹의 데이터, 동일한 사용성 테스트 내 여러 조건이나 디자인의 데이터 등 한 데이터 세트를 다른 데이터 세트와 비교하고자 할 때 주로 유용하다. 또한 z-점수 방법을 사용하려면 적절한 표본 크기(예: 조건당 최소 10명의 참가자)가 있어야 한다.

다음 페이지에 있는 그림 9.1(Chadwick-Dias, McNulty, and Tullis, 2003)에 표시된 데이터를 살펴보자. 이 연구는 사용자의 연령이 웹사이트 사용 성능에 미치는 영향에 관한 것이며, 이 데이터는 프로토타입의 개선 과정 전후의 성능 z-점수를 보여준다. 연구 1은 기준이 되는 연구였고, 연구 1의 참가자에 대한 관찰, 특히 나이 든 참가자가 직면한 문제를 바탕으로 프로토타입을 개선한 다음 새로운 참가자 그룹으로 연구 2를 수행했다. z-점수는 과업 시간과 과업 완료율을 동일 가중치로 조합한 것이다.

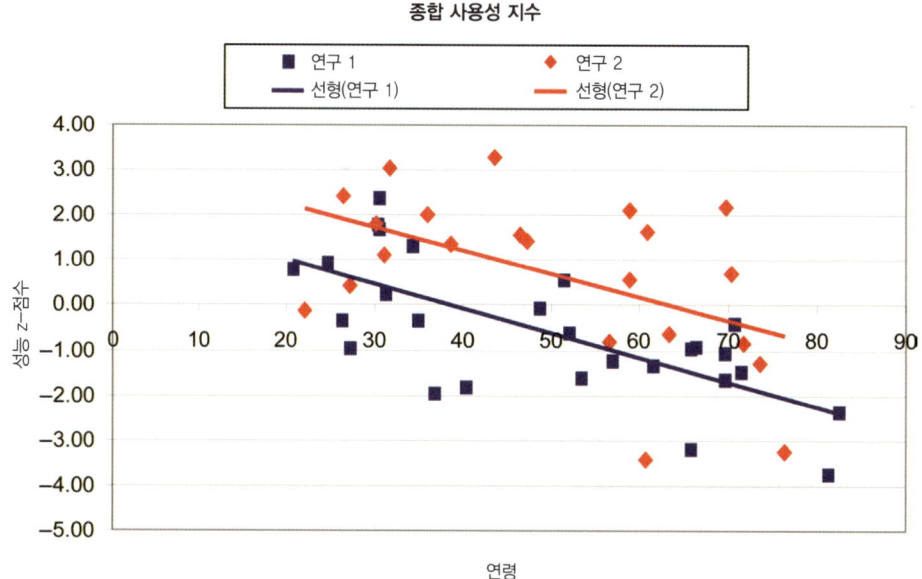

그림 9.1 다양한 연령의 참가자를 대상으로 한 프로토타입 성능 z-점수를 보여주는 데이터로, 프로토타입의 개선 전후의 지표들을 비교한 것이다. 성과 z-점수는 과업 시간과 과업 완료율을 동일 가중치로 조합한 것이다. 성과 z-점수는 참가자의 연령에 관계없이 연구 2에서 유의하게 더 우수했다. 그래프는 Chadwick-Dias et al. (2003)에서 각색됐으며, 허가 받아 사용했다.

z-점수 변환은 연구 1과 연구 2의 전체 데이터 세트를 결합해 수행됐다는 점을 이해하는 것이 중요하다. 그런 다음 각 z-점수가 어느 연구에서 도출됐는지 알 수 있도록 적절하게 그래프로 표현했다. 주요 발견점은 연구 2의 성능 z-점수가 연구 1의 성능 z-점수보다 유의하게 높았으며, 그 효과는 연령에 관계없이 동일했다(두 선이 서로 평행하다는 사실에서 알 수 있다). 만약 z-점수 변환을 연구 1과 연구 2에 대해 별도로 수행했다면 연구 1과 연구 2의 평균이 모두 변환에 의해 0이 될 수밖에 없기 때문에 결과는 의미가 없었을 것이다.

9.1.4 SUM 사용하기

제프 사우로와 에리카 킨들런드는 사용성 지표를 단일 사용성 점수$^{\text{single usability score}}$로 결합하기 위한 정량적 모델을 개발했다(Jeff Sauro and Erika Kindlund(2005)와 Sauro(2012) 참조). 그들은 과업 완료, 과업 시간, 과업당 오류 수, 과업 후 만족도 평가(5장에서 설명한 ASQ와 유사)에 중점을 뒀다. 이전 절에서는 '연구' 수준에서 분석을 설명했지만, 그들의 모든 분석은 과업 수준에 집중한다. 과업 수준에서 과업 완료는 일반적으로 각 참가자에 대한 이진법적 변수이다. 즉, 해당 사용자가 과업을 성공적으로 완료했거나 완료하지 못했다고 판단하는 것이다. 연구 수준에서, 이전 절에서 살펴봤듯이, 과업 완료는 각 사용자가 몇 개의 과업을 완료했는지 나타내며, 각 참가자에 대한 백분율로 표시될 수 있다.

사우로와 킨들런드는 식스 시그마 방법론$^{Six\ Sigma\ methodology}$(Breyfogle(1999))에서 파생된 기법으로 네 가지 사용성 지표(과업 완료, 시간, 오류, 과업 평가)를 단일 사용성 지표$^{SUM,\ Single\ Usability\ Metric}$로 표준화했다. 개념적으로, 그들의 지표는 이전 절에서 설명한 z-점수, 백분율 변환과 크게 다르지 않다. 또한 그들은 변수 간의 상관관계를 살펴보는 통계 기술인 주성분 분석$^{principal\ components\ analysis}$으로 네 가지 지표가 모두 단일 지표의 전체 계산에 유의하게 기여하고 있는지 확인했다. 그들은 네 가지 지표 모두 유의하고 실제로 각각이 거의 동등하게 기여한다는 점을 발견했다. 결과적으로 그들은 (한 번 표준화된) 네 가지 지표 각각이 SUM 점수 계산에 동일하게 기여해야 한다고 정했다.

제프 사우로는 연구에서 SUM 점수를 계산하는 엑셀 스프레드시트를 제공한다(https://measuringu.com/sum-2/, Jeff Sauro(2019c) 참고). 연구의 각 과업과 각 참여자에 대해 다음 사항을 입력해야 한다.

- 참가자가 과업을 성공적으로 완료했는지 여부(0 또는 1)
- 참가자가 해당 과업에서 저지른 오류 수(각 과업에 대한 오류 기회 수도 지정)
- 참가자의 과업 시간(초 단위)
- 과업 후 만족도 평가(과업 용이성, 만족도, 인지된 시간에 대한 5점 척도 평가. 3개 지표에 대한 평균, ASQ와 유사)

모든 과업에 대해 이러한 데이터를 입력하면 도구는 점수를 표준화하고 각 과업에 대한 SUM 점수를 계산한다. 각 과업에 대해 표준화된 데이터는 표 9.8에 설명돼 있다. 각 과업에 대해 SUM 점수가 계산되므로 과업들을 전반적으로 비교할 수 있다. 이 표본 데이터에서 참가자들은 '예약 취소' 과업을 가장 잘 수행하고, '식당 영업 시간 확인' 과업을 가장 못했다. 이 예제에서는 68%인 전체 SUM 점수도 계산되며, 각 과업에 대한 SUM 점수의 신뢰구간 평균인 90% 신뢰구간(53~88%)도 계산된다.

표 9.8 사용성 테스트에서 표준화된 데이터 표본

과업	SUM						
	저점(%)	평균(%)	고점(%)	완료(%)	만족도(%)	시간(%)	오류(%)
객실 예약하기	62	75	97	81	74	68	76
호텔 찾기	38	58	81	66	45	63	59
객실 요금 확인하기	49	66	89	74	53	63	74
예약 취소하기	89	91	99	86	91	95	92
식당 영업 시간 확인하기	22	46	68	58	45	39	43
길 찾기	56	70	93	81	62	66	71
합계	53	68	88				

각 참가자와 각 과업에 대한 데이터를 입력하면, SUM에 의해 계산된 표준화된 점수로 전체 SUM 점수와 이에 대한 신뢰구간까지 계산된다.

온라인 도구는 SUM 점수뿐만 아니라 사용성 연구의 과업 데이터를 그래프로 표시하는 옵션도 제공한다. 그림 9.2는 SUM 계산 도구의 샘플 그래프를 보여준다.

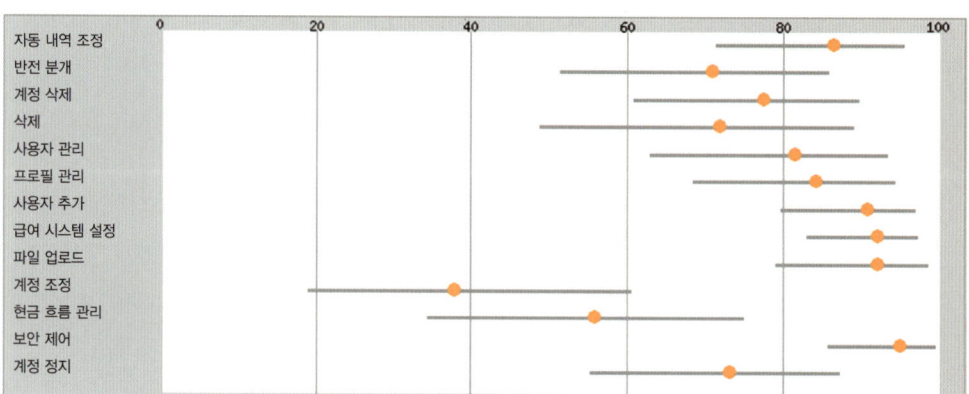

그림 9.2 SUM 점수의 샘플 그래프. 이 사용성 테스트의 과업은 왼쪽에 나열돼 있다. 각 과업에 대해 주황색 원은 평균 SUM 점수를 나타내고 막대는 각 과업에 대한 90% 신뢰구간을 보여준다. 이 예에서는 '계정 조정' 및 '현금 흐름 관리' 과업에 가장 문제가 있음을 알 수 있다.

9.2 UX 점수 카드와 프레임워크

UX 연구 결과를 요약하는 또 다른 두 가지 기법은 점수 카드$^{score\ card,\ 스코어\ 카드}$와 프레임워크^{framework}이다. UX 점수 카드는 연구 결과를 요약 차트에 그래픽으로 표현한 것이고, UX 프레임워크는 연구 결과를 요약하고 구조화해 제시하는 것이다.

9.2.1 UX 점수 카드

여러 지표들을 결합해 전체 점수를 도출하는 대신, 요약 차트에 지표 결과를 그래픽으로 표현하는 방법을 사용할 수 있다. 이런 유형의 차트를 흔히 UX 점수 카드라고 한다. 이 차트의 목표는 사용자에게 특히 문제가 되는 과업 등 데이터의 전반적인 추세와 중요한 측면을 쉽게 파악할 수 있는 방식으로 연구 데이터를 제시하는 것이다. 표현하려는 지표가 2개 정도라면 엑셀의 간단한 조합 그래프만으로도 적합할 수 있다. 그림 9.3은 사용성 테스트에서 10개 과업 각각에 대한 과업 완료율과 과업 용이성 평가 결과를 보여준다.

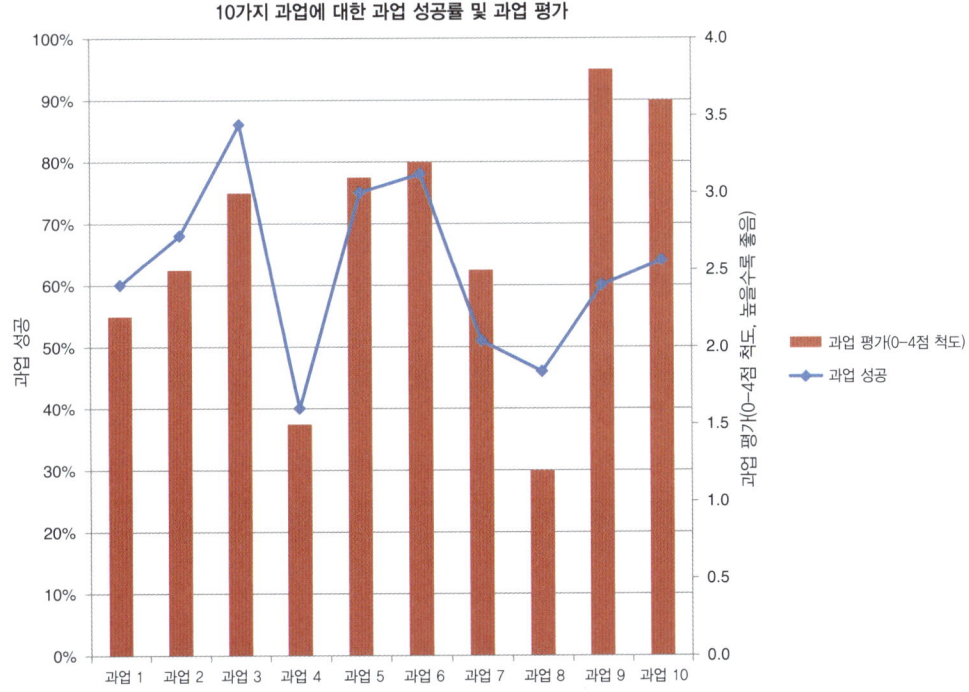

그림 9.3 10가지 과업에 대한 막대와 선 조합 차트 예시. 과업 평가는 막대를 통해 표시되고 오른쪽 축에 레이블이 표기된다. 과업 성공은 선을 통해 표시되며 왼쪽 축에 레이블이 표기된다.

그림 9.3의 조합 차트에는 몇 가지 흥미로운 특징이 있다. 두 척도 모두에서 가장 낮은 값이 명확하게 보이기 때문에, 참가자에게 어떤 과업이 가장 문제인지(과업 4와 8) 알 수 있다. 또한 과업 성공률 데이터와 과업 용이성 평가 간에 상당한 차이가 있는 곳도 분명하게 보인다. 예를 들어 과업 9와 10은 과업 완료율은 보통이지만 과업 평가 점수가 가장 높았다(이런 현상은 일부 사용자가 과업을 성공적으로 완료하지 못했지만 완료했다고 생각했음을 나타내기도 하기 때문에, 특히 문제가 되는 결과이다). 마지막으로 과업 3, 5, 6처럼 두 지표 모두에서 상대적으로 높은 값을 가진 과업들도 쉽게 구분할 수 있다.

이 유형의 조합 차트는 표시할 지표가 2개인 경우에는 효과적이다. 하지만 더 많은 지표를 표시해야 하는 경우에는 어떻게 해야 할까? 3개 이상의 지표에 대한 요약 데이터를 표시하는 방법은 방사형 차트radar chart를 사용하는 것이다. 그림 9.4는 과업 완료, 페이지 방문, 정확성(오류 없음), 만족도 평가, 유용성 평가의 다섯 가지 요인을 중심으로 연구 결과를 요약한 방사형 차트를 보여준다. 이 예에서는 과업 완료, 정확성, 유용성 평가가 상대적으로 높지만(좋음), 페이지 방문 수와 만족도 평가는 상대적으로 낮다(나쁨).

엑셀에서 조합 차트를 만드는 방법

엑셀로 다음과 같은 작업을 할 수 있다.

1. 스프레드시트의 두 열에 데이터를 입력한다(예: 과업 성공을 위한 열과 과업 평가를 위한 열). 두 변수에 대해 평소처럼 세로 막대형 차트를 만든다. 이때 두 변수가 같은 축에 표시되고, 한 척도가 다른 척도를 크게 가리기 때문에, 이상하게 보일 것이다.
2. 차트의 열 중 하나를 마우스 오른쪽 버튼으로 클릭하고 'Format Data Series(데이터 계열 서식)'을 선택한다. 결과창에서 'Series Options(계열 옵션)'를 선택한다. 'Plot Series On(계열 표시 위치)' 영역에서 'Secondary Axis(보조 축)'를 선택한다.
3. 대화 상자를 닫는다. 하지만 두 열이 서로 위에 있기 때문에 차트는 여전히 이상하게 보일 것이다.
4. 기본 축(왼쪽)에 차트화돼 있는 열을 마우스 오른쪽 버튼으로 클릭하고 'Change Series Chart Type(계열 차트 종류 변경)'을 선택한다.
5. 해당 변수를 선 그래프로 변경하고 대화 상자를 닫는다.

(우리는 이런 유형의 조합 차트가 시간 같은 연속 데이터에 대해서만 선 그래프를 사용하는 규칙에 반한다는 것을 알고 있다. 하지만 엑셀에서 이 차트를 만들려면 규칙을 따르지 않아야 가능하다. 그리고 규칙이란 어차피 깨지라고 만들어진 것이 아닌가?)

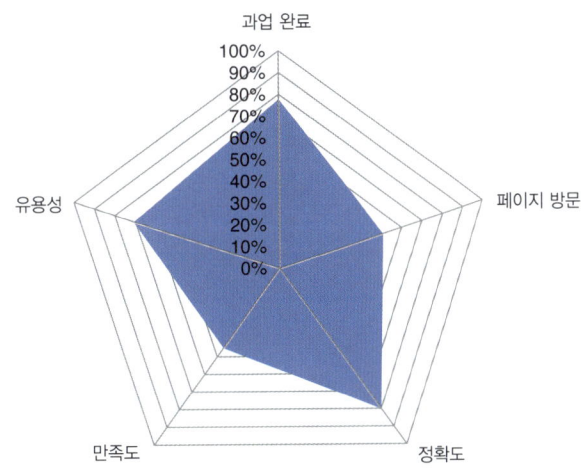

그림 9.4 사용성 테스트의 과업 완료, 페이지 방문, 정확성(오류 없음), 만족도 평가, 유용성 평가 결과를 요약한 방사형 차트 예시. 각 지표는 9장의 앞부분에서 설명한 기법을 통해 백분율로 변환됐다.

방사형 차트는 대략적으로 살펴보기에는 유용할 수 있지만, 과업 수준의 정보를 표현하는 것은 실제로 불가능하다. 그림 9.4의 예제는 과업 전체 데이터를 평균화했다. 3개 이상의 지표에 대한 요약 데이터를 표시하면서 과업 수준의 정보도 유지하려면 어떻게 해야 할까? 이를 가능케 하는 한 가지 기법은 '하비 볼Harvey Balls'이라는 다이어그램을 사용하는 것이다. 이 기술의 변형은 컨슈머 리포트Consumer Reports에 의해 대중화됐다. 예를 들어 과업 완료, 시간, 만족도, 오류 등의 사용성 테스트에서 6개 과업을 테스트한 결과를 나타내는 앞서 나온 표 9.7의 데이터를 다시 살펴보자. 이 데이터는 그림 9.5와 같은 비교 차트로 요약할 수 있다. 이런 유형의 비교 차트를 사용하면 참가자가 각 과업을 어떻게 수행했는지(가로 행에 초점을 맞춰 비교), 또는 각 지표에 대해 어떻게 수행했는지(세로 열에 초점을 맞춰 비교) 한눈에 확인할 수 있다.

과업	SUM 점수	완료	만족도	시간	오류
예약 취소	91%	◔	●	●	●
객실 예약	75%	◕	◑	◑	◑
길 찾기	70%	◑	◔	◔	◔
객실 요금 확인	66%	◑	○	◔	○
호텔 찾기	58%	◔	○	◔	○
식당 영업 시간 확인	46%	○	○	○	○

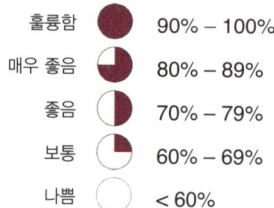

훌륭함 ● 90% – 100%
매우 좋음 ◕ 80% – 89%
좋음   ◑ 70% – 79%
보통   ◔ 60% – 69%
나쁨   ○ < 60%

그림 9.5 표 9.7의 데이터를 사용한 비교 차트 예시. 과업은 SUM 점수에 따라 가장 높은 것부터 낮은 순으로 정렬됐다. 네 가지 표준화된 점수(과업 완료, 만족도, 과업 시간, 오류) 각각의 값은 하단에 표시된 대로 원형 픽토(하비 볼이라고도 함)로 코딩됐다.

하비 볼이란 무엇인가?

하비 볼은 다양한 항목의 값을 나타내기 위해 비교 테이블에 사용되는 작은 원형 픽토그램이다.

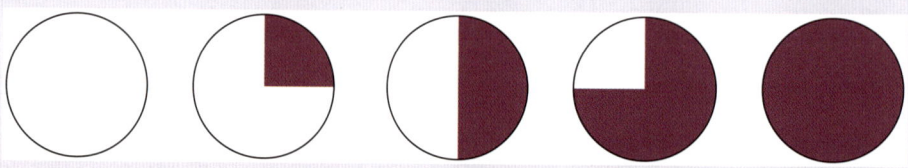

'하비 볼'이라는 이름은 1970년대에 긴 숫자 데이터 테이블을 요약하는 방법을 만들어낸 부즈 알렌 해밀턴(Booz Allen Hamilton) 컨설턴트인 하비 포펠(Harvey Poppel)의 이름을 따서 지었다. 빈 원에서 완전히 채워진 원까지 다섯 가지 단계로 구성돼 있다. 일반적으로 빈 원은 가장 낮은 값을 의미하고, 완전히 채워진 원은 가장 높은 값을 나타낸다. 다양한 크기의 하비 볼 이미지에 대한 링크는 우리의 웹사이트(www.MeasuringUX.com)에서 찾을 수 있다. 하비 볼(Harvey Balls)을 웃는 얼굴의 창시자인 하비 볼(Harvey Ball)과 혼동하지 않길 바란다!

벤틀리의 경험 점수 카드

벤틀리 대학교의 사용자 경험 센터(www.bentley.edu/uxc)에서 우리는 모든 제품의 전반적인 사용자 경험을 측정하는 새로운 방법을 개발했다. 동료인 헤더 라이트 칼슨(Heather Wright Karlson)과 함께 만든, 독특한 경험 점수 카드를 소개한다.

- 우리는 사용자 경험에 대해 사용성, 디자인/콘텐츠, 브랜드, 감성적 경험을 포함하는, 매우 광범위하고도 전체적인 관점을 취한다.
- 모든 참가자가 동일한 과업을 수행하게 하기보다는, 참가자로 하여금 자신에게 가장 관련성이 높은 과업을 목록에서 스스로 선택하게 한다.
- 참가자들은 본인의 경험에서 네 가지 속성(사용성, 디자인/콘텐츠, 브랜드, 감성) 중 어떤 속성을 가장 중요하게 생각하는지 응답한다. 점수는 각 사용자의 응답에 따라 가중치를 부여한다.

이 점수 카드에는 (대다수의 UX 점수 카드와 마찬가지로) 사용자 경험 수준을 나타내는 종합 점수가 존재한다. 한 사례 연구에서 이케아(Ikea) 웹사이트는 종합 점수가 87점인데, 타깃(Target)의 점수는 79.9점이었다. 주된 기여 지표는 사용성이었고, 가장 낮은 기여 지표는 감성적 경험이었다.

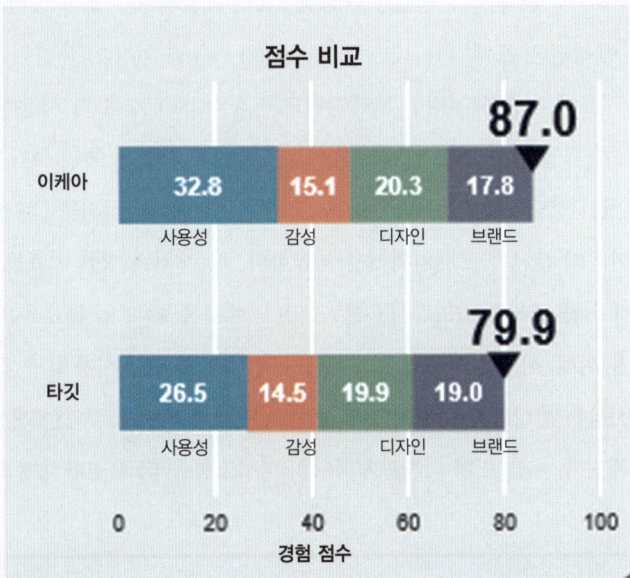

네 가지 요소 각각에 대한 중요도(평균 가중치로 반영됨)와 평균 경험을 그래프로 만들면 디자인 우선 순위를 파악할 수 있다. 이어지는 그림에서 감성적 차원은 중간 우선순위에 속한다. 평균 가중치나 중요도가 20점 내외로 그리 높지 않은 편이지만, 평균 경험 평점도 4.0 미만으로 고점을 차지하지는 못했다. 따라서 감성적 차원(좌절감, 스트레스, 확신, 신뢰)은 좀 더 주의 깊게 살펴봐야 할 부분이다.

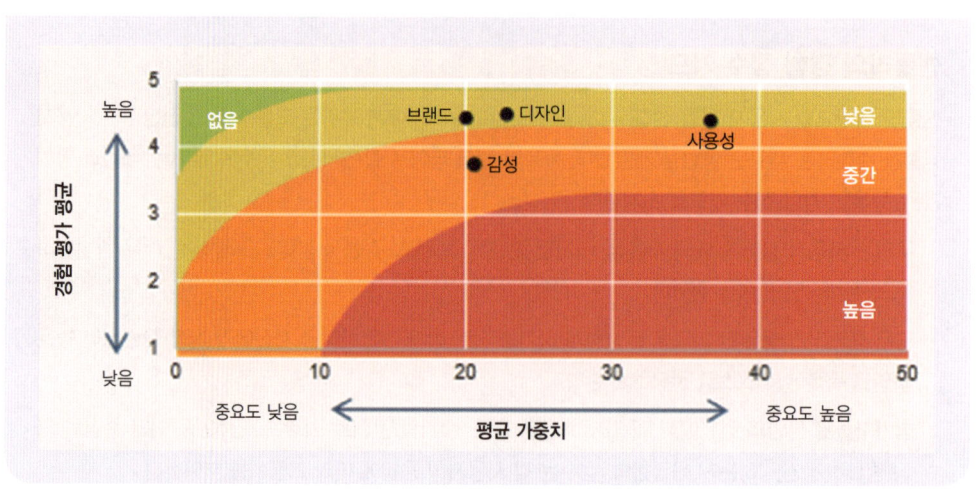

9.2.2 UX 프레임워크

UX 프레임워크^{UX framework}는 연구에서 얻은 다양한 UX 지표들의 결과를 고민하고 요약해서 제시하는 방법이다. 이런 종류의 프레임워크는 (부르는 용어가 다를 수 있지만) 특별히 새로운 개념은 아니다. 아마도 UX 지표에 대한 고전적인 프레임워크는 공식 ISO 9241-11 사용성 정의일 것이다. 이는 "특정 사용자가 특정 사용 맥락 안에서 효과, 효율, 만족과 함께 특정 목표를 달성하기 위해 제품을 사용할 수 있는 정도"(국제 표준 기구 [ISO], 2018)를 뜻한다. 이 정의는 UX 지표의 세 가지 범주인 효과, 효율, 만족의 간단한 프레임워크를 제공한다. 각 영역에 대한 지표는 UX 연구 결과를 고려하고 비교하기 위한 프레임워크로 사용할 수 있다. 예를 들어 과업 완료율은 효과를 위해, 과업 시간은 효율성을 위해, 시스템 사용성 척도 점수는 만족도를 위해 사용될 수 있는 것이다. 이런 척도를 일관되게 사용하면 다양한 디자인안 또는 반복적 개선 과정으로 인한 개선 버전 간에 의미 있는 비교가 가능해진다. 이는 또한 이해관계자와의 의사소통을 더욱 명확하게 하는 데 도움을 줄 수 있다.

구글 'HEART' 프레임워크는 주로 웹 애플리케이션을 위해 설계된 UX 프레임워크로 주목받고 있다(Rodden, Hutchinson, & Fu, 2010). 이 프레임워크에는 다섯 가지 유형의 지표가 포함돼 있다.

- **행복감**^{happiness}: 일반적으로 표준 설문 조사를 통해 측정되는, 사용자의 태도 또는 만족도에 대한 자가측정 척도

- **관여도**engagement: 사용자가 스스로 제품과 상호작용하는 정도를 나타내는 척도로, 주로 특정 기간 동안의 사용 빈도 또는 상호작용 수준으로 측정됨
- **채택**adoption: 특정 기간 내의 신규 사용자 수를 나타내는 척도로, 제품이 새로운 비즈니스를 유치하는 데 얼마나 성공했는지를 보여줌
- **유지율**retention: 제품이 특정 기간 내에 기존 사용자를 얼마나 잘 유지하는지를 나타내는 척도
- **과업 완료**task completion: 사용자가 제품을 사용해 과업을 얼마나 잘 수행하고 있는지를 측정하는 척도. 이 척도에는 우리가 논의한 모든 성능 지표(예: 과업 성공, 시간, 오류)가 포함됨

그들은 모든 프로젝트가 이런 지표들을 사용하는 것은 아니라고 말한다. 이를테면 관여도는 사용자가 실제로 애플리케이션 사용 여부를 선택할 수 없는 엔터프라이즈 애플리케이션과는 관련이 없을 수도 있다는 것이다. 그들은 또한 비즈니스 목표를 기반으로 지표를 식별하는 프로세스도 설명한다. 이 프로세스에는 제품 또는 기능의 목표를 명확히 한 다음 성공을 나타내는 신호를 파악하고 마지막으로 추적할 특정 지표들을 구축하는 작업이 포함된다. 이 과정에서 그들은 HEART 지표가 제품 팀이 데이터 중심적이고 사용자 중심적인, 모든 면에서 더 나은 결정을 내리는 데 도움이 된다는 사실을 발견했다.

9.3 목표 및 전문가 성능과의 비교

이전 절에서는 외부 기준을 참조하지 않고 UX 데이터를 요약하는 방법에 중점을 뒀지만, 경우에 따라 비교에 사용할 수 있는 외부 기준이 있을 수 있다. 외부 기준의 두 가지 주요 유형은 사전에 정의된 목표와 전문가(또는 최적의) 성능이다.

9.3.1 목표와의 비교

연구 결과를 평가하는 가장 좋은 방법은 아마도 그 결과를 시험 전에 설정했던 목표와 비교하는 것일 것이다. 이 목표는 과업 수준 또는 전체 수준에서 설정될 수 있다. 목표는 과업 완료, 과업 시간, 오류, 자가측정 값 등 우리가 논의한 모든 지표와 관련시켜 설정할 수 있다.

다음에 과업별 목표 사례들을 소개한다.

- 대표 사용자군 중에서 최소 90%가 적합한 호텔 객실을 성공적으로 예약할 수 있다.
- 온라인으로 새 계정을 개설하는 데 평균 8분 이상 걸려서는 안 된다.
- 신규 사용자의 95% 이상이 제품을 선택한 후 5분 이내에 온라인으로 구매할 수 있다.

마찬가지로 전반적인 목표의 예제는 다음 항목을 참고한다.

- 사용자는 과업의 90% 이상을 성공적으로 완료할 수 있다.
- 사용자는 평균 3분 이내에 과업을 완료할 수 있다.
- 사용자는 애플리케이션에 최소 80%의 평균 SUS 평점을 부여한다.

일반적으로 사용성 목표는 과업 완료, 시간, 정확성, 만족도를 다루며, 이때 핵심은 목표가 측정 가능해야 한다는 점이다. 주어진 상황에서 데이터가 목표 달성을 뒷받침하는지 여부를 판단할 수 있어야 한다. 표 9.9의 데이터를 살펴보자.

표 9.9 목표 페이지 방문 수와 실제 페이지 방문 수의 평균을 보여주는 8개 과업의 표본 데이터

	목표 페이지 방문 수	실제 페이지 방문 수
과업 1	5	7.9
과업 2	8	9.3
과업 3	3	7.3
과업 4	10	11.5
과업 5	4	7
과업 6	6	6.9
과업 7	9	9.8
과업 8	7	10.2

이 표는 웹사이트 연구에서 8가지 과업과 관련된 데이터를 보여준다. 각 과업에 대해 목표 페이지 방문 수가 미리 결정돼 있다(범위: 4~10번 방문). 그림 9.6은 각 과업에 대한 목표와 실제 페이지 방문 수를 그래픽으로 보여준다. 이 차트는 각 과업의 실제 페이지 방문 수와 관련 신뢰구간을 목표 페이지 방문 수와 시각적으로 비교할 수 있기 때문에 유용하다. 사실 모든 과업은 목표보다 훨씬 더 많은 페이지 방문 수를 기록했다. 여기서 명확하지 않은 부분은 다양한 과업의 상대적 성능, 즉 어떤 과업이 더 잘됐고 어떤 과업이 더 나빴는지에 대한 것이다. 이런 종류의 비교를 더 쉽게 하기

위해, 그림 9.7은 각 과업의 실제 페이지 방문 대비 목표의 비율을 보여준다. 이를 '페이지 방문 효율성' 지표로 생각할 수 있다. 100%에 가까울수록 참가자들은 더 효율적으로 과업을 수행한 것이다. 이를 통해 참가자가 어려움을 겪었던 과업(과업 3)과 잘 수행한 과업(과업 7)을 쉽게 찾을 수 있다. 이 기법은 과업 수준 또는 전체 수준에서 특정 목표(예: 시간, 오류, SUS 평가 등)를 충족한 참가자의 비율을 나타내는 데 사용될 수 있다.

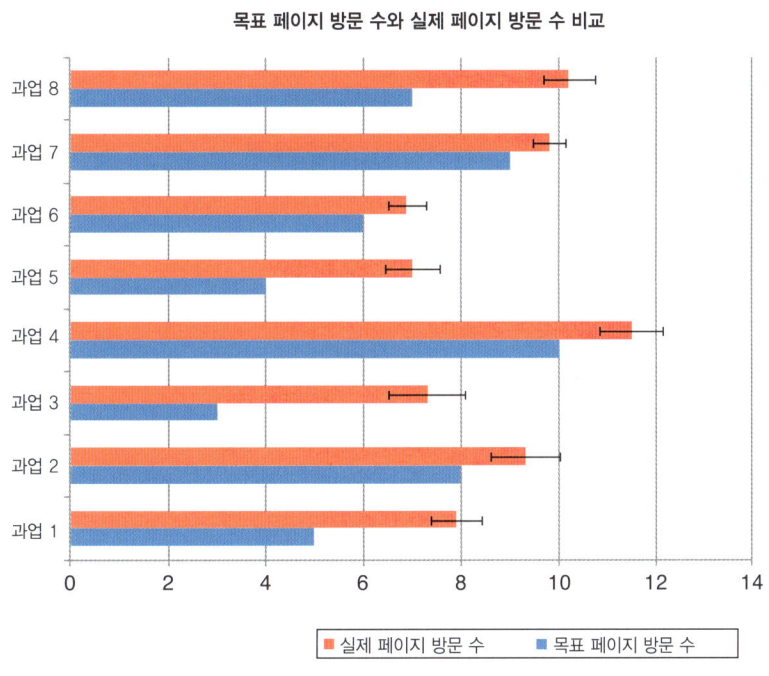

그림 9.6 8개 과업 각각에 대한 목표 페이지 방문 수와 실제 페이지 방문 수. 오차 막대는 실제 페이지 방문 수에 대한 90% 신뢰구간을 나타낸다.

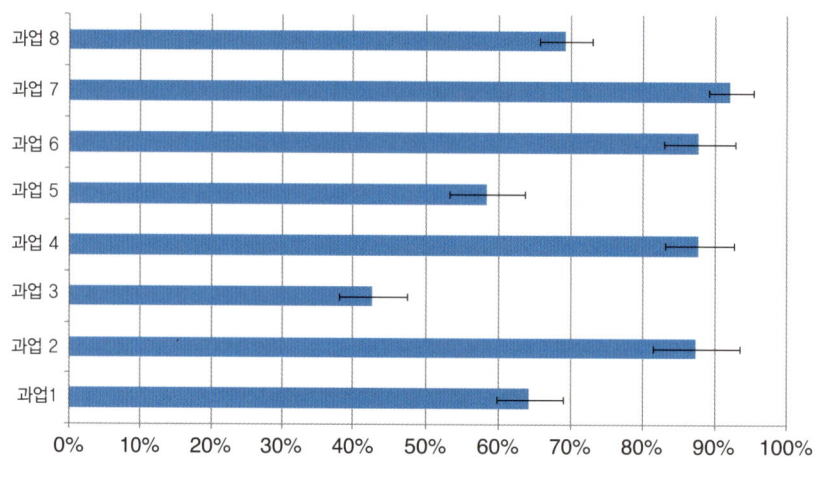

그림 9.7 8개 과업 각각에 대한 실제 페이지 방문 수 대비 목표 방문 수의 비율

9.3.2 전문가 성능 수준과의 비교

사용성 테스트 결과를 미리 정의된 목표와 비교하는 것에 대한 대안은 그 결과를 전문가의 성능 수준과 비교하는 것이다. 전문가의 성능 수준을 결정하는 가장 좋은 방법은 1명 이상의 전문가가 실제로 과업을 수행하도록 하고 연구에서 측정한 것과 동일한 지표로 측정하는 것이다. 당연히 여러분의 전문가는 '진짜' 전문가여야 한다. 즉, 그 주제에 대한 전문 지식을 갖추고 과업에 대해서도 깊이 알고 있으며 테스트 중인 제품, 애플리케이션, 웹사이트에 대해 심층적으로 잘 알고 있는 사람이어야 한다는 것이다. 그리고 2명 이상의 전문가로부터 얻은 성능 결과를 평균화할 수 있다면 데이터는 더 나을 것이다. 연구 결과를 전문가의 결과와 비교하면 특정 과업이 전문가에게도 본질적으로 더 어렵거나 시간이 오래 걸릴 수 있다는 사실을 알 수 있다. 물론 목표는 테스트 참가자들의 수행 성능 결과가 실제로 전문가의 성능 수준에 얼마나 근접한지 확인하는 것이다.

이론적으로는 모든 성능 지표에 대해 전문가 성능 수준과 비교할 수 있지만 시간 데이터에 가장 일반적으로 사용된다. 과업 성공 데이터의 경우 일반적인 가정은 진정한 전문가라면 모든 과업을 성공적으로 수행할 수 있다는 것이다. 마찬가지로 오류 데이터의 경우 전문가는 어떤 오류도 범하지 않을 거라고 가정한다. 그러나 전문가라 할지라도 과업을 수행하는 데는 어느 정도 시간이 필요하다. 표 9.10에 표시된 과업 시간 데이터를 한번 살펴보자.

표 9.10 사용성 테스트에서 10개 과업의 표본 시간 데이터로, 과업당 평균 실제 시간(초), 과업당 전문가 시간, 전문가 시간과 실제 시간의 비율을 보여준다.

과업	사용자 실제 소요 시간	전문가 소요 시간	전문가 수준/실제 소요 시간(%)
과업 1	124	85	69
과업 2	101	50	50
과업 3	89	70	79
과업 4	184	97	53
과업 5	64	40	63
과업 6	215	140	65
과업 7	70	47	67
과업 8	143	92	64
과업 9	108	98	91
과업 10	92	60	65

전문가 시간과 실제 시간의 비율을 그림 9.8처럼 그래프로 나타내면 테스트 참가자의 결과를 전문가 수준과 비교해 테스트 참가자가 잘한 과업(과업 3, 9)과 그렇지 않은 과업(과업 2, 4)을 쉽게 찾을 수 있다.

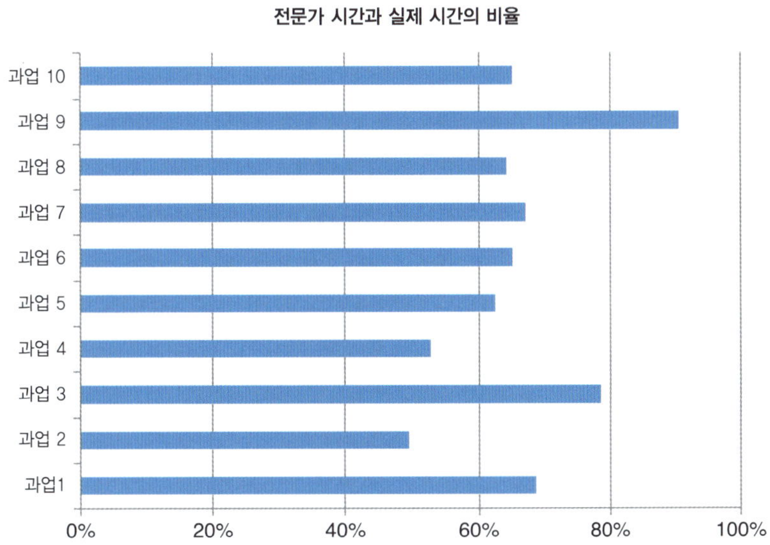

그림 9.8 표 9.10의 전문가 시간과 실제 시간 간의 비율 그래프

9.4 요약

9장에서 중점적으로 다룬 내용은 다음과 같다.

1. 다양한 사용성 지표들을 결합하는 쉬운 방법은 여러 목표를 동시에 달성한 사용자의 비율을 정하는 것이다. 이렇게 하면 (타깃 목표를 기준으로) 제품에 대해 좋은 경험을 한 사용자의 전체 비율을 알 수 있다. 이 방법은 모든 지표 세트에 적용할 수 있으며 이해관계자가 쉽게 이해한다.

2. 여러 사용성 지표를 종합 'UX 점수$^{UX\ score}$'로 결합하는 방법은 각 지표를 백분율로 변환한 다음 함께 평균을 내는 것이다. 이 방식을 적용하려면 각 지표에 대해 적절한 최소 점수와 최대 점수를 결정할 수 있어야 한다.

3. 여러 사용성 지표를 결합하는 또 다른 방법은 각 지표를 z-점수로 변환한 다음 함께 평균을 내는 것이다. 각 지표는 z-점수를 사용해 결합하면 동일한 가중치를 갖는다. 그러나 z-점수의 전체 평균은 항상 0이다. 핵심은 서로 다른 반복적 개선안, 서로 다른 그룹, 서로 다른 조건의 데이터처럼 데이터의 서로 다른 하위 집합을 서로 비교하는 것이다.

4. SUM 기법은 과업 완료, 과업 시간, 오류, 과업 수준 만족도 평가 등 여러 지표를 결합하는 또 다른 방법이다. 네 가지 지표에 대한 개별 과업 데이터와 참가자 데이터를 입력하면 계산을 통해 각 과업별 또는 모든 과업에 대한 SUM 점수를 신뢰구간과 함께 백분율로 산출한다.

5. 다양한 유형의 그래프와 차트는 '점수 카드'의 연구 결과를 요약하는 데 유용하다. 세로 막대와 선이 조합된 차트는 테스트에서 과업에 대한 두 가지 지표 결과를 요약하는 데 효과적이다. 방사형 차트는 3개 이상의 지표 결과를 전체적으로 요약하는 데 유용하다. 하비 볼로 지표의 다양한 수준을 보여주는 비교 차트는 과업 수준에서 세 가지 이상의 지표 결과를 효과적으로 요약할 수 있다. 구글의 HEART 프레임워크와 같은 UX 프레임워크도 디자인 결과 또는 반복 개선 결과를 일관되게 평가하고 비교하고 제시하는 데 좋은 방법이 될 수 있다.

6. 연구의 성공 여부를 결정하는 가장 좋은 방법은 결과를 사전에 정의된 일련의 목표와 비교하는 것이다. 이 목표는 일반적으로 과업 완료, 시간, 정확성, 만족도 등과 관련된 목표이며, 주어진 목표를 달성한 사용자의 비율은 매우 효과적인 요약 결과가 된다.

7. 사전에 정의된 목표와 결괏값을 비교하기 위한 합리적인 대안은 (특히 시간 데이터의 경우) 실제 성능 결과를 전문가 수준의 결과와 비교하는 것이다. 실제 성능 결과는 전문가 성능 수준에 가까울수록 좋다.

CHAPTER 10
스페셜 토픽

10장에서는 관례상 '주류' UX 데이터로 간주되지 않는 사용자 경험 데이터를 측정하거나 분석하는 법과 관련된 주제들을 소개한다. 웹 분석으로 수집할 수 있는 정보, 카드 소팅$^{\text{card-sorting}}$/트리 테스트$^{\text{tree-testing}}$/'첫 번째 클릭$^{\text{first click}}$' 등의 방법으로 수집하는 연구 데이터, 웹사이트 접근성 관련 데이터, UX 투자자본수익률 등을 다룰 예정이다. 이 주제들은 다른 장과 잘 어우러지는 내용은 아니지만 UX 척도 툴킷을 완성하는 중요한 부분이다.

10.1 웹 분석

여러분이 라이브 웹사이트$^{\text{live website}}$를 운영 중이라면 사이트 방문객이 실제로 무엇을 하고 있는지, 가령 어떤 페이지를 방문하고 있고, 어떤 링크를 클릭하며, 어떤 경로를 따라가는지 등 잠재된 다양한 데이터들을 수집할 수 있다. 문제는 원 데이터를 어떻게 얻느냐가 아니라, 어떻게 이해할 것인가 하는 것이다. 십여 명의 참가자가 참여하는 실험실 연구나 백여 명의 참가자가 참여하는 온라인 연구와 달리, 라이브 사이트는 수천 또는 수십만 명의 사용자로부터 데이터를 수집할 수 있는 잠재력을 가지고 있다.

어떤 책은 책 전체가 웹 지표 또는 웹 분석을 주제로 구성돼 있기도 하고(예: Clifton, 2012; Kaushik, 2009; Beasley, 2013), 천재반 시리즈(영문판: For Dummies)에도 이 주제를 다룬 책이 존재할 정도로

(Sostre & LeClaire, 2007) 이 주제의 범주는 상당하다. 짧게 몇 장 정도로 주제에 대해 제대로 설명하기 어렵다. 이 책에서는 라이브 웹사이트 데이터를 통해 학습할 수 있는 사항과, 특히 이런 데이터가 사용자 경험에 미칠 수 있는 영향을 소개하고자 한다.

10.1.1 기본 웹 분석

어떤 웹사이트는 매일 엄청난 수의 방문자가 드나들고, 어떤 웹사이트는 몇몇 방문자만 드나든다. 그러나 사이트 방문자 수에 관계없이 (어느 정도 방문자가 있다고 가정했을 때) 사이트에서는 방문자가 무엇을 하는지 관찰하며 학습할 수 있다. 웹 분석에서 사용되는 용어들을 다음과 같다.

- **방문자**visitor: 웹사이트를 방문한 사람들. 일반적으로 방문자는 특정 주기 동안 여러 번 방문하더라도 한 번 방문한 것으로 인정된다. 어떤 분석 패키지에서는 '순 방문자수unique visitor'라는 용어를 사용함으로써, 동일한 사람을 중복해 세지 않는다는 점을 분명히 한다. 또한 어떤 패키지는 이전에 사이트를 방문했던 방문자와 새로 방문한 방문자를 구분하기 위해 '신규 방문자new visitor'를 별도로 보고하기도 한다.
- **방문 수**visit: 사용자가 웹사이트에 액세스한 방문 횟수. '세션sessions'이라고도 부른다. 개별 방문자는 측정 기간 동안 여러분의 사이트를 여러 번 방문할 수 있다.
- **페이지 조회 수**page view: 사용자가 사이트의 개별 페이지를 조회한 횟수. 방문자가 페이지를 다시 로드하는 경우는 일반적으로 새 페이지를 조회한 것으로 계산된다. 마찬가지로 방문자가 사이트의 다른 페이지로 이동했다가 해당 페이지로 돌아오는 경우, 새 페이지 조회 수로 계산된다. 페이지 조회 수를 통해 사이트에서 가장 인기 있는 페이지를 확인할 수 있다.
- **랜딩 페이지**landing page 또는 **시작 페이지**entrance page: 방문자가 사이트에서 만나는 첫 번째 페이지. 이 페이지는 주로 홈페이지인 경우가 많지만, 검색엔진을 통해 방문했거나 북마크에 추가한 경로로 방문한 경우에는 하위 페이지로 진입할 수도 있다.
- **종료 페이지**exit page: 방문자가 사이트에서 마지막으로 머무르는 페이지를 말한다.
- **이탈률**bounce rate: 방문자가 사이트에 방문해 한 페이지만 본 다음 사이트를 떠나는 방문 비율. 이 비율은 사용자가 여러분의 사이트에 대한 참여율이 낮음을 의미할 수도 있지만, 해당 페이지에서 원하는 내용을 찾았다는 의미일 수도 있다.
- **종료율**exit rate: 특정 페이지에서 사이트를 떠난 방문자의 비율. 개별 페이지 수준의 지표인 종

료율은 사이트의 전체 지표인 이탈률과 혼동되는 경우가 많다.
- **전환율**conversion rate: 단순 방문자에서 구매, 뉴스레터 가입, 계정 개설 등의 특정 행동으로 전환한 사이트 방문자의 비율을 말한다.

웹 데이터를 포착하는 데 다양한 도구를 사용할 수 있다. 대부분의 웹호스팅 서비스는 호스팅 서비스의 한 부분으로 기본 분석 도구를 제공하며, 다른 웹 분석 서비스를 무료로 제공하기도 한다. 최근 가장 인기 있는 무료 분석 서비스는 구글 애널리틱스Google Analytics(http://www.google.com/analytics/)일 것이다. 그림 10.1은 구글 애널리틱스 데이터 스튜디오Google Analytics Data Studio의 화면이다.

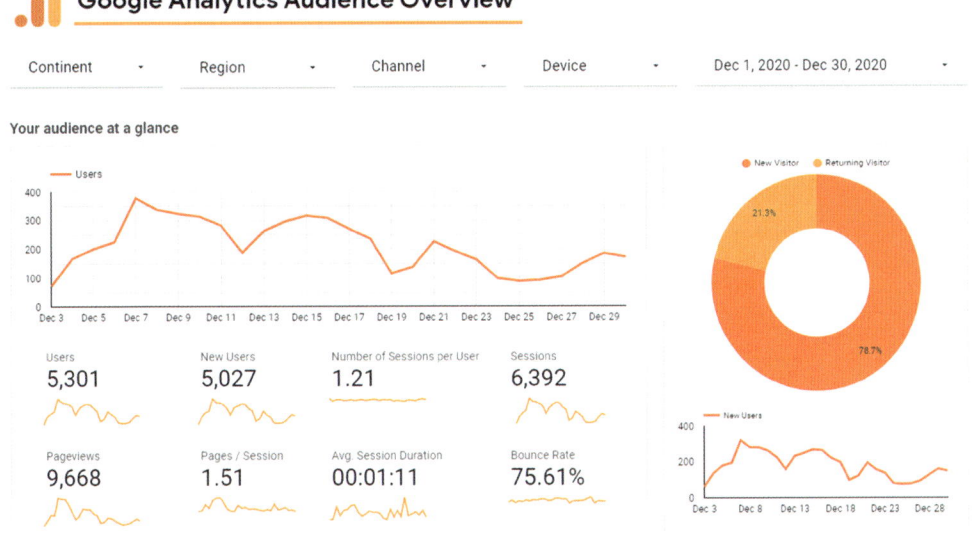

그림 10.1 청중에 초점을 맞춘 관련 통계를 보여주는 구글 애널리틱스 데이터 스튜디오 화면

그림 10.1과 그림 10.2에서 볼 수 있듯이 사용자 수, 세션 평균 시간, 페이지 조회 수에 대한 선 그래프 등 시간 경과에 따른 여러 사이트 지표들을 살펴볼 수 있다. 방문수와 페이지 조회 수에 대한 그래프는 웹사이트에서 일반적으로 나타나는 방문 패턴, 즉 주말과 주중의 방문자 수, 방문 횟수, 페이지 조회 수 등의 차이를 보여준다. 또한 오른쪽 도넛 차트에 표시된 것처럼, 신규 사용자와 반복적으로 방문하는 사용자의 비율 등의 사이트 방문자에 대한 기본 정보도 확인할 수도 있다.

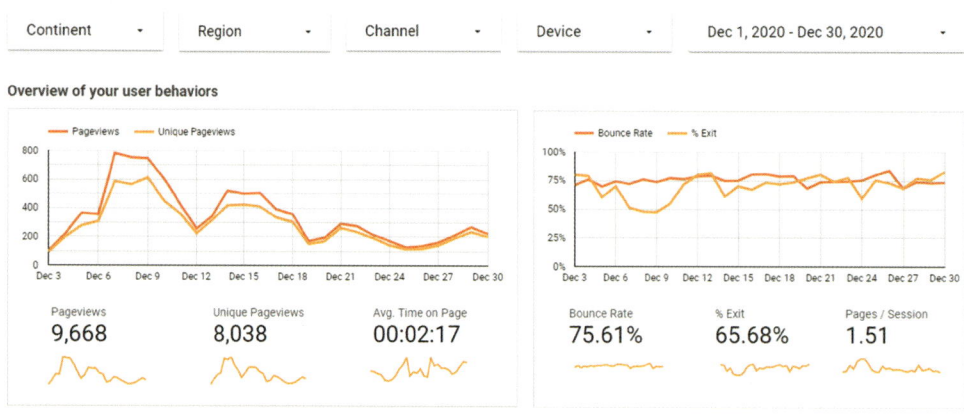

그림 10.2 사용자 행동에 초점을 맞춘 관련 통계를 보여주는 구글 애널리틱스 데이터 스튜디오 화면

사이트 내 페이지별 조회 수를 확인하는 것만으로도 시간 경과에 따른 정보 또는 사이트 반복적 개선 과정과 연계된 정보를 확인할 수 있다. 예를 들어 사이트 내 제품 A에 대한 페이지가 특정 한 달 동안 하루 평균 100페이지 조회 수를 기록했다고 가정해 보자. 이 상황에서 사이트 홈페이지에 있는, 제품 A 페이지에 대한 링크 설명을 수정한다. 다음 한 달 동안 제품 A 페이지의 하루 평균 페이지 조회 수는 150회를 기록했다. 수치만 보면 홈페이지 변경으로 인해 제품 A 페이지에 액세스하는 방문자 수가 확실히 크게 늘어난 것으로 보인다. 하지만 다른 요인으로 인해 증가한 것은 아닌지 주의해서 살펴봐야 한다. 예를 들어 금융 서비스 분야에서는 특정 페이지의 페이지 조회 수가 계절에 따라 다르다. 개인 퇴직금 계좌^{IRA, Individual Retirement Account}로 돈을 납입하는 페이지의 경우 미국 IRA 납입 마감일인 4월 15일 부근 며칠 동안은 전년도 IRA 납입금을 확인하려는 방문객으로 인해 방문수가 더 많아지는 경향이 있다.

또한 무언가로 인해 사이트 전체가 더 많은 방문자를 확보하게 됐을 가능성도 있는데, 이는 확실히 좋은 징후일 수 있다. 그림 10.1를 보면 12월 초에 사용자 수가 약간 증가함을 알 수 있다. 이 변화는 웹사이트의 새로운 콘텐츠를 부각시켜 소개한 소규모 마케팅 캠페인과 관련돼 있는 듯 보인다. 그러나 한편으로는, 사이트 주제와 관련된 뉴스 이벤트 등 실제 콘텐츠와 관련 없는 요인으로 인해 발생한 변화일 수도 있다. 또한 검색 '봇'이 사이트 통계에 미치는 영향도 고민해 봐야 한다. 검색 봇^{search bot} 또는 스파이더^{spider}는 대부분의 주요 검색엔진이 사람들이 액세스하는 링크를 따라가 그 페이지를 색인화해 웹을 '크롤링chrawl'하는 데 사용하는 자동화 프로그램이다. 여러분의 사이트가 인기가 많아져서 대부분의 주요 검색엔진에서 검색된다면 이런 검색 봇으로 인해 발생하는 페이지 조회 수는 걸러내야 한다. 대부분의 봇(예: 구글)은 페이지 요청을 보낼 때 자신을 특정할 수 있는 정보를 포함시켜 요청을 보내기 때문에, 데이터에서 필터링할 수 있다.

페이지 조회 수와 관련해 한 데이터 세트가 다른 데이터 세트와 유의하게 차이가 나는지 확인하려면 어떤 분석을 해야 할까? 표 10.1에 제시된 데이터는 2주 동안 특정 페이지에 대한 일일 페이지 조회 수를 보여준다. 1주차는 (해당 페이지에 대한 다른 링크가 제공된) 새 홈페이지가 오픈되기 전이었고, 2주차는 그 이후였다.

표 10.1 2주 동안 특정 웹페이지에 대한 페이지 조회 수

	1주차	2주차
일요일	237	282
월요일	576	623
화요일	490	598
수요일	523	612
목요일	562	630
금요일	502	580
토요일	290	311
평균	454	519

1주차는 새 홈페이지가 오픈되기 전이었고, 2주차는 새 홈페이지가 오픈된 후였다. 새 홈페이지는 이 페이지에 대한 링크에 다른 문구를 제공했다.

이 데이터는 대응 t-검정paired t-test으로 분석해 2주차 평균(519)이 1주차 평균(454)과 유의한 차이가 있는지 확인할 수 있다. 요일에 따른 변동성 때문에 대응 t-검정을 사용하는 것이 중요한데, 요일별로 이전 주와 다음 주를 비교하면, 요일에 따른 변동성을 제거할 수 있기 때문이다. 대응 t-검정은 이 차이가 통계적으로 유의함을 보여준다($p < 0.01$). 만약 대응 t-검정을 사용하지 않고 두 개의 독립표본에 대해 t-검정만 사용했다면, 결과($p = 0.41$)는 거의 유의하지 않았을 것이다(엑셀에서 대응 t-검정을 수행하는 방법은 2장을 참조하자).

10.1.2 클릭률

클릭률$^{CTR,\ Click-Through\ Rate}$은 링크 또는 버튼을 표시하는 다양한 방법들의 효과를 측정하는 데 사용된다. 이 데이터는 특정 링크나 버튼을 보여줬을 때 실제로 클릭하는 방문객의 비율을 나타낸다. 만약 링크를 100번 보여줬는데 그중 한 번만 클릭되면 클릭률은 1%이다. 이 용어는 웹 광고의 효과를 측정하는 데 가장 일반적으로 사용되며, 링크, 버튼 또는 클릭 가능한 이미지에 모두 적용되는 개념이다(그림 10.3).

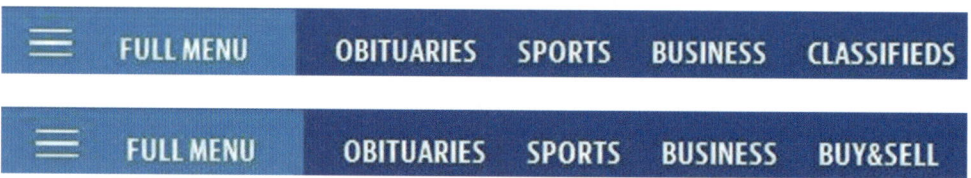

그림 10.3 제품 페이지에서 테스트된 2개의 탭(내비게이션) 디자인 사례

한 링크의 클릭률이 다른 링크의 클릭률과 유의하게 다른지 확인하기 위해서는 어떤 분석을 사용해야 할까? 적절한 분석 방법 중 하나는 카이제곱 검정$^{chi-square\ test}$이다. 카이제곱 검정을 사용하면 관찰된 빈도수^{frequency} 집합이 예상되는 빈도수 집합과 유의하게 다른지 여부를 판단할 수 있다(자세한 내용은 2장을 참조하자). 표 10.2에 있는 데이터, 서로 다른 두 링크에 대한 클릭률을 살펴보자. 링크 1의 클릭률은 1.4%[145/(145 + 10,289)]이고, 링크 2의 클릭률은 1.7%[198/(198 + 11,170)]이다. 그런데 이 둘이 서로 유의하게 다르다고 이야기할 수 있을까? 링크 2는 링크 1 대비 더 많은 클릭 수가 나왔지만, 또한 더 많이 보여줬다. 카이제곱 검정을 수행하려면 먼저 링크 1과 링크 2의 클릭률에 차이가 없는 것처럼 예상 빈도 표를 만들어야 한다. 이 작업은 표 10.3과 같이 원래 표의 행과 열의 합을 사용해 수행된다.

표 10.2 서로 다른 두 링크에 대한 클릭률: 각 링크가 클릭된 횟수와 각 링크를 보여줬지만 클릭되지 않은 횟수

	클릭 횟수	미클릭 횟수
링크 1	145	10,289
링크 2	198	11,170

표 10.3 표 10.2와 동일한 데이터이지만, 행과 열의 합계가 추가됨

관찰 대상	클릭 횟수	미클릭 횟수	합계
링크 1	145	10,289	10,434
링크 2	198	11,170	11,368
합계	343	21,459	21,802

두 클릭률 간 차이가 없는 경우, 예상 빈도수를 계산하는 데 사용된다.

행과 열 합계의 각 쌍을 곱하고 이것을 전체 합계로 나누면, 표 10.4와 같은 예상 값을 얻을 수 있다. 예를 들어 '링크 1'(164.2)의 '클릭'에 대한 예상 빈도는 각 행과 열의 합계를 전체 합계로 나눈 값이다((343 · 10,434)/21,802). 그런 다음 엑셀 프로그램의 'CHITEST' 함수를 사용해 앞 페이지의 표 10.2의 실제 빈도를 표 10.4의 예상 빈도와 비교할 수 있다. 결괏값은 $p = 0.04$로, 링크 1과 링크 2의 클릭률 간에 유의한 차이가 있음을 나타낸다.

표 10.4 링크 1 클릭률과 링크 2 클릭률 간에 차이가 없는 경우의 예상 빈도(표 10.3의 합계에 기반해 도출됨)

예상	클릭 횟수	미클릭 횟수
링크 1	164.2	102,610.8
링크 2	178.8	111,810.2

카이제곱 검정을 할 때 다음의 두 가지 사항을 염두에 두고 진행해야 한다. 먼저 카이제곱 검정은 백분율이 아닌 원 빈도 수$^{raw\ frequency}$로 수행해야 한다. 대개 클릭률을 백분율로 생각하지만 이게 클릭률 간의 유의한 차이를 테스트하는 방법은 아니다. 또한 사용되는 범주는 상호배타적이고 포괄적이어야 한다. 이게 바로 앞의 예에서 각 링크에 대한 두 가지 관찰 범주로 '클릭^{click}'과 '미클릭$^{no\ click}$'을 지정한 이유이다. 이 두 범주는 상호배타적이며, 사용자가 링크를 클릭했거나 클릭하지 않았을 때 링크에서 발생할 수 있는 모든 가능한 행동을 설명한다.

10.1.3 이탈률

이탈률$^{drop\text{-}off\ rate}$은 사이트에서 사용성 문제가 발생할 수 있는 부분을 감지하는 데 특히 유용하다. 이탈률의 가장 일반적인 용도는 사용자가 계정 생성 또는 구매 완료 같은 프로세스에서 이탈하거나 포기하는 부분을 파악하는 것이다. 예를 들어 사용자가 특정 유형의 계정을 생성하기 위해 5단

계의 페이지를 거쳐 정보를 작성해야 한다고 가정해 보자. 표 10.5에는 계정 생성을 시작한 사용자들 중 5단계 페이지 각각을 실제로 완료한 사용자 비율이 표시돼 있다.

표 10.5 다중 페이지 프로세스에서 각 단계를 실제로 완료한 사용자 비율

페이지 1	89%
페이지 2	80%
페이지 3	73%
페이지 4	52%
페이지 5	49%

이 예에서 모든 백분율은 전체 프로세스를 시작한 사용자 수, 즉 페이지 1에 도달한 사용자 수를 기준으로 한 상대적 수치이다. 따라서 페이지 1에 도달한 사용자 중 89%가 페이지를 성공적으로 완료했고, 원래 수의 80%가 페이지 2를 완료했다. 표 10.5의 데이터를 봤을 때, 5개 페이지 중 사용자가 가장 문제를 겪고 있는 것으로 예상되는 페이지는 어떤 페이지인가? 핵심은 각 페이지에서 몇 명의 사용자가 이탈했는지, 즉 그 페이지에 도달한 사용자 수와 그 페이지를 완료한 사용자 수의 차이를 살펴보는 것이다. 표 10.6는 각 페이지의 이탈률을 보여준다.

표 10.6 표 10.5에 표시된 각 페이지의 이탈률: 해당 페이지에 도달한 비율과 페이지를 성공적으로 완료한 비율의 차이

페이지 1	11%
페이지 2	9%
페이지 3	7%
페이지 4	21%
페이지 5	3%

표 10.6에서 페이지 4가 이탈률이 가장 크다는 것을(이탈율 21%) 알 수 있다. 이 다중 페이지 프로세스를 다시 디자인하려는 경우, 먼저 페이지 4의 사용자 이탈 원인을 파악해 해결하는 것이 좋겠다.

10.1.4 A/B 테스트

A/B 테스트$^{A/B\ test}$는 사용자에게 표시되는 페이지의 요소를 조작하면서 테스트하는, 특별한 유형의 라이브 사이트 연구 방법이다. A/B 테스트를 웹사이트에서 수행하는 전통적 접근 방식은 특정

페이지 또는 페이지 요소에 대한 두 가지 대안 디자인을 게시하는 것이다. 이때 어떤 사이트 방문자는 'A' 버전을 보고 다른 방문자는 'B' 버전을 본다. 대부분의 경우 이런 할당은 무작위로 이뤄지므로, 동일한 수의 방문자들이 각 버전을 보게 된다. 어떤 경우에는 대다수의 방문자는 기존 페이지를 보고, 소수의 방문자는 테스트 중인 실험 버전을 보게 되는 경우도 있다. 이런 연구 방법들을 대체로 A/B 테스트라고 부르지만, 페이지에 대한 대안 디자인이 몇 개이든 동일한 개념이 적용된다.

> ### 좋은 A/B 테스트의 조건
>
> A/B 테스트를 잘 하려면 신중하게 계획을 세워야 한다. 명심해야 할 몇 가지 조언을 전한다.
>
> - 방문자들을 'A' 버전을 볼 사람과 'B' 버전을 볼 사람으로 구분할 때 무작위로 나눠야 한다. 누군가가 아침에 방문하는 모든 방문자를 'A' 버전을 보게 하고, 오후에 방문하는 모든 방문자를 'B' 버전을 보게 하는 것으로 충분하다고 해도, 믿지 마라. 오전 방문자와 오후 방문자 사이에 다른 점이 있을 수 있다.
> - 처음에는 작은 변경 사항을 테스트하라. 완전히 다른 두 가지 버전의 페이지를 디자인해서 둘을 테스트하고 싶을 수도 있겠지만, 작은 차이점을 테스트하면 훨씬 더 많은 것을 명확하게 학습할 수 있다. 두 버전이 서로 완전히 다르고 한 버전이 다른 버전보다 훨씬 더 나은 성능을 발휘하는 경우에 여러분은 여전히 그 버전이 왜 더 나은지 알 수 없을 것이다. 반면 유일한 차이점이 클릭 유도 버튼(call-to-action button)의 문구라면, 여러분은 그 차이가 문구 때문이라는 것을 알 수 있다.
> - 유의성을 테스트한다. 한 버전이 다른 버전을 능가하는 것처럼 보일 수 있지만, 통계적 검정(예: 카이제곱 검정)을 수행해서 유의한지 여부를 꼭 확인하자.
> - 지속적으로 확인하고 개선하는 애자일(agile) 방식으로 진행하자. 한 버전이 다른 버전보다 성능이 우수하다고 확신이 서면 우수한 버전을 선택하고(예: 모든 방문자를 그 버전으로 안내하고), 다른 A/B 테스트로 넘어가자.
> - 고위 경영진의 의견(HIPPO, Highest Paid Person's Opinion, 최고 급여를 받는 사람의 의견, 높은 직급의 의사 결정자의 의견을 칭함)이 아니라 데이터를 믿으라. 때때로 A/B 테스트 결과는 예상치 못한 놀라운 결과 또는 직관에 반하는 결과를 내놓기도 한다. UX 리서처들은 이러한 놀라운 발견에 대해 설문 조사, 실험실 연구, 온라인 연구 같은 다른 기법을 사용해 후속 조치를 취할 수 있다.

페이지 방문자는 (무작위 수 생성, 특정 시간(예: 자정 이후 짝수 초 또는 홀수 초) 또는 기타 여러 가지 기법으로) 대안 페이지 중 하나로 안내된다. 일반적으로 쿠키^{cookie}는 방문자에게 보여준 버전을 표시하도록 설정돼 방문자가 지정된 기간 내에 사이트를 다시 방문하면 동일 버전의 페이지가 다시 표시되도록 만든다. 앞서 언급했듯이 외부 요인으로 인해 서로 다른 시간에 테스트를 할 경우 결과에 영향을 미칠 수 있으므로 대안 버전을 동시에 테스트하는 것이 중요하다는 점을 명심하자.

세심하게 설계된 A/B 테스트를 통해 웹사이트에서 무엇이 효과가 있고 무엇이 효과가 없는지에 대한 중요한 인사이트를 얻을 수 있다. 아마존^{Amazon}, 이베이^{eBay}, 구글^{Google}, 마이크로소프트^{Microsoft}, 페이스북^{Facebook}(현 메타^{Meta}) 등 많은 기업이 라이브 사이트에서 지속적으로 A/B 테스트를 수행하고 있지만, 대부분의 사용자는 이를 인지하지 못한다(Kohavi, Deng, Frasca, Longbotham, Walker, & Xu, 2012; Kohavi, Crook, & Longbotham, 2009, Tang, Agarwal, O'Brien, Meyer, 2010). 코하비^{Kohavi}와 라운드^{Round}가 연구에서 설명한 바와 같이(2004), A/B 테스트는 아마존에서 지속적으로 이뤄지며, A/B 테스트를 통한 실험은 사이트를 변경, 개선하는 주요 방법이다.

> **내비게이션 메뉴에 대한 A/B 테스트**
>
> 게스더테스트(GuessTheTest, www.GuessTheTest.com)의 데보라 오말리(Deborah O'Malley)는 친절하게도 맥클래치 컴퍼니(The McClatchy Company)의 A/B 테스트 사례 연구를 공유했다. 맥클래치 컴퍼니는 미국 전역에서 많은 신문을 제작하는 언론사로, 최상위 내비게이션 방식의 변화가 사용자 행동에 어떤 영향을 미치는지 알고 싶어 했다. 먼저 맥클래치 컴퍼니는 소규모 표본으로 질적 연구를 수행했는데, 그 결과 '분류 코너(classifieds)'라는 용어를 '사고 팔고(buy&sell)'로 변경했을 때, 탐색 기능이 향상됐음을 발견했다.
>
> 그러나 경영진은 납득하지 못했고, 훨씬 더 큰 표본으로 A/B 테스트를 실시하기를 원했다. 40만 명이 넘는 방문자를 기준으로 테스트를 다시 진행했고, 그 결과 '분류 코너' 링크는 '사고 팔고' 링크보다 75% 이상 더 나은 성능을 보였다(99% 신뢰 수준). 연구자들은 맥클래치 신문의 핵심 독자층이 '사고 팔고'보다 기존의 '분류 코너'에 더 익숙한 것으로 추측했다. 흥미로운 사례 연구들을 더 보고 싶다면 www.GuessTheTest.com을 방문해 보라.

10.2 카드 소팅 데이터

카드 소팅은 정보 시스템의 요소들을 사용자에게 합리적인 방식으로 구성하게 하는 기법으로, 1980년대 초부터 활용해 왔다. 예를 들어 툴리스(Tullis, 1985)는 메인프레임 운영체제의 메뉴를 구성하기 위해 이 기술을 사용했다. 이 기법은 최근에는 웹사이트의 정보 아키텍처에 대한 결정 시 구조를 검토하는 방법으로 인기를 끌고 있다(예: Maurer & Warfel, 2004; Spencer, 2009; Nawaz,

2012). 또한 이 기법은 수년에 걸쳐 인덱스 카드를 실제로 분류하는 방식에서 가상 카드를 사용하는 온라인 방식으로 발전했다. 많은 UX 전문가가 기본적인 카드 소팅 방식에 대해 잘 알고 있는 것처럼 보이지만, 카드 소팅 데이터 분석 시 다양한 지표가 사용될 수 있다는 사실을 아는 사람은 거의 없는 것 같다.

카드 소팅은 (1) 여러분이 사용자에게 분류할 카드들을 제공하지만 사용자가 카드들을 분류하고 본인이 그룹을 정의하도록 하는 열린 카드 소팅[open card-sort]과 (2) 사용자에게 분류할 카드들과 그룹들(그룹명)을 제공하는 닫힌 카드 소팅[closed card-sort]의 두 가지 유형으로 나뉜다. 어떤 지표는 두 유형 모두에 적용되지만, 어떤 지표는 각각 고유하다.

카드 소팅 도구

카드 소팅을 위해 다음과 같은 여러 도구들을 활용할 수 있다. 어떤 도구는 데스크톱 애플리케이션 기반이고, 어떤 도구는 웹 기반이다. 이중 대부분의 도구는 계층적 클러스터 분석(hierarchical cluster analysis)과 같은 분석 기능들을 기본적으로 제공한다. 우리에게 친숙한 도구들을 아래에서 소개하고자 한다.

- 옵티멀 소트(OptimalSort, 웹 기반 서비스): http://www.optimalworkshop.com/optimalsort
- 유저빌리테스트 카드 소팅(UsabiliTest Card-sorting, 웹 기반 서비스): http://www.usabilitest.com/CardSorting
- 유저줌 카드 소팅(UserZoom Card-sorting, 웹 기반 서비스): https://www.userzoom.com/user-research-methods/#ia-research
- 유즈카드소트(UzCardSort, 모질라(Mozilla) 확장프로그램): http://uzilla.mozdev.org/cardsort.html
- 엑스소트(XSort, Mac OS X 애플리케이션): https://xsortapp.com/

카드 소팅 전문 도구는 아니지만, 카드 수가 비교적 적을 때는 파워포인트 또는 이와 유사한 프로그램을 사용해 카드 소팅을 진행할 수도 있다. 빈 상자들과 여기에 분류할 카드들을 담은 슬라이드를 만든 다음, 참가자에게 이메일로 해당 파일을 보내 카드들을 상자에 넣어 그룹핑하고, 해당 그룹의 이름을 정하도록 요청한다. 그런 다음, 이메일에 파일을 첨부해 회신하게 한다. 물론 이 경우 분석은 여러분의 몫이다.

10.2.1 열린 카드 소팅 데이터 분석

열린 카드 소팅 후 데이터를 분석하는 방법은 연구의 모든 카드 쌍에 '지각된 거리$^{perceived\ distances}$ (또는 비유사성 행렬$^{dissimilarity\ matrix}$이라고도 함)'라는 행렬을 만드는 것이다. 예를 들어 사과, 오렌지, 딸기, 바나나, 복숭아, 자두, 토마토, 배, 포도, 체리 등 10개의 과일로 카드 소팅을 수행했다고 가정해 보자. 연구에 참여한 한 참가자는 다음과 같은 그룹으로 분류하고 이름을 지었다.

- '크고 둥근 과일': 사과, 오렌지, 복숭아, 토마토
- '작은 과일': 딸기, 포도, 체리, 자두
- '재미있는 모양의 과일': 바나나, 배

여러분은 다음과 같은 규칙으로 각 참가자가 만든 모든 과일 쌍 사이에 '지각된 거리' 행렬을 만들 수 있다.

- 이 사람이 한 쌍의 카드를 같은 그룹에 넣으면, 카드 간 거리는 0이 된다.
- 이 사람이 한 쌍의 카드를 서로 다른 그룹에 넣으면, 카드 간 거리가 1이 된다.

이 규칙을 적용한, 이전 참가자의 거리 행렬은 표 10.7에 표시된 것과 같다.

표 10.7 과일 카드 분류 예에서 한 참가자의 거리 행렬

과일	사과	오렌지	딸기	바나나	복숭아	자두	토마토	배	포도	체리
사과	—	0	1	1	0	1	0	1	1	1
오렌지		—	1	1	0	1	0	1	1	1
딸기			—	1	1	0	1	1	0	0
바나나				—	1	1	1	0	1	1
복숭아					—	1	0	1	1	1
자두						—	1	1	0	0
토마토							—	1	1	1
배								—	1	1
포도									—	0
체리										—

행렬을 단순하게 표시하기 위해 행렬의 위쪽 절반만 보여주고 있지만 아래쪽 절반도 정확히 같다. 대각선 입력값들은 같은 카드끼리 묶은 값이라 거리가 정의될 수 없기 때문에 의미가 없다(또는 분석에 필요한 경우 0으로 가정할 수 있다). 다시 정리하자면, 연구에 참여한 한 참가자에 대해 이 행렬의 값은 0 또는 1만 된다. 그런 다음, 연구에 참여한 모든 참가자에 해당하는 행렬들을 합한다. 20명의 참가자가 과일 카드를 분류했다고 가정해 보겠다. 그런 다음 20명의 참가자에 대한 행렬을 작성하고, 행렬들을 합산할 수 있다. 그러면 이론적으로 값의 범위는 0(모든 참가자가 같은 그룹에 한 쌍을 넣은 경우)에서 20(모든 참가자가 다른 그룹에 한 쌍을 넣은 경우)까지일 것이다. 숫자가 높을수록 거리가 커진다. 표 10.8은 행렬들을 합산한 예를 보여준다. 이 예에서는 2명의 참가자만이 오렌지와 복숭아를 서로 다른 그룹에 넣은 반면, 참가자 20명 모두 바나나와 토마토를 서로 다른 그룹에 넣었다.

표 10.8 과일 소팅 정렬 연구에 참여한 20명의 참가자에 대한 전체 거리 매트릭스

과일	사과	오렌지	딸기	바나나	복숭아	자두	토마토	배	포도	체리
사과	—	5	11	16	4	10	12	8	11	10
오렌지		—	17	14	2	12	15	11	12	14
딸기			—	17	16	8	18	15	4	8
바나나				—	17	15	20	11	14	16
복숭아					—	9	11	6	15	13
자두						—	12	10	9	7
토마토							—	16	18	14
배								—	12	14
포도									—	3
체리										—

> **카드 소팅 분석 스프레드시트**
>
> 도나 스펜서(Donna Spencer, 2009)는 카드 소팅 데이터 분석을 위한 엑셀 스프레드시트를 개발했다. 그녀는 카드 소팅 결과를 탐색하기 위해 분석을 수행하는 사람이 유사한 범주를 그룹화해 범주를 표준화할 수 있도록 지원하는 등 여기에서 설명하는 통계적 기법과는 매우 다른 기법을 사용한다. 스프레드시트 파일과 설명서는 다음 링크(https://rosenfeldmedia.com/books/card-sorting/details/resources/)에서 다운로드할 수 있다.
>
> 또한 마이크 라이스(Mike Rice)는 카드 소팅 데이터에서 동시 발생 분포(co-occurrence matrix, 동시 출현 행렬)를 만들기 위한 스프레드시트를 개발했다. 여러분은 이 분석을 통해 두 카드가 얼마나 자주 같은 그룹으로 분류됐는지 확인할 수 있다. 그의 분석 스프레드시트는 도나 마우러(Donna Maurer)가 분석에 사용한 스프레드시트와 동일한 방식으로 작동한다. 마이크의 분석 스프레드시트 파일과 이를 사용하기 위한 설명서는 다음 링크(http://www.informoire.com/co-occurrence-matrix/)에서 확인할 수 있다.

이런 전체 행렬은 거리 (또는 유사도) 행렬을 연구하기 위한 여러 표준 통계 방법으로 분석할 수 있다. 우리가 유용하다고 생각하는 두 가지 방법은 계층적 군집 분석$^{hierarchical\ cluster\ analysis}$(예: Aldenderfer & Blashfield, 1984)과 다차원 척도법$^{multidimensional\ scaling}$(또는 MDS라고도 함, 예: Kruskal & Wish, 2006)이다. 둘 다 SAS(http://www.sas.com), IBM SPSS(http://www.spss.com), NCSS(http://www.ncss.com) 등의 상용 통계 분석 패키지와 엑셀 내 추가 기능 패키지(예: Unistat, http://www.unistat.com; XLStat, http://www.xlstat.com)에서 제공된다.

계층적 군집 분석

계층적 군집 분석$^{hierarchical\ cluster\ analysis}$의 목표는 연구 참가자가 가장 유사하다고 간주하는 카드들을 서로 가까운 가지에 배치하는 트리 다이어그램$^{tree\ diagram}$(또는 덴드로그램^{dendrogram}이라고도 함)을 구축하는 것이다(Macias, 2021). 예를 들어 다음 페이지의 그림 10.4는 표 10.8의 데이터를 계층적 군집 분석한 결과를 보여준다. 계층적 군집 분석을 해석하는 핵심은 트리 다이어그램에서 임의의 카드 쌍이 '함께 결합$^{join\ together}$'되는 지점을 살펴보는 것이다. 더 빨리 결합되는 카드는 나중에 결합되는 카드보다 서로 더 유사하다. 표 10.8에서 거리가 가장 짧은 과일 쌍인 복숭아와 오렌지는(거리 = 2) 트리 다이어그램에서 먼저 결합돼 있다.

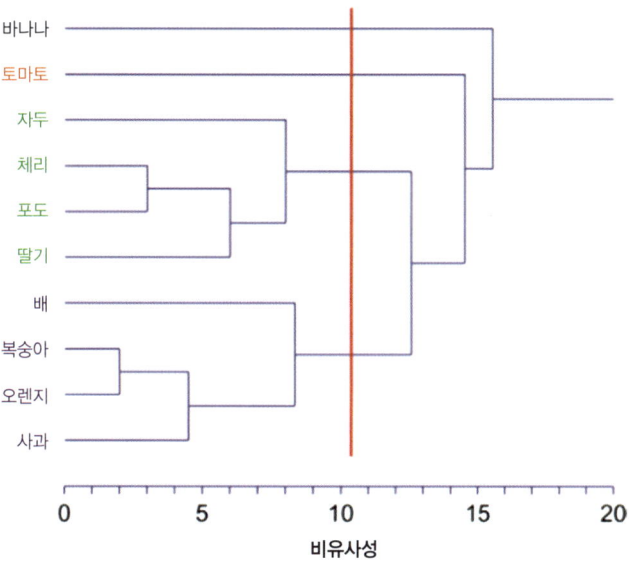

그림 10.4 표 10.8의 데이터를 계층적 군집 분석한 결과

계층적 군집 분석에서는 '결합linkage'이 일어나는 방식을 결정하기 위해 여러 가지 다른 알고리듬을 사용할 수 있다. 계층적 군집 분석을 지원하는 대부분의 상용 패키지에서 결합 방식을 선택할 수 있는데, 우리가 가장 효과적이라고 생각하는 방식은 그룹 평균 방식group average method이다. 물론 어떤 것이 다른 것보다 낫다는 절대적 우위는 없다. 여러분은 결과가 어떨지 확인하기 위해 다른 결합 방식들을 실험해 볼 수도 있을 것이다.

계층적 군집 분석이 카드 소팅 데이터 분석에 사용하기에 매력적인 이유 중 하나는 웹사이트 내 카드(페이지)를 어떻게 구성할지 직접적으로 알려줄 수 있다는 점이다. 이를 위한 방법은 트리 다이어그램에서 세로로 '슬라이스slice, 분할'해 어떤 그룹이 생성되는지 확인하는 것이다. 그림 10.4는 4개의 클러스터 '슬라이스(분할된 부분)'를 보여준다. 수직선은 4개의 수평선과 교차해 (색상으로 구분된) 4개의 그룹을 형성한다. 이렇게 '슬라이스'할 때 몇 개의 클러스터를 생성할지 어떻게 결정할 것인가? 다시 말하지만 정해진 규칙은 없다. 하지만 우리가 선호하는 한 가지 방법은 카드 소팅 연구 참가자가 만든 카드 그룹의 평균 수를 계산한 다음 이를 근사화하는 것이다.

트리 다이어그램을 '슬라이스'하고 이를 통해 생성된 그룹을 확인한 후, 다음으로 해야 할 일은 해당 그룹이 원래 카드 소팅 데이터와 어떻게 비교되는지 결정해, 파생된 그룹에 대한 '적합성

goodness of fit' 지표를 고안하는 것이다. 이렇게 하기 위한 방법으로는, 파생된 그룹의 카드 쌍을 카드 소팅 연구의 각 참가자가 만든 쌍과 비교하고 일치하는 비율을 식별하는 방법이 있다. 예를 들어 앞서 나온 표 10.7의 데이터의 경우 45개 쌍 중 7개 쌍만이 그림 10.4에서 확인된 것과 일치하지 않는다. 일치하지 않는 7개의 쌍은 사과-토마토, 사과-배, 오렌지-토마토, 오렌지-배, 바나나-배, 복숭아-토마토, 복숭아-배이다. 이는 45개 쌍 중 38개의 쌍, 즉 84%가 일치한다는 것을 의미한다. 모든 참가자에 대해 이런 일치 비율을 평균하면 원 데이터와 비교해 파생된 그룹에 대한 적합도를 측정할 수 있다.

다차원 척도법

카드 소팅 후 데이터를 분석하고 시각화하는 또 다른 방법은 다차원 척도법(MDS, MultiDimensional Scaling)을 사용하는 것이다. MDS를 이해하는 가장 좋은 방법은 비유를 통해서일 것이다. 미국의 모든 주요 도시 간 마일리지 표는 있지만 해당 도시들이 어디에 있는지 표시된 지도는 없다고 가정해 보자. MDS 분석은 해당 마일리지 표를 사용해서 각 도시들 간의 서로 상대적인 위치를 보여주는 대략적인 지도를 만들어낼 수 있다. 기본적으로 MDS는 모든 항목 쌍 사이의 거리가 원래 거리 행렬의 거리와 최대한 가까운 지도를 만들려 한다.

MDS 분석을 위한 입력값은 표 10.9에 표시된 예와 같은 거리 행렬인 계층적 군집 분석에 대한 입력값과 동일하다. 표 10.8의 데이터에 대한 MDS 분석 결과는 그림 10.5에 나와 있다. 이 MDS 분석에서 가장 먼저 눈에 띄는 것은 토마토와 바나나가 다른 모든 과일과 어떻게 구분돼 있는지다. 이 결과는 (이 두 과일이 다른 모든 과일들과 결합한 마지막 두 과일이었던) 계층적 군집 분석 결과와 일치한다. 실제로 계층적 군집 분석의 4개 군집 '슬라이스'에는 이 두 가지 과일이 그룹으로 포함돼 있다(그림 10.4 참조). MDS 분석에서 또 다른 분명한 점은 딸기, 포도, 체리, 자두가 왼쪽에 함께 모여 있고 오른쪽에는 사과, 복숭아, 배, 오렌지가 함께 모여 있는 점이다. 이런 패턴도 계층적 군집 분석 결과와 일치한다.

표 10.9 정해져 있는 세 그룹에 10장의 카드를 넣은, 닫힌 카드 소팅 참가자의 그룹별 비율

카드	그룹 A	그룹 B	그룹 C	최댓값
카드 1	17%	78%	5%	78%
카드 2	15%	77%	8%	77%
카드 3	20%	79%	1%	79%
카드 4	48%	40%	12%	48%
카드 5	11%	8%	81%	81%
카드 6	1%	3%	96%	96%
카드 7	46%	16%	37%	46%
카드 8	57%	38%	5%	57%
카드 9	20%	75%	5%	75%
카드 10	4%	5%	92%	92%
			평균	73%

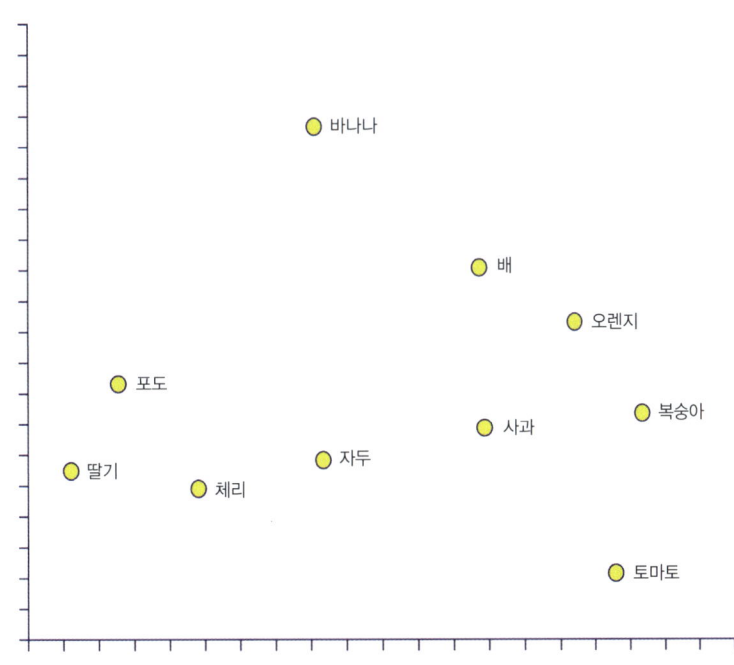

그림 10.5 표 10.9의 거리 행렬을 다차원 척도법으로 분석한 결과

MDS 분석에서 3개 이상의 차원을 사용할 수도 있지만, 차원을 하나만 더 추가해도 카드 소팅 데이터에 대한 유용한 인사이트를 얻을 수 있는 사례는 거의 없었다. 우리가 기억해야 할 또 다른 점은 MDS 도표에서 축의 방향이 임의적이라는 점이다. 원하는 방식으로 지도를 회전하거나 뒤집을 수 있으며 결과는 여전히 동일하다. 이때 실제로 중요한 것은 항목의 모든 쌍 사이의 상대적인 거리이다.

MDS 도표가 원본 데이터를 얼마나 잘 반영하는지 나타내는 데 사용되는 일반적인 지표는 'Phi'라고도 하는 '스트레스^{stress}' 지표이다. MDS 분석을 하는 대부분의 상용 패키지는 솔루션과 관련된 스트레스 값도 보고할 수 있다. 기본적으로 이 값은 모든 쌍의 항목을 살펴보고 MDS 지도에서 각 쌍의 거리와 원래 행렬에서 각 쌍의 거리 간의 차이를 구한 후 그 차이를 제곱하고 그 제곱을 합산해서 계산된다. 그림 10.5에 표시된 MDS 지도의 스트레스 측정값은 0.04다. 이 값은 작을수록 좋다. 하지만 실제로 얼마나 작아야 할까? 일반적으로 0.10 미만의 스트레스 값은 우수하고, 0.20 이상의 스트레스 값은 좋지 않은 것으로 간주한다.

우리는 계층적 군집 분석과 MDS 분석을 모두 수행해야 유용하다는 점을 알게 됐다. 여러분은 때때로 한쪽에서는 분명하지 않은, 흥미로운 것을 다른 쪽에서 보기도 한다. 게다가 그것들은 서로 다른 통계 분석 기법이기 때문에, 정확히 같은 답을 줄 거라고 기대해서는 안 된다. 예를 들어 MDS 지도에서 가끔 쉽게 확인할 수 있는 것은 어떤 카드가 '이상치', 즉 단일 그룹에 분명히 속하지 않는 카드인지 여부이다. 카드가 이상치가 될 수 있는 이유는 두 가지이다. 하나는 실제로 이상치인 경우이다. 다시 말해 다른 모든 카드와 실제로 다른 기능인 것이다. 또는 두 번째 이유로는, 2개 이상의 그룹으로 '지정될' 수 있는 경우이다. 웹사이트를 설계할 때 각 클러스터에서 사용할 수 있도록(양쪽에서 해당 정보가 찾아지도록) 설정하고 싶을 것이다.

카드 소팅 연구에서 충분한 참가자 수는 몇 명일까?

툴리스와 우드는 카드 소팅 연구에서 신뢰할 만한 결과를 얻으려면 얼마나 많은 참가자가 필요한지에 대한 주제를 중심으로 카드 소팅 연구를 수행했다(Tullis and Wood, 2004). 그들은 46장의 카드와 168명의 참가자로 열린 카드 소팅을 수행했다. 그런 다음 전체 데이터 세트(참가자 168명)에 대한 결과와 2~70명의 참가자 데이터의 무작위 하위 샘플에 대한 결과를 분석했다. 전체 데이터 세트에 대한 하위 샘플 결과의 상관관계는 다음 페이지의 그림 10.6에 나와 있다.

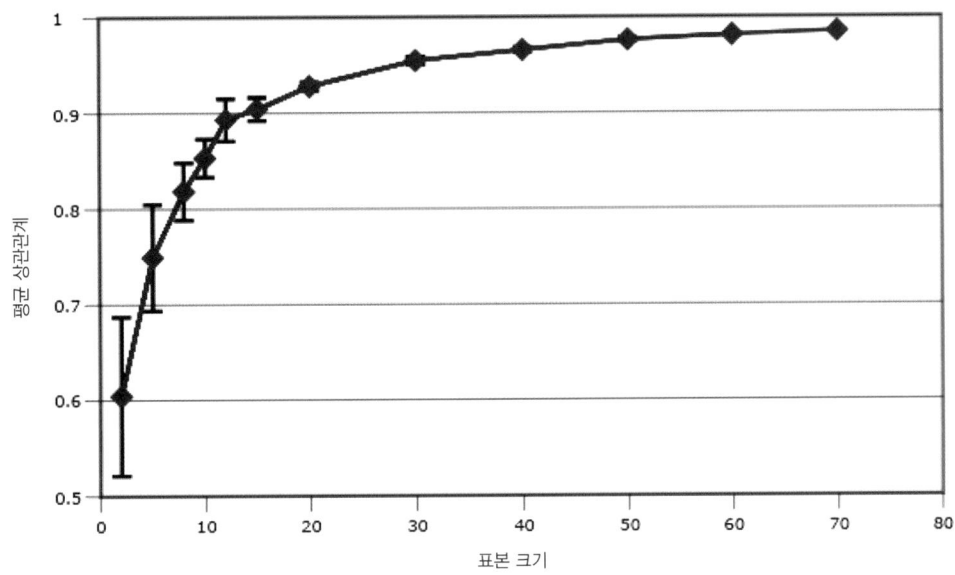

그림 10.6 카드 소팅 연구에 얼마나 많은 참가자가 필요한지 분석한 툴리스와 우드의 연구 결과(2004)

곡선의 '굴곡elbow'은 10에서 20 사이인 것으로 보이며, 표본 크기가 15일 때 전체 데이터 세트와 .90의 상관관계가 있다. 이런 결과가 다른 주제나 다른 개수의 카드를 사용한 카드 소팅 연구에 얼마나 일반화될 수 있을지 알긴 어렵지만, 적어도 15명 정도가 적절한 목표 참가자 수일 수 있음을 시사한다.

10.2.2 닫힌 카드 소팅 데이터 분석

참가자에게 카드뿐만 아니라 카드를 분류할 그룹 개수와 이름도 제공하는 닫힌 카드 소팅 방식은 열린 카드 소팅보다 수행 빈도가 낮다. 대체로 열린 소팅 방식으로 시작해서 사용자가 자연스럽게 만드는 그룹의 종류와 그 그룹에 사용할 수 있는 이름에 대한 아이디어를 얻곤 하기 때문이다. 하지만 기능을 구성하고 그룹 이름을 정할 때 여러분의 아이디어를 테스트하는 방법으로, 열린 카드 소팅을 한 후 뒤이어 닫힌 소팅 방식으로 추가 검증을 하는 게 도움이 될 수 있다. 닫힌 카드 소팅을 하면 기능을 어떻게 구성할지에 대한 아이디어를 얻을 수 있고, 여러분이 염두에 둔 구성과 사용자 멘탈 모델에 얼마나 근접한지 확인할 수 있다.

우리는 웹사이트의 기능을 구성하는 여러 방법을 비교하기 위해 닫힌 카드 소팅 방식을 사용했다

(Tullis, 2007). 먼저 54개의 기능으로 열린 카드 소팅을 수행했다. 그런 다음 그 결과를 사용해서 여섯 가지의 서로 다른 기능 구성 방식을 만들어낸 다음, 여섯 가지의 닫힌 카드 소팅으로 테스트했다. 각각의 닫힌 카드 소팅 테스트는 같은 54개의 기능들을 사용했지만, 기능을 분류하기 위해 다른 그룹들을 제시했다. 각 '프레임워크^{framework}'(그룹 이름들의 집합)의 그룹 수는 3개에서 9개까지 다양했다. 각 참가자는 여섯 가지 프레임워크 중 하나만 사용했다.

닫힌 카드 소팅 데이터를 볼 때, 여러분이 가장 관심 있는 것은 각 그룹이 해당 그룹에 속하게 하려 했던 카드들을 얼마나 잘 '끌어왔는지^{pulled}'다. 예를 들어 닫힌 카드 소팅에서 각 그룹에 각 카드를 넣은 참가자의 비율을 보여주는 표 10.9의 데이터를 생각해 보라.

표 10.9의 오른쪽에 표시된 백분율은 각 카드를 넣은 그룹 중 가장 많이 넣은, 가장 높은 비율이다. 이는 '1등^{winning}' 그룹이 적절한 카드를 얼마나 잘 뽑았는지 나타내는 지표이다. 여러분이 보고 싶은 것은 이 표의 카드 10과 같은 경우이다. 이 카드는 매우 강력하게 그룹 C로 끌려갔으며^{pulled}, 참가자의 92%가 그룹 C에 넣었다. 문제가 되는 것은 카드 7과 같은 경우다. 참가자의 46%가 그룹 A에 넣었고 37%는 그룹 C에 넣었다. 따라서 참가자들은 카드 7을 어느 그룹에 넣을지 결정하는 데 있어 매우 '분열'돼 있었다.

닫힌 카드 소팅에서 특정 그룹 세트가 얼마나 적절한지 가늠하는 데 사용할 수 있는 한 가지 지표는 모든 카드에 대한 최댓값의 평균이다. 표 10.9의 데이터에서는 73%이다. 그러나 같은 카드이지만 다른 그룹 세트를 사용해서 닫힌 카드 소팅을 한 결과를 비교하려면 어떻게 해야 할까? 각 세트에 그룹 개수가 동일하다면 각 세트들의 평균 최대 백분율은 상호 비교 가능하다. 그러나 툴리스의 2007년 연구에서와 같이 한 세트에는 3개의 그룹만 있고 다른 세트에는 9개의 그룹이 있는 경우, 평균 최대 백분율은 비교를 위한 공정한 척도가 아니다. 만약 참가자들이 3개 그룹만으로 분류를 할 때 무작위로 분류했다면, 우연하게도 최대 33%의 백분율을 얻게 된다. 그러나 그들이 만약 9개 그룹으로 분류할 때 무작위로 분류했다면, 얻을 수 있는 최대 백분율은 11%에 불과하다. 따라서 이 지표를 사용하면 더 많은 개수의 그룹 프레임워크는 더 적은 개수의 그룹 프레임워크에 비해 불리하다.

우리는 닫힌 카드 소팅에서 그룹 개수를 보정하기 위해 다양한 방법을 실험했다. 가장 효과가 좋을 것으로 보이는 카드는 표 10.10에서 확인할 수 있다. 이 데이터들은 앞의 표 10.9에 표시된 것과 동일한 데이터지만 2개의 열이 추가됐다. '2위값' 열에는 다음으로 높은 비율을 기록한 그룹의 백분율을 제공한다. '최댓값-2위값 간 차이' 열은 단순히 최대 백분율과 2위 백분율 간의 차이다. 카드 10과 같이 한 그룹에 강하게 끌려간^{pulled} 카드는 이 체계에서 상대적으로 작은 페널티를 받는다. 하지만 카드 7처럼 대체로 균등하게 분류된 카드는 상당한 타격을 받는다.

표 10.10 표 10.9와 동일한 데이터이지만, 2개의 열이 추가됨

카드	카테고리 A	카테고리 B	카테고리 C	최댓값	2위값	최댓값과 2위값 간 차이
카드 1	17%	78%	5%	78%	17%	61%
카드 2	15%	77%	8%	77%	15%	62%
카드 3	20%	79%	1%	79%	20%	60%
카드 4	48%	40%	12%	48%	40%	8%
카드 5	11%	8%	81%	81%	11%	70%
카드 6	1%	3%	96%	96%	3%	93%
카드 7	46%	16%	37%	46%	37%	8%
카드 8	57%	38%	5%	57%	38%	18%
카드 9	20%	75%	5%	75%	20%	55%
카드 10	4%	5%	92%	92%	5%	87%
표준편차			평균	73%		52%

'2위값'은 최대 백분율 다음으로 높은 백분율을 의미하며, '차이'는 최대 백분율과 2위값 백분율 간의 차이를 나타낸다.

다음으로, 이런 차이 값의 평균을 활용해 그룹 수가 다른 프레임워크들을 비교할 수 있다. 다음 페이지의 그림 10.7은 이 방법으로 도출된 Tullis(2007)의 데이터를 보여준다. 이 데이터는 각 카드가 어느 그룹에 속하는지에 대한 참가자들 간의 일치 비율$^{percent\ agreement}$을 측정한 척도이다. 당연히 값이 높을수록 좋다.

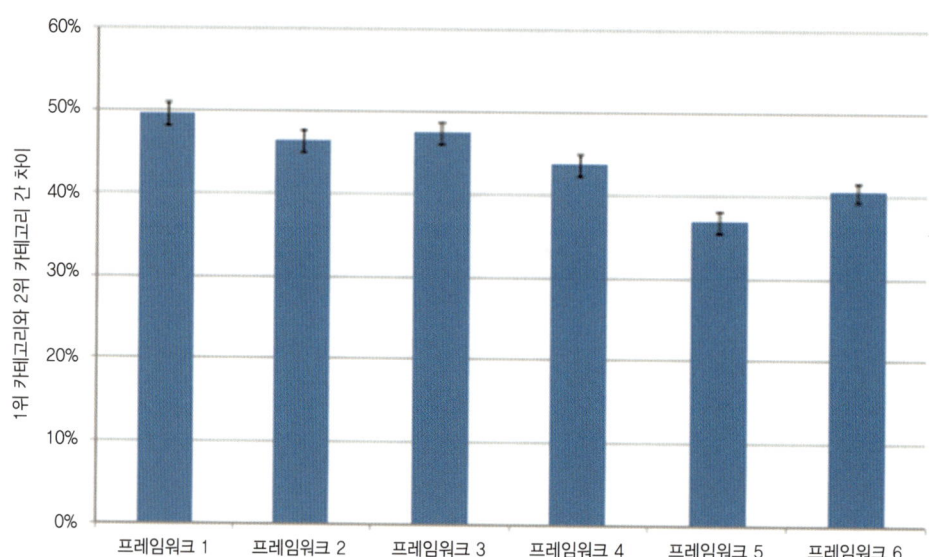

그림 10.7 6개의 병렬 닫힌 카드 소팅에서 6개의 프레임워크를 비교한 결과. 프레임워크마다 그룹 개수가 다르기 때문에, 1위 그룹 백분율에서 2위 그룹 백분율을 뺀 값으로 보정됐다(Tullis(2007)에서 각색, 허가 받아 사용).

닫힌 카드 소팅 데이터도 열린 카드 소팅 데이터와 마찬가지로 계층적 군집 분석과 MDS 분석을 사용할 수 있다. 이는 닫힌 카드 소팅에서 참가자들에게 제시한 프레임워크가 실제로 그들에게 얼마나 효과가 있는지 시각적으로 보여준다.

10.3 트리 테스트

닫힌 카드 소팅과 밀접한 관련이 있는 기법은 트리 테스트$^{\text{tree-test}}$이다. 이 기법은 사용자가 정보 계층 구조를 탐색할 수 있게 한 메뉴의 형태로, 사이트에 대해 제안된 정보 구조를 인터렉티브한 방식으로 표현한다. 예를 들어 그림 10.8은 참가자의 관점에서 트리잭(www.optimalworkshop.com/treejack/)의 샘플 연구를 보여준다.

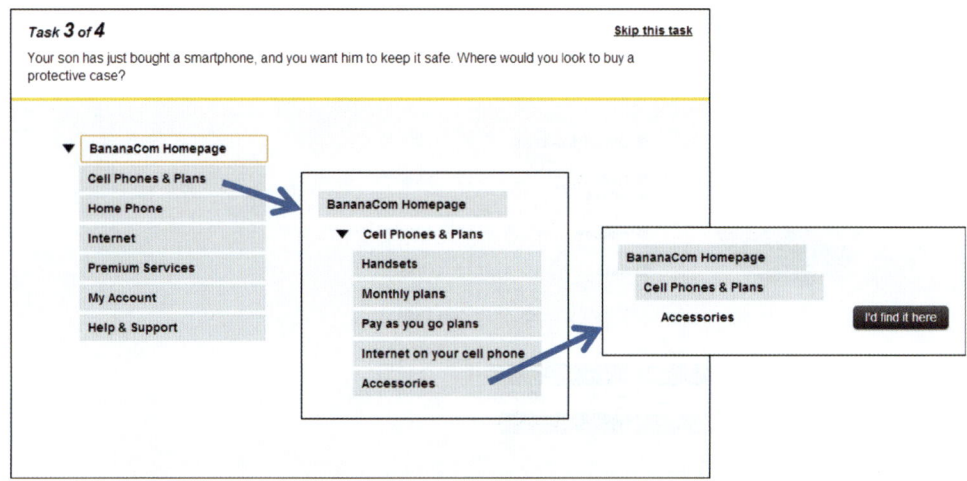

그림 10.8 트리잭의 샘플 연구. 과업이 상단에 표시된다. 처음에는 참가자에게 왼쪽 메뉴만 제공된다. 메뉴에서 '휴대폰과 요금제(cell phones & plans)'를 선택하면 하위 메뉴가 표시된다. 이는 참가자가 '여기에서 찾았습니다(I'd find it here)' 버튼을 선택할 때까지 계속된다. 참가자는 언제든지 트리 위로 다시 올라갈 수 있다.

인터페이스는 매우 다르지만 이 테스트는 개념적으로 닫힌 카드 소팅과 유사하다. 트리 테스트에서 각 과업은 참가자가 트리 구조에서 해당 요소를 찾을 것으로 예상되는 위치를 알려준다는 점에서 '카드'와 유사하다.

그림 10.9는 트리잭이 제공하는 한 과업에 대한 데이터의 예를 다음 사항과 함께 보여준다.

- 과업 성공 데이터^{task success data}: 여러분은 각 과업에 성공했다고 간주되는 트리의 노드^{node}를 트리잭^{TreeJack}에게 알려준다.
- 직행성^{directness}: 이 값은 과업을 수행하는 동안 어떤 시점에서도 트리를 역추적하지 않은 참가자들의 백분율이다. 이 지표는 참가자들이 선택을 하는 데 얼마나 확신이 있는지를 보여주는 유용한 지표가 될 수 있다.
- 소요 시간^{time taken}: 참가자가 과업을 완료하는 데 걸린 평균 시간이다.

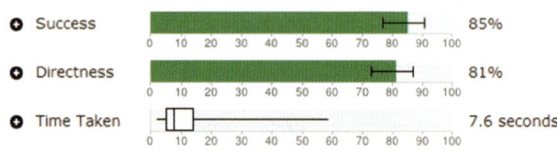

그림 10.9 트리젝의 한 과업에 대한 샘플 데이터(과업 성공, 직접성, 소요 시간을 포함)

그리고 이 세 가지 지표는 모두 95% 신뢰구간으로 표시된다!

트리젝은 또한 그림 10.10와 같이 '파이트리^{PieTree}'라고 부르는, 각 과업 데이터를 흥미롭게 시각화한 결과물도 제공한다. 이 시각화 자료에서 각 노드의 크기는 이 과업을 위해 해당 노드를 방문한 참가자 수를 반영한다. 그리고 각 노드 내의 색상은 올바른 경로, 잘못된 경로, 또는 '리프^{leaf}' 노드[1]를 정답으로 선택한 참가자의 비율을 반영한다. 파이트리 온라인 버전에서는 각 노드의 호버^{hover} 정보를 통해 참가자가 해당 노드에서 무엇을 했는지에 대한 자세한 정보를 확인할 수 있다.

트리 테스트 도구

우리가 알고 있는 트리 테스트 도구를 소개한다.

- C-인스펙터(C-Inspector)(http://www.c-inspector.com)
- 옵티멀 워크숍(Optimal Workshop)의 트리젝(TreeJack)(http://www.optimalworkshop.com/)
- 유저줌(UserZoom)의 트리 테스트(http://www.userzoom.com/)

---

[1] 리프 노드란 더 이상 분할되지 않는 최종 노드를 의미하고, 호버 정보란 마우스를 노드 위에 올리면 제공되는 추가 정보를 의미한다. – 옮긴이

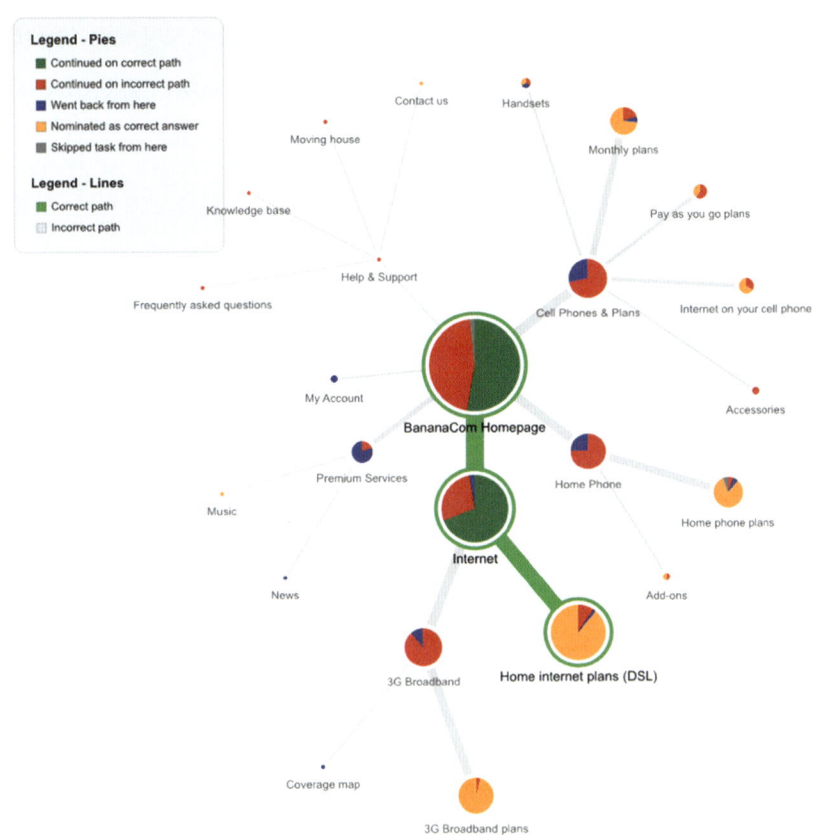

그림 10.10 트리젝의 파이트리는 참가자들이 하나의 과업을 수행할 때 선택한 경로를 보여준다. 위의 경우는 가장 저렴한 가정용 인터넷 요금제 정보를 어디서 찾을 수 있을지에 대한 예상 경로를 보여준다. 녹색 라인은 중앙에서 시작해서 목적을 달성하는 올바른 경로를 강조해서 표시한 것이다.

트리 테스트 연구 후 고객과 비즈니스 파트너로부터 자주 받는 질문 중 하나는 "전반적으로 적절한 과업 성공률은 어느 정도인가?"이다. 트리 테스트 연구에 참여하는 참가자는 자신이 선택한 트리의 위치가 올바른지 판단하는 데 도움이 되는 피드백을 받지 못한다. 예를 들어, 그들은 결과 페이지에 어떤 내용이 포함되는지 알 수 없다. 따라서 여러분은 특별히 높은 과업 성공률을 기대할 수 없을 것이다.

우리는 최근 트리젝을 통해 지난 몇 년 동안 수행한 98개의 트리 테스트 연구 데이터를 분석했다.

우리는 각 연구의 과업 성공률을 상세하게 살펴봤다. 평균 과업 성공률은 60%였고, 25번째 백분위수는 37%, 중앙값은 62%, 75번째 백분위수는 83%였다. 그런데 분석 과정에서 흥미로운 점은 분포의 형태가 사실상 이봉형^{bimodal}이라는 점이고, 매우 잘 수행된 연구와 그렇지 않은 연구에서 피크가 보였다는 점이다. 이 결과는 40% 미만의 과업 성공률은 미흡, 40%~60%는 보통, 61%~80%는 양호, 81%~90%는 매우 양호, 90% 이상은 매우 우수함을 의미하는 것으로 해석한다.

트리 테스트는 라이브 사이트에서 성능을 예측하는가?

앨버트는 현재 운영 중인 라이브 프로덕션 웹사이트에서 프로토타입의 상태가 실제 성능 예측에 어떤 영향을 주는지 알고 싶었다(Albert, 2016). 연구에서 참가자들에게 상호작용 수준(낮음에서 높음까지)과 시각적 처리 수준(낮음에서 높음까지)에 따라 구분된 다섯 가지 유형의 프로토타입 중 하나를 제공했다. 그런 다음 참가자들에게는 각 프로토타입으로 동일한 과업들을 수행해 보도록 했으며, 목표는 올바른 페이지를 찾는 것이었다. 올바른 페이지 찾기 성공 여부, 과업 완료 시간, 총 클릭 수, 고유 페이지 수 등 네 가지 지표를 분석했다. 그 결과, 트리 테스트는 라이브 사이트에서의 성능을 공정하게 예측하는 데 그친 반면, 디자인 목업과 충실도가 높은 프로토타입은 참가자가 라이브 사이트에서 수행하는 방식을 훨씬 더 잘 예측하는 것으로 나타났다. 기본적으로 프로토타입이 시각적으로나 상호작용 측면에서 개선될수록 사용자가 라이브 사이트에서 어떻게 수행하는지 더 잘 이해할 수 있게 될 것이다. 이와 관련해서 생각해 볼 수 있는 또 다른 측면은 트리 테스트의 결과가 좋지 않아도 걱정할 필요는 없다는 것이다. 트리 테스트 결과는 이 프로젝트가 어떻게 될지에 대한 강력한 예측 변수가 아니기 때문이다.

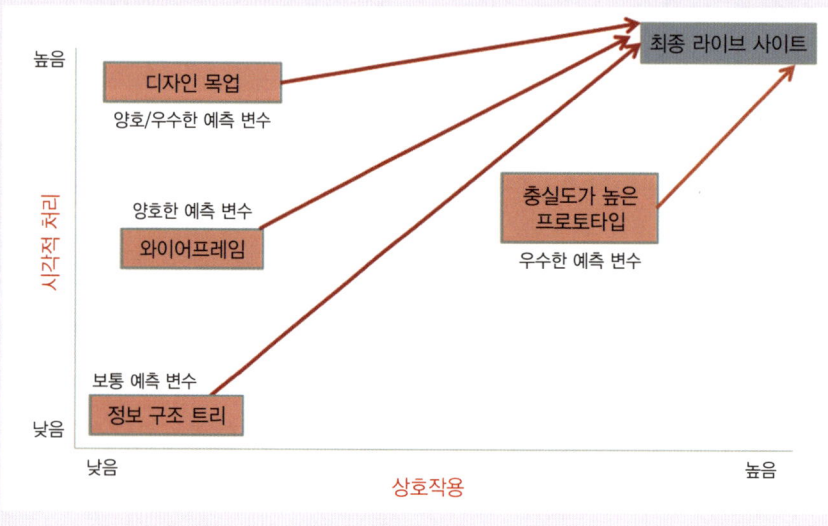

10.4 첫 번째 클릭 테스트

이름에서 알 수 있듯이 '첫 번째 클릭first click' 테스트는 참가자들에게 웹페이지 또는 애플리케이션의 이미지를 보여주고 주어진 과업을 시작하기 위해 어디를 클릭할지 묻는다. 이미지는 라이브 웹사이트의 스크린샷일 수도 있고, 새로운 디자인 콘셉트일 수도 있고, 충실도가 낮은 프로토타입(그림 10.11)일 수도 있다. 옵티멀 워크숍(https://www.optimalworkshop.com/chalkmark/)의 첫 번째 클릭 테스트 도구인 초크마크(Chalkmark, 그림 10.11) 페이지를 살펴보자. 참가자들은 '휴대폰용 블루투스 헤드셋을 구매해 보세요'라는 과제를 받는데, 이때 첫 번째 클릭 위치와 클릭 시간이 기록된다. 다음 페이지의 그림 10.12는 클릭 테스트 결과를 시각화한 것으로, 주어진 과업에 대한 첫 번째 클릭의 분포를 강조해 보여준다. 클릭의 분포를 확인하는 것은 클릭의 분포가 집중돼 있거나 혹은 분산돼 있는지 확인하는 데 도움이 된다. 첫 번째 클릭의 분포가 분산돼 있으면 많은 링크가 과업을 시작하는 잠재적 선택이 될 수 있기 때문에, 혼동을 더 야기할 수 있음을 의미한다. 어떤 의미에서 이건 트리 테스트의 시각적 버전이다(첫 번째 클릭만 포착되기 때문에, 첫 번째 수준만 표현되긴 하지만 말이다).

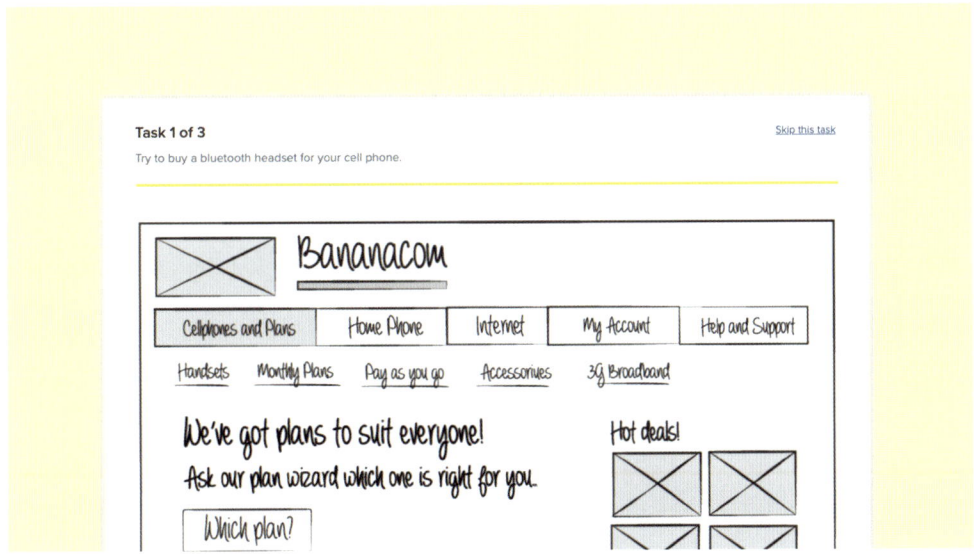

그림 10.11 첫 번째 클릭 테스트에 사용된 저충실도 프로토타입의 예. 참가자가 보는 일반적인 화면 이미지(이미지는 옵티멀 워크숍에서 제공됨)

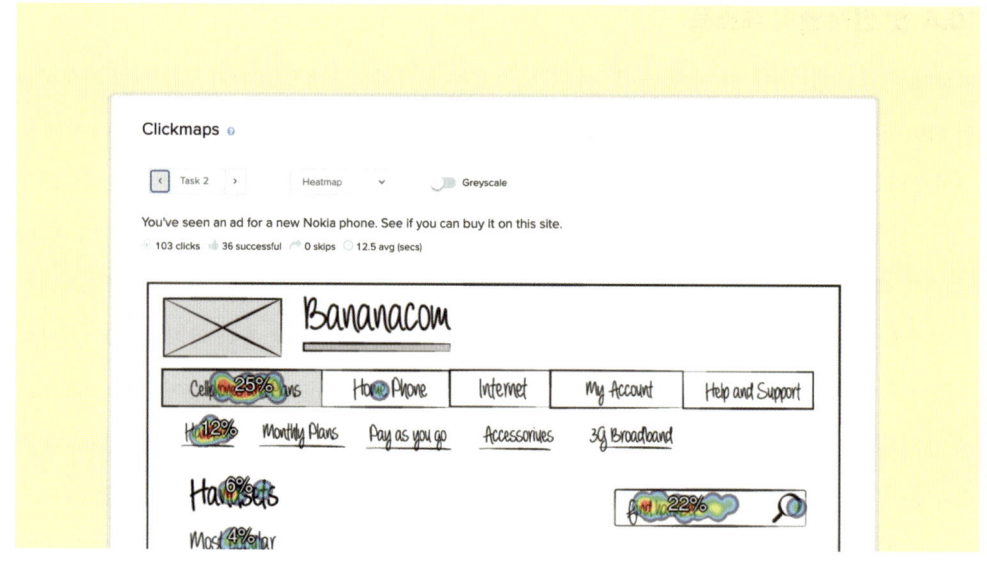

그림 10.12 첫 번째 클릭 테스트의 클릭 분포를 보여주는 예(이미지는 옵티멀 워크숍에서 제공됨)

첫 번째 클릭 테스트의 분석은 간단하다. 대부분의 리서처가 중점을 두는 주요 지표는 성공^{success}이다. 첫 번째 클릭 테스트에서 성공이란 올바른 링크를 올바르게 클릭한 참가자의 백분율이다. 그림 10.13에서 성공률은 58%였다. 이때 상당한 수의 클릭(보통 5% 또는 10% 이상)을 받은 링크를 확인하는 것도 유용하다. 이 경우에는 '월간 요금제$^{monthly\ plans}$'(35%)와 '어떤 요금제$^{which\ plan}$'(23%)였다. 그리고 두 번째로 중요한 지표는 첫 번째 클릭을 하기까지의 시간이다. 다음 페이지의 그림 10.13에서 첫 번째 클릭에 걸리는 시간은 6.32초였다. 일반적으로 클릭 시간이 짧을수록 확신을 한다는 의미이다. 그림 10.13에는 표시돼 있지 않지만, 흥미로운 분석은 성공한 클릭과 실패한 클릭에 걸리는 시간을 비교하는 것이다. 차이가 없다면 잘못된(성공하지 못한) 링크가 성공한 링크만큼 참가자에게 매력적이거나 유혹적이라는 점을 암시하는 것이다. 이런 일은 오해의 소지가 있거나 개념을 중복적으로 사용하는 경우에 자주 발생한다.

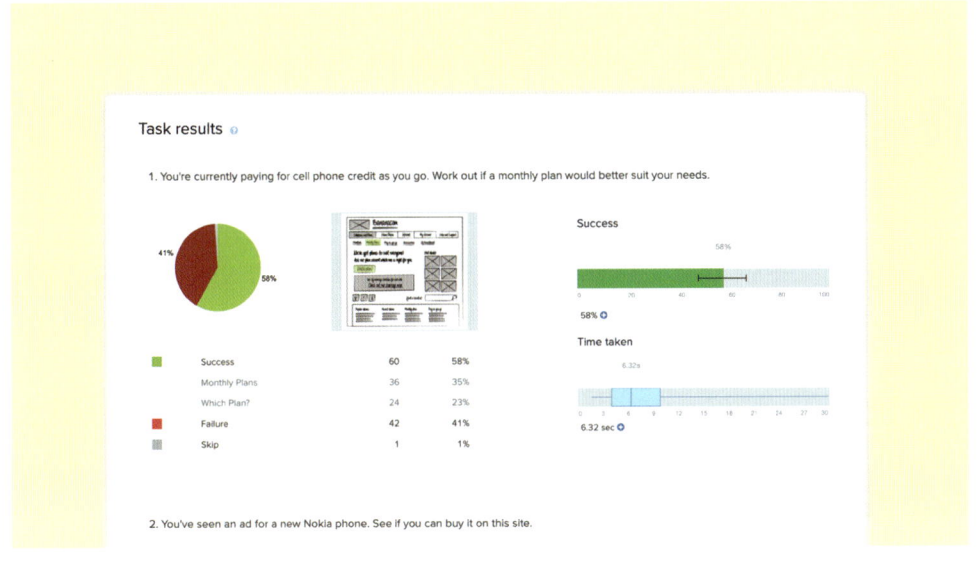

그림 10.13 첫 번째 클릭 테스트의 일반적인 지표를 보여주는 예(이미지는 옵티멀 워크숍에서 제공함)

> **첫 번째 클릭 도구**
>
> 우리가 알고 있는 첫 번째 클릭 도구들을 소개한다.
>
> - 옵티멀 워크숍(Optimal Workshop)의 초크마크(Chalkmark)
>   (https://www.optimalworkshop.com/chalkmark)
> - 유저줌(UserZoom)의 클릭 및 시간 초과 테스트(Click and Timeout Testing)
>   (https://www.userzoom.com/user-research-methods/)
> - 유저빌리티허브(UsabilityHub)의 첫 번째 클릭 테스트(First click Testing)
>   (https://usabilityhub.com/product/first click-tests)

여러분은 웹페이지나 애플리케이션에서 사용자가 첫 번째 클릭을 하는 위치가 정말 중요한지 궁금할 것이다. 하지만 사용자가 처음에 올바른 경로로 시작하지 않는다면, 결국 다시 돌아가서 다른 경로로 시작한다. 밥 베일리와 칼 울프슨은 미국 정부 웹사이트에서 수행된 12가지 사용성 연구 데이터를 분석했다(Bob Bailey and Carl Wolfson, 2013)(이 연구의 세부 내용은 이 책 초판에 사례 연구 10.3으로 소개돼 있다). 그들은 사용자가 첫 번째 클릭을 옳게 시작하면, 그 과업을 정확하게 할 확률이 87%라는 점을 발견했다. 그리고 첫 번째 클릭이 잘못된 경우 과업을 올바르게 수행할 확률은 46%에 불과했다. 즉, 참가자들이 첫 번째 클릭을 옳게 할 경우 과업을 올바르게 수행할 확률은 거의 2배나 높았다. 앤드류 메이필드는 트리잭 데이터베이스에서 수백만 건의 트리 테스트 응답에 대한 후속 분석을 수행했다(Andrew Mayfield, 2015). 그는 첫 번째 클릭이 올바르다면 전체 시나리오도 올바르게 전개될 확률이 70%라는 것을 발견했다. 반면 첫 번째 클릭이 올바르지 않은 경우 시나리오가 올바르게 전개될 확률은 24%에 불과했다. 결국 그는 첫 번째 클릭이 옳다면 참가자들이 과업을 성공적으로 완료할 확률이 거의 3배나 높다는 점을 발견했다. 이런 결과는 첫 번째 클릭을 올바르게 수행하는 것의 중요성을 분명히 보여주는 것 같다.

10.5 접근성 지표

접근성^{accessibility}은 장애를 가진 사람이 특정 시스템, 애플리케이션 또는 웹사이트를 얼마나 효과적으로 사용할 수 있는지를 나타낸다(예: Cunningham, 2012; Henry, 2007; Kirkpatrick et al., 2006). 접근성이란 특정 사용자 집단에 대한 사용성^{usability}을 의미하는 것이다. 그런 관점으로 본다면 이 책에서 논의된 대부분의 다른 지표들(예: 과업 완료율 및 소요 시간, 자가측정 지표 등)을 적용해서 다양한 유형의 장애를 가진 사용자를 위해 모든 시스템의 사용성을 측정하는 데 적용할 수도 있는 것이다. 예를 들어 닐슨은 세 사용자 그룹들을 대상으로(① 화면 판독 소프트웨어를 사용해서 사이트에 액세스한 시각장애인 사용자, ② 화면 확대 소프트웨어를 사용해서 사이트에 액세스한 저시력 사용자, ③ 보조 공학 기술을 사용하지 않은 통제 그룹) 19개 웹사이트에 대한 연구를 진행했고 네 가지 사용성 지표를 보고했다(Nielsen, 2001). 표 10.11은 네 가지 지표에 대한 결과를 보여준다.

표 10.11 시각장애인 사용자, 저시력 사용자, 정상 시력 사용자를 대상으로 한 19개 웹사이트의 사용성 테스트 데이터 ((Nielsen, 2001)에서 각색됨. 허가 받아 사용)

	화면 판독기 사용자	화면 확대기 사용자	대조군(장애 없음)
성공률	12.5%	21.4%	78.2%
과업 시간	16:46	15:26	7:14
오류	2.0	4.5	0.6
주관적 평가(1~7점 척도)	2.5	2.9	4.6

이 결과는 사이트 사용성이 대조군인 통제 그룹 사용자보다 화면 판독/확대기 사용자에게 훨씬 더 나쁘다는 점을 보여준다. 그리고 또 다른 주요 메시지는 장애가 있는 사용자를 위한 시스템 또는 웹사이트의 사용성을 측정하는 가장 좋은 방법은 대표 사용자와 실제로 테스트하라는 것이다. 실제 사용자를 대상으로 평가하는 것은 매우 바람직한 목표이지만, 대부분의 디자이너와 개발자에게는 제품을 사용하기를 바랄 수 있는 모든 장애 그룹의 대표 사용자를 대상으로 테스트할 자원이 없다. 이 점에서 접근성 가이드라인[accessibility guideline]이 중요한 역할을 할 것으로 기대한다.

가장 널리 알려진 웹 접근성 가이드라인은 W3C[World-wide Web Consortium]의 WCAG[Web Content Accessibility Guideline, 웹 콘텐츠 접근성 가이드라인] 버전 2.0일 것이다(http://www.w3.org/TR/WCAG20/). 이 가이드라인은 다음의 네 가지 범주로 나눠진다.

1. 인지 가능[Perceivable]
   a. 텍스트가 아닌 콘텐츠(예: 그림, 사진)에 텍스트 설명문을 제공한다.
   b. 멀티미디어에 캡션 등 대안을 고민한다.
   c. 콘텐츠를 만들 때 보조 기술 등 다양한 방식으로 의미 누락 없이 전달/표현될 수 있는 콘텐츠를 만든다.
   d. 사용자로 하여금 콘텐츠를 더 쉽게 보고 들을 수 있게 한다.
2. 작동 가능[Operable]
   a. 키보드에서 모든 기능을 할 수 있게 만든다.
   b. 사용자에게 콘텐츠를 읽고 사용할 수 있는 충분한 시간을 제공한다.
   c. 발작을 유발할 만한 콘텐츠는 지양한다.
   d. 사용자가 콘텐츠를 탐색하고 찾을 수 있도록 돕는다.
3. 이해 가능[Understandable]
   a. 텍스트를 읽을 수 있고 이해할 수 있게 만든다.
   b. 콘텐츠를 예측 가능한 방식으로 보여주고 운영되게 한다.
   c. 사용자가 실수를 피할 수 있고 바로잡을 수 있게 한다.
4. 강력함[Robust]
   a. 현재의 사용자 도구와 미래의 사용자 도구와의 호환성을 극대화한다.

웹사이트가 이런 기준을 얼마나 잘 충족하는지 수치화하는 방법은 사이트의 페이지 중 얼마나 많은 페이지가 각각의 가이드라인들을 충족하는지, 충족하지 못하는지 평가하는 것이다.

어떤 자동화 도구는 이 가이드라인에 대한 명백한 위반 사항(예: 이미지에 텍스트 설명문 누락)을 자동으로 확인할 수 있다. 도구가 감지한 오류는 실제 오류이지만, 일반적으로 많은 오류를 놓치기도 한다. 또한 자동화된 도구가 경고하는 항목 중 상당수는 사실 실제 오류일 수는 있지만, 이를 정확히 확인하려면 사람이 필요하다. 예를 들어 웹페이지의 이미지에 Alt 텍스트(텍스트 설명문)가 null인 경우(ALT=""), 이미지가 정보 제공용이면 오류일 수 있고, 이미지가 순전히 장식용이면 오류가 아닐 것이다. 결론은 접근성 가이드라인을 충족했는지 여부를 정확하게 판단하는 유일한 방법은 코드를 수동으로 검사하거나 화면 판독기 또는 기타 적절한 보조 기술을 사용해 평가하는 것이다. 종종 두 가지 기술이 모두 필요하기도 하다.

접근성 검사 자동화 도구

웹페이지의 접근성 오류를 점검하는 데 사용하는 도구는 다음과 같다.

- Compliance Sheriff® Cynthia Says™ Portal(http://www.cynthiasays.com/)
- WebAIM의 WAVE 도구(http://wave.webaim.org/)
- 토론토 대학교 웹 접근성 검사기(University of Toronto Web Accessibility Checker) (http://achecker.ca/checker/)
- TAW 웹 접근성 테스트(TAW Web Accessibility Test) (http://www.webdevstuff.com/103/taw-web-accessibility-test.html)
- 구글 크롬 브라우저에 다음과 같은 접근성 검사기 확장 프로그램을 추가해서 사용할 수도 있다.
  - Siteimprove Accessibility Checker(사이트 향상 접근성 검사기)
  - WAVE Evaluation Tool(WAVE 평가 도구)
  - axe – Web Accessibility Testing(axe – 웹 접근성 테스트)

접근성 기준에 따라 페이지를 분석한 후 결과를 요약하는 방법 중 하나는 오류가 있는 페이지 수를 세는 것이다. 그림 10.14는 WCAG 지침에 따라 웹사이트를 가상으로 분석한 결과를 보여준다. 결과를 살펴보면 페이지 25%가 10개 이상의 오류를 포함하고 있는 반면, 페이지의 10%에만 오류가 없다. 대다수(53%)는 3~10개의 오류를 가지고 있다.

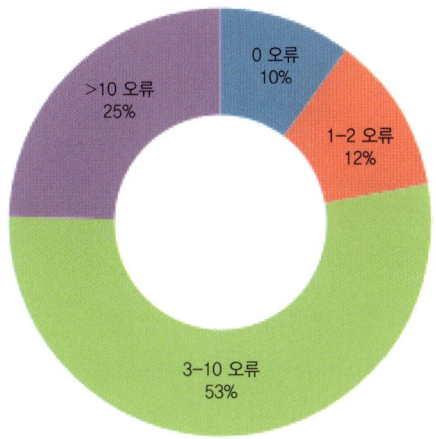

그림 10.14 WCAG 가이드라인에 따른 웹사이트 분석 결과

미국에서의 또 다른 접근성 가이드라인은 섹션 508 가이드라인(Section 508 guideline, 1973년 재활법 - 섹션 508 가이드의 1998년 개정안)이다(Section 508, 1998; Mueller, 2003). 연방 기관은 이 법에 따라 장애인이 웹사이트 등 전자/정보 기술에 접근하는 데 무리가 없도록 조치해야 한다. 이 법은 모든 연방 기관이 전자 및 정보 기술을 개발, 조달, 유지 또는 사용할 때 적용된다. 508조의 업데이트된 요구 사항은 2018년에 발효됐다.

10.6 투자자본수익률 지표

사용성 지표에 관한 책은 ROI$^{Return\ On\ Investment,\ 투자자본수익률}$에 대한 논의 없이 완성되지 않는다. 그 이유는 사용성 지표는 ROI를 계산하는 데 핵심적인 역할을 하는 경우가 많기 때문이다. 어떤 책들은 책 전반에 이 주제를 다루기도 하는 데 반해(Bias & Mayhew, 2005; Mayhew & Bias, 1994; Nielsen Norman Group, 2009), 우리는 몇 가지 개념만 소개하고자 한다.

물론 사용성 ROI의 기본 개념은 제품, 시스템, 웹사이트의 사용성을 향상시킴으로 인한 재정적 이익을 계산하는 것이다. 이런 재정적 이익은 일반적으로 사용성 개선으로 인한 매출 증가, 생산성 향상, 지원 비용 감소 등의 조치에서 비롯된다. 핵심은 사용성 개선과 관련된 비용을 파악한 다음, 이를 재정적 효익과 비교하는 것이다.

바이어스와 메이휴는 ROI에는 크게 두 가지 범주로 나뉘며, 각각의 ROI 유형은 서로 다르다고 말한다(Bias & Mayhew, 2005).

- 내부 ROI:
    - 사용자 생산성 향상
    - 사용자 오류 감소
    - 교육 비용 절감
    - 디자인 개발 프로세스 초기 변경으로 인한 비용 절감
    - 사용자 지원 감소
- 외부 ROI:
    - 판매 증가
    - 고객 지원 비용 절감
    - 디자인 개발 프로세스 초기 변경으로 인한 비용 절감
    - 교육 비용 절감(회사에서 교육/훈련을 하는 경우)

사용성 ROI 계산에 관한 몇 가지 문제점과 기법을 설명하기 위해 다이아몬드 불릿 디자인^{Diamond Bullet Design}(Withrow, Brinck, & Speredelozzi, 2000)의 사례 연구를 살펴보겠다. 이 사례 연구에는 주 정부 웹 포털의 재설계 사례가 포함돼 있다. 그들은 사용자 중심의 디자인 프로세스를 사용해 만들어진 새 버전의 웹사이트와 원래 웹사이트에 대한 사용성 테스트를 수행했다. 두 버전을 테스트하기 위해 동일한 10개의 과업이 사용됐다. 그중 몇 가지는 다음과 같다.

- 여러분은 (OO주) 운전면허증을 온라인으로 갱신하는 데 관심이 있다.
- (OO주)에서 간호사는 어떻게 간호사 면허를 취득하는가?
- 여러분은 여행하기 위해 (OO주) 고속도로 지도를 찾고 싶다.
- (OO주)에는 어떤 4년제 대학교가 있는가?
- (OO주)의 주^州 새는 무엇인가?

주 정부 주민 20명이 연구에 참여했는데, 여기서 피험자 절반은 원래 사이트를 사용하고, 나머지 반은 새 버전의 사이트를 사용하는 방식으로 실험이 진행됐다. 이때 과업 시간, 과업 완료율, 다양

한 자가측정 지표 등 여러 데이터가 수집됐고, 연구자들은 재설계된 사이트의 과업 시간이 훨씬 더 짧고 과업 완료율도 훨씬 더 높다는 점을 발견했다. 그림 10.15는 원래 사이트와 재설계된 사이트의 과업 시간을 비교해서 보여준다. 표 10.12는 두 버전의 사이트 모두에 대한 과업 완료율과 과업 시간이 요약돼 있으며, 둘 모두에 대한 전반적인 효율(단위 시간당 과업 완료율)도 보여준다.

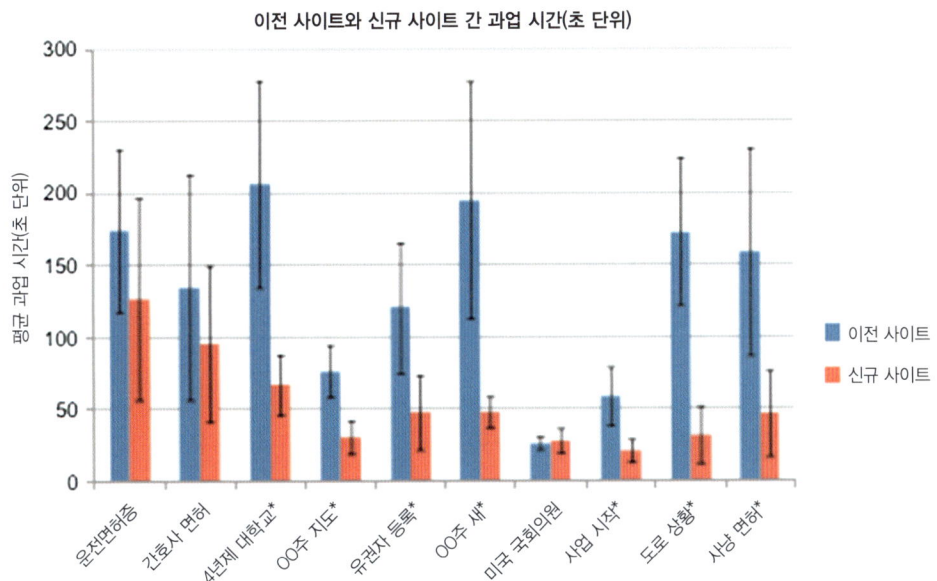

그림 10.15 원래 사이트와 재설계된 사이트의 과업 시간(*=유의한 차이)(Withrow et al., (2000)에서 발췌, 허가 받아 사용함)

표 10.12 과업 성과 데이터 요약

	원래 사이트	재설계된 사이트
평균 과업 완료율(%)	72	95
평균 과업 시간(분 단위)	2.2	0.84
평균 효율(%)	33	113

평균 효율은 단위 시간당 과업 완료율(과업 완료율/과업 시간)임(Withrow et al., (2000)에서 발췌, 허가 받아 사용)

지금까지 사용성 지표들에 대해 간단하게 설명했다면 여기서부터는 ROI 계산에 대한 흥미로운 점들을 소개한다. 위드로와 동료 연구자들(Withrow et al.)은 사이트 변경에 따른 ROI를 계산하기 위해 시간 절감과 관련해 다음과 같이 가정했다.

- ○○주에 거주하는 270만 명의 주민 중 4분의 1이 한 달에 한 번 이상 웹사이트를 사용한다고 '보수적으로 추정'할 수 있다.
- 주민들이 각자 79초를 절약했다면(이 연구의 평균 과업 절감 시간), 연간 약 5,300만 초(14,800시간)를 절약할 수 있다.
- 이 절감액을 인건비로 환산하면, 한 달에 주당 40시간 기준으로, 주간 370명, 또는 연간 7명의 인건비가 절약되는 것으로 나타났다. 1년 기준으로 매년 84명 분이 절약된다.
- 대상 주에 거주하는 시민의 평균 연봉은 14,700달러이다.
- 따라서 시간 절감으로, 연간 120만 달러의 이익이 발생한다.

이런 추론은 주민의 4분의 1이 한 달에 한 번 이상 사이트를 사용한다는 가정에서 시작했다는 점에 유의하자. 나머지 모든 계산의 기반이 되는 이 가정은 확실히 논쟁의 여지가 있다. 이런 계산을 시작하기 위해 적절한 값을 도출하려면 현재 사이트의 실제 사용 데이터를 기반으로 검토하는 것이 필요하다.

연구자들은 새로운 사이트의 과업 완료율 증가로 인한 수익 증가를 계산했다.

1. 이전 포털의 과업 실패율은 28%인 반면, 새로운 사이트는 5%로 나타났다.
2. 100,000명의 사용자가 한 달에 한 번 이상 거래당 2달러 정도의 서비스 수수료를 지불할 것이라고 가정할 수 있다.
3. (이 가정으로 보면) 새로운 사이트에서 성공한 23%의 고객은 이전에는 실패했지만 연간 552,000달러의 추가 수익을 창출한다.

다시 말하지만 100,000명의 사용자가 적어도 한 달에 한 번 이상 거래당 2달러 정도의 서비스 수수료를 주 정부에 지불할 것이라는 중대한 가정을 추론 초기 단계에 해야 했다. 이 계산을 더 잘 수행하는 방법은 수수료가 발생하는 거래의 빈도(와 수수료 금액)에 대한 라이브 사이트의 데이터를 사용하는 것이다. 그러면 재설계된 사이트의 더 높은 과업 완료율을 반영하도록 조정할 수 있었을 것이다. 이 가정에 동의한다면 두 가지 계산을 통해 주민의 시간 절감 또는 주 정부에 대한 수수료 증가로 연간 약 175만 달러의 총 수익을 낸다는 점을 알 것이다. 위드로와 동료 연구자들은 이 포털의 재설계에 얼마를 지출했는지 구체적으로 밝히지 않았지만, 175만 달러보다는 훨씬 적었을 거라고 보수적으로 추정할 수 있다!

이 예제는 사용성 ROI 계산과 관련된 몇 가지 과제를 설명한다. 일반적으로 사용성 ROI를 계산하려는 상황에는 제품 사용자가 회사 직원인 경우와 제품 사용자가 고객인 경우, 이 두 가지 상황으로 나뉜다. 사용자가 회사 직원인 경우 ROI를 계산하는 것이 훨씬 더 간단하다. 직원의 급여가 얼마인지 알고 있으므로 특정 과업(특히 반복적인 과업)을 완료하는 데 드는 시간을 절약하면 바로 비용 절감으로 이어질 것이다. 또한 특정 유형의 오류를 수정하는 데 드는 비용도 알 수 있으므로, 오류율을 줄이는 것도 달러 절감으로 이어진다.

반면 사용자가 고객일 때(회사 직원이 아닌 경우) 사용성 ROI를 계산하는 것은 훨씬 더 어려운 경향이 있으며, 여러분에게 돌아가는 혜택도 훨씬 더 간접적이다. 예를 들어 고객이 주요 수입을 창출하는 거래를 이전보다 30% 더 짧은 시간 내에 완료할 수 있다고 해서 그 차이가 최종 수익에 실질적인 영향을 미치지 않을 수도 있는 것이다. 즉, 고객이 이런 거래를 훨씬 더 많이 수행한다는 의미가 아닐 수 있다. 하지만 시간이 지나면서 그 고객들이 계속 고객으로 남아 있게 되고, 고객이 아닐 수도 있었던 어떤 고객들은 여러분의 고객이 될 수 있으며, (거래 시간이 경쟁사보다 현저히 짧다고 가정할 때) 수익이 증가한다는 것을 의미할 수 있다. 과업 완료율을 높이려는 상황에서도 비슷한 주장을 할 수 있다.

ROI 사례 연구

이외에도 사용성 ROI와 관련된 다양한 다른 사례 연구가 존재한다.

- 닐슨 노먼 그룹(Nielsen Norman Group)은 72건의 사용성 ROI 사례 연구를 자세히 분석했고, 분석 결과 핵심 성능(key performance) 지표가 0%에서 6,000% 이상 증가한 것을 확인했다. 사례 연구는 메이시스(Macy's), 벨 캐나다(Bell Canada), 뉴욕 라이프(New York Life), 오픈 테이블(OpenTable), 정부 기관, 커뮤니티 칼리지 등 다양한 웹사이트를 대상으로 했다(Nielsen, Berger, Gilutz, & Whitenton, 2008).
- 웹사이트 BreastCancer.org의 토론 포럼을 재설계한 결과, 사이트 방문자 수가 117% 증가했고, 신규 회원이 41% 증가했으며, 등록 시간은 53% 단축됐고, 월별 헬프 데스크 비용은 69% 감소했다(Foraker, 2010).

- 웹사이트 Move.com의 주택 검색 기능과 에이전트 연락 기능을 재설계한 후, 사용자의 주택 검색 능력은 62%에서 98%로 증가했고, 부동산 중개인에 대한 영업 리드 생성 능력도 150% 이상 증가했으며, 사이트에서 광고 공간을 판매하는 능력도 크게 향상된 것으로 나타났다(Vividence, 2001).
- 웹사이트 Staples.com을 사용자 중심으로 재설계한 결과, 재방문 고객이 67% 증가했고 주문 용이성, 전반적 구매 경험, 재구매 가능성에 대한 평점이 대략 10% 향상됐다. 온라인 매출은 1999년 9,400만 달러에서 새 사이트 론칭 후 5억 1,200만 달러로 증가했다(Human Factors International, 2002).
- 한 대형 컴퓨터 기업은 수천 명의 직원이 사용하는 시스템의 로그인 절차를 개선하기 위해 사용성 개선 작업에 20,700달러를 썼다. 그 결과 생산성이 향상돼, 시스템 적용 첫날에 41,700달러를 절약했다(Bias & Mayhew, 1994).
- 웹사이트 Dell.com의 내비게이션 구조를 재설계한 후 온라인 구매 수익은 1998년 9월 하루 100만 달러에서 2000년 3월 하루 3,400만 달러로 증가했다(Human Factors International, 2002).
- 소프트웨어 제품을 사용자 중심으로 재설계한 결과, 제품의 초기 출시 시점(사용성 고려 없이 구축)보다 매출이 80% 이상 증가했다. 새 시스템의 매출은 예상보다 60%나 높았고, 많은 고객이 새 시스템을 구매하기로 결정한 핵심 요인으로 사용성을 꼽았다(Wixon & Jones, 1992; Bias & Mayhew, 1994).

10.7 요약

10장의 주요 내용은 다음과 같다.

1. 라이브 웹사이트에서 웹 분석을 하는 경우, 사용자가 사이트에서 무엇을 하고 있는지 최대한 많이 연구해야 한다. 페이지 조회 수만 보지 말고 클릭률과 이탈률도 살펴보라. 가능하면 라이브 A/B 테스트를 수행해 대체 디자인안을 비교하라(일반적으로 작은 차이를 비교). 적절한 통계(예: 카이제곱 검정)를 사용해 현재 여러분이 보고 있는 차이가 통계적으로 유의한지 확인하라.

2. 카드 소팅은 어떤 정보를 구성하거나 전체 웹사이트를 구조화하는 방법을 학습하는 데 큰 도움이 된다. 열린 카드 소팅으로 시작한 다음, 하나 이상의 닫힌 소팅으로 후속 조치를 하는 것이 좋다. 계층적 군집 분석과 다차원 척도법은 결과를 요약하고 제시하는 데 유용한 기법이다. 닫힌 카드 소팅은 서로 다른 정보 구조가 사용자에게 얼마나 효과적인지 비교하

는 데 사용할 수 있다.

3. 트리 테스트는 후보 구조를 테스트하는 데 유용한 방법이 될 수 있다. 이 유형의 연구에서 사용자는 실제 메뉴 시스템과 상호작용하면서 계층 구조에서 자유롭게 탐색한다. 과업 성공과 직행성을 측정하면 다양한 계층 구조의 효과를 비교하는 데 도움이 된다.

4. 첫 번째 클릭 테스트는 사용자가 웹페이지 디자인에서 과업을 수행하는 시작 위치를 결정하는 데 도움이 되는지 여부를 확인하는 좋은 방법이다. 사용자의 첫 번째 클릭이 정확하다면 사용자가 과업에 성공할 가능성이 2~3배 더 높다는 연구 결과가 존재한다.

5. 접근성은 특정 사용자 그룹을 위한 사용성이다. 가능하면 노년층 사용자, 다양한 장애를 가진 사용자를 사용성 테스트에 포함시키자. 또한 WCAG, 섹션 508 등의 접근성 가이드라인 또는 표준과 비교해 제품을 평가해야 한다.

6. 사용성 관점에서 ROI 데이터를 계산하는 일은 간혹 어려울 수 있지만 대개는 수행 가능하다. 사용자가 회사 직원이라면 대개 과업 시간 단축 등의 지표를 비용 절감으로 변환하기 쉬울 것이다. 반면 사용자가 외부 고객이라면 과업 완료율 개선 또는 전반적 만족도 향상 같은 지표를 지원 요청 감소, 판매 증가, 고객 충성도 증가로 추정해야 한다.

CHAPTER 11
사례 연구

11장에서는 UX 측정의 고유한 측면에 초점을 맞춘 다섯 가지 사례 연구를 소개한다. 첫 번째 사례 연구에서는 넷플릭스의 잭 센델이 시선 추적 지표를 사용해서 어떻게 디자인 의사 결정을 이끄는지 보여준다. 인듀어런스 인터내셔널 그룹(Endurance International Group)의 산드라 티어, 린다 보르게사니, 스튜어트 마르티네즈가 진행한 두 번째 사례 연구는 경쟁사 벤치마킹을 위한 프레임워크를 제시한다. JD 유저빌리티의 JD 버클리가 공유한 세 번째 사례 연구는 UX 수익 체인 모델에 대한 연구이다. 네 번째 사례 연구는 유저줌의 쿨딥 칼카르가 고유한 UX 지표를 기반으로 네 군데 보험 웹사이트에 대한 경쟁사 벤치마킹 연구를 소개한다. 고인보의 에릭 베누아, 샤론 리, 유한 소닌이 진행한 마지막 사례 연구는 모바일 애플리케이션 디자인에 UX 지표를 사용하는 방법을 설명한다.

11.1 넷플릭스 TV 사용자 인터페이스, 빠르게 생각하기와 느리게 생각하기[1]

출처: 잭 센델, 제품 소비자 인사이트(Product Consumer Insights), 넷플릭스

---

[1] 빠르게 생각하기(Think Fast)는 '빠르고 직관적인 사고(시스템 1)'를, 느리게 생각하기(Think Slow)는 '느리고 논리적인 사고(시스템 2)'를 의미한다. – 옮긴이

11.1.1 배경

넷플릭스는 회원들이 언제 어디서나 인터넷에 연결된 화면으로 다양한 장르와 언어를 넘나들며 각양각색의 TV 시리즈, 다큐멘터리, 장편 영화를 찾아 시청할 수 있는 글로벌 구독 스트리밍 비디오 서비스이다. 넷플릭스 회원들이 처음 서비스를 시작할 때 겪게 되는 상황은 위치, 시간대, 시청 기기에 관계없이 크게 두 가지다.

1. 목적지^{Destination}를 아는 경우

    넷플릭스 회원은 본인이 무엇을 시청할지 정확히 안다. 그들은 넷플릭스가 본인이 원하는 콘텐츠를 가능한 한 빨리 제공하기를 원한다. 넷플릭스는 북마크^{bookmark}를 저장하게 하고, 시청 중인 콘텐츠$^{Continue\ Watching}$ 목록을 보여주며, 검색에서 어휘 일치$^{lexical\ match}$ 기능을 제공해 불편함을 최소화한다.

2. 발견^{Discovery}을 원하는 경우

    넷플릭스 회원은 본인이 무엇을 시청할지 전혀 모른다. 그들은 새로운 콘텐츠를 시도하도록 영감을 받고 싶어 한다. 넷플릭스는 최근 가장 화제가 되는 쇼를 강조해서 보여주고, 회원에게 보고 싶어했던 콘텐츠가 방금 새로 올라왔음을 알리거나, 회원이 "Y를 시청했기 때문에" X를 추천하는 등의 방식으로 새로운 콘텐츠를 발견할 수 있도록 도움을 준다.

넷플릭스 제품 팀은 이 두 가지 사용 맥락을 모두 충족시키기 위해 노력하고 있다. 하지만 발견은 여전히 가장 커다란 혁신 기회 영역으로 남겨져 있으며, (우리 멤버들의 의견에 따르면) 이 발견의 맥락은 시간이 많이 걸리고 까다로울 수 있다. "무엇을 시청해야 할지 모르겠어요", "이 영화에 대해 들어본 적이 없어요", "왜 나에게 이것을 추천하는 건가요?"

이 기초 연구의 목적은 넷플릭스에서 콘텐츠 검색 경험을 크게 개선할 수 있는 혁신에 영감을 불어넣는 것이었다. 이 연구는 특히 넷플릭스가 회원들로 하여금 시청/비시청 결정을 내리는 데 도움을 주려는 목적으로 제공하는 정보(예: 이미지, 줄거리 요약, 예고편 등)에 초점을 맞추고 있다. 팀은 회원들이 모호한 상황에서 콘텐츠 시청 결정을 내리는 프로세스를 명확히 하고자 했다. 예를 들어 회원들은 무엇을 시청할지, 어떤 정보에 주의를 기울일지, 어떤 정보가 차별적으로 가치가 있는지 파악하고자 할 때 어떻게 행동하는지 명확히 알고자 했다. 이런 통찰은 정보 개인화 등의 여러 혁신을 가져왔으며, 이런 사례에 대해 다음에서 구체적으로 설명하도록 하겠다.

11.1.2 방법론

팀은 심층 인터뷰(정성)와 시선 추적(정량)의 두 가지 방법을 사용해 다각도로 인사이트를 도출하기로 했다. 이 방법론들은 사용자의 콘텐츠 발견^{Content Discovery} 프로세스를 모델링하는 데 사용할 수 있는 암묵적이면서도 명시적인 시그널^{signal, 신호}을 제공한다.

참가자 인터뷰

콘텐츠 소비 패턴은 제품 노출 정도에 따라 변화하는 경향이 있으므로, 넷플릭스 가입 기간이 서로 다른 세 그룹의 참가자를 모집했다(비회원^{never members}, 초기 회원^{early members}, 장기 회원^{tenured members}). 먼저 비회원 사용자 그룹을 모집하기 위해, 이전에 넷플릭스 회원이었던 적이 없거나 넷플릭스를 사용한 적이 없는 버지니아주 리치먼드 지역의 성인(18세 이상) 25명을 모집했다. 그들은 무료 평가판에 가입돼 있었는데, 무료 평가판 가입 후 처음으로 넷플릭스 TV UI를 접했다. 그들은 모두 연구실에서 설명을 받은 후 집에서 넷플릭스에 액세스할 수 있었고, 대부분의 참가자는 45일 후 다시 연구실에 방문해 (초기 사용자 그룹으로서) 연구에 반복적으로 참여했다. 우리는 이들 외에 최소 6개월 동안 넷플릭스를 사용해 온 회원들을 대상으로 성인 참가자 25명을 모집했다. 모든 참가자는 플레이스테이션 3^{PS3, PlayStation 3}를 소유하고 있고 이 기기에 친숙했으며 컨트롤러를 사용해 왔다. 그들은 연구 참여 사례비를 받았다.

준비

이 연구를 위해 분석 대상으로 TV 사용자 인터페이스(그림 11.1 참조, 2014년 기준)를 선정했다. 이유는 넷플릭스 UI 중 유일하게 대부분의 사용 흔적을 표면적으로 확인할 수 있었기 때문이었다. 회원들은 접근하기 위해 클릭할 필요가 없었다.

연구 시설에 거실 환경을 만들었고, 거실 안의 소파는 대형 평면 고화질 TV^{HDTV}를 향하게 배치했다. 인터넷에 연결된 PS3는 HDMI 케이블을 통해 넷플릭스 화면을 HDTV에 띄웠다. 게임 컨트롤러는 넷플릭스 UI를 탐색하는 데 사용됐다.

그림 11.1 2014년 넷플릭스 TV UI(상단의 큰 이미지는 세 가지 이미지를 번갈아가면서 보여줌)

진행 순서

각 참가자는 1시간 동안 심층 인터뷰[IDI, In-Depth Interview]에 응했다. 팀은 조사에 대한 간단한 소개와 워밍업을 한 후, 참가자들에게 본인이 거실에 있다고 상상하도록 요청했다. 그러고 나서, 다섯 가지에서 열 가지 사이의 발견하기 시나리오를 줬는데(아래 예시 참고), 목표는 각 시나리오에서 넷플릭스에서 볼 만한 콘텐츠를 찾는 것이었다. 참가자들은 필요한 만큼 시간을 많이 쓸 수도, 적게 쓸 수도 있었다. 각 시나리오는 참가자가 '재생[play]'을 누르면 끝났다. 리서처는 조용히 행동을 관찰하고 기록했다.

그런 다음, 다섯에서 열 가지 추가 시나리오로 동일한 절차를 반복했다. 이번에는 각 참가자가 자신의 행동에 대해, 본인이 무엇을 하고 있었는지, 무엇을 멈췄는지, 무엇을 읽었는지 등에 대해 큰 소리로 설명했다. 어떤 세세한 내용도 사소하게 여기지 않았다. 리서처는 조사를 진행하면서 왜 거기서 멈췄는지, 왜 그 제목을 건너뛰었는지 등의 질문을 했다. 시나리오 순서는 무작위로 정해졌고 시나리오 수는 탐색 시간에 따라 달라졌다.

시나리오 예
- 여러분은 혼자 있다. 한 번도 들어본 적이 없지만 마음에 드는 콘텐츠를 선택하라.
- 여러분은 최근에 친구들 사이에 유행하는 이슈 콘텐츠를 보고 싶다.

시선 추적

캘리포니아 산호세 지역 거주자 43명으로 구성된 참가자들은 리서치 시설에서 PS4 기기를 사용해서 위 인터뷰와 매우 유사한 연구에 참여했다. 그들은 모두 18세 이상의 성인 넷플릭스 회원으로, 최근 PS4를 통해 TV로 넷플릭스를 시청했다. IDI(In-Depth Interview, 심층 인터뷰) 과정의 조용한 탐색 절차가 부분적으로 반복 진행됐다. IDI와 이 연구의 주된 차이점은 시선 추적의 경우 각 참가자가 과업을 수행하는 동안 토비 2(Tobii 2) 시선 추적 안경을 착용했고 참가자가 더 적은 개수의 과업을 진행했다는 것이다. 참가자들은 연구 참여에 대한 사례비를 받았다.

11.1.3 결과

참가자들은 UI를 빠르게 탐색했다. 그리고 탐색하는 동안, 화면 하단 1/3 지점에 있는 그래픽 이미지(boxart, 섬네일)를 지속적으로 참조했다. 그들은 섬네일이 전달하는 내용에 대해 장르, 톤, 분위기, 배우, 그들이 전에 본 적이 있거나 앞으로 볼 예정이었던 친숙한 것, 또는 일관된 주제와 일치하는 것처럼 느껴지는 섬네일 목록 등 다각도로 구체적으로 이야기했다(예: 성인용 애니메이션 리스트 섬네일들은 밝고 화려하다).

참가자들은 친숙하거나 신뢰할 만한 것이 눈에 띄면 잠시 멈추는 경향이 있었다. "저는 이 줄에 있는 영화들 중 두 편을 봤어요", "그녀가 출연하는 모든 콘텐츠를 좋아해요", "이게 제가 가장 좋아하는 장르예요". 그들은 또한 더 깊이 파고들고 싶은 콘텐츠를 만나도 잠시 멈추는 경향이 있었다. 이 순간, 화면 상단의 2/3가 관련 이미지로 채워졌고, 참가자들은 콘텐츠 시놉시스의 특정 단어들 또는 더 큰 이미지로 보이는 배우들을 참조했다. 그들은 나머지 정보(예: 콘텐츠의 별점, 적합도)는 거의 언급하지 않았다.

IDI 결과는 회원들의 시청 여부를 결정하는 프로세스에 대한 가설을 이끌어냈다. 그림 11.2는 제안된 프로세스를 시각적으로 정리한 구조도이다.

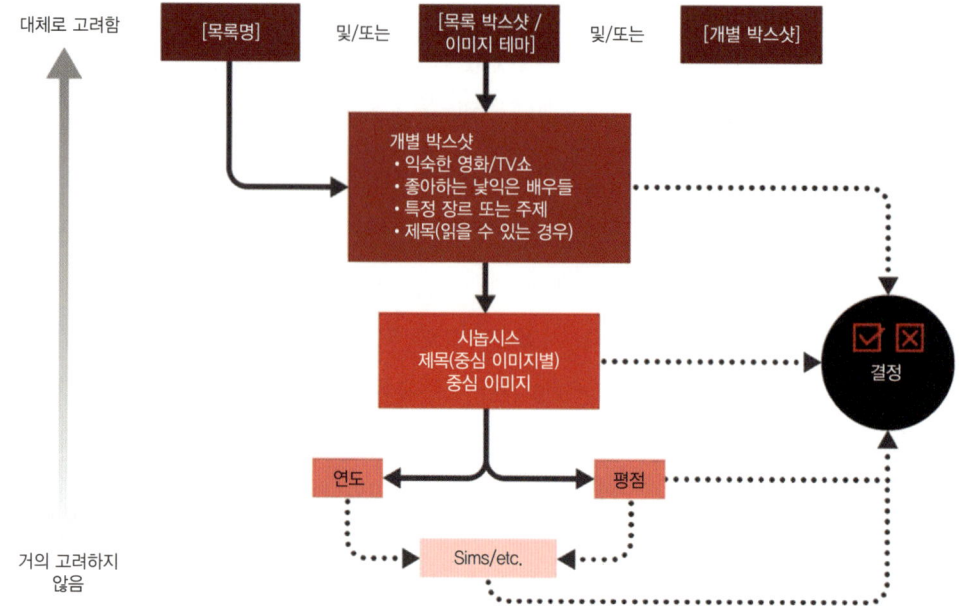

그림 11.2 넷플릭스에서 발견의 순간에 대한 체계적 계층 구조의 정성적 모델(2014년)(현재의 넷플릭스 TV UI는 2014년과 많이 다르다. 예를 들어 현재 버전은 예고편 영상이 화면 상단에 자동으로 재생되고, 왼쪽에 검색과 기타 기능을 보여주는 내비게이션 메뉴가 있으며, 별표 아이콘이 엄지 손가락 아이콘으로 대체됐고, 모든 목록 라인/섬네일의 크기와 모양이 이전과 다르다. 여기서 도출한 인사이트는 역사적으로는 정확한 것이지만, 최신 UI에 모두 적용된 건 아님을 밝혀둔다).

이런 가설을 테스트하기 위해 시선 추적 기술로 테스트했다. 그 결과, 콘텐츠 발견 프로세스에 대해 정량적으로 이해할 수 있는 계기가 됐다. 먼저 넷플릭스 회원은 화면을 보는 시간의 약 70%를 빠르게 스크롤하고 '섬네일로 내용을 판단'하는 데 보냈다. 콘텐츠를 거절하는 결정의 91%는 섬네일을 잠깐 훑어보고는 1초 이내에 내려졌다. 그림 11.3에서 볼 수 있듯이, 화면을 보는 시간의 약 75%는 섬네일을 보는 데 사용된다. 많은 경우, 스크롤 속도가 너무 빨라 페이지 상단의 이미지들은 충분히 빨리 로딩되지 못했다. 발견 프로세스의 이 단계에서는 텍스트 정보, 섬네일 목록의 목록명, 이외의 이미지 등 나머지 UI 요소들은 대부분 관련이 없었다.

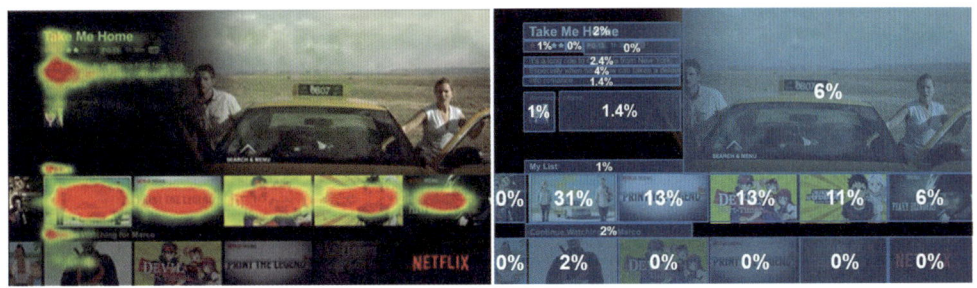

그림 11.3 넷플릭스에서 콘텐츠를 발견하는 동안의 시선 응시 시간의 비율, 빠르게 생각하기

상단 이미지가 다음 이미지로 바뀌기 전까지(2초가량 소요) 잠깐 멈춰 있는 상태에서 보여지는 제목을 보고 회원 중 9% 정도는 느리게 생각하기 모드로 전환했다. 그들은 각 발견 세션에서 약 30%의 시간을 (5개 이하의) 제목에 더 깊이 집중했다. 그림 11.4에서 볼 수 있듯이, 그들은 텍스트 정보를 읽고 번갈아 보여지는 상단 이미지들을 보면서, 개별 제목에 대한 추가 정보를 얻고자 더 깊이 파고들었다. 이 제목들은 회원들이 실험 조사 세션에서 '재생play'을 누를 가능성이 높은 제목이었고, 특히 3초 이상 시선이 머문 제목이었다.

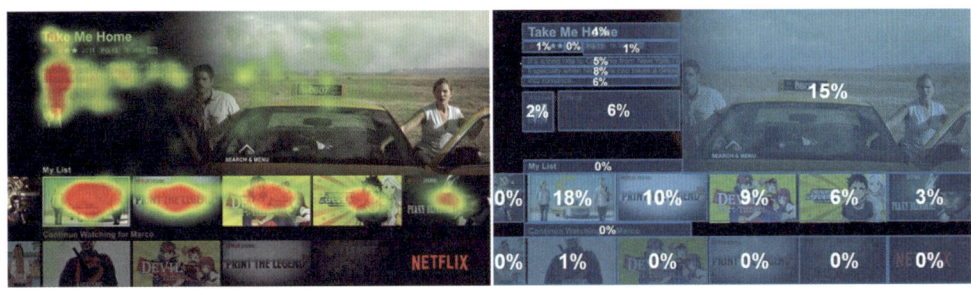

그림 11.4 넷플릭스에서 콘텐츠를 발견하는 동안의 시선 응시 시간의 비율, 느리게 생각하기

11.1.4 토론

정성적 정보 계층 모델qualitative evidence hierarchy model을 시선 추적을 통해 얻은 시선 측정 데이터와 결합한 결과, TV UI의 여러 영역이 빠르게 생각하기Thinking Fast와 느리게 생각하기Thinking Slow에서 제시한 바(Kahneman, 2011)와 유사한 방식의, 두 가지의 별개 사용자 결정 프로세스를 제공한다는 결론이 도출됐다.

빠르게 생각하기

시스템 1^{System 1} 또는 '빠르게 생각하기^{Thinking Fast}' 결정은 즉각적이면서도 게으른 직감적 반응이다. 이 결정 프로세스는 넷플릭스 회원이 콘텐츠 섬네일을 빠르게 훑어볼 때 사용하는 프로세스다. 섬네일은 텍스트가 아닌 이미지를 통해 개략적 수준의 주요 정보를 빠르게 전달한다. 한눈에 장르는 무엇이고 톤은 어떤지, 때로는 제목에 누가 나오는지 알아챈다. 시스템 1은 이미지(서로에게 미소 짓는 남성과 여성 이미지)와 콘셉트(로맨스) 사이에 빠르고 긴밀한 연관성이 형성되는 '연상 활성화^{Associative Activation}' 경향이 있으며, 때로는 판단 오류가 발생하기 쉬운 측면이 있다. 예를 들어, 여러분이 좋아할 만한 제목의 섬네일은 중요한 정보를 빠르게 전달하지 못할 때 무시될 수도 있으며, 어떤 섬네일은 (여러분이 좋아하는) 시대극처럼 보일 수 있지만, 사실 그 콘텐츠는 (여러분이 싫어하는) 무례한 역사 코미디일 수 있다. 다음에 설명하는 바와 같이, 이 리서치의 주요 영향은 섬네일에 사용되는 이미지를 최적화하는 것이 얼마나 중요한지 보여주는 것이다.

느리게 생각하기

넷플릭스에서 시스템 1 결정은 시스템 2 평가의 주요 관문 역할을 한다. 시스템 2^{System 2} 또는 '느리게 생각하기^{Thinking Slow}' 결정은 시스템 1과 매우 다르다. 시간이 걸리며, 사려 깊고^{Thoughtful}, 숙고적이며^{Contemplative}, 측정적이다^{Measured}. 또한 오류가 발생하기 쉬운 시스템 1 평가에 대한 견제와 균형 역할을 한다. 넷플릭스에서 회원들은 섬네일로 시스템 1 판단을 통과한 제목에 대한 2차 필터로, 화면 상단 2/3에 있는 줄거리 요약, 별점 평가 등의 텍스트 정보를 사용한다. 예를 들어 그들은 '시대극'에 대해 더 자세히 찾아 읽어봄으로써 사실은 코미디라는 것을 알아챌 수 있다. 또한 다른 텍스트 데이터에서 이미지가 영화 배우 키아누 리브스^{Keanu Reeves}라는 것도 찾아볼 수 있다. 하지만 느리게 생각하기 단계까지 도달한 제목은 너무 적었기 때문에 섬네일 이미지를 먼저 최적화하고, 다음으로 섬네일 위의 텍스트 정보를 혁신을 위한 2차 요소로 고려하자는 것이 연구의 결론이다.

11.1.5 영향

이미지 개인화^{Image Personalization}는 넷플릭스가 섬네일 같은 시스템 1 캔버스와 장르, 출연진 등과 같은 주요 정보 간의 연상 활성화를 위해 사용하는 최신 혁신 기법이다. 일련의 A/B 테스트 결과(Chandrashekar, 2016)로, 넷플릭스는 사용자가 효과적으로 콘텐츠를 발견하게 만들기 위해 더 이상 하나의 이미지만으로는 충분하다고 생각하지 않았다(Nelson, 2016). 따라서 최근에는 모든 글로벌 회원들이 더 현명하고 빠르게 시청/비시청 결정을 내릴 수 있도록 돕기 위해 각 콘텐츠마다 여러 이미지들을 생성해 세트로 구성했다. 그림 11.5에서 볼 수 있듯이, 섬네일 이미지 세트를 임팩트 있게 장르, 출연진, 톤, 스타일 등의 다양성을 강조해 여러 버전으로 만드는 것이다. 드라마 〈기묘한 이야기Stranger Things〉는 판타지/SF/호러 장르의 작품으로, 1980년대를 배경으로 어린이들 간의 돈독한 우정을 다룬 콘텐츠다.

그림 11.5 드라마 〈기묘한 이야기〉의 섬네일 옵션 예시

각 회원을 위해 개인화된 이미지가 이런 세트 중에서 선택돼 제공된다. 이 이미지는 알고리듬적으로 회원들의 시청 기록을 기반으로 양질의 시청으로 이어질 가능성이 가장 높은 이미지와 일치한다(Chandrashekar et al., 2017). 예를 들어 로맨스 영화를 보는 사람은 그림 11.6에서 맷 데이먼Matt Damon과 미니 드라이버Minnie Driver의 로맨틱한 줄거리를 강조한 영화 〈굿 윌 헌팅Good Will Hunting〉 이미지를 제공받을 것이고, 코미디 영화를 많이 보는 회원은 로빈 윌리엄스Robin Williams의 섬네일을 보게 될 것이다. 알고리듬은 또한 낚시성 링크click bait나 콘텐츠 이탈을 유발하는 잘못된 이미지를 제거하려 한다. 목표는 회원들에게 이미지에 충분한 정보를 제공해서 회원들의 결정이 명확한 적중 또는 올바른 거부로 이어지도록 만드는 것이다. 결과적으로, 이후에 발생하는 이탈과 긍정 오

류^{false positives}(1종 오류, 참이지만 채택하지 않는 오류)가 줄어들면, 발견 프로세스가 더 효율적이고 즐거워질 것이다.

그림 11.6 다양한 조회 이력이 섬네일 개인화로 이어지는 방법 예시

약력

잭 센델은 넷플릭스의 UX 리서치 책임자이다. 소비자 인사이트 전문가^{consumer insights experts}로 구성된 그의 팀은 회원들로 하여금 넷플릭스 제품 혁신의 일선에 설 기회를 제공하고자 한다. 전략적이면서도 전술적인 UI/기능/알고리듬 최적화를 통해 회원들에게 즐거움을 선사하고자 하며, 전 세계 1억 명 이상의 다양한 연령대의 글로벌 사용자들이 멋진 볼거리를 찾을 수 있도록 돕고자 한다. 재크는 이전에는 오하이오 주립 대학에서 인지심리학 박사 학위를 받은 후 유니레버^{Unilever}와 알트리아^{Altria}에서 수십억 달러 규모의 브랜드들을 위한 오감 전반에 관한 인사이트 발굴 프로젝트를 이끌었다.

11.2 PCW 프레임워크(참여/경쟁/승리): 시장에서의 제품 및 기능 평가

출처: 콘스탄트 컨택^{Constant Contact, Inc.}의 산드라 티어, 린다 보르게사니, 스튜어트 마르티네즈

11.2.1 소개

2018년, 우리 회사의 고위 경영진인 수 밀드럼$^{Sue\ Mildrum}$, 데이먼 디믹$^{Damon\ Dimmick}$, 셰리 페르난데즈$^{Sherrie\ Fernandez}$는 각 신제품 개발 이니셔티브에 시장 참여^{participate}, 경쟁력 확보^{compete}, 승리^{win}라는 목표^{PCW}를 부여하는 아이디어를 생각해 냈다(그림 11.7 참조). 그들은 각 이니셔티브에 목표를 지정함으로써, 팀 내 의사소통을 더욱 명확하게 만들어 각 이니셔티브에 필요한 기능 목록과 견고 수준^{robustness}, 리소스와 투입 시간 수준을 더 잘 이해하고자 했다. 우리의 UX 리서치 과제는 이니셔티브를 정의하고 측정하는 것이었다.

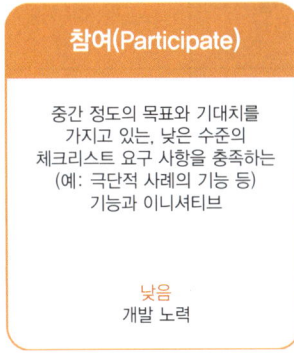 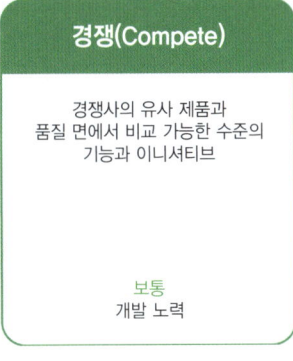 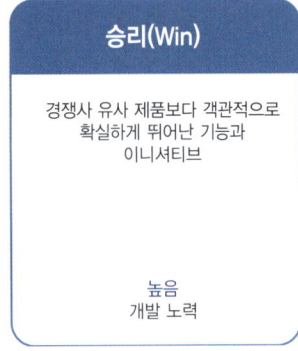

그림 11.7 PCW 정의

각 프로젝트 팀은 프로세스의 일환으로, 비즈니스 목표와 사용자 목표를 설명하고 성공 지표를 정의하는 이니셔티브에 대한 개요$^{discovery\ brief}$를 작성해야 한다. 이중 대부분의 지표는 기능이 출시되기 전까지는 측정할 수 없는 비즈니스 지표들이다. UX 리서치 팀은 팀이 PCW 목표 달성에 가까워지고 있는지에 대한 여부를 팀에서 조기에 파악하기 위해 사용할 수 있는 객관적인 기준을 설명하도록 요청을 받았다. 제품의 경쟁력에 사용자 경험과 기능 목록 차별화는 모두 중요하기 때문에, 사용성^{usability}과 유용성^{utility} 지표를 모두 포함하도록 기준을 정의했다(Porter, 1985).

2018년에는 다양한 이니셔티브에 대한 기능 분석과 총괄 테스트$^{summative\ test}$를 수행해 프로젝트 팀이 이니셔티브에 추가 개선이 필요한지 여부와 개선이 필요한 부분을 판단하는 데 도움이 되는 정량적/정성적 피드백을 제공했다. PCW 테스트는 여러 KPI 중 하나이지만, 개발 과정에서 가장 먼저 측정할 수 있는 지표였다.

11.2.2 객관적 기준 잡기

객관적인 목표를 설정하고 정의할 때, 우리는 몇몇 업계 전문가들의 의견을 참조해 우리가 원하는 성공률과 표본 크기를 정했다(그림 11.8 참조).

PCW 품질 목표	사용성			유용성
	과업 성공	고객 평가	참가자 명수/ 프로토타입 개수	기능성
참여 (최소 기능 제품)	최소 80% 성공률	평균 5점 만점에 3점 이상	사용자 10명/ 프로토타입 1개	최소 기능 목록 제공
경쟁 (모든 참여 기준+)	~ 경쟁사 대비 동등 수준	~ 경쟁사 대비 동등 수준	사용자 15~20명/ 프로토타입 2개 (자사 & 경쟁사)	경쟁사와 비교 가능한 기능 목록
승리	경쟁사 대비 통계적으로 유의하게 우수한 수준	경쟁사 대비 통계적으로 유의하게 우수한 수준	사용자 30명/ 프로토타입 2개 (자사 & 경쟁사)	기능 목록에 더 많은 기능 또는 더 나은 기능을 포함

그림 11.8 사용성과 유용성에 대한 PCW 품질 목표

참여

최소 기능 제품[MVP, Minimum Viable Product, 또는 최소 실행 가능 제품]을 제공하는 것을 목표로 하는 참여 수준 목표의 경우, 중대한 사용성 문제가 없는지 확인하고자 했기 때문에 MeasuringU에서 확인되는 업계 평균 성공률 78%(Sauro, 2011)와 거의 같은 80%의 성공률을 선택했다. 또한 사용성[usability], 신뢰성[trust], 학습성[learnability]에 대한 고객 평가 평균(5점 만점에 3점) 이상을 목표로 하고자 했다. 10명의 참가자를 대상으로 테스트해, 중간 빈도의 문제(탐지 가능성 30%인 문제)의 97%와 낮은 빈도의 문제(탐지 가능성 10%인 문제)의 63%를 발견할 수 있으며, 뿐만 아니라 기준 과업 성공률[baseline Task Success rate]도 제공할 수 있다(Sauro, 2010).

경쟁

경쟁 수준 기준의 경우, 경쟁 제품과 거의 동등한 수준의 과업 성공률과 고객 평가를 달성하고자 한다. 경쟁 제품과 특정 기능을 비교 테스트함으로써, 경쟁 제품이 잘하는 점을 파악하고 우리의

강점과 약점을 더 잘 이해해, 우리의 디자인이 더욱 개선되도록 돕는다. 우리는 피험자 내 디자인 within-subjects design 실험을 하는 경우 약 15~20명의 참가자를, 피험자 간 디자인 between-subjects design 실험을 하는 경우 약간 더 많은 25명가량의 참가자를 제안했다. 이때 비교가 유효하려면 참가자 선별이 매우 중요하다. 비교 실험을 할 때 참가자가 두 제품 모두에 동일하게 기능에 익숙하지 않거나, 평가 대상 기능이 있는 각 제품에 비슷한 경험을 가지고 있는 것이 중요하다.

승리

승리 수준 기준의 경우, 우리는 과업 성공 여부와 고객 평가 모두에서 의미 있고 통계적으로 유의한 차이를 목표로 삼고자 한다. 선택된 기능이 경쟁사보다 더 많은 가치를 제공하는지 확인하기 위해 우리는 유의하고 감지 가능한 수준으로 30% 차이를 선택했다. 그 정도 차이를 감지하려면 피험자 내 디자인 실험에서는 약 30명, 피험자 간 디자인 실험에서 64명을 실행해야 한다(Sauro, 2015). 실제로는 (제약으로 인해) 제품에 대한 지식이 중요하기 때문에, 피험자 내 연구보다는 피험자 간 연구를 진행하는 경우가 많다.

11.2.3 기능 분석

기능 목록 생성하기

우리는 제품 팀, UX 팀과 협력해 직접 경쟁사와 간접 경쟁사를 파악하고 각 이니셔티브에 대한 경쟁 기능 목록을 생성하기 시작한다(그림 11.9 참조). 또한 경쟁사 웹사이트, 리뷰/블로그, 제3자 비교 및 마케팅 자료를 탐색하고 제품 평가를 수행해 주요 기능을 수집한다.

기능	주요 경쟁사											
	A	B	C	D	E	F	G	H	I	J	K	L
카테고리 1												
기능 1	Y	Y	Y	Y	Y	Y	Y	Y	Y	Y	Y	Y
기능 2	N	N	Y	N	N	N	?	N	Y	N	Y	N
기능 3	N	N	N	N	N	N	Y	N	N	N	N	N
카테고리 2												
기능 4 (지원 개수)	Y(15)	Y(15)	Y	Y(10+)	Y(10+)	Y		Y	Y(10)	Y(30)	Y(5)	Y
											Y(unl)	
기능 5	N	N	N	N	N	Y	N	N	N	N	N	N
카테고리 3												
기능 6	Y	Y	Y	Y	Y	Y	Y	Y	Y	Y	Y	Y
기능 7	N	N	Y	N	N	N	Y	?	N	?	?	N
기능 8	N	N	N	N	N	N	N	N	N	N	Y	Y
기능 9	Y	Y	?	Y	Y	N	?	N	N	Y	Y	Y
기능 10	Y	Y	Y	Y	Y	Y	Y	Y	Y	Y	Y	Y
기능 11	Y	Y	Y	Y	Y	Y	Y	Y	Y	Y	Y	Y

그림 11.9 카테고리와 경쟁사별 기능 확인

기능 중요도 점수 계산하기

많은 수의 기능을 지원한다고 해서 그 제품이 훨씬 더 좋거나 고객에게 더 유용한 것은 아니다. 기능 분석을 통해 도출한 기능 목록으로 현재 고객과 잠재 고객 모두에게 가장 중요한 기능을 식별하는 기능 우선순위 연구를 수행한다. 참가자는 옵티멀 소트 Optimal Sort 도구를 사용해 기능을 '필수 must have', '있으면 좋음 nice to have', '중요하지 않음 not important'의 세 가지 기준으로 분류한다(그림 11.10 참조). 이때 고객에게 가장 가치 있고 중요한 기능에 집중해야 한다.

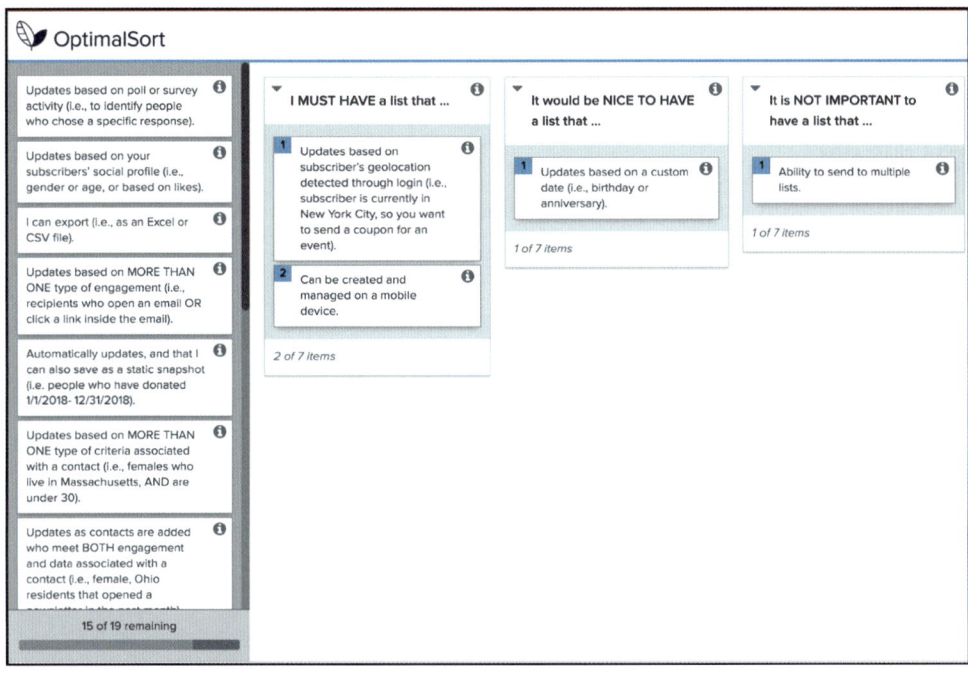

그림 11.10 기능 우선순위를 도출하기 위한 카드 소팅(옵티멀 소트 도구 사용)

이 데이터에서 다음 공식을 사용해 기능 중요도 점수를 계산한다(그림 11.11 참조).

기능 중요도 점수 = (3 × 필수) + (2 × 있으면 좋음) − (1 × 중요하지 않음)

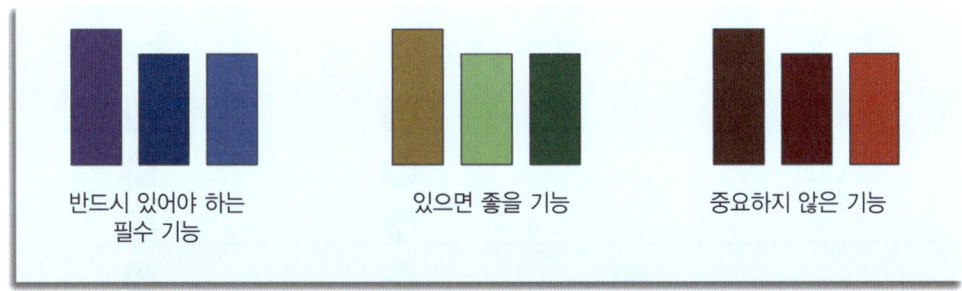

그림 11.11 기능 중요도 점수 = (3 × 필수) + (2 × 있으면 좋음) − (1 × 중요하지 않음)

이 식은 '필수'와 '있으면 좋음' 버킷에 배치되는 빈도를 '중요하지 않음' 버킷보다 더 무겁게 가중한다. 그런 다음, 가장 중요한 기능을 총괄적 사용성 테스트의 과업으로 사용한다.

경쟁 제품 선택

제품 팀과 UX 리서치 팀은 가치 있는 기능들을 식별하고 기능 중요도 점수를 산출한 후, 기능 테스트에 사용할 주요 경쟁 제품을 함께 선정한다. 일단 상위의 경쟁 제품이 선택되면 1:1 비교를 할 수 있다.

기능 가용성/가치 점수 계산

다음으로, 기능 우선순위 지정 단계에서 파악한 가장 중요한 기능의 중요도 점수를 더해, '기능 가용성 점수$^{Feature\ availability\ score}$'를 계산한다(예: 그림 11.12, 콘스탄트 컨택$^{Constant\ Contact}$의 기능 가용성 점수 참조).

$$기능\ 가용성\ 점수 = 기능\ 2\ 중요도 + 기능\ 3\ 중요도 + 기능\ 4\ 중요도 + 기능\ 5\ 중요도$$

이 점수를 통해 경쟁업체가 제공하는 기능 목록이 조사 대상과 얼마나 근접한지 파악할 수 있다. 이런 계산으로 가치가 높은 기능 세트를 보유한 제품이 가치가 낮은 기능 세트를 보유한 제품보다 더 높은 기능 가용성/가치 점수를 받을 수 있다. 다음의 계산은 우리의 기능 세트가 경쟁사의 기능 세트와 어떻게 비교되는지 보여준다(그림 11.12 참조).

필수 기능 (사용자 우선순위 순)	기능 중요도	콘스탄트 컨택	경쟁업체
기능 1	76	❌	✅
기능 2	64	✅	❌
기능 3	63	✅	✅
기능 4	63	✅	✅
기능 5	60	✅	❌
기능 가용성/가치 점수		250	202

그림 11.12 기능 가용성 점수 계산

기능/과업	콘스탄트 컨택		경쟁업체	
	프로토타입 과업 성공률	사용 용이성	라이브 사이트 과업 성공률	사용 용이성
과업 1	--		65%	4.0
과업 2	59%	3.4	--	
과업 3	30%	4.1	48%	3.7
과업 4	67%	3.3	57%	2.9
과업 5	64%	4.1	--	
과업 성공(평균)	55%	3.7	57%	3.5

그림 11.13 과업 성공률과 사용 용이성 평가 비교

11.2.4 PCW (종합) 사용성 테스트

위에서 설명한 바와 같이, 기능 우선순위 연구는 어떤 기능이 사용자에게 가장 큰 가치가 있는지 파악하는 데 도움이 된다. 다음으로, 참가자에게 이 목록에서 가장 가치 있는/중요한 기능을 사용하도록 요청하는 종합 테스트를 하기 위해 과업을 생성한다. 종합 테스트에서 두 가지 과업 성공률을 측정하고, 고객으로 하여금 사용 용이성 평가를 하게 한다(그림 11.13 참조). 또한 사용성 테스트의 결과로 확인된 UX 개선 사항에 대해 프로젝트 팀에 알리는 데 도움이 되는 정성적 피드백을 수집한다. 어떤 경우에는, 각 제품에서 사용 가능한 기능만 테스트하기 때문에 두 제품 모두에서 모든 과업을 테스트하는 것은 아니라는 점에 유의하자. 우리는 우리 제품에 없던 고부가가치 기능을 포함함으로써 경쟁사의 구현 상태를 배울 수 있다. 우리는 경쟁사의 라이브 사이트와 고충실도의 프로토타입을 비교 테스트해서 초기에 피드백을 얻었다.

전체 성공률 vs. 워크플로우 성공률

각 단계가 이전 단계의 성공 여부에 영향을 받는 워크플로우인 경우, 과업 성공률은 가장 낮은 성공률의 단계만큼만 높게 나올 수 있다.

현실에서 사용자는 어떤 과업 단계에서 실패하면 그 이후의 단계로 넘어가지 못한다. 따라서 평균 과업 성공률과 함께 '워크플로우' 과업 성공률도 보고한다(그림 11.14 참조).

워크플로우 과업	콘스탄트 컨택 프로토타입 성공률	경쟁업체 성공률
과업/단계1	76%	70%
과업/단계2	59%	52%
과업/단계3	47%	30%
과업/단계4	57%	67%
과업/단계5	64%	47%
워크플로우 과업 성공	47%	30%

그림 11.14 워크플로우 성공 지표 비교

프로토타입 vs. 라이브 사이트 테스트

우리는 제품이 출시될 때까지 우리의 프로토타입을 경쟁사의 라이브 사이트와 지속적으로 비교했다. 그리고 프로토타입과 라이브 사이트를 사용해서 테스트할 때의 아티팩트 효과를 이해하기 위해 기능이 출시된 후 프로토타입에서 사용된 것과 동일한 과업을 테스트하는 후속 라이브 사이트 연구를 수행했다. 원래 프로토타입 테스트와 라이브 사이트 테스트를 통해, 디자인을 개선한 결과 프로토타입을 테스트했을 때보다 과업 성공률이 더 높아졌다는 것을 확인했다. 이는 프로토타입 테스트가 출시 시 성공률을 어느 정도 방향성 있게 예측한다는 증거이다.

전반적인 프로그램 성공률

우리는 2018년 17건의 PCW 테스트를 수행했다(이 테스트는 팀이 당해에 수행한 여러 UX 리서치 중 극히 일부에 불과하다). 몇몇 이니셔티브는 첫 번째 테스트 라운드에 명시된 PCW 목표를 달성했다. 하지만 어떤 이니셔티브는 PCW 목표를 달성하지 못했는데, 대부분 우리가 제어할 수 없는 타사 도구와 워크플로우를 통합하는 프로젝트였다. 또한 여러 프로젝트는 디자인과 테스트를 반복하면서 과업 성공률을 향상시키기도 했다. PCW 테스트의 초기 라운드는 팀에 디자인 개선 사항을 알리는 데 도움이 되는 정성적 피드백을 제공해, 이후 반복적 개선 과정^{iteration}에서 더 나은 과업 성공률을 가져왔다(UXR의 꿈이 실현된 것이다).

PCW 프레임워크는 각 이니서티브가 달성하고자 하는 견고성의 수준에 대해 경영진 간의 대화를 촉진하는 데 효과적이었다. 측정 가능한 객관적 기준을 일관되게 제시하고 종합적 사용성 테스트 summative usability test를 제공함으로써, 제품 관리자와 고위 경영진으로 하여금 PCW 목표 달성에 근접해지고 있는지에 대해 조기에 파악하고 책임감을 가지도록 만들었다. 또한 PCW 프로세스는 기존 UX 리서치와 상호보완적이었고, 초기 피드백과 사용성 개선을 위해 이미 진행 중이던 작업들을 방해하지 않았다. 또한 책임감을 높이고 제품 개발 프로세스를 개선하며 팀에 동기를 부여하는 데 도움이 됐다. 초기 기능 분석과 우선순위 지정을 통해 제품 디자인에 도움이 되는 가치 있는 제품 기능을 파악할 수 있었다.

약력

산드라 티어, 린다 보르게사니, 스튜어트 마르티네즈는 디지털 마케팅 회사인 콘스탄트 컨택에서 UX 리서처로 함께 일했다. 그들이 만든 이 솔루션은 소규모 기업이 비즈니스 라이프 사이클 전반에 걸쳐 고객을 위해 더욱 스마트하게 일할 수 있도록 돕는 것을 목표로 개발됐다.

산드라는 소규모 기업 사용자의 요구 사항을 이해하고 데이터와 인사이트를 제공해 제품 팀이 신속하고 자신감 있게 업무를 진행할 수 있도록 지원하는 것을 주요 목표로 하는 UX 리서치 그룹을 관리하고 있다. 그녀는 통신, 금융, 구직, 헬스케어 등 여러 산업 분야에서 다년간의 경험을 쌓았다.

린다는 터프츠 대학교Tufts University에서 강의하는 선임 UX 연구원이자 전략가이다. 그녀는 대상 고객을 안다면 목적에 부합하는 디자인을 해서 제품을 유용하고 즐겁게 사용하게 할 수 있다고 믿는다.

스튜어트는 열정적인 UX 리서처이자 디자인 씽킹 진행자로, 디자인 프로세스의 모든 단계에서 사용자에 대해 학습하고 사용자를 옹호하는 것을 목표로 한다. 그는 현재 츄이Chewy에서 UX 리서처로 일하고 있다.

11.3 엔터프라이즈 UX 사례 연구: 'UX 수익 체인' 발견하기

출처: JD 버클리, JD 유저빌리티

11.3.1 소개

몇 년 전, 휴먼 캐피털 매니지먼트(Human Capital Management)라는 기업은 다른 여러 대기업의 경험 중심 트렌드에 영향을 받아 사내에 사용자 경험 디자인 전문 그룹을 구축하기로 결정했다. 임원들은 인간 중심 디자인이 미래 회사의 성공에 필수적이라고 인식했지만 많은 사람은 디자인 프로세스에 익숙하지 않았다. 그들은 디자인에 대한 투자수익과 디자인 팀의 노력을 정량화하는 가장 좋은 방법에 대해서도 잘 알지 못했다. 이 사례 연구는 팀의 가치를 증명할 뿐만 아니라 인간 중심 디자인 프로세스와 회사의 수익 간에 정량화 가능한 연결 고리를 만드는 역할을 맡은 〈포춘〉 500대 기업의 UX 디자인 및 리서치 팀의 노력을 세세하게 설명한다.

인적 자본 관리 규정 준수 제품(human capital management compliance product)(예를 들어 기업이 직원 급여에 대해 적절한 세금을 납부하거나 직원들의 급여에서 압류된 임금을 정확하게 공제할 수 있도록 하는 프로그램)에 주로 중점을 뒀던 소규모 기업 UX 팀에게 재설계 이니셔티브는 큰 기회였다. 우리의 의도는 UX 측정 계획을 수립하는 것이었고, 팀의 궁극적인 목표는 사용자 경험의 질과 회사 성과 지표 간의 양적 연결 고리를 만드는 것이었다. 우리는 이 목표를 달성하기 위해 다음과 같은 목표를 제시했다.

- 사용자의 태도와 행동을 지속적이고 효과적으로 측정하기에 가장 효과적인 지표를 식별한다.
- 최종 사용자의 주요 활동을 식별한다.
- 태도와 행동에 대해 정량적이고 통계적으로 유효한 측정치들을 수집해 기준을 설정한다.
- 사용성, 효율성, 효과성, 만족도의 주요 동인을 결정한다.
- 엔터프라이즈 UX 팀의 가치와 영향을 측정하기 위한 혁신적인 지표 세트를 만든다.

UX 측정 계획을 수립하기 위한 반복적 접근 방식에는 다음과 같은 몇 가지 주요 단계가 포함된다.

1. 지표 식별하고 선택하기

2. 주요 과업 식별하기
3. 주요 과업군 우선순위 설문 조사
4. 재설계 전 정성적 + 정량적 과업 기반 벤치마크 연구 (1)
5. 재설계 후 정성적 + 정량적 과업 기반 벤치마크 연구 (2, 3, 4)

11.3.2 지표 식별하고 선택하기

측정 이니셔티브에 가장 유익한 UX 지표를 선정하는 과정에서 다음과 같은 세 가지 핵심 질문을 다뤄야 했다.

1. 어떤 UX 지표가 우리 팀이 제품에 미칠 영향을 가장 잘 포착할까?
2. 어떤 UX 지표가 시간 경과에 따른, 제품에 적용하고자 하는 변화를 가장 잘 반영할까?
3. 어떤 UX 지표가 경영진에게 가장 의미 있는 지표일까?

우리는 사용성에 관해서는 국제 표준화 기구(International Organization for Standardization)(Technical Committee ISO/TC 159 Ergonomics, ISO 9241-11:2018) 지표를 사용하기로 했다. 이 지표에는 효율성, 효과성, 자가측정 만족도 등의 지표가 포함돼 있다. 우리는 우리의 목적을 위해 과업 수준의 이런 지표들을 과업 시간, 과업 성공/실패, 자가측정 과업 만족도와 같은 측정값으로 변환했다.

우리는 이런 ISO 표준을 다른 과업 수준의 지표와 결합해 사용자가 인식하는 소요 시간과 난이도를 측정했다. 특히 사용자의 시간에 대한 '인식perception'을 중요한 지표로 삼았다. 그리고 과업 시간만 따로 떼어놓고 보면 과업 시간의 변동을 이해하기 어려울 수 있다고 판단했다. 그러나 실제 과업 시간과 과업 완료 여부를 사용자가 인식하는 시간과 난이도와 비교함으로써 사용자 경험을 좋게 하기 위한 개선 사항이 사용자에게 실제로 체감되는지 여부를 파악하는 데 도움이 될 수 있다.

또한 사용성과 학습성뿐만 아니라, 신뢰, 사이트 성능을 측정하는 지표도 포함했다. 약간의 유보를 전제로, UX 측정 계획에 순추천 점수NPS, Net Promoter Score도 포함했다. 이 NPS 지표에는 몇 가지 본질적 결점이 있을 수 있다(예를 들어, 이 지표는 계산할 때 사용자 태도의 극단적 부분만 강조하는 측면이 있기 때문에 어느 정도의 변동성을 감안해야 한다). 그러나 경영진이 NPS를 매출, 이익과 관련된 핵심 기업 지표로 점차 인식해 가고 있다는 점을 알고 있었다. 또한 고객 경험 팀이 사용자의 서비스 경험에 대한 NPS 데이터를 수집한다는 사실도 알고 있었다. 우리는 이렇게 하면 사용자 경험에 초점을 맞춘 연구에서 수집한 NPS 결과와 서비스 NPS의 차이를 더 잘 비교하고 대조할 수 있는 탄탄한 기반을 마련할 수 있을 거라고 판단했다.

우리는 이런 UX 지표를 사용자의 경험 품질을 반영하는 수치로 사용할 수 있을 거라고 가정했다. 우리는 벤치마킹한 결과와 이후 재설계 릴리스 간에 이 지표들의 변화를 비교함으로 사용자의 태도, 행동, 만족도 측면에서 어떤 변화가 특정 회사 KPI에 가장 큰 영향을 미칠 수 있는지 파악해, UX 팀의 노력에 대한 회사의 투자 수익과의 연관성을 찾을 수 있기를 바랐다.

참가자

피험자 간 설계를 사용해 543명의 응답자를 모집해(타깃 고객을 통계적으로 대표할 수 있는 표본, 신뢰 수준 90%), 주요 과업에 대한 설문 조사를 진행했다.

모더레이터(moderator, 중재자/진행자)가 없는 원격 벤치마크 연구의 경우, 90%~95%의 신뢰 수준으로 진행하기로 결정했다. 이 신뢰 수준을 달성하기 위해 세 가지 제품 각각에 대해 최소 25명의 응답자를 수집해, 총 75명의 참여자가 참여하는 피험자 간 설계를 적용했다. 기업 고객 참가자를 확보하는 것은 연구를 수행할 때마다 어려운 과제였다. 이 참여자 수치는 네 차례 연구를 진행하는 동안 변동이 있었다. 때로는 운이 좋게 초과 모집하기도 했고, 어떤 때는 최소 참여자 수인 75명을 겨우 채울 수 있었다(연구 설계는 그림 11.15 참고).

설문 유형	표본 크기	신뢰 수준	연구 설계	제품 개수
주요 과업	참가자 543명	90%	피험자 간 설계	3개의 서로 다른 규정 준수 제품
(모더레이터 없는) 원격 벤치마크 (연구 1~4)	참가자 70~130명	90~95%	피험자 간 설계	3개의 서로 다른 규정 준수 제품
(모더레이터 있는) 벤치마크 (연구 1~4)	참가자 9~12명	해당 없음	피험자 간 설계	3개의 서로 다른 규정 준수 제품

그림 11.15 리서치 설계(설문 유형, 표본 크기, 신뢰 수준, 제품별 연구 설계)

또한 각 벤치마크 연구에 대한 완료율을 면밀히 모니터링해 회사 규모, 규정 준수 모듈 유형, 규정 준수 제품과 다른 급여 제품을 조합해 사용했는지, 또는 급여 및 규정 준수 제품만 사용했는지 등 중요한 채용 기준에 걸쳐 참가자가 비교적 균등하게 분포되도록 했다.

11.3.3 방법론

주요 과업 식별하기

먼저 최종 사용자[end-user]에게 가장 중요한 '주요 과업[top tasks]'을 파악하는 것으로 이니셔티브를 시작했다.

주요 과업 관리 방법[Top Task Management method](McGovern, 2015)은 사용자에게 가장 우선순위가 높은 최우선 과업을 식별하고 집중하는 동시에, 덜 중요한 작은 과업에 대한 주의는 줄일 수 있는 기회를 제공한다. 이 과정은 모든 후속 단계의 기초가 되는 것으로, UX 측정 계획에서 최상위 과업을 식별하는 것은 매우 중요한 필수 단계였다. 사용자의 최우선 과업을 명확하게 파악하지 못하면 디자인이 사용자, 경험, 회사 성과 지표에 가장 영향력 있는 측면을 개선하는 데 기여한 부분과 연결시켜 사고하기 어렵기 때문이다.

우리는 최종 사용자로부터 '최우선 과업' 데이터를 수집하기 위한 첫 번째 단계로 '자유 목록[free list]' 방법을 사용해 내부 주제 전문가와 이해관계자 20명을 설문 조사했다. 자유 목록은 개인이나 그룹에 '[주제 X]에 대한 항목을 가능한 한 많이 나열'하도록 요청하는 간단한 질적 연구 기법이다. 우리는 이 방법을 통해 사용자에게 가장 중요하거나 우선순위가 높은 엔드-투-엔드 과업[end-to-end task](처음부터 끝까지 모든 단계의 과업)의 예비 목록을 수집했다(그림 11.16은 자유 목록 설문 조사의 예를 보여준다).

이 설문 조사는 5분 이내로 완료해 주세요. 고객이 [제품 1]과 관련해서 가장 자주 하는 상위 다섯 가지 과업을 가능한 한 빨리, 중요도순으로 나열해 주세요.

1. ☐
2. ☐
3. ☐
4. ☐
5. ☐

그림 11.16 상위 과업 목록을 개발하기 위한 자유 목록 설문 조사

그런 다음, 분석 및 관찰 연구에서 도출한 인사이트, 이해관계자 인터뷰, 판매 및 비즈니스 데이터로 이 목록을 교차 점검하고 보강했다. 최종 목록을 확인하려고 실제 설문 조사를 시작하기 전에,

소수의 최종 사용자를 대상으로 원격 파일럿 테스트를 실시해서 피드백을 받기도 했다.

주요 과업군 우선순위 설문 조사

먼저 응답자들을 선별해 급여 시스템 유형, 주요 제품 사용 여부, 사용 빈도 및 강도 등의 요인과 성별, 연령, 직위, 업종, 근무 경력, 직급 등 인구통계학적 정보를 파악했다.

참가자들은 드래그-앤-드롭 설문 조사 디자인을 통해 먼저 가장 중요한 단계를 목록의 맨 위에, 가장 중요하지 않은 단계를 맨 아래에 배치하는 방식으로 프로세스의 단계에 순위를 매겼다. 그런 다음 참가자들은 중요도와 만족도를 5점 리커트 유형 척도로 해당 프로세스 단계별 순위를 매겼다. 다음으로 '강제 순위'$^{forced\ ranking}$ 설문 조사 방법으로 사용자는 각 프로세스 단계를 구성하는 개별 과업을 식별하고 우선순위를 정해야 했다. '강제 순위' 설문 조사는 사용자가 전체 선택 세트에서 가장 중요한 과업을 선택하게 하기 위한 의도로 사용자의 옵션을 제한한다. 세 가지 제품 각각에 대해 가능한 전체 과업 목록(최대 51개 과업)이 제시되면, 참가자는 전체 과업 중 제한된 개수의 과업만(3~5개 과업) 선택할 수 있다.

사후 테스트 설문지에서는 몇 가지 정량적 지표를 확인하고자 했다. 응답자의 제품에 대한 전반적인 만족도 수준을 5점 리커트 척도로 평가했다. 표준화된 사용자 경험 백분위 순위 설문지$^{SUPR-Q,\ Standardized\ User\ Experience\ Percentile\ Rank\ Questionnaire}$(Sauro, 2018)를 두 개의 별도 질문으로 제공해 사용자의 제품과 제품에 제시된 정보에 대한 신뢰와 신용 수준을 평가했다. 마지막으로, 사용자가 가진 제품 사용성과 학습성에 대한 인식 수준을 이해하기 위해 시스템 사용성 척도$^{SUS,\ System\ Usability\ Scale}$와 11점 척도의 NPS를 모두 포함시켰다. 또한 참가자에게 본인의 NPS 점수에 대해 간략하게 설명하도록 요청했다.

주요 과업 설문 조사의 가장 중요한 결과는 프로세스 단계와 과업의 우선순위가 매겨진 목록이었다(그림 11.17). 연구 결과는 여러 제품에서 가장 높은 순위의 과업을 알 수 있을 뿐 아니라 순위가 낮은 과업도 식별하게 한다. 게다가 우리는 각 과업이 다른 과업과 관련해 어떻게 순위가 매겨졌는지 살펴볼 수 있었다.

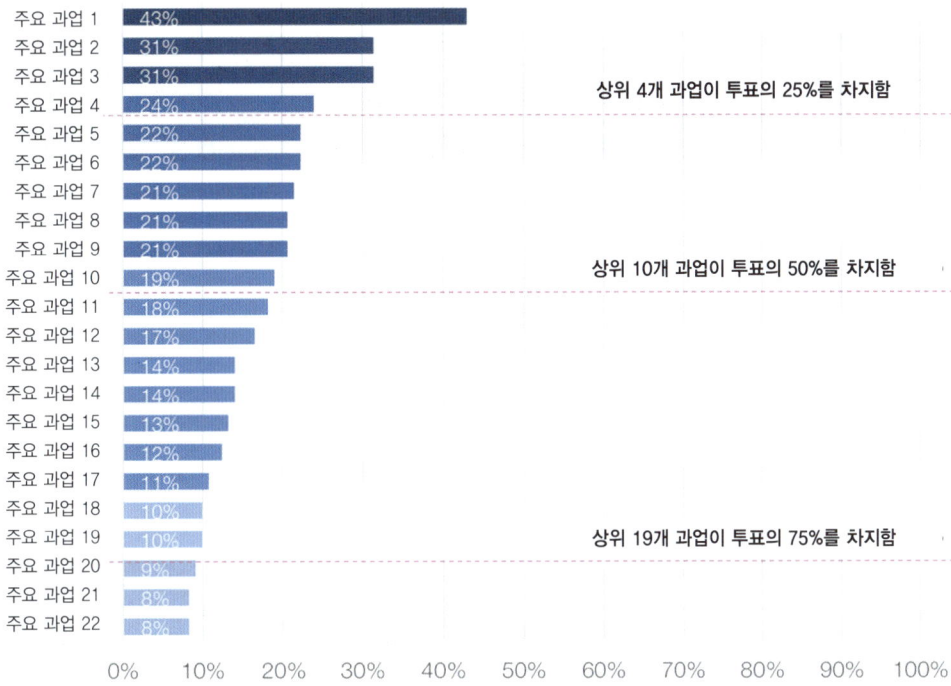

그림 11.17 응답자 투표에 따른 최상위 과업이 표시된 주요 과업 설문 조사

과업 기반 벤치마크 연구 사전 재설계 1

설문 조사를 통해 확인된, 참가자 순위 투표의 20~75%를 받은 최상위 과업의 하위 집합을 사용해 (그림 11.18 / 11.19), 원격 모더레이터/비모더레이터 방법을 모두 사용해 정성적/정량적 과업 기반 벤치마크 설문 조사를 실시했다.

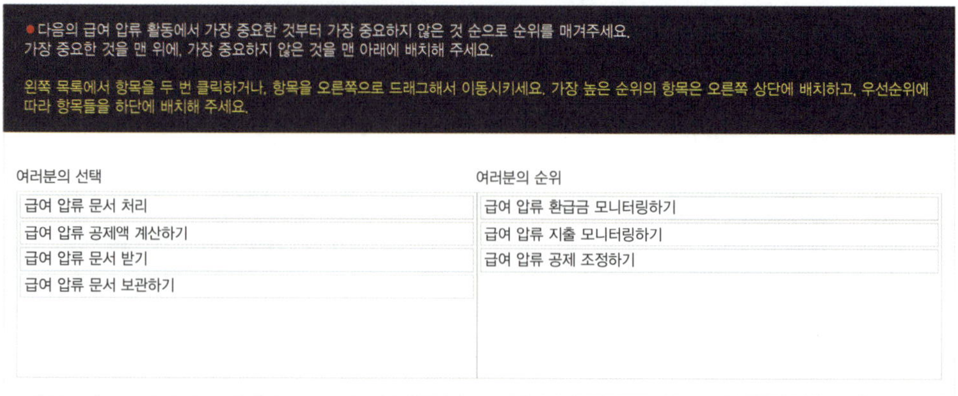

- 다음의 급여 압류 활동에서 가장 중요한 것부터 가장 중요하지 않은 것 순으로 순위를 매겨주세요. 가장 중요한 것을 맨 위에, 가장 중요하지 않은 것을 맨 아래에 배치해 주세요.

  왼쪽 목록에서 항목을 두 번 클릭하거나, 항목을 오른쪽으로 드래그해서 이동시키세요. 가장 높은 순위의 항목은 오른쪽 상단에 배치하고, 우선순위에 따라 항목들을 하단에 배치해 주세요.

여러분의 선택	여러분의 순위
급여 압류 문서 처리	급여 압류 환급금 모니터링하기
급여 압류 공제액 계산하기	급여 압류 지출 모니터링하기
급여 압류 문서 받기	급여 압류 공제 조정하기
급여 압류 문서 보관하기	

그림 11.18 프로세스 단계를 식별하기 위한 강제 순위 지정 방식을 사용한 주요 과업 설문 조사

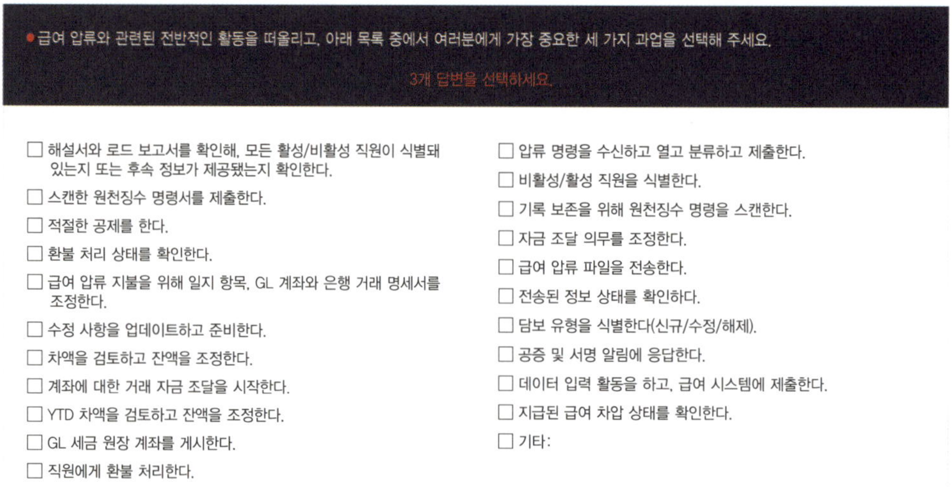

- 급여 압류와 관련된 전반적인 활동을 떠올리고, 아래 목록 중에서 여러분에게 가장 중요한 세 가지 과업을 선택해 주세요.

  3개 답변을 선택하세요

- [ ] 해설서와 로드 보고서를 확인해, 모든 활성/비활성 직원이 식별돼 있는지 또는 후속 정보가 제공됐는지 확인한다.
- [ ] 스캔한 원천징수 명령서를 제출한다.
- [ ] 적절한 공제를 한다.
- [ ] 환불 처리 상태를 확인한다.
- [ ] 급여 압류 지불을 위해 일지 항목, GL 계좌와 은행 거래 명세서를 조정한다.
- [ ] 수정 사항을 업데이트하고 준비한다.
- [ ] 차액을 검토하고 잔액을 조정한다.
- [ ] 계좌에 대한 거래 자금 조달을 시작한다.
- [ ] YTD 차액을 검토하고 잔액을 조정한다.
- [ ] GL 세금 원장 계좌를 게시한다.
- [ ] 직원에게 환불 처리한다.
- [ ] 압류 명령을 수신하고 열고 분류하고 제출한다.
- [ ] 비활성/활성 직원을 식별한다.
- [ ] 기록 보존을 위해 원천징수 명령을 스캔한다.
- [ ] 자금 조달 의무를 조정한다.
- [ ] 급여 압류 파일을 전송한다.
- [ ] 전송된 정보 상태를 확인한다.
- [ ] 담보 유형을 식별한다(신규/수정/해제).
- [ ] 공증 및 서명 알림에 응답한다.
- [ ] 데이터 입력 활동을 하고, 급여 시스템에 제출한다.
- [ ] 지급된 급여 차압 상태를 확인한다.
- [ ] 기타:

그림 11.19 강제 순위 지정 방식으로 사용자의 과업 우선순위를 수집한 주요 과업 설문 조사

우리는 모더레이터/비모더레이터 벤치마크 연구 모두에서 사전 테스트, 사후 과업, 사후 테스트 지표를 수집했다. 우선 향후 주요 과업 설문 조사와 벤치마크 데이터 간의 통계 비교를 위해 주요 과업 설문 조사와 동일한 범주를 사용해서 참가자들의 인구통계학적 데이터를 선별했다.

그런 다음 우리는 연구 설계에서 각 참여자가 핵심 과업들을 무작위로 완료하도록 요청했다. 과업 척도에는 과업 성공/실패 여부뿐 아니라 과업 시간도 포함했다. 각 과업 후 설문지를 통해 참가자가 인지하는 과업 시간, 난이도(예: SEQ/Single Ease Question)를 평가하고 참가자에게 과업 난이도 평가에 대해 간략하게 설명하도록 요구했다.

벤치마크 테스트 후 설문 조사에서는 주요 과업 설문 조사에서 수집한 사후 테스트 데이터에 U-MUX-Lite를 추가했다(Lewis et al., 2013). U-MUX-Lite는 전반적인 사이트 성능에 대한 사용자의 인식에 대한 추가 인사이트를 제공하기 위해 두 가지 항목으로 구성된 설문지이다. 또한 사용자에게 소프트웨어 사용 여부와 관계없이 가장 중요한 과업에 대해 정보를 구하는 자유 응답 질문free response question을 추가했다. 이 질문이 초기의 주요 과업 데이터를 보강하고 사용자들의 가장 중요한 과업을 살펴봄으로써 가능한 변화를 정확히 파악하는 데 도움이 되기를 바랐다.

원격 모더레이터 연구의 경우, 비모더레이터 원격 연구와 연구 방법이 동일했지만 한편으로는 참가자에게 각 과업을 완료한 후 본인의 사고 과정을 설명하고 스크리너, 사후 과업 및 사후 테스트 설문지에 한 답변을 설명하도록 요청하는 회고적 대화 프로토콜retrospective talk-aloud protocol을 사용했다. 우리는 응답자를 9~12명으로 제한하고, 각 참가자의 프로세스 흐름과 자유로운 응답을 통해 질문에 대해 보다 풍부한 인사이트를 수집할 수 있도록 충분한 시간을 허용했다. 재설계 버전이 출시되기 전에 실시한 이 과업 기반 벤치마크 연구는 초기 릴리스 버전과 향후 개선 후 릴리스 버전을 비교할 기준을 설정하는 데 도움이 됐다.

11.3.4 분석

디자인의 영향력을 회사의 주요 성과 지표와 연결하려 할 때 피할 수 없는 질문은 "회사 내/외부의 다른 모든 기여 요인과 비교할 때 디자인은 조직의 수익에 어느 정도 기여하는가?"였다. 우리는 측정 가능한 디자인 영향력에 관한 질문에 더 잘 대응하기 위해 다차원 모델을 조사하기 시작했다.

'서비스 수익 체인 모델Service Profit Chain(Heskett et al., 1997; 그림 11.20)'을 기반으로 구축된 이 모델은 UX 지표를 포함해 조직 전반에 걸친 다양한 지표의 영향력을 고려하고 매출 성장과 수익성 같은 회사 KPI와의 상관관계를 찾는 데 도움이 됐다.

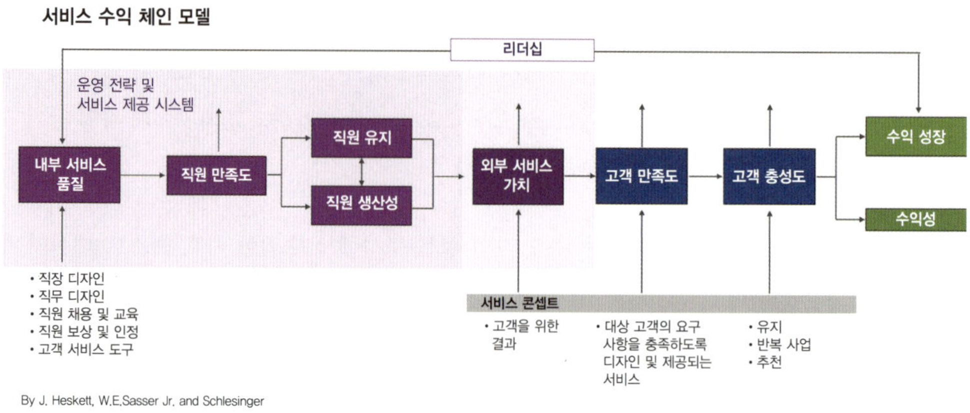

그림 11.20 '서비스 수익 체인' 모델

11.3.5 결과

우리는 재설계 전에 초기 벤치마크 연구를 수행한 후, 대략 1년 반 동안 플랫폼에 반복적인 디자인 개선 출시가 이뤄지면서 동일 연구를 3번 더 반복 실행했다. 또한 계절적 영향을 보완하기 위해 연중 같은 시기에 동일한 지표를 수집하도록 주의를 기울였다.

모든 벤치마크 연구에 대해 사전 테스트 스크리너, 사후 과업 및 사후 테스트 같은 측정 가능한 여러 지표를 수집한 결과, 작업 과정에서 유익한 인사이트를 얻을 수 있었다. 다음 페이지의 그림 11.21은 이런 다중 지표 접근 방식에서 사용한 지표 샘플을 보여준다. 이 방식을 통해 과업 수준과 전체 지표를 모두 검토하고 후속 디자인 반복 개선 및 출시가 사용자 경험에 미치는 영향을 측정할 수 있었다.

처음에는 UX 팀의 노력과 회사의 핵심 성과 지표 간의 측정 가능한 연관성이 관련 UX 지표의 상관관계를 반영할 것이라는 가설을 세웠다. 예를 들어, 과업 시간과 만족도 같은 ISO 지표의 개선이 NPS 같은 고객 KPI와 고객 지원에 가장 큰 영향을 미칠 것이라고 가정한 것이다. 그러나 사용자 경험의 개선이 기업의 성과 지표에 영향을 미치는 것처럼 보이지만, 그 연관성이 원래 예상했던 것보다 더 복잡하다는 것을 발견했다.

우리는 연구마다 데이터를 수집하면서 과업 행동, 과업 후 태도, 인식 지표와 사후 테스트 지표인 SUS, NPS, UX-MUX-Lite, 만족도, 신뢰, 신용 간의 통계적으로 유의미한 상관관계를 파악하기 위해 비교 분석을 실행했다.

UX 지표: 태도 & 과업 지표	추정: 벤치마크 & 리디자인	기업 지표
효율	⬆ 효율이 향상돼, 과업 소요 시간이 단축된다.	• 매출 성장 증가
효과	⬆ 완료율이 증가해, 효과가 커진다.	• 연락량 감소
체감 난이도	⬇ 체감 난이도가 개선돼 사용 용이성이 향상된다.	• 연락량 감소
체감 시간	⬇ 체감 시간이 개선돼 사용 용이성이 향상된다.	• 연락량 감소
만족도	⬆ 사용성이 개선돼 사용자 만족도가 높아진다.	• 고객 경험 NPS 향상
순수추천 지수	⬆ NPS 점수가 높아진다.	• 고객 경험 NPS 향상
SUS	⬆ SUS(시스템 사용성 점수)가 높아진다.	• 고객 경험 NPS 향상
제품 신뢰성/안정성	⬆ 신뢰성/안정성이 좋아진다.	• 고객 유지율 증가
제품 정보 신뢰성/안정성	⬆ 제품정보에 대한 신뢰성/안정성이 좋아진다.	• 연락량 감소

그림 11.21 우리의 UX 팀에서 사용한 다중 지표 접근법

또한 정성적 분석을 위해 세 가지 자유 응답 질문(SEQ, 과업 후 난이도, NPS, 과업 수행에 가장 중요한 활동)과 NPS 원 데이터(비추천자 detractor, 중립자 passive, 추천자 promoter 비교, 참가자 구문 축어적 분석)에 대한 주제 안에서 차이점을 지속적으로 찾았다. 이런 정성적 데이터는 참가자의 정량적 응답에 대한 이해를 더욱 풍부하게 해 주는 많은 인사이트를 제공했다.

그리고 선형회귀, 로지스틱회귀, 분산 분석 등 여러 통계 분석을 실행하는 과정에서 놀라운 모델이 나타났다. 발견된 것은, 고품질 사용자 경험과 고객 추천 사이에는 측정 가능한 상관관계가 있다는 사실이다! 팀은 과업 성공, 과업 용이성 같은 과업 수준의 지표가 SUS, 전반적 만족도, 제품 NPS 같은 UX 지표와 매우 강력한 상관관계가 있다는 사실을 발견하고 무척 기뻤다.

팀은 여러 비교 연구를 통해 과업 수준과 전반적인 UX 지표, 회사 KPI 간의 통계적으로 유의한 연관성을 찾고자 데이터를 계속 검색했다. 그리고 그 과정에서 이런 연관성을 그림 11.22에 표시된 모델로 고민하기 시작했다.

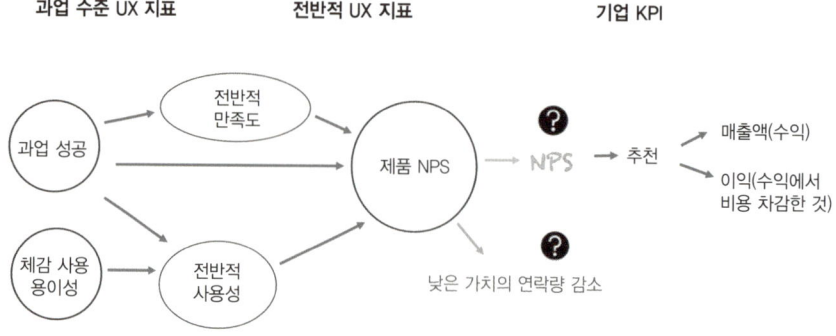

JD Buckley & Yookyoung Kim 2018

그림 11.22 UX 지표와 회사 KPI의 연관성을 보여주는 모델

요약하자면 사용자 경험의 새로운 출시 버전은 먼저 사용자가 주요 과업을 처음부터 끝까지 성공적으로 완료할 수 있도록 더 지원해야 했다. 둘째, 이런 주요 과업을 완료하기가 더 쉬워지면 사용자는 그 경험을 더 만족스럽고 학습하기 쉬운 것으로 평가할 가능성이 높았다(그림 11.23). 마지막으로, 앞의 두 조건을 충족하는 경험이라면 사용자는 이 제품에 NPS 평점을 높게 줄 가능성이 더 크다.

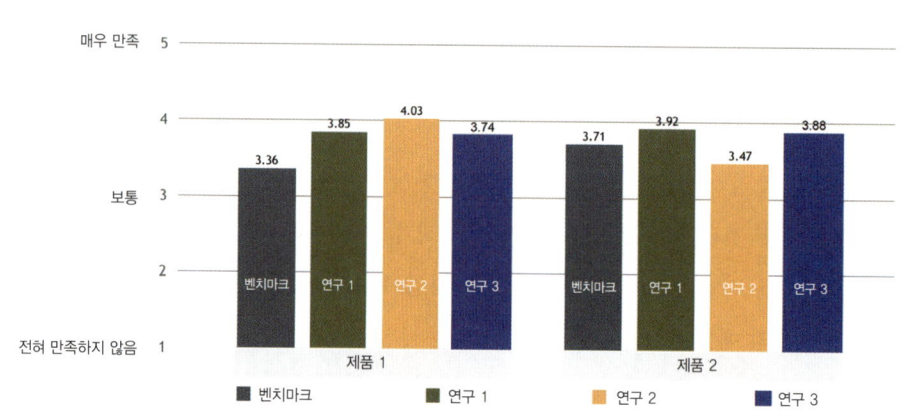

그림 11.23 네 가지 벤치마크 비교 연구에 따른 만족도 지표 변화

NPS, 매출(수익), 이익(수익에서 비용을 차감한 것) 간에 강력한 상관관계가 있다(Derfuss et al., 2017). 그러나 서비스 품질은, 특히 고객 서비스 품질이 엔드-투-엔드 사용자 경험에 중요한 역할을 할 수 있는 기업 조직에서는 NPS 점수에 큰 영향을 미칠 수 있다. UX 팀은 이번 연구에서 과업 사용자 경험과 NPS 결과 간에 통계적으로 유의한 상관관계를 발견했지만, 사용자 경험에 대한 NPS와 전체 조직, 나아가 매출과 이익에 대한 NPS 간의 상관관계를 검증하기 위해서는 추가 연구가 필요하다.

11.3.6 결론

HCM 엔터프라이즈 UX 디자인/리서치 팀은 이니셔티브를 수행하는 동안 다른 기업 동료들과 대화를 나누면서 많은 사람이 동일한 UX 측정 여정을 거쳤다는 사실을 알게 됐다. 그들은 우연찮게도 동시에 (때로는 더 확실한 결과와 함께) 1.5년에 걸친 연구 과정에서 발견한 것과 동일한 상관관계를 발견했다. 우리는 이 모델을 UX 수익 체인[UX-Revenue Chain]이라고 불렀다. 이 모델은 잠정적인 임시 모델로, 사용자가 생각하고 결정을 내리는 방식을 네 가지 핵심 영역의 측정으로 세분화해 통계적 모델링을 통해 사용자 경험이 비즈니스 지표에 어떤 영향을 미치는지 설명할 수 있도록 돕는다(Buckley and Powers, 2019).

이 진화하는 모델은 많은 사람에게 조직의 사일로에 관한 논의를 촉발시켰다. 이는 필수적인 디자인 및 비즈니스 전략 접근 방식으로, 제품의 주요 사용자와 그들의 주요 과업 및 워크플로우를 확립하는 것의 중요성에 대한 토론이기도 하다.

약력

존 델리나, JD 버클리

JD는 15년 이상 동안 인간 중심적이고 총체적이며 데이터 중심적인 사용자 경험의 도입을 성공적으로 이끌어왔다. JD는 혁신적인 스타트업부터 야후[Yahoo!], 켈리 블루북[Kelley Blue Book], 디즈니[Disney], 다크리[Daqri], 카이저 퍼머넌트[Kaiser Permanente], ADP 등 기업 조직에 이르기까지 다양한 회사들과 함께 해온 열정적인 UX 리서치/디자인 전략 리더이다. 그녀의 작업은 기업이 혁신적인 경험을 창출하도록 정보를 제공하고 영감을 준다. JD는 현재 서비스 타이탄[ServiceTitan]의 서비스 디자인 책임자이며, JD 유저빌리티[JD Usability]를 통해 컨설팅 서비스를 제공하고 있으며, 아트 센터 디자인 대학[Art Center College of Design]의 겸임 조교수이기도 하다.

11.4 건강 보험 웹사이트의 UX 벤치마킹

출처: 쿨딥 칼카르, 유저줌 글로벌 리서치 담당 부사장

경영진과 기업 이해관계자는 측정할 수 없는 것은 관리할 수 없다고 생각한다. 사용자 경험도 다르지 않다. 비즈니스 환경에서는 주요 과업과 주요 고객 여정에서 자사와 경쟁사를 주기적으로 비교하는 것이 일반적이다.

우리는 유저줌에서 미국의 여러 주에 있는 건강 보험 웹사이트를 지역별로 벤치마킹하고 비교했다. 미국의 건강 보험 서비스 제공업체들은 주 단위로 규제를 받기 때문에 디지털 환경/시스템이 파편화돼 있다. 그림 11.24는 UX 벤치마킹의 일환으로, 건강 보험 기업인 블루 크로스 블루 쉴드 BCBS, Blue Cross Blue Shield 의 텍사스, 뉴저지, 캘리포니아, 매사추세츠 사이트를 비교했다(그림 11.24).

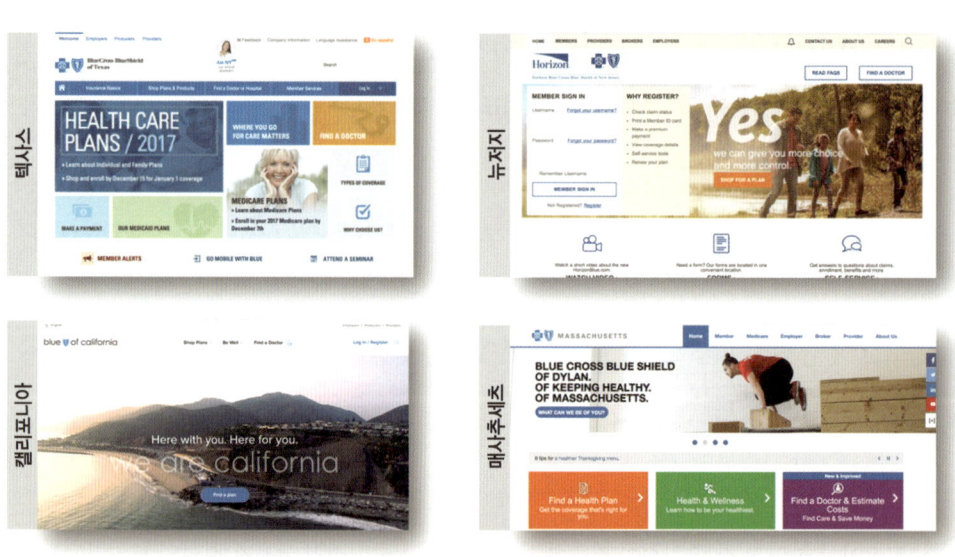

그림 11.24 BCBS 사이트의 지역별 스크린샷(텍사스, 뉴저지, 캘리포니아, 매사추세츠)

11.4.1 방법론

우리는 이 프로젝트를 위해 2가지 연구를 수행했다. 하나는 정량적 연구 quantitative study 고 하나는 정성적 연구 qualitative study 이다. 정량적 연구의 표본 크기는 참가자 200명으로, 정성적 연구의 표본 크기는 20명으로 진행했다. 모든 참가자는 다음 기준을 충족해야 했다.

- 26세 이상
- 특정 주에 거주(텍사스, 캘리포니아, 뉴저지, 매사추세츠)
- 스스로 건강 보험에 대한 결정을 할 수 있는 사람

네 군데 웹사이트에 수치화된 점수를 매기기 위해 과업 성공률, 과업 시간, 페이지 조회 수 같은 행동 데이터behavioral data와 태도 데이터attitudinal data를 수집해 여러 측정치를 결합하고 각 웹사이트에 대해 qx스코어qxScore, quality experience Score로 단일 점수화했다.

두 연구 모두 유저줌을 통해 데이터를 수집

초대된 참가자들은 먼저 선별 과정screener을 거친다. 선별된 참가자들은 연구 지침과 과업 지침을 따르면서 사이트를 탐색한다. 화면 녹화, 클릭, 탐색한 페이지, 클릭 수, 과업 시간, 행동 데이터가 수집된다. 과업 전/후 태도 데이터도 수집된다(단일 사용 질문, 브랜드 인식, SUPR-Q 설문지).

두 번째 연구($n = 20$)는 위의 연구와 구성이 유사하지만 한 가지 차이점이 있다. 참가자들은 사이트를 탐색하는 동안 생각을 소리 내어 말하도록 요청받았고 그들이 탐색한 화면과 음성은 기록된다. 소리 내어 생각하면 사용자 사고의 흐름을 관찰하기 위한 화면 녹화도 가능할 뿐만 아니라 문제가 발생한 '이유'에 대해 더 풍부한 인사이트를 얻을 수 있다.

정량적 연구(n = 200)를 위한 실험 설계

유저줌에서는 일반적으로 피험자 내 실험 설계(1명의 참가자가 모든 웹사이트를 살펴보는 방식)를 권장한다. 이 방식은 과업 수가 제한돼 있고 모더레이터 없이 20분 내로 진행되는 경우에만 가능하다. 하지만 이번 사례의 경우 건강 보험 제품이 주별로 다르고 대체로 특정 주의 거주자에게만 적용되기 때문에, 연구는 피험자 간 설계(각 참가자가 주별 웹사이트 중 한 군데서 세 가지 과업을 수행)여야 했다. 따라서 텍사스의 참가자 50명은 BCBS 텍사스 사이트에서 세 가지 과업을 수행하고, 나머지 세 주에서 다른 참가자들도 동일한 과업을 수행했다. 그림 11.25는 정량적 연구와 정성적 연구의 진행 흐름을 나타낸다.

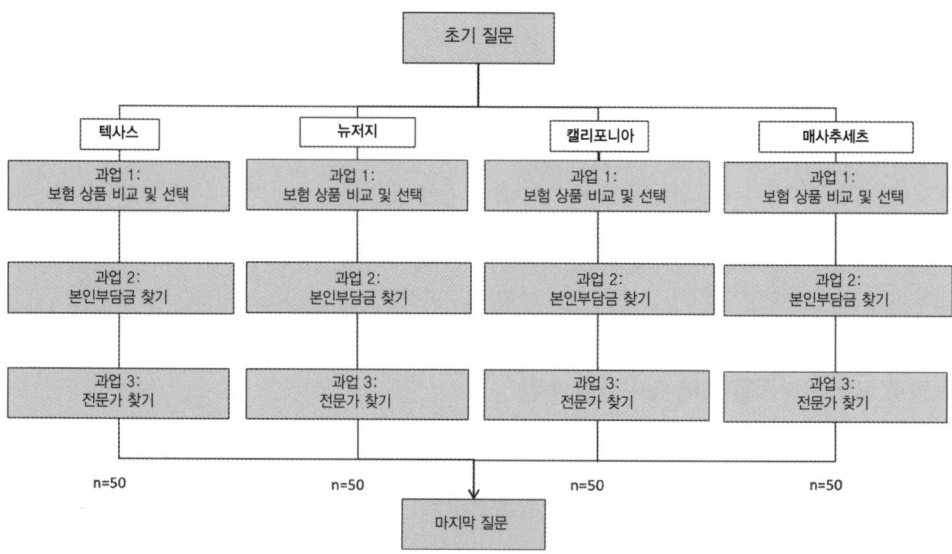

그림 11.25 정량적 연구와 정성적 연구(소리내어 생각하기)를 위한 실험 설계 및 과업 흐름

지표와 KPI

여러 지표가 과업 전, 과업 중, 과업 후, 시스템 수준 KPI^{key performance indicator}, 핵심 성능 지표(대개는 연구 종료 시점)에 수집된다. 여기서 소개하는 지표들은 행동 지표^{behavioral metrics}와 태도 지표^{attitudinal metrics}다. 표 11.1에서 이 지표들과 관련된 KPI 목록에 대해 살펴보자.

표 11.1 행동 지표와 태도 지표 관점에서 살펴본 과업 수준 지표와 시스템 수준 지표

	행동 지표	태도 지표
과업 수준 지표	• 과업 성공 비율(%) • 평균 과업 시간 • 평균 페이지 조회 수	• 문제/불만이 발생하지 않음 • 적절한 양의 정보를 제공함
시스템 수준 지표		• 브랜드 인식(과업 전) • 브랜드 인식(과업 후) • SUPR-Q • 외관 • 사용 용이성 • NPS와 충성도

11.4.2 결과

qx스코어

경영진은 세부 사항과 그 이면의 '이유'를 알기도 전에 '누가 이겼는지', 무엇이 정답인지 알고 싶어 한다. 유저줌에서는 qx스코어라는 단일 지표를 사용해 왔다(그림 11.26). 이 지표는 다양한 측정값들을 결합한 경험 점수로, 행동 데이터(예: 과업 성공)와 태도 데이터(예: 사용 용이성, 신뢰, 외관)를 모두 반영한다. 시스템 수준의 태도 측정값(SUPR-Q의 8개 질문)에 50%의 가중치가 부여되고, 과업 성공(행동 지표)에 50%의 가중치가 부여된다. 자세한 내용은 다음 링크(https://www.userzoom.com/blog/one-ux-metric-to-measure-the-world-introducing-userzooms-single-score-for-experience-benchmarking/)에서 확인할 수 있다.

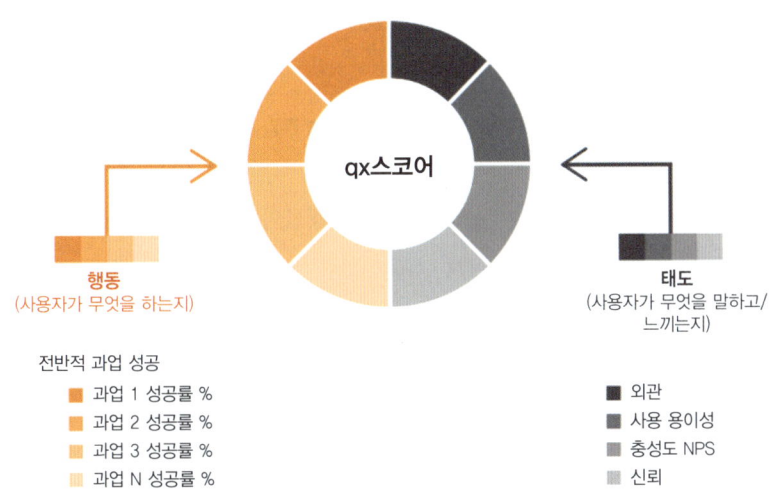

그림 11.26 행동 지표와 태도 지표를 결합한 qx스코어 개념도

종합 결과

BCBS 텍사스주 사이트가 qx스코어 76점을 기록하며 전체 우승을 차지했다. 벤치마크 점수에 따르면 캘리포니아(63점), 뉴저지(56점), 매사추세츠(48점)를 제치고 가장 좋은 전체 경험을 제공한 것으로 나타났다(그림 11.27).

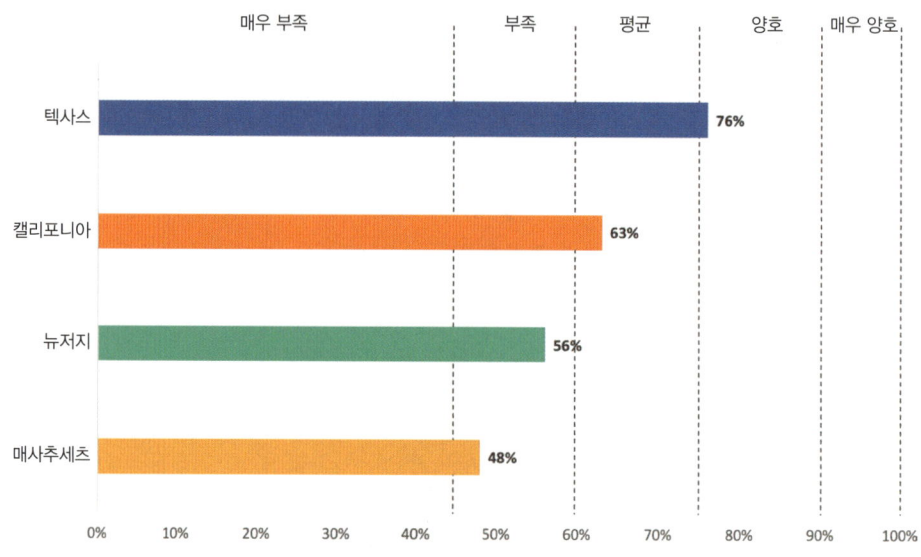

그림 11.27 BCBS 웹사이트 4군데 주별 qx스코어

4군데 모두 과업 3(새로운 환자를 받는 전문의 찾기)에서 개선의 여지가 있었다. BCBS 텍사스는 과업 1과 과업 2에서 높은 과업 성공률로 인해 이 평가에서 가장 높은 점수를 얻었다(표 11.2).

표 11.2 세 가지 과업 전반의 성공률과 태도가 반영된 qx스코어(상위 2점)

	BCBS 텍사스	BCBS 뉴저지	BCBS 캘리포니아	BCBS 매사추세츠
과업 1: 건강 보험 상품 비교 및 선택	94	88	56	64
과업 2: 선택한 보험 상품의 본인부담금 찾기	94	82	64	60
과업 3: 신규 환자를 받는 전문의 찾기	70	52	58	40
사용성(사용 용이성)	65	49	52	33
신뢰	85	68	72	69
외관	62	56	53	45
충성도 NPS	49	38	31	20
qx스코어	76	56	63	48

이 점수표는 특정 사이트에 대한 구체적인 세부 정보를 시각화하는 데 유용할 수 있다(표 11.3). 표 11.3에서는 과업 성공 백분율과 SUPR-Q의 네 가지 핵심 태도에 대한 상위 2점 백분율에 초점을 맞춘 BCBS 매사추세츠 점수표를 보여준다. 참고로 qx스코어는 행동(과업 성공)과 태도(상위 2점)의 평균이다.

표 11.3 BCBS 매사추세츠의 qx스코어

	매우 부족 (>45)	부족 (45–60)	보통 (61–75)	양호 (76–90)	매우 양호 (91–100)
과업 1: 건강 보험 상품 비교 및 선택			64		
과업 2: 선택한 보험 상품의 본인부담금 찾기			60		
과업 3: 신규 환자를 받는 전문의 찾기	40				
사용성(사용 용이성)	33				
신뢰			69		
외관		45			
충성도 NPS	20				
qx스코어		48			

과업 세부 정보

이 연구는 네 곳의 웹사이트에 동일한 세 가지 과업을 사용했다. 모든 사용성 연구에서 과업 선택은 매우 중요하다. 특히 경쟁 벤치마크competitive benchmarks의 경우 가장 대표적인 과업을 선택해야 한다.

네 곳의 BCBS 웹사이트 중 BCBS 텍사스 사이트의 참여자들이 가장 성공적이고(과업 성공) 가장 효율적으로(과업에 소요된 평균 시간 기준) 과업을 수행했다(표 11.4).

표 11.4 4개 주의 KPI

KPI	텍사스 n = 50	뉴저지 n = 50	캘리포니아 n = 50	매사추세츠 n = 50
과업 성공률(%)	94	56	88	64
평균 과업 시간(분 단위)	3.3	3.8	5.8	4.2
평균 페이지 조회 수	4.9	6.7	9.0	9.0
문제/불만 미발생률(%)	38	24	22	20
적절한 양의 정보 제공(%)	58	46	48	44

텍사스 사이트의 경우, 참가자 38%가 사이트를 탐색하는 데 문제가 없었다고 답했는데, 이 수치는 반대로 참가자 62%는 문제를 겪었다는 것을 의미한다. 따라서 이 결과에서 최고의 성과를 보였던 참가자에게조차도 여전히 개선의 여지가 많다고 판단하는 것이 타당하다. 한편 BCBS 매사추세츠 사이트에서는 참가자의 약 80%가 건강 보험 상품을 찾고 비교하는 동안 문제와 좌절을 겪었다. 발생한 문제 목록은 그림 11.28에 나와 있다.

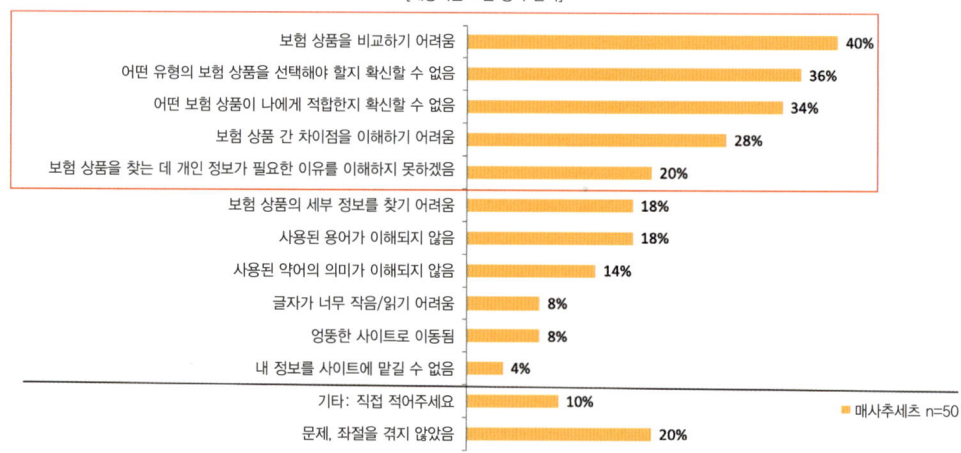

그림 11.28 BCBS 매사추세츠 웹사이트에서 과업 1에 대해 발생한 문제 목록

네 곳 중 텍사스는 가장 높은 과업 성공률(94%, 평균 이상)을 보였고, 본인부담금 금액을 찾는 과업에서도 가장 빨랐다. 더 나은 인터랙션 디자인, 레이아웃, 시각적 설계, 명확하게 이해되는 문구가

도움이 됐다(표 11.5).

표 11.5 주별 전반적 KPI

KPI	텍사스 n = 50	뉴저지 n = 50	캘리포니아 n = 50	매사추세츠 n = 50
과업 성공률(%)	94	64	82	60
평균 과업 시간(분 단위)	0.7	0.9	1.4	0.8
평균 페이지 조회 수	1.5	2.3	2.1	2.8
본인부담금 정보 탐색 용이성(%)	66 Mean 5.7	44 Mean 4.3	48 Mean 4.7	50 Mean 4.5
문제/불만 미발생률(%)	64	48	42	

뉴저지의 경우 참가자 48%는 문제를 겪지 않았지만, 이 수치는 모든 참가자의 52%가 문제 또는 좌절을 경험했다는 것을 의미하며, 사용자가 겪은 문제는 아래에 우선순위 순으로 나열돼 있다(그림 11.29). 뉴저지 참가자에게 가장 큰 장애물은 본인부담금 정보를 찾기 위해 어디로 가야 할지 명확하지 않다는 것이었다.

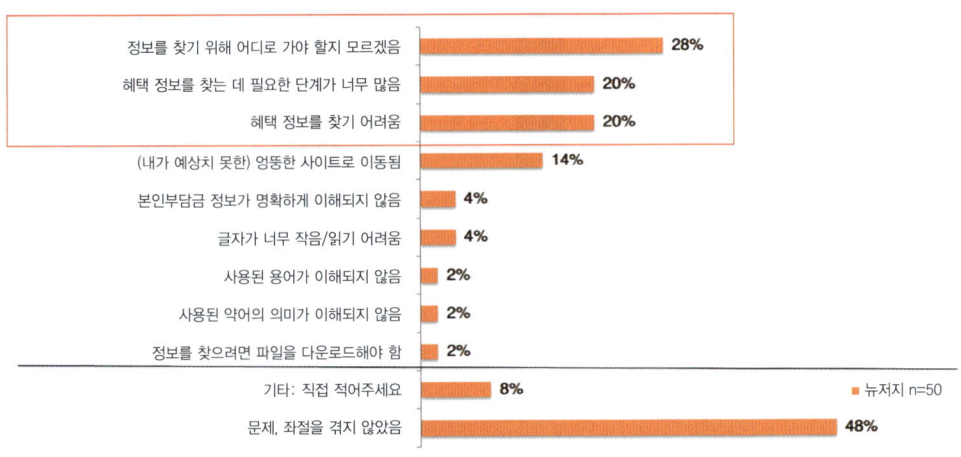

그림 11.29 뉴저지 BCBS 웹사이트에서의 과업 3(신규 환자를 받는 전문의 찾기)의 문제점

사전 사이트 인식 vs. 사후 사이트 인식

참가자가 과업을 수행하기 전에 '[사이트]에 대해 어떻게 인식하고 있나요?'라는 인식 관련 질문을 하고, 모든 과업을 완료한 후에도 동일한 질문을 한다. 이때 척도는 보통 7점으로 하지만, 5점으로 할 수도 있다. 이 질문의 의도는 참가자가 조사에 참여하기 전에 사이트 또는 브랜드에 대해 어떤 인상을 가지고 있는지 확인하고(긍정/중립/부정), 과업 후 인식과 비교하는 것이다. 상위 2점(7점 척도에서 6, 7점) 또는 상위 3점(7점 척도에서 5, 6, 7점)이 크게 증가한 경우인지 살펴보자.

그림 11.30은 7점 척도에서 상위 2점을 중심으로 사전/사후 인식을 비교해 보여준다. 90% 신뢰 수준에서 BCBS 매사추세츠는 상위 2점에서 상당한 하락을 보였는데, 이는 처음에 긍정적인 인상을 받았던 참여자가 사이트 경험으로 인해 인식 수준이 크게 낮아진 것으로 보인다(Adjusted Wald Method를 사용한 유의성 검정).

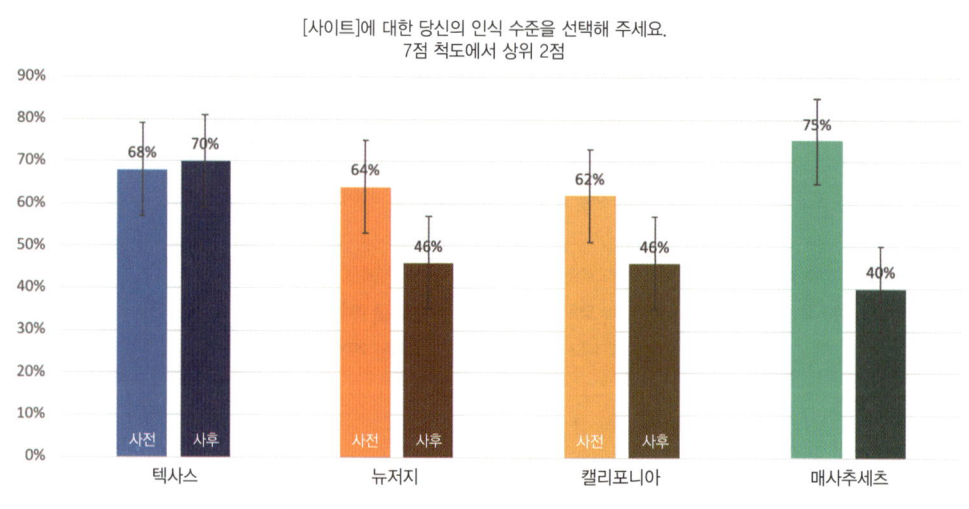

그림 11.30 웹사이트의 조사 사전/사후 인식 수준(7점 척도의 상위 2점)

11.4.3 요약 및 권장 사항

우리는 유저줌에서 포춘 500대 기업이 지속적인 고객 피드백을 통해 더 나은 사용자 경험을 이끌어낼 수 있도록 지원한다. 우리는 매장/전자상거래, 은행, 항공, 보험, 의료 등 여러 산업을 아우르는 벤치마킹 데이터를 확인한다. 예를 들어, 전자상거래 분야의 벤치마킹 데이터는 일반적으로 보건 산업보다 높은 평점을 받는 경향이 있다. 따라서 보건 산업 내 모든 기업에 도움이 될 만한 오랜 시간 검증된 디자인 원칙과 주요 권장 사항을 소개하려 한다. 사용자 경험 개선에 중점을 둔, 디지털 팀을 위한 주요 권장 사항은 다음과 같다.

1. **벤치마킹 실시**: 디지털 경험에 대해 분기별, 반기별, 또는 적어도 매년 경쟁 벤치마킹을 수행한다. 모든 경영진은 측정할 수 없는 것은 관리할 수 없다고 생각한다. 사용자 경험도 마찬가지다. 이 책은 여러 가지 측정 기준을 설명한다. 측정하고, 결과를 제시하고, 비즈니스 언어로 이야기하자.

2. **다른 산업의 모범 사례 찾아보기**: 동종업계 경쟁자들이 무엇을 하는지 살펴보는 것만으로는 충분하지 않다. 소비자의 기대치는 모든 산업 웹사이트와 애플리케이션에서 경험하는 바에 따라 결정된다. 이 벤치마크에서 분석한 4개의 웹사이트 피드백을 바탕으로 웹사이트 디자인과 전반적인 사용자 경험을 획기적으로 개선하기 위해 쉽게 해결할 수 있는 부분이 많다는 것을 알 수 있었다.

3. **정성적 연구와 정량적 연구**: 모든 UX 벤치마킹은 정량적(얼마나 많은지)인 정보와 정성적(어떤 일이 왜 일어났는지)인 정보를 함께 살펴보는 것이 필수적이다.

4. **건강 보험 상품의 비교 설계 및 콘텐츠 간소화**: 세로로 긴 웹페이지에 다양한 건강 보험 옵션을 배치하는 것만으로는 충분하지 않다. 주요 콘텐츠 요소 하나하나에 주의를 기울이고 소비자가 여러 상품을 간단하고 읽기 쉬운 표로 쉽게 비교할 수 있게 만들자. 이 보고서에서 알 수 있듯이 어떤 BCBS 사이트는 참가자가 모든 옵션을 이해하도록 만들지 않았고, 더욱이 옵션을 비교하기도 매우 어려웠다. 고객이 올바른 옵션을 찾지 못하면 구매할 가능성은 낮다.

5. **의사 검색 및 선별하기**: 적합한 의사를 찾거나 의사가 특정 플랜을 수락하는지, 또는 새로운 환자를 받는지 확인하는 것은 매우 중요하다. 하지만 대부분의 사이트는 검색search/선별filtering 기능에 대한 기대치를 충족하지 못했다. 이건 양자택일의 문제가 아니며, 고객은 검색과 선별이 함께 작동해야 한다고 기대한다.

11.4.4 감사의 말씀

유저줌 수석 UX 리서처인 앤 로차나욘[Ann Rochanayon]이 이 연구를 계획하고 수행 및 분석했다. 또한 유저줌 UX 리서치 연구 부문 디렉터 다나 비숍[Dana Bishop]의 데이터 분석과 시각화 없이 이 사례 연구 소개는 불가능했을 것이다.

앤과 다나는 수십 년 동안 여러 산업 분야에서 UX 전문가로서 여러 UX 벤치마크 프로젝트를 수행해 왔다. 그들은 UX 서밋, 고객 워크숍/웨비나에서 UX 연구 모범 사례와 UX 벤치마킹에 대해 정기적으로 강연을 한다. 앤과 다나에게 감사의 말씀을 전한다.

11.4.5 약력

유저줌 글로벌 리서치 서비스 담당 부사장인 쿨딥 칼카르는 20년 이상 사업 전략과 사용자 요구사항을 솔루션으로 전환하는 데 있어 검증된 실적을 보유한 UX 리더이다. 그는 크고 작은 조직에서 리서처, 디자이너로 일했으며, 페이팔[PayPal]에서 10년 동안 UX 팀을 이끌기도 했다. 그는 여러 플랫폼과 기기 전반에 걸쳐 제품 비전을 전달하기 위해 지리적으로 분산된 UX 팀을 관리하기도 한, 능력이 입증된 디자인 리더이자 멘토이다. UX 인재 채용/유지/교육 개발하는 데에도 열정적인 쿨딥은 임원급(C레벨)의 지표 중심 리더이며, 제품/마케팅/엔지니어링/품질/경험 전문가들과 훌륭하게 협력하는 협업자이다.

11.5 SNAP 격차 해소

출처: 에릭 베누아, 샤론 리, 유한 소닌, 고인보

식량 불안정[food insecurity]은 미국 전역의 공중 보건에 상당한 타격을 줬다. 안타깝게도 실제로 매사추세츠 주 10가구 중 1가구는 '식량 불안정' 상태이다(Project Bread, 2019). 매사추세츠주 과도기 지원부[MA DTA, Massachusetts Department of Transitional Assistance]는 영양 보충 지원 프로그램[SNAP, Supplemental Nutrition Assistance Program](영양가 있는 식품을 월별로 구매할 수 있는 혜택)을 통해 매사추세츠주 주민들을 지원하기 위해 열심히 노력하고 있다.

이전 디지털 환경에서의 SNAP 경험은 매사추세츠주 거주자가 혜택을 받기 위해 온라인으로 신청하는 게 어려웠다. 온라인 신청서는 인터넷이 있는 데스크톱 컴퓨터에서만 접속할 수 있었고, 고등학교/대학교 졸업자 수준으로 어렵게 작성된 질문이었으며, 복잡한 양식을 통해 90개 이상의 질문에 답할 인내심이 있어야 했다(그림 11.31). 그래서 대부분의 사람은 DTA 사무실에 방문해서 직접 신청을 했다. 이런 신청을 한다는 것은 경우에 따라 일자리를 잃었거나 중요한 수입이 없어졌음을 의미한다.

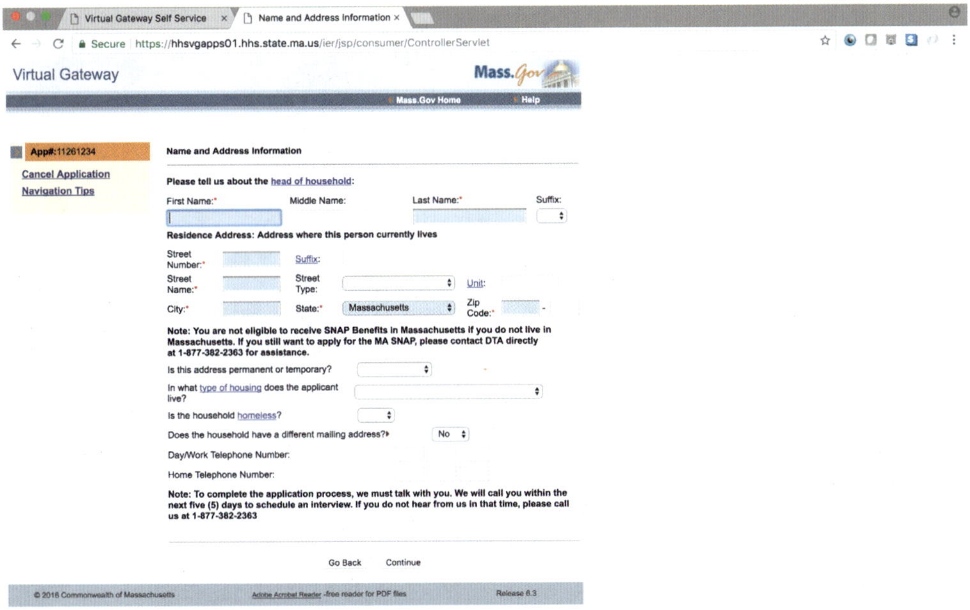

그림 11.31 이전의 온라인 신청은 하기 어려웠다. 온라인으로 접수한 사람은 7.5%에 불과했다.

우리는 매사추세츠 과도기 지원부, 매사추세츠 보건복지 서비스 행정부EOHHS, MA Executive Office of Health and Human Services IT, 고인보, 개발 파트너와 협력해, SNAP를 위한 새로운 디지털 경험을 구축하고자 했다. 팀은 여러 언어 옵션을 제공하는 모바일 환경을 최우선으로 개발하고자 했고, 위협적이지 않고 신속하며 접근성을 갖춘 서비스로 만들고자 했다. 온라인 신청서는 전체 서비스의 일부분일 뿐이지만, 도움이 필요한 사람들에게 중요한 진입점 역할을 한다. 궁극적인 목표는 모든 사람이 SNAP 신청 절차에 쉽게 접근하고 이용할 수 있도록 해, 매사추세츠 주민의 식량 안보를 강화하는 것이었다.

11.5.1 현장 조사

우리는 직원들과 주민들이 사용하는 SNAP 프로세스를 이해하기 위해 현지 DTA 사무실에서 시간을 보냈다. 우리의 목표는 사람들이 SNAP 혜택을 신청하거나 관리하려 하는 상호작용을 관찰하고 연구하는 것이었다. 우리는 4건의 방문 신청과 3건의 전화 인터뷰를 직접 관찰했다(그림 11.32).

그림 11.32 DTA 직원이 SNAP 신청을 하려는 주민들로부터 전화를 받고 있다.

이 과정에서 많은 신청자가 스트레스, 언어 장벽, 혼란을 겪고 있음을 쉽게 알 수 있었고 이로 인해 신청서를 최대한 친절하고 간소화해서 디자인하게 됐다.

우리가 지속적으로 들었던 혼란스러운 부분 중 하나는 확인서와 관련된 것이었다. 신청자 입장에서 자신의 상태가 어떤 상태인지, 그저 기다리면 되는 건지 아니면 아직도 제출할 서류가 남았는지 불분명했다. 그래서 신청자들은 DTA 사무실에 전화하거나 방문해서 도움을 요청했다. 정확한 서류를 제출하지 않으면 혜택 수령이 지연될 수 있으므로, 사람들이 혜택을 신속히 받기 위해선 제출해야 할 서류, 준비 사항을 제대로 이해하게 하는 것이 중요했다.

우리는 주민들이 올바른 서류를 제출하고 가능한 한 빨리 혜택을 받을 수 있도록 안내하기 위해 두 섹션을 재설계했다.

첫 번째 재설계는 신청 절차를 개선하는 것이었다. 우리는 신청자의 답변을 토대로 확인 문서만 요구하는 논리로 설계했다. 이제 거주자들은 제공해야 할 서류의 목록을 명확하게 파악할 수 있게 됐다.

두 번째 재설계는 그들이 언제 어디서나 신청 상태를 확인할 수 있는 계정 관리 부분을 개선하는 것이었다. 문서 섹션에 신청자가 어떤 문서를 제출해야 하는지, 현재 어떤 상태인지(누락, 처리, 승인, 거부) 보여줘서, 현지 DTA 사무실에 연락해 확인할 필요가 없게 했다.

11.5.2 주간 리뷰

우리는 프로젝트 협업 과정에서 모든 이해관계자와 매주 디자인 리뷰를 실시했다(그림 11.33). 이 세션이 진행되는 동안 디자인을 발전시키기 위해 최신 디자인 콘셉트와 리서치 결과를 검토했다.

그림 11.33 매사추세츠 DTA 직원들과 SNAP 정책 전문가들이 재작성된 SNAP 신청서 질문 초안을 검토하는 모습

11.5.3 신청서 질문

처음 이 프로젝트를 시작했을 때, 우리는 신청서의 질문지를 다시 만들 계획은 없었다. 하지만 업계 전문가와 여러 차례 피드백 세션을 거치고 우리 스스로 평가를 진행한 결과, 이전의 질문들이 사용자 친화적인 방식으로 작성되지 않아 많은 혼란을 초래했고, 더 나쁜 점은 이로 인해 사람들이 신청을 아예 하지 못했다는 것이다(그림 11.34).

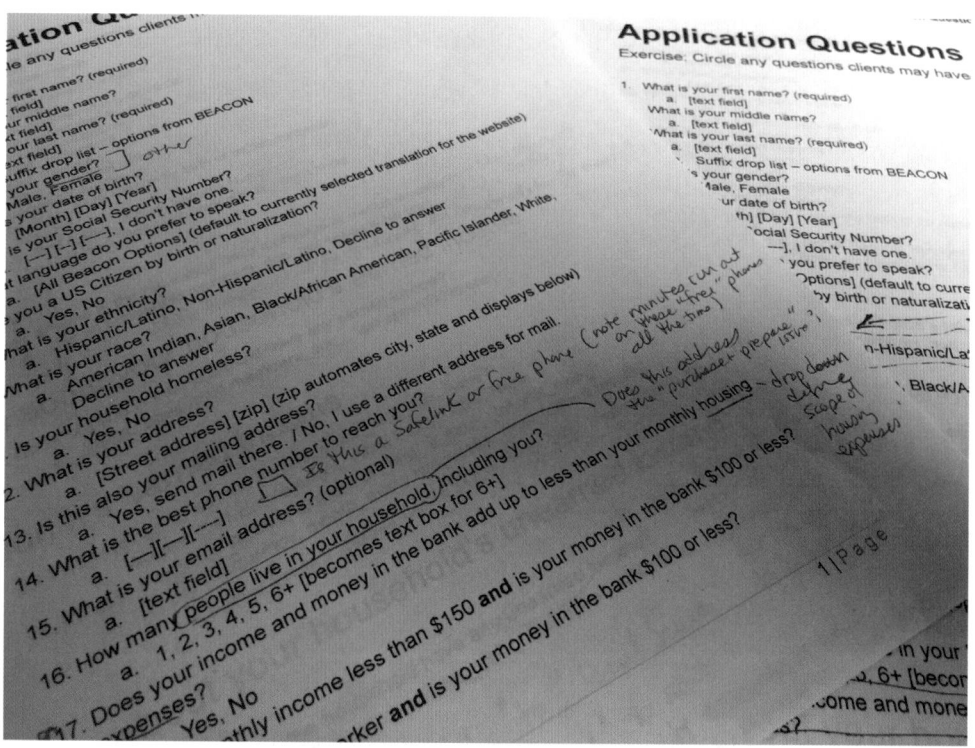

그림 11.34 새로운 신청서 질문지 초안에 업계 전문가가 작성한 피드백

수치상으로 보면 사용자가 작성하기 시작한 온라인 지원서 중 실제로 7.5%만이 온라인으로 제출됐다. 얼마나 많은 사람이 다른 수단으로(팩스, 우편, 사무실 방문) 다시 신청하려 했는지, 얼마나 많은 사람이 완전히 포기해 버렸는지 알 수 없지만, 기존의 온라인 지원 프로세스가 매사추세츠 거주자들의 요구를 충족하지 못했다는 점만은 분명하다.

기존 온라인 경험은 디자인에 정보를 제공하기 위해 설계된 제한된 지표들을 추적하기 때문에 우리는 자체적으로 지표를 만들어야 했다. 우리는 업계 전문가와 워크숍을 조직해 그들의 경험을 바탕으로 가장 어려운 신청서 질문들을 먼저 파악하고자 했다. 7명의 워크숍 참가자들은 전체 신청서 출력본에서 어려운 질문을 가려내고 더 나은 질문 문구를 제안하도록 요청받았다.

이 과정을 통해 어떤 질문에 주의를 기울여야 할지, 잠재적 해결책은 어떤 것이 있을지에 대한 히트맵을 만들었다. 우리가 발견한 지속적으로 혼란을 초래하는 다섯 가지 핵심 문제는 다음과 같다.

- 사람들에게 익숙하지 않은 용어를 사용함
- 신청자와 관련 없는 질문을 함(예: 신청 가구에 자녀가 없는데도, 육아 비용에 대해 질문하기)
- 하나의 질문 안에 여러 질문을 하는 것
- '가구' 구성원에 대한 정보 입력이 없어, 혜택이 필요한 사람 수가 정확하지 않음
- 가구 구성원의 소득을 추가하는 방법이 번거로워서 신청서를 불완전하게 작성하게 됨

우리는 워크숍 결과를 바탕으로 새로운 버전의 신청서 질문지 초안을 작성했다(그림 11.35). 이 초안은 대략 10번 정도의 반복 개선 작업을 거쳐 현재 버전에 이르렀으며, 일부 권장 사항은 프로젝트의 범위 내에서 변경할 수 없는 정책과 깊이 연관돼 있어 허용되지 않았다.

여전히 개선의 여지는 남아 있지만, 워크숍에서 받은 피드백은 신청서 설계에 상당한 영향을 미쳤다. 2인 가구 신청서의 경우 기존 질문 문항이 90개가량이었는데 현재 40개로 줄었고, 이는 신청에 소요되는 시간이 상당히 단축됐음을 의미한다.

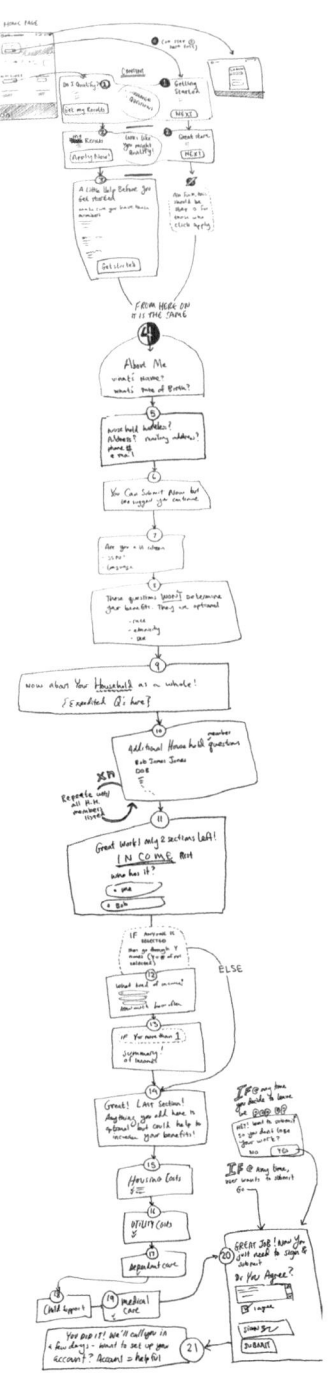

그림 11.35 수정된 신청서 워크플로우를 개략적으로 보여주는 스케치

11.5.4 설문 조사

우리는 종종 제품 디자인에 대한 정보를 얻기 위해 설문 조사를 활용한다. 설문 조사는 냅킨 스케치에서 실제 제품에 이르기까지, 디자인 프로젝트의 모든 단계에서 유용하게 활용할 수 있다. SNAP의 경우, 사람들이 SNAP 혜택(신청서를 제출한 후 발생하는 혜택)을 관리할 수 있도록 온라인 혜택 포털을 설계하기 전에 설문 조사를 실시했다(그림 11.36). 우리는 포털 안에서 사람들이 어떤 행동을 할지 잘 알고 있었지만, 분석 데이터가 없었기 때문에 그 행동을 얼마나 자주 하는지 잘 알지 못했다. 설문 조사는 사람들이 포털 내 어느 곳에서 시간을 보내는지 이해하는 데 유용한 도구였다.

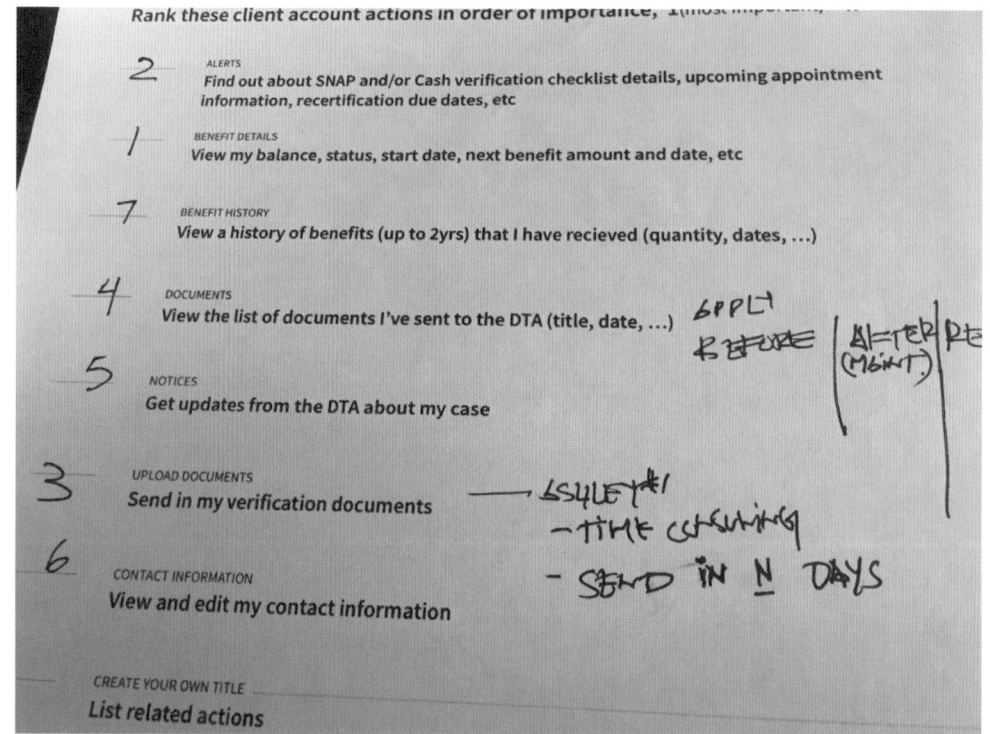

그림 11.36 온라인 포털 내 핵심 활동의 중요도 순위를 매긴 설문 조사 결과

우리는 설문 조사를 할 때 각 개인에게 온라인 혜택 포털 내에서 본인이 취할 핵심 행동들을 나열한 인쇄물을 줬다. 지침은 간단했다. 온라인 포털을 사용하는 사람에게 중요한 순서대로 목록의 순위를 매기도록 한 것이다(그림 11.37).

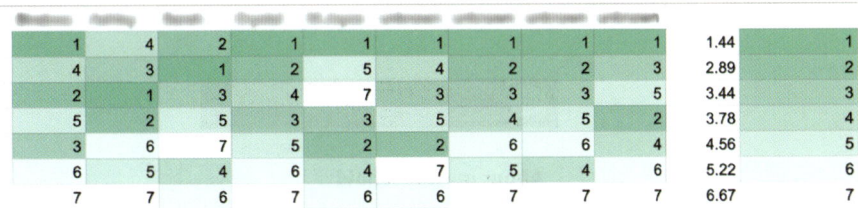

그림 11.37 설문 조사 결과, 사람들이 가장 많이 하는 행동은 현재 혜택을 확인하는 것으로 확인됐다.

모든 사람의 설문 조사 결과를 스프레드시트로 통합해서 공감대를 확인했다. 그리고 설문 조사 결과를 바탕으로 온라인 혜택 포털을 설계하기 시작했다. 예를 들어 '혜택 세부 정보'가 가장 중요했기 때문에, 가장 먼저 표시할 정보를 이 정보로 결정했다(그림 11.38).

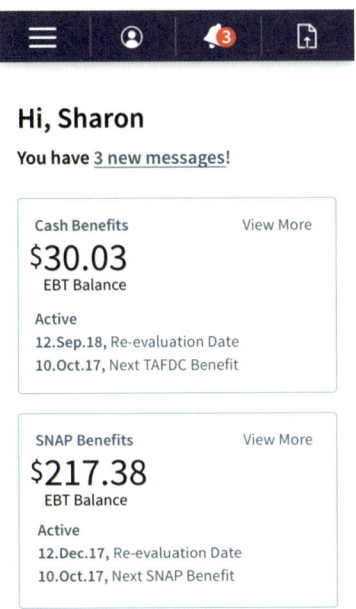

그림 11.38 설문 조사 결과가 디자인에 직접적으로 영향을 준 사례 - 첫 번째로 표시된 항목은 혜택 세부 정보이다.

11.5.5 프로토타입 테스트

디자인이 어떻게 작동할지 이해하고 최상의 피드백을 얻으려면 디자인을 우리가 의도한 형태로 라이브로 구현해야 한다. 즉, 디자인을 코딩해서 브라우저에서 볼 수 있게 데스크톱 또는 휴대폰으로 액세스할 수 있게 만들어야 한다(그림 11.39).

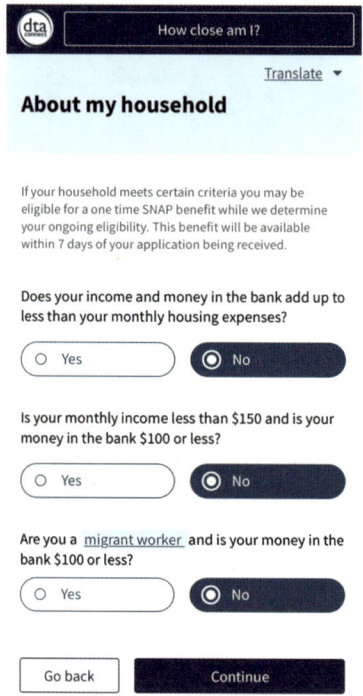

그림 11.39 휴대폰용으로 설계된 SNAP 애플리케이션. 이제 매사추세츠 거주자는 언제 어디서나 폰으로 SNAP 신청을 할 수 있다.

실제 같은 경험을 제공하는 프로토타입을 사용해서, 출시 전에 새로운 디자인이 어떻게 수행될지 측정할 수 있었다. 프로토타입의 사용자 테스트에서 살펴본 부분은 다음과 같다.

- 신청서 작성 완료 시간
- 가계 소득 입력을 위한 대안적 접근 방식
- 주제와 질문 흐름의 논리성
- 접근성 이슈

11.5.6 성공 지표

우리는 프로젝트를 시작할 때 프로젝트의 성공을 측정할 수 있는 지표로 SNAP 격차 해소를 선정했다. SNAP 격차 관점에서 실상은 전국적으로 자격을 갖춘 적격자의 75%만이 SNAP를 신청하고 있었다. 즉, 적격자지만 신청을 하지 못한 25%는 적절한 영양을 섭취할 기회를 받지 못했다. 우리의 사명은 그 25%를 줄이는 것이었고, 재설계된 온라인 경험으로 더 많은 적격 주민에게 식량을 제공하는 것이었다.

새로운 버전이 출시된 이후 온라인 신청은 전년 대비 76% 증가했고 다른 채널은 감소했다(팩스 ↓32%, 우편 ↓40%, 직접 방문 상담 ↓13%, 직접 방문 제출 ↓40%). 이런 현상은 새로운 온라인 프로세스가 다른 모든 신청 채널을 흡수하는 듯 보인다. 그리고 새롭게 재설계된 경험이 전체 신청 건수를 전년 대비 10% 정도 증가시키는 등 효과를 거두고 있는 것으로 보인다.

11.5.7 조직

고인보

고인보(https://www.goinvo.com)의 디자인 실무는 헬스케어 분야의 혁신에 집중돼 있다. 우리는 지난 10년 동안 환자, 임상의, 리서처, 관리자를 위한 멋진 소프트웨어를 개발해 왔으며, 아스트라제네카[AstraZeneca], 벡톤 디킨슨[Becton Dickinson], 존슨앤존슨[Johnson and Johnson], 3M 건강 정보 서비스[3M Health Information Services], 미국 보건복지부, 월그린스[Walgreens] 등의 다양한 조직들과 협력했다. 고인보가 설계한 소프트웨어는 1억 5천만 명 이상의 사람이 매일 사용한다. 건강 IT, 유전체학, 오픈 소스 건강 분야에 대해 깊은 전문 지식을 갖춘 전문 디자이너, 엔지니어, 리서처로 구성된 미션 중심 조직인 고인보는 2004년에 설립된 이래, 세상에 실질적이고 긍정적인 변화를 만들어내기 위해 전념하고 있다.

매사추세츠 과도기 지원부

과도기 지원부[DTA](https://www.mass.gov/orgs/department-of-transitional-assistance)는 저소득층에 속한 개인과 가족이 기본적인 필요를 충족하고, 삶의 질을 개선하며, 장기적으로 경제적 자립을 할 수 있도록 지원한다. DTA는 매사추세츠주 주민 8명 중 1명에게 직접적인 경제 지원(현금 혜택)과 식량 지원(SNAP 혜택)뿐 아니라, 인력 교육 기회도 제공한다.

11.5.8 약력

에릭 베누아는 고인보의 크리에이티브 디렉터로, 콘셉트 도출에서 제작까지 스튜디오의 UX 제작 과정 전반을 이끈다. 에릭은 인간 경험 맥락의 배경과 애정을 바탕으로, 의료 산업과 기업의 복잡한 정보 시스템을 반응적이고 적응 가능한 인간 중심 디자인으로 전환하는 데 도움을 주고 있다.

샤론 리는 공학, 의학, 예술 분야 등 다양한 배경을 가진 디자이너이다. 그녀는 헬스케어 분야에 대한 열정으로, 인간 중심 소프트웨어 디자인에 집중하고 있다. 그녀는 버지니아 대학교[University of Virginia]에서 생체공학 학사 학위를 취득하고 2016년 고인보에 입사했다.

유한 소닌은 헬스케어 설계와 시스템 엔지니어링 분야의 전문성을 바탕으로 고인보를 이끌고 있다. 그는 애플[Apple], NCSA[National Center for Supercomputing Applications, 국립 수퍼컴퓨팅 응용 센터], 마이터 코퍼레이션[MITRE]에서 근무했다. 그의 작업은 〈뉴욕 타임스〉, BBC, 내셔널 퍼블릭 라디오[NPR, National Public Radio]로부터 인정을 받았으며, 〈참여 의학 저널[The Journal of Participatory Medicine]〉과 〈랜싯[The Lancet]〉에 게재됐다. 현재 MIT에서 디자인과 엔지니어링에 대해 강의하고 있다.

CHAPTER 12
성공의 열 가지 열쇠

지금까지 설명한 개념과 접근 방식 중 일부 내용은 어떤 독자에겐 생소할 수도 있고 처음에는 다소 어려울 수도 있으므로, 성공에 도움이 되는 핵심 요소 열 가지를 다시 한 번 정리해 전달하고자 한다. 이 내용들은 수년 동안 (때로는 힘들게) 얻은 교훈들이다.

12.1 데이터에 생명력 불어넣기

여러분의 리서치 결과가 얼마나 큰 영향을 발휘할 수 있을지를 결정하는 중요한 요소는 이해관계자들에게 데이터를 얼마나 생생하게 전달할 것인지에 달려 있다. 많은 숫자는 되려 눈이 잘 안 들어오기 십상이다. 그러나 사용자가 제품 또는 서비스를 사용하는 실제 경험을 보여줌으로써 데이터에 생명을 불어넣으면 이야기가 달라진다. 때로는 일화적인 이야기로 들릴 수도 있지만, 요점을 전달하는 데 엄청난 영향을 미칠 수 있다. 본질적으로 데이터에 진짜 얼굴을 입히는 것이다. 누군가가 데이터에 대해 더 깊은 수준의 이해도를 가지고 있거나 심지어 감정적인 애착을 가지고 있다면 지표를 무시하기 훨씬 더 어려워진다. 토머 샤론^{Tomer Sharon}은 저서 『It's Our Research: Getting Buy-in for User Experience Research Projects^{우리의 리서치, 사용자 경험 리서치 프로젝트에 대한 동의 끌어내기}』(Elsevier Science Ltd, 2012)에서 UX 전문가가 데이터를 생생하게 만드는 일이 얼마나 중요한지 설명한다.

데이터에 생명력을 부여하는 데 도움이 되는 몇 가지 방법을 소개한다. 첫째, 사용자 리서치를 할 때 주요 의사 결정권자가 직접 데이터를 수집하거나 확인할 수 있는 방법을 마련해 두길 권장한다. 예를 들어 실험실 환경에서 사용성 테스트를 관찰하거나, 화면 공유 애플리케이션을 통해 살펴보거나, 현장 조사 연구의 일환으로 가정을 방문하는 방식일 수 있다. 사용자 경험을 직접 관찰하는 것보다 더 강력한 방법은 없다.

일단 주요 의사 결정권자가 일관된 패턴의 결과를 살펴보기 시작했다면, 디자인 변경의 필요성을 설득하는 데 많은 노력을 들일 필요가 없다. 하지만 누군가가 단 한 건의 인터뷰 또는 사용성 세션만 관찰할 때는 주의해야 한다. 한 참가자가 고군분투하는 것을 지켜보다가 쉽사리 예외적 사례로 치부할 수도 있기 때문이다(예: "우리 사용자는 그 사람보다 훨씬 똑똑하겠지!"). 반대로 누군가가 과업을 쉽게 처리하는 것을 보면, 디자인에 사용성 문제가 없다고, 잘못된 안도감을 가질 수도 있다. 관찰의 힘은 결과의 일관된 패턴에 있다. 의사 결정권자가 세션에 참석한다면 결과를 더 잘 이해하게 하기 위해 '최소한 한 세션 더 참석'하도록 조치하라(사용자 세션을 한 번만 참관하는 것보다는, 안보는 게 나을 수도 있다).

UX 리서치 결과를 설득하는 또 다른 방법은 짧은 비디오 클립을 사용하는 것이다. 프레젠테이션 문서에 짧은 비디오 클립을 포함시키면 큰 차이를 만들어낼 수 있다. 사용자 경험 이슈를 설명하는 가장 효과적인 방법은 동일 문제에 직면했거나 비슷한 수준의 좌절감을 표현하는 두세 명의 참가자 영상 클립을 보여주는 것이다. 이때, 신뢰할 만한 패턴을 보여주는 것이 필수이다. 우리의 경험에 따르면, 더 활기찬 참가자들이 더 나은 클립을 만들어낸다. 그러나 확실한 데이터로 뒷받침되지 않는, 드라마틱하거나 유머러스한 클립을 보여주고 싶은 유혹은 피하도록 한다. 그리고 각 클립은 짧아야 한다. 각각의 클립이 1분 미만, 어쩌면 30초 미만 정도로 짧은지 확인하라. 클립을 너무 길게 만들어서 되려 클립의 힘을 잃는 건 원치 않는다. 클립을 보여주기 전에 참가자에 대한 적절한 맥락을 알려주고 (개인 정보를 공개하지는 말고) 참가자가 무엇을 하려고 하는지에 대한 적절한 맥락을 설명하라.

직접 관찰하는 방식이나 비디오 클립이 효과가 없다면 몇 가지 핵심 UX 지표를 제시해 보라. 과업 성공, 효율, 만족도에 대한 기본 지표들이 대체로 효과적이다. 이상적인 상황이라면 이런 지표들을 투자자본수익률과 연결할 수 있을 것이다. 예를 들어 재설계 후 ROI가 어떻게 개선되는지 또는 자사 제품의 이탈율이 경쟁사 대비 어떤지 보여줄 수 있다면, 고위 경영진의 관심을 끌 수 있을 것이다.

> **팀의 참여도 측정**
>
> 빌 앨버트와 조쉬 로젠버그는 사용성 테스트 중에 팀의 참여도를 측정하는 새로운 지표인 TES(Team Engagement Score, 팀 참여 점수)를 도입했다(Albert & Rosenberg, 2017). TES는 제품 관리자, 디자이너, 개발자, 고위 경영진을 포함한 팀 구성원이 사용성 테스트를 진행하는 동안 관찰하는 중요한 역할을 한다는 점을 기반으로 한다.
>
> TES를 산출해내기 위해 사용성 세션 관찰 과정에서의 팀의 헌신도(commitment), 우선순위(prioritization), 참여도(involvement) 등 세 가지 구성 요소를 조합해 계산한다. 첫 번째, 팀의 헌신도는 관찰 가능한 총 세션 수 대비 실제로 관찰된 사용성 세션 수의 비율이다. 두 번째, 팀의 우선순위는 직접 관찰할 수 있는 총 사용성 세션 수 대비 직접 관찰된 사용성 세션 수의 비율이다. 세 번째, 팀의 참여는 사용성 리드(usability lead) 또는 모더레이터가 제품 팀이 관찰 중/후에 얼마나 적극적으로 참여했는지(질문 또는 피드백을 얼마나 열심히 했는지) 평가한 내용이다.
>
> TES는 이 세 가지 요소로 구성되며, 점수 범위는 0에서 1.0 사이다. TES 0은 사용성 테스트 관찰 중 팀 참여도가 가장 낮은 수준을 나타내는 반면, TES 1.0은 가장 높은 수준을 나타낸다. 물론 팀의 참여도를 나타내는 다른 변수도 있지만 TES는 팀이 사용성 테스트 중에 이해관계자들이 얼마나 참여했는지 측정하고 추적하는 데 유용할 수 있다.

12.2 측정 요청을 기다리지 말라

수년 전, 우리가 가장 잘한 일 중 하나는 누군가로부터 직접 요청받지 않고도 UX 데이터를 수집한 것이었다. 당시 우리는 순전히 정성적인 내용으로 구성된 결과에 대해 어느 정도 주저하는 마음이 들고, 심지어 회의적인 생각이 들던 차였다. 또한 프로젝트 팀들은 특히 정량적인 데이터로만 답할 수 있는 디자인 선호도와 경쟁 환경에 대해 더 많은 질문을 하기 시작했다. 그로 인해 우리는 우리가 작업하고 있던 디자인 프로젝트 성공에 핵심이 되는 UX 지표를 수집하기 시작했다.

UX 지표를 모으는 가장 좋은 방법은 무엇일까? 우선은 작고 관리하기 쉬운 것부터 시작하는 것이 좋다. 지표를 처음 사용할 때는 성공하는 것이 중요하다. 따라서 일상적인 형성적 사용자 리서치에 지표를 통합하려는 경우라면 문제 유형과 문제의 심각도를 분류하는 것부터 시작하라. 모든 이슈를 기록하면 작업할 수 있는 충분한 데이터가 생길 것이다. 예를 들어 온라인 설문 조사에서 각 사용성 세션이나 NPS 조사가 끝날 때마다 SUS^System Usability Scale, 시스템 사용성 척도 데이터를 쉽게 수집할 수 있다. 설문 조사를 하는 데는 몇 분밖에 걸리지 않지만 장기적으로 가치 있는 데이터를 수집하게 되는 것이다. 그렇게 하면 모든 테스트에서 정량적 측정값을 얻을 수 있으며, 시간 경과에 따른 추세를 보여줄 수도 있다. 여러분이 몇 가지 기본 지표들에 익숙해지면 지표의 사다리를 올라갈 수 있게 된다.

두 번째 단계는 완료 시간과 손실률 같은 효율성 지표가 포함될 수 있다. 유용성 인식 격차 또는 기대치와 같은 유형의 자가측정 지표를 사용해 보라. 또한 완료 수준 같은 과업 성공을 나타내는 다양한 방법을 탐색하고, 마지막으로 여러 지표를 전체 UX 지표로 결합하거나 자체 UX 점수 카드를 만들어 보자.

이와 같이 하면, 시간이 지남에 따라 다양한 지표 목록을 쌓게 된다. 여러분도 작게라도 일단 시작한다면, 상황에 맞는 지표와 그렇지 않은 지표를 구분할 수 있게 될 것이다. 각 지표의 장단점을 알아볼 수 있게 되고 데이터 수집 프로세스에서 데이터 노이즈를 줄이기 시작할 것이다. 우리는 작업에서 지표 툴킷을 현재의 수준으로 발전시키는 데 수년이 걸렸다. 그러니, 처음에 원하는 모든 지표를 수집하지 못하더라도 걱정하지는 말자. 결국에는 수집할 수 있게 될 것이다. 또한 대상 고객에겐 적응 기간이 있을 수 있음을 알라. 대상 고객이 정성적 결과만 보는 데 익숙하다면, UX 지표를 이해하는 데 시간이 걸릴 수 있다. 그리고 너무 급하게 많은 것을 보여주면 거부감을 느끼거나 소화하지 못할 수 있다.

12.3 측정에는 생각보다 돈이 많이 들지 않는다

지표를 수집하는 데에는 생각보다 시간과 돈이 많이 들지 않는다. 10년 전에는 시간이 오래 걸리거나 비용이 많이 들었을 수 있지만, 지금은 그렇지 않다. UX 리서처들은 데이터 수집과 분석을 빠르고 쉽게 할 수 있고, 심지어 예산을 초과하지 않게 도와주는 새로운 도구를 활용할 수도 있다. 실제로 정량적 기반 UX 연구를 할 때 전통적인 정성적 사용자 리서치 연구보다 비용이 적게 드는 경우가 많다.

유저룸(www.userzoom.com), 룹11(www.loop11.com) 등의 온라인 도구는 사용자가 웹사이트 또는 프로토타입과 상호작용하는 방식에 대한 정량적 데이터를 수집할 수 있는 훌륭한 방법이다. 연구 시간은 몇 분 또는 몇 시간 안에 진행되도록 설정할 수 있으며, 특히 기존의 사용성 평가를 설계하는 데 걸리는 시간과 비교하면 비용도 상당히 낮다. 이런 도구는 클릭 경로, 이탈률, 자가측정 등 여러 지표를 분석하는 방법도 기본적으로 제공한다. 우리의 저서 『Beyond the Usability Lab』(Albert, Tullis, & Tedesco, 2010, 한국어판: 알기 쉬운 UX디자인 평가(2013))는 이런 도구들을 다양하게 소개하고 온라인 사용성 테스트 도구를 사용하는 방법에 대한 단계별 가이드를 제공한다.

때로는 실제 상호작용보다 다양한 디자인에 대한 반응에 더 관심이 가는 경우가 있다. 이런 상황에서는 설문 조사에 이미지 문항을 넣어 이미지에 대해 질문을 할 수 있는 다양한 온라인 설문 조사 도구를 활용하는 것이 좋다. 퀄트릭스(www.qualtrics.com), 서베이기즈모(www.surveygizmo.com), 서베이몽키(www.surveymonkey.com) 같은 온라인 도구는 기본적으로 이미지를 삽입할 수 있는 기능을 제공한다. 또한 참가자가 질문에 따라 이미지 내의 다양한 요소를 클릭할 수 있도록 하는 등의 상호작용 기능도 있다. 이런 설문 조사 도구의 비용은 매우 합리적이며, 특히 연간 라이선스에 가입한 경우 더욱 그렇다.

가격이 매우 합리적이고 사용자 경험에 대한 데이터를 수집하는 데 탁월한 다른 도구들도 많이 있다. 예를 들어 옵티멀 워크숍(www.optimalworkshop.com)은 모든 정보 구조를 구축하고 테스트할 수 있는 강력한 도구 세트를 제공한다. 그리고 기존의 사용성 테스트 방식 대신 유저테스팅닷컴(www.usertesting.com)을 사용하면 몇 시간 만에 제품에 대한 피드백을 빠르게 얻을 수 있다. 이 도구에는 스크립트에 질문을 삽입하는 방법과 인구 통계별로 동영상을 분석하는 방법도 지원한다. 물론, 리서처 입장에서 연구자가 해야 할 일이 분명 있지만, 가격은 이보다 더 좋을 수 없다.

12.4 일찍 계획하기

이 책의 핵심 메시지 중 하나는 UX 지표를 수집할 때는 사전 계획을 세우는 것이 무척 중요하다는 것이다. 우리가 사전 계획을 강조하는 이유는 건너뛰고 싶은 유혹이 너무 크고, 건너뛰면 대개는 부정적인 결과가 초래되기 때문이다. 어떤 지표를 수집할지, 왜 수집하려 하는지 확실하지 않은 상태에서 UX 연구를 시작하면 효과가 확실하게 떨어진다.

연구하기 전에 가능한 한 많은 세부 사항을 고민해 보라. 더 구체적으로 생각할수록, 더 나은 결과를 얻을 수 있을 것이다. 예를 들어 과업 성공 지표와 완료 시간을 수집하고자 한다면, 과업 성공 기준과 정확한 관찰 종료 시점을 정의해야 한다. 또한 데이터를 어떻게 기록하고 분석할 것인지에 대해서도 생각해 보라. 안타깝게도 우리가 모든 세부 사항을 미리 잘 계획할 수 있는 종합적인 체크리스트를 제공할 수는 없다. 모든 지표와 평가 방법에는 고유한 계획이 필요하다. 체크리스트를 작성하는 가장 좋은 방법은 경험을 통해 만드는 것이다.

효과가 좋았던 한 가지 기법을 소개하자면 데이터를 '역공학$^{reverse\ engineering}$'하는 것이다. 이 방법은 연구를 수행하기 전에 데이터가 어떻게 보일지 스케치해보는 것을 의미한다. 우리는 보통 이 스케치를 프레젠테이션의 핵심 슬라이드로 여긴다. 그런 다음 차트를 만들기 위해 데이터가 어떤 형식이어야 하는지 파악하는 작업을 거친다. 다음으로, 원하는 형식으로 데이터를 얻을 수 있도록 연구를 설계하기 시작한다. 이건 결과를 속이려는 것이 아니라 데이터가 어떻게 보일지 시각화하는 것이다. 또 다른 간단한 전략은 가짜 데이터 세트를 가져와 원하는 분석을 수행할 수 있는지 테스트해보는 것이다. 이렇게 하면, 시간은 조금 더 걸릴 수 있지만, 실제 데이터 세트가 준비됐을 때 오히려 시간을 더 절약할 수 있다.

파일럿 연구를 하는 것도 매우 유용하다. 한두 명의 파일럿 참가자를 대상으로 연구를 먼저 실행해 봄으로써, 본 연구에서 발견할 만한 문제들을 사전에 파악해 미리 조치할 수 있다. 이때, 파일럿 조사를 최대한 현실성 있게 하면서도 발생하는 문제를 해결할 수 있는 충분한 시간을 확보하는 것이 중요하다. 파일럿 연구가 사전 계획을 대신할 수 없다는 점을 명심하라. 파일럿 연구는 데이터 수집을 시작하기 전에 빠르게 해결할 수 있는 작은 문제들을 파악하는 데 적합하다.

12.5 제품 벤치마킹

사용자 경험 지표는 상대적이다. '좋은 사용자 경험' 또는 '나쁜 사용자 경험'에 대한 절대적인 기준은 없다. 따라서 제품의 사용자 경험을 벤치마킹하거나 경쟁 제품과 비교하는 것이 필수적이다. 벤치마킹은 시장 조사 과정에서 지속적으로 이뤄진다. 마케터들은 항상 "눈에 띄게 변화를 주는 것$^{moving\ the\ needle}$"을 추구한다. 하지만 안타깝게도 사용자 경험에서 항상 그런 것은 아니다. 하지만 우리는 사용자 경험 벤치마킹이 시장 조사 벤치마킹만큼이나 중요하다고 주장한다.

벤치마킹 계획을 세우는 것은 생각보다 어렵지 않다. 먼저 시간 경과에 따라 수집할 지표들을 결정해야 한다. 우선 사용자 경험의 세 가지 측면인 효과성(예: 과업 성공), 효율성(예: 시간), 만족도(예: 사용 용이성 평가)에 대한 데이터를 수집하는 것이 좋다. 다음으로, 이런 지표들을 수집하기 위한 전략을 정한다. 예를 들어 데이터를 얼마나 자주 수집하고 지표를 분석하고 제시할 것인지 방법을 정하는 것이다. 마지막으로는, 벤치마킹에 포함할 참여자 유형을 정한다(그룹 세분화, 필요한 명수, 모집 방법). 이런 벤치마킹을 할 때 기억해야 할 가장 중요한 점은 벤치마크마다 일관성을 유지해야 한다는 것이다. 따라서 벤치마킹 계획을 처음 세울 때 모든 사항을 고려해 올바르게 수립하는 게 매우 중요하다.

벤치마킹이 항상 특별하고 거창한 이벤트여야 하는 것은 아니다. 훨씬 작은 규모로도 벤치마크 데이터(둘 이상의 연구에서 비교할 수 있는 모든 항목)를 수집할 수 있다. 예를 들어 각 사용성 세션이 끝난 후 정례적으로 SUS 데이터를 수집하면, 프로젝트와 디자인 전반의 SUS 점수를 쉽게 비교할 수 있다. 그리고 적어도 한 디자인 개선 단계에서 다음 디자인 개선 단계로 가면서 실제로 개선되고 있는지, 서로 다른 프로젝트가 서로 어떻게 비교되는지 알 수 있다.

경쟁사 또는 경쟁 제품의 사용자 경험을 분석하는 연구를 하면, 데이터를 더 명확하게 이해할 수 있게 된다. 예를 들어 제품에 대한 만족도 점수가 높은 것처럼 보일 수 있지만, 경쟁 제품과 비교하면 그다지 인상적인 수치가 아닐 수 있는 것이다. 핵심 사업 목표에 대한 경쟁 지표는 항상 많은 것을 말해준다. 예를 들어 제품 사용 과정에서 포기율이 경쟁사보다 훨씬 높다면, 향후 디자인과 사용자 경험 작업을 위한 예산 확보가 수월해진다.

12.6 데이터 탐색

여러분이 할 수 있는 가장 가치 있는 일 중 하나는 데이터를 탐색하는 것이다. 정신을 집중해서 원본 데이터raw data를 살펴보라. 그리고 데이터 세트에 대해 탐색적 통계exploratory statistics를 실행하라. 분명하지 않은 패턴이나 추세를 찾아보고, 다양한 방법으로 데이터를 세분화하고 분석해 보자. 데이터 탐색의 핵심은 충분한 시간을 갖고 새로운 것을 시도하는 것을 두려워하지 않는 것이다.

데이터, 특히 대규모의 데이터 세트를 탐색할 때 가장 먼저 하는 일은 노이즈가 없는 데이터 세트로 작업하고 있는지 확인하는 것이다. 우리는 일관되지 않은 응답을 살펴보고 이상치를 제거한다. 또한 모든 변수에 레이블이 잘 지정되고 구성됐는지 확인한다. 데이터를 정제한 후에는 재미있는 일이 일어나기 시작하며, 원본 데이터를 기반으로 몇 가지 새로운 변수를 만들기도 한다. 예를 들어 자가측정 질문 각각에 대해 상위 2점 점수와 하위 2점 점수를 계산할 수 있다. 그리고 흔히 여러 과업에 대한 평균(예: 총 과업 성공 횟수)을 계산할 수도 있다. 전문가 성능 대비 비율을 계산하거나 허용 가능한 완료 시간 수준에 따라 시간 데이터를 분류할 수도 있을 것이다. 이처럼 많은 새로운 변수를 생성할 수 있다. 사실 우리의 가장 가치 있는 지표들 중 다수가 데이터 탐색을 통해 도출됐다.

물론 항상 창의적일 필요는 없다. 우리가 자주 하는 일 중 하나는 기본적인 기술 통계와 탐색 통계(2장에서 설명)를 하는 것이다. 이 통계 분석은 SPSS, R 같은 통계 패키지나 심지어 엑셀에서도 쉽게 할 수 있다. 몇 가지 기본 통계를 해보면 커다란 패턴을 꽤 빨리 확인할 수 있다.

또한 데이터를 다양한 방식으로 시각화해 보라. 예를 들어 여러 유형의 산점도와 회귀선 그래프를 만들어보고, 여러 유형의 막대 차트를 사용해 보자. 이런 수치들은 나중에 누군가에게 제시하지 않을 수도 있지만, 무슨 일이 일어나고 있는지 이해하는 데 도움이 된다.

여러분이 직접 수집한 데이터에 연연하지 말자. 다른 출처에서 여러분의 주장을 확인하려 해보거나 심지어 여러분의 주장과 상충되는 다른 출처의 데이터도 가져와 보라. 여러 출처에서 수집한 데이터가 많을수록, 이해관계자와 공유하는 데이터는 신뢰성이 높아진다. 여러 데이터 세트가 동일한 패턴과 스토리를 나타낸다면, 수백만 달러가 소요되는 재설계 작업에 대한 의사 결정이 훨씬 수월할 것이다. UX 데이터가 퍼즐의 한 조각이라고 생각하면, 퍼즐 조각이 많을수록 모든 조각이 맞춰져 큰(신뢰할 수 있는) 그림을 얻기가 더 쉬워질 것이다.

데이터를 직접 확인하기의 가치는 아무리 강조해도 지나치지 않다. '데이터를 소유한' 공급업체 또는 비즈니스 스폰서와 함께 일하고 있다면 원본 데이터를 요청하자. 정형화된 차트와 통계가 모든 이야기를 전달하는 경우는 거의 없다. 종종 자료에는 문제가 가득 차 있기도 하다. 우리는 어떤 요약 자료도 액면 그대로 받아들이지 않는다. 무슨 일이 일어나고 있는지 직접 확인해야 한다.

12.7 비즈니스 언어로 말하기

사용자 경험 전문가는 진정한 영향력을 발휘하기 위해 비즈니스 언어를 구사해야 한다. 즉, 경영진이 이해하고 공감하는 용어를 사용할 뿐 아니라 (더 중요하게는) 그들의 관점을 채택해야 하는 것이다. 그들은 대체로 비용을 줄이고 수익을 늘리는 방법에 중점을 둔다. 따라서 고위 경영진으로부터 연구 결과를 발표하라는 요청을 받으면 디자인 결과물이 어떻게 비용을 낮추거나 수익을 늘리는 데 도움이 될지에 초점을 맞춰 프레젠테이션을 준비해야 한다. UX 리서치는 목적을 달성하기 위한 효과적 수단이 돼야 한다. UX가 비즈니스 목표를 달성하는 매우 효과적인 방법이라는 관점을 전달하라. 대화 내용이 너무 학구적이거나 지나치게 세세하게 설명하려 든다면 원하는 효과를 얻지 못할 수 있다.

지표를 비용 감소 또는 매출 증가와 연계시키기 위해 할 수 있는 모든 것을 하라. 이 조언은 모든 조직에 적용되는 것은 아니지만 대다수 조직에 해당된다. 디자인 프로젝트의 결과로 비용과 수익이 어떻게 변할지에 대해, 수집해온 지표들로 계산하고 제시해 보라. 때로는 ROI를 계산하는 데 몇 가지 가정이 필요하지만 여전히 해야 하는 중요한 작업이다. 가정의 정확도가 우려된다면, 보수적인 가정과 공격적인 가정을 모두 계산해서 더 넓은 범위의 가능성을 포괄할 수 있도록 하라.

또한 지표가 조직 내의 더 큰 비즈니스 목표와 관련이 있는지 확인하라. 프로젝트의 목표가 콜센터로의 전화 통화를 줄이는 것이라면 과업 완료율과 과업 포기 가능성을 측정하라. 전자상거래 판매에 관한 것이라면 체크아웃 중 이탈률 또는 반품 가능성을 측정하라. 이처럼 지표를 신중하게 선택하면 더 큰 영향력을 발휘할 수 있다.

12.8 자신감 보여주기

결과에 대한 자신감, 확신을 보여주면 더 현명한 결정을 내리고 결과에 대해 신뢰하도록 만드는 데 도움이 된다. 이상적으로는 데이터에 대한 신뢰도가 매우 높아야 올바른 결정을 내릴 수 있다고 한다. 하지만 안타깝게도 항상 데이터에 대한 신뢰도를 높일 수 있는 것은 아니다. 때로는 표본 크기가 작거나 데이터의 분산이 비교적 크기 때문에, 결과에 대한 신뢰도가 높지 않을 수 있다. 신뢰구간을 계산해서 함께 제시하면, 데이터를 어느 정도로 신뢰할 수 있을지 훨씬 더 정확하게 판단할 수 있다. 신뢰구간이 없으면 큰 차이처럼 보이는 데이터일지라도 어떤 차이가 실제인지 여부를 판단하는 것 자체가 추측에 가깝다.

데이터가 무엇을 보여주든 가능한 한 항상 신뢰구간을 제공하라. 특히 비교적 작은 표본(예: 20개 미만)인 경우 신뢰구간은 무척 중요하다. 신뢰구간을 계산하는 방법은 매우 간단하다. 다만 주의해야 할 것은 데이터의 유형이다. 데이터가 연속형(예: 완료 시간 등)인 경우와 이진형(예: 과업 성공 여부 등)인 경우는 신뢰구간을 계산하는 방법이 다르다. 신뢰구간을 표시하면 결과가 어떻게 규모가 더 큰 집단으로 일반화되는지 설명할 수 있다.

신뢰구간을 표시하는 것은 신뢰구간을 계산하는 것 이상의 의미를 갖는다. 가설을 수락할지 기각할지 결정하는 데 도움이 되는 p값을 계산하는 것이 좋다. 예를 들어 두 가지 서로 다른 디자인안 간의 평균 과업 완료 시간을 비교할 때 t-검정이나 ANOVA를 사용해서 유의한 차이가 있는지 확인해야 한다. 적절한 통계 방법으로 분석하지 않으면 제대로 알 수 없다.

물론 데이터를 잘못 표현하거나 오해의 소지가 있는 방식으로 제시해서는 안 된다. 예를 들어 표본 크기가 작은 사례의 과업 성공률을 표시하는 경우, 백분율이 아닌 빈도(예: 8건 중 6건)로 숫자를 표시하는 것이 더 나을 수 있다. 또한 데이터에 적절한 수준의 정밀도를 사용하라. 예를 들어 과업 완료에 수 분이 소요되는 사례의 과업 완료 시간을 표시하는 경우, 데이터를 소수점 셋째자리까지 표시할 필요가 없다. 표시할 수는 있지만, 해서는 안 된다. 존재하지 않는 수준의 정밀도를 의미하기 때문이다.

12.9 지표를 오용하지 말자

UX 지표는 때와 장소, 상황에 맞게 사용해야 한다. 지표를 잘못 사용하면 전체 UX 프로그램이 손상될 수 있다. 지표를 오용하는 유형을 살펴보자면 필요하지 않은 곳에 지표를 사용하거나, 한 번에 너무 많은 데이터를 표시하거나, 한 번에 너무 많이 측정하거나, 단일 지표에 지나치게 의존하는 형태 등이 있을 수 있다.

어떤 상황에서는 UX 지표를 수집하지 않는 편이 더 나을 수 있다. 프로젝트를 시작할 때 정성적인 피드백만 필요하다면 지표 수집은 적절하지 않은 방법일 수 있다. 또는 프로젝트가 일련의 디자인 개선 과정을 빠른 속도로 진행 중일 수도 있다. 이런 상황에서 지표는 방해가 될 뿐, 충분한 가치가 없을 수도 있다. UX 지표가 언제 어디서 목적을 달성하는지 명확히 하는 것이 중요하다. 지표가 가치 있지 않다고 판단되면, 수집하지 마라.

또한 한 번에 너무 많은 UX 데이터를 제시할 수도 있을 것이다. 휴가 갈 때 짐을 싸는 것처럼 제시하고 싶은 데이터를 모두 꺼내 놓은 다음, 절반으로 줄여보라. 이 방법이 되려 현명할 것이다. 모든 데이터가 동일한 것은 아니다. 어떤 지표는 다른 지표보다 훨씬 더 설득력이 있다. 모든 것을 보여주고 싶은 충동은 내려놓자. 별첨$^{appendix,\ 부록}$이 만들어진 이유도 이 때문이다. 프레젠테이션이나 보고서에서는 몇 가지의 핵심 지표에 집중하려고 노력해야 한다. 너무 많은 데이터를 보여주면 되려 가장 중요한 메시지를 잃게 된다.

모든 것을 한 번에 측정하려고 하지 마라. 한 번에 정량화할 수 있는 사용자 경험의 측면은 한정돼 있다. 제품/사업 스폰서가 100가지의 서로 다른 지표를 수집하기를 원한다면 각 지표가 왜 필요한지 근거를 말해달라고 하라. 연구 진행 시 연구에서 초점을 맞춰야 할 몇 가지 핵심 지표를 선택하는 것이 중요하다. 연구를 하고 분석을 하는 데 시간이 더 걸린다면, 한 번에 너무 많은 지표를 수집하는 것에 대해 다시 한 번 고민하게 될 것이다.

하나의 지표에 지나치게 의존하지 말자. 하나의 지표로 전체 경험을 나타내는 데이터를 얻으려고 하면 큰 것을 놓칠 수 있다. 예를 들어 만족도에 대한 데이터만 수집한다면, 실제 상호작용에 대한 모든 것을 잃게 된다. 때로는 만족도 데이터가 상호작용의 측면도 고려할 수 있지만 종종 많은 것을 놓치기도 한다. 차라리 사용자 경험의 다른 측면을 건드리는 몇 가지 다른 지표를 더 수집하기를 권한다.

12.10 프레젠테이션 간소화

여러분의 모든 노력은 결과를 제시해야 하는 단계로 귀결된다. 결과를 전달하는 방법에 따라 연구는 성공할 수도 있고 실패할 수도 있다. 이때 여러분이 특별히 주의해야 할 몇 가지 중요한 사항들이 있다. 무엇보다도 여러분의 목표가 청중의 목표와 일치해야 한다.

여러분은 여러 유형의 청중에게 결과를 제시해야 한다. 예를 들어 정보설계자, 디자인 책임자, 프로젝트 관리자, 콘텐츠 관리자, 개발자, 비즈니스 스폰서, 제품 관리자로 구성된 프로젝트 팀에 결과를 제시해야 할 수 있다. 프로젝트 팀은 세부적인 UX 이슈들과 구체적인 디자인 권장 사항들에 가장 관심이 많다. 결론적으로, 그들은 디자인의 약점과 이를 극복하는 방법을 알고 싶어 한다.

사용성 결과를 효과적으로 프레젠테이션하기 위한 팁

- 무대를 적절하게 설정하라. 프레젠테이션을 듣는 대상에 따라 제품을 설명하거나 데모하거나, 리서치 방법을 설명하거나, 기타 배경 정보를 제공해야 할 수도 있다. 이 모든 것은 청중을 이해하는 데 달려 있다.
- 절차적인 세부 사항을 장황하게 설명하지 말고 공개하라. 최소한 청중은 연구 참여자와 그들이 수행하도록 요청받은 과업들에 대해 알고 싶어 할 것이다.
- 긍정적인 결과로 이끌어라. 대부분의 연구에서는 긍정적인 결과를 소개한다. 대부분의 사람은 잘 작동한 디자인의 기능에 대해 듣고 싶어 한다.
- 스크린샷을 사용하라. 대부분의 경우 그림은 글보다 더 효과적이다. 주석에 사용성 이슈에 대한 메모를 달아둔 스크린샷은 매우 설득력이 있다.
- 짧은 동영상 클립을 사용하라. 다행히도 하이라이트 비디오테이프를 만들기 위해 정교한 제작 과정을 거치는 시대는 지났다. 컴퓨터 환경에서 짧은 동영상 클립을 프레젠테이션의 적절한 맥락에 바로 삽입하는 방식이 훨씬 더 쉽고 설득력 있다.
- 지표 요약본을 제시하라. 주요 사용성 데이터를 한눈에 명확하게 보여주는 슬라이드를 하나 만들어보라. 여기에 과업 완료 데이터의 개략적 소개, 목표와의 비교, 전반적인 사용자 경험을 나타내는 파생 지표 또는 UX 점수표가 포함될 수 있다.

여러분은 비즈니스 스폰서나 제품 팀에 프레젠테이션해야 할 수도 있다. 그들은 비즈니스 목표 달성, 새로운 디자인에 대한 참가자들의 반응, 디자인 변경 권장안이 프로젝트 일정과 예산에 어떤 영향을 미칠지 등에 대해 우려할 것이다. 마찬가지로, 여러분은 고위 경영진에게도 프레젠테이션을 할 수 있을 것이다. 그들은 디자인 변경안이 전반적인 비즈니스 목표와 사용자 경험 측면에서 원하는 영향을 미칠 수 있기를 원할 것이다. 고위 경영진에게 프레젠테이션을 할 때는 지표를 제한하고 대신 스토리와 동영상 클립을 사용해 사용자 경험의 큰 그림에 집중하라. 너무 자세한 내용은 대체로 효과가 없다.

대부분의 사용자 리서치 연구는 긴 이슈 목록을 만들어낸다. 하지만 이런 이슈들 중 상당수는 사용자 경험에 큰 영향을 미치지 않는다. 예를 들어 회사 표준을 사소하게 위반한 경우이거나, 전문 용어로 간주될 수 있는 화면의 용어 하나 등 경미한 이슈들인 것이다. 프레젠테이션의 목표는 모든 문제를 해결해 '이기는' 것이 아니라, 주요 문제를 해결하는 것이다. 프레젠테이션에서 이슈 목록을 길게 소개하면 까다롭고 비현실적이라는 인상을 줄 수 있다. 상위 5개 또는 많아야 상위 10개 정도의 목록을 제시하고, 사소한 이슈들은 오프라인 토론의 몫으로 남겨두자.

결과를 발표할 때는 메시지를 가능한 한 단순하게 유지하는 것이 중요하다. 전문 용어는 피하고, 핵심 메시지에 집중하며, 데이터는 간단하고 직관적으로 보여주자. 무엇을 하든 데이터만 설명하는 데 그치지 마라. 청중을 잠재우는 확실한 방법이다. 각 요점에 대한 스토리를 개발하라. 프레젠테이션에서 보여주는 모든 차트나 그림에는 스토리가 있어야 한다. 때로는 어떤 스토리는 과업이 어려웠다는 전제로 시작할 것이다. 지표, 축어적 기록, 동영상 클립을 활용해 왜 어려웠는지 이유를 설명하고 디자인 솔루션을 강조할 수도 있다. 청중을 위해 개략적인 그림을 그려보라. 청중은 아마 두세 가지 결과를 제시해주기를 원할 것이다. 퍼즐의 모든 조각들을 맞춰 봄으로써 여러분은 그들이 의사 결정을 내리는 데 도움을 줄 수 있다.

참고문헌

Albert, W., & Dixon, E. (2003). Is this what you expected? The use of expectation measures in usability testing. In *Proceedings of Usability Professionals Association 2003 conference*, Scottsdale, AZ.

Albert, W., Gribbons, W., & Almadas, J. (2009). Pre-conscious assessment of trust: A case study of financial and healthcare websites. In *Human Factors and Ergonomics Society Annual Meeting Proceedings*, 53, 449–453. Also <http://www.measuringux.com/Albert_Gribbons_Preconsciousness.pdf>.

Albert, B., & Rosenberg, J. (2017). *Introducing a New UX maturity metric: Team Engagement Score (TES) during usability testing.* Toronto, Canada: International Conference of the User Experience Professionals Association. June 2017.

Albert, B. (2016). How sure are we? The predictive power of early UX evaluation methods on live site performance. *World IA Day Boston* 2016. Presentation found at: https://d2f5upgbvkx8pz.cloudfront.net/sites/default/files/inline-files/WorldIADay_2016_Albert_final.pdf.

Albert, B. & Marriott, J. (2019). Is that really me? A case study in measuring emotional engagement of customers using a virtual dressing room in an e-commerce website. In *ReCon Conference*, 2019, New York, NY. Presentation found at: https://d2f5upgbvkx8pz.cloudfront.net/sites/default/files/inline-files/Virtual_Dressing_Room_Presentation_final%20.pdf

Albert, W., & Tedesco, D. (2010). Reliability of self-reported awareness measures based on eye tracking. *Journal of Usability Studies, 5*(2), 50–64.

Albert, B., Tullis, T., & Tedesco, D. (2010). *Beyond the usability lab: Conducting large-scale online user experience studies*. Boston, MA: Morgan Kaufmann.

Aldenderfer, M., & Blashfield, R. (1984). *Cluster analysis (quantitative applications in the social sciences)*. Beverly Hills, CA: Sage Publications, Inc.

American Institutes for Research. (2001). *Windows XP home edition vs. windows Millennium Edition (ME) public report*. Concord, MA: New England Research Center. Available at <http://download.microsoft.com/download/d/8/1/d810ce49-d481-4a55-ae63-3fe2800cbabd/ME_Public.doc>.

American Customer Satisfaction Index. (2019a). ACSI Federal Government Report 2018. https://www.theacsi.org/news-and-resources/customer-satisfaction-reports/report-archive/acsi-federal-government-report-2018

American Customer Satisfaction Index. (2019b). ACSI Retail and Consumer Shipping Report 2018–2019. https://www.theacsi.org/news-and-resources/customer-satisfaction-reports/reports-2019/acsi-retail-and-consumer-shipping-report-2018-2019

Andre, A. (2003). When every minute counts, all automatic external defibrillators are not created equal. Published in June, 2003 by Interface Analysis Associates <http://www.FsinFusernomics.com/iaa_aed_2003.pdf>.

Babich, N. (2018). The Designer's Guide to Lean and Agile UX. Adobe XD Ideas, June 28, 2018. https://xd.adobe.com/ideas/perspectives/leadership-insights/designers-guide-lean-agile-ux/

Bangor, A., Kortum, P., & Miller, J. A. (2009). Determining what individual SUS scores mean: Adding an adjective rating scale. *Journal of Usability Studies, 4*, 3.

Bargas-Avila, J. A., & Hornbæk, K. (2011). Old wine in new bottles or novel challenges? A critical analysis of empirical studies of user experience. *CHI '11 Proceedings of the 2011 annual conference on human factors in computing systems*, 2689–2698.

Barnum, C., Bevan, N., Cockton, G., Nielsen, J., Spool, J., & Wixon, D. (2003). *The "magic number 5": Is it enough for web testing? 2003, April 5–10, Ft. Lauderdale, FL: CHI.*

Beasley, M. (2013). *Practical web analytics for user experience: How analytics can help you understand your users* (1st ed.). San Francisco, CA: Morgan Kaufmann Publishers Inc.

Benedek, J., & Miner, T. (2002). Measuring desirability: New methods for evaluating desirability in a usability lab setting. In *Usability professionals association 2002 conference*, Orlando, FL, July 8–12. Also available at <http://www.microsoft.com/usability/UEPostings/ DesirabilityToolkit.doc>. Also see the appendix listing the Product Reaction Cards at <http://www.microsoft.com/usability/UEPostings/ProductReactionCards.doc>.

Bias, R., & Mayhew, D. (2005). *Cost-justifying usability, Second edition: An update for the Internet age*. San Francisco, CA: Morgan Kaufmann.

Birns, J., Joffre, K., Leclerc, J., & Paulsen, C. A. (2002). Getting the whole picture: Collecting usability data using two methods – Concurrent think aloud and retrospective probing. In *Proceedings of the 2002 Usability Professionals' Association conference*, Orlando, FL. Available from <http://concordevaluation.com/papers/paulsen_thinkaloud_2002.pdf>.

Boletsis, C., & Cedergren, J. (2019). VR locomotion in the new era of virtual reality: An empirical comparison of prevalent techniques. *Advances in Human-Computer Interaction, 2019*, 1–15. https://doi.org/10.1155/2019/7420781.

Bradley, M. M., & Lang, P. J. (1994). Measuring emotion: The self-assessment manikin and the semantic differential. *Journal of Behavior Therapy and Experimental Psychiatry, 25*, 49–59.

Breyfogle, F. (1999). *Implementing six sigma: Smarter solutions using statistical methods*. New York, NY: John Wiley and Sons.

Broekens, J., & Brinkman, W. P. (2013). AffectButton: A method for reliable and valid affective self-report. *International Journal of Human-Computer Studies., 71*, 641–667.

Brooke, J. (1996). SUS: A quick and dirty usability scale. In P. W. Jordan, B. Thomas, B. A. Weerdmeester, & I. L. McClelland (Eds.), *Usability evaluation in industry*. London: Taylor & Francis.

Buckley, J. D., & Powers, A. (2019). *Measuring the ROI of UX in an Enterprise Organization, Part 2*, UXMatters, January 7, 2019. https://www.uxmatters.com/mt/archives/2019/01/measuring-the-roi-of-ux-in-an-enterprise-organization-part-2.php

Burton, L., Albert, W., & Flynn, M. (2014). A comparison of the performance of webcam vs. infrared eye tracking technology. Published in the *Proceedings of the human factors and ergonomics society annual meeting*, Chicago, IL, 2014.

Catani, M., & Biers, D. (1998). Usability evaluation and prototype fidelity. In *Proceedings of the human factors and ergonomic society*.

Chadwick-Dias, A., McNulty, M., & Tullis, T. (2003). Web usability and age: How design changes can improve performance. In *Proceedings of the 2003 ACM conference on universal usability*, Vancouver, BC, Canada.

Chandrashekar, A. (2016). Selecting the best artwork for videos through A/B testing. *Netflix Technology Blog.* https://netflixtechblog.com/selecting-the-best-artwork-for-videos-through-a-b-testing-f6155c4595f6.

Chandrashekar, A., Amat, F., Basilico, J., & Jebara, T. (2017). Artwork personalization at Netflix. *Netflix Technology Blog.* December 7, 2017. https://netflixtechblog.com/artwork-personalization-c589f074ad76.

Chin, J. P., Diehl, V. A., & Norman, K. L. (1988). Development of an instrument measuring user satisfaction of the human-computer interface. *ACM CHI'88 proceedings*, 213–218.

Clifton, B. (2012). *Advanced web metrics with Google analytics*. Indianapolis, IN: Sybex.

Cockton, G., & Woolrych, A. (2001). Understanding inspection methods: Lessons from an assessment of heuristic evaluation. *Joint Proceedings of HCI and IHM: people and computers, XV*.

Cox, E. P. (1980). The optimal number of response alternatives for a scale: A review. *Journal of Marketing Research, 17*(4), 407–422.

Cunningham, K. (2012). *The accessibility handbook*. Sebastopol, CA: O'Reilly Media.

Cyr, D., Head, M., & Ivanov, A. (2006). Design aesthetics leading to m-loyalty in mobile commerce. *Information & Management, 43*, 950–963. https://doi.org/10.1016/j.im.2006.08.009.

Davis, F. (1989). Perceived usefulness, perceived ease of use, and user acceptance of information technology. *MIS Quarterly, 13*(3), 319–340. https://doi.org/10.2307/249008.

Derfuss, K., Hogreve, J., Iseke, A., & Eller, T. (2017). The service-profit chain: A meta-analytic test of a comprehensive theoretical framework. *Journal of Marketing* May 2017.

Desmet, P. M. A., Hekkert, P. & Jacobs, J. J. (2000). When a car makes you smile: Development and application of an instrument to measure product emotions. In: Hoch S.J. and Meyer R.J., (Eds.), *Advances in Consumer Research* Vol. 27, 2000, 111–117.

Desmet, P. M. A., & Roeser, S. (2019). Emotions in design for values. In M. J. van den Hoven, P. E. Vermaas, & I. R. van de Poel (Eds.), *Handbook of ethics, values, and technological design* (p. 203). Dordrecht: Springer.

Dillman, D. A., Phelps, G., Tortora, R., Swift, K., Kohrell, J., Berck, J., et al. (2008). Response rate and measurement differences in mixed mode surveys using mail, telephone, interactive voice response, and the internet. Available at <http://www.sesrc.wsu.edu/dillman/papers/2008/ResponseRateandMeasurement.pdf>.

Ekman, P., & Friesen, W. (1975). *Unmasking the face*. Englewood Cliffs, NJ: Prentice-Hall.

Everett, S. P., Byrne, M. D., & Greene, K. K. (2006). Measuring the usability of paper ballots: Efficiency, effectiveness, and satisfaction. In *Proceedings of the human factors and ergonomics society 50th annual meeting*. Santa Monica, CA: Human Factors and Ergonomics Society.

Farnsworth, B. (2019). UX Research – What Is It and Where Is It Going? iMotions Blog, March 12, 2019. https://imotions.com/blog/ux-research/

Feldman, B. L., & Russell, J. A. (1999). The structure of current affect: Controversies and emerging consensus. *Current Directions in Psychological Science, 8*, 10–14.

Few, S. (2006). *Information dashboard design: The effective visual communication of data*. Sebastopol, CA: O'Reilly Media, Inc.

Few, S. (2009). *Now you see it: Simple visualization techniques for quantitative analysis*. Oakland, CA: Analytics Press.

Few, S. (2012). *Show me the numbers: Designing tables and graphs to enlighten* (2nd ed.). Oakland, CA: Analytics Press.

Filko, D., & Martinović, G. (2013). Emotion recognition system by a neural network based facial expression analysis. *Automatika, 54*(2), 263–272.

Finstad, K. (2010). Response interpolation and scale sensitivity: Evidence against 5-point scales. *Journal of Usability Studies, 5*(3), 104–110.

Fogg, B. J., Marshall, J., Laraki, O., Osipovich, A., Varma, C., Fang, N., et al. (2001). What makes web sites credible? A report on a large quantitative study. *Proceedings of CHI'01, human factors in computing systems*, 61–68.

Foraker. (2010). Usability ROI case study: breastcancer.org discussion forums. Retrieved on 4/18/2013 from <http://www.usabilityfirst.com/documents/U1st_BCO_CaseStudy.pdf>.

Foresee. (2012). ACSI e-government satisfaction index (Q4 2012). <http://www.foresee-results.com/research-white-papers/_downloads/acsi-egov-q4-2012-foresee.pdf>.

Friedman, H. H., & Friedman, L. W. (1986). On the danger of using too few points in a rating scale: A test of validity. *Journal of Data Collection, 26*(2), 60–63.

Galley, N., Betz, D., & Biniossek, C. (2015). Fixation durations: Why are they so highly variable? *Advances Visual Perception Research, 2015*, 83–106.

Garcia, S. & Hammond, L. (2016). Capturing & measuring emotions in UX. CHI conference extended abstracts on human factors in computing systems, May 2016 pp. 777–785).

Garland, R. (1991). The mid-point on a rating scale: Is it desirable? *Marketing Bulletin*(2), 66–70. Research Note 3.

Green, P. E., & Rao, V. R. (1971). Conjoint measurement for quantifying judgmental data. *Journal of Marketing Research, 8*(3), 355–363. https://doi.org/10.2307/3149575.

Green, P. E., & Srinivasan, V. (1978). Conjoint analysis in consumer research: Issues and outlook. *Journal of Consumer Research, 5*(2), 103–123.

Guan, Z., Lee, S., Cuddihy, E., & Ramey, J. (2006). The validity of the stimulated retrospective think-aloud method as measured by eye tracking. In *Proceedings of the ACM SIGCHI conference on human factors in computing systems, 2006* (pp. 1253–1262). New York, NY: ACM Press. Available from <http://dub.washington.edu:2007/pubs/chi2006/paper285-guan.pdf>.

Harrison, M. D. & Monk, A. F. (Eds.), *People and computers: Designing for usability* (pp. 196–214). Cambridge, MD: Cambridge University Press.

Hart, T. (2004). Designing "senior friendly" websites: Do guidelines help? *Usability News, 6.1* <http://psychology.wichita.edu/surl/usabilitynews/61/older_adults-withexp.htm>.

Hart, S. G., & Staveland, L. E. (1988). Development of NASA-TLX (Task Load Index): Results of empirical and theoretical research. In P. A. Hancock & N. Meshkati (Eds.), *Advances in psychology, 52. Human mental workload* (pp. 139–183). North-Holland. https://doi.org/10.1016/S0166-4115(08)62386-9

Hassenzahl, M., Burmester, M., & Koller, F. (2003). AttrakDiff: Ein Fragebogen zur Messung wahrgenommener hedonischer und pragmatischer Qualität. In G. Szwillus & J. Ziegler (Eds.), *Mensch & Computer 2003: Interaktion in Bewegung* (pp. 187–196). Berlin: Vieweg+Teubner Verlag. https://doi.org/10.1007/978-3-322-80058-9_19.

Henry, S. L. (2007). *Just ask: Integrating accessibility throughout design*. Raleigh, NC: Lulu.com.

Hertzum, M., Jacobsen, N., & Molich, R. (2002). *Usability inspections by groups of specialists: Perceived agreement in spite of disparate observations*. Minneapolis, MN: CHI.

Heskett, J., Sasser, W. E., Jr., & Schlesinger, L. (1997). *The Service Profit Chain: How leading companies link profit and growth to loyalty, satisfaction, and value*. New York, NY: Free Press. 1997.

Hewett, T. T. (1986). The role of iterative evaluation in designing systems for usability. In *People and Computers II: Designing for Usability* (pp. 196–214). Cambridge, MD: Cambridge University Press.

Holland, A. (2012). *Ecommerce button copy test: Did 'Personalize Now' or 'Customize It' get 48% more revenue per visitor?* Retrieved on 4/18/2013 from <http://whichtestwon.com/archives/14511>.

Hollander, M., Wolfe, D. A., & Chicken, E. (2013). *Nonparametric statistical methods* (3rd ed.). New York, NY: Wiley Press.

Huey, E. B. (1908). *The psychology and pedagogy of reading*. New York, NY: Macmillan.

Human Factors International. (2002). *HFI helps staples.com boost repeat customers by 67%*. Retrieved on 4/18/2013 from <http://www.humanfactors.com/downloads/documents/staples.pdf>.

Ignatow, G. (2016). Theoretical foundations for digital text analysis: Theoretical foundations for digital text analysis. *Journal for the Theory of Social Behaviour*, 46(1), 104–120. https://doi.org/10.1111/jtsb.12086.

Ignatow, G., & Mihalcea, R. (2017). *An introduction to text mining: Research design, data collection, and analysis*. London: SAGE Publications.

ISO/IEC 25062. (2006). Software engineering – Software product Quality Requirements and Evaluation (SQuaRE) – Common Industry Format (CIF) for usability test reports.

Jacobsen, N., Hertzum, M., & John, B. (1998). The evaluator effect in usability studies: Problem detection and severity judgments. In *Proceedings of the human factors and ergonomics society*.

Jarvenpaa, S. L., Tractinsky, N., & Vitale, M. (2000). Consumer trust in an Internet store. *Information Technology and Management*, 1(1), 45–71. https://doi.org/10.1023/A:1019104520776.

Jokinen, J. (2015). Emotional user experience: Traits, events, and states. *International Journal of Human-Computer Studies*, 76, 67–77.

Kano, N., Seraku, N., Takahashi, F., & Tsuji, S. (1984). Attractive quality and must-be quality. *Journal of the Japanese Society for Quality Control*, 41, 39–48.

Kahneman, D. (2011). *Thinking, fast and slow*. New York: Farrar, Straus and Giroux.

Kaushik, A. (2009). *Web analytics 2.0: the art of online accountability and science of customer centricity*. Indianapolis, IN: Sybex.

Kaya, A., Ozturk, R., & Altin Gumussoy, C. (2019). Usability measurement of mobile applications with system usability scale (SUS). In F. Calisir, E. Cevikcan, & H. Camgoz Akdag (Eds.), *Industrial engineering in the big data era* (pp. 389–400). New York, NY: Springer International Publishing. https://doi.org/10.1007/978-3-030-03317-0_32.

Kirakowski, J., & Cierlik, B. (1998). *Usability from the top and from the bottom*. TU Gdansk, Poland: Transferring Usability Engineering to Industry.

Kirakowski, J., Claridge, N., & Whitehand, R. (1998, June). Human centered measures of success in web site design. In *Proceedings of the fourth conference on human factors & the web*.

Kirakowski, J., & Corbett, M. (1993). SUMI: The software usability measurement inventory. *British Journal of Educational Technology*, 24(3), 210–212. https://doi.org/10.1111/j.1467-8535.1993.tb00076.x.

Kirkpatrick, A., Rutter, R., Heilmann, C., Thatcher, J., & Waddell, C. (2006). *Web accessibility: Web standards and regulatory compliance*. New York, NY: Apress Media.

Kohavi, R., Crook, T., & Longbotham, R. (2009). *Online experimentation at Microsoft*. Third workshop on Data Mining Case Studies and Practice. Retrieved on 4/18/2013 from <http://robotics.stanford.edu/~ronnyk/ExP_DMCaseStudies.pdf>.

Kohavi, R., Deng, A., Frasca, B., Longbotham, R., Walker, T., & Xu, Y. (2012). Trustworthy online controlled experiments: Five puzzling outcomes explained. In *Proceedings of the 18th ACM SIGKDD international conference on knowledge discovery and data mining (KDD '12)* (pp. 786–794). New York, NY: ACM.

Kohavi, R., & Round, M. (2004). *Front line internet analytics at Amazon.com*. Presentation at Emetrics Summit 2004. Retrieved on 4/18/2013 from <http://ai.stanford.edu/~ronnyk/emetricsAmazon.pdf>.

Kohn, L. T., Corrigan, J. M., & Donaldson, M. S. (Eds.), (2000). *Committee on quality of health care in America, institute of medicine. "To err is human: building a safer health system"*. Washington, DC: National Academies Press.

Kortum, P., & Sorber, M. (2015). Measuring the usability of mobile applications for phones and tablets. *International Journal of Human-Computer Interaction, 31*, 518–529. https://doi.org/10.1080/10447318.2015.1064658.

Kruskal, J., & Wish, M. (2006). *Multidimensional scaling (quantitative applications in the social sciences)*. Beverly Hills, CA: Sage Publications, Inc.

Kujala, S., Roto, V., & Väänänen, K. (2011). UX curve: A method for evaluating long-term user experience. *Interacting with Computers, 23*(5), 473–483.

Kuniavsky, M. (2003). *Observing the user experience: A practitioner's guide to user research*. San Francisco, CA: Morgan Kaufmann.

Laurans, G. F. G., & Desmet, P. M. A. (2012). Introduction PrEmo2: Progress in the non-verbal measurement of emotion in design. In J. Brassett, P. Hekkert, G. Ludden, M. Malpass, & J. McDonnell (Eds.), *Proceedings of the 8th international design and emotion conference, 2012* (pp. 11–14). London: Central Saint Martin College of Art & Design. September 2012.

Laurans, G. F. G., & Desmet, P. M. A. (2008). Speaking in tongues—Assessing user experience in a global economy. In *Proceedings of the 6th international conference on design and emotion, 2008*. Hong Kong: Hong Kong Polytechnic University Press.

Laurans, G. F. G., & Desmet, P. M. A. (2017). Developing 14 animated characters for non-verbal self-report of categorical emotions. *Journal of Design Research, 15*(3/4), 214–233.

LeDoux, L., Connor, E., & Tullis, T. (2005). Extreme makeover: UI edition. Presentation at Usability Professionals Association (UPA) 2005 Annual Conference, Montreal, QUE, Canada. Available from <http://www.upassoc.org/usability_resources/conference/2005/ledoux-UPA2005-Extreme.pdf>.

Lewis, J. R. (1991). Psychometric evaluation of an after-scenario questionnaire for computer usability studies: The ASQ. *SIGCHI Bulletin, 23*(1), 78–81. Also see <http://www.acm.org/~perlman/question.cgi?form=ASQ>.

Lewis, J. (1994). Sample sizes for usability studies: Additional considerations. *Human Factors, 36*, 368–378.

Lewis, J. R. (1995). IBM computer usability satisfaction questionnaires: Psychometric evaluation and instructions for use. *International Journal of Human-Computer Interaction, 7*(1), 57–78. Also see http://www.acm.org/~perlman/question.cgi?form=CSUQ.

Lewis, J. R., & Sauro, J. (2009). The factor structure of the system usability scale. *Proceedings of the human computer interaction international conference (HCII 2009)*, San Diego CA, USA.

Lewis, J. R., Brian, S. U. & Deborah, E. M. (2013). UMUX-LITE: When there's no time for the SUS. In *Conference on human factors in computing systems – proceedings*. (pp. 2099–2102). 10.1145/2470654.2481287.

Lewis, J. R., & Mayes, D. K. (2014). Development and Psychometric Evaluation of the Emotional Metric Outcomes (EMO) Questionnaire. *International Journal of Human-Computer Interaction, 30*(9), 685–702.

Lewis, J. R., & Sauro, J. (2017). Revisiting the factor structure of the system usability scale. *Journal of Usability Studies, 12*(4), 183–192.

Lewis, J. R. (2018). Comparison of item formats: Agreement vs. item-specific endpoints. *Journal of Usability Studies, 14*(1), 48–60.

Likert, R. (1932). A technique for the measurement of attitudes. *Archives of Psychology, 140*, 55.

Lin, T., Hu, W., Omata, M., & Imamiya, A. (2005). Do physiological data relate to traditional usability indexes? In *Proceedings of OZCHI2005*, November 23–25, Canberra, Australia.

Lindgaard, G., & Chattratichart, J. (2007). Usability testing: What have we overlooked? In *Proceedings of ACM CHI conference on human factors in computing systems*.

Lindgaard, G., Fernandes, G., Dudek, C., & Brown, J. (2006). Attention web designers: You have 50 milliseconds to make a good first impression!. *Behaviour & Information Technology*, 25, 115–126.

Liu, B. (2015). *Sentiment Analysis: Mining sentiments, opinions, and emotions*. Cambridge University Press.

Louviere, J. J., & Woodworth, G. (1983). Design and analysis of simulated consumer choice or allocation experiments: An approach based on aggregate data. *Journal of Marketing Research*, 20(4), 350–367. https://doi.org/10.2307/3151440.

Lund, A. (2001). Measuring usability with the USE questionnaire. *Usability and user experience newsletter* of the STC Usability SIG. See <http://www.stcsig.org/usability/newsletter/0110_measuring_with_use.html>.

Mascias, J. (2021). Enhancing card sorting dendrograms through the holistic analysis of distance methods and linkage criteria. *Journal of Usability Studies*, 16(2), 73–90.

Martin, P., & Bateson, P. (1993). *Measuring behaviour* (2nd ed.). Cambridge, UK, and New York, NY: Cambridge University Press.

Maurer, D., & Warfel, T. (2004). Card sorting: A definitive guide. *Boxes and Arrows*, April 2004. Retrieved on 4/18/2013 from <http://boxesandarrows.com/ card-sorting-a-definitive-guide/>.

Mayfield, A. (2015). Optional Workshop Blog, April 14, 2015. https://blog.optimalworkshop.com/does-the-first-click-really-matter-treejack-says-yes/

Mayhew, D., & Bias, R. (1994). *Cost-justifying usability*. San Francisco, CA: Morgan Kaufmann.

McGee, M. (2003). Usability magnitude estimation. *Proceedings of human factors and ergonomics society annual meeting*, Denver, CO.

McGovern, G. (2015). What really matters: Focusing on top tasks. *A List Apart*, April 21, 2015. https://alistapart.com/article/what-really-matters-focusing-on-top-tasks/.

McGovern, G. (2016). Measuring the Customer Experience Using Top Tasks. *UIE's All You Can Learn Library*, https://aycl.uie.com/virtual_seminars/top_tasks

Harrison McKnight, D., & Chervany, N. L. (2001). Trust and distrust definitions: One bite at a time. In R. Falcone, M. Singh, & Y.-H. Tan (Eds.), *Trust in cyber-societies* (pp. 27–54). New York, NY: Springer. https://doi.org/10.1007/3-540-45547-7_3.

McLellan, S., Muddimer, A., & Peres, S. C. (2012). The effect of experience on system usability scale ratings. *Journal of Usability Studies*, 7(2), 56–67. <http://www.upassoc.org/upa_publications/jus/2012february/JUS_McLellan_February_2012.pdf>.

Miner, G., Elder, J., Hill, T., Nisbet, R., Delen, D., & Fast, A. (2012). *Practical text mining and statistical analysis for non-structured text data applications*. New York, NY: Elsevier Academic Press. ISBN 978-0-12-386979-1.

Molich, R. (2010). CUE-8 – Task measurement. Retrieved on 3/11/2019 from http://www.dialogdesign.dk/CUE-8.htm.

Molich, R. (2018). Are usability evaluations reproducible? *Interactions*, 25(6), 82–86.

Molich, R., Bevan, N., Butler, S., Curson, I., Kindlund, E., Kirakowski, J., et al. (1998). *Comparative evaluation of usability tests. Usability professionals association 1998 Conference, 22–26 June 1998* (pp. 189–200). Washington, DC: Usability Professionals Association.

Molich, R., & Dumas, J. (2008). Comparative usability evaluation (CUE-4). *Behaviour & Information Technology*, 27, 263–281.

Molich, R., Ede, M. R., Kaasgaard, K., & Karyukin, B. (2004). Comparative usability evaluation. *Behaviour & Information Technology, 23*(1), 65–74.

Molich, R., Jeffries, R., & Dumas, J. (2007). Making usability recommendations useful and usable. *Journal of Usability Studies, 2*(4), 162–179. Available at <http://www.upassoc.org/upa_publications/jus/2007august/useful-usable.pdf>..

Mueller, J. (2003). *Accessibility for everybody: Understanding the Section 508 accessibility requirements*. New York, NY: Apress Media.

Nancarrow, C., & Brace, I. (2000). Saying the "right thing": Coping with social desirability bias in marketing research. *Bristol Business School Teaching and Research Review*(Summer), 3.

Nawaz, A. (2012). APCHI '12, August 28–31, 2012, Matsue-city, Shimane, Japan.

Nelson, N. (2016). The power of a picture. Netflix Technology Blog. May 3, 2016. https://about.netflix.com/en/news/the-power-of-a-picture

Nielsen, J. (1993). *Usability engineering*. San Francisco, CA: Morgan Kaufmann.

Nielsen, J. (2000). Why you only need to test with 5 users. *AlertBox*, March 19. Available at <http://www.useit.com/alertbox/20000319.html>.

Nielsen, J. (2001). Beyond accessibility: treating users with disabilities as people. *AlertBox*, November 11, 2001. Retrieved on 4/18/2013, from <http://www.nngroup.com/articles/beyond-accessibility-treating-users-with-disabilities-as-people/>.

Nielsen, J. (2003). Return on Investment for Usability. *Nielsen Norman Group* January 7, 2003. https://www.nngroup.com/articles/usability-metrics/.

Nielsen, J. (2005). Medical usability: How to kill patients through bad design, *Alertbox*, April 11, 2005 <http://www.nngroup.com/articles/medical-usability/>.

Nielsen, J., Berger, J., Gilutz, S., & Whitenton, K. (2008). *Return on Investment (ROI) for usability* (4th ed). Freemont, CA: Nielsen Norman Group.

Nielsen, J., & Landauer, T. (1993). A mathematical model of the finding of usability problems. In *ACM proceedings, Interchi 93*, Amsterdam.

Norgaard, M., & Hornbaek, K. (2006). What do usability evaluators do in practice? An explorative study of think-aloud testing. In *Proceedings of designing interactive systems* (pp. 209–218). University Park, PA.

Ortony, A., Clore, G. L., & Collins, A. (1990). *The cognitive structure of emotions*. Cambridge, MA: Cambridge University Press.

Osgood, C. E., Suci, G., & Tannenbaum, P. (1957). *The measurement of meaning*. Urbana, IL: University of Illinois Press.

Pengnate, S. (Fone), & Sarathy, R. (2017). An experimental investigation of the influence of website emotional design features on trust in unfamiliar online vendors. *Computers in Human Behavior, 67*, 49–60. https://doi.org/10.1016/j.chb.2016.10.018.

Petrie, H., & Precious, J. (2010). Measuring user experience of websites: Think aloud protocols and an emotion word prompt list. In *Proceedings of ACM CHI 2010 Conference on human factors in computing systems, 2010* (pp. 3673–3678).

Peute, L. W. P., Keizer, N. F. de, & Jaspers, M. W. M. (2015). The value of Retrospective and Concurrent Think Aloud in formative usability testing of a physician data query tool. *Journal of Biomedical Informatics, 55*, 1–10. https://doi.org/10.1016/j.jbi.2015.02.006.

Porter, M. E. (1985). *Competitive advantage: Creating and sustaining: Superior performance* (pp. 11–15). New York, NY: The Free Press.

Project Bread (2019). 2019 Annual Report. https://www.projectbread.org/uploads/attachments/ckewxpt4v02b51c4lae8kvnxd-2019-annual-report.pdf

Reichheld, F. F. (2003). One number you need to grow. *Harvard Business Review*. December 2003.

Rodden, K., Hutchinson, H., & Fu, X. (2010). Measuring the user experience on a large scale: User-centered metrics for web applications. In *Proceedings of the SIGCHI conference on human factors in computing systems* (pp. 2395–2398). Association for Computing Machinery. https://doi.org/10.1145/1753326.1753687.

Sangster, R. L., Willits, F. K., Saltiel, J., Lorenz, F. O., & Rockwood, T. H. (2001). *The effects of Numerical Labels on Response Scales*. Retrieved on 3/30/2013 from <http://www.bls.gov/osmr/pdf/st010120.pdf>.

Sauro, J., & Kindlund, E. (2005). A method to standardize usability metrics into a single score. In *Proceedings of the conference on human factors in computing systems (CHI 2005)*, Portland, OR.

Sauro, J., & Lewis, J. (2005). Estimating completion rates from small samples using binomial confidence intervals: Comparisons and recommendations. In *Proceedings of the human factors and ergonomics society annual meeting*, Orlando, FL.

Sauro, J. & Dumas J. (2009). Comparison of three one-question, post-task usability questionnaires. In *Proceedings of the conference on human factors in computing systems (CHI 2009)*, Boston, MA.

Sauro, J. (2010). Does better usability increase customer loyalty? MeasuringU Blog, January 7, 2010. <http://www.measuringusability.com/usability-loyalty.php>.

Sauro, J. (2010). "Why You Only Need to Test with Five Users (Explained)." MeasuringU Blog, March 8, 2010, https://measuringu.com/five-users/#.

Sauro, J., & Lewis, J. R. (2011). When designing usability questionnaires, does it hurt to be positive. In *Proceedings of the conference on human factors in computing systems (CHI 2011)*, Vancouver, BC, Canada.

Sauro, J. (2011). "What Is A Good Task-Completion Rate?." MeasuringU, 21 Mar. 2011, https://measuringu.com/task-completion/.

Sauro, J. (2012). 10 things to know about the Single Usability Metric (SUM). *MeasuringU*, May 30, 2012, https://measuringu.com/sum/

Sauro, J. (2012). 10 things to know about the Single Ease Question (SEQ). *MeasuringU*, October 30, 2012, https://measuringu.com/seq10/

Sauro, J. (2014). "How to Conduct a Top Task Analysis." *MeasuringU.com*, September 10, 2014. https://measuringu.com/top-tasks/

Sauro, J. (2015). "10 Metrics to Track the ROI of UX Efforts." *MeasuringU*, September 1, 2015. https://measuringu.com/ux-roi/

Sauro, J. (2015). "How To Find The Sample Size For 8 Common Research Designs." *MeasuringU*, 6 May. 2015, https://measuringu.com/sample-size-designs/.

Sauro, J. (2015). SUPR-Q: A comprehensive measure of the quality of the website user experience. *Journal of Usability Studies*, *10*(2).

Sauro, J. (2016). "A Checklist for Planning a UX Benchmark Study." MeasuringU.com, April 19, 2016. https://measuringu.com/benchmark-checklist/

Sauro, J. (2016). "Creating a UX Measurement Plan." MeasuringU Blog, April 26, 2016. https://measuringu.com/ux-measurement/

Sauro, J. (2017). Measuring usability: From the SUS to the UMUX-Lite. MeasuringU Blog, October 10, 2017. https://measuringu.com/umux-lite/

Sauro, J. (2018). 10 Things to Know About the SUPR-Q, MeasuringU Blog, June 12, 2018, https://measuringu.com/10-things-suprq/

Sauro, J. (2018). "The One Number You Need to Grow (A Replication)." MeasuringU Blog, December 2018. https://measuringu.com/nps-replication/

Sauro, J. (2019a). 10 things to know about the NASA TLX. MeasuringU Blog, August 27, 2019. https://measuringu.com/nasa-tlx/

Sauro, J. (2019b). 10 things to know about the Technology Acceptance Model (TAM). MeasuringU Blog, May 7, 2019. https://measuringu.com/tam/

Sauro, J. (2019c). SUM: Single Usability Metric. MeasuringU Blog, October 21, 2019, https://measuringu.com/sum-2/

Schall, A. (2015). The Future of UX Research: Uncovering the True Emotions of Our Users, UXPA Magazine, April, 2015. https://uxpamagazine.org/the-future-of-ux-research/

Schrepp, M., Hinderks, A., & Thomaschewski, J. (2017). Design and evaluation of a short version of the User Experience Questionnaire (UEQ-S). *International Journal of Interactive Multimedia and Artificial Intelligence, 4*, 103. https://doi.org/10.9781/ijimai.2017.09.001.

Schwarz, N., Knäuper, B., Hippler, H. J., Noelle-Neumann, E., & Clark, F. (1991). Rating scales: Numeric values may change the meaning of scale labels. *Public Opinion Quarterly, 55*, 570–582.

Section 508. (1998). Workforce Investment Act of 1998, Pub. L. No. 105–220, 112 Stat. 936 (August 7). Codified at 29 U.S.C. § 794d.

Shaikh, A., Baker, J., & Russell, M. (2004). What's the skinny on weight loss websites? Usability News, 6.1, 2004. Available at <http://psychology.wichita.edu/surl/usabilitynews/ 61/diet_domain.htm>.

Sharon. T. (2012). *It's our research: Getting stakeholder buy-in for user experience research projects*. Boston, MA: Morgan Kaufmann.

Sinclair, R., Mark, M., Moore, S., Lavis, C., & Soldat, A. (2000). An electoral butterfly effect. *Nature, 408*, 665–666. https://doi.org/10.1038/35047160.

Smith. P. A. (1996). Towards a practical measure of hypertext usability. *Interacting with Computers, 8*(4), 365–381.

Snyder, C. (2006). Bias in usability testing. In *Boston Mini-UPA Conference*, March 3, Natick, MA.

Sostre, P., & LeClaire, J. (2007). *Web analytics for dummies*. Hoboken, NJ: Wiley.

Spencer, D. (2009). *Card sorting: Designing usable categories*. Brooklyn, NY: Rosenfeld Media.

Spool, J., & Schroeder, W. (2001). Testing web sites: Five users is nowhere near enough. *CHI 2001*, Seattle.

Stover, A., Coyne, K., & Nielsen, J. (2002). Designing usable site maps for Websites. Available from <http://www.nngroup.com/reports/sitemaps/>.

Stuchbery (2010). Tracking KPI's with confidence. Natureresearch.com website, September 1, 2010. https://www.natureresearch.com.au/2010/09/tracking-kpis-with-confidence/

Tang, D., Agarwal, A., O'Brien, D., & Meyer, M. (2010). Overlapping experiment infrastructure: More, better, faster experimentation. In *Proceedings of the 16th ACM SIGKDD international conference on Knowledge Discovery and Data mining (KDD '10)* (pp. 17–26). New York, NY: ACM.

Teague, R., De Jesus, K., & Nunes-Ueno, M. (2001). Concurrent vs post-task usability test ratings. *CHI 2001 extended abstracts on human factors in computing systems* (pp. 289–290).

Technical Committee ISO/TC 159. *Ergonomics*, Subcommittee SC 4, *Ergonomics of human-system interaction*. ISO 9241-11:2018(en) Ergonomics of human-system interaction. Part 11: Usability: Definitions and concepts. https://www.iso.org/standard/63500.html

Tedesco, D., & Tullis, T. (2006). A comparison of methods for eliciting post-task subjective ratings in usability testing. In *Usability Professionals Association (UPA) 2006 annual conference*, Broomfield, CO, June 12–16.

Tufte, E. R. (1990). *Envisioning information*. Chesire, CT: Graphics Press.

Tufte, E. R. (1997). *Visual explanations: Images and quantities, evidence and narrative*. Chesire, CT: Graphics Press.

Tufte, E. R. (2001). *The visual display of quantitative information* (2nd ed). Chesire, CT: Graphics Press.

Tufte, E. R. (2006). *Beautiful evidence*. Chesire, CT: Graphics Press.

Tullis, T. S. (1985). Designing a menu-based interface to an operating system. In *Proceedings of the CHI '85 conference on human factors in computing systems*, San Francisco, CA.

Tullis, T. S. (1998). A method for evaluating Web page design concepts. In *Proceedings of CHI '98 conference on computer-human interaction*, Los Angeles, CA.

Tullis, T. S. (2007). Using closed card-sorting to evaluate information architectures. In *Usability Professionals Association (UPA) 2007 Conference*, Austin, TX. Retrieved on 4/18/2013 from <http://www.eastonmass.net/tullis/presentations/ClosedCardSorting.pdf>.

Tullis, T. S. (2008a). *SUS scores from 129 conditions in 50 studies*. Retrieved on 3/30/2013 from <http://www.measuringux.com/SUS-scores.xls>.

Tullis, T. S. (2008b). *Results of online usability study of Apollo program websites*. <http://www.measuringux.com/apollo/>.

Tullis, T. S. (2008c). Results of an online study comparing the Obama and McCain websites. MeasuringUX website. November 9, 2008. https://www.measuringux.com/Obama-McCain/index.htm

Tullis, T. S., Connor, E. C., & Rosenbaum, R. (2007). An empirical comparison of on-screen keyboards. In *Human factors and ergonomics society 51st annual meeting*, October 1–5, Baltimore, MD. Available from <http://www.measuringux.com/OnScreenKeyboards/index.htm>

Tullis, T. S., & Stetson, J.. (2004). A comparison of questionnaires for assessing Website usability. In *Usability Professionals Association (UPA) 2004 conference*, June 7–11, Minneapolis, MN. Paper available from <http://www.upassoc.org/usability_resources/conference/2004/UPA-2004-TullisStetson.pdf>.

Tullis, T. S., & Tullis, C. (2007). Statistical analyses of e-commerce websites: Can a site be usable and beautiful? In *Proceedings of HCI international 2007 conference*, Beijing, China.

Tullis, T. S., & Wood, L. (2004). How many users are enough for a card-sorting study? *Proceedings of Usability Professionals Association Conference*, June 7–11, Minneapolis, MN. Available from http://home.comcast.net/~tomtullis/publications/UPA2004CardSorting.pdf.

Van Den Haak, M., De Jong, M., & Schellens, P. J. (2003). Retrospective vs. concurrent think-aloud protocols: Testing the usability of an online library catalogue. *Behaviour & Information Technology*, 22(5), 339–351.

Van den Haak, M. J., de Jong, M. D. T., & Schellens, P. J. (2004). Employing think-aloud protocols and constructive interaction to test the usability of online library catalogues: a methodological comparison. *Interacting with Computers*, 16, 1153–1170.

Virzi, R. (1992). Refining the test phase of the usability evaluation: How many subjects is enough? *Human Factors*, 34(4), 457–468.

Vividence Corp. (2001). Moving on up: move.com improves customer experience. Retrieved on October 15, 2001, from <http://www.vividence.com/public/solutions/our+clients/success+stories/movecom.htm>

Waardhuizen, M., McLean-Oliver, J., Perry, N., & Munko, J. (2019). Explorations on single usability metrics. In CHI EA '19: Extended abstracts of the 2019 CHI conference on human factors in computing systems (p. 8). https://doi.org/10.1145/3290607.3299062

Wilson, C., & Coyne, K. P. (2001). Tracking usability issues: To bug or not to bug? *Interactions*, 8(3). May, 2001.

Wilson, C. (2011). "Method 3 of 100: Freelisting." *Designing the User Experience at Autodesk*, January 13, 2011. https://dux.typepad.com/dux/2011/01/this-is-the-third-in-a-series-of-100-short-articles-about-ux-design-and-evaluation-methods-todays-method-is-called-freeli.html

Withrow, J., Brinck, T., & Speredelozzi, A. (2000). *Comparative usability evaluation for an e-government portal*. Diamond Bullet Design Report, #U1-00-2, Ann Arbor, MI, December. Available at <http://www.simplytom.com/research/U1-00-2-egovportal.pdf>

Wixon, D., & Jones, S. (1992). *Usability for fun and profit: A case study of the design of DEC RALLY, Version 2*. Digital Equipment Corporation.

Wong, D. (2010). *The Wall Street Journal guide to information graphics: The do's and don'ts of presenting data, facts, and figures*. New York, NY: W. W. Norton & Company.

Woolrych, A., & Cockton, G. (2001). Why and when five test users aren't enough. In *Proceedings of IHM-HCI2001* (Vol. 2, pp. 105–108). Toulouse, France: Cé padue`s-É dit ions.

찾아보기

ㄱ

각성 268, 276, 284, 288
각성 수준 43
갈바닉 피부 전도도 266, 282
감성적 몰입도 13, 30, 32, 43
감성적 사용자 경험 266, 276, 288
감성 컴퓨팅 43
감정 90, 114, 162, 265
감정 지표 266
감정 측정 13, 265, 269, 271
강제 순위 384, 386
개방형 응답 44
개방형 질문 207, 213
객관적 데이터 162
거래 95
게스더테스트 13
결정 계수 71
결합 지표 94, 96, 291
경쟁사 벤치마킹 361
경험 점수 카드 311
경험치 측정 175
계층적 군집 분석 334, 335, 358
고객 경험 34
고객의 목소리 198
고위 경영진의 의견 329
고위험 제품 100
고유한 사용성 이슈 230
고장 유형과 영향 분석 227
고착성 260
과업 237
과업 사후 자가측정 176
과업 사후 평가 173, 176, 184
과업 성공 54, 94, 95, 96, 97, 100, 117, 118, 120, 151, 394

과업 성공 데이터 343
과업 성공률 51
과업 성공 수준 124
과업 성공 여부 32
과업 성공 지표 159
과업 소요 시간 117, 128, 129, 130, 133, 159
과업 수준 지표 394
과업 수행 시간 94
과업 시간 32, 51, 96, 128, 394
과업 시간 데이터 131
과업 신뢰도 221
관심도 32, 286
관심 영역 257, 263
관여도 262, 266, 275, 286, 288
구간형 데이터 51, 55, 86
구글 애널리틱스 223, 323
구글 애널리틱스 데이터 스튜디오 323
구글폼 106, 166
그룹 평균 방식 335
극단값 47
긍정적 개인 영향 276
긍정적 관계 영향 276
기기 스탠드 263
기능 가용성 점수 376
기능 분석 373
기능 중요도 점수 374
기대치 32
기대치 척도 177
기대치 측정 175
기둥 그래프 75, 76
기록 자동화 도구 130
기쁨 267, 275, 282, 287, 288
기술 수용 모델 194
기술 통계 51, 56, 57, 420

기술 통계 도구 61
기억 98
기준 용어 174
기하평균 133
깜박임 테스트 107

ㄴ

내비게이션 97
넷플릭스 TV UI 364, 366
노이즈 46, 272
노출 시간 261
놀더스 280
놀라움 268, 288
누적 막대 그래프 75, 83
누적 막대 차트 127
느리게 생각하기 361, 367, 368
닐슨 노먼 그룹 206, 357

ㄷ

다이어리 연구 277
다차원 척도법 334, 336, 358
단계 146
단속 운동 259
단일 사용성 점수 304
단일 사용성 지표 305
단일 용이성 질문 174
닫힌 카드 소팅 98, 331, 339, 358
대리 성공 척도 118
대응 t-검정 325
대응표본 65, 67
대응표본 t-검정 67, 86
대조군 디자인 102
대조 조건 143
데이터 51, 85
데이터 그래프 디자인 75
데이터 노이즈 47
데이터 수집 111
데이터 유형 52

데이터 정제 112
데이터 카드소팅 33
데이터 캡처 도구 112
데이터 탐색 419
데이터 포인트 79
데이터 필터링 113
덴드로그램 334
도나 윌 75
도넛 차트 75, 82
독립 변수 51, 52
독립표본 65
독립표본 t-검정 86
동공 반응 262
동공 측정법 262
동공 확장 262
등급 척도 183
디자인 개선 과정 231, 234
디자인 리뷰 405
디자인 베이크오프 102
디자인 빵굽기 평가 102
디자인 스프린트 93

ㄹ

라쇼몽 효과 235
라이브 사이트 346, 378
라이브 웹사이트 33, 321, 358
라이브 웹사이트 데이터 99
랜딩 페이지 322
렌시스 리커트 164
룹11 44, 105, 417
리커트 척도 163, 174

ㅁ

마법의 숫자 239
마우스플로우 108
마이크로소프트 순만족도 195
막대 그래프 75, 76, 79
만족도 32, 39, 92, 96, 101, 174, 419

매력도 188, 191
매직넘버 5 239
맨-휘트니 검정 72
명료성 188
명목형 데이터 51, 53, 85
모더레이터 103, 237
모래 130
모바일 기기 250
모바일 기기 스탠드 253
모바일 사용자 250
모바일 시선 추적 249, 251
문제 검출 난이도 227
문제 발견 99
문제 발견하기 연구 99
문제 빈도 227
문제 심각도 227
물리적 노력 147
미국 고객 만족도 지수 199
민족지학 277

부분적 총괄 평가 93
부정적 개인 영향 276
부정적 관계 영향 276
분산 60
분산 분석 65, 69
분포 134, 301
불편점 99
브랜드 인식 394
비교 사용성 평가 연구 219
비교 지표 94, 96, 291
비교 차트 318
비모수적 검정 72
비모수적 통계 72
비유사성 행렬 332
비율형 52
비율형 데이터 51, 57, 86
비즈니스 언어 421
비추천자 192
빈도 32, 54, 99
빠르게 생각하기 361, 367, 368

ㅂ

방문 수 322
방문자 322
방사형 차트 308, 309, 318
밸리데이틀리 105
버터플라이 밸럿 36
범위 60, 133
범주형 데이터 53
베이지안 평균 203
벤치마크 382, 385, 387, 419
벤치마킹 400, 401, 418
벤틀리 경험 점수표 13
벤틀리 대학교 사용자 경험 센터 36, 284
변동성 60
변산성 57, 60
변수 51
보정 248, 263
보정 품질 247
부분 성공 125

ㅅ

사고 구술법 137, 165, 221
사분위수 136
사용 빈도 96
사용성 34, 162, 350
사용성 ROI 353, 354, 357
사용성 강도 추정 177
사용성/만족도/사용 용이성 설문지 195
사용성 목표 314
사용성 이슈 32, 95, 215, 216, 218, 222, 229, 235, 243
사용성 지표 7
사용성 진화 비교 235
사용성 테스트 103, 104, 114, 277
사용성 테스트 데이터 로거 130
사용성 테스트 보고서 151
사용 용이성 32, 174, 394
사용자 감정 91
사용자 경험 29, 31, 33, 34, 162, 224

사용자 경험 벤치마킹 418
사용자 경험 설문지 187
사용자 경험 지표 38, 194
사용자 경험 측정 31
사용자 경험 표준 백분위수 순위 설문지 194
사용자 기대치 95
사용자 선호도 91
사용자 성능 90, 140
사용자 오류 100
사용자 인터페이스 만족도 설문지 194
사용자 행동 32
사전/사후 인식 400
사회적 선망 편향 166
산점도 71, 75, 80, 135, 137
상관계수 72
상관관계 71, 86
상위 1점 170
상위 2점 170
샘플 크기 61
생리적 지표 99
생체 인식 94, 266, 273, 284, 289
생체 인식 데이터 273, 285
서베이기즈모 106, 166, 417
서베이몽키 106, 166, 417
서베이쉐어 166
서비스 수익 체인 모델 387, 388
선 그래프 75, 78, 79
선 추적 하드웨어 252
선호도 90, 114
선호도 데이터 162
설문 조사 408
섬네일 365
성공 수준 124, 127
성공 수준 데이터 125
성능 90, 114
성능 지표 7, 32, 115, 116, 159
세션 322
세션 기간 129
섹션 508 가이드라인 353
소고서베이 166

소요 시간 343
소프트웨어 254
소프트웨어 사용성 측정 인벤토리 194
수정 왈드 123
순간정보인식 249
순고객 추천 지수 34, 101, 191
순 방문자수 322
순서형 52
순서형 데이터 51, 54, 85
순추천 점수 381
스냅서베이 166
스캔 경로 255, 263
스탠드 254
스트레스 267, 275, 288, 338
스티븐 퓨 75
시각적 관심도 257, 262
시각적 매력 204
시각적 주의력 32
시각 집중 패턴 43
시간 데이터 137, 294, 295, 301
시나리오 사후 설문지 174, 179
시머 282, 283
시멘틱 디퍼런셜 기법 165
시멘틱 디퍼런셜 척도 164
시멘틱 척도 163
시선 고정 지속 시간 259
시선 고정 횟수 259
시선의 움직임 249
시선 추적 32, 43, 94, 223, 245, 246, 249, 250, 263, 270, 271, 272, 273, 285, 288, 361, 365
시선 추적기 252
시선 추적 기술 30, 32, 99, 223, 245, 262
시선 추적 데이터 223, 254, 261
시선 추적 솔루션 253
시선 추적 시선 재생 221
시선 추적 안경 252
시선 추적 연구 239
시선 추적 지표 7, 258
시선 플롯 253
시소러스 164

시스템 1 368
시스템 2 368
시스템 사용성 척도 55, 180, 183, 384
시스템 유용성 185
시작 페이지 322
시장 조사 277
식스 시그마 방법론 305
신규 방문자 322
신뢰 267, 275, 288
신뢰구간 40, 51, 57, 61, 63, 65, 86, 422
신뢰도 32
신뢰성 189, 204
신뢰성 공학 227
신뢰 수준 61
실로율 148
실시간 사고 구술법 138, 221
실용적 품질 190
실험 158
실험군 디자인 102
실험실 사용성 테스트 118
실험실 테스트 104, 106
심각도 32, 95, 99, 224, 244
심각도 평가 229
심각도 평가 척도 226
심미성 162
심층 인터뷰 364, 365
심플 카드 소트 108

ㅇ

아이모션스 285
아이모션스 플랫폼 13
아이 트래킹 245
아티팩트 237
안경 252, 254, 263
안면 동작 코딩 시스템 278
알파 수준 61
애자일 개발 93
애자일 소프트웨어 개발 프로세스 93
애자일 친화적 93

애플 IIe 가이드라인 219
애플 프리젠츠 애플 219
어트랙디프 13, 190, 274
어펙티바 279, 280
어프덱스 279, 280
언모더레이티드 44
언모더레이티드 연구 105
언어적 표현 270, 273, 288
언어적 표현 코딩 271
언어 표현 285, 289
언어 표현 코딩 266
얼굴 인식 소프트웨어 43
얼굴 표정 285, 288
얼굴 표정 분석 13, 101, 266, 271, 272, 278, 280
얼굴 표정 소프트웨어 289
얼굴 표정 인식 시스템 279
에드워드 터프티 74
엑스소트 331
엔비보 208
엔터프라이즈 UX 380, 391
역추적 지표 150
연구 사후 시스템 사용성 설문지 184, 193
연상 활성화 368
열린 카드 소팅 331, 332, 358
영양 보충 지원 프로그램 402
예산 109
오류 32, 94, 117, 139, 159
오류 데이터 142
오류 점수 145
오보 로고 130
오차 61
오차 막대 63, 64
오피니언랩 200
온라인 사용성 연구 105
온라인 사용성 테스트 도구 417
온라인 설문 조사 106, 107, 114
온라인 설문 조사 도구 166, 417
온라인 연구 105
온라인 테스트 106
옵저버 XT 130

옵티멀 소트 98, 331, 374
옵티멀 워크숍 108, 150, 344, 347, 349, 417
완전 성공 125
완전 실패 125
왈드 123
왈드 메소드 123
용어의 적절성 204
우발적 학습 210
워드 클라우드 187, 208, 209
웨어러블 252
웹 분석 223, 321, 322, 358
웹 분석 데이터 223
웹사이트 분석 및 측정 인벤토리 199
웹사이트 접근성 321
웹 접근성 가이드라인 351
웹캠 기반 시선 추적 254
웹 콘텐츠 접근성 가이드라인 351
위험 우선순위 수치 227
윌콕슨 부호 순위 검정 72
유엑스이모션스 13, 277, 289
유용성 32, 97, 204, 211, 212
유의성 43
유의 수준 61
유저룸 417
유저리틱스 44
유저빌라 44
유저빌리티테스트 108
유저빌리티테스트 카드 소팅 331
유저빌리티테스팅닷컴 44
유저빌리티허브 349
유저줌 44, 105, 344, 349, 392, 395
유저줌 카드 소팅 331
유저테스트 105
유저테스팅닷컴 417
유절리틱스 105
유즈카드소트 331
응답성 204
의미 변별 척도 163, 164
의미 차등 기법 174
의미 차등 척도 163, 164

이그젝트 메소드 123
이미지 개인화 368
이상값 60, 135, 295
이상치 295, 300
이상치 구분점 136
이슈 기반 지표 103
이슈 유형 32
이원적 성공 데이터 122
이원적 성공 척도 119
이탈률 322, 327, 358
이항 분포 72
이항 신뢰구간 123
이해관계자 92
이해관계자 인터뷰 92
이해도 213
인간 요소 162
인식 210, 211, 212, 213, 400
인적 요인 162
인지도 32, 97, 98
인지적 노력 147
인체공학 162
인터페이스 115
인터페이스 품질 185
인포메이션 아키텍처 97
일관성 235, 244
일원 분산 분석 69
일정 109
임곗값 134, 280

ㅈ

자가측정 94, 161, 202, 213, 260, 266, 270, 274, 277, 288, 416
자가측정 데이터 54, 162
자가측정 지표 7, 32, 161, 274, 275, 289
자가평가 마네킹 276
자극성 189
자동 외부 제세동기 35
자동화 도구 222
자동화된 사용성 연구 46

자유 목록 383
잡음 46
재방문 260
재방문 가능성 95
적외선 시선 추적 254
적중률 246, 260
전기적 피부 반응 266, 270, 282
전문가 성능 97, 313, 316, 319
전반적 사용자 경험 평가 180
전반적인 만족도 185
전환율 323
절대적 원점 55, 57
점수 카드 318
접근성 350, 359
접근성 가이드라인 351, 359
접근성 검사 자동화 도구 352
접근성 데이터 33
정규분포 301
정량적 리서치 7
정량적 연구 401
정보 구조 97, 107, 150
정보 품질 185
정서 266, 268, 276, 284, 288
정성적 리서치 7
정성적 연구 401
제이콥 닐슨 34
제품 반응 카드 185, 196, 274
제품 비교 96
제품 중립적 30
제프 사우로 123
조호서베이 166
존 브룩 180
종료율 322
종료 페이지 322
종속 변수 51, 52
종속성 138
좌절감 267, 275
주관적 데이터 162
주관적 평가 56
주목성 98

주목 영역 257
주성분 분석 305
주요 과업 383
주요 과업 관리 방법 383
주요 사용자 그룹 242
중립자 192
중심 경향 57, 58
중앙값 51, 58, 133
중지 규칙 128
즐거움 162, 204
지각된 거리 332
지각된 효율성 204
지표 38
직행성 343
진행자 237
짐 루이스 174, 184

ㅊ

찰스 E. 오스굿 165
참가자 110, 232, 237, 239, 244, 382
참가자 인터뷰 363
참신성 189
참여도 415
참여자 419
첫 번째 클릭 321, 347, 349
체류 시간 258, 261, 263
초크마크 347, 349
총괄적 90, 114
총괄적 리서치 7, 107
총괄적 사용성 테스트 90
총괄적 사용자 리서치 89
총괄적 평가 90
최고-최악 척도법 203
최고-최저 척도법 203
최대 차이 척도법 203
최댓값 60, 300, 301
최빈값 58
최소 기능 제품 372
최솟값 60, 300, 301

최종 사용자 383
추론 통계 56, 57
추세선 71
추천자 192
축어적 데이터 161
축어적 분석 소프트웨어 44
축어적 응답 208
축어적 코멘트 222
충성도 394

ㅋ

카노메소드 13
카노 모델 203, 213
카드 소팅 94, 97, 321, 330, 338, 358
카드 소팅 분석 스프레드시트 334
카에스퀘어 검정 73
카이제곱 검정 73, 85, 326, 327
카이제곱 테스트 72
캔버스플립 108
컨조인트 분석 202, 213
컴퓨터 시스템 사용성 설문지 184
콘텐츠 발견 363
쾌락적 품질 191
쾌락적 품질-아이덴티티 190
쾌락적 품질-자극 190
퀄트릭스 106, 107, 166, 417
크레이지에그 108
크루스칼-월리스 검정 72
클라라브리지 208
클릭률 326, 358
클릭 맵 107
클릭 유도 버튼 329
클릭테일 108

ㅌ

타깃 목표 292, 293
타입폼 166
탐색 97

탐색 용이성 204
탐색적 리서치 7
탐색적 통계 419
탐색 통계 420
태도 데이터 393, 395
태도 지표 394
테스트 사후 데이터 167
텍스트 마이닝 208
토론토 대학교 웹 접근성 검사기 352
토비 247, 252, 253
토비 2 시선 추적 안경 365
통계 31
통계 테스트 51
투자자본수익률 33, 41, 129, 353
트라이마이UI 105
트리거 AOI 261
트리 다이어그램 334, 335
트리젝 98, 150, 342, 343, 344
트리 테스트 94, 98, 108, 321, 342, 344, 346, 359
팀 참여 점수 415

ㅍ

파이 차트 75, 82
파이트리 344, 345
파일럿 연구 418
페이지 조회 수 322, 325, 394
편향 166, 237, 238, 239
평가자 효과 229, 235
평가적 리서치 7
평가 척도 163, 169
평균 51, 57, 58, 65, 133
포커스 그룹 104, 277
표본 크기 48, 242
표정 분석 270
표정 인식 273
표정 인식 소프트웨어 282
표준 도구 180
표준 설문지 47
표준편차 51, 57, 60, 301, 303

표준화된 사용자 경험 백분위 순위 설문지 384
프레모 278
프레모툴 13, 289
프레젠테이션 423, 424
프로토타입 테스트 409
피부 전기 활동 282
피부 전도도 43, 101, 282, 285
피험자 간 디자인 실험 373
피험자 간 설계 382, 393
피험자 간 연구 373
피험자 내 디자인 실험 373
피험자 내 실험 설계 393
피험자 내 연구 373

ㅎ

하비 볼 309, 310, 318
하위 1점 170
하위 2점 170
학습 153
학습 곡선 156
학습 용이성 32, 91, 94, 97, 117, 153, 154, 158, 160
핵심 성능 지표 394
행동 146
행동 데이터 393, 395
행동 지표 99, 394
현장 조사 404
형성적 리서치 107
형성적 사용성 테스트 90
형성적 사용자 리서치 88, 415
형성적 평가 90
확신 204, 268, 275, 288
환경 237
회고적 대화 프로토콜 387
회고적 사고 구술법 139, 221, 273
효과성 39, 174, 419
효율성 32, 39, 94, 95, 96, 97, 117, 146, 151, 155, 160, 174, 189, 416, 419
효율성 데이터 148
효율성 지표 147

휴먼 인터페이스 34
히트맵 246, 253, 256, 263

A

absolute zero 57
A/B test 33, 328
A/B 테스트 33, 99, 102, 328, 329, 330, 358
accessibility 350
accessibility data 33
accessibility guideline 351
ACSI, American Customer Satisfaction Index 199, 213
action 146
AED, Automatic External Defibrillator 35
Affdex 279
Affectiva 279
affective computing 43
agile friendly 93
alpha level 61
alternative design 102
anchor term 174
ANOVA, ANalysis Of VAriance 65, 69, 86, 422
AOI, Areas Of Interest 257, 258, 259, 263
Apple IIe Design Guidelines 219
Apple Presents Apple 219
appropriateness of terminology 204
arousal 268
arousal level 43
artifact 237
ASQ, After-Scenario Questionnaire 174, 177, 179, 184
Associative Activation 368
ATT, ATTractiveness 191
Attitudinal Data 393
attitudinal metrics 394
attractiveness 188
AttrakDiff 13
automated usability study 46
awareness 32, 97, 98, 212
axe – Web Accessibility Testing 352

B

backtracking metric 150
bar graph 75
Bayesian average 203
behavioral data 393
behavioral metrics 99, 394
Bentley Experience Scorecard 13
Best-Worst Scaling 203
between-subjects design 373
binary success 119
binomial confidence interval 123
binomial distribution 72
Biometrics 266, 273, 284
B. J. 포그 205
blink test 107
bottom-2-box 170
bottom-box 170
bounce rate 322
butterfly ballot 36
BWS 203

C

calibration quality 247
call-to-action button 329
CanvasFlip 108
card-sorting 97, 321
card-sorting data 33
categorical data 53
central tendency 57, 58
Chalkmark 347, 349
chi-square test 72, 73, 326
C-Inspector 344
Clarabridge 208
Click and Timeout Testing 349
Clicktale 108
closed card-sort 331
closed card sorting 98
cognitive effort 147

column graph 75
Comparative Usability Evaluation study 219
competitive benchmarks 397
complete failure 125
complete success 125
Compliance Sheriff® Cynthia SaysTM Portal 352
concurrent think-aloud protocol 138
confidence 32, 204, 268
confidence interval 40, 61
confidence intervals 51, 57
confidence level 61
conjoint analysis 202
Content Discovery 363
control condition 143
control design 102
conversion rate 323
CrazyEgg 108
credibility 204
critical product 100
CSUQ, Computer System Usability Questionnaire 184, 185, 195, 274
CTA, Concurrent Think-Aloud 221
CTR, Click-Through Rate 326
CUE, Comparative Usability Evolution 235
cut-off point 136
CX, Customer eXperience 34
CX journey 277
C-인스펙터 344

D

data 51
data-capture tool 112
data cleanup 112
dendrogram 334
dependability 189
dependency 138
dependent variable 51
descriptive statistics 51, 56, 57
design bakeoffs 102

design sprint 93
detractor 192
diary study 277
directness 343
dissimilarity matrix 332
distribution 134
Dona Wong 75
donut chart 75, 82
drop-off rate 327
dwell time 258

E

ease of learning 32
ease of navigation 204
ease-of-use 32
EDA, ElectroDermal Activity 282
Edward Tufte 75
effectiveness 39, 174
efficiency 32, 39, 95, 117, 146, 160, 174, 189
EMO 276, 289
emotion 265
emotional engagement 13, 30, 32
emotional metric outcome 276
end-user 383
engagement 266
enjoyment 204
entrance page 322
environment 237
ergonomics 162
error 32, 61, 117, 139, 159
error bar 63
error score 145
ethnography 277
evaluator effect 229, 235
Exact Method 123
exit page 322
exit rate 322
expectation 32, 238
expectation rating 175

experience rating 175
expert performance 97
exploratory statistics 419
extreme value 47
eye gaze behavior 249
eye gaze plot 253
eye tracking 245
eye-tracking gaze replay 221
eye-tracking technology 223

F

Facial Action Coding System 278
facial expression analysis 13, 101, 278, 280
Failure Mode and Effects Analysis 227
Feature availability score 376
filtering data 113
first click 321, 347
First click Testing 349
fixation duration 259
FMEA 227
focus group 277
forced ranking 384
formative 90
formative assessment 90
formative research 107
Formative User Research 88
four-point scoring method 126
free list 383
frequency 32, 99
frustration 267

G

Galvanic Skin Response 282
geometric means 133
glanceability 249
Google Analytics 223, 323
Google Analytics Data Studio 323
Google Forms 106

grading scale 183
group average method 335
GSR, galvanic skin response 266, 270, 271, 272, 273, 282, 283, 284, 285, 288, 289
GuessTheTest 13

H

Harvey Balls 309
HEART 312, 313
HEART 프레임워크 13, 318
heatmap 253
hierarchical cluster analysis 334
HIPPO, Highest Paid Person's Opinion 329
hit ratio 246, 260
HQ-I, Hedonic Quality-Identity 190
HQ-S, Hedonic Quality-Stimulation 190
human factor 162
Human Interface 34

I

IA, Information Architecture 107, 150
IBM SPSS Text Analysis 208
IBM SPSS 텍스트 분석 208
IDI, In-Depth Interview 364, 365
Image Personalization 368
iMotions 285
iMotions platform 13
incidental learning 210
independent samples 65
independent variable 51
In-Depth Interview 365
inferential statistics 56, 57
information architecture 97
Information Quality 185
interface 115
Interface Quality 185
interquartile range 136
interval data 51, 55
ISO 381

ISO 9241-11:2018 381
ISO 9241-11 사용성 정의 312
ISO/IEC 25062:2006 151
issue-based metric 103

J

Jakob Nielsen 34
Jeff Sauro 123
Joy 267

K

Kano Method 13
key performance indicator 394
KPI 394
Kruskal-Wallis test 72

L

landing page 322
learnability 91, 117, 153, 160
learning 153
learning curve 156
Levels of Success 124
Likert scale 163
line graph 75, 78
live-site metrics 102
live website 33, 321
look zone 257
Loop11 44, 105
lostness 148

M

magic number 5 239
main user group 242
Mann-Whitney test 72
market research 277
MaxDiff 203, 213
maximum 60

Maximum Difference scaling 203
MDS, MultiDimensional Scaling 334, 336, 338
mean 51, 57, 58, 133
median 51, 58, 133
memory 98
method 237
minimum 60
mode 58
moderator 237
Morae 130
Mouseflow 108
multidimensional scaling 334
MVP, Minimum Viable Product 372

N

NASA Task Load Index 193
NASA-TLX 193
navigation 97
Negative personal affect 276
Negative relationship affect 276
new visitor 322
Nielsen Norman Group 206, 357
noise 46
noisy data 272
Noldus 280
nominal data 51, 53
non-parametric statistics 72
non-parametric tests 72
normal distribution 301
noticeability 98
novelty 189
NPS, Net Promoter Score 34, 101, 191, 381, 384, 394
NSAT, Microsoft Net SATisfaction 195
number of fixations 259
NVivo 208

O

objective data 162

Observer XT 130
open card-sort 331
Open-Ended Questions 207
Open-Ended Response 44
OpinionLab 200
Optimal Sort 98, 331, 374
Optimal Workshop 150, 344, 349
ordinal data 51, 54
outlier 135
Overall Satisfaction 185
Ovo Logger 130

P

page view 322
pain point 99
paired samples 65
paired samples t-test 67
paired t-test 325
partial success 125
partial-summative 93
participant 237
passive 192
PCW 371, 377, 378
PCW 프레임워크 370, 379
perceived distances 332
perceived efficiency 204
performance 90, 92
performance metric 32
perspicuity 188
Phi 338
physical effort 147
physiological metrics 99
pie chart 75, 82
PieTree 344
Positive personal affect 276
Positive relationship affect 276
Post-Study System Usability Questionnaire 184
post-test data 167
PQ, Pragmatic Quality 190

preference data 162

PrEmo 278

PremoTool 13

principal components analysis 305

problem discovery study 99

product-neutral 30

promoter 192

proxy measure of success 118

PSSUQ, Post-Study System Usability Questionnaire 184, 193

pupil dilation 262

Pupillary Response 262

pupillometry 262

p값 422

Q

qxScore, quality experience Score 393, 395

Quartile 136

QUIS, Questionnaire for User Interface Satisfaction 194, 195

R

radar chart 308

range 60, 133

Rashomon Effect 235

rating scales 163

ratio data 51, 57

reliability engineering 227

Rensis Likert 164

responsiveness 204

retrospective talk-aloud protocol 387

retrospective think-aloud 273

revisit 260

Risk Priority Number 227

ROI, Return On Investment 33, 41, 129, 353, 354, 359

RPN 227

RTA, Retrospective Think-Aloud 139, 221

S

saccade 259

SAM, Self-Assessment Manikin 276, 289

sample size 61

satisfaction 32, 39, 92, 101, 174

scatter plot 71, 75, 80, 135

Section 508 guideline 353

self-report 274

self-reported data 54, 162

self-reported metrics 32, 289

semantic differential scale 164

semantic differential technique 174

semantic scale 163

SEQ, Single Ease Question 174, 179

Service Profit Chain 387

session duration 129

sessions 322

severity 32, 99, 224

Shimmer 282

Single Ease Question 179

single-factor ANOVA 69

single usability score 304

Siteimprove Accessibility Checker 352

Six Sigma methodology 305

skin conductance 43, 101, 282

SNAP, Supplemental Nutrition Assistance Program 402

social desirability bias 166

stacked bar graph 75, 83

standard deviation 51, 57

standard questionnaire 47

statistical test 51

step 146

Stephen Few 75

stickiness 260

stimulation 189

stopping rule 128

stress 267, 338

subjective data 162

subjective ratings 56

SUMI, Software Usability Measurement Inventory 194, 199
summative 90
summative assessment 90
summative research 107
Summative User Research 89
SUM, Single Usability Metric 305, 318
SUPR-Q, Standardized User Experience Percentile Rank Questionnaire 194, 213, 384, 394
surprise 268
Survey Gizmo 106
Survey Monkey 106
SUS, System Usability Scale 55, 181, 180,183, 195, 197, 213, 384
SUS 점수 86
System 1 368
System 2 368
System Usefulness 185

T

TAM, Technology Acceptance Model 194
task 237
task completion time 128
task confidence 221
task-on-task 159
task success 32, 54, 96, 97, 100, 117
task success data 343
task success metrics 159
task success rate 51
task time 51, 128
TAW Web Accessibility Test 352
Team Engagement Score 415
Technical Committee ISO/TC 159 Ergonomics 381
TES 415
thesaurus 164
Think-aloud protocol 137, 165, 221
Thinking Fast 361, 367, 368
Thinking Slow 361, 367, 368
thresholds 134

time-on-task 32, 117, 128
time taken 343
Time To First Fixation 257
Tobii 247, 252
Tobii 2 365
top-2-box 170
top-2-box variable 113
top-box 170
Top Task Management method 383
top tasks 383
transaction 95
tree diagram 334
TreeJack 98, 150, 343, 344
tree-testing 98, 108, 321, 342
trend line 71
trigger AOI 261
true zero point 55
trust 267
TryMyUI 105
t-test 65
TTFF 257, 263
t-검정 65, 66, 422

U

UEQ 187, 213, 274
UEQ-S 190
U-MUX-Lite 387
UMUX, Usability Metric for User Experience 194
unique visitor 322
unmoderated 44
unmoderated study 105
UsabiliTest Card-sorting 331
Usability 34, 350
UsabilityHub 349
usability issue 32, 139
Usability Magnitude Estimation 177
Usability Test Data Logger 130
usability testing 277
Usability Test Reports 151

Usabilla 44
usefulness 32, 97, 204, 212
Usefulness, Satisfaction, and Ease-of-Use Questionnaire 195
USE Questionnaire 195
user behavior 32
User Experience Questionnaire 187
Userlytics 44, 105
user performance 140
user preference 91
UserTest 105
UserZoom 44, 105, 344, 349
UserZoom Card-sorting 331
USE 설문지 195
UX framework 312
UX metrics 11, 29
UX-Revenue Chain 391
UX score 318
UX, User eXperience 29, 34, 162
UX 데이터 31
UX 벤치마킹 392
UX 수익 체인 380, 391
UX 수익 체인 모델 361
UX 점수 318
UX 점수 카드 33, 307, 416
UX 종합 지수 113
UX 지수 32
UX 지표 11, 29, 30, 32, 39, 93, 415, 423
UX 투자자본수익률 321
UX 프레임워크 307, 312, 318
UzCardSort 331

V

valence 43, 266
Validately 105
variability 57, 60
variable 51
variance 60

verbal express 289
verbal expression 273
verbal expression coding 271
verbatim analysis software 44
visitor 322
visual appeal 204
visual attention 32
visual attention pattern 43
VoC, Voice of the Customer 198

W

W3C, World-wide Web Consortium 351
Wald 123
Wald Method 123
WAMMI, Website Analysis and Measurement Inventory 199, 213
WAVE Evaluation Tool 352
WAVE 도구 352
WCAG, Web Content Accessibility Guideline 351, 352, 359
WebAIM 352
web analytics 223
Wilcoxon Signed Rank test 72
within-subjects design 373
word clouds 187, 208

X

XSort 331

Y

youXemotions 13, 277

Z

z-score 113, 301
z-점수 113, 301, 303, 304, 318

번호

1:1 연구 221
4점 평가 방법 126
5-user assumption 241

데이터로 측정하는 UX 리서치 3/e
성공하는 UX 실무자를 위한 데이터 기반 측정법

발행 · 2025년 5월 29일

지은이 · Bill Albert, Tom Tullis
옮긴이 · 송유미

발행인 · 옥경석
펴낸곳 · 에이콘출판 주식회사

주소 · 서울시 양천구 국회대로 287 (목동)
전화 · 02)2653-7600 | **팩스** · 02)2653-0433
홈페이지 · www.acornpub.co.kr | **독자문의** · www.acornpub.co.kr/contact/errata

부사장 · 황영주 | **편집장** · 임채성 | **책임편집** · 임승경 | **편집** · 강승훈, 임지원 | **디자인** · 윤서빈
마케팅 · 노선희 | **홍보** · 박혜경, 백경화 | **관리** · 최하늘, 김희지

함께 만든 사람들
교정 · 교열 · 정재은 | **전산편집** · 장진희

깊이 있는 콘텐츠로 미래를 준비하는 지식 플랫폼, 에이콘출판사

인스타그램 · instagram.com/acorn_pub
페이스북 · facebook.com/acornpub
유튜브 · youtube.com/@acornpub_official

Copyright ⓒ 에이콘출판 주식회사, 2025, Printed in Korea.
ISBN 979-11-6175-972-2
http://www.acornpub.co.kr/book/9791161759722

책값은 뒤표지에 있습니다.